D1747883

Mensch und Natur im Mittelalter

Miscellanea Mediaevalia

Veröffentlichungen des Thomas-Instituts
der Universität zu Köln

Herausgegeben von Albert Zimmermann

Band 21/2
Mensch und Natur im Mittelalter

Walter de Gruyter · Berlin · New York
1992

Mensch und Natur
im Mittelalter

2. Halbband

Herausgegeben von Albert Zimmermann
und Andreas Speer
Für den Druck besorgt von Andreas Speer

Walter de Gruyter · Berlin · New York
1992

Die Deutsche Bibliothek — CIP-Einheitsaufnahme

Mensch und Natur im Mittelalter / hrsg. von Albert Zimmermann und Andreas Speer. — Berlin ; New York : de Gruyter.
  (Miscellanea mediaevalia ; Bd. 21)
NE: Zimmermann, Albert [Hrsg.]; GT
Halbbd. 2 (1991)
  ISBN 3-11-013164-1

ISSN 0544-4128

© Copyright 1992 by Walter de Gruyter & Co., D-1000 Berlin 30.
Dieses Werk einschließlich aller seiner Teile ist urheberrechtlich geschützt. Jede Verwertung außerhalb der engen Grenzen des Urheberrechtsgesetzes ist ohne Zustimmung des Verlages unzulässig und strafbar. Das gilt insbesondere für Vervielfältigungen, Übersetzungen, Mikroverfilmungen und die Einspeicherung und Verarbeitung in elektronischen Systemen.
Printed in Germany
Satz und Druck: Arthur Collignon GmbH, Berlin
Buchbinderische Verarbeitung: Lüderitz & Bauer, Berlin

Inhaltsverzeichnis

(2. Halbband)

Traditio

JOZEF BRAMS (Löwen)
Mensch und Natur in der Übersetzungsarbeit Wilhelms von
Moerbeke 537

TILMAN BORSCHE (Hildesheim)
Entgrenzung des Naturbegriffs. Vollendung und Kritik des Platonismus bei Nikolaus von Kues 562

KENT EMERY, J. (Notre Dame)
Sapientissimus Aristoteles and *Theologicissimus Dionysius*: The Reading of Aristotle and the Understanding of Nature in Denys the
Carthusian 572

Lex

JOHN MARENBON (Cambridge)
Abelard's Concept of Natural Law 609

THOMAS NISTERS (Freiburg i. Br.)
Mensch und Natur als Subjekte der *lex aeterna* 622

KLAUS HEDWIG (Kerkrade)
Das Isaak-Opfer. Über den Status des Naturgesetzes bei Thomas
von Aquin, Duns Scotus und Ockham 645

BERTOLD WALD (Münster)
Die Bestimmung der *ratio legis* bei Thomas von Aquin und Duns
Scotus. Zur Frage der Inkompatibilität oder Kontinuität mittelalterlicher Naturrechtstheorien 662

FRANCISCO BERTELLONI (Buenos Aires)
Die Rolle der Natur in den „Commentarii in Libros Politicorum
Aristotelis" des Albertus Magnus 682

Anthropologica I

MARK D. JORDAN (Notre Dame)
  The Disappearence of Galen in Thirteenth-Century Philosophy
  and Theology 703

THEODOR WOLFRAM KÖHLER (Salzburg)
  Anthropologische Erkennungsmerkmale menschlichen Seins. Die
  Frage der „Pygmei" in der Hochscholastik 718

UDO KERN (Jena)
  Der liebende Mensch nach Meister Eckhart 736

OLFA PLUTA (Bochum)
  Homo sequens rationem naturalem. Die Entwicklung einer eigenständigen Anthropologie in der Philosophie des späten Mittelalters 752

Anthropologica II

ALBERT ZIMMERMANN (Köln)
  Natur und Tod gemäß Thomas von Aquin 767

JOSEP I. SARANYANA (Pamplona) — CARMEN J. ALEJOS-GRAU (Pamplona)
  Reflexiones sobre la muerte en el Renacimiento americano del siglo XVI. „Memoria y aparejo de la buena muerte", de Juan de Zumárraga (México, 1547) 779

ALEXANDR DOBROCHOTOW (Moskau)
  Der Mensch und die Natur im „Fegefeuer" Dantes (Gesang XXX) 791

TZOTCHO BOIADJIEV (Sofia)
  Der menschliche Körper und seine Lebenskräfte in der Ideenwelt des Mittelalters. Ein Versuch über die mittelalterliche Erotik . . 795

HENK DE VRIES (Doorn)
  Juan Ruiz und sein „Libro de buen amor": Die gute Liebe und die menschliche Natur 815

Cultura

MARIE BLÁHOVÁ (Prag)
  Natur und Naturerscheinungen. Ihre Zusammenhänge in der böhmischen Geschichtsschreibung der Přemyslidenzeit 831

IVAN HLAVÁCEK (Prag)
Diplomatische Quellen und ihr Beitrag zur Erkenntnis der Natur im Hoch- und Spätmittelalter am Beispiel des mittelalterlichen Böhmens 851

REINHARD KRUG (Erfurt/Berlin)
Die Beziehung zur Natur bei Gertrud von Helfta 861

HEINZ-DIETER HEIMANN (Bochum)
Der Wald in der städtischen Kulturentfaltung und Landschaftswahrnehmung. Zur Problematik des kulturellen Naturverhältnisses als Teil einer Umwelt- und Gesellschaftsgeschichte des Mittelalters und der frühen Neuzeit 866

HELMUT G. WALTHER (Kiel)
Wasser in Stadt und Contado. Perugias Sorge um Wasser und der Flußtraktat „Tyberiadis" des Perusiner Juristen Bartolus von Sassoferrato 882

ALLEN J. GRIECO (Florenz)
The Social Order of Nature and the Natural Order of Society in Late 13th-Early 14th Century Italy 898

Iconographica

JAN VAN DER MEULEN (Cleveland)
Der vegetabilische Mensch der romanischen Kapitellplastik . . . 911

KATARZYNA ZALEWSKA (Warschau)
Deformatio Naturae. Die Seltsamkeiten der Natur in der spätmittelalterlichen Ikonographie 930

JÓZEF BABICZ (Warschau) — HERIBERT M. NOBIS (München)
Die Entdeckung der Natur in der geographischen Literatur und Kartographie an der Wende vom Mittelalter zur Renaissance . . 939

HENRI ADRIEN KROP (Rotterdam)
Artificialia und *naturalia* nach Wilhelm von Ockham. Wandlungen in dem Begriff der Unterscheidung zwischen Kunst und Natur   952

Namensregister 965

Inhaltsverzeichnis

(1. Halbband)

ALBERT ZIMMERMANN — ANDREAS SPEER (Köln)
Vorwort V

Praeludium

JOHANN KREUZER (Wuppertal)
Natur als Selbstwerdung Gottes — Überlegungen zur Schrift „Periphyseon" (De divisione naturae) des Johannes Scottus Eriugena 3

HERBERT BACKES (Saarbrücken)
Dimensionen des Natur-Begriffs bei Notker dem Deutschen von St. Gallen 20

GEORGI KAPRIEV (Sofia)
Der Mensch als kosmisches Atom in der mittelalterlichen Historiographie (9.—11. Jahrhundert) 28

Inventio

WILHELM KÖLMEL (Freiburg i. Br.)
Natura: genitrix rerum — regula mundi. Weltinteresse und Gesellschaftsprozeß im 12. Jahrhundert 43

JOHANNES KÖHLER (Hildesheim)
Natur und Mensch in der Schrift „De Planctu Naturae" des Alanus ab Insulis 57

HANS-JOACHIM WERNER (Karlsruhe)
Homo cum creatura. Der kosmische Moralismus in den Visionen der Hildegard von Bingen 67

JOHANNES ZAHLTEN (Braunschweig)
Natura sua und *Natura generans.* Zwei Aspekte im Naturverständnis Kaiser Friedrichs II. 89

Metaphysica I

ANDREAS SPEER (Köln)
Kosmisches Prinzip und Maß menschlichen Handelns. *Natura* bei Alanus ab Insulis 107

GÜNTHER MENSCHING (Hannover)
Metaphysik und Naturbeherrschung im Denken Roger Bacons . . 129

JAN A. AERTSEN (Amsterdam)
Natur, Mensch und der Kreislauf der Dinge bei Thomas von Aquin 143

JAKOB HANS JOSEF SCHNEIDER (Tübingen)
Physik und Natur im Kommentar des Thomas von Aquin zur aristotelischen Metaphysik 161

Metaphysica II

GERHARD KRIEGER (Bonn)
Motus est intrinsece aliter et aliter se habere. Die Zuständlichkeit der Natur als Konsequenz des ursprünglich praktischen Weltverhältnisses des Menschen 195

ROLF SCHÖNBERGER (München)
Eigenrecht und Relativität des Natürlichen bei Johannes Buridanus 216

J. M. M. H. THIJSSEN (Nijmegen)
Buridan on the Ontological Status of Causal Relations. A First Presentation of the Polemic „Questio de dependentiis, diversitatibus et convenientiis" 234

Physica

STEPHEN F. BROWN (Boston)
The Eternity of the World Discussion in Early Oxford 259

PAUL HOSSFELD (Bonn)
Gott und die Welt. Zum achten Buch der Physik des Albertus Magnus (nach dem kritisch erstellten Text) 281

GEORGE MOLLAND (Aberdeen)
How Different was Quantitative Science from Qualitative Science? 302

CECILIA TRIFOGLI (Pisa)
  Thomas Wylton on the Instant of Time 308

Philosophia Naturalis I

JEANNINE QUILLET (Paris)
  Enchantements et désenchantement de la Nature selon Nicole
  Oresme 321

MARTIN KINZINGER (Stuttgart)
  Quis terram aut aquam neget vivere? Das Problem der Lebendigkeit
  in der spätmittelalterlichen Elementenlehre 330

MIECZYSLAW MARKOWSKI (Krakau)
  Natur und Mensch in der Auffassung des Johannes von Glogau   346

MICHAIL N. GROMOV (Moskau)
  Medieval Natural Philosophy in Russia: Some Aspects 356

Philosophia Naturalis II

ZDZISLAW KUKSEWICZ (Warschau)
  Das „Naturale" und das „Supranaturale" in der averroistischen
  Philosophie 371

SILVIA DONATI (Pisa/Köln)
  Das Problem einer wissenschaftlichen Erkenntnis der vergänglichen Dinge bei Aegidius Romanus 383

NOTKER SCHNEIDER (Köln)
  Der Gegenstand der Naturphilosophie. Nicoletto Vernias und
  seine Auseinandersetzung mit den Auffassungen des Mittelalters 406

Theologica

RICHARD SCHENK (München/Berkeley)
  Divina simulatio irae et dissimilitudo pietatis. Divine Providence and
  Natural Religion in Robert Kilwardby's „Quaestiones in librum
  IV Sententiarum" 431

ARTURO BLANCO (Rom)
  The Influence of Faith in Angels on the Medieval Vision of
  Nature and Man 456

Wolfgang Breidert (Karlsruhe)
Naturphilosophische Argumente in der Engelslehre 468

Arabica

Jean Clam (Münster)
Philosophisches zu „Picatrix". Gelehrte Magie und Anthropologie bei einem arabischen Hermetiker des Mittelalters 481

Albert N. Nader (Montreal)
Les Alchimistes Arabes du Moyen Age et leur conception de la Nature 510

Traditio

Mensch und Natur in der Übersetzungsarbeit Wilhelms von Moerbeke*

JOZEF BRAMS (Löwen)

1. Einleitung

Daß viele der griechischen Traktate, welche Wilhelm von Moerbeke ins Lateinische übertragen hat, dem Thema „Mensch und Natur" zugeordnet werden können, ist längst bekannt[1]. Zunächst könnte man auf seine Revisionen und Neuübersetzungen der naturphilosophischen und biologischen Werke des Aristoteles verweisen, welche unmittelbar eine sehr große Verbreitung erfahren haben, doch auch viele der von ihm bearbeiteten nicht aristotelischen Schriften, deren Einfluß wesentlich geringer gewesen ist, z. B. diejenigen von Archimedes, gehören zu dem Bereich, welchen man heute gemeinhin als den der „Physik" (im breitesten Sinne) betrachtet.

Es ist eine natürliche Frage, wie der flämische Dominikaner dazu gekommen ist, so viele griechische Texte ins Lateinische zu übersetzen, und warum eben diejenigen, die wir von ihm kennen und die sich auf den ersten Blick auf eine Vielfalt von Wissensbereichen erstrecken. Diese Frage bekam eine teilweise Beantwortung mit der herkömmlichen Auffassung, nach welcher Moerbeke seine Übersetzungen, insbesondere des Aristoteles, im Interesse oder sogar auf Wunsch des Thomas von Aquin verfaßt hätte, eine Auffassung, welche dadurch bestätigt zu werden schien, daß Thomas viele dieser Übersetzungen als erster benutzt hatte[2]. Die Arbeiten, welche sich nicht nach diesem Gesichtspunkt einordnen ließen, wurden oft auf

---

* Ich danke Gudrun Vuillemin-Diem für ihre freundliche Bereitschaft, diesen Text zu lesen, sowie für ihre sehr nützlichen Verbesserungsvorschläge.
[1] Cf. M. Grabmann, Guglielmo di Moerbeke O. P. il traduttore delle opere di Aristotele, Roma 1946, 85 sqq. (= Miscellanea Historiae Pontificiae XI 20). Für eine kritische Übersicht der Übersetzungsarbeit Moerbekes sehe man jetzt W. Vanhamel, Biobibliographie de Guillaume de Moerbeke, in: Guillaume de Moerbeke. Recueil d'études à l'occasion du 700e anniversaire de sa mort (1286), éd. J. Brams et W. Vanhamel, Leuven 1989, 301–383, wo man auch die bibliographischen Referenzen finden kann, welche weiter unten nicht explizit erwähnt werden.
[2] Die Frage einer eventuellen „Zusammenarbeit" zwischen den beiden Ordensbrüdern ist kürzlich von C. Steel, Guillaume de Moerbeke et saint Thomas, in: Guillaume de Moerbeke, 57–82, behandelt worden.

andere, jedoch analoge Weise erklärt. So wären nach A. Birkenmajer die Übersetzungen der wissenschaftlichen Traktate des Archimedes, Eutokios, Heron und Ptolemaios aus den Jahren 1269—1270, von denen einige in Witelos Perspectiva benutzt wurden, von Wilhelm von Moerbeke für seinen polnischen Freund angefertigt worden[3]. Die Annahme, eine Reihe von Übersetzungen Wilhelms sei *ad instantiam fratris Thomae* gemacht worden, ist von R. A. Gauthier so eindringlich bestritten worden, daß sie auf keine Weise mehr zuzutreffen scheint[4]. Andererseits hat A. Paravicini Bagliani gegen die Stellung Birkenmajers mit Bezug auf den vermeintlichen Einfluß Witelos einige Einwände geltend gemacht, welche es sich lohnt, hier kurz wiederzugeben[5]:

1. Birkenmajer hat zu Unrecht einen möglichen Einfluß des Johannes Campano von Novara auf Moerbeke ausgeschlossen[6]. 2. M. De Wulf und M. Grabmann haben darauf hingewiesen, daß Moerbeke seine Neigung zum Neuplatonismus und insbesondere zur Lichtmetaphysik der von ihm

---

[3] Cf. A. Birkenmajer, Études sur Witelo. Quatrième partie: Witelo et l'Université de Padoue, in: A. Birkenmajer, Études d'histoire des sciences en Pologne, Wrocław ... 1972, 361—404, bes. 388 (= Studia Copernicana IV); diese Auffassung wird kritiklos übernommen von S. Unguru, Witelo as a Mathematician: A Study in XIIIth Century Mathematics Including a Critical Edition and English Translation of the Mathematical Book of Witelo's Perspectiva, Diss. University of Wisconsin 1970, 23.

[4] Diese Stellung Gauthiers ist in ihrer allgemeinen Formulierung von F. Bossier angezweifelt worden, und zwar auf Grund der Benutzung eines von Moerbeke übersetzten Exzerpts aus Simplikios In De caelo im Metaphysikkommentar des Thomas (es handelt sich um einen Teil der Digression über die astronomischen Hypothesen); cf. Traductions latines et influences du Commentaire In De caelo en Occident (XIIIe—XIVe s.), in: Simplicius. Sa vie, son œuvre, sa survie, éd. I. Hadot, Berlin—New York 1987, 289—325, bes. 298—304, mit Zustimmung zitiert von C. Steel, l. c., 73—75. Nach R. A. Gauthier bietet jedoch die Benutzung des sogenannten Fragmentum Toletanum, ebensowenig wie die der übrigen Übersetzungen Moerbekes, einen Anhaltspunkt für die fragliche *instantia*; cf. Sancti Thomae de Aquino Opera omnia, Tomus I* 1 Expositio libri Peryermenias, ed. altera retractata, cura et studio Fratrum Praedicatorum, Roma—Paris 1989, 86*—87*. Wie dem auch sei, man findet im Kolophon des Fragmentum Toletanum nichts, was auf die fragliche *instantia* hinweisen könnte, im Gegenteil, Wilhelm ist darum bemüht, auch über den Teil der Digression des Simplikios, den er nicht übersetzt hat, kurz zu berichten. Diese Inhaltsübersicht, und namentlich die Erwähnung der Hypothesen der Exzenter und der Epizyklen, geht über dasjenige hinaus, was für die Erklärung des Metaphysiktextes (XII, 8) erforderlich wäre. Nicht weil Thomas diese Ausführung nicht brauchte, hat er auf Übersetzung verzichtet, sondern weil sie aus Ptolemaios genügend bekannt war: „*quas* (sc. *ypotheses*) *quia copiosius traduntur a Ptolomeo, non curavi transferre*"; cf. G. Verbeke, Het wetenschappelijk profiel van Willem van Moerbeke, in: Mededelingen der Kon. Ned. Akad. van Wetensch., Afd. Lett., N. R., 38, 4, Amsterdam 1975, 175. Siehe auch weiter unten, 554.

[5] Cf. Witelo et la science optique à la cour pontificale de Viterbe (1277), in: Mélanges de l'école française de Rome (moyen âge — temps modernes) 87 (1975) 425—453, bes. 446—451.

[6] A. Paravicini Bagliani scheint auch für die Übersetzung von Galen, De virtute alimentorum, Campano eine gewisse Rolle beizumessen; cf. l. c., 444 Anm. 1.

1268 übersetzten Elementatio theologica des Proklos verdankt[7]. 3. In der Widmung seiner Perspectiva an Moerbeke[8] stellt Witelo sich als dessen Schüler vor und betont ausdrücklich, er sei von ihm zur Verfassung seiner Schrift ermuntert worden — von einem umgekehrten Verhältnis ist gar nicht die Rede. 4. D. C. Lindberg hat auf einen möglichen Einfluß von Roger Bacon hingewiesen, dessen optische Werke 1267 oder 1268 zum päpstlichen Hof gesandt wurden[9].

Die von A. Paravicini Bagliani angeführten Argumente sind interessant, weil sie nicht nur die Ansicht, die mathematischen Übersetzungen Moerbekes seien dem Einflusse Witelos zuzuschreiben, ernsthaft entkräften, sondern zugleich auf verschiedene andere Möglichkeiten der Erklärung hinweisen. Als solche gelten sowohl gewisse persönliche Anregungen, welche der Übersetzer aus seiner kulturellen Umgebung erfahren haben kann (Campano), als auch bestimmte philosophische oder wissenschaftliche Auffassungen, mit denen er durch Lektüre bekannt sein mußte (Proklos, Bacon). Eine so eindrucksvolle Übersetzungsarbeit wie diejenige Moerbekes ist natürlich, so wie jedes geistige Schaffen, immer auch durch konkrete historische Umstände bedingt; man würde aber von dieser Arbeit eine zu einseitige Schilderung geben, wenn man sie auf eine Reihe von gelegentlichen Anforderungen reduzieren würde.

In diesem Beitrag will ich für Moerbekes „Übersetzungsprojekt" einen Erklärungsversuch vorschlagen, der darauf beruht, daß seine verschiedenen Arbeiten miteinander sowie mit gewissen Auffassungen seiner Zeit in Verbindung gebracht werden. Die Angaben, welche man für eine solche Erklärung zur Verfügung hat, sind freilich besonders dürftig. Ein Übersetzer ist immer irgendwie ein bloßes Medium: seine Bemühungen beschränken sich darauf, das Original möglichst getreu wiederzugeben, und auch Moerbeke hat über seine Arbeit nur spärliche persönliche Aufklärungen hinterlassen. Es sind ansonsten, von den Übersetzungen selbst abgesehen, einige gelegentliche Berichte anderer Autoren überliefert worden, welche ein bestimmtes Licht in seine Tätigkeit bringen können. Unter Benutzung dieser verschiedenen Angaben hoffe ich einigermaßen wahrscheinlich zu machen, daß Wilhelm von Moerbeke bei seiner Übersetzungsarbeit von einem eigentümlichen Interesse für die Astrologie (jeden-

---

[7] M. De Wulf, Histoire de la philosophie médiévale, II, 6e éd., Louvain—Paris 1936, 267—269; M. Grabmann, Guglielmo di Moerbeke, 56—60. Wie weiter unten (543—544) gezeigt wird, handelt es sich hier um eine bloße Hypothese, welche sich durch die angeführten Texte nicht belegen läßt.

[8] Ed. Cl. Baeumker, Witelo, ein Philosoph und Naturforscher des XIII. Jahrhunderts, Münster 1908, 127—131 (= Beiträge z. Gesch. der Philos. des Mittelalters III 2).

[9] Lines of Influence in Thirteenth-Century Optics: Bacon, Witelo, and Pecham, in: Speculum 46 (1971) 66—83, bes. 72—75; Roger Bacon's Philosophy of Nature. A Critical Edition, with English Translation, Introduction, and Notes, of De multiplicatione specierum and De speculis comburentibus, Oxford 1983, xxiv—xxv.

falls im kosmologischen Sinne) geleitet wurde, das mit der Verbreitung gewisser aus dem Arabischen übersetzter pseudo-aristotelischer Schriften, insbesondere des Secretum secretorum, in Beziehung gebracht werden kann.

2. Das Zeugnis Witelos

Die einzige Quelle, welche uns über Wilhelms philosophische Ansichten informiert, ist die Widmung der Perspectiva Witelos[10].

Das Thema des Lichtes bringt den Verfasser dieser Schrift dazu, seinen verehrten Freund Wilhelm von Moerbeke mit einer Reminiszenz aus der Liturgie zum Feiertag des hl. Stanislaus zu begrüßen; er wünscht ihm ein „glückliches Schauen des ewigen Lichtes mit ungebrochenem Strahl des Geistes, sowie ein klares Verständnis der weiteren Ausführungen"[11].

Witelo betont, er sei durch ein gemeinsames Interesse, nämlich das Studium aller Seienden, derart mit Wilhelm verbunden, daß er sich in seinen Bemühungen durchaus nach dem Willen seines Freundes richte[12].

Der Verfasser erläutert dann dieses gemeinsame geistige Interesse, das er bescheiden seinem Freund zum Verdienst anrechnet. Es ordnet sich in das vertraute neuplatonische Erklärungsschema ein, nach dem das unsinnliche Seiende, das aus seinen ersten Prinzipien hervorgeht, mit den individuellen sinnlichen Seienden in einem kausalen Zusammenhang verknüpft wird, wobei es gilt, jedwedes Ding aus seiner Ursache zu erklären. Das Eigentümliche dieses Interesses bezieht sich jedoch auf die besondere Art und Weise, wie die göttlichen Kräfte auf die unteren körperlichen Dinge wirken, nämlich nicht auf unkörperliche Weise, sondern mittels der höheren körperlichen Dinge, d. h. der Himmelskörper. So haben auch im unsinnlichen Bereich die unteren Substanzen mittels der höheren ihrer eigenen Klasse an der göttlichen Güte teil[13]. Das göttliche Licht ist in diesem Bereich zugleich Prinzip, Medium und Ziel. Für die körperlichen Einflüsse dagegen ist das sinnliche Licht das Medium: es bringt eine wunderbare Anpassung und Verbindung zustande zwischen den ewigen

---

[10] A. Paravicini Bagliani, l. c., 450. Für eine eingehende Erklärung dieses schwierigen Textes sei verwiesen auf A. Birkenmajer, Études sur Witelo. Deuxième partie: Witelo est-il l'auteur de l'opuscule „De intelligentiis"?, in: A. Birkenmajer, Études d'histoire des Sciences en Pologne, 259–335. Der Verfasser setzt sich mit der traditionellen Erklärung auseinander, welche u. a. von Cl. Baeumker in der Anm. 8 erwähnten Schrift vorgebracht wurde.

[11] Cl. Baeumker, l. c., 127, 1–3. Es ist A. Birkenmajer, der bemerkt hat, daß dieser Wunsch zum Teile wörtlich der *oratio* der Messe zum Feiertag des hl. Stanislaus entnommen worden ist: „... *et Solem Tuae maiestatis irreuerberato mentis radio glorianter intueri concede*"; l. c., 311.

[12] Cl. Baeumker, l. c., 127, 4–6.

[13] Ibid., 127, 7–128, 1.

Himmelskörpern, welche nur der Ortsbewegung unterworfen sind, und den vergänglichen irdischen Körpern. Das Licht verbreitet nämlich die höheren körperlichen „Formen": es teilt diese Formen auf mannigfache Weise den vergänglichen Körpern mit und bringt so immer neue Wesen oder Individuen hervor[14]. Einerseits hat das Licht die Beschaffenheit einer körperlichen Form und übernimmt es die körperlichen Dimensionen der Körper, denen es sich mitteilt; andererseits aber muß es immer seinen Ursprung beachten und übernimmt es „per accidens" die Dimension des Abstandes, welche eine gerade Linie ist, und so läßt es sich auch als „Strahl" bezeichnen. Strahlen aber liegen in bestimmten Flächen, in denen sie bestimmte Winkel definieren; deshalb sind die Betrachtungen über Winkel und über Lichtstrahlen eng verbunden; und die Einflüsse der Lichtquellen variieren je nach dem Winkel in dem die Strahlen auf den bestrahlten Körper einfallen[15].

Da also Wilhelm eingesehen habe, daß die Einflüsse der Himmelskörper auf die irdischen Dinge nicht nur gemäß der Art ihrer aktiven Kräfte, sondern auch gemäß der Weise ihrer Wirkung, d. h. gemäß ihren jeweiligen Positionen, verschieden seien, so habe er sich dazu entschlossen, sich mit der verborgenen Untersuchung dieser Sache zu beschäftigen[16]. Indem er also die Bücher der Alten über diesen Gegenstand durchsucht habe, sei ihm sowohl die Verbosität der Araber wie die Verwickeltheit der Griechen zuwider gewesen[17], und lateinische Schriften habe er nur wenige gesehen,

---

[14] Ibid., 128, 1—12, bes. 6—12: „*est enim lumen supremarum formarum corporalium diffusio per naturam corporalis formae materiis inferiorum corporum se applicans et secum delatas formas diuinorum et indiuisibilium artificum per modum diuisibilem caducis corporibus imprimens suique cum illis incorporatione nouas semper formas specificas aut indiuiduas producens, in quibus resultat per actum luminis diuinum artificium tam motorum orbium quam mouentium uirtutum.*" Man beachte, wie A. Birkenmajer, l. c., 279—294 ausgeführt hat und weiter unten noch eigens hervorzuheben sein wird, daß Witelo mit *formarum ... diffusio* dasselbe meint wie Roger Bacon mit *multiplicatio specierum* (A. Birkenmajer, l. c., 288 mit Anm. 141) und daß *forma* und *species* in diesem Zusammenhang eine allgemeinere Bedeutung haben, entsprechend der von Roger Bacon formulierten Definition (De mult. spec. I, 1, ed. D. C. Lindberg, 6, 80—82; 93—94) „*... primus effectus cuiuslibet agentis ... consimilis agenti natura et diffinitione et in essentia specifica et operatione*" (A. Birkenmajer, l. c., 294 mit Anm. 179).

[15] Cl. Baeumker, l. c., 128, 12—22.

[16] Ibid., 128, 22—27: „*Cum itaque tui sollertis diligentia ingenii secundum hoc caelestium influentiarum diuinam uirtutem respectu rerum capacium mutari prospiceret, et non solum secundum uirtutes agentes, sed secundum diuersitatem modi actionis res actas diuersari uideret: placuit tibi in illius rei occulta indagine uersari, eiusque diligenti inquisitioni studiosam animam applicare.*" L. Minio-Paluello, Moerbeke, William of, in: Dictionary of Scientific Biography, 9, New York 1974, 435, erwähnt den von Witelo benutzten Ausdruck *occulta indago* als Bestätigung der handschriftlichen Überlieferung, welche unserem Autor eine Schrift über Geomancie zuschreibt. Der erwähnte Ausdruck hat jedoch nichts mit einer „okkulten Wissenschaft" zu tun, wie sich gleich zeigen wird. Auf die fragliche Autorschaft Moerbekes mit Bezug auf die ihm zugeschriebene Geomancie komme ich weiter unten, 559—560, zurück.

[17] „*Libros itaque ueterum tibi super hoc negotio perquirenti occurrit taedium uerbositatis Arabicae, implicationis Graecae, ...*". Die Erwähnung der *verbositas Arabica* in Verbindung mit der

insbesondere weil das ihm anvertraute Amt der Pönitentiarie der Römischen Kirche ihm nicht viel Zeit zum Studieren gelassen habe. Und so habe er seinen Freund gedrängt, diese Arbeit zu übernehmen. Witelo habe deshalb seine vorgenommene Schrift „de ordine entium" auf später verschoben und mit der Erledigung des Auftrages angefangen[18].

Zum Schluß seiner Widmung erklärt Witelo die in seiner Schrift befolgte Methode, sowie ihren Titel. Dieselbe Kraft der „Form" wird sowohl den materiellen Körpern wie den Sinnesorganen mitgeteilt[19]; da aber das Licht das vorzüglichste aller sinnlichen Formen ist und da der Gesichtssinn die meisten Unterschiede der sinnlichen Dinge zeigt, deren wirkende Ursachen Witelo vorhat zu untersuchen, habe er sich dazu entschlossen, die oben erwähnte Sache auf dem Wege der sichtbaren Dinge zu erforschen, so wie die meisten Autoren, welche vor ihm dieses Thema behandelt haben, und zwar unter dem Titel „Perspectiva". Diese Benennung billigt auch Witelo als die allgemein anerkannte, obwohl das Interesse des Schreibers mehr dazu neige, die sehr verborgene Wirkungsart der natürlichen Formen zu behandeln, damit das Werk den Wünschen Wilhelms entspreche[20]. Denn was im Organ des Gesichtssinnes auf eine mehr erfaßbare Weise vorgeht, das wird, bei Abwesenheit des Sinnesorgans, in den natürlichen Dingen keineswegs ausgeschaltet; denn die Anwesenheit des Sinnesorgans fügt den Wirkungen der natürlichen Formen nichts zu. Wenn also Witelo in seiner Schrift die optischen Erscheinungen untersucht, zeigen sich da die Wirkungen der natürlichen Formen, denen die natürlichen Körper auch ohne den Gesichtssinn ausgesetzt sind[21].

Die Widmung einer Schrift muß mit viel Umsicht gelesen werden: die Regeln dieser Gattung erfordern, daß der Autor die Verdienste seiner Arbeit dem Adressaten zuschreibt, indem er für sich selbst nur deren

---

implicatio Graeca kann nicht als Argument dafür gelten, Moerbeke habe sowohl arabisch wie griechisch gekannt. Gemeint sind wohl ins Lateinische übersetzte Schriften von arabischen bzw. griechischen Autoren im Gegensatz zu genuin lateinischen; cf. M. Grabmann, Guglielmo di Moerbeke, 59.

[18] Cl. Baeumker, l. c., 128, 28–129, 3.

[19] „... eadem uis formae immittitur in contrarium et in sensum". Wie A. Birkenmajer, l. c., 287, Anm. 130, und 294, Anm. 176, bemerkt hat, wird die Bedeutung des von Witelo benutzten Ausdrucks *contrarium* durch den Vergleich mit Robert Grosseteste, De lineis (Die philosophischen Werke des Robert Grosseteste, Bischofs von Lincoln, ed. L. Baur, Münster i. W. 1912, 59–65 [= Beiträge z. Gesch. der Philos. des Mittelalters IX]), 60, 20–21 „*in materiam sive contrarium*", und mit Roger Bacon, De multiplicatione specierum, ed. D. C. Lindberg, 18, 296–304, ersichtlich.

[20] „... *licet plus ad naturalium formarum actionis modum occultissimum pertractandum, ut opus praesens tuis affectibus respondeat, scribentis intentio se declinet*". Hier wird deutlich, wie die oben erwähnte *occulta indago* verstanden werden soll, nämlich als die Betrachtung der geheimnisvollen Wirkung der Himmelskörper, welche sich auch abgesehen von der Wahrnehmung in der Natur vollzieht, wie anschließend betont wird.

[21] Cl. Baeumker, l. c., 129, 4–23.

Unzulänglichkeiten in Anspruch nimmt[22]. Witelo ist zweifellos selbständiger vorgegangen als er vorgibt; trotzdem war er davon überzeugt, daß seine Perspectiva Moerbeke interessieren würde, weil sie, wie er sich in seiner Widmung zu zeigen bemüht, mit dem Thema des Einflusses der Himmelskörper auf die irdischen Vorgänge zusammenhängt. Es wurde schon darauf hingewiesen, daß er sich für den Beweis dieses Zusammenhanges auf Roger Bacons Schrift De multiplicatione specierum stützt[23]. Daß es Moerbeke selbst gewesen ist, welcher ihn auf diesen Zusammenhang oder zumindest auf Bacons Schrift hingewiesen hat, geht nicht eindeutig aus der Widmung hervor, kann aber auch nicht ausgeschlossen werden[24].

Ausdrücklich schreibt ihm dagegen Witelo die folgenden Interessen zu, welche er übrigens mit ihm gemeinsam habe: 1. ein universelles wissenschaftliches Streben; 2. eine neuplatonische Metaphysik; 3. die Überzeugung von einem geheimnisvollen Einfluß der Himmelskörper auf die irdischen Vorgänge. Diese Interessen sind wenig spezifisch: sie charakterisieren sicher, außer Wilhelm und Witelo, viele Gelehrte ihrer Zeit. Die Verbindung von neuplatonischen und astrologischen Gedanken war seit dem Vordringen der arabischen Wissenschaft im lateinischen Westen besonders verbreitet[25]. Witelos Widmung enthält jedoch einige Besonderheiten, welche uns weiterführen können. Nachdrücklich erwähnt er die Tatsache, daß Wilhelm ebensogut die Bücher der alten Araber, wie die der Griechen und Lateiner studierte. Auch mit Bezug auf die von ihm benutzte neuplatonische Quelle trifft dies zu: es ist nicht sosehr Proklos, wie M. De Wulf und M. Grabmann behaupten[26], sondern vielmehr der Liber de causis, welcher den von Witelo vorgebrachten Ausführungen zugrundeliegt. Man beachte z. B. die folgenden Stellen (meine Hervorhebung):

„... dum ens intelligibile ... entibus indiuiduis sensibilibus per modum *causae* ... coniungeres et singulorum *causas* singulas indagares ..."[27]

„... inferiores substantias per superiorum ... illustrationem a fonte diuinae *bonitatis* deriuatam ... per modum intelligibilium *influentiarum* fieri ..."[28]

---

[22] Cf. A. Paravicini Bagliani, Guillaume de Moerbeke et la cour pontificale, in: Guillaume de Moerbeke, 39—40.
[23] Cf. oben, 541, Anm. 14. Für die Datierung von Witelos Schrift sehe man A. Paravicini Bagliani, Guillaume de Moerbeke et la cour pontificale, 40—42.
[24] Cf. oben, 539 mit Anm. 9.
[25] T. Gregory, The Platonic Inheritance, in: A History of Twelfth-Century Western Philosophy, ed. P. Dronke, Cambridge ... 1988, 66—67.
[26] Cf. oben, 538—539 mit Anm. 7.
[27] Cl. Baeumker, l. c., 127, 7—9.
[28] Ibid., 127, 14—16.

Wir können hier die beiden meist bekannten Titel der Schrift, „Liber de causis" und „Liber ... de expositione bonitatis purae" wiedererkennen[29]. Auch der Terminus *influentia*, der in Wilhelms Übersetzung der Elementatio theologica nicht vorkommt, ist dem Liber de causis entnommen[30]. Andererseits ist das Substantiv *illustratio* im Liber de causis nicht zu finden; es ist dagegen Wilhelms gewöhnliche Übersetzung für ἔλλαμψις oder ἔμφασις[31].

> „... sic, ut omnis rerum entitas a diuina profluat entitate, et omnis *intelligibilitas* ab *intelligentia* diuina, omnisque uitalitas a diuina uita."[32]

Der Triade *entitas* — *intelligentia* — *vita* entsprechen Stellen sowohl im Liber de causis wie bei Proklos[33]. Die Formulierung Witelos schließt sich jedoch enger an den Wortlaut des Liber de causis an (*intelligibilitas* — *intelligentia*) und außerdem ist überall *prima* durch *divina* ersetzt worden, was eher die Ansicht des Liber de causis als die des Proklos wiedergibt[34].

Auf Grund der Widmung Witelos kann man also schwerlich schließen, daß Moerbeke erst durch die Übersetzung der Elementatio theologica mit der neuplatonischen Philosophie bekannt geworden ist, es sei denn, daß man annehmen wollte, Witelo habe die Ansichten, welche Moerbeke dem Proklos verdankte, hauptsächlich in der eigenen vertrauten Terminologie des Liber de causis wiedergegeben. Wahrscheinlicher ist, daß der Übersetzer, gerade umgekehrt, durch seine Bekanntschaft mit dem Liber de causis, der sein lebendiges Interesse geweckt hatte, dazu gekommen ist, die Elementatio theologica, sowie andere Schriften des Proklos (In Timaeum, Tria opuscula, In Parmenidem), zu übersetzen.

In Moerbekes Interesse für die Astrologie ist die Wirkung der arabischen Wissenschaft handgreiflich. Es ist auch von vornherein wahrscheinlich, daß dieses Interesse bei ihm nicht erst durch Bacons Schrift De multiplicatione specierum hervorgerufen worden ist, sondern daß er sich umge-

---

[29] Le Liber de causis. Édition établie à l'aide de 90 manuscrits avec introduction et notes par A. Pattin, Leuven s. d., 3; cf. 66 Prop. VIII (IX) 79 „*Omnis intelligentiae fixio et essentia est per bonitatem puram quae est causa prima*".

[30] Ibid., 46 Prop. I 1 „*Omnis causa primaria plus est influens super causatum suum quam causa universalis secunda*", u. ö.

[31] Procli Elementatio theologica, translata a Guillelmo de Morbecca, ed. H. Boese, Leuven 1987, 118 (= Ancient and Medieval Philosophy. De Wulf-Mansion Centre, Series 1, V).

[32] Cl. Baeumker, l. c., 127, 17–128, 1.

[33] Cf. Le Liber de causis, ed. Pattin, 85 Prop. XVII (XVIII) 143 „*Res omnes entia propter ens primum, et res vivae omnes sunt motae per essentiam suam propter vitam primam, et res intellectibiles omnes habent scientiam propter intelligentiam primam*"; Procli Elementatio theologica, ed. Boese, 52 Prop. 102 „*Omnia quidem qualitercumque entia ex fine sunt et infinito propter prime ens; omnia autem viventia sui ipsorum motiva sunt propter vitam primam; omnia autem cognitiva cognitione participant propter intellectum primum*".

[34] Ich danke Cristina D'Ancona Costa, mit der ich diese Stellen besprechen konnte, für ihre sachkundige Beratung.

kehrt wegen dieses Interesses möglicherweise mit dieser Schrift befaßt hat. Da es sich hier aber um eine allgemein verbreitete Ansicht seines Zeitalters handelt, scheint es nicht möglich zu sein, eine bestimmte Schrift als die ursprüngliche Quelle dieses Interesses anzuzeigen. Es kommt mir jedoch sinnvoll vor, auf eine Schrift hinzuweisen, welche schwerlich unserem Autor entgangen sein kann, und außerdem (1) gewisse Übereinstimmungen mit dem Zeugnis Witelos aufweist und (2) Moerbekes Übersetzungsarbeit besser verstehen läßt. Es ist, so wie der Liber de causis, eine aus dem Arabischen übersetzte pseudo-aristotelische Schrift, welche zwar nicht den gleichen philosophischen Gehalt besitzt, aber andererseits eine so große Verbreitung gekannt hat, daß es das populärste Buch des Mittelalters genannt worden ist, nämlich das Secretum secretorum[35].

3. Das Secretum secretorum

Keine der aristotelischen oder pseudo-aristotelischen Schriften ist, soweit bekannt, in so vielen Handschriften überliefert worden wie diese: mehr als 600 Textzeugen enthalten, vollständig oder teilweise, eine der beiden lateinischen Versionen, welche uns das Mittelalter hinterlassen hat[36]. Das Secretum secretorum ist einerseits eine Art „Fürstenspiegel" in der Form eines Briefes, den Aristoteles in hohem Alter seinem ehemaligen Schüler Alexander dem Großen geschrieben haben soll, andererseits eine ziemlich hybride Summa der Pseudo-Wissenschaften, welche seit dem späten Altertum mit dem Namen des Aristoteles verbunden worden sind[37]. Es hat außerdem im Laufe seiner Geschichte verschiedene Überarbeitungen erfahren. Schon in der arabischen Überlieferung existieren hauptsächlich zwei ungleich lange Versionen, welche sich in den lateinischen Übersetzungen widerspiegeln. Die älteste lateinische Version wurde von Johannes

---

[35] L. Thorndike, A History of Magic and Experimental Science During the First Thirteen Centuries of Our Era, II, New York 1943 (third printing), 267.

[36] Cf. C. B. Schmitt and D. Knox, Pseudo-Aristoteles Latinus. A Guide to Latin Works Falsely Attributed to Aristotle Before 1500, London 1985, 3 und 54–75 (= Warburg Institute Surveys and Texts XII); die Autoren nennen auch verschiedene Übersetzungen in Vulgärsprachen, denen eine ziemlich frühe mittelniederländische Version (vor 1266) hinzugefügt werden kann: cf. A. A. Verdenius, Jacob van Maerlant's Heimelijkheid der Heimelijkheden, opnieuw naar de Handschriften uitgegeven en van inleiding en aantekeningen voorzien, Amsterdam 1917, bes. 70. Für eine Übersicht über den Stand der Forschung sei verwiesen auf: Pseudo-Aristotle. The ‚Secret of Secrets'. Sources and Influences, ed. W. F. Ryan and C. B. Schmitt, London 1982 (= Warburg Institute Surveys IX).

[37] Cf. M. Grignaschi, L'origine et les métamorphoses du „Sirr-al-'asrār" (Secretum secretorum), in: Archives d'hist. doctr. et litt. du moyen âge 43 (1976) 7–112, bes. 10. Die Schrift soll, nach einem ihrer Prologe, vom Griechischen ins Syrische, und vom Syrischen ins Arabische übersetzt worden sein.

Hispalensis (oder Hispaniensis) um die Mitte des 12. Jh. in Toledo hergestellt und ist mit der kürzeren arabischen Fassung verwandt. Die vollständigere Form geht auf das 13. Jh. zurück und wird einem Philippus Tripolitanus, der sich nicht leicht identifizieren läßt, zugeschrieben; sie soll in den Jahren 1220—1230 entstanden sein und hat einen weitaus größeren Erfolg gehabt als die frühere Version[38]. Ich stütze mich in den nachfolgenden Ausführungen auf die Version des Philippus, und zwar in der Edition Roger Bacons, der die Schrift auf vier Bücher verteilt und jedes Buch in Kapitel gegliedert hat[39].

Der Titel der Schrift bezieht sich darauf, daß ihr Autor vorgibt, ein Geheimnis zu enthüllen, über das er nur in Bildern und mit Benutzung von rätselhaften Beispielen und Zeichen sprechen könne, damit es nicht irgendwelchen unwürdigen Leuten zur Kenntnis komme; Alexander werde jedoch die Worte seines früheren Lehrers genau verstehen[40]. Der erste Teil behandelt die Eigenschaften, welche einen guten König auszeichnen, sowie die Normen und Vorschriften, nach denen dieser sich in verschiedenen Umständen zu benehmen hat[41]. Der zweite enthält Vorschriften für die Erhaltung der Gesundheit[42]. Im dritten Teil kommen sehr verschiedenartige Themen zur Sprache, auf welche gleich weiter eingegangen wird. Der kurze vierte Teil ist der Physiognomik gewidmet[43].

Mit Bezug auf den möglichen Zusammenhang zwischen dem Secretum secretorum und Wilhelm von Moerbeke empfiehlt es sich, auf den dritten Teil der Schrift etwas näher einzugehen. Zuerst werden, nach einem Kapitel über Alchimie, die Eigenschaften der Gesteine und Pflanzen behandelt[44]. Dann aber wird neu angefangen mit dem Thema der Gerechtigkeit als universelles Ordnungsprinzip[45]. Der Anfang des nächsten Kapitels bringt den Liber de causis in Erinnerung: das Erste, was Gott geschaffen habe, sei eine einfache geistige Substanz von höchster Vollkommenheit und Güte, welche die Formen aller Dinge enthalte und Vernunft genannt werde; aus dieser Substanz sei eine andere hervorgegangen, von geringerem Range, welche Allseele genannt werde; eine andere Substanz sei diejenige, welche Materie genannt werde (oder: aus dieser Seele sei eine

---

[38] Cf. M. Grignaschi, La diffusion du „Secretum secretorum" (Sirr-al-'asrār) dans l'Europe occidentale, in: Archives d'hist. doctr. et litt. du moyen âge 47 (1980) 7—70, bes. 24—25.
[39] Secretum secretorum cum glossis et notulis. Tractatus brevis et utilis ad declarandum quedam obscure dicta Fratris Rogeri, ed. R. Steele. Accedunt Versio Anglicana ex Arabico, ed. A. S. Fulton, Versio Vetusta Anglo-Normanica, Oxford 1920, xxiii (= Opera hactenus inedita Rogeri Baconi [sic] 5).
[40] Ibid., 40—41.
[41] Ibid., 42—62.
[42] Ibid., 64—110.
[43] Ibid., 164—172.
[44] Ibid., 114—123.
[45] Ibid., 123—126.

andere Substanz hervorgegangen, welche Materie genannt werde) bevor sie Dimensionen besitze; wenn sie sich in Länge, Breite und Tiefe ausbreite, entstehe der absolute Körper. Es folgt eine Beschreibung der Himmelssphären und des sublunarischen Bereiches mit ihren jeweiligen Bewegungen; sie endet mit einer Betrachtung über den Menschen, der die ganze Schöpfung in sich vereinige, weil er aus einem materiellen, zusammengesetzten Leib und einer geistigen, einfachen Seele bestehe[46]. Über die Seele handelt auch das nächste Kapitel[47]. Daran schließen sich Betrachtungen über die fünf Sinne und, als Parallele, über die fünf Boten (*bajuli*) des Königs[48]. Die nächsten Kapitel enthalten verschiedene Ratgebungen mit Bezug auf die Wahl der Mitarbeiter, die Reichsverwaltung und die Kriegsführung[49]. Sie schließen, sowie auch die Ausführungen über Politik und Medizin (Teile I und II) mit einem Hinweis auf die Wichtigkeit der Aussagen der Astrologie im betreffenden Bereich[50]. Hier werden aber noch zwei Kapitel hinzugefügt, in denen an die philosophische Grundlage der Astrologie, d. h. an die Theorie der Einflüsse der Himmelskörper auf die irdischen Vorgänge, erinnert wird. Die Substanz dieser Welt sei einheitlich, die Verschiedenheit sei akzidenteller Art. Die ersten Unterschiede in der Natur seien die vier Elemente; für dasjenige, was aus den Elementen hervorgehe, Minerale, Pflanzen und Tiere, liege die Ursache in der uns umgebenden höheren Wirklichkeit. Alle irdischen Formen werden durch die „geistigen" sphärischen Formen des Firmaments regiert, d. h. durch die Himmelskörper, welche ihre Abbildungen oder Formen in ihr Licht aufnehmen und zur sublunarischen Welt weiterleiten. Je nach dem Grade der „Information" durch die unterschiedlichen Planeten entstehen Minerale, Pflanzen und Tiere. Die Form sei ewig und gleichbleibend, weil sie von den ewigen und unvergänglichen Planeten abgeleitet sei; die materiellen Dinge dagegen bleiben nicht zu jeder Zeit dieselben, weil die Einflüsse der Planeten dauernd wechseln und sich gegenseitig verstärken oder hemmen. Es sei also wichtig, die Bewegungen der Himmelskörper, die Einflüsse der verschiedenen Konfigurationen, sowie die Wirkung des

---

[46] Ibid., 127–130. Wie A. A. Verdenius, Jacob van Maerlant's Heimelijkheid der Heimelijkheden, 27–39, gezeigt hat, ist dieses Kapitel, wie auch einige andere Stellen des Secretum secretorum, fast wörtlich den Abhandlungen der arabischen philosophischen Schule „die lautern Brüder" entnommen; cf. F. Dieterici, Die Lehre von der Weltseele bei den Arabern im X. Jahrhundert, Leipzig 1872, Repr. Nachdr. Hildesheim 1969, 15–17 (= Die Philosophie bei den Arabern im X. Jahrhundert n. Chr., Gesamtdarstellung und Quellenwerke VIII), wo man eine deutsche Übersetzung der betreffenden Stelle findet.
[47] Ibid., 130–132.
[48] Ibid., 132–143.
[49] Ibid., 144–155.
[50] Ibid., 155–156; cf. 60–62 und 108–110.

Lichtes, genau zu erkennen[51]. Der dritte Teil der Schrift schließt mit einem Kapitel über Talismane[52].

Die Beschreibung des Zusammenhanges zwischen den Himmelskörpern und den irdischen Vorgängen mittels des Lichtes, und zwar in Verbindung mit der Darstellung der neuplatonischen Seinslehre, erinnert sehr auffällig an die Widmung Witelos. Wir haben es hier mit einem komplizierten Abhängigkeitsverhältnis zu tun. Wie wir gesehen haben, hat Witelo bei der Redaktion seiner Perspectiva sicher die optischen Schriften Roger Bacons im Auge[53]. Die Übereinstimmungen mit dem Secretum secretorum zeigen jedoch deutlich, daß diese Schriften nicht die ursprünglichen Quellen der Ansichten sind, welche Witelo Moerbeke zuschreibt. Bacon selbst ist durch die pseudo-aristotelische Schrift tiefgehend beeinflußt worden; S. C. Easton hat ihr eine entscheidende Bedeutung mit Bezug auf Bacons eigentümliche Auffassung einer universellen Wissenschaft beigemessen[54]. Rogers kommentierte Ausgabe ist vor 1257 in Oxford entstanden[55]; der Autor verweist darin auf vollständigere Exemplare, welche er in Paris gesehen habe[56]. Auch Albert der Große hat die Schrift um diese Zeit mehrfach zitiert[57]. Es ist daher wahrscheinlich, daß sie auch Wilhelm ziemlich früh bekannt gewesen ist und ihn ähnlich wie Bacon in seiner intellektuellen Entwicklung beeinflußt hat. Zudem muß beachtet werden, daß wir gerade Bacon eine wichtige Bemerkung über Wilhelms Übersetzungsarbeit verdanken, welche darauf hindeutet, daß die beiden Männer einander wohl gekannt haben müssen.

4. Wilhelms Übersetzungsarbeit

Das Corpus Aristotelicum

In einem früheren Aufsatz habe ich auf die Berechtigung des Baconschen Zeugnisses mit Bezug auf Wilhelms Übersetzungsarbeit hingewiesen[58]. In einer seiner berüchtigten Invektiven gegen die Übersetzer erwähnt der

---

[51] Ibid., 157—162; für ein gutes Verständnis muß oft die arabisch-englische Übersetzung (252—256) herangezogen werden.
[52] Ibid., 162—163.
[53] Cf. oben, 540—543.
[54] S. C. Easton, Roger Bacon and His Search for a Universal Science. A Reconsideration of the Life and Work of Roger Bacon in the Light of His Own Stated Purposes, New York 1952, Reprint Westport Connecticut 1970, 67—86.
[55] Cf. Secretum secretorum cum glossis et notulis, ed. Steele, viii.
[56] Cf. ibid., 39, 35.
[57] Cf. M. Grignaschi, La diffusion du „Secretum secretorum", 19, Anm. 35.
[58] J. Brams, Guillaume de Moerbeke et Aristote, in: Rencontres de cultures dans la

englische Franziskaner beiläufig, daß Moerbeke, trotz seiner Unfähigkeit, sich vorgenommen hat, alle vorhandenen Übersetzungen des Aristoteles zu revidieren, und verschiedene neue herzustellen[59]. Eine Übersicht von Moerbekes Übersetzungen kann diesen Bericht nur bestätigen: die Werke des Aristoteles nehmen in dieser Liste zweifellos die wichtigste Stelle ein, wenn auch viele andere lateinische Versionen griechischer Texte in ihr enthalten sind. Mit Ausnahme der Analytica priora und der Topica sind alle genuinen Traktate des Corpus Aristotelicum — und, bis auf eine teilweise Übersetzung von De coloribus, nur die genuinen — in einer Versio Moerbecana erhalten. Außerdem hat der Übersetzer auf seine Aristoteles-Versionen besondere Sorgfalt verwendet, da er verschiedene von ihnen zweimal, einige sogar dreimal behandelt hat. Diese Überarbeitungen waren wahrscheinlich dadurch veranlaßt, daß Moerbeke sich eine oder mehrere zusätzliche griechische Handschriften hatte beschaffen können, und darum bemüht war, über die Fehler der individuellen Zeugen hinauszukommen; es ist ihm aber bei solcher Arbeit oft gelungen, zugleich einen wesentlichen Fortschritt in der Wiedergabe der aristotelischen Gedanken zu realisieren[60]. Auffällig ist auch die frühe Datierung der meisten Aristoteles-Übersetzungen. Nach den von F. Bossier durchgeführten Untersuchungen über die Verschiebungen innerhalb der Übersetzungsmethode Moerbekes gehören die Neuübersetzungen in ihrer ursprünglichen Form, außer der Poetik, in die Zeit vor 1266[61]. Vermutlich sind auch die Revisionen, jedenfalls in ihrer ersten Fassung, dieser Periode zuzuschreiben. Moerbeke hat sich aber noch in den siebziger Jahren mit Aristoteles beschäftigt, wie die Übersetzung der Poetik (1278) bezeugt; wahrscheinlich hat er in dieser Zeit auch einige frühere Übersetzungen und Revisionen abermals überarbeitet. Da also Moerbeke an seinen Aristoteles-Übersetzungen anscheinend besonders interessiert war, liegt die Vermutung nahe, daß er sie nach einem wohlüberlegten Plan vorgenommen hat.

Diese Vermutung scheint durch einen Prolog bestätigt zu werden, welcher der Übersetzung des Traktats De partibus animalium (beendet am 23. Dezember 1260) vorangestellt ist. In diesem Prolog werden die Worte eines „Willelmus interpres" (der allgemein mit Wilhelm von Moerbeke

---

philosophie médiévale. Traductions et traducteurs de l'Antiquité tardive au XIVe siècle. Actes du Colloque international de Cassino 15—17 juin 1989, éd. J. Hamesse et M. Fattori, Louvain-la-Neuve — Cassino 1990, 317—336 (= Publications de l'Institut d'Études Médiévales de l'Université Catholique de Louvain 11 = Rencontres de philosophie médiévale 1).

[59] Roger Bacon, Compendium studii philosophiae, VIII, in: Fr. Rogeri Bacon Opera quaedam hactenus inedita, I, ed. J. S. Brewer, London 1859, 472.

[60] Siehe z. B. G. Verbeke, Moerbeke, traducteur et interprète; un texte et une pensée, in: Guillaume de Moerbeke, 1—21.

[61] F. Bossier, Méthode de traduction et problèmes de chronologie, in: Guillaume de Moerbeke, 257—294.

identifiziert wird) zitiert, in denen, unter Verweisung auf Alexander, die Reihenfolge der zoologischen Werke des Aristoteles erklärt wird. Nach G. Lacombe geht diese Notiz auf den Kommentar zu den Meteora zurück, dessen Übersetzung Moerbeke einige Monate vor dem Traktat De partibus, am 24. April 1260, beendete[62]. In der Einleitung zu der Edition dieses Textes hält A. J. Smet „a priori" eine andere Hypothese für möglich: der Prolog wäre eine byzantinische Einleitung zu der Schrift De partibus, welche Wilhelm in seiner griechischen Handschrift gefunden und wörtlich übernommen hätte. Diese Hypothese kommt dem Herausgeber jedoch ebenso wenig befriedigend vor wie diejenige Lacombes, und er versucht zu zeigen, daß Moerbeke den Prolog mit Hilfe der beiden von ihm übersetzten Kommentare des Alexander, In Meteora und In De sensu, verfaßt haben kann. Was A. J. Smet daran hinderte, den Prolog als Übersetzung eines griechischen Scholions aufzufassen, war offenbar die einleitende Formel „*Inquit Willelmus interpres*", welche auf „Autorschaft" im modernen Sinne hinzudeuten scheint[63].

Eine solche Interpretation liegt m. E. nicht auf der Hand; andererseits aber lassen sich gegen Smets Erklärung zweierlei Bedenken erheben:
1. In formaler Hinsicht ist der Text des Prologs allem Anschein nach eine wörtliche Übersetzung aus dem Griechischen. Man beachte die folgenden Satzteile, welche aus keiner der beiden zum Vergleich herangezogenen Übersetzungen stammen und trotzdem schwerlich als genuin lateinische Ausdrücke gelten können, sondern zum üblichen Übersetzungsvokabular Moerbekes gehören, wie aus den angeführten Parallelstellen des Meteora-Kommentars hervorgeht (meine Hervorhebung):

12—13 ... libros naturalis *methodi* (cf. Alex. In Meteora 5, 31)
15—16 ... *pro eo quod* non sit eiusdem modi (cf. 11, 65)
33—35 ... De generatione *ea quae de foris* animalium (cf. 290, 00 e. a.)

2. Mit Bezug auf den Inhalt weist A. J. Smet darauf hin, daß alle im Prolog zitierten Titel sich in einem der beiden Kommentare des Alexander wiederfinden, bis auf zwei verlorene Werke des Aristoteles, welche jedoch in der Schrift De partibus animalium selbst mehrfach zitiert werden. Dazu muß hervorgehoben werden, daß dasjenige, was über diese Werke im Prolog mitgeteilt wird, sich keineswegs aus den von Smet angeführten Parallelstellen erklären läßt, z. B. daß die Historia animalium, sowie die Schrift De anathomis animalium, nicht zu den Büchern der Naturbetrachtung gerechnet werden sollen (10—16), oder daß der Schrift De partibus sich das Buch De progressu animalium anschließt, wonach die Schrift De

---

[62] Aristoteles Latinus. Codices, descr. G. Lacombe ..., I, Roma 1939, 83.
[63] Alexandre d'Aphrodisias, Commentaire sur les Météores d'Aristote. Traduction de Guillaume de Moerbeke, ed. A. J. Smet, Leuven 1968, xii—xiv (= Corpus Latinum Commentariorum in Aristotelem Graecorum 4).

anima folgt (17—22)⁶⁴. Und auch der im Prolog erwähnte Titel „De generatione ea quae de foris animalium", welchen Aristoteles bisweilen statt „De alimentis animalium" benutzt habe, ist sonst nicht bekannt.

All diese Feststellungen lassen sich wohl am einfachsten durch die Annahme erklären, Moerbeke habe hier ein griechisches Scholion, welches letztlich auf Alexander zurückgeht, zusammen mit dem Text der Schrift De partibus übersetzt, weil ihm der Inhalt desselben wichtig erschien. Was kann ihn in dieser Notiz besonders interessiert haben? Die Antwort liefert wohl der Bericht Roger Bacons. Wenn Moerbeke das ganze Corpus Aristotelicum übersetzen wollte, mußte er zuerst wissen, welche Werke zu diesem Corpus gehörten, und in dem Scholion fand er eben einen anscheinend zuverlässigen Bericht über einen wichtigen Teil dieser Werke. Wollte er doch wohl nur die genuinen aristotelischen Schriften übersetzen[65]! Daß Moerbeke mit Bezug auf Aristoteles an Berichten über Authentizität interessiert war, zeigt u. a. das Theophrast-Scholion, welches er aus einer griechischen Handschrift der Metaphysik übernommen hat[66].

Es bleibt die Frage, wie unser Übersetzer zu seinem Projekt eines vollständigen Aristoteles Latinus gekommen ist. R. Lemay hat in seinem hervorragenden Buch über Abū Maʿshar darauf hingewiesen, daß das Interesse für die Libri naturales des Aristoteles im 12. und 13. Jahrhundert nicht auf das Vorhandensein von Übersetzungen dieser Traktate zurückgeht; da die aristotelische Naturphilosophie in der mittelalterlichen Rezeption zunächst mit astrologischen Auffassungen verbunden war, sei anzunehmen, daß die erste Bekanntschaft mit dem neuen Aristoteles auf dem Umwege der arabischen astrologischen Traktate stattgefunden hat, in welchen dem Aristoteles eine große Autorität oder sogar die Autorschaft der betreffenden Schriften beigemessen wurde. Erst später sei man dazu gekommen, ein getreueres Bild des griechischen Philosophen zu gewin-

---

[64] Letztere Notiz leitet sich nach F. Bossier, Méthode de traduction et problèmes de chronologie, 289, Anm. 29, aus den abschließenden Worten der Schrift De progressu animalium her: „*hiis autem determinatis consequens est de anima contemplari*".

[65] Es bleibt fraglich, aus welchem Grunde Moerbeke seine zunächst angefangene Übersetzung der Schrift De coloribus unvollendet gelassen hat. Nach E. Franceschini, Sulle versioni latine medievali del Περὶ χρωμάτων, in: Autour d'Aristote. Recueil d'études de philosophie ancienne et médiévale offert à Monseigneur A. Mansion, Louvain 1955, 466, könnte dies damit zusammenhängen, daß Moerbeke von der Übersetzung des Bartholomaeus von Messina gehört hätte. Es scheint mir aber auch denkbar, daß bestimmte Informationen über die (genuinen) Werke des Aristoteles, wie das erwähnte Scholion, die Übersetzungsarbeit Moerbekes beeinflußt haben.

[66] Cf. G. Vuillemin-Diem, Untersuchungen zu Wilhelm von Moerbekes Metaphysikübersetzung, III. Das Theophrast-Scholion und seine Verwechslung, in: Studien zur mittelalterlichen Geistesgeschichte und ihren Quellen, ed. A. Zimmermann, Berlin—New York 1982, 173—208 (= Miscellanea Mediaevalia 15). Dieses Interesse für Echtheitsfragen hängt mit der oben erwähnten textkritischen Arbeit des Übersetzers zusammen.

nen[67]. Lemay verweist auf das Zeugnis Bacons, der das hohe Ansehen der aristotelischen Philosophie bei den Lateinern auf die Zeit des Michael Scotus (1230) zurückführt; dieser habe nämlich bestimmte Teile der Bücher über Naturphilosophie und Metaphysik mit „authentischen" Kommentaren zugängig gemacht[68]. Bacons Bericht trifft durchaus zu: zwar sind schon lange vor Scotus Übersetzungen solcher Bücher gemacht worden, es ist aber die Translatio Scoti der aristotelischen Traktate und insbesondere der Kommentare des Averoes, welche für die Entdeckung des „echten" Aristoteles von entscheidender Bedeutung gewesen ist und auch den Weg zum Verständnis der alten griechisch-lateinischen Übersetzungen bereitet hat[69]. Wenn nun gerade zu dieser Zeit eine aus dem Arabischen übersetzte Schrift auftauchte, welche den Aristoteles wieder zum Verteidiger der Astrologie machte, mußte das Bedürfnis naheliegen, das genuine Corpus Aristotelicum, sowie auch die antiken Aristoteles-Kommentare, unmittelbar aus ihren griechischen Quellen kennenzulernen.

Vor allem die allerersten Übersetzungen Moerbekes geben dazu Anlaß, an einen Einfluß des Secretum secretorum zu denken. Nach den Untersuchungen von F. Bossier gehen sicher die Schrift De caelo, und möglicherweise die Politica imperfecta der frühesten datierten Übersetzung (Alexander in Meteora, 1260) voraus, während die Tierbücher um dieselbe Zeit oder kurz nachher entstanden seien[70]. Diese Titel hängen mit den Themen des Secretum secretorum (Politik, Medizin, Astrologie) erkennbar zusammen. Die Suche des Übersetzers nach dem griechischen Text der Politik war zuerst enttäuschend; nach seiner partiellen Übersetzung klagt er: „*Reliqua huius operis in greco nondum inveni*"[71] — doch wenige Jahre später konnte er den vollständigen Text übersetzen. Die Lehre von den Bewegungen der Himmelskörper mußte jemandem, der an der Astrologie interessiert war, natürlich sehr wichtig erscheinen; seine frühe Übersetzung der Schrift De caelo hat Moerbeke später noch zweimal überarbeitet[72]. Von den Tierbüchern scheint die Schrift De generatione animalium als erste übersetzt worden zu sein; auch dieses Thema stand im Zentrum der astrologischen Betrachtungen[73].

---

[67] Cf. R. Lemay, Abu Maʿshar and Latin Aristotelianism in the Twelfth Century. The Recovery of Aristotle's Natural Philosophy through Arabic Astrology, Beirut 1962, XXII—XXXI (= American University of Beirut, Publication of the Faculty of Arts and Sciences, Oriental Series 38).

[68] The Opus Maius of Roger Bacon, ed. J. H. Bridges, III, Unver. Nachdruck Frankfurt/Main 1964, 66.

[69] Cf. D. A. Callus, Introduction of Aristotelian Learning to Oxford, in: Proceedings of the British Academy 29 (1943) 229—281, bes. 264 sqq.

[70] F. Bossier, Méthode de traduction et problèmes de chronologie, 286—291.

[71] Aristoteles Latinus XXIX 1 Politica (Libri I—II. 11). Translatio Prior imperfecta interprete Guillelmo de Moerbeka (?), ed. P. Michaud-Quantin, Bruges—Paris 1961, 56.

[72] F. Bossier, Méthode de traduction et problèmes de chronologie, 269, Anm. 13.

[73] Wie L. Thorndike, The True Place of Astrology in the History of Science, in: Isis 46

Die Aristoteles-Kommentare

Wilhelms Übersetzungen von griechischen Aristoteles-Kommentaren sind aufs engste mit seinem Aristoteles-Projekt verbunden[74], und auch hier hängen die Leistungen seiner frühen Periode, nämlich die Alexander-Kommentare In Meteora und In De sensu, unmittelbar mit Themen aus dem Bereich der Astrologie zusammen. Für den Kommentar In Meteora ist dies ohne weiteres einleuchtend: nicht nur die Himmelserscheinungen, sondern auch die Elemente spielen in diesem Bereich eine wichtige Rolle. Andererseits läßt sich die Bedeutung der Sinneswahrnehmung sowohl mit dem Zeugnis Witelos wie mit den betreffenden Kapiteln des Secretum secretorum in Verbindung bringen.

Außer den beiden erwähnten Kommentaren des Alexander hat Wilhelm in seiner frühen Periode noch zwei weitere Schriften dieses Autors übersetzt, welche mit Astrologie aufs engste zusammenhängen, nämlich De fato ad imperatores und ein Opusculum de fato. Es ist bekannt, daß im Stoizismus die Themen der „Heimarmene" und der Astrologie sosehr verbunden waren, daß die beiden fast miteinander identifiziert werden konnten. Im Mittelalter war es denn auch eine viel diskutierte Frage, ob nicht die Astrologie zu einer deterministischen Auffassung alles Geschehens führen müßte; auch Roger Bacon hat sich mit dieser Frage ausdrücklich befaßt[75].

Den großen Kommentar des Simplikios In De caelo hat Moerbeke am 15. Juni 1271 beendet. In seiner *subscriptio* weist er mit Stolz auf den Verdienst seiner Arbeit hin; dank seiner großen physischen und geistigen Anstrengung kann er den Lateinern eine Übersetzung anbieten, welche einen wesentlichen Beitrag zu ihren Studien darstellt: „... *hec cum magno corporis labore ac multo mentis tedio latinitati offero, putans in hoc translationis opere me plura latinorum studiis addidisse*"[76]. Die Formel könnte dem Über-

---

(1955) 273—278, bemerkt hat, spielte die Astrologie die Rolle eines universellen Gesetzes, welche später durch Newtons Gravitationsprinzip, und im Bereich der Biologie durch die Evolutionstheorie Darwins, übernommen wurde.

[74] Cf. Jean Philopon, Commentaire sur le De anima d'Aristote. Traduction de Guillaume de Moerbeke. Édition critique avec une introduction sur la psychologie de Philopon par G. Verbeke, Louvain—Paris 1966, 120: „*Puto qui hoc legerit, ad intellectum litterae Aristotelis plus quam ante lumen habebit*".

[75] Das erste der von Moerbeke aus dem Timaioskommentar des Proklos übersetzten Exzerpte bezieht sich ebenfalls auf diese Frage: Was wäre der Sinn des Gebets, wenn alles in einem kausalen Zusammenhang verknüpft wäre? Cf. Proclus, Commentaire sur le Parménide de Platon. Traduction de Guillaume de Moerbeke, II, éd. C. Steel, suivie de l'édition des extraits du Commentaire sur le Timée, traduits par Moerbeke, Leuven 1985, 571—575. Noch bezeichnender sind in diesem Zusammenhang die Themen der von Moerbeke übersetzten Tria opuscula; cf. Procli Diadochi Tria Opuscula (De providentia, libertate, malo). Latine, Guilemo de Moerbeka vertente, et Graece, ex Isaacii Sebastocratoris aliorumque scriptis collecta. Ed. H. Boese, Berolini 1960.

[76] Cf. W. Vanhamel, Biobibliographie de Guillaume de Moerbeke, 312—313.

setzer des Secretum secretorum entnommen sein: „*... transtuli cum magno labore et lucido sermone de Arabico ydiomate in Latinum*"[77]. Wilhelm fügt der (körperlichen) Mühe eine geistige Belastung (*mentis tedium*) hinzu. Was sein *tedium* verursachen konnte, haben wir schon durch Witelo erfahren, nämlich entweder die *verbositas Arabica* oder die *implicatio Graeca*; die Belastung, welche er erfuhr, hatte also, genau wie im Secretum secretorum, mit dem Bemühen um einen *lucidus sermo* zu tun.

Man könnte sich darüber wundern, daß Moerbeke diesen wichtigen Kommentar erst so spät vollendet hat, nachdem er in den Jahren 1266−1268 eine eindrucksvolle Reihe von Aristoteles-Kommentaren übersetzt hatte, welche nicht im gleichen Ausmaß charakteristisch zu sein scheinen: Simplikios In Categorias (März 1266), Themistios In De anima (22. November 1267), Ammonios In Peri Hermeneias (12. September 1268) und Philoponos In De anima III 4−8 (17. Dezember 1268)[78]. Man darf jedoch nicht übersehen, daß er schon zuvor an diesem Kommentar gearbeitet hatte; wie schon erwähnt wurde, ist ein Stück, das ihn besonders interessieren mußte, in einer früheren Fassung in einer Handschrift aus Toledo überliefert worden. Es enthält einen Teil der Digression über die astronomischen Hypothesen, nämlich die Theorie der homozentrischen Sphären nach Eudoxos, Kallippos und Aristoteles (492.25−504.32 Heiberg). Die Fortsetzung der Digression faßt Moerbeke kurz zusammen, mit einem Hinweis auf die ausführlichere Darstellung des Ptolemaios über die Exzenter und Epizyklen[79]. Wilhelm hat in seiner vollständigen Übersetzung dieses Stück benutzt, aber zugleich gründlich revidiert, wobei die Entwicklung seiner Übersetzungsmethode zeigt, daß das Fragmentum Toletanum beträchtlich älter sein muß als die vollständige Übersetzung[80].

---

[77] Cf. Secretum secretorum cum glossis et notulis, ed. Steele, 26.
[78] Dabei muß man freilich beachten, daß eine astrologische Kosmologie sich mit den verschiedensten Problemen der Philosophie berührt. So hat die *formarum diffusio* auch mit der Kategorienschrift zu tun, während andererseits Peri Hermeneias 9 sich ausdrücklich mit dem Problem des Determinismus beschäftigt; cf. R. Lemay, l. c., 69−85; 113−131.
[79] Cf. oben, 538, Anm. 4.
[80] In dem berühmten Brief der Pariser Artistenfakultät an das Generalkapitel des Dominikanerordens (12. Mai 1274) wird u. a. ein „Commentum Simplicii super De celo et mundo" erwähnt, welches Thomas bei seiner Abreise aus Paris (1272) den Pariser Magistern zugesagt hätte. Dieser Titel wurde, wie es vor der Entdeckung des Fragmentum Toletanum auf der Hand lag, auf Moerbekes vollständige Übersetzung bezogen (cf. W. Vanhamel, l. c., 372−373), wobei sich jedoch die Frage erhebt, wie Thomas so schnell von dieser Arbeit in Kenntnis gestellt wurde; es wäre vielleicht einfacher, hier an das Fragmentum Toletanum zu denken, das er jedenfalls in seinem (damals verfaßten) Metaphysikkommentar benutzt hat. Daß mit *Commentum* nicht der vollständige Kommentar gemeint sein muß, wird daraus ersichtlich, daß auch die in dem Brief zunächst erwähnte „Exposicio Timei Platonis" sich wahrscheinlich auf die von Moerbeke übersetzten Exzerpte bezieht.

Die übrigen Übersetzungen

Moerbekes Interesse für die Astrologie wird auf sehr treffende Weise veranschaulicht durch seine Übersetzung des astrologischen Werkes „par excellence", des Tetrabiblos von Ptolemaios[81]. Dieser anonym überlieferte Text wurde kürzlich von L. Anthonis unserem Übersetzer zugeschrieben und von F. Bossier auf die früheste Periode seiner Tätigkeit datiert[82].

Eine neue Begegnung mit Ptolemaios findet viele Jahre später statt. Der berühmte Kodex Vaticanus Ottob. lat. 1850 enthält Moerbekes Übersetzungen von sieben mathematischen Schriften des Archimedes mit zwei Kommentaren des Eutokios, und anschließend den „liber Ptolomei de speculis" — die Übersetzung der Katoptrik des Heron von Alexandria — und die Schrift De analemmate des Ptolemaios; der Übersetzer selbst hat sie während des Jahres 1269 in sorgfältig datierter Reihenfolge aufgeschrieben. Die letzte Arbeit ist von Moerbeke nicht mehr datiert worden; man kann aber vermuten, daß sie ohne Unterbrechung, Anfang 1270, vollendet wurde. Die genaue Bedeutung des griechischen Wortes ἀνάλημμα ist umstritten; nach dem Lexicon von Liddell und Scott handelt es sich in der Schrift des Ptolemaios um die Projektion auf eine Fläche, von Kreisen und Punkte auf der Himmelssphäre[83]. Moerbekes Übersetzung ist auch deshalb wichtig, weil der griechische Text nur sehr bruchstückweise erhalten ist.

Wie schon bemerkt wurde, liegt es auf der Hand, anzunehmen, daß Moerbekes Übersetzungen aus den Jahren 1269—1270 irgendwie mit der Anwesenheit des berühmten Mathematikers Johannes Campano am päpstlichen Hof zusammenhängen[84]. Zugleich muß jedoch beachtet werden,

---

[81] Mit Hinsicht auf die für Moerbeke kennzeichnende Verbindung von Neuplatonismus und Astrologie sei auf die Einleitung des Porphyrios zu dieser Schrift, sowie auf die Paraphrase des Proklos hingewiesen; cf. Claudio Tolomeo, Le previsioni astrologiche (Tetrabiblos), a cura di S. Feraboli, Fondazione L. Valla 1985, XXIV—XXV.

[82] L. Anthonis, „Iudicialia ad Syrum". Une traduction de Guillaume de Moerbeke du „Quadripartitum" de Cl. Ptolémée, in: Guillaume de Moerbeke, 253—255; F. Bossier, Méthode de traduction et problèmes de chronologie, 291.

[83] Cf. H. G. Liddell—R. Scott—H. S. Jones, Greek-English Lexicon. A Supplement. Ed. E. A. Barber, Oxford 1968, 12. Moerbeke hat das Wort im Laufe des Textes nicht übersetzt; er hat einen Zwischenraum gelassen und hat das griechische Wort in der Marge notiert. Nur in der Rubrik heißt es: „*Claudii Ptolemei liber de analemmate incipit*". In den Katalogen der päpstlichen Bibliothek von 1295 und 1311 wird dagegen eine griechische Handschrift erwähnt, in welcher eine mit dem Titel „Liber Tholomei de resumptione" bezeichnete Schrift vorkommt, was bemerkenswert ist, wenn es sich hier um die von Moerbeke benutzte Handschrift handelt; cf. D. R. Edwards, Ptolemy's Περὶ ἀναλήμματος — An Annotated Transcription of Moerbeke's Latin Translation and of the Surviving Greek Fragments with an English Version and Commentary, Diss. Brown University 1984, 23.

[84] Cf. oben, 538—539; A. Paravicini Bagliani, Guillaume de Moerbeke et la cour pontificale, 43—44.

daß diese Arbeiten sicher nicht außerhalb des Hauptinteresses unseres Übersetzers liegen; die Mathematik fand ja in der Vorstellung der Bewegungen der Himmelskörper gerade ihren schönsten Ausdruck[85]. Bei der Übersetzung von Herons Katoptrik zeigt sich dieser Zusammenhang noch deutlicher; sie bezieht sich nämlich unmittelbar auf das Thema des Lichtes und wurde von Witelo in seiner Perspectiva ausführlich benutzt. Auch in der Schrift De analemmate ist Moerbekes Interesse deutlich erkennbar[86].

Zum Schluß sei auf einen Wissensbereich hingewiesen, der im Secretum secretorum ausführlich behandelt wird, und an dem auch Moerbeke sich beteiligt hat, nämlich die Medizin. Die Übersetzung der galenischen Schrift De virtute alimentorum ist schon oben erwähnt worden[87]. Daß es sich dabei nicht um einen vereinzelten Seitensprung des Übersetzers handelt, hat G. Vuillemin-Diem kürzlich überzeugend gezeigt: die von Moerbeke für verschiedene seiner Aristoteles-Übersetzungen benutzte Handschrift Vindobonensis phil. gr. 100 enthält auf fol. 137 v in der Marge eine ausführliche Notiz, nämlich eine Liste der Schriften des Hippokrates, welche unser Übersetzer hier nach dem Index der Hippokrates-Handschrift Vaticanus gr. 276 aufgezeichnet hat[88]. Eine Hippokrates-Übersetzung Moerbekes ist uns bisher nicht bekannt; möglicherweise hat er jedoch Pläne für eine oder mehrere solcher Übersetzungen gehegt, wie es der Vergleich mit der oben erwähnten Liste der Tierbücher könnte vermuten lassen.

---

[85] Cf. L. Thorndike, The True Place of Astrology, 277.

[86] D. R. Edwards, l. c., 29, hat auf den Zusammenhang zwischen „analemma" und Kegelschnitten hingewiesen. Diese Bemerkung unterstützt die Vermutung Ungurus, Witelo habe in seiner Perspectiva die Schrift über Kegelschnitte des Apollonios von Perge benutzt, welche Moerbeke (vermutlich nur teilweise) übersetzt hätte; cf. S. Unguru, A Very Early Acquaintance with Apollonius of Perga's Treatise on Conic Sections in the Latin West, in: Centaurus 20 (1976) 112–128; Id., Pappus in the Thirteenth Century in the Latin West, in: Archive for History of Exact Sciences 13 (1974) 307–324, bes. 323–324. Im letzteren Aufsatz zeigt Unguru, daß Witelo auch mit der Collectio des Pappos vertraut ist, und weist in diesem Bezug ebenfalls auf eine mögliche Vermittlung durch Moerbeke hin; siehe hierzu W. Vanhamel, l. c., 372–376.

[87] Cf. 538, Anm. 6.

[88] G. Vuillemin-Diem, La liste des œuvres d'Hippocrate dans le *Vindobonensis phil. gr.* 100: un autographe de Guillaume de Moerbeke, in: Guillaume de Moerbeke, 135–183. L. Thorndike und P. Kibre, A Catalogue of Incipits of Mediaeval Scientific Writings in Latin, Revised and Augmented Edition, London 1963, 490 und 1284, erwähnen zwei weitere galenische Schriften, welche Moerbeke übersetzt hätte: De crisibus und De cibis et potu. Was erstere betrifft sei angemerkt, daß G. Fichtner, Corpus Galenicum — Verzeichnis der galenischen und pseudogalenischen Schriften, Tübingen 1989, Nr. 65, keine Moerbekische Übersetzung dieser Schrift erwähnt; es handelt sich vermutlich um ein Pseudepigraph. Die sogenannte Schrift De cibis et potu ist dagegen Moerbekes Übersetzung von De virtute alimentorum, welche mit einem falschen Textanfang angegeben wird, wie im Katalog der betreffenden Handschrift (J. Marx, Verzeichnis der Handschriften-Sammlung des Hospitals zu Cues bei Bernkastel a./Mosel, Trier 1905, 290).

Dubia

Zwei Schriften, welche in den betreffenden Textzeugen ausdrücklich unserem Übersetzer zugeschrieben werden, erscheinen schon beim ersten Kontakt verdächtig, weil man in ihnen nicht die für Moerbeke charakteristische wörtliche Übersetzung eines griechischen Textes wiedererkennt. Es handelt sich in beiden merkwürdigerweise um angebliche astrologische Traktate, welche also vorzüglich in die bisher gegebene Schilderung passen würden. Sie sind bisher noch nicht gründlich untersucht worden, und auch mir war eine eingehende Betrachtung des gesamten Textes beider Werke im Rahmen dieses Aufsatzes nicht möglich. Trotzdem möchte ich kurz einige Bedenken erwähnen, welche sich gegen die fraglichen Zuschreibungen erheben lassen.

Ein erster Text präsentiert sich als eine hippokratische Schrift De pronosticationibus egritudinum secundum motum lune. Es ist ein rein astrologischer Traktat, welcher die Prognose von Krankheiten mit den jeweiligen Positionen des Mondes in den zwölf Zodiakalzeichen und gegenüber den anderen Planeten in Verbindung bringt — nach K. Sudhoff, der den Text als einen anonymen Liber de pestilencia veröffentlicht hat, „wohl das Extremste an Iatromathematik, was man sich denken kann"[89]. L. Thorndike hat ihn mit den pseudogalenischen Prognostica de decubitu ex mathematica scientia identifiziert[90]; P. Kibre hat jedoch bemerkt, daß beide Schriften zwar ähnlich, aber nicht identisch sind[91]. Nach Inhalt und Aufbau stimmen sie weitgehend überein, und in bestimmten Teilen decken sie sich auch in der Formulierung.

L. Thorndike und P. Kibre unterscheiden drei verschiedene Übersetzungen desselben Traktats, eine anonyme arabisch(?)-lateinische, und zwei griechisch-lateinische, deren Urheber Wilhelm von Moerbeke und Petrus von Abano seien[92]. Bei näherem Zusehen ist die Lage jedoch sehr merkwürdig. Die drei Übersetzungen, von denen zudem eine, freilich mit einem gewissen Zweifel, als arabisch-lateinische bezeichnet wird, sind einander,

---

[89] Cf. K. Sudhoff, Pestschriften aus den ersten 150 Jahren nach der Epidemie des „schwarzen Todes" 1348. XVII. Weitere Pesttraktate aus Italien bis zum Ende des 15. Jahrhunderts, Nr. 194, in: Archiv für Geschichte der Medizin 16 (1925) 95—102, bes. 96.

[90] Claudii Galeni Opera Omnia, ed. C. G. Kühn, XIX, Lipsiae 1830, Repr. Nachdruck Hildesheim 1965, 529—573; cf. L. Thorndike, A History of Magic and Experimental Science, I, 178—179. In seiner Historia literaria Claudii Galeni (Opera Omnia, ed. C. G. Kühn, I, 1821, Repr. Nachdruck 1964, XVII—CCLXV) schreibt J. C. G. Ackermann über diesen Traktat (CLXIV): „*Est absurdum opus Neograeci, in arabica astrologiae scientia delirantis*".

[91] Cf. P. Kibre, Hippocrates Latinus: Repertorium of Hippocratic Writings in the Latin Middle Ages (III), VII, in: Traditio 33 (1977) 282—295, bes. 283.

[92] L. Thorndike, The Three Latin Translations of the Pseudo-Hippocratic Tract on Astrological Medicine, in: Janus 49 (1960) 104—129; P. Kibre, l. c.

wenigstens teilweise, sehr ähnlich[93]. Die Unterschiede beziehen sich manchmal nur auf die Anwesenheit, bzw. Abwesenheit, bestimmter Bestandteile. Solche Unterschiede finden sich aber auch zwischen Handschriften, welche derselben Version zugeordnet werden[94]; in diesen Fällen spiegeln die Handschriftenklassen oft nur die Eigentümlichkeiten der beiden übrigen Versionen wider[95]. Kontamination hat sich auch mit Bezug auf die Zuschreibungsformeln ergeben: zwei der fünf Handschriften, welche die in ihnen enthaltene Version Moerbeke zuschreiben, bezeugen tatsächlich die arabisch(?)-lateinische Version; die Formeln der übrigen Handschriften sind ebenfalls verdächtig: sie benutzen die für mittelalterliche Übersetzungen ungewöhnlichen Worte *traductus* oder *traductio*[96].

Daß übrigens die „Moerbekische" Fassung eine Übersetzung aus dem Griechischen wäre, geht aus den zugänglichen Texten nicht hervor. Eine Gegenüberstellung der griechischen und lateinischen Version an einer vergleichbaren Stelle zeigt, daß statt der technischen Ausdrücke, welche im Griechischen vorhanden sind, der lateinische Text vage und umschreibende Formulierungen benutzt:

Ed. Kühn, XIX, 533, Κεφ. γ′

Ἐὰν γένηται κατάκλισις τῆς σελήνης οὔσης ἐν τῷ κριῷ πρὸς τὸν ἄρη ἢ τὸν ἥλιον σχηματιζομένη, ἔσται ἡ νόσος ἀπὸ κεφαλῆς ἐξ ἐκκαύσεως καὶ τὴν μήνιγγα ἀλγήσει. καὶ ἔσονται πυρετοὶ συνεχεῖς. καὶ ἀγρυπνίαι. καὶ καύσωμα καὶ δίψα καὶ τραχώδης ἡ γλῶσσα. καὶ τοῦ θώρακος ἐκπύρωσις. ἢ ἥπατος πόνος. καὶ σφυγμοὶ ἐπηρμένοι καὶ ἄτακτοι, τούτοις ὠφέλιμος ἡ τοῦ αἵματος ἀφαίρεσις καὶ προσαγωγὴ πάντων τῶν δυναμένων ψύχειν καὶ παρηγορεῖν. ἔσται γὰρ παρακοπὴ καὶ φρενῖτις.

Ed. Sudhoff, XVI, 96, 28—36

cum infirmitas acciderit, cum luna fuerit in ariete cum marte vel cum sole, erit infirmitas in capite propter nimiam caliditatem solis et dolet ei pulsus capitis, habet quoque febris calidus (sic) *et non recedit ab eo caliditas, patitur quoque anxietatem et vix loquitur, in pectore nimium calorem et dolorem, et patitur dolorem in pulmone et habet vehementissimum pulsum. Necesse est ei minuere sanguinem de vena cordis et uti rebus frigidis in cibo et potu et minuentibus calorem. Et hec infirmitas devenerit in frenesi.*

Die Autorschaft Wilhelms von Moerbeke für diesen Traktat ist also sehr fragwürdig. Die Zuschreibung könnte auf einem Versehen beruhen; eine der Handschriften der „Moerbekischen" Fassung (Oxford, Bodl. Ashmole 345) hat nämlich folgendes *incipit*: „*Ut ait Galienus Sapientissimus Ypocras omnium medicorum ...*", und wie P. Kibre vermutet, statt „Galienus" sei „Guilelmus" zu lesen[97], so könnte auch ein mittelalterlicher Kopist an

---

[93] Cf. L. Thorndike, l. c., 107, 114, 124, 129; P. Kibre, l. c., 284, 287, 288.
[94] Cf. L. Thorndike, l. c., 106, 108, 109—111, 115, 126.
[95] Cf. L. Thorndike, l. c., 117, 124—125, 126.
[96] Cf. W. Vanhamel, l. c., 371.
[97] Cf. l. c., 290.

Wilhelm von Moerbeke gedacht haben, der sich, wie viele andere Autoren, mit solchen Sachen beschäftigt hätte.

Eine ähnliche Lage stellen wir auch mit Bezug auf die Schrift über Geomancie fest, welche uns unter Wilhelms Namen überliefert worden ist; nur handle es sich hier nicht um eine Übersetzung, sondern um eine „Kompilation": *„Incipit geomancia (plenarie tradita) a fratre Guillelmo de Morbeca domini pape penitenciario compilata quam magistro Arnulpho nepoti suo (pro secreto) commendavit"*. Dieses *incipit* ist in sechs Handschriften bezeugt, von denen drei die ausführlichere Fassung enthalten. Das Verfahren ist durchsichtig: wie im Secretum secretorum teilt ein ehrwürdiger Gelehrter einem jüngeren guten Bekannten eine geheime Wissenschaft mit, welche dieser nicht weitergeben darf. Das Genre war damals sehr volkstümlich, wie aus den französischen und italienischen Übersetzungen dieser Schrift hervorgeht. Daß es sich um eine Kompilation handelt, ist offensichtlich; sie enthält z. B. den kleinen Traktat „Desiderantibus verum et certum judicium dare", der nicht nur gesondert überliefert, sondern auch fast wörtlich in andere Kompilationen über Geomancie übernommen worden ist[98]. Die handschriftliche Überlieferung scheint übrigens keine einheitliche Reihenfolge der Bestandteile zu bieten[99]. Außerdem handelt es sich in der Geomancie eigentlich nicht um Astrologie: im sogenannten *prologus minor* — wie im Secretum secretorum hat man hier auch die Prologe „kompiliert" — sagt der Autor, diese Kunst sei ein Ersatz für die *ars astronomie*, welche zu umständlich und nicht zu jeder Zeit ausführbar sei[100].

Mit Bezug auf den Sprachgebrauch dieser Kompilation ist zweierlei zu bemerken:

1. Das Vokabular umfaßt viele Ausdrücke in Vulgärlatein, welche in Moerbekes Übersetzungen nicht üblich sind, sondern eher in Volksbücher gehören, z. B. *curtus* (in dem Sinne von „kurz"), *dubietas, rancor* („rancœur")[101]; *curtus* findet man in dieser Bedeutung ebenfalls in der Schrift De pronosticationibus[102]. 2. Verschiedene Ausdrücke scheinen unmittelbar mit einem arabischen Grundtext zusammenzuhängen, was darauf hindeuten könnte, daß die Schrift aus einer oder mehreren arabisch-lateinischen

---

[98] Cf. Th. Charmasson, Recherches sur une technique divinatoire: la géomancie dans l'occident médiéval, Genève–Paris 1980, 121–123 (= Centre de Recherches d'histoire et de philologie de la IVe section de l'École pratique des Hautes Études V: Hautes Études Médiévales et Modernes 44).

[99] Cf. ibid., 158, 161; W. Vanhamel, l. c., 376–379. Die Handschriften befinden sich heute merkwürdigerweise, mit einer Ausnahme (Florenz, B. Laur. 89, 34), in deutschen oder österreichischen Bibliotheken.

[100] Cf. Th. Charmasson, l. c., 158.

[101] Cf. Hs. Wolfenbüttel, H. A. B. 76.1 Aug. fol., 121 ra, 129 vb, 126 va.

[102] Ed. Sudhoff, 96, 26.

Übersetzungen kompiliert wurde, z. B. *(Similiter procreatio) currit hac via (in fortitudine et debilitate)* = *taġrī hāḏa l-maġra*, eine Formel, welche oft benutzt wird um auf Konformität mit einem zuvor beschriebenen Sachverhalt hinzuweisen; *non (est virtus neque fortitudo earum) nisi ...* = *innamā*, eine sehr übliche einschränkende Partikel[103].

Schluß

Daß Wilhelm von Moerbeke die zwei zuletzt besprochenen Werke übersetzt bzw. kompiliert hätte, erscheint aus verschiedenen inneren Kriterien besonders fragwürdig. Was im Einzelnen zu diesen Zuschreibungen Anlaß gegeben hat, mag dahingestellt bleiben; die Tatsache aber, daß diese sonderbaren magischen Schriften mit Moerbekes Namen verbunden worden sind, dürfte bezeichnend sein für den Ruf, den sich unser Übersetzer damals erworben hatte. Daß er an der Astrologie interessiert war, geht unverkennbar aus dem Zeugnis Witelos hervor. Außerdem hat ihm der junge Henricus Bate seine Magistralis compositio astrolabii gewidmet, eine Schrift, welche sehr deutlich astrologischen Zwecken dient[104]; sie wurde am 11. Oktober 1274 vollendet, also um die Zeit, als Witelo seine Perspectiva schrieb[105], und ebenfalls *ad petitionem fratris Wilhelmi de Morbeca*, wie es im Kolophon heißt[106]. Wilhelms Interesse für die Astrologie geht übrigens nicht erst auf die Zeit der Perspectiva zurück, wie es seine Übersetzung des Tetrabiblos zeigt. Der Widmung Witelos verdanken wir aber auch einen Einblick in den geistigen Hintergrund der astrologischen Interessen Moerbekes. Unter dem Einfluß der arabischen Wissenschaft hegte er den Gedanken von einer umfassenden, geheimnisvollen Wirkung der Himmelskörper auf die irdischen Vorgänge, wie er zu seiner Zeit geläufig war und u. a. durch das volkstümliche Secretum secretorum eine sehr weite Verbreitung gefunden hatte. Da sich die arabische Astrologie für ihre Ansichten weitgehend auf Aristoteles, aber auch auf andere griechische Autoren berief, scheint sich Wilhelm von Moerbeke die Auf-

---

[103] Cf. Hs. Wolfenbüttel, H. A. B. 76.1 Aug. fol., 128 rb, 129 vb.
[104] Cf. E. Poulle, Henry Bate of Malines, in: Dictionary of Scientific Biography, 6, New York 1972, 272—275, bes. 273.
[105] Cf. oben, 543, Anm. 23.
[106] Cf. Hs. Paris, B. N. lat. 10269, fol. 157 vb. Nach E. Poulle, l. c., gehen alle bekannten Handschriften auf die einzige Ausgabe Ratdolt, Venedig 1485, zurück (abgedruckt in R. T. Gunther, Astrolabes of the World, II, Oxford 1932, 368—376), welche mir leider nicht zugänglich war. Die Widmung dieser Schrift stellt eine interessante Parallele zu derjenigen Witelos dar; der Autor sagt da z. B., er wolle auch beschreiben „*in quos gradus planete radios proiciunt cum precisione*" (l. c., fol. 151 ra).

gabe gestellt zu haben, diese ursprünglichen Werke in direkten Übersetzungen zugängig zu machen. Dabei hat er sicher in verschiedene Bereiche, wie er es nach seinem Zeugnis immer gewollt hat, ein neues Licht gebracht, wenn auch vor ihm schon eine beträchtliche Übersetzungsarbeit mit Bezug auf diese Themen geleistet worden war[107].

---

[107] Cf. die Widmung der Galen-Übersetzung: „*In hiis que per me ex greco transferuntur operibus hoc intendere consuevi ut latinitati luminis aliquid adiciat labor meus.*"; W. Vanhamel, l. c., 315.

Entgrenzung des Naturbegriffs
Vollendung und Kritik des Platonismus bei Nikolaus von Kues

TILMAN BORSCHE (Hildesheim)

0. In den vergangenen Tagen haben wir viel über einen Begriff der Natur gehört, nach dem diese alles und nur das, was unter der Sonne (aus heutiger Sicht freilich auch über der Sonne), d. h. alles, was bewegt oder beweglich ist, umfassen und enthalten soll. Damit haben wir uns vornehmlich mit dem für die Epoche, die uns beschäftigt, modernen Begriff der Natur befaßt, mit einem Begriff, der — wie auch immer kritisch — auf die aristotelische Physik zurück- und — wie auch immer deutlich — auf die moderne Naturwissenschaft vorausweist.

Demgegenüber werden sich die folgenden Ausführungen einem platonistischen Naturbegriff zuwenden, der längst überholt und überwunden zu sein schien: der Natur als der Idee oder dem Wesen einer Sache. Es wird also um einen Begriff gehen, der nicht nur sich selbst fern aller Bewegung weiß, sondern auch seinen Gegenstandsbereich nicht auf bewegliche oder existierende Dinge beschränkt. Die Natur im platonistischen Sinn umfaßt vielmehr alles, was etwas ist, alles, was wir als etwas anzusprechen geneigt sein mögen.

Dieser traditionelle Naturbegriff wird von Cusanus übernommen und niemals aufgegeben, wohl aber so charakteristisch erweitert, daß sich philosophische Konsequenzen für unser Welt- und Selbstverständnis daraus ergeben.

Ich werde meine Ausführungen in zwölf Abschnitte gliedern, zwölf Thesen, wenn Sie so wollen, vielleicht aber auch, wenigstens zum Teil, nur Wiedererinnerungen an längst Vertrautes. Die Thesen entwickeln eine immanente Kritik des platonistischen Naturbegriffs, seine kritische Entgrenzung im cusanischen Begriff der unendlichen Wahrheit. Durch diese Kritik wird der Boden bereitet für eine neue Erkenntnislehre, die unser Denken, auch die Sätze der Metaphysik, als menschliches Denken — d. h. in Andersheit zur göttlichen Einheit — zu verstehen versucht, indem sie die Erzeugnisse dieses Denkens als Konjekturen bestimmt. Sie macht philosophisch Ernst mit dem Pauluswort, daß wir als Menschen Gott, d. h. die Wahrheit, nur *per speculum in aenigmate* zu sehen vermögen. Auf diese konstruktiven Aspekte der cusanischen *venatio sapientiae* und die ihr eigene Problematik werde ich hier nicht näher eingehen können[1].

1. Nach platonisch-christlicher Auffassung schuf Gott unmittelbar und vor aller Zeit den *mundus intelligibilis*, ein Reich unveränderlicher Ideen als der Urbilder aller veränderlichen Dinge in der Zeit. Selbstverständlich gilt Gott — letztlich — auch als der Schöpfer des *mundus sensibilis*. Doch soll er sich mit vergänglichen Dingen nicht unmittelbar befassen. Er formt und führt sie mittels dienstbarer Geister, die kollektiv als Weltseele oder als Allnatur, im einzelnen auch als supralunarische Himmelskörper, reine Intelligenzen oder Engel identifiziert werden. Zwar haben sich christliche Theologen schon bald gegen diese unchristliche Entrückung des Erlösergottes von den irdischen Dingen und ihrem leidvollen Dasein zur Wehr gesetzt. Doch wird in solchem Protest die ontologische Hierarchie als solche gewöhnlich nicht bestritten, die dem *mundus sensibilis*, in dem wir leben, einen *mundus intelligibilis*, nach dem wir streben, urbildlich und mustergültig vorordnet.

2. Nikolaus von Kues ist, mehr als alles andere, Platoniker. Seine Terminologie, soweit sie sich noch nicht verselbständigt hat, ist platonistisch, und so ist auch seine Fragestellung: Er sucht Gott als das Eine jenseits aller Vielheit und Vernunft. Interessanter und folgenreicher als diese Tatsache ist jedoch seine Platon-Kritik. Sie bezieht sich zunächst und scheinbar unverfänglich auf die ohnedies umstrittene Lehre von der Weltseele[2], von der, wie die Platoniker sagen, alle Bewegung in den Dingen ausgehen soll (vgl. DI II 9, n. 145). Gott bedürfe, so wendet der Kusaner ein, keiner Exekutivbehörde zur Regelung irdischer Angelegenheiten[3]. Für ihn folgt diese Kritik logisch zwingend aus dem Begriff Gottes als des Absoluten, mithin aus einem Begriff, den ihm niemand bestreitet, über dessen Bedeutung aber, wie er meint, „die Philosophen nicht hinreichend unterrichtet waren" (a. O. n. 150, Z 16 f.). Andernfalls hätten sie gewußt, daß es zwischen dem Schöpfer und den Geschöpfen, zwischen Individu-

---

[1] Eine Darstellung der cusanischen Philosophie im ganzen, insbesondere aber im Blick auf die Möglichkeiten des menschlichen Denkens, der die hier vorgetragenen Gedanken entnommen sind, findet sich in: T. Borsche, Was etwas ist. Fragen nach der Wahrheit der Bedeutung bei Platon, Augustin, Nikolaus von Kues und Nietzsche, München 1990, Teil IV, 171–243.

[2] Diese auf Platon, Timaios 34 b, zurückgehende Lehre diskutiert Cusanus ausführlich in De docta ignorantia (= DI) II 9 sowie in Idiota de mente (= IM) 13. Hinweise auf einige Stationen ihrer vielfältigen platonistischen Tradition finden sich in den Anmerkungen zum Text in H 15 b, ed. P. Wilpert, Hamburg (¹1967), ²1977, 127–30.

[3] Gegen Proklos gerichtet heißt es in De venatione sapientiae (= VS) 21, n. 62: „*deus unus aeternus, qui ... sufficientissimus est huius totius mundi administrator*"; cf. VS 8, n. 22, Z 7–11: gegen Aristoteles und mit Epikur.

ellem und Absolutem ein Mittleres nicht geben kann (vgl. a. O. Z 11 f.). Das Unendliche entzieht sich jedem Verhältnis, jedem Vergleich[4]. Dieser bei ihm häufig wiederholte und stets vorausgesetzte Grundsatz findet sich zwar auch schon früher (so bei Thomas, z. B. De veritate, q. 2, a. 3, 4 oder bei Duns Scotus, z. B. De primo principio 4, n. 78). Neu ist hier aber seine argumentative Funktion. Während die Unendlichkeit früher einfach zu den aufzählbaren Prädikaten Gottes gehörte, richtet sich die Hervorhebung ihrer Inkommensurabilität mit allem Endlichen bei Cusanus gegen die weit verbreitete Unbekümmertheit, mit der in endlichen Begriffen über Gott geredet wird, oder gegen die Annahme, wir könnten, wenn schon nicht das ganze (unendliche) Wesen Gottes, so doch wenigstens einiges von ihm wahrhaft erkennen.

3. Das platonistische Lehrstück von der Weltseele wird zwar auch aus anderen Gründen kritisiert. Aber schon dieses erste Argument reicht weit über sein nächstes Ziel hinaus. Stellt es doch ganz allgemein die Unmittelbarkeit der Beziehung zwischen dem Schöpfer und seinen Geschöpfen wieder her. Gott selbst ist die „Wirk-, Formal- und Zweckursache von allem" (DI II 9, n. 150, Z 5 f.). Damit wird der Weltseele und vergleichbaren mittleren Instanzen (der Natur, dem Himmel) ihre ‚regierende Kraft'[5] genommen. Aber mehr noch: Die Ideen verlieren ihre exemplarische Bedeutung. Vergängliche Dinge sind, was sie sind, nicht aufgrund ihrer Teilhabe an einer unveränderlichen, aber jeweils besonderen Idee, sondern allein weil Gott ein jedes von ihnen so, wie es ist, geschaffen hat. Es ist daher, so folgert Cusanus in seiner Kritik der Platoniker weiter, gar nicht möglich, daß es „viele verschiedene Urbilder" gibt. Vielmehr ist „ein unendliches Urbild allein hinreichend und notwendig". Es gibt nur „eine unendliche Form der Formen, der gegenüber alle Formen Abbilder sind"[6].

4. Aussagen dieser Art berechtigen zu der Vermutung, daß Nikolaus, wenn er von den Werken Gottes spricht, nicht mehr vorrangig die Ideen der denkbaren, sondern die Individuen der wahrnehmbaren Welt im Sinn hat. Offenbar sieht er die Dinge mit den nominalistischen Augen seiner Zeit,

---

[4] Gleich in seiner ersten philosophischen Abhandlung schreibt Cusanus: „*ex se manifestum est infiniti ad finitum proportionem non esse*" (DI I 3, n. 9; cf. schon zuvor I 1, n. 3, Z 2 f.).

[5] Nach Avicenna hat jede höhere Art des Seins (*intelligentia*) schöpferische Kraft bezüglich der ihr unmittelbar nachgeordneten Stufe: cf. bes. Avicenna Latinus, Liber de prima philosophia sive scientia divina, IX 4, ed. S. Van Riet, 2. Bde., Louvain/Leiden 1980, 476–88. – Cusanus spricht in diesem Zusammenhang von einer „*intelligentia rectrix orbium*": DI II 9, n. 146, Z 6; vgl. De coniecturis II 13, n. 136.

[6] DI II 9, n. 148: „*Non est igitur possibile plura distincta exemplaria esse ... Unum enim infinitum exemplar tantum est sufficiens et necessarium*"; n. 149: „*non est nisi una infinita forma formarum, cuius omnes formae sunt imagines*". Cf. ganz ähnlich IM 2, n. 67: „*Unde verissimum erit non esse multa separata exemplaria ac multas rerum ideas*".

auch wenn er sie mit platonistischen Begriffen zu deuten versucht[7]. Die Wahrnehmung der Sinne, die sich auf einzelnes bezieht, erscheint ihm als der notwendige Ausgangspunkt unseres Denkens. Wir sehen, daß etwas ist, und fragen, was es sei. Alles menschliche Erkennen folgt, nach dieser Selbstauslegung des Denkens, dem Weg vom Daß zum Was der Gegenstände. Und erst das Dasein von ‚etwas' provoziert unsere Frage nach ‚seiner' Natur, ‚seinem' Wesen, ‚seinem' Grund. Es ist sodann die offenbare Vielfalt des Daseins, die zur Suche nach einer verborgenen Einheit reizt (*excitat*). Die menschliche Erkenntnis kann also nicht als von der Wahrnehmung der Dinge losgelöst betrachtet werden. Denn es geht dem Erkennenden, auch dem Platoniker, nicht um eine Schau absoluter Wesenheiten, sondern um ein Wissen vom Wesen der Dinge, die er wahrnimmt[8].

5. Für ein so bestimmtes Erkenntnisstreben kann die in der Platon-Kritik (wieder) gewonnene Unmittelbarkeit der Geschöpfe zu ihrem Schöpfer nicht ohne Folgen bleiben. Kein wirkliches Ding gleicht irgendeinem anderen. Folglich hat genaugenommen — *praecisione divina*[9] — jedes Ding seine eigene Natur. Jedes Geschöpf ist einzig (*singulare*: vgl. bes. VS 22, n. 65—67) durch sein Wesen, „so daß es nichts im Universum gibt, das sich nicht einer gewissen Einzigartigkeit erfreute, die sich in keinem anderen findet"[10]. Denn jedes hat sein Sein unmittelbar von Gott, nicht durch eine allgemeine Natur oder Wesenheit vermittelt[11].

---

[7] Cf. die klare Aussage in DI III 1, n. 184: „*Non autem subsistunt genera nisi contracte in speciebus neque species nisi in individuis, quae solum actu existunt*".

[8] In diesem Zusammenhang verteidigt Cusanus Platon gegen seine „schlechten Interpreten" (*mali interpretes*: VS 1, n. 3, Z 19), die ihm eine regionale Zweiweltenlehre unterstellen. Kein vernünftiger Platoniker würde behaupten, die Ideen seien „*sic ab individuis separatas sicut extrinseca exemplaria*" und könnten folglich unabhängig von aller Wahrnehmung der Dinge erkannt werden. „*Nam natura individui cum ipsa idea unitur*" (a. O. Z 5 sq.; vgl. DI II 9, n. 147, Z 14—22.

[9] *Praecisio divina* ist der cusanische Terminus für das wahre Wissen von dem, was etwas ist: dem *quid* und *quale* der wirklichen Dinge, d. h. der *opera realia* (nicht im skotistischen Sinn, sondern) im Gegensatz zu den *notionalia* oder *entia rationis*; vgl. Trialogus de possest, n. 43; zur *praecisio* im allgemeinen auch schon DI pass., bes. I 3, n. 10.

[10] DI III 1, n. 188: „*... ut nihil sit in universo, quod non gaudeat quadam singularitate quae in nullo alio reperibilis est*".

[11] Sehr klar drückt Nikolaus diese Unmittelbarkeit der Beziehung der einzelnen Geschöpfe zu ihrem Schöpfer im Brief an den kastilianischen Gesandten Rodrigo Sanchez de Arevalo vom 20. 5. 1442 aus: „*Fluit ergo esse omnis creaturae ab illa absoluta entitate immediatissime, quoniam omnibus aeque praesens est*" (zit. nach H. Wackerzapp, Der Einfluß Meister Eckharts auf die ersten philosophischen Schriften des Nikolaus von Kues (1440—1450), BGPhThMa Bd. 39 H. 3, Münster 1962, 114). — Wenn etwa 300 Jahre früher Richard von St. Viktor der Seele des Menschen eine ‚individuelle Wesenheit' zuschreibt (*ipsa simplex, partibusque carens individua essentia*), dann bewegt er sich doch noch weitgehend in den Bahnen eines Platonismus augustinischer Prägung. Denn die Auszeichnung mit einer individuellen Wesenheit gilt hier keineswegs für alle Geschöpfe, nicht einmal für den

6. Die damit bewirkte Individualisierung der Idee — wenn ich das pointiert so nennen darf — markiert die stillschweigende Umdeutung eines traditionellen philosophischen Begriffs im nominalistischen Geist der Zeit[12]. Traditionellerweise, d. h. aus platonischer wie aus aristotelischer Sicht, war das Wesen als die Idee bzw. Natur einer Sache, als ihr Telos oder Urbild dasjenige, mit Blick worauf verschiedene und veränderliche Individuen als gleich begriffen werden konnten. Die Veränderlichkeit und Verschiedenheit der wesensgleichen Individuen hingegen betraf ihre unwesentlichen Eigenschaften und war in der Materie als dem *principium individuationis* begründet.

Es hat die mittelalterliche Philosophie seit Augustin stets viel Scharfsinn gekostet, der so konzipierten Materie den gnostischen Rang einer zweiten Schöpfermacht abzustreiten. Denn sie galt, wenn auch nur *via negationis*, als für alles Geschehen in der Zeit verantwortlich. Krankheit, Alter und Tod, in der überzeitlichen Naturordnung nicht vorgesehen, wurden ihr zur Last gelegt. So trat sie als quasi-kreative, genauer vielleicht als mängelbedingende Macht in Erscheinung, die die Erfüllung des Wesens der Dinge zu verzögern und zu vereiteln vermochte. Selbst der Unterschied der Geschlechter galt als ihr Versäumnis, die Frau als Fehlbildung der besonderen bzw. als Notbehelf der allgemeinen Natur[13].

Nach Nikolaus aber liegen alle, auch die individuellen Differenzen im Wesen der Sache selbst, die von Gott in ihrer unverwechselbaren Singularität geschaffen wurde. Für ihn gibt es keine unwesentlichen Differenzen mehr, wie überhaupt die pejorative Bedeutung des Individuellen als eines seine Natur nur mangelhaft erfüllenden Geschöpfs überwunden ist. Hatte man in christlicher Tradition schon immer gesagt, „daß jedes Geschöpf als solches vollkommen ist"[14], dann bezieht sich diese Aussage jetzt unmittelbar auf die endlichen Individuen unserer Welt, auch wenn diese ihre Vergänglichkeit als einen Mangel empfinden sollten.

---

ganzen Menschen, sondern lediglich für dessen unsterbliche Seele als „*praecipua Dei creatura ... ad imaginem et similitudinem ipsius facta*". Sie dient dazu, diese Seele über die Welt der vergänglichen Individuen hinauszuheben (Benjamin maior III 20: MPL 192, 129).

[12] Nach Wilhelm von Ockham beziehen sich die göttlichen Ideen bekanntlich nur auf einzelnes: cf. Opera theologica 4, 1979, 493.

[13] Für Belege bei Albert, Thomas, Duns Scotus und Meister Eckhart vgl. „Natura universalis/particularis", in: Historisches Wörterbuch der Philosophie, Bd. 6, 1984, Sp. 513 sq. — Auch Cusanus tradiert diesen Topos. Er verwendet ihn aber, ohne ihm eigenes Gewicht beizulegen, nur noch zur Illustration eines anderen Gedankens (DI II 2, n. 104, Z 4).

[14] DI II 2, n. 104: „... *omnem creaturam ut talem perfectam, etiam si alterius respectu minus perfecta videatur*" — ein traditionsreicher augustinischer Gedanke, der jedoch von Cusanus umgewertet wird, wenn durch ihn nicht die Sündigkeit, sondern die Göttlichkeit der Geschöpfe betont werden soll: „*ut omnis creatura sit quasi infinitas finita aut deus creatus*" (ibid.).

7. Diese Individualisierung des Wesens- oder Naturbegriffs entgrenzt den unveränderlich-wirklichen und als solchen auch begrenzten Kosmos platonischer Ideen zu einer unerschöpflichen Fülle von Seinsmöglichkeiten. Sie betrifft also zuerst und vor allem den Umfang des Wesensbegriffs, nicht seine inhaltliche Bestimmung. Da diese vielmehr unverändert beibehalten wird, erscheint auch die Beibehaltung des alten Namens gerechtfertigt. Nach platonisch-christlicher Auffassung, die der Kusaner teilt, wird das unwandelbare Wesen einer Sache von Gott vor aller Zeit konzipiert. Gott ist Schöpfer, indem er ‚Wesen bildet' — *essentiat*, wie Nikolaus es mit einer ungewöhnlichen Verbalform auszudrücken versucht[15]. Doch nach seiner Entgrenzung dieses Begriffs sind die zeitlichen Geschöpfe nicht mehr vielfältige Erscheinungen einfacher Wesenheiten. Vielmehr wird das Wesen selbst, nicht ein Fall von ihm, als vergängliches zu seiner Zeit realisiert. Die Grenze von etwas gegenüber allem anderen — das genau ist seine wesentliche Bestimmung. Diese Grenze ist der Begriff (*terminus*), den die wahre Definition expliziert. Gott denkt ihn zeitlos, und dieser Gedanke ist das Urbild seiner zeitlichen Entfaltung. So ist das Wesen einer Sache in der Präzision des göttlichen Wortes nicht mehr Exemplar für eine Unzahl von Exempeln, sondern nur noch Exemplar seiner selbst, die Komplikation seiner eigenen und einzigen Explikation.

In dem doppeldeutigen Wort ‚Wesen' hat die deutsche Sprache *individuum* und *essentia* zur Einheit verbunden: Ein Individuum ist ein Wesen, weil es ein Wesen **hat**, das mehr ist als das, was hier und jetzt an ihm **erscheint**. Nach diesem Begriff ist ein Individuum ohne Wesen so wenig denkbar wie ein Wesen ohne Individuation.

8. Welche Konsequenzen ergeben sich aus dieser Entgrenzung des Naturbegriffs? Zum ersten die folgende: Dadurch daß die Singularität der Geschöpfe Wesensrang erhält, wird die ontologische Kluft zwischen Allgemeinem und Individuellem geschlossen. Dieses Ziel wurde, wie man rückblickend feststellen kann, schon vor der Zeit des Kusaners auf verschiedenen Wegen angesteuert. Ich möchte drei Beispiele nennen:

Thomas von Aquin kennt eine Sphäre reiner Intelligenzen, die von aller Materie vollkommen losgelöst sind. Unter ihnen ist eine raum-zeitliche Vervielfältigung der Wesensformen gar nicht möglich, folglich können Mangel, Zufall und Wandel hier nicht statthaben. Für diesen Reigen seliger Geister, aber auch nur für ihn, gilt, wie Leibniz sich interpretierend

---

[15] VS 29, n. 87: „*Deus enim proprie non intelligit, sed essentiat*". Ähnlich werden andere Formen des Verbs *essentiare* verwendet in De principio, n. 21: „*Conditor est essentians, assimilator intelligens*"; in Cribatio Alkorani (h VIII) II 3, n. 94: „*creare enim est essentiare et intelligere est assimilare*"; und in einer trinitarischen Analogie für die Person des Vaters in Directio speculantis seu de non aliud 24., h XIII, 57, Z 9 sq.: „*cessante spiritu essentiante cessat ens*". Über die Herkunft und den vorcusanischen Gebrauch des Wortes informiert umfassend die adnotatio 15 zu der im Text genannten Stelle aus VS in h XII, 159 sq.

ausdrückt, *„quod ibi omne individuum sit species infima"*[16]. Alle Unterschiede sind wesentlich, unveränderlich und vollkommen deutlich[17].

Duns Scotus, der die thomistische Lehre von der Unkörperlichkeit der Engel ablehnt und auf diese Weise den Abstand zwischen irdischen und überirdischen Intelligenzen relativiert, hält die Spezifizierung des Allgemeinen für fortsetzbar bis hin zu den Individuen der Schöpfung. Das einzelne, z. B. Sokrates, wird bestimmt als eine *entitas individualis,* die eine bestimmte *natura communis* (im Beispiel: *humanitas*) mit einer nur ihr eigentümlichen *haecceitas* (im Beispiel: *socratitas*) zum wirklichen Individuum kontrahiert. Diese konstitutiven Elemente des Individuums sind zwar formal (als Begriffe), nicht aber real (in der Sache) distinkt. Im Sinn des Kusaners leistet diese Verbindung des Individuellen mit dem Allgemeinen zu viel. Denn hier werden nicht nur die Individuen, hier wird auch Gott in den intelligiblen *ordo essentialis* eingebunden: Gott ist zwar das erste, aber auch ein Seiendes[18].

Der Nominalismus (in einem weiten Sinn genommen, der den Konzeptualismus Ockhams einschließt) wählt den umgekehrten Weg. Nach seiner Lehre gilt, sei es als metaphysisches oder als methodisches Prinzip, daß nur die sinnlich wahrnehmbaren Einzeldinge wahrhaft und wirklich sind. Die platonischen Wesenheiten erscheinen von daher als durch Abstraktion von sinnlich Gegebenem gewonnene ‚Fiktionen' (vgl. I Sent. d. 2, q. 8)

---

[16] Leibniz, Discours de métaphysique 9, PSG 4, 433, ähnlich im Brief an Arnauld vom Juni 1686, PSG 2, 54. — Bei Thomas wird dieser Gedanke am ausführlichsten abgehandelt in der Summa contra Gentiles II cap. 93, das den Titel trägt *„Quod in substantiis separatis non sunt multae unius speciei"*, und in der Quaestio disputata de spiritualibus creaturis, art. 8. Thomas vermeidet es gewöhnlich, die reinen Substanzen individuell zu nennen. Gerade weil sie immateriell sind, können sie in aristotelischer Terminologie nur allgemein sein: *„quidditates"* oder *„species subsistentes"*. In Analogie zu den Himmelskörpern, die als *„individua perpetua"* gelten, derart daß hier jede Art durch je ein Individuum vollkommen erfüllt wird, spricht er jedoch gelegentlich auch bei reinen Substanzen von Individuen: *„in corporibus caelestibus, propter eorum perfectionem, non invenitur nisi unum individuum unius speciei ... Multo igitur magis in substantiis separatis non invenitur nisi unum individuum in una specie"* (zit. nach ScG II, cap. 93).

[17] Cusanus erörtert das individuelle Wesen eines jeden Geschöpfs ausdrücklich unter dem Terminus der *species,* wie K. H. Volkmann-Schluck, Nikolaus Cusanus. Die Philosophie im Übergang vom Mittelalter zur Neuzeit, Frankfurt am Main 1957, 118—29, in einer Interpretation von De beryllo, 33—35 unter dem Titel „Die Ontologie der species" darlegt.

[18] Cf. Johannes Duns Scotus, Tractatus de primo principio/Abhandlung über das erste Prinzip, ed. W. Kluxen, Darmstadt 1974, 3, n. 48: *„omne ens est ordinatum",* was sich ausdrücklich auch auf Gott als das *„primum ens"* bezieht. Obwohl Scotus den Grundsatz anerkennt, daß das Unendliche alles gegebene Endliche *„ultra omnem habitudinem assignabilem"* übertrifft (cf. dazu den Kommentar von Kluxen, a. O., 229 sqq.), wird Cusanus gerade mit Bezug auf diesen Gedanken, genauer mit Bezug auf den Begriff des Übertreffens, die skotische Auslegung der göttlichen Unendlichkeit als eine Verendlichung derselben zurückweisen, *„cum excedentia et excessa finita sint"* (DI I 3, n. 9, Z 4—7; cf. II 1, n. 91, Z 9 sq.).

unseres Denkens ohne fundamentum in re oder gar ante rem. So wird durch ontologische Eliminierung des Allgemeinen die Kluft zwischen diesem und dem einzelnen zum Verschwinden gebracht; allerdings mit der Folge, daß auch die Erkenntnis verschwindet. Ist das Allgemeine ohne Bedeutung, dann ist das einzelne ohne Begriff[19].

9. Damit sind drei der wichtigsten vorcusanischen Ansätze genannt (sie näher zu erläutern, ist in der angestrebten Kürze nicht möglich), die ‚wirkliches' Sein als individuell bestimmt zu denken versuchen, ein Versuch, der dem antiplatonischen Zug der neuen Zeit entspricht. Durch die zuvor geschilderte Entgrenzung des Wesensbegriffs bis hin zu den Einzeldingen erreicht Nikolaus dasselbe Ziel in durchaus platonischem Geist. Folglich sieht er keinen Anlaß, die Rede von den allgemeinen Wesenheiten ante rem aufzugeben. Er unterscheidet jedoch die von Gott geschaffenen *essentiae rerum* ausdrücklich von unseren *notiones rerum*[20]. Es genügt ihm offenbar, daß das Allgemeine seiner exemplarischen, d. h. schöpferischen Kraft beraubt wird. So ist es zwar ontologisch machtlos, deshalb aber keineswegs bedeutungslos geworden.

Methodisch betrachtet, scheint hier eine Umkehrung des nominalistischen Ökonomieprinzips am Werk zu sein: *entia non sunt tollenda praeter necessitatem*[21]. Eine Notwendigkeit, die allgemeinen Formen zu bestreiten, kann Nikolaus nicht sehen. Im Gegenteil: Verstanden als Kontraktionen des göttlichen Geistes ‚*in alteritate*', die seine schöpferische Kraft weder zu binden noch zu nötigen vermögen, sind Ideen für uns sehr wohl von Interesse. Sie sind das, was es dem menschlichen Geist ermöglicht, Gleichartigkeit und Verschiedenartigkeit der natürlichen Geschöpfe unabhängig von deren Dasein in der Zeit, mithin die unvergängliche Schönheit,

---

[19] Diese Formulierung verkürzt die Komplexität der nominalistischen Theorie — die selbstverständlich als eine Lehre von der Erkenntnis konzipiert war —, indem sie ihre aporetische Konsequenz pointiert: Erkenntnis besteht in Sätzen, deren Begriffe (*termini*) Allgemeines und Unveränderliches bezeichnen — doch dieses gibt es nicht nach nominalistischer Ontologie. Auch wenn das Allgemeine als *qualitas animi* oder *intellectio* (= *actus intelligendi*) bezeichnet wird, bleibt die Frage, wie es sich auf individuelle Dinge beziehen, mithin als Erkenntnis von Wirklichem verstanden werden könne.

[20] Cf. VS 33, n. 97: „*Non enim ratio, quam homo concipit, est ratio essentiae rei, quae omnem rem antecedit.*"

[21] Die traditionell gebräuchlichste Formulierung des Wilhelm von Ockham zugeschriebenen Ökonomieprinzips, seines sog. ‚Rasiermessers', lautet: „*entia non sunt multiplicanda praeter necessitatem*". Sie ist bei Ockham so nicht belegt. Der Gedanke selbst ist ohnedies viel älter. Er geht auf Aristoteles zurück (Physik I 4, 188 a 17), war im späteren Mittelalter durchaus geläufig und erfreut sich bis heute in den Wissenschaften größter Beliebtheit. Zu seiner Umkehrung vgl. die schöne Formulierung Kants, der der „bekannten Schulregel ... *entia praeter necessitatem non esse multiplicanda*" (KrV B 680) das „Gesetz der Spezifikation" entgegenstellt: „*entium varietates non temere esse minuendas*" (B 684). Auf die ästhetische Bedeutung des „drive for simplicity" in den Wissenschaften verweist W. v. O. Quine, Word and Object, Cambridge, Mass. 1960, § 5, 20.

Harmonie und Ordnung des göttlichen Geistes im Spiegel der Schöpfung auf menschliche Weise zu erkennen. Denn auch wenn man weiß, daß alles Seiende wesentlich individuell bestimmt ist, kann man es doch nicht anders als durch allgemeine Begriffe bestimmt denken.

10. Der platonische Begriff des Wesens wird durch seine Individualisierung bei Cusanus nicht aufgehoben, wie das in seiner nominalistischen Kritik geschieht. Aber er wird über das menschliche Denken hinausgehoben:
    Seit Aristoteles ist allgemein anerkannt, daß es vom einzelnen eine Wissenschaft nicht geben kann. Wissenschaft als solche hat das Allgemeine zum Gegenstand. Wenn nun das Wesen einer Sache *praecisione divina* auf das einzelne bezogen werden soll, selbst also etwas Singuläres bezeichnet, dann folgt aus jener allgemeinen Voraussetzung, daß es von uns nicht erkannt werden kann.
    Eine andere Argumentationslinie geht von der Annahme aus, daß man nur dasjenige vollkommen begreifen könne, was man selbst gemacht hat. Nur der Künstler sei fähig, sein eigenes Werk zu verstehen. Auch nach dieser, ebenso traditionsreichen Vorstellung kennt allein Gott das Wesen der natürlichen Dinge, denn er allein ist ihr Schöpfer.
    Nach Nikolaus muß also einerseits das Wesen einer Sache als individuell bestimmt konzipiert werden. Andererseits bleibt die Individualität einer Sache, d. h. sie selbst in ihrem Wesen, unerkennbar für uns. Diese Einsicht zieht sich wie ein roter Faden durch alle seine Schriften und wird immer wieder von neuem hervorgehoben. Nikolaus kleidet sie bekanntlich in einen altehrwürdigen Namen — als *docta ignorantia*[22]. Diese ist das Wissen des Nichtwissens, verstanden als das Prinzip aller menschlichen Wahrheitssuche, Anfang und Ende der menschlichen Weisheit.

11. Es kann also nicht überraschen, daß die platonistische Ontologie, deren Grundsätze aufzugeben der Kusaner niemals für nötig oder geboten hält, in seinen Texten blaß und unbestimmt bleibt. Es gibt wenig über den göttlichen *ordo naturalis* (vgl. DI II 6, n. 124 f.) zu sagen. Allein die Vielheit

---

[22] Der Ausdruck ist bei Augustin belegt (Epist. 130 (121) ad Probam 15, 28), der den Gedanken auch ohne das Wort erörtert (cf. De ordine II 16, 44. 18, 47; oder Confessiones I 6, 10). Dort findet ihn auch Nikolaus wieder (Apologia doctae ignorantiae, h II, 13, Z 11—19). Später wird er bei Bonaventura und in der mittelalterlichen Mystik verwendet, gewinnt aber bei Nikolaus einen neuen Sinn (cf. H. Blumenberg, Aspekte der Epochenschwelle. Cusaner und Nolaner, Frankfurt am Main 1976, 45). — Der Gedanke läßt sich einerseits auf das sokratische Wissen des Nichtwissens zurückführen, andererseits auf Eccles. 8, 17. — Th. van Velthoven, Gottesschau und menschliche Kreativität. Studien zur Entwicklungslehre des Nikolaus von Kues, Leiden 1977, 44—47, unterscheidet drei Bedeutungsaspekte der *docta ignorantia* bei Cusanus: das (sokratische) Wissen des Nichtwissens, das Wissen um die Gründe des Nichtwissens und die in solchem ‚Wissen' aufscheinende ‚Einsicht' in das ‚Nicht-Gewußte'.

der Geschöpfe als solche wird deduziert. Gott, der sich offenbaren will, muß sich notwendig im Anderen seiner selbst, oder genauer: das Eine, Absolute, allein sich selbst Gleiche muß sich in Vielheit, Andersheit und Ungleichheit offenbaren. Die Bestimmtheit des Vielen aber als das spezifisch Andere des anderen kann nicht mehr deduziert werden. Sie ist eine Bestimmung des göttlichen Geistes (*determinatio divinae mentis*), die keiner vorgeordneten Notwendigkeit folgt, sondern dem freien Willen Gottes zur Selbstdarstellung entspringt (vgl. VS 27, n. 80—82). Sie ist die kreative Kontraktion Gottes in die Andersheit, Explikation der unendlichen Seinsfülle zu begrenztem und bestimmtem Sein. Alle Einteilungen des Seins, die wir vornehmen, sei es denkend, vorstellend oder wahrnehmend, bleiben, da sie die Werke Gottes nur nachzuahmen versuchen können, notwendig ungenau. Als Menschenwerk können sie die göttliche Wahrheit nicht erreichen — und das ist auch nicht mehr ihre Aufgabe. D a ß v i e l e s i s t , können wir wissen[23], nicht aber und niemals, w a s e t w a s i s t . Verstünden wir den Namen auch nur eines einzigen der Geschöpfe Gottes genau, dann wüßten wir alles, was gewußt werden kann, da sich in jedem einzelnen die Eine göttliche Wahrheit vollkommen spiegelt[24].

12. Die göttliche Ordnung der Natur ist nicht nur, sie bleibt auch unerkennbar für uns; nicht schicksalhaft aufgrund der Bindung unserer wahrheitsliebenden Seele an einen stumpfsinnigen Leib, nicht schuldhaft wegen der Perversion unserer wahrheitsfähigen Natur durch die Sünde Adams; sondern weil wir sind, was wir sind, oder — weil wir erkennen. Strenggenommen ist sogar zu sagen, daß man nach Cusanus die göttliche Ordnung der Natur nur aus der Perspektive unseres Denkens heraus überhaupt eine Ordnung zu nennen berechtigt ist. Denn Ordnung setzt Unterscheidung voraus. Das Absolute aber ist einfach und ohne Unterschied, folglich kann es im Absoluten selbst eine Ordnung nicht geben. Und doch kann das Absolute von unserem Denken nur in einer schönen Ordnung der Natur a l s j e n s e i t s derselben, oder, mit einem cusanischen Wort gesprochen, ‚*in alteritate*' berührt werden. Das Paradox der mystischen Erkenntnis oder auch der *docta ignorantia* liegt in dem Widerspruch, daß die göttliche Ordnung der Natur, obwohl sie nur f ü r u n s e r D e n k e n besteht, für unser D e n k e n unerreichbar bleibt.

---

[23] Cf. IM 6, n 93: „Philosophus: Nonne sine nostrae mentis consideratione est rerum pluralitas? Idiota: Est, sed a mente aeterna. Unde sicut quoad deum rerum pluralitas est a mente divina, ita quoad nos rerum pluralitas est a nostra mente."
[24] IM 3, N. 70: „*si scirem praecisum nomen unius operis Dei, omnia nomina omnium Dei operum et quidquid sciri posset non ignorarem*"; cf. auch VS 33, n. 97, Z 7—10. Offensichtlich greifen hier die Namen-Gottes-Spekulationen der mystischen Theologie des Ps.-Dionysios auf die Seins- und die Erkenntnislehre über. Diese Zusammenhänge bedürften einer näheren Erörterung (cf. T. Borsche, op. cit. Anm. 1, 211—239).

Sapientissimus Aristoteles and *Theologicissimus Dionysius*
The Reading of Aristotle and the Understanding of Nature in Denys the Carthusian

KENT EMERY, JR. (Notre Dame)

Nearly uninterrupted save for his daily religious obligations, the Carthusian monk Denys of Ryckel (Dionysius Cartusiensis, 1402–71) for 48 years conducted a life of study and writing in his monastery in Roermond.[1] Naturally enough, much of his enormous literary production comprises scriptural commentaries, commentaries on monastic works, ascetical, mystical and pastoral treatises.[2] More extraordinary for a monk of his time are his many volumes concerning scholastic philosophy and theology. These include his huge commentaries on the Sentences of Peter Lombard, on Boethius' De consolatione philosophiae, on all of the writings of Dionysius the Areopagite, and a number of works based on the various writings of Thomas Aquinas.[3] Drawing materials from these works of "invention", he composed as well a number of independent philosophical and speculative treatises and books.[4]

Denys' most extensive strictly philosophic work is Book I of De lumine christianae theoriae, written in mid-career (ca. 1452) shortly after his travels with Cardinal Nicholas of Cusa on a Papal Legation through the Germanies

---

[1] Denys entered the Charterhouse in Roermond in 1423; except for a sojourn with Nicholas of Cusa in 1451 on the Papal legation through the Low Countries and parts of Germany, and a short time in the newly founded Charterhouse in Vught near's Hertogenbosch towards the end of his life, he remained in Roermond until his death in 1471.

[2] For a full study of Denys' corpus, see my Dionysii Cartusiensis Bibliotheca manuscripta. I: Studia bibliographica, forthcoming. All citations of Denys' works are to Doctoris ecstatici D. Dionysii Cartusiani Opera omnia, 44 vols. in 42, ed. Carthusian Fathers, Montreuil-Tournai-Parkminster 1896–1935. The edition is henceforward cited: Op. om.

[3] The commentary on the Sentences is found in Op. om. 19–25bis; on Boethius in Op. 26; on Dionysius in Op. om. 15–16; the paraphrase of Thomas' Summa theologiae in Op. om. 17–18.

[4] Cf. K. Emery, Jr., Twofold Wisdom and Contemplation in Denys of Ryckel (Dionysius Cartusiensis, 1402–1471), in: The Journal of Medieval and Renaissance Studies 18 (1988) 99–134, and Denys the Carthusian and the Doxography of Scholastic Theology (henceforward The Doxography), forthcoming in: Ad litteram: Authoritative Texts and their Medieval Readers, ed. K. Emery, Jr. and M. D. Jordan, Notre Dame, Indiana 1991. Full bibliographies are given in the notes of these articles.

and the Low Countries.⁵ This work treats the procession of all creatures from God; the theological Book II, based on Thomas Aquinas' Summa contra gentiles treats their return. Book I shows a great erudition in the doctrines of Platonic and Peripatetic philosophers, Greek and Latin, ancient, Arabic and Jewish. Denys' approach is "eclectic", to philosophical advantage: without overt resort to theological authority, save decisive philosophical interventions by his *doctor electissimus* and *patronus specialissimus*, Dionysius the Areopagite,⁶ he discerns a philosophical truth concordant with Christian theory in one philosopher or another, whose very disagreements are an instrument for coming to truth.

An even more impressive erudition and similar intent are displayed in his huge commentaries on the Sentences of Peter Lombard, composed over the whole course of his intellectual life and finished near its end (ca. 1464).⁷ On each question, Denys presents the teaching of an array of scholastic teachers in carefully quoted or paraphrased extracts. These he arranges with or against each other as his sense of the resolutions suggests, appends comments or rejoinders to the selections, and at the end summarizes the discussion and responds to objections to the position he adopts. Without suppressing real differences, he seeks always to find a principle for consensus among the doctors, and is severe only with singular positions.⁸ Denys distilled and summarized his personal philosophical and theological doctrines, derived from his reading of scholastic doctors, in two *compendia*, the Elementatio philosophica and Elementatio theologica (ca. 1464—65).⁹ As their titles suggest, these are written in the form of declarative propositions with brief comments, in the manner of Proclus' Elementatio theologica.¹⁰ One should turn to these works for Denys' final judgments.

For three years before entering the monastery (1421—24), Denys studied in the Arts faculty at Cologne in the *Bursa* recently founded by Henricus de Gorrichem (1420), later called the *Bursa montana* after its second Regent,

---

⁵ De lumine christianae theoriae (henceforward De lum.) in: Op. om. 33: 233—513. See Emery, Twofold Wisdom, 104—5. For the overall chronology of Denys' writings, see A. Stoelen, De Chronologie van de Werken van Dionysius de Karthuizer, in: Sacris erudiri 5 (1953) 250—58, and Denys le Chartreux, in: Dictionnaire de spiritualité 3 (1957) 431—34.

⁶ Denys calls Dionysius *"doctor meus electissimus"* in: Protestatio ad superiorem suum (Op. om. 41: 625—26) and *"specialissimus patronus"* in 2 Sent. d. 9. q. 3 (Op. om 21: 496C').

⁷ For the composition of the commentary on the Sentences, cf. Emery, The Doxography, and the Introduction to Dion. Cart. Bibl. man.

⁸ Emery, The Doxography.

⁹ The Elementatio philosophica (henceforward Elem. phil.) is published in: Op. om. 33: 21—104; the Elementatio theologica (henceforward Elem. theol.) in: Op. om. 33: 105—231.

¹⁰ Proclus, Elementatio theologica translata a Guillelmo de Morbecca, ed. H. Boese, Leuven 1987.

Gerardus ter Steghen de Monte.[11] Denys studied under Thomist teachers; he may have also come in contact with the group of "Albertists", just beginning to form at University.[12] In any event, during the course of his career he adopted many of the distinctive positions of "*Albertus ac eius sequaces*."[13] Accordant with his schooling in the *via antiqua*, Denys for the most part confines his scholastic sources to the thinkers of the thirteenth century; he read the works of recent or contemporary masters, but only rarely does he mention one by name.[14] He knew of the prevailing tradition of the fourteenth century, and in some instances, alludes to its authors. Influenced, however, by the realist schools at Cologne, he chose not to engage or consider the opinions of the *nominales*, whom he judged to deny the first principles of grammar and logic.[15]

In an excellent essay, Stefan Swieżawski traces a renewed esteem for Aristotle and return to his writings as the foundation of philosophy that spread throughout Europe in the fifteenth century. This development is somewhat remarkable, in light of the attitudes and free departures from the Philospher's authority in the previous century. The recovery of Aristotle was encouraged and supported by ecclesiastical authorities, who wished to establish a unified philosophical and theological doctrine to

---

[11] A. Mougel, Denys le Chartreux: Sa vie, son rôle, une nouvelle édition de ses ouvrages, Montreuil-sur-Mer 1896, 13–15; P. Teeuwen, Dionysius de Karthuizer en de philosophisch-theologische Stroomingen aan de Keulsche Universiteit, Brussels-Nijmegen 1938, 15–18. Gerardus was a fellow student of Denys; he matriculated in the Bursa in 1421 and began teaching in the Arts Faculty in 1424. See also A. G. Weiler, Heinrich von Gorkum (+1431): Seine Stellung in der Philosphie und der Theologie des Spätmittelalters, Köln 1962, 39–55.

[12] "Albertism" was introduced at Cologne by Heymericus de Campo, who arrived in 1422; Heymericus, however, taught in the Bursa Laurentiana. See G. Meersemann, Geschichte des Albertismus. II: Die ersten Kölner Kontroversen, Rome 1935. The first dispute between Albertists and Thomists at Cologne (Heymericus and Geraedus de Monte) took place during Denys' time, in 1423 (Meerseman, 11–22). For the founder of the movement, Heimericus' Parisian teacher Iohannes de Novo Domo, see. Z. Kaluza, Les querelles doctrinales à Paris: Nominalistes et realistes aux confins du XIVe et du XVe siècles. Bergamo 1988, 87–125. For a full bibliorpahy, see Emery, Twofold Wisdom, 111–12 n. 48. The most specific account of Denys' teachers is now Emery, Dion. Cart. Bibl. man., in Chap. 1.

[13] Teeuwen, passim; R. Macken, Denys the Carthusian, Commentator on Boethius's De Consolatione Philosophiae, in: Analecta Cartusiana 118 (1984) 35–41, 49–51.

[14] In their Response to the Electors (1425), the Cologne Masters of the "via antiqua" listed as their preferred Doctors, Thomas Aquinas, Albert the Great, Alexander of Hales, Bonaventure, Giles of Rome, Scotus. These authors form the core — but not the sum — of Denys' Sentences commentaries. The text of the Cologne Masters is edited by F. Ehrle, Der Sentenzenkommentar Peters von Candia des Pisaner Papstes Alexanders V, in: Franziskanische Studien Beiheft 9, Münster 1925, 281–85; see 283 L. On Denys' tacit use of Iohannes de Novo Domo's writings "de esse et essentia", of Heymericus de Campo and Gerardus de Monte, see Teeuwen, 70–72, 75, and 77–79 passim.

[15] Kaluza, 92–95; Emery, The Doxography.

serve a reunified Christendom, so chaotically disturbed by the divisions in the fourteenth century. Those humanists, scholastic masters of arts and theologians who advocated Aristotle's restoration, and contributed to the effort, usually harmonized his teaching on crucial points with the neo-Platonists, and in turn, made the amalgam concordant with the doctrines of faith. This approach attained its summit at no other place than the Arts faculty and *Bursa Montana* at the University of Cologne, precisely where Denys the Carthusian received his education. Throughout the fifteenth-century, teachers at Cologne were the most stubborn promoters of a Christian Aristotle. At the same time, the renewed regard for Aristotle stimulated the historical and philological researches of Cajatan, Pomponazzi and others. Their work, ironically, undermined the intention of the theological program, uncovering rather the discrepancies between Aristotelian teaching and the faith. Moreover, the historians often reached the invidious conclusion that Averroes and Alexander of Aphrodisias were the most reliable guides to the Philosopher's true intent. Cajetan, for example, concluded that Aristotle did not teach the immortality of the individual soul, that his remarks suggesting immortality referred only to the agent intellect, probably universal, and that there was no strong foundation in the Philospher's texts for a possible intellect proper in man. In reaction, the masters at Cologne advanced Thomas Aquinas as the true interpreter of Artistotle, and zealously taught a unified philosophic-theological doctrine purportedly derived from Thomas and his mentor among the ancients. This approach has persisted in various Thomistic schools until our own day.[16]

Sentiment for the Christian Aristotle reached its summit among the Thomists at Cologne. Followers of Scotus, another branch of the *via antiqua*, maintained that Aristotle had said all there was to say in philosophy, and that philosophy strictly speaking was simply identical with Aristotle's writings.[17] Denys the Carthusian from time to time expresses such sentiments, at least through the voice of an authority. Jerome in his Regula, Denys says, said that Aristotle was, as it were, a great miracle in the whole

---

[16] S. Swieżawski, Les débuts de l'Aristotelisme chrétien moderne, in: Organon 7 (1970) 177—94; for Cajetan's conclusion, see 186. Cf. also Swieżawski, Le problème de la 'Via Antiqua' et de la 'Via Moderna' au XVe siècle et ses fondements idéologiques, in: Antiqui und Moderni: Miscellanea Mediaevalia 9, hg. A. Zimmermann, Berlin-New York 1974, 484—93; Kaluza, 105—6. The masters of the "via antiqua" at Cologne used the works of Thomas Aquinas in their teaching in the Arts faculty, as their Response to the Electors (1425) reveals: "... *dicimus quod Artium cum Facultate Theologie tam indissolubilis est connexio, quod per idem valere est, prohibere hujus doctrine usum in Artibus et in Theologia, et permittere in Theologia et in Artibus. Exempli gratia, Doctor Sanctus in omnibus summis suis utitur eisdem principiis, quibus usus est libros Philosophi exponendo, prout luce clarius constat cuilibet in ejus doctrina eruditio*" (Ehrle, 284 N). This explains Denys' remark that he studied in the "via Thomae" at Cologne, in 1 Sent. d. 8. q. 7 (Op. om. 19: 408D).

[17] Swieżawski, Les débuts, 183—4.

of nature, and seems to have been infused with whatever can be known naturally. Hence we say that Aristotle and the Peripatetics following him deviated the least from the truth of Christian faith, and were more rationally steeped in philosophy. As a corallary to his remark, Denys in another place adds that therefore it is not easy to withdraw from Aristotle, unless the authority of faith, Scripture or determination of the Church requires it.[18]

Denys did not write a commentary on any of Aristotle's works, one of the few *lacunae* in his corpus. He claims to have read whatever he was able in natural philosophy, among the Peripatetics, Aristotle, Avicenna, Algazel, Anaxagoras, Averroes, Alexander, Alfarabi, Abubacer, Avempace, Theophrastus, Themistius and others.[19] There is no strong reason to doubt him, for his works otherwise bear ample testimony that he read what he said he did. Surely he read through Aristotle's writings in school. The manuscripts that contain the treatise on universals, hitherto lost, attributed to him by his sixteenth-century editor, also contain commentaries on most of the works of Aristotle, as well as Porphyry's Isagoge and the Liber de sex principiis. The manuscripts were written by students of the *via antiqua*, and testify to the revival of the old curriculum in the fifteenth century.[20] Nevertheless, it is likely that Denys gained much information about Peripatetic teaching from the commentaries and paraphrases of Albert the Great, whom, in a comparison with Thomas Aquinas, he says to be more "eminently experienced in the doctrine of the Peripatetics."[21] Curiously, I have found no direct evidence that Denys read the Aristotelian commentaries of Thomas Aquinas. Whatever the case may be in regard to the Peripatetics, there is ample evidence that he read what was available of Plato and the writings of neo-Platonists in *originalia*, for he quotes their works amply and *verbatim*. His commentaries on Boethius and Dionysius the Areopagite were line-by-line.[22]

---

[18] 1 Sent. d. 3. q. 12 (Op. om. 19: 276C'): "*De quo Aristotele ait [Hieronymus] in Regula sua, qoud procul dubio fuit quasi grande miraculum in tota natura, et quod ei infusum videtur quidquid naturaliter sciri potest. Hinc Aristotelem et Peripateticos eum sequentes, dicimus a veritate fidei christianae minus deviasse, ac rationabilius fuisse philosophatos.*" Cf. also 1 Sent. d. 3. q. 1 (Op. om. 19: 219C).

[19] Protestatio (Op. om. 41: 626). On the document, cf. Emery, Twofold Wisdom, 102–3. The Cologne masters (1425) explained that they used the commentators Averroes, Avicenna, Eustrachius, Boethius and Themistius, as well as Thomas, Albert, Giles of Rome and Buridan in expounding Aristotle for the students. Cf. Ehrle, 283.

[20] For these manuscripts, cf. Emery, Dion. Cart. Bibl. man., Chap. 3 1 NE 194. Weiler, 66–70, gives a good summary of the way the Aristotelian books were studied at Cologne.

[21] 2 Sent. d. 3. q. 3 (Op. om. 21: 211C): *Qui Albertus in doctrina Peripateticorum eminenter fuit exercitatus*. Denys' disposition of materials and opinions concerning the soul in Book 1 of De lum. is especially indebted to Albert the Great's Liber de natura et origine animae, in: Opera omnia 9, ed. Borgnet, Paris 1890, 375–434.

[22] Emery, Twofold Wisdom, 104–5 nn. 20–26.

Not surprisingly, because he was a contemplative monk, Denys' philosophical focus is directed to those questions that immediately concern God, the rational spirits and the human soul. Absolutely central to his understanding is his strict interpretation of the principle that, as is something's manner of being, so is its manner of act and operation: *"modus agendi parificatur modo essendi."* He adduces this principle over and over, on a variety of questions. He understands the orders of being and knowing to be perfectly parallel and symmetrical. Hence, not only can one deduce truths in the order of knowing from the order of being, but what is more interesting, their reciprocity allows one to deduce truths in the order of being from what is evident in the order of knowing. For example, influenced greatly by Avicenna among others, Denys came to affirm that one need not have recourse to phantasms in every act of knowledge, and that in this life it was possible to come to a knowledge according to the *quid est* of separated substances. In turn, the soul's capacity to achieve knowledge of this kind was for him perhaps the strongest argument for the human soul's immortality.[23]

Denys' conception of the strict reciprocity between the orders of being and knowing enabled as sharp a distinction between the twofold theological and philosophical wisdom as one might wish. Like the orders of knowing and being, the two orders are perfectly parallel and analogical, shape by shape. Thus, for example, the ancient philosophers of heroic virtue could attain a final philosophic beatitude in the soul's separated condition, analogous, if wholly remote from, the supernatural beatitude of Christians. By the same analogy, each order of wisdom has its preeminent authority. Not less among theologians, Denys remarks, is the authority of Dionysius than the authority of Aristotle among philosophers. But whereas Aristotle's authority necessarily is limited to natural wisdom, Dionysius' authority also penetrates the philosophical order. In his commentary on De divinis nominibus, Denys states explicitly what is evident throughout his writings: *"Summus et sanctus iste philosophus noster magnus Dionysius"* introduced into his theological books many things that he learned from philosophy or knew by natural light.[24] According to this perception, Denys freely invokes Dionysius on a number of questions in his philosophical writings, especially on matters pertaining to the hierarchical procession of beings from the First Principle.

Denys' definitions of nature likewise enabled the distinction. These he conveniently collects in a preliminary article of the Elementatio philosophica. First of all, the word "nature" designates the essence of a thing,

---

[23] Elem. phil., prop. 75 (Op. om. 33: 84C'—85A'), see Emery, Twofold Wisdom, 114—20.
[24] 1 Sent. d. 26. q. 1 (Op. om. 20: 403A'); In lib. De div. nom. c. 4. a. 30 (Op. om. 16: 130A—C). For the natural beatitude of the philasphers, see Emery, Twofold Wisdom, 114—20.

which defines its act or operation. In this sense, it comprehends divine as well as created being. The nexus between the two is established by the ideas or exemplar reasons in the divine mind, which are productive of the principles of created things. In a more limited sense, "nature" is taken to mean the specific quiddity of a thing, that which, in Boethius' terms, distinguishes its specific difference. To these formal definitions, Denys adds others pointing to the operation of nature as a whole. Nature is an innate power in things, which generates similars from similars, or it is an innate inclination, which, for example, causes light things to rise and heavy ones to fall. In physics, nature is considered as the principle of whatever state of motion or rest in which a thing stands. Materially, *naturalia* are whatever is treated by the natural and physical sciences. In general, the term "nature" designates whatever pertains to a thing by reason of its innate inclination or created constitution, so that whatever proceeds in the ordinary course of the created world may be called "natural", in a sense more extended than the natural realities treated in the science of physics. The term "nature" has its most extended meaning in relation to the noetic order, signifying all that the intellect is able to conceive, as Boethius teaches. In this collection, the emphasis is on metaphysical definitions of nature. Denys' insinuation of the divine ideas into the conventional catalogue, his focus on the quiditative and noetic definitions, allows for a natural, divine philosophy separate from, but propaedeutic to, supernatural wisdom.[25] The relations among the orders of being and knowing, the definitions of nature, and theology and philosphy are evident in Denys' statement of intention in Book I of De lumine christianae theoriae:

> Since, therefore, there exists a twofold wisdom, my intention in this work is to show, I do not say demonstrate, the certitude, induce the truth, and uncover the foundations of the knowledge and wisdom of those things which are handed over by faith, namely Christian theory. Since however the habit of the sciences conforms to the condition of things, as nature serves the Creator, so natural knowledge serves divine knowledge ... For this reason, therefore, it is first necessary to contemplate the nature of divine things according to natural wisdom.[26]

---

[25] Elem. phil., prop. 17 (Op. om. 33: 34C'—35B). Four of Denys' definitions come from Boethius, De persona et duabus naturis, c. 1, in: PL 64: 1341—42. Denys probably took the list from Thomas Aquinas, 2 Sent. d. 37. q. 1. a. 1, in: Scriptum super libros Sententiarum 2, ed. R. P. Mandonnet, Paris 1929, 943. Denys paraphrases this question, and quotes the definitions, in Creaturarum in ordine ad Deum consideratio theologica a. 122 (Op. om. 34: 201B'—C'). Neither Boethius nor Thomas includes reference to the divine ideas, and Denys cites as his source Hugh of St. Victor.

[26] De lum. 1. a. 6 (Op. om. 33: 240B'—C'): "*Duplici quidem igitur exsistente sapientia, praesentis operis intentio est, ejus quae per fidem traditur cognitionis et sapientiae, christianae videlicet theoriae, veritatem inducere, et fundamenta reserare, ipsiusque certitudinem ostendere, non dico demonstrare. Quoniam autem conformis est habitudo scientiarum habitudini rerum, sicut natura Conditori servit, sic naturalis agnitio divinae subservit agnitioni.*"

The conviction that these analogies compel — that there must be a knowledge in this life that corresponds to the soul's inherent separability — led Denys increasingly to distance himself from Thomas Aquinas. In teaching that every act of knowledge requires phantasms, Thomas moreover manifestly contradicted the authority of "the great and most divine Dionysius", no matter how often he adduced the well-known text from De caelesti hierarchia, stating that it is "impossible for us to gaze upon the divine ray, unless it be veiled in the various coverings of sensible forms."[27] In response, Denys invokes many other texts from Dionysius, and points out that text in De caelesti hierarchia refers to the lower order of symbolic theology, not to the higher orders of intelligible and anagogic or mystical theology, whereby we are led *"ex radiatione theorici luminis intellectualisque radii et immaterialium essentiarum notitia, ad primae veritatis ac divinorum contemplationem."* To confirm this teaching, Denys, relying on Avicenna, distinguishes between the judgment of a thing's operation in its beginning and in the course of its development. In its first acts, the soul must rely upon phantasms in order to know; through the habit of science, however, the soul becomes more adept at abstract contemplation until it is able to consider intelligible realities without the assistance of sensible images.[28]

Denys can find philosophical authorities enough for his argument against Thomas, among both Platonists and Peripatetics. He is loathe to exclude Aristotle from the company, although he can find no definitive text in the Philosopher's writings to support him. His difficulty is evident, for he proceeds in a rather circular way, just as he accuses his adversaries. According to Aristotle in De anima and elsewhere, Denys says, if the soul were not able to have some intellectual operation free and immune from communion with the sensible, it would follow that the soul is inseparable from the body and therefore mortal. Many of Aristotle's followers, however, proved that the soul is immortal, especially those who taught that the soul can act without the aid of phantasms. As an afterthought, Denys adds that Aristotle himself seemed to think that the soul is immortal. If so, by reason of the relation between knowing and being, he must have judged that the soul can understand *"sine phantasmatatum adspectione."* If those who deny human knowledge without phantasms, yet maintain the immortality of the soul, reply as they are wont to do, that the separated soul has a different manner of existence and therefore of knowing, they

---

[27] Pseudo-Dionyisius, De cael. hier., trans. Eriugena, c. 1, printed in: Dion. Cart. Op. om. 15: 6.
[28] Elem. phil., prop. 45 (Op. om. 33: 57D—59C'). See also Denys' comments in 2 Sent. d. 7. q. 4 (Op. om. 21: 412B'—D'), and his strong criticism of Thomas' reading of Dionysius in his commentary on De mystica theologia (Op. om. 16: 487A'—490B). I treat this criticism in The Doxography.

beg the premise. For the soul's separated existence remains then to be proved, and this cannot be done unless it be shown that "existing in the body, the soul can have some act in which it neither communicates nor concurs with the body or any organic power, interior sense or phantasm."[29] Denys' criticism is cogent enough; it seems to me that the burden of proof rests with Thomas. Denys' stumbling occurs, rather, in his attempt to adduce Aristotle to his side, where the burden of proof lies with him.

With Thomas, however, Denys affirmed that the intellectual soul is the unique substantial form of the human composite. This doctrine is the most conformed to faith, and to his mind, has the clear authority of Aristotle. Denys recognizes the difficulties that led others to teach a plurality of forms, and these difficulties, we shall see, are not unlike his own.[30] In any event, Denys' most extended praise of Aristotle occurs in an article of De lumine christianae theoriae entitled, "the nature and substantial perfection of the rational soul according to Aristotle, in which it is proved that the intellectual essence is the substantial form of man and the first act of the body".[31] Here Denys recites a number of arguments, according to one conventional interpretation of Aristotle, for the union of the intellectual soul and body in man. Typically, he is drawn to arguments deriving from the relation between the soul's being and its acts. Universally, second act follows upon first act and presupposes it. To understand and reason discursively are second acts of the rational essence; they require in man a commensurate first act, and this is its rational nature. This rational nature is the substantial perfection of man, for otherwise to reason would not be an operation proper to him. Therefore, man's first and second acts must be "of the same and by the same." Everything whatsoever acts by means of that through which it is substantiated, and as is its being, so is its act, according to Aristotle in the Metaphysica. If therefore the intellectual form were not the substantial act of man, he would not at all by his own means be able to understand. Understanding would be accidental to his nature and would derive from a form subsistently separated from his nature. Form is act, however, according to the Philosopher, and every act flows from form. Manifestly man contemplates, knows and understands, and by nature he possesses the formal principle of these acts.[32]

Denys prefaces his recitation of Aristotle's teaching with what is both an encomium and apology for the Philospher. "Indeed, in all the multitude

---

[29] Elem. phil., prop. 45 (Op. om. 33: 58B–D): "*Hoc quippe restat probandum, quod anima possit separari a corpore; nec potest probari, nisi probetur quod exsistens in corpore, habeat actionem in qua non communicet neque concurrat corpus seu virtus organica, aut sensus interior ac phantasma.*"

[30] Elem. phil., prop. 30 (Op. om. 33: 45B'–47B'): "*In eodem composito non nisi unam consistere forman substantialem, probabilis est opinio; quae tamen multis rationibus et experimentis videtur contraria.*"

[31] De lum. 1. a. 92 (Op. om. 33: 346D'–348C').

[32] Ibid. (347D–348C').

of philosophers", he says, "one finds the philosophy of Aristotle to conform more to Christian theory, and to support it with firmer foundations." It is precisely the wisest of all the Greek philosophers (*"omnium Graecorum philosophorum sapientissimus Aristoteles"*) who lends support to the Christian understanding of the union of soul and body in man. Even in those other opinions where he happened to dissent from the teaching of faith, he was not ashamed to admit that his determination was not demonstrative, as is also the case for his arguments for the eternity of the world and the number of intelligences. True, he did seem to wish to demonstrate that the heavenly bodies were animated, which however, does not really oppose Christian faith, as Augustine manifestly shows. There are those, like Ambrose and Gregory of Nyssa, who say Aristotle proposed that God does not enter the governance of human affairs. Nevertheless, Aristotle did not manifestly and fully speak of this matter, and from what he did say, the opposite can be understood. Surely, some of his statements require an understanding of God's providence for man. He says, for example, that "contemplative and theoric men are the most loved by God", and in the Politica, that bestial and criminal men are incomparably worse than beasts themselves. Does this not imply that Aristotle thinks God would hate the latter as much as he loves the former? How does he think this difference could be shown, if he did not believe that God punishes the ones and rewards the others, inasmuch as he also openly teaches that the soul is immortal and wholly unable to pass from one body into another? One must be careful not to ascribe to Aristotle himself opinions held by some of his followers.[33]

These arguments make clear that Denys' esteem for Aristotle must rise or fall on the question of the immortality of the soul. Denys does not need Aristotle to prove the immortality of the soul; he can find enough convincing reasons in Plato, Proclus, Avicenna and Christian scholastics to support his own resolution.[34] What is at stake is Aristotle's authority and the unity of philosphic wisdom on the most fundamental points, or rather, the most fundamental point.

In De lumine, Denys defends the position that according to Aristotle, the rational soul is immortal. As is evident, he reads the pattern of his own conviction into the texts of the Philosopher. Because Aristotle taught that the formal cause, in which act and potency arise at the same time, is not prior to the caused, and because he taught that the human soul is the form of the body, some estimate that he concluded the soul to perish with the body. On the contrary, Aristotle said many things that imply the opposite. In De anima 1 he says that the intellect seems to be a certain

---

[33] Ibid. (347A–D):"*[Aristoteles] ait namque homines contemplativos et theoricos viros, amantissimos Deo.*" Aristotle, Eth. 10,8 (1179a 20–32); Polit. 1,2 (1253a 33–34).
[34] De lum. 1 aa. 98–99, 102 (Op. om. 33: 356C–361A', 363C'–365B).

incorruptible substance. Elsewhere he says that if the intellect is some proper operation of the soul, then it will not be destroyed. In De anima 3 he plainly teaches that the intellect is unmixed, and that the soul has an operation separate from matter. Further, in the same book he assigns to the agent intellect four properties: it is separable, unmixed, impassible and being in act. He also says that the possible intellect is unmixed and separable, so that it can receive all things. He denies, of course, that the possible intellect is being in act, as it is the opposite by definition. Further, contrary to the arguments of Averroes and Avicenna, it is clear that Aristotle understood both of these powers to inhere properly in man, since he says that it is necessary that there be in the soul something potential to all things, and something that is able to actuate this potency. Denys refers again to Aristotle's statement that the contemplative man is most beloved by God. What significance could this saying have, if after this life God did not confer some beatitude on such men, especially since in this life adversities inflict contemplative more than carnal men. Indeed the former are often oppressed, even killed by the latter. Moreover, it is proper for a friend to communicate and bestow goodnesses upon those whom he loves. What would his love for theoric men mean, if he withheld from them any retribution for the evils they suffered?[35]

These, of course, are not arguments for the immortality of the soul. The argument from Aristotle's *dictum* concerning contemplative men[36] provides only a presumption; citing Aristotle's statements concerning the separability and impassibility of the intellect, Denys prescinds from the obvious question of the intellect's relation to the human composite. Denys' article on Aristotle serves a rhetorical purpose within his longer argument, to distance the "chief of the Peripatetics" from the egregious errors of some of his followers, which could likewise be used against the Philosopher by his enemies. Denys concludes that those who say Aristotle to have thought the soul inseparable from the body do not speak well. The *nominales*, the modern descendents of Alexander of Aphrodisias' interpretation of Aristotle, not only deny that one can demonstrate the immortality of the soul from the principles of Aristotle's philosophy, but go so far as to say that such a demonstration is impossible to natural reason itself. No wonder they say this, for when they try to examine the nature of things, they turn only to terms and *sophismata*.[37]

---

[35] De lum. 1 a. 101 (Op. om. 33: 362D'–363B'). Aristotle, De anima 1,4 (408b 18–20, 29–30); 3,5 (430a 15–20).

[36] In 2 Sent. d. 17. q. 1. (Op. om. 22: 131C'–132A), Denys incorporates the idea, in his characteristic terms, in his recitation of Albert the Great. Albert's text, however, gives only the slightest sugestion of the argument. See his Summa theologiae 2a pars q. 77 tract. 13 menb. 5, in: Opera omnia 33, ed. Borgnet, Paris 1895, 105. See also Albert the Great, Ethica 10 tract. 2 c. 6, in: Opera omnia 7, ed. Borgnet, Paris 1891, 633.

[37] De lum. 1 a. 101 (Op. om. 33: 363B'); see Emery, The Doxography.

Denys' résumé of Aristotle is part of a long series of articles reciting the positions of many Peripatetics and Platonists concerning the related problems of the soul's union with the body and its immortality. Against Avicenna's argument for a single agent intellect existing as a separated substance outside of man, Averroes' "rude, frivolous and irrational errors", and Alexander's opinion that the animating human soul is an harmonic form educed from matter, he strives to prove that these opinions are not only false in truth, but contrary to Aristotle, whom all invoke.[38] He criticizes, in turn, the problems of the Platonists over the union of soul and body, but approves their arguments for immortality, especially Proclus' "most subtle demonstrations" based on the soul's self-reflexiveness, which do not seem to entail other Platonic errors.[39]

The fluctuating state of the discussion, wherein each philosopher gets something right and something wrong, requires Denys to find solutions elsewhere. Those he adopts are characteristic, attempting to strengthen the two motives he searched in reading Aristotle: the reciprocity of the orders of being and knowing, and man's aspiration to a contemplative existence. Reversing his previous presentation, before turning to the soul's composition with the body, he first addresses its immortality. Here he tacitly adapts an argument from Albert the Great, which directs a famous motif in Aristotle's Ethica towards proof of the immortality of the soul. Every nature that seeks and discovers honorable, pious and religious goods, he declares, by nature is immortal. For every appetite arises by reason of a similitude between the desire and the desired. What is "honorable" (*honestus*) is defined as that which is desirable for its own sake, without essential consideration for its delight or utility. But no power acting only for the well-being of its corporeal harmony seeks such a good. Whence one sees no irrational animal rejoicing in the aspect of beautiful things, their sweetness of smell or sensible perception, except insofar as these relate to their utility or delight in satisfying corporeal appetites. Man alone among composed creatures delights in the beautiful and the good on account of their essential dignity and their own natural virtue. Thus, there is in the soul a power similar to these perpetual goods that is elevated above the harmony of the body and its material disposition. And the desire for these goods, rooted naturally in the soul, can operate more freely and purely when the soul exists separately, since then man requires fewer merely useful and delightful goods.[40]

---

[38] De lum. 1 aa. 94–96 (Op. om. 33: 351–55).
[39] De lum. 1 a. 98 (Op. om. 33: 356–57).
[40] De lum. 1 a. 99 (Op. om. 33: 358B–B'). Aristotle, Eth. 8.3–4. See Albert the Great, Liber de natura et origine animae, tract. 2 c. 6, in: Opera omnia 9, ed. Borgnet, Paris 1890, 411b–412b. For the importance of the aesthetic and the transcendental beauty in Denys' thought, see K. Emery, Jr., Fondements théoriques de la reception de la beauté sensible dans les écrits de Denys le Chartreux (1402–1471), in: Les Chartreux et l'art XIVe–XVIIIe siècles, ed. D. Le Blévec et Alain Girard, Paris 1989, 307–24.

Man's desire for pious and religious goods shows the same thing. Here Denys mixes arguments based on man's innate desires and his manner of knowing. As Aristotle proves in Ethica 10, contemplative felicity is the highest good sought by every intellectual nature. Further, every contemplation of created things is directed towards the highest object possible to created minds in the natural order; as Averroes says, the question of the divine intellect is desired by all. It is common, therefore, to the intelligence and the rational soul, to felicitate in contemplative speculation of the first truth. Thus, it is necessary that there be in the soul some similitude to this highest nature. This similitude is either rooted in the soul insofar as it is joined to, and dependent upon the body, or as it is incorruptible and has nothing in common with the body. The former is impossible, for neither contemplative felicity nor communication with divine intellects can be achieved by any material power, nor is such capable of receiving the "sincere and universal species" in which such contemplation is enacted.[41]

Moreover, as Aristotle says, neither God nor nature frustrates, nor does nature institute anything it denies to perfect. But every intellect desires always to be. Every desire arises either through some previous apprehension, or through instinct. The soul's intellectual desire, called the will, arises from a previous apprehension in the intellect; thus, as the intellect understands the good, so the will desires it. Sense knows being only according to its aspect "here and know", and is therefore incapable of desiring being as it is in itself. The intellect, on the contrary, to which it is proper to know universally, knows being as perpetual, without determination to time. The will thus naturally seeks being in this way, and this desire would be frustrated by nature itself if the soul's existence were incapable of fulfilling such a desire.[42]

Indeed, nature acts with regard to possibilities so as to make things better. But the soul, through species and "scientific and sapiential habits" is able to achieve a conformity and relation to celestial souls. Indeed, in this respect, it can operate more perfectly and freely when separate from the body than when joined. The proof of this may be found in what is commonly observed: the more the soul withdraws from bodily cares and delights for study, science and the purity of abstraction, the more it draws closer to, and becomes more capable of, "sapiential contemplation of divine things and heavenly influences." Nor will the soul desirous and capable of such withdrawal perish with the body, for nothing is corrupted in precisely that in which resides its perfection. Material and organic

---

[41] De lum. 1 a. 99 (Op. om. 33: 359C–A'). Aristotle, Eth. 10,7.
[42] Ibid. (360C'–361A).

powers, on the other hand, such as sight, are not perfected in withdrawal, but in the temperance of harmony.[43]

These arguments, based on the soul's desire for divine contemplation and the soul's ability to pursue it, naturally enough are persuasive to Denys, who had intimate experience with the contemplative life. It should be made clear that he does not refer here to any implicit natural desire for the beatific vision, which he denies, but rather to a purely natural desire for abstract, philosophical contemplation, observed in heroic ancient men. This natural desire, he shows in a series of other articles, is frustrated in any but a separated condition of existence.[44]

Denys' arguments on behalf of the unity of soul and body follow the same pattern, but also involve the hierarchical situation of man in the universe. After affirming that the human intellect begins as a *tabula rasa*, in need of phantasms and sensitive powers in order to acquire the species and forms of things, he goes further to confirm, with Avicenna and Algazel, that in its permanent condition the soul is not as it is in its beginning, and he repeats the intellect's ability to become adept at wholly abstract contemplation. The soul's increasing nearness to spiritual forms and distance from matter, however, is not a local withdrawal or separation from the composite, but a degree of perfection or dignity, for forms are said to be nearer or farther from the fount of all forms to the extent that in their act they rise above the faculty of matter. It should be understood, then, that the perfection of superior powers comprehends within itself all of the perfections of lower powers, but in the higher manner of their own being, not in the lower manner of the powers comprehended. Hence, the vegetative and sensitive powers of the soul are comprehended in the soul in the manner of its rational nature. According to its inferior powers, the human soul informs the matter of the body; according to its rational being, the soul is joined to the body, not through its information or impression of matter, but rather through a certain attractive power (*tractum*) by which it draws the body to its nature and manner of being. The intellectual soul, then, is created in "the shadow of intelligence", as Isaac Israelita says, standing before the lowest intelligence in the hierarchy of being as color to light, according to Avicenna. At the same time, it is joined to matter in its being and essence, through those lower perfections and powers that it comprehends. Thus, the same being of the soul, in terms of the expansion of its power and the separate and divine capacities that flow from it, is said to be immaterial and "soul" alone, and in terms of the material and organic powers that it comprehends in its own manner,

---

[43] Ibid. (358D'–359A).
[44] De lum. 1 aa. 45–52 (Op. om. 33: 286–94). Emery, Twofold Wisdom, 117–23. See M. Beer, Dionysius' des Kartäusers Lehre vom 'desiderium naturale' des Menschen nach der Gottesschau, München 1963, esp. 154–89.

it is said to be material and of the whole composite. In this way, the human soul is "an horizon of forms, and a certain boundary between the corporeal and incorporeal."[45]

Despite his persistent intent, Denys could not finally save Aristotle's preeminent philosophic authority. His reading for the commentary on the Sentences confirmed the doubt evident in all of his efforts on Aristotle's behalf in De lumine. He confronts the problem of Aristotle and the immortality of the soul in a question of the second Book of the Sentences (d. 17. q. 1: *"An anima primi hominis vere sit creata"*). The author who compels his admission is Henry of Ghent, from whose Quodlibet IX q. 14 he extracts at length at the end of his comment.

Henry searches the reasons for the confusion among Aristotle's followers on the question of the soul. He concludes that there is no wonder for the confusion, since there are inherent contradictions in the Philosopher's thought, which for various reasons he never sought to resolve. Because Aristotle never affirmed certainly, as a principle, that the intellect is one in all men, or that it is diverse in diverse, or that the intellect is the substantial act and form of the body, or that it is not, speaking sometimes as if the one, other times as if the other, one cannot argue on the basis of any of his "naked propositions." Rather, one must search other fundamental principles of his philosophy in order discover what his intention was. Here likewise, Henry's investigation reveals, one is left in doubt, for each possible construction of Aristotle's teaching on the soul creates a contradiction with one or another clear principle of his thought. It is evident that Aristotle did not assert clearly the intellect to be the form and act of matter, nor that in man there is some form that remains when the composite is corrupted. Hence it cannot be certain whether he understood there to be many intellectual souls of many men, or a unique intellect for all. If he thought that the intellect were not the form and act of matter, he necessarily would have needed to say that there is a unique intellect for all men, according to his undoubted principle that individuals are not multiplied in the same species except by matter. On the other hand, if he thought that the intellect were the act and form of matter, he would need to posit a single intellect for each, on the same principle of the multiplication of forms by individuation in matter. But in this instance, because he clearly thought that the world is eternal, and also that the intellect cannot be corrupted, he would need to concede an infinite number of actually existing separated souls. But Aristotle does not admit the possi-

---

[45] De. lum. 1 aa. 103–4 (Op. om. 33: 365–66, 366B'–D', 367A). *"Sit ipsa horizon formarum, et tanquam confinium quoddam corporeorum et incorporeorum"* (366B'). Cf. also Elem. phil., prop. 49 (Op. om. 33: 62A–D'). The source is Le "Liber de causis." Édition établie à l'aide de 90 manuscrits avec introduction en notes, ed. A. Pattin, in: Tijdschrift voor Filosofie 28 (1966) 50, 81.

bility of an infinite multitude in act. Thus, although it is certain that Aristotle taught that the human soul is the form of the body, it is not certain that he meant a soul that includes intellectual as well as vegetative and sensitive powers. If he speaks only of the vegetative and sensitive soul, it is then not clear how he thinks the act of understanding to pertain to man. Further, in De caelo et mundo 1, Aristotle states expressly that nothing is perpetual *a parte post* that was not perpetual *a parte ante*. Thus, if he thought that souls remain after the body, he must have thought them to be from eternity. But this contradicts other expressly stated principles, which state that form does not precede matter in the composite, and again, that there cannot be an infinite multitude existing in act. Thus, Henry judges it probable that Aristotle inclined to the idea that the intellectual principle is not the act and form of the body, and that therefore there is one intellect in all men, inasmuch as this agrees with his deepest principles. However, because he did not wish to assert openly what follows from this conclusion, and was aware of further contradictions to his own teaching involved in other consequences, he preferred to leave in doubt whether the intellect is the form of the body, and thus multiplied according to the number of bodies.[46]

Henry's discussion, which points out the futility of trying to determine Aristotle's position on the soul by means of any express sayings, and alerts one to the problems of assuming Aristotle meant that the intellectual soul is the form of the human composite, caused Denys to revise his judgment, however reluctantly. In the Elementatio philosophica, he states as a proposition: *"Difficile est vere exprimere quid Aristoteles senserit de animae rationalis immortalitate."* A summary of Henry's argument is the heart of his comment. He still cannot concede, however, Henry's implication that Aristotle could have held the "absurd, rude and false" opinion saying the intellect to be the same number in all men. Here, his strongest rebuttal is allusion to the Liber de morte et pomo, Liber de secretis secretorum, and "certain letters", where the immortality of the soul is taught openly.[47] Already in De lumine, Denys had acknowledged Aristotle's doubtful authorship of these works, but then they were not very vital to his argument.[48]

---

[46] 2 Sent. d. 17. q. 1 (Op. om. 22: 132D—133C'). Cf. Henry of Ghent, Quodlibet IX q. 14, in: Opera omnia Henrici de Gandavo 13, ed. R. Macken, 248—57. Aristotle, De caelo, 1,10 (279b 17—18, 33): Metaph. 12,4 (1070a 21—27); Phys. 3,5 (206a 7—8).

[47] Elem. phil., prop. 48 (Op. om. 33: 61—62). For the pseudo-Aristotelian Epistolae ad Alexandrum, Liber de pomo and Secretum secretorum, cf. C. B. Schmitt and D. Knox, Pseudo-Aristoteles Latinus: A Guide to Latin Works Falsely Attributed to Aristotle Before 1500, London 1985, 32—33, 51—52, 54—75. For the "clear" statements in Liber de pomo, cf. Aristotelis qui ferebatur Liber de pomo. Versio latina Manfredi, ed. M. Plezia, Warszawa 1960, 49, 64. See n. 86 below.

[48] De lum. 1 a. 92 (Op. om. 33: 347C—D).

In his commentary on Boethius' De consolatione, finished shortly after (ca. 1465) the Elementationes, Denys again expresses wonder that "the most ingenious philosopher" could conceive such "an absurd and rude" error as the unity of intellect in all men. In defense, he refers to Aristotle's obscure remark in Metaphysica 12, that it cannot be excluded that in some things, act may remain after potency, and that if the soul is such, the intellect, not the whole, might so possibly remain. Henry of Ghent had dismissed this conditional statement as having no force in argument.[49] In his commentary on Boethius, Denys concedes a point he had not before; he states flatly that in De anima, Aristotle determines that it is necessary for man to regard phantasms in the act knowing. He saves the text by referring to a twofold interpretation, one of Thomas and Giles of Rome, understanding that a phantasm is required for every intellectual act, and another, saying that this is true only for the beginnings of science. For the latter, he alludes to "Albert and his followers, Ulrich and Henricus de Ballivis", and gives an example that he draws from the Albertists: as one who wishes to ascend to a roof or terrace requires a ladder, but when he arrives there, no longer has need of it, so the intellect needs phantasms to ascend, but can operate without them once it has acquired the habit of science.[50]

That Denys' mistrust of Aristotle went further than his verbal expressions is indicated by his comment on the immortality of the soul in the Elementatio philosophica. Here he mentions Aristotle only once, to the effect that the intellect is separated and unmixed. He praises Plato, "more divine than other philosophers", and the arguments for the soul's immortality in the Phaedo, Meno and Timaeus. Likewise, he quotes theorems of Proclus, and for the greater part of his comment, recites ten signs of the soul's immortality given by Avicenna. From his own arguments in De lumine, he states briefly the evidence of man's desire for the honorable, which nature does not frustrate.[51] In a concluding article on the human

---

[49] Henry of Ghent, Quodl. IX q. 14, ed. Macken, 248, 254. Aristotle, Metaph. 12,4 (1070a 24—25).

[50] Enarrationes in De cons. phil. 2 a. 14 (Op. om. 26. 219C—220D). Aristotle, De anima 1,1 (403a 8—9). Cf. Macken, Denys the Carthusian, 50—69; Teeuwen, 85. In: Did Denys the Carthusian Also Read Henricus Bate?, Bulletin de philosophie médiévale 32 (1990) 196—206, I argue that "Henricus de Ballivis", unidentified in previous literature, is Henricus Bate (1246—1310).

[51] Elem. phil., prop. 47 (Op. om. 33: 60B—61A). For Avicenna's ten signs of immortality, Denys refers to Liber VI de naturalibus; see 5a pars. c. 2, in: Avicenna Latinus: Liber de Anima seu Sextus de naturalibus, ed. S. Van Riet, Louvain-Leiden 1968, 81—101. Denys' direct source is surely from the writings of Albert the Great, who often repeated the ten signs. Cf. De anima lib. 3 tract. 2 cap. 14, in: Opera omnia 7.1 [Ed. Colon.], ed. C. Stroick, Münster 1968, 196—98; Summa de creaturis 2a pars q. 61. a. 2, in: Opera omnia 35, ed. Borgnet, Paris 1896, 521—31; Summa theologiae 2a pars tract. 13 q. 77 memb. 5, in: Opera omnia 33, ed. Borgnet, Paris 1895, 104—5.

soul, he reinforces the notion of the soul as "a ligament and knot of higher and lower things" in the concatenated order of nature, "and an horizon or zone between them", by reference to texts of Proclus and "divine Dionysius."[52]

Denys confronted the corrosive problem of Aristotle's opinions on the human soul again and again in his inquiries. Henry of Ghent drew his attention as well to similar seeming contradictions or ambiguities in Aristotle concerning the eternity of the world, the providence of God and several other matters.[53] Of these, the difficulties Denys encountered in his consideration of the possibility of an eternal world had the most damaging effect on his regard for Aristotle.

Until the end of his career, Denys largely followed Thomas Aquinas on this question. As one would expect, he always treats the problem in the terms in which it was posed in thirteeth-century philosophy and theology. Nevertheless, as in at least one other crucial instance, he reaches into some fourteenth-century authors.[54] In his extended treatment in the commentary on the Sentences, besides his usual authors — William of Paris, Thomas Aquinas, Albert the Great, Ulrich of Strassburg, Peter of Tarantaise, Bonaventure, Richard of Middleton, Durandus of St. Pourçain, the Quodlibeta of Henry of Ghent, Duns Scotus — Denys includes arguments from Peter of Candia (ca. 1340–1410) and Peter Aureoli (ca. 1280–1322).[55]

Reading his long treatments of the question, one can have little doubt that Denys thought the eternity of the world to be a sublime metaphysical concept. Not only can the possibilitiy be considered "absolutely" — that is, in terms of God's omnipotence — but the idea also has a real appro-

---

[52] Elem. phil., prop. 49 (Op. om. 33: 62A–D').
[53] Elem. phil., prop. 48, in: Op. om. 33: 61C.
[54] On the question of the unity and distinction of divine attributes. Cf. Emery, The Doxography.
[55] 2 Sent. d. 1. q. 4 (Op. om. 21: 68–89). In 85D'–87A, Denys gives a cataloque of 12 arguments attempting to prove the temporality of the world, which he says Henry of Ghent apparently ("*ut apparet*") makes in his Summa, Peter of Candia also touches, and are likewise introduced by Peter Aureoli. The first 8 are reported by Petrus de Candia in 2 Sent. q. 1. a. 3 as reasons of those who say the eternity of the world is impossible; I consulted the text in Bruxelles. Bibliothèque Royale. 3699–3700 (Van den Gheyn 1555), ff. 115r^a–115v^b. Peter later cites 4 more instances ("instancias"), f. 117r^{a-b}, but these do not correspond to Denys' last 4 arguments or examples. Peter does not name the authors of the arguments. Peter Aureoli discusses some of these arguments (1–4, 8, 10) — but does not affirm them all — in 2 Sent. d. 1. q. 1. a. 2, in: Petri Aueoli ... Commentariorum in secundum Sententiarum tomus secundus [vol. 3 of 4 vol. set], Roma 1605, 12v^b–13r^a. I have not found anything similar in Henry of Ghent's Summa quaestionum ordinariarum, ed. J. Badius Ascensius, Paris 1520, reprt. 2 vols. St. Bonaventure, New York 1953. Henry mentions the question in passing in a. 52. q. 3, a. 59. q. 5, a. 68. q. 5, in: 2: ff. 58rD–58rI, 150rO–P, 230vT. It seems likely that Denys found the references to Henry's Summa and Peter Aureoli in an annotation in a manuscript of Peter of Candia's Super Sententias.

priateness in relation to the divine nature. In fact, Denys is constrained to accept the theoretical possiblility of an eternal world by his solution, reflecting the deepest tendencies of his thought, of a prior problem: the procession of creatures from God. In one sense, this is the foremost issue of Book I of De lumine, which has for its theme the *exitus* of creatures from God, and contains a long series of articles specifically on the manner of procession. For the design of these articles, Denys seems indebted to Albert the Great's paraphrase and comment on the Liber de causis, but he seems to have gathered his own materials.[56] Notably, Aristotle does not receive special attention on this important matter.

Denys first rehearses the emanation of all things from God according to the teaching of Plato in the Timaeus, and then of other Platonists. Their essential error, which he corrects first by Peripatetic arguments and then by Dionysius the Areopagite, is to posit *autobonitates* and ideal forms surrounding God, as it were, and thereby creating "a multitude of gods according to the descending chain of divine emanations."[57] Avicenna, who represents Peripatetic teaching, erred in arguing that because "nature is only determined to one", the divine emanation could have only one effect, a created intelligence, and so on down the chain of intelligences, so that in fact the world has many created creators. Moreover, the emanation of creatures from God is natural and therefore necessary; in passing, Denys remarks that accordingly, Avicenna taught that the world existed from eternity, so that God is prior to the world by an order of nature, not duration.[58]

Strategic among the doctrines of the philosophers is that of the "Platonist" Avicebron, who taught that creatures emanate freely from God, by means of the executive act of the divine will according to the exemplar reasons in the divine mind. Although Denys disputes Avicebron's doctrine of a spiritual matter composing spiritual creatures, he says that Avicebron's "philosophy is sublime in many things, especially about the going forth (*exitus*) of all things from the first being ... in which he is closer to faith than the tradition of certain Peripatetics."[59]

Summarizing the various positions of the philosophers, Denys distinguishes a manifold emanation: a "natural efflux" (*naturalis effluxio*), taught by Avicenna, Alfarabi, Algazel and other Peripatetics; a "free and artificial

---

[56] Cf. Albert the Great, Liber de causis et processu universitatis lib. 1 tract. 4, in: Opera omnia 10, ed. Borgnet, Paris 1891, 410—31.
[57] De lum. 1 aa. 30—32 (Op. 33: 269C—273C'); for the quotation, see a. 32 (273D).
[58] De lum. 1 a. 34 (Op. om. 33: 274D'—276B).
[59] De lum. 1 a. 33 (Op. om. 33: 273D'—274D', esp. 274C'—D'). Denys states that Albert calls Avicebron a Platonist "in libro de Mirabili scientia Dei." See Albert the Great, Summa theologiae 2 tract. 1 q. 4. a. 1. pt. 2, in: Opera omnia 32, ed. Borgnet, Paris 1895, 63b. See also Albert's Liber de causis 1 tract. 1 c. 5, in: Opera omnia 10, ed. Borgnet, 371a.

diffusion" (*libera et artificialis diffusio*), taught by Avicebron; a"certain formal generation, or essential shining forth" (*formalis generatio, aut essentialis emicatio*), taught by Plato and his followers; or an "intellectual and sapiential emanation" (*intellectualis et sapientialis emanatio*). Employing an interesting term, he says that nothing prohibits these various processions, or aspects of them, "*coincidere in re.*"[60]

By means of this analysis and these distinctions, Denys preserves for Christian theory a doctrine of divine emanation, whereby creation is a free act implying no mutation of the divine will, befitting the dignity and according with the simplicity, eternity, infinite intelligence and diffusive goodness of the divine essence. He thus rejects the "natural efflux" taught by Avicenna, observing that "ingenious and subtle" philosophers were unable to distinguish the natural emanation from God *ad intra*, in the generation of the Son, from a voluntary emanation *ad extra*.[61] Significantly, he does not distinguish between an emanation *ad intra* and "creation" *ad extra*, as many Christian thinkers do, but rather preserves the term "emanation" for creation as well.[62] Such a free emanation *ad extra* well befits the dignity and nature of the divine essence. For all things act in respect of an end; the end of the first agent is the divine goodness, which God perfectly possesses outside of any other good; therefore, when he freely shares this goodness with others in creation, he acts in a way most worthily and honorably, and more excellently than he would if he acted necessarily. Moreover, the divine liberty acts not by reason of mutation, but by reason of non-obligation. Thus, to act freely does not derogate the simplicity by which God acts through his being or essence, upon which every creature depends. Avicenna's notion can be retained in a diminished sense, if one understands that the efflux of things from God is "natural" in that by means of it, creatures share in the substantial perfections of the divine nature, such as *esse, vivere et cognoscere*, in an analogical way.[63]

Whereas Denys rejects wholly the *essentialis emicatio* of Plato and his followers, he retains the other terms of his distinctions, concluding that the emanation of creatures from God is "sapiential", "free", and in a certain sense, "artificial."[64] Denys' motives for retaining the term "emanation" for creation are closely related to his understanding of the absolute

---

[60] De lum. 1 a. 35 (Op. om. 276C−B'). For the significance of Denys' use of the term "*coincidere*", see Stephan Meier, Von der Koinzidenz zur coincidentia oppositorum, Zum philosophiehistorischen Hintergrund des Cusanischen Koinzidenzgedankens, in: Die Philosphie im 14. und 15. Jahrhundert. In memoriam Konstanty Michalski (1879−1947), hg. O. Pluta, Amsterdam 1988, 333, 337.

[61] De lum. 1 a. 36 (Op. om. 33: 276D'−277A, 277A'−B').

[62] R. C. Dales, Medieval Discussions of the Eternity of the World, Leiden-New York-Köln 1990, 43, 166−67 (Henry of Ghent).

[63] De lum. 1 aa. 35, 37 (Op. om. 33: 278A, 279A−D, A'−D').

[64] De lum. 1 aa. 38−40 (Op. om. 33: 280−40).

simplicity of God and unity of the divine attributes, which he argues strenuously in all of his works, and to his vision of the strictly hierarchical operations and influences in nature, especially among intelligent beings. These are among the doctrines where the authority of Dionysius the Areopagite is most assertive. *"Divinissimus, sacratissimus et theologicissimus Dionysius"* spoke of the "incomparable and incomprehensible unity and simplicity of the deity, and most pure identity of the attributes", Denys notes, especially in De divinis nominibus.[65]

These reasons and this authority, as I have suggested, commit Denys to admit the possibility of an eternal world. In De lumine, where he treats the question in several articles, he quotes "the great Dionysius", who states that "God is not the cause of things once only, but always causes and produces things", in the sense that he is the eternal source of being and becoming, upon whom all things depend as the rays upon the sun, and without whose preservation they would perish in the blink of an eye.[66] In two articles that prepare for his solution, Denys follows the model, but not so directly the material, of Thomas' Summa contra gentiles, first stating the stronger reasons the philosophers have posited for an eternal world, then replying to each of them to show that a temporal creation can meet or surpass their best insights.[67] He begins by distinguishing between true eternity, according to Boethius "the perfect possession all at once of interminable life", and an eternity of extended duration, according to which apparently Aristotle thought that the world, motion and time were eternal. In the first sense it is wholly impossible for the world to be co-eternal with God; and Aristotle knew, as his statement in the Topica indicates, that in the second sense, the eternity of the world could not be demonstrated.[68]

Denys groups the arguments for the eternity of the world according to philosophical families. The argument that whatever acts through its being or essence, acts through its nature, but whatever acts through will, acts in view of something proposed, involving mutation, arises, Denys says,

---

[65] 1 Sent. d. 2. q. 2. (Op. om. 19: 174C): *"Insuper, divinissimus, sacratissimus et theologicissimus Dionysius, de summa et incomprehensibili Deitatis simplicitate et unitate atque attributorum identitate purissima, in variis tractat locis, praesertim in libro de Divinis nominibus."* For Denys on this topic, cf. Emery, The Doxography.

[66] De lum. 1 a. 103 (Op. om. 33: 379C–D). Denys seems to refer to De div. nom. c. 4, trans. Eriugena, in: Dion. Cart. Op. om. 16: 104–7. See also Denys' commentary, c. 4. aa. 29–33 (126A–137D').

[67] Cf. Thomas Aquinas, Summa contra gentiles 2 cc. 32–37, in: Opera omnia 13 [ed. Leon.], Roma 1918, 344–55.

[68] De lum. 1 a. 82 (Op. om. 33: 333D–A'). Thomas Aquinas, 2 Sent. d. 1. q. 1. a. 5, in: Scriptum 2, ed. Mandonnet, 33–34; Denys extracts the solution in 2 Sent. d. 1. q. 4 (Op. om. 21: 70B–C). The reference is to Aristotles' Topica 1,11 (104b). For the frequent equivocation of, and difficulty in relating the concepts of "eternity" and "infinite duration", cf. Dales, 17, 60–61, 88, 117–18, 185, 195, 257.

from the doctrine of Plato, and was often advanced by Proclus. That the divine goodness, like light, is naturally diffusive, and that what is natural to a thing is inseparable from it, is the principle from which Alfarabi, Algazel and Avicenna argue for the eternity of the world.[69] The strongest Aristotelian arguments, as Denys deduces them, relate to the divine dignity and goodness. Those which always cause are better than those which rarely, or only frequently cause. Likewise, to act now after not acting before requires a movement from potency to act; not only is God pure act, but that which is always in act is better than that which is not. Either God was willing and able to create the world from eternity, or he was able but did not will it, or he willed it but was not able. If the first, he made the world from eternity; if he was able but did not wish it, and then wished, there was some mutation, as in all willing and not willing; if he willed it but was not able, then he was not omnipotent. The second of these seems also to derogate the divine goodness, for envy is the reason for not bestowing what one is able, but the first is also the best and is far from envy.[70]

Although these arguments relate to Aristotelian principles, they are not those customarily adduced from the Philosopher in the medieval discussion of the problem.[71] Significantly, Denys invokes only one argument from the motion of the universe. The kind of argument he finds most forceful pertains to the divine nature. This accords with his admiration for Aristotle's "truest and most profound conclusion", the pure act of divine being.[72]

Denys' responses to these arguments derive from the principles he already stated concerning the emanation of creatures from God, and rely upon Boethius' notion of eternity. As a finite effect can flow from the incommensurate infinite, so a temporal emanation can flow from an incommensurate eternity; goodness and light are in God intellectually, and so they flow from him, not by natural necessity; the proposal of God's will is immobile in him, and because he "knows and disposes all things in a most simple intuition of the mind", it is not repugnant to his "incommutable simplicity" to institute and preordain the order, vicissitudes and times of works; that which operates freely is more perfect than that

---

[69] De lum. 1 a. 82 (Op. om. 33: 333B'—D'). Algazel, in fact, opposed the eternity of the world, but many, including Denys and his sources, confused Algazel's statement of opposing arguments for his own views. Cf. Dales, 44.

[70] De lum. 1 a. 82 (Op. om. 33: 334A—C').

[71] For the usual Aristotelian texts adduced, cf. Dales, 39—42.

[72] De lum. 1 a. 84 (Op. om. 33: 336D'). In another work, Denys says: *"Nec puto Aristotelem unquam tam subtile et utile verbum esse locutum, sicut quod dixit Deum esse purum actum: quod eum duodecimo Primae philosophiae dixisse recordor ... multa pulchra sequantur ex hoc"*. Cf. De natura aeterni et veri Dei a. 20 (Op. om. 34: 38A', 37B'). Aristotle, Metaph. 12,7 (1072b 25—29).

which acts only naturally, and hence God's perfection shines more limpidly in created things which bear the seal of having been created in time rather than necessarily from eternity.[73] In other words, creation in time more manifestly displays the liberty and hence dignity of the divine nature. To the Aristotelian concern about mutation in the divine nature, Denys simply reverses the argument and says "the first is cause of the world not through some previous mutation, but simple emanation, and since God's act is his essence, it does not follow that it must first be moved in some way in creating something new."[74]

Denys' arguments uphold the divine freedom against the philosophers and justify the fittingness of creation in time; they do not at all deny the fittingness, perhaps only less in degree, of a creation, equally free, from eternity. Not surprisingly, Denys frequently repeats with Thomas that essentially, creation entails a priority of nature rather than a priority of time. His concluding article in De lumine on the subject yields exactly what one would expect. He affirms, of course, that since the world was in fact created in time, the question is one of "absolute possibility", and that the reasons purporting to show the eternity of the world are only probable. He refers once again to the distinction between effects that proceed from an agent according to mutation or motion, and those that proceed by "simple emanation." Most of the arguments supporting the possibility of an eternal world are evident in previous articles, and so need not be repeated. Hence, the article consists mainly of arguments "by certain doctors of our religion", chiefly of the "Order of Friars Minor", purporting to demonstrate the impossibility of an effect being created from eternity, and the responses to these. The arguments are those of Bonaventure and his followers, pointing out seeming contradictions involving infinity, the necessity of a creature created *ex nihilo* having *esse post non esse*, etc. Denys borrows his responses from Thomas' Contra gentiles. These dissolve the problem of a traversed infinity, and argue that an augmented, successive infinity, and a first man eternally prior in nature if not duration, etc., are not unthinkable.[75] Denys' resort to these arguments is simply convenient. His eye is steadfastly fixed on the infinite divine substance and the perfect unity of its perfections, in which the divine will is identical with the divine intellect, wisdom and expansive goodness. Although he often states that arguments on both sides are

---

[73] De lum. 1 a. 84 (Op. om. 33: 334D'–335C').

[74] Ibid. (335D').

[75] De lum. I a. 113 (Op. om. 33: 378C'–381A). For Bonaventure's arguments, cf. Dales, 91–96, and F. Van Steenberghen, Saint Bonaventure contre l'éternité du monde, in: Introduction à l'étude de la philosophie médiévale, Louvain-Paris 1974, 404–20. Denys' responses are taken from Thomas' Summa contra gentiles 2 c. 38, in: Opera omnia 13 [Ed. Leon.], 355–56; Thomas had made essentially the same responses in his commentary on the Sentences; cf. Dales, 97–101.

undemonstrable, not once in his protracted discussion does he refer to the intrinsic inscrutability of acts that depend solely on the divine will, a cornerstone of Thomas' arguments.[76] The most revealing item in the article is Denys' approval of a comment by Proclus, "the most profound of the Platonists", not for its conclusion, but for the invariable order of nature that it expresses: "It is manifest that intellect is desirable to all things, and all things proceed from intellect, and the whole world has substance from intellect; and if the world is perpetual, it does not therefore not proceed ... But it does always proceed and is perpetual according to essence, and is always turned towards [the First], and is in an indissoluble order. Indeed, the world is said to proceed always from the First, and always to be turned towards it, because it always depends upon it and is sustained by it."[77]

How little Aristotle has to do with all this. For Denys, the metaphysical authors of the doctrine are Avicenna and the neo-Platonists. He states this explicitly in the opening proposals of his question in the commentary on the Sentences, and by the end of the long question, Aristotle's status in the debate is considerably diminished. Denys proposes a series of arguments more explicit in the writings of Aristotle than those assigned to him in De lumine. Prime matter is ungenerated and incorruptible; the heavenly bodies lack the contrariety that brings corruption; if the world were created newly in time, there would need to have been a vacuum from eternity where the heavens now are; time is a flowing "now," which is defined by the end of a past "now" and the beginning of a future one. Many arguments similar to these are induced by Aristotle to prove the eternity of the world, Denys concludes, "but I omit them, because they prove nothing else except that the world did not begin by some first motion, natural mutation or variation of the first agent, not however that it did not begin through simple emanation from the invariable and most free Creator, who remaining in himself incommutable, in that 'now' and first instant of time created the world, which from eternity he decreed to

---

[76] Cf. Dales, 47, 178—79. Thomas acquired the argument from Maimonides.

[77] De lum. a. 113 (Op. om. 33: 379A—C): "... *manifestum, quod appetibile omnibus est intellectus, et procedunt omnia ab intellectu, et totus mundus ab intellectu substantiam habet; et si perpetuus est mundus, non ideo non procedit ... Sed et procedit semper et perpetuus est secundum essentiam, et conversus est semper et insolubilis secundum ordinem. Dicitur quippe mundus semper procedere a primo, et semper converti secundum eum, quia semper dependet et manutenetur ab eo.*" Cf. Proclus, Elementatio theologica 34, ed. Boese, 21—22. Denys has already quoted this text in 2 Sent. d. 1. q 7 ("Whether preservation is the same thing as creation"), and makes an interesting comment: "*Et si quis auctoritatem despiciat Procli tanquam Platonici, quid ad auctoritatem divini Dionysii respondebit, qui quarto capitulo de Divinis ait nominibus, quod Deus est bonitas summa, omnium productiva, non quasi nunc producens et nunc non causans, sed quoniam indesinenter omnium causa est et omnia causans?*" (Op. om. 21: 101A'—B'). Denys sensed the routine disregard for Platonic authority within scholastic discourse; for this reason, the acknowledged authority of the Areopagite is crucial for him.

himself to create." Such physical arguments dismissed, Denys can turn to the serious business of Avicenna, Algazel, Averroes and certain other Peripatetics, who introduced "more acute reasons than the Philosopher himself" for proving the eternity of the world.[78]

The restriction of Aristotle's arguments to the order of physics is a familiar item in the historically long debate, often used to accommodate the Philosopher;[79] Denys' use of the strategy has a somewhat different intention. It indicates his own, almost exclusively metaphysical consideration of the problem *ex parte Dei*, and also reflects, it seems to me, a common conception among fifteenth-century neo-Platonists, whereby Plato is *divinus metaphysicus*, master of the *sermo sapientiae*, Aristotle *physicus*, master of the *sermo scientiae*.[80] After summarizing arguments of the more acute Peripatetics, Denys cites an unusual argument of theological authority. Because it concerns the divine nature in relation to the angelic hierarchies, whose possible eternal existence is mor evident than for other creatures, it has a certain attractiveness to him. The argument from appropriateness is stronger in its implication than its expression. "Many saints among the Greek doctors" say that intellectual creatures were created long before the sensible world, for it appears unbecoming that the highest and more than noble (*superoptima*) majesty through all of the centuries should have been without his ministers, and that the effusion of his liberality should have waited until the production of the sensible world. Despite the confusion between notions of eternity and long duration in this pious opinion, the implication is clear that it would be most becoming for God to rejoice with his ministers from eternity. Denys traces the idea to the likely source for the Greek fathers: Plato also asserted that God was elated when he produced the world, as Augustine recites. These and similar arguments, Denys concludes, are what human wisdom, or rather human fatuousness, can cogitate and fashion against the actual, immense wisdom of the Creator.[81]

Among the many resolutions he extracts, Denys seems most affected by Durandus of St. Pourçain. Durandus' arguments cause a subtle change from his previous positions. Durandus distinguishes between creatures, created successively, that are generated through motion or some mutation arising from it, and those permanent creatures that are created through a simple emanation. For his distinction, he employs the difference between true eternity and extended duration. The measure of permanent creatures, in whom to become and to be made are simultaneous, is an eternal, stable

---

[78] 2 Sent. d. 1. q. 4 (Op. om. 21: 68A'–D'). Cf. Aristotle, Phys. 4, 11–12 (219b–221a); 8,1 (250b–252b), etc.
[79] Dales, 57–58, 64–65, 68–70, 76 n. 64, etc.
[80] Swieżawski, Les débuts, 180.
[81] 2 Sent. d. 1. q. 4 (Op. om. 21: 69A–B').

"now", which can co-exist with many temporal, flowing "nows". In such sudden (*subita*) act, nothing impedes that which is produced from co-existing with that which produces. The case of creatures generated successively, including men, is otherwise. Durandus produces a number of paradoxical arguments, reasoning that the completed (*acceptae*) revolutions of the heavenly bodies, no two of which can occur together, necessarily require a finite order with a first and last; that in human generation, there could not be infinite intermediaries between a presupposed first man and women and the most recently generated; and that if generation is presupposed from eternity, so also must be corruption, which is impossible, since corruption presupposes something corruptible prior to it in duration.[82]

Although Denys responds to some of these arguments, in his summary of the question in the Elementatio philosophica, he alludes to Durandus' distinction between permanent and successive things, and says that it is supported by "very strong reasons."[83] The impact of Durandus' argument is further indicated by a remark Denys makes in the course of his question in the Sentences: "Nevertheless, given that according to the opinion of some, the eternity of the world cannot be saved in the order of successive, generable and corruptible things, nor for the human creature, it does not follow from this, nevertheless, that absolutely speaking it cannot be saved for some creature of a permanent nature, especially angels."[84] In light of this distinction, whereas Denys defends the possibility of an eternal "world" in De lumine, in the Elementatio philosophica he restricts his proposition to some "creature."[85]

---

[82] Ibid. (73A–75B). Cf. Durandus of St. Pourçain, 2 Sent. d. 1. qq. 2–3, in: D. Durandi a sancto Portiano super Sententias theologicas Petri Lombardi, Paris 1539, 96v^a H–O, 96v^b A, 97r^b N–97v^a P, 97v^a B–97v^b C. For similar arguments based on the distinction *"esse acceptum/esse accipiendum"*, cf. Dales, 185–89. In the related question, "Whether preservation is the same as creation", Denys approves Durandus' conclusion that since the measure of creation is a *"nunc stans"* able to coexist with many "temporal nows", it is not necessary for some new motion to precede creation or act of preservation. Thus, it is always true to think that in created things, as long as they exist, the act of creation and preservation is the same. Referring to the Condemnations of Etienne Tempier at Paris, Durandus goes on to say that what we may think, however, we must not say. Citing definitions of Plato and Augustine, Denys responds that Durandus' last position *"videtur esse duplicitas, dolus et falsitas, quum ea quae sunt in voce, sint notae et signa eorum quae sunt in mente."* See 2 Sent. d. 1. q. 8 (Op. om. 21: 101C'–102D). The article to which Durandus refers is n. 35 in R. Hissette, Enquête sur les 219 Articles condamnés à Paris le 7 Mars 1277, Louvain-Paris 1977; 73–74: *"Quod Deus numquam plus creavit intelligentiam quam modo creat"*, [error].
[83] Elem. phil. prop. 89 (Op. om. 33: 94C').
[84] 2 Sent. d. 1. q. 4 (Op. om. 21: 88A–C): *"Nihilo minus dato quod juxta quorumdam opinionem, opinio ista de mundi aeternitate salvari non posset in sucessivis et generabilibus et coruptibilibus, neque in creatura humana; ex hoc tamen non sequeretur, quod absolute loquendo salvari non posset de aliqua creatura permanentis naturae, praesertim de angelis."*
[85] De lum. 1 a. 103 (Op. om. 33: 378C'); Elem. phil. prop. 99 (Op. om. 33: 94C–D).

From Peter of Candia, Denys draws a catalogue of by then familiar arguments showing that an eternally existing world involves a number of contradictions to Aristotle's own tenets. For the most part, these are the arguments to which Denys responds in the conclusion. Peter of Candia introduces his list with the ironic remark that these are the arguments of Christian philosophers who wish to make Aristotle a theologian by showing that he could never have taught the world to have existed from eternity. It is impossible to traverse an infinity, which would be required if the world existed from eternity. There cannot be an infinite multitude in act, but if the world were eternal, there would be infinite souls in act. A pile of stones augmented each day would now be an infinite quantity. One infinite cannot be greater than another, or added to, as would be the case if there were infinite revolutions of the heavens, days, etc. If the world were eternal, the part would be equal to the whole, since there would be as many days as months, months as years, etc.[86]

Denys finally maintains his earliest opinion, that Thomas spoke more "truly" and "probably" than others on this matter. In his responses to opposite arguments, he amplifies Thomas' argument that infinite intermediaries between two terms are not unthinkable; argues that when time is said to be infinite, it is all of time together that is understood, even if each of its parts is finite; nor does there need to be an order among things in a "mere infinity." This was the mind of the Philosopher, Denys says, who about such things spoke more rationally than others. In such considerations, he adds, it is necessary to transcend imagination by imagining, as when speaking about time as a whole as different from its consideration in each of its single parts.[87] Denys means, I suppose, trying to imagine infinite duration from the perspective of the divine mind, for whom all times are at once.

---

[86] 2 Sent. d. 1. q 4 (Op. om. 21: 80C–D'). Denys draws this list from an earlier part of Peter of Candia's question in 2 Sent. q. 1. a. 3, in: Bruxelles. Bibl. Roy. 3699–3700, ff. 113r^a–v^b. Denys' wording of Peter's introductory remark is different from that given in the manuscript, or by Ehrle, 66–67: *"Sed aliqui theologi volunt aristotelem catholicum"* (f. 113r^a). Kaluza, 106, quotes the remark after Ehrle. Also interesting are Peter's remarks concerning the authorship of the Liber de pomo and De secretis secretorum; see the ms., f. 113r^b–113v^b, and Ehrle. The arguments listed by Peter were familiar; cf. Dales, 123–24, 185–89, 207, 211–12, etc.

[87] 2 Sent. d. 1. q. 4 (Op. om. 21: 87A–D'). Denys extracts from Thomas' commentary on the Sentences (n. 68 above), ST 1a q. 46. aa. 1–2, and briefly alludes to Summa contra gentiles (69B'–71B). Denys says that Peter of Candia seems to have favored the position of Thomas; in fact, Denys' final conclusion seems closer to Peter than to Thomas. Peter, who does not mention Thomas, concludes: *"Et sic apparet quod licet posicio illarum racionum posset sustineri non tamen per has raciones sufficienter et conuincenter probantur Dico ergo pro completo huius articuli quod quelibet istarum posicionum potest probabiliter sustineri."* (Bruxelles. Bibl. Roy. 3699–3700, f. 118v^a).

In the end, however, Denys does not exempt Aristotle from seeming contradiction. As before, the chief author of his doubts is Henry of Ghent. On the question as a whole, Denys' attitude towards Henry is ambiguous. He quotes extensively Henry's famous treatment of the question in Quodlibet I, qq. 7—8.[88] He cannot accept, however, the metaphysical foundations of Henry's arguments for the necessary temporality of the creature, or his distinction between the acts of creation and preservation. Thus, he rejects Henry's criticism of Augustine's example of the eternal footprint, often cited by those who maintained that creation and preservation are the same. In Henry's mind, this image is insufficient to show what its proponents wish, for in fact the image requires that there have been some motion before which the depression did not exist; thus the image, and the images of the sun and its rays, the object and its shadow are able to express only God's preservation of the creature, and cannot suggest a relation of Creator and creature.[89] For Denys, it is a fundamental tenet that the acts of creation and preservation are the same; on this point, he finds Thomas Aquinas' teaching "beautiful", conferring upon it one of his most approving adjectives. In the Elementatio philosophica, he retains the examples that Henry criticizes.[90] More disturbing for Denys is Henry's argument that, by definition, the creature is constituted by being and non-being, so that non-being should be conceived as pertaining to a creature prior to its being. This is weakly conceived, Denys says, for what is innate and pertains to a thing's nature cannot be destructive of that nature. It is certain that, because of the contrariety of its qualities, a composed creature bears the cause of its corruption. Likewise, every creature by nature depends unceasingly on the first cause for its preservation from falling into nothingness. It is also true that it pertains to every rational creature, by its own cause, to fail and to sin. Nevertheless, non-being does not

---

[88] 2 Sent. d. 1. q. 4 (75B—77B). Denys extracts Henry's solution; cf. Henry of Ghent, Quodlibet I qq. 7—8, ed. R. Macken, in: Henrici de Gandavo Opera omnia 5, Leuven 1979, 29—40; cf. also Macken, La temporalité radicale de la créature selon Henri de Gand, in: Rech. de Théo. anc. et méd. 38 (1971) 211—72.

[89] 2 Sent. d. 1. q. 4 (Op. om. 21: 88C—A'). Henry's criticism is recited in 75A'—C'. Cf. Henry of Ghent, Quodl. I qq. 7—8, ed. Macken, 29—32, 37—38; Macken, La temporalité, 224—26, 233; Dales, 166—67. Augustine's image of the eternal footprint, used to characterize the opinion of philosophers and not to support his own opinion, is found in De civitate Dei 10, 31. Thomas and others, however, used the image to suggest the possibility of an eternal act of creation. At the time of writing De lum. 1 a. 113 (Op. om. 33: 379C'—D'), Denys had already encountered Henry's distinction between creation and preservation and criticism of the image, but he did not know the author of the argument.

[90] In 2 Sent. d. 1. q. 7 (Op. om. 21: 97D'—102D'), Denys quotes Henry as the spokesman for the distinction (98A—A', from Quodl. I q. 7), and responds with Thomas' teaching in ST. 1a q. 104. aa. 1—2 and Contra gentiles 3 c. 65 (98B'—100A'). See nn. 77, 82 above, and Elem. phil., prop. 89 (Op. om. 33: 94B').

pertain to the creature *ex se*, as if non-being were a something. Thus non-being does not effectively corrupt, as it neither acts nor is.[91] Henry's formulation of the creature's inherent nonbeing, one might add, strikes at the heart of Dionysius the Areopagite's expression of the creature's irrefrangible natural being, which tends always to its preservation, and the consequent intrinsic goodness of even the fallen angels *in naturalibus*. In his commentary on De divinis nominibus, Denys admits that Dionysius spoke extremely, but with good reason, precisely to prevent any notion that the creature is composed of contrary principles.[92]

Denys, however, incorporates a different kind of argument by Henry in another question that impresses him more (Quodlibet IX q. 17: *"An secundum fundamenta Aristotelis sit dicendum, quod semper fuerit homo, et unus ab alio in infinitum"*).[93] He likewise incorporates the argument, not in his Elementatio philosophica, but in a corresponding proposition of his Elementatio theologica, where the problem is viewed from the perspective *de veritate rei*, and where Henry's argument serves to show that more difficulties arise from the teaching of philosophers on the creation of the world than in the teaching of theologians.[94]

According to the intention of Aristotle, Henry says, in infinity man is generated by man, nor will there be some man who is not generated by another prior to him, and this proceeds infinitely over an infinite time. This is true also of the individuals of other species, especially those that arise from composition. Although this was Aristotle's opinion, he nevertheless held at the same time, and states clearly in Metaphysica 12, that naturally and simply man is prior to his seed, so that seed essentially comes from man rather than the contrary. Likewise, in Metaphysica 9, he says that although sometimes potency may precede act, as in this given egg potency precedes the act of the hen that it generates, nevertheless simply, act precedes potency in diverse things, nor does the process proceed infinitely. Thus it seems, Henry comments, that it is necessary for Aristotle to propose some man or some men to have been produced by God immediately, and likewise for other first supposites.[95]

But in fact, Denys continues, Aristotle did not concede this; hence one might conclude that he did not really think the world to have existed

---

[91] 2 Sent. d. 1. q. 4 (Op. om. 21: 88A'−D'). Denys inadvertently here attributes the argument to Durandus, for the argument appears in his résumé of Henry (76B'−77A). Cf. Henry, Quodl. I qq. 7−8, ed. Macken, 33−40; Macken, La temporalité, 234−42; Dales, 166−70.

[92] Comm. in lib. De div. nom., c. 4. aa. 52−53 (Op. om. 16: 169B'−173A').

[93] 2 Sent. d. 1. q. 4 (Op. om. 21: 77B−C'). Cf. Henry of Ghent, Quodl. IX q. 17, ed. Macken, 285−87. Denys extracts the argument from the end of the solution; the title he gives the question is his own application.

[94] Elem. theol., prop. 90 (Op. om. 33: 183B−184C').

[95] 2 Sent. d. 1. q. 4 (Op. om. 21: 77B−C'); Elem. theol., prop. 90 (Op. om. 33: 183C'−184C). Aristotle, Metaph. 9,8 (1049b 4−27); Metaph. 12,7 (1072b 30−1073a 3).

eternally, which he did, or that he contradicted himself. This is not the only instance involving the same matter, for in Physica 3, Aristotle says that the infinite cannot be traversed, yet if the world should have existed from eternity, there would be many examples in which this principle could not hold. Finally, Denys cites once more the crux of an infinite multitude of existing souls.[96]

It is precisely because it reminds him of the most disturbing dilemma in Aristotle's teaching — the apparent requirement for an infinite multitude of separated souls — that Denys includes Henry's latest argument in the treatment of the eternity of the world. If this problem had been a worry for Thomas Aquinas,[97] it was an insuperable stumbling-block for Denys the Carthusian. It is not the idea itself of an infinite multitude that disturbs; Denys could entertain arguments on both sides of the concept. Rather, it is a hidden consequence in this particular example, which sets in apart from all the other dilemmas arising from the notion of infinity: either one must acknowledge that Aristotle contradicted himself, with all that this means for his authority as a natural philosopher, or one must affirm that he was consistent, teaching one intellect for all men, and that Averroes is the authentic interpreter of "the wisest of all of the Greek philosophers." In the end, Denys prefers to be charitable, conceding the contradictions, or at least confusions, rather than the reprehensible moral error. But his only remaining assurance on the matter are the clear statements Aristotle purportedly made in the *Liber de pomo et morte*, and his disbelief that a great philosopher could really think there to be one intellectual soul for all men.

It is the singular dilemma of an infinite multitude, then, that lends credibility to the idea that there are other contradictions in Aristotle's teaching. Recollection of this dilemma causes Denys to admit the cogency of Durandus of St. Pourçain's resolution,[98] and it is to this dilemma that he returns in his final observations in the commentary on the *Sentences*. Here he rejects the example of the infinite pile of stones as irrelevant, because quantity and magnitude are determinate (*certa*) in all natural things, according to Aristotle, and hence no creature is capable of an infinite augmentation of quantity. A similar principle, Denys says, would seem to apply to an actual multitude. Thus, if one should concede an infinite generation of men to have occurred from eternity, the most reasonable thing to conclude, as Plato did, would be that a finite number of souls

---

[96] Elem. theol., prop. 90 (Op. om. 33: 184C—C'). Aristotle, Phys. 3,6 (207a); 3,5 (206a 7—8); 3,6 (206a 20—21). Algazel was the author of this argument, which he himself rebutted; see Dales, 44.

[97] Dales, 44 n. 10, 101, 130—40. One wonders whether Thomas saw the same implications in the argument as Denys.

[98] As is evident in his comment in 2 Sent. d. 1. q. 4 (Op. om. 21: 88B—C).

eternally pass into the diverse bodies ceaselessly produced by generation. It is a wonder, therefore, that Avicenna unqualifiedly proposed that the world has existed from eternity, that generation is eternal, and thus infinite separated souls exist in act. In these, he was an heretic in his own law, preferring to follow philosophy, as the reading of the Koran and other Saracen books makes clear.[99]

The final effect of Denys' suspicion, aroused by the difficulties in the discussion of the eternity of the world, is to degrade Aristotle's stature in the hierarchy of philosophic authorities. To err on the process of divine causality is almost inevitable to natural philosophy without benefit of divine revelation. To err on the immortal nature of the individual human soul, on the other hand, is inexcusable, since the soul knows its immortality. To err on this point is likewise to err on the central issue of natural philosophy, for man is the knot that links together the hierarchical natural order of spiritual and corporeal substances. Avicenna, who beautifully taught the immortality of the soul, and at the same time taught that the generation of individuals is eternal, had the courage of his convictions and tolerated the idea of an infinite multitude. And Plato, in proposing the transmigration of immortal souls, and thereby avoiding an infinite multitude, was perhaps even more coherent.

Aristotle's demotion, and the demotion of the authority of those who would follow him, is unambiguous in a further question. In his discussion of the eternity of the world in the Elementatio theologica, Denys mentions in passing that among the inconveniences of Aristotle's teaching is his assertion that not only the heavenly bodies and elements, but also the species of composed and corruptible things are eternal.[100] Of all of the questions concerning the heavenly bodies, Denys is most emphatic about their composition with elemental matter. His response to the question is the same in both Elementationes and the commentary on the Sentences. Aristotle in De caelo et mundo, Denys notes, proposes that the heavenly bodies are composed of a nature, or quintessence, "more simple and noble" than the nature of the elements, "immune from all contrariety and elemental quality, so that neither heaviness nor lightness exists in them." He deduces this unique nature from their proper circular motion, and from their incorruptibility. On this point, however, Christian authority speaks with nearly a unanimous voice. Denys enlists a long line of fathers and scriptural commentators, whose authority he trusts more than "the damned philos-

---

[99] 2 Sent. d. 1. q. 4 (Op. om. 21: 88D'—89C). Aristotle, Phys. 3,7 (207b 15—20); Metaph. 12,7 (1973a 5—6). Denys wrote two large works on Islam: Contra perfidiam Mahometi, et contra multa dicta Sarracenorum (Op. om. 36: 231—442); Dialogus disputationis inter Christianum et Sarracenum (Op. om. 36: 443—500).

[100] Elem. theol., prop. 90 (Op. om. 33: 183C—D).

ophers."¹⁰¹ He further queries the principle from which Aristotle deduced his conclusion: the single, circular motion of the spheres. Aristotle's arguments lack great vigor and are scarcely persuasive (*persuasiuncula*). Does not the element of fire in its sphere beneath the moon move naturally, not violently, in a circular motion? Is it true that simple natures only have one movement? Do not the lighter elements, air and fire, as Averroes and Avicenna attest, naturally move downwards when participating in the generation of composed things, in respect of the universal good of nature and the preservation of species? Likewise, does not water naturally move upwards in a water-clock (*clepsydra*) in order to avoid a vacuum? According to Ptolemy and other astronomers, the motions of the planets in their epicycles, retrogressions, eccentricities and stops are various and many. Do these various movements signify various natures among them? Is it unreasonable to argue that the heavenly bodies in their elemental nature are moderated, proportioned and tempered so that it is natural to them to move neither upwards nor downwards, but in a circular manner as their location and figure requires in order to serve the good of the whole natural condition? Nor can one say that those who hold the heavenly bodies to be composed of elemental nature are ignorant of true philosophy, for such preeminent doctors as William of Paris, William of Auxerre and Alexander of Hales maintain that they are.¹⁰²

Besides these, all of the scholastic doctors whom Denys reports in his commentary affirm the opinion of Aristotle. Most notable among these is Thomas Aquinas.¹⁰³ Among other things, at issue in this question is the manifold testimony of Scripture concerning the watery nature of the firmament above the heavens. As often, Thomas appeals to Moses' condescension to a rude and imbecilic people.¹⁰⁴ But even Thomas admits with Augustine, Denys says, that the authority of Scripture is greater than every capacity of human wit.¹⁰⁵ Moreover, against the massive authority of the Christian fathers, Thomas invokes the authority of Dionysius the

---

[101] Elem. phil., prop. 50 (Op. om. 33: 63C−A'): Ambrose, Augustine, Basil, reprove the position, as do the glorious doctors of the Church, Jerome, Athanasius, Gregory Nazienzen, Chrysostom, Cyril, Theophilus, Gregory of Nyssa, the most blessed Pope Gregory, and also John Damscene, Bede, Strabo, Rabanus Maurus and the Master of the Sentences. A similar list is produced in Elem. theol., prop. 60 (Op. om. 33: 160A−B), where also Denys adduces many scriptural texts, and again, in 2 Sent. d. 14. q. 2 (Op. om. 22: 60D−A'). Aristotle, De caelo 1,2.

[102] These queries are made in 2 Sent. d. 14. q. 2 (Op. om. 22: 60C'−61A), and repeated in Elem. phil., a. 50 (Op. om. 33: 63A−64C). For the water-clock, see Aristotle, De caelo 2,13 (294b 20−22).

[103] On this, cf. Thomas Litt, Les corps célestes dans l'univers de saint Thomas d'Aquin, Louvain-Paris 1963, 54−90 et passim.

[104] 2 Sent. d. 14. q. 2 (Op. om. 22: 57D'); Thomas Aquinas, ST 1a q. 68. a. 3.

[105] Elem. phil., prop. 50 (Op. om. 33: 64B').

Areopagite in De divinis nominibus 4: "the heavens and the stars are ungenerable and have an invariable substance." Thomas futher remarks that Dionysius followed Aristotle nearly everywhere, as is obvious to those who inspect his books carefully.[106] In on of his early works, based on Thomas' commentary on the second book of the Sentences, Denys lets this comment pass.[107] At this point in the Elementatio theologica, however, he responds with texts by "the divine and most sacred Dionysius, instructed by the apostle Paul", which expound the first and fourth days of creation, and he addresses Thomas' remark specifically:

> To that which has been introduced, it should be said that the glorious prelate, doctor and martyr Dionysius in very many things departed from Aristotle, as in this matter. For he never conceded the world to have been from eternity, nor that its motion would continue perpetually. Indeed, as has now been shown, he said that on the first day the sun was made from unformed matter, and on the fourth day formed through the reception of a greater light and virtue. Thus it stands that he is not a follower of Aristotle concerning the substance, nature and invariability of the heavenly bodies. Nor did he say absolutely that the heavens were ungenerable, since in Genesis it is written: "These are the generations of heaven and earth." Finally, according to the philosophers also, the elements are not in themselves corruptible, nor newly generable; nor are the heavenly bodies properly corruptible, as mixed bodies that possess contrariety. Even so, every created thing is in some manner corruptible, indeed can be annihilated, and immediately would fall back into nothingness, as produced from nothing, should at any moment it be deprived of the preservation of the omnipotent God. Truly, also in many other things divine Dionysius followed Plato more than Aristotle, proposing good to be before being, and asserting that prime matter is a something good, although it is not a being.[108]

---

[106] 2 Sent. d. 14. q. 2 (Op. om. 22: 57D, B'); Thomas Aquinas, 2 Sent. d. 14. q. 1. a. 3, in: Scriptum 2, ed. Mandonnet, 349–51.

[107] Creaturarum in ordine ad Deum consideratio theologica a. 57 (Op. om. 34: 13C).

[108] Elem. theol., prop. 60 (Op. om. 33: 160C'–161B): *"Ad quod videtur dicendum, juxta nunc introducta, quod gloriosus praesul, doctor et martyr Dionysius, in valde multa ab Aristotele recessit, etiam in ista materia: quia nec coelum concessit ab aeterno fuisse, nec ejus motum perpetuo duraturum: imo, ut modo monstratum est, solem dixit primo die factum ex prima illa informi materia, et quarto die formatum per receptionem majoris lucis atque virtutis. Quo constat, quod Aristoteles non sit secutus circa substantiam et naturam ac invariabilitatem coelestium corporum. Nec dixit coelum prorsus ingenerabile esse, quum et in Genesi scriptum sit: Istae sunt generationes coeli et terrae* (Gen. 4: 2). *Denique etiam secundum philosophos, elementa non sunt quoad se tota corruptibilia, neque de novo generabilia; nec (juxta praehabita) coelestia corpora sunt proprie corruptibilia, eo modo quo mixta, in se contrarietatem habentia: quamvis omne creatum sit aliquo modo corruptibile, imo et annihilabile, atque confestim in nihilum relaberetur, sicut ex nihilo est productum, si ad momentum omnipotentis Dei conservatione destitueretur. At vero etiam in aliis multis divinus Dionysius Platonem magis quam Aristotelem est secutus, ponendo bonum ante ens, et asserendo quod materia prima sit quid bonum, quamvis non sit ens."* Denys refers to De div. nom. c. 4, trans. Eriugena, in: Dion. Cart. Op. om. 16: 104–5; see his comment in c. 4 aa. 38–39 (Op. om. 16: 123C–128C'), where he concludes: *"Ex quibus verbis est evidens, quod S. Dionysius*

Appropriately, Denys alludes to a text from Plato's Timaeus, showing that although by their elemental nature the heavenly bodies are intrinsically corruptible, nevertheless they will not be corrupted or dissolved because of the divine will:

"O dii deorum, quorum opifex paterque ego. Opera siquidem vos mea, dissolubilia natura; me tamen ita volente, indissolubilia. Omne siquidem iunctum, natura dissolubile est: quapropter, quia facti generatique estis, immortales nequaquam nec indissolubiles estis. Nec tamen dissolvemini, quia voluntas mea maior est nexu vestro."

Denys remarks that Henry of Ghent, among others, greatly approved this text in his Quodlibeta. In the Elementatio philosophica, he states as a proposition: "Plato better than others seems to have indicated the cause of the incorruptibility of the heavenly bodies."[109]

Each of these inquiries, conducted over a lifetime of reading, ends in a Platonic authority. From the beginning, the inspiration of Denys' "most-elect teacher" worked to ambush the analogous authority of Aristotle, "the wisest of all of the Greek philosophers." Denys was constantly driven to search better philosophic authorities for establishing the concordances between natural and supernatural wisdom, no matter what he had learned in school. As he finally understands it, the heavens are deanimated,[110] the intermediate movers of the physical world are radically contingent, and left standing as the only spiritual creatures before God, and as the only created spiritual influences on the world, are human souls and the hierarchies of angels. Man is the only creature linking the spiritual and physical worlds, and there is no other composite substance in the universe more noble. Further, the workings of the human soul, more remarkable than Aristotle would allow, are themselves the best guide to the corresponding

---

in Scripturis studiosissimus, et in earum intelligentia ab Apostolis ac apostolicis viris, praesertim a Paulo ac Hierotheo instructus, ut ipsemet frequenter testatur, dies illos primae creationis rerum de quibus locutus est Moyses, intellexit et intelligendos edocuit de temporalibus et successivis diebus, in quorum quarto perhibuit solem factum ... Idcirco quod quidam doctores scholastici eam [expositionem Augustini] assertive sequuntur, non censetur laudabile ... Per hoc quoque quod asserit solem factum esse de luce illa, insinuat solem esse naturae elementaris" (128B'—C').

[109] Elem. theol., prop. 60 (Op. om. 33: 161B—A'); Elem. phil., prop. 52 (Op. om. 33: 66A—A'). The text of Plato is in Timaeus a Calcidio translatus, 2a pars, in: Plato Latinus 4, ed. R. Klibansky, 35. For Henry of Ghent, cf. e. g., Quodl. IX q. 16, ed Macken, 272.

[110] The "more excellent philosophers" truly taught that the heavenly bodies are properly animated; but how can bodies lacking sensitive powers be properly animated?; Thomas wavered on the question; Albert saw no necessary contradiction between the philosophers and saints, but in fact, there is no possible concordance *ad rem*; the doctrine poses inconveniences for faith: did any "noble souls" fall? or were some confirmed in grace? should we pray to them?; scriptural and patristic authority speak of only two spiritual creatures, men and angels; the position granting no kind of animation is "more secure", and besides, the proposition was condemned by Etienne Tempier at Paris. Cf. Elem. phil., prop. 53 (Op. om. 33: 66B'—68C'), and 2 Sent. d. 14. q. 4 (Op. om. 22: 67D—79D).

order of nature. Nicholas of Cusa observed that, "today, when the sect of Aristotle prevails ... it is like a miracle — like a change of cult — when someone, rejecting Aristotle, passes over to something higher."[111] It does not seem strange to me that Nicholas considered Denys the Carthusian a kindred spirit.

---

[111] Nicolaus Cusanus, Apologia doctae ignorantiae, hg. L. Gabriel, übersetz. W. Dupré, in: Nikolaus von Kues. Philosophisch-theologische Schriften 1, Wien 1964, 530: *"Unde, cum nunc Aristotelica secta praevaleat ... sit miraculo simile — sicuti sectae mutatio — reiecto Aristotele eos altius transilire."* Quoted in Swieżawski, Les débuts, 179. In the work, Cusanus defends his thought against the attacks of the Heidelberg professor in the *"via antiqua"*, Iohannes Wenck (ob. 1460); cf. A. Gabriel, "Via antiqua" and "via moderna" in the Fifteenth Century, in: Miscellanea Mediaevalia 9: Antiqui und Moderni, ed. A. Zimmermann, 441, 451.

Lex

Abelard's Concept of Natural Law

JOHN MARENBON (Cambridge)

I

To understand Abelard's views about natural law it is necessary to begin, not with his own writings, but those of his teachers, Anselm of Laon and William of Champeaux, and their followers in the School of Laon. They were the first thinkers since the Fathers to consider natural law explicitly and in detail, and they provided the context for Abelard's own thoughts on the subject. Only when it is read within this context does the subtlety and originality of Abelard's treatment become clear.[1]

Anselm, William and their pupils were led to use the concept of natural law by an historical question. The Bible makes it clear that, before Moses received the Ten Commandments, there were men who lived morally upright lives — such as Abel, whose sacrifices God had accepted whilst rejecting Cain's. How could they have led good lives without a law?

They did have a law, answered the early twelfth-century scholars: natural law. The basis for Anselm and William's idea of natural law was provided by St Paul's Letter to the Romans. According to Paul (Romans I, 18—32), the gentiles had turned from the one true God, whom they could know through created things, to worship idols. Their moral decline was a result of this desertion. Paul went on to speak of a law written in the hearts of gentiles, which enables them naturally to do the things which the written law commands.[2] Some of the Fathers drew out of Paul's words an even clearer idea of natural law. For instance, commenting on the passage, Origen listed a set of commands (do not kill, steal, commit adultery or bear false witness; honour your father and mother) which could be known

---

[1] General accounts of natural law in the early twelfth century include: O. Lottin, Le droit naturel chez Saint Thomas et ses prédécesseurs, Part I, in Ephemerides theologicae lovanienses 1 (1924) 369—88 (a second edition of this article and the two succeeding parts was published under the same title in book-form: Bruges 1931); F. Flückiger, Geschichte des Naturrechtes, Zollikon/Zurich 1954, 415—22; O. Lottin, Psychologie et morale aux XIIe et XIIIe siècles II, 1, Louvain/Gembloux 1949, 71—3.

[2] II, 14—15: *"Cum enim Gentes, quae legem non habent, naturaliter ea, quae legis sunt, faciunt, eiusmodi legem non habentes, ipsi sibi sunt lex: qui ostendunt opus legis scriptum in cordibus suis, testimonium reddente illis conscientia ipsorum ..."*

naturally.³ Jerome spoke of a 'natural law which tells us in our hearts that good things are to be done and bad things avoided', whilst Ambrose remarked that 'if men had been able to preserve the natural law which God the creator instilled in the breasts of all men', the written law would have been unnecessary.⁴

Anselm, William and their pupils systematized the Pauline and patristic ideas, by distinguishing three periods of sacred history: the period of natural law, which lasted from the Fall until the giving of the Ten Commandments; the period of the Old Law; and the period of the New Law.⁵ The rules of natural law were those 'moral' precepts repeated in the Old Law and preserved in the New Law, such as 'Love God and your neighbour', 'Do not kill', 'Do not steal' (which the scholars of Laon distinguished from the rest of the Old Law: 'figural' commandments, such as circumcision and the dietary laws; and 'promises', such as the prophecies of Christ's coming).⁶

With this scheme in mind, they went on to answer a theological question which they closely linked to the historical one: if some men led good lives by natural law, were they saved; and, if so, how was this possible?

William of Champeaux answered confidently that men were indeed saved under natural law, as well as under the Old and New Laws; Anselm was of the same opinion, but added that no one could actually enter heaven before the time of the Crucifixion.⁷ As their pupils explained, each of the laws provided its own 'remedies' for original sin: gifts and sacrifices under natural law; circumcision under the old law; baptism under the new.⁸ And, whereas in the period of the New Law baptism was a universal requisite for salvation, circumcision was demanded only of the male descendants of Abraham.⁹ Even after the institution of circumcision,

---

³ In epistolam B. Pauli ad Romanos, Patrologia graeca 14, 892B.
⁴ Jerome: Commentarium in epistolam ad Galatas, I, 3, Patrologia Latina [hereafter: PL] 26, 348—9; Ambrose: Epistula 73, PL 16, 1251 BC; cf. De paradiso 8, in C. Schenkl (ed.) Sancti Ambrosii opera I, Prague/Vienna/Leipzig 1896 (= Corpus scriptorum ecclesiasticorum latinorum XXXII, 1), 296: 18.
⁵ Cf. for example O. Lottin, Psychologie et morale aux XIIe et XIIIe siècles V, Gembloux 1959 [hereafter: Lottin], § 49 (by Anselm), § 112—3 (probably by Anselm) § 261 (by William); F. P. Bliemetzrieder, Anselms von Laon systematische Sentenzen, Münster 1919 (= Beiträge z. Gesch. d. Philos. des Mittelalters XVIII 2—3) [hereafter: Bliemetzrieder], 35—7 (Sententie diuine pagine: a work by Anselm and William's pupils), 79, 92 (Sententie Anselmi: also a work by the School).
⁶ Cf. Lottin § 51 (by Anselm), § 113: 12—26 (probably by Anselm); Bliemetzrieder 38 (Sententie diuine pagine).
⁷ Lottin § 261: 36—7 (William); § 50 (Anselm).
⁸ Lottin 417: 9—14 (Sententiae atrebatenses), Bliemetzrieder 79 (Sententie Anselmi); the Sententie diuine pagine remark, mor cautiously: "*Remedia naturalis [legis] non legimus; estimamus tamen fuisse aliqua, sicut munera, oblationes*" (Bliemetzrieder 36).
⁹ Anselm himself taught that "*in tempore gratie, uerum est nullum iustificari nisi sub Evangelio et baptismate. Sed dicendum circumcisionem et ceteras obseruantias legales non ita esse generales sicut*

therefore, men like Job, though uncircumcised, could still be saved by natural law.[10]

The remedies provided by each law were not, however, alone sufficient for salvation. The scholars of Laon insisted that, in addition, there was an element of faith. Here they showed the influence of Augustine's complex attitude to natural law.[11] In his later works, Augustine was insistent that natural law could not provide a way of being saved without the virtues of faith, hope and charity, which depended on God's grace. When St Paul referred to those gentiles who had the law written naturally in their hearts, either he was merely distinguishing some gentiles as less bad than others;[12] or he was referring to those — 'gentiles' only in the sense that they were not Jews — in whom the spirit of grace had restored their original nature. If they pleased God, it can only have been from faith: 'and from which faith do they please him, save faith in Christ?'[13] William of Champeaux adopted Augustine's requirement that salvation without faith in Christ was not possible, but greatly modified it by stating that the faith of most people saved under natural law was what later theologians would call 'implicit':

> "... those who were saved before the coming of Christ believed that there was a just and pious judge who would repay good with good and evil with evil. There were also some who believed that someone would come from God who would redeem the people; but they did not know how. And there were also a very few to whom the way in which the redemption would take place was known."[14]

Although some pupils in the School of Laon allowed themselves to question whether implicit faith of this sort really amounted to the faith in Christ which Augustine demanded, they quickly put these doubts aside. "It may have been", as one of them remarked "that both before and after

---

est Euangelium et baptisma" (Lottin § 49: 3—5); and William commented that *"hoc preceptum circumcisionis non fuit omnibus generale, sed soli Abrahe et semini eius"* (Lottin § 261: 51—2). Their pupils repeated this teaching: cf. Lottin 422—3 (Sententiae atrebatenses); Bliemetzrieder 88—9 (Sententie Anselmi).

[10] Lottin § 261: 53—4 (William of Champeaux); Enarrationes in Matthaeum (a work by the pupils of Anselm and William), PL 162, 1461D; cf. Gregory the Great, Moralia in Iob, ed. M. Adriaen, Turnhout, 1979 (= Corpus christianorum, series latina 143), 10—11.

[11] For Augustine's theory of natural law, cf. K. Demmer, Ius caritatis, Rome 1961 (= Analecta Gregoriana 118).

[12] Contra Jovinianum IV, 3, 25 (PL 44, 751): *"Minus enim Fabricius quam Catilina punietur, non quia iste bonus, sed quia ille magis malus: et minus impius, quam Catilina, Fabricius, non veras virtutes habendo, sed a veris virtutibus non plurimum deviando"*; cf. De spiritu et littera XXVII, 48 (ed. C. F. Urba and J. Zycha, Vienna/Leipzig 1913 [= Corpus scriptorum ecclesiasticorum latinorum 60] 202: 12—203: 24).

[13] Contra Jovinianum, loc, cit. (ed. cit., 750); cf. De spiritu et littera XXVI, 43—XXVII, 47 (ed. cit., 196: 20—202: 3).

[14] Lottin § 261: 38—42.

the time of Abraham the incarnation was revealed to certain good men. But all good men had faith in Christ, even if for some it was closed in mystery."[15]

The pupils of Anselm and William followed Augustine more faithfully in developing a different aspect of their account of natural law. Augustine had been especially vigorous in trying to derive the individual commands of natural law from a single principle — the 'Golden Rule'. The Golden Rule — known widely in antiquity and quoted both in the Old Testament apocrypha and in the New Testament[16] — commands 'Do unto others what you would have them do to you' or, in its more popular negative version, 'Do not do to others what you would not have them do to you.' Augustine had argued that each of the prohibited actions ('Do not kill', 'Do not steal' and so on) were ones which no one would wish done to himself; and that, since we do not live alone, but in human society, anyone can see that, in consequence, he must not act towards others in these ways. Similarly, someone need only imagine himself in a situation where he needed food or shelter, in order to see easily why he should now feed and give hospitality to others in need.[17] The scholars of Laon followed this line of thought: "This is the natural law — 'Do not do to another what you do not wish to be done to you by another' ... The laws given in the Ten Commandments are — 'Do not commit adultery', 'Do not covet your neighbour's goods' and so on — which I firmly consider that someone who faithfully follows natural law will not do: for he does not wish these things to be done to himself."[18]

II

At first sight, Abelard's treatment of natural law looks disconcertingly close to the ideas of the School of Laon: not only is the terminology similar, but also the problems tackled are much the same. Could it be that Abelard copied the ideas of the two masters with whom he had ostentatiously quarelled, and those of their obedient pupils? More careful com-

---

[15] Bliemetzrieder 80 (Sententie Anselmi); cf. 79—80 and the similar discussion in the Sententiae Atrebatenses (Lottin 417: 19—36).

[16] Tobit IV, 15 — which was considered by, for instance, Abelard as part of Scripture — (negative version); Matthew VII, 12 (positive version); cf. A. Dihle, Die goldene Regel, Göttingen, 1962 (= Studienhefte zur Altertumswissenschaft 7).

[17] Enarratio in Psalmum 57, 1, (E. Dekkers and J. Fraipont (eds.), Turnhout 1956 [= Corpus christianorum series latina 38—9], 708: 23—709: 55); cf. Enarratio in Psalmum 32, 2 ser. 1, 6) (ed. cit. 252: 22—31); Epistola 157, iii, 15 (ed. A. Goldbacher, Vienna/Leipzig 1904 [= Corpus scriptorum ecclesiasticorum latinorum 44] 463: 5—6). Augustine was not, however, the only source for using the Golden Rule in this way: see, for example, Origen, loc. cit. (n. 3 above).

[18] Bliemetzrieder 79 (Sententie Anselmi); cf. Lottin 417: 5—6 (Sententiae Atrebatenses).

parison shows, rather, that here — as in many other areas of his work — Anselm, William and their followers provided Abelard with a set of terms and starting-points, from which he developed his own, very different views. A striking example is provided by Abelard's treatment of the Golden Rule.

Like his contemporaries in the School of Laon, Abelard brings the Golden Rule into his discussion of natural law.[19] But, unlike them — and unlike any of their patristic predecessors — Abelard subjects the Golden Rule itself to a critical analysis and ends by reinterpreting it in a way which fundamentally alters its character. Who, Abelard asks, can doubt that we sometimes wish things to be done to us which are not fitting. Suppose, then, that I wish others to perform a wrongful action with me: does not it follow from the Golden Rule, that I am right in performing this wrongful action with others?[20] For instance, the way in which I wish a prostitute to act to me is that she should fornicate with me; therefore, by the Golden Rule, I should fornicate with her.[21] There are other cases too, Abelard suggests, where the Golden Rule seems not to be valid. It would not be fitting for those in authority to behave to their inferiors with the deference they expect from them; or someone might out of charity give to someone else honours or benefits which he himself would refuse to receive from others.[22]

In order to meet these difficulties, Abelard proposes, on different occasions, a series of restrictions in interpreting the Golden Rule. In his Commentary on Romans, Abelard suggests that the negative form of the Rule should be understood only with regard to the avoidance of doing harm to others; the positive form only with regard to conferring benefits on the needy.[23] Elsewhere, he suggests that, in the positive form of the Rule, the sense of 'wish' should be taken as 'approve';[24] and either that the 'others' should be taken to mean those similar to oneself (not inferiors

---

[19] Cf., for example, Commentary on Romans, ed. E. M. Buytaert in Petri Abaelardi opera theologica I, Turnhout 1969 (= Corpus christianorum continuatio mediaeualis 11), 95: 629—31.

[20] Commentary on Romans, ed. cit., 291: 184—8; cf. Problemata Heloissae XX, PL 178, 708B.

[21] To spell out the brief allusion in the Sententie Abelardi (S. Buzzetti [ed.], Florence 1983, 142: 32—3) and the Sententiae Parisienses (in A. Landgraf [ed.] Ecrits théologiques de l'école d'Abélard, Louvain 1934, 50: 5—6).

[22] Commentary on Romans, loc. cit. (ed. cit., 291: 187—9, 180—2); cf. Problemata Heloissae XX (ed. cit., 708 CD).

[23] Ed. cit., 291: 196—201.

[24] Problemata Heloissae XX, ed. cit., 708C: "*Cum ergo dicitur: 'Quae vultis ut faciant vobis homines', tale est: Quod approbatis in conscientia vestra vobis aliis debere fieri. Nullus enim in conscientia approbat sibi consentiendum esse in malo, sed in his, quae bona aestimat, et fieri digna*", cf. Sententie Abelardi, ed. cit., 142: 32; Sententiae Parisienses, ed. cit., 50: 4—5.

or superiors),²⁵ or that the Rule be read as saying: "We should act to others in all things as we would wish to be acted towards were we to have the same position and degree of dignity that they do."²⁶ Although these different suggestions do not amount to a single, coherent reinterpretation of the Golden Rule, they all have the effect of removing its power as a fundamental principle, either by restricting its application or by demanding that, before the Rule can be applied, a prior judgement must be made about what actions are right to perform. And Abelard's disagreement with his contemporaries about the value of the Golden Rule is more than a quibble. Throughout the history of discussions about natural law, there have been some theorists (the most famous is Kant) who have looked for a basic principle on which to found a morality — a principle so obviously correct that it would be irrational to deny it. The writers of the School of Laon followed this tendency: Abelard firmly resisted it.

A wider-ranging comparison brings to light further and even more profound differences between Abelard's views on natural law and those of his contemporaries. Along with their historical question about the good lives which were led before the time of the Old Law, and their theological question about the possibility of salvation for those who led them, the scholars of Laon had also been imposing — implicitly — a philosophical question: are there any norms of behaviour naturally graspable by people irrespective of period and place? They did not, however, distinguish between the three questions. Abelard did. It was his achievement both to adumbrate a purely philosophical notion of natural law, and also to develop two contrasting historical and theological views which contained and qualified it.

III

Abelard isolated the philosophical question about natural law when he developed the contrast between what he called *iustitia* (or *ius*) *naturalis* and *iustitia* (or *ius*) *positiva*.²⁷

---

[25] Problemata Heloissae XX, ed. cit., 708D.
[26] Sententie Abelardi, ed. cit., 142: 30—2.
[27] In the Collationes (see below) Abelard used the terms *ius* and *iustitia* interchangeably when they were qualified by *naturale/is* or *positivum/a*. Nor, as that discussion shows, did he make any clear distinction between *ius/iustitia naturale/is* and *lex naturalis*: although, for the most part, he used the terms *ius/iustitia naturale/is* only in connection with the natural/positive contrast, and *lex naturalis* elsewhere.

Over fifty years ago, the legal historian Stefan Kuttner pointed out that the term 'positive law' had not been used by the ancient jurists.[28] Calcidius, the late antique commentator of Plato, appears to have coined the term when he described the Republic as dealing with 'positive justice' as opposed to the Timaeus, which deals with 'natural justice'.[29] Natural justice, in Calcidius's sense, is the ordering of the universe; positive justice the ordering of human communities. The first medieval writer to take up these terms, said Kuttner, was Abelard, in his Dialogue between a Christian, a Philosopher and a Jew (or, as it is more correctly called, his Collationes). Although more recent scholars have disagreed, Kuttner was probably right to give the credit to Abelard.[30] But it was in his Theologia Christiana, not the Collationes, that he used the pair of terms for the first time.

There, in the course of praising the social order advocated in Plato's Republic (which Abelard, of course, knew only indirectly, through Calcidius and Augustine), he wrote:

> "When the philosophers exhort us to concern for the common good [*communitas*] in a state, they are very rightly using natural justice to commend positive justice — that is, the justice which they themselves set about imposing and establishing for groups of citizens."[31]

---

[28] Sur les origines du terme 'droit positif' in: Revue historique du droit français et étranger 4e série XV (1936), 728–40. Kuttner had announced the point in his Repertorium der Kanonistik (1140–1234), Vatican City 1936 (= Prodromus corporis glossarum I), 175–6.

[29] Commentary on Timaeus, ed. J. Waszink, London, 1975² (= Plato latinus IV), 59: 14–16: "*Igitur cum in illis libris* [sc. decem libris de re publica) *quaesita atque inuenta uiderentur esse iustitia quae uersaretur in rebus humanis, superesset autem ut naturalis aequitatis fieret inuestigatio ...*". On the background to Calcidius's use of the term, cf. S. Gagnér, Studien zur Ideengeschichte der Gesetzgebung, Stockholm/Uppsala, Göteborg, 1960, 240–56.

[30] D. Van den Eynde suggested Hugh of St Victor, in his *Didascalion*: (The terms 'ius positivum' and 'signum positivum' in twelfth-century scholastism, in: Franciscan studies, n. s. IX [1949] 41–9); Gagnér, op. cit., 210–40, Williams of Conches's commentary on the *Timaeus*. The dating of early-twelfth-century works is not definite enough to allow of certainty, but the following is an approximate chronological list of the early uses of *iustitia positiva*: 1122: Abelard Theologia Christiana — first recension (for details see below, n. 31); probably c. 1125–6, but possibly later (cf. below, n. 33): Collationes (for details see below, n. 35); before 1130 (cf. R. Baron, Etudes sur Hugues de Saint Victor, — 1963, 75–7, 87 criticizing the dating to before 1125 in D. Van den Eynde, Essai sur la succession et la date des écrits de Hugues de Saint-Victor, Rome 1960): Hugh of St Victor Didascalion (II, 3 and VI, 5 = ed. C. H. Buttimer, Washington, D. C. 1939, 50: 3–6, 123: 1–6); well before 1144, probably in 1130s: William of Conches Commentary on Macrobius (see E. Jeauneau (ed.) Guillaume de Conches Glosae super Platonem, Paris 1965, 58 n. a for dating see 14–15); mid- to late- 1140s: William of Conches Commentary on Timaeus (ed. cit., 59, 62, 71–3, 81, 97).

[31] II, 52; E. M. Buytaert (ed.), Petri Abaelardi opera theologica II, Turnhout 1969 (= Corpus christianorum continuatio mediaeualis 12), 153: 721–4.

For, as Abelard goes on to explain, from the fact that the 'greater world' of the heavens is divinely arranged to help us all (we all, for instance, enjoy the benefits of the sun), we — the 'lesser world' of individual men — are admonished to help each other and to care for the common good. This passage, which probably incorporates more than one reminiscence from Calcidius's commentary,[32] employs the terms 'natural justice' and 'positive justice' in a sense close to that which Calcidius had given them. Natural justice is the ordering of the universe; positive justice the ordering of human society. There is, however, a slight yet important shift of meaning. Instead of using the pair of terms, like Calcidius, simply to contrast two different areas of speculation, Abelard suggests that natural justice can serve as a model for positive justice. Natural justice, although still understood cosmologically, has acquired a normative significance.

In the Collationes — written perhaps only a few years later[33] — Abelard takes this development far further. The discussion of natural law takes place in the Philosopher's classification of the virtues of wisdom, justice, courage, temperance and their subdivisions. The classification uses Cicero's De inventione as a framework, but much of its substance is drawn from other sources and Abelard's own imagination.[34] The treatment of natural law is no exception. Cicero makes his general division of justice by distinguishing three types of *ius*. The *ius* which is by nature (II, 53) includes worship of the Gods, piety to parents and fatherland, gratitude for friendship and favours, revenge for injuries, honour for those elevated in status, and truthfulness. It is contrasted (II, 54) with the *ius* which is by custom and *ius* which is by law. *Ius* by custom includes both *natura ius* which has been extended by use or custom, and those codes of behaviour long established by public approval; *ius* by law is written, publicly promulgated legislation.

The Philosopher's account of natural *ius / iustitia* incorporates many of Cicero's ideas into a different and more abstract contrast.[35] On the one

---

[32] As well as Calcidius's initial distinction between natural and positive justice (quoted above, n. 28), Abelard seems to have vaguely in mind a later passage (ed. cit., 246: 9–26) which makes a comparision between men and the ordering of the 'body of the world', and then observes that we find the same ordering in Plato's Republic where "... *ea iustitia quaereretur qua homines aduersum se utuntur.*"

[33] C. Mews (On dating the works of Peter Abelard, in: Archives d'histoire doctrinale et littéraire du moyen âge 52 (1985) 73–134 at 104–26) argues for a dating of 1125–6, as against Buytaert's dating of c. 1136 (Abaelard's Collationes, in: Antonianum 44 (1969) 18–39, esp. 33–8) and the traditional dating of the work to the very end of Abelard's life.

[34] See J. Marenbon, Abelard's ethical theory: two definitions from the Collationes, in: From Athens to Chartres. Studies in Neoplatonism and Medieval Thought in Honour É. Jeauneau [= STGMA 29], ed. H. Westra, forthcoming.

[35] Collationes (ed. R. Thomas, as Dialogus inter Philosophum, Iudaeum et Christianum, Stuttgart/Bad Cannstatt, 1970), 124: 2218–125: 2246.

hand, there is *ius naturale*, which "is the same for everyone, because it is concerned with performing those things that reason — which is naturally present in all men — urges." Like Cicero's it incorporates worshipping God, loving one's parents and punishing the wicked; but also it involves "the observance of whatever is so necessary to all people, that without them no merits would ever suffice." On the other hand, there is positive justice "which has been instituted by men to preserve more safely or to increase what is useful or fitting." Cicero's categories of *consuetudine ius* and *lege ius* lie behind the Philosopher's remark that positive justice includes "both that which is based on written authority and that on the authority of custom alone." But the Philosopher goes on to add that positive justice involves, for instance, the particular penalties for given crimes or the ways in which trials are conducted — duels in one country, calling of witnesses in another. Here the change of emphasis from Cicero's becomes clear. Cicero was concerned to subdivide the virtue of justice by looking at the sorts of law a just man would obey: the general laws such as piety, gratitude and truthfulness (*natura ius*); the particular customs of his country (*consuetudine ius*); and the written law (*lege ius*). By contrast, Abelard's Philosopher has already given the sub-divisions of justice.[36] Now he is concerned to make a distinction between different types of law: that — natural law — which is unchanging among different peoples and at different times; and that — positive law — which varies from nation to nation and age to age. And he continues — turning to his interlocutor, a Christian:

> "Those laws which you call divine — the laws of the Old und New Testaments — contain some natural precepts, which you call the 'moral' ones, such as 'Love God and your neighbour', 'Do not commit adultery', 'Do not steal', 'Do not murder'; but some of them belong as it were to positive justice (*quasi positive iustitie sint*) — those which are fitted to certain people at a particular time, like circumcision for the Jews and baptism for you and many other precepts of those which you call 'figural' ones."[37]

Abelard thus brings into the division of laws (couched using the contrasting terms he had learnt from Calcidius and begun to adapt in the Theologia Christiana), not only Ciceronian material, but also ideas about natural law current in the School of Laon — the distinction between moral and figurative precepts, the survival of natural law in the Ten Commandments and the Gospel. These diverse materials all go to make something new: an analytical distinction between fundamental, universal laws of behaviour and the particular laws imposed on given groups of people at given times. On the basis of this distinction, the Philosopher sketches, in

---

[36] Ibid., 121: 2140—124: 2216.
[37] Ibid., 125: 2234—40.

outline, a whole theory of natural and positive justice. Each must be respected: in order to be just, a person must stay within the bounds of positive law, as well as those of natural law. When we live in a particular country, we must follow its positive laws "just as we follow natural law."[38]

It would be tempting to present this theory of natural and positive law, which was certainly invented by Abelard, as Abelard's theory. But it is not: it is the view of a character in a fictional dialogue. The Philosopher's arguments in the Collationes are a mixture of truths and falsehoods, only some of which are explicitly refuted by the Christian. Abelard gives his reader a clue that not all that the Philosopher says in this passage is to be accepted when he includes an obvious mistake in his comments. Whilst it is true that Christians, as the Philosopher says, describe the precept concerning circumcision as 'figurative', they do not (as he also claims) regard baptism in the same way. In an almost certainly later work, the Problemata Heloissae, Abelard — speaking in his own person — echoes some of the Philosopher's words.[39] There are, he says, certain rules of behaviour — loving God and one's neighbour, not killing, committing adultery or lying which 'ought naturally to be followed by everyone' and 'without which no one would ever merit being saved'.[40] But here these ideas are put, not in terms of the Philosopher's innovative contrast between natural and positive laws, but into the context commonplace in the School of Laon — the distinction between the moral and figurative precepts of the Old Law. Outside the deliberately non-Christian contributions of the Philosopher in Collationes, Abelard could find no place for the purely philosophical approach to natural law. Like his contemporaries, he turned to the historical and theological aspects of the concept; but here too his approach was distinctive. Or, rather, his approaches: for Abelard looked at the historical and theological aspects of natural law from two sharply contrasted points of view. Each is best represented in a single work: Book II of the Theologia Christiana for the one, the letter (no. VI — or no. VII if the Historia calamitatum is counted as no. 1) he wrote in answer Heloise's request for a history of female monasticism (c. 1135)[41] for the other.

---

[38] Ibid., 124: 2218—9, 125: 2232—4.
[39] Constant Mews (op. cit., 132) dates the Problemata Heloissae to c. 1137—8.
[40] Ed. cit., 703AB. Note how even this last phrase, though close to the Collationes, makes Christian the Philosopher's deliberately neutral comment: — Problemata Heloissae: *"ut nisi impleatur quod in eis praecipitur, nemo unquam salvari meruerit"*: Collationes, ed. cit., 123: 2224—5: *"ut nulla umquam sine illis merita sufficiant"*.
[41] D. Van den Eynde, Chronologie des écrits d'Abélard à Héloïse, in: Antonianum XXXVII (1962) 337—49. But Van den Eynde's argument that Abelard must still have been Abbot of St Gildas is not altogether convincing, and a date later in the 1130s remains possible.

IV

In Book II of the Theologia Christiana, Abelard used natural law as a way of explaining how good men who lived before the coming of Christ could have been saved. The strategy itself was no different from that of William of Champeaux or his pupils; Abelard's most striking innovation lay in the object to which he applied it. He was concerned to explain the salvation of a group of people almost entirely ignored by the writers of Laon in their treatment of natural law[42] — a group which Christian tradition by no means unanimously regarded as having been saved at all: the philosphers of ancient Greece and Rome. In the Theologia Christiana (as in his earlier Theologia Summi Boni and his later Theologia scholarium) Abelard uses the testimony of the philosophers about the Trinity. Some, he says, object that the ancient philosophers have no authority in matters of faith, since they were gentiles — infidels who were damned.[43] Book II is mainly devoted to a lengthy rejection of this criticism. Using terms close to those applied by the School of Laon to the patriarchs of the early chapters of Genesis, Abelard argues that the ancient philosophers were 'perhaps gentiles by nation, but not in their faith': living under natural law, they were justified by faith entirely without any written law.[44] And he bolsters his position by comparing the philosophers to Job, whom the School of Laon used as an instance of someone living well by natural law, even after the institution of circumcision.[45]

However, by concentrating on the philosophers (and other figures) of antiquity, Abelard opened the way to a treatment of life under natural law unparalleled in the writings of his contemporaries. Scripture provided scant information about the lives and views of the early patriarchs of Genesis. For the School of Laon, therefore, the basic rules of natural law (which were repeated as the moral precepts of the Ten Commandments) had to serve as an account of their way of life. By contrast, there was an abundance of information available to a scholar like Abelard (from Augustine and Jerome, from Plato's Timaeus, from Cicero, Seneca and Valerius Maximus) about the morals of the ancient Greeks and Romans. Book II of the Theologia Christiana presents a richly detailed account of the excellent conduct and accurate moral thought which had taken place

---

[42] There is, however, at least one exception: a sentence [Lottin § 235] attributed by Lottin to Radulphus of Laon which explicitly argues for the salvation of the *antiqui siue philosphi* who lived well and believed that there was a judge and a rewarder.
[43] Ed. cit., 139: 236—8: "*Et quoniam infidelitatis philosophos utpote gentiles arguunt, omnemque eis quasi damnatis per hoc fidei auctoritatem adimunt ...*"
[44] Ibid., 139: 241, 141: 318—20.
[45] Ibid., 139: 242, 140: 267—8, 180: 1638—1644; cf. above, n. 10.

under natural law — behaviour and thinking which by comparison, Abelard says, puts to shame many Christians of his own day.[46]

Abelard also differed from his contemporaries in his understanding of the faith by which men were saved under natural law. For William and his pupils, it was — for many of those saved — an unspecific faith in a redeemer, rather than an explicit faith in Christ. For Abelard such implicit faith would not suffice. In a passage first written for the Theologia Summi Boni (c. 1120) and taken verbatim into the Theologia Christiana and Theologia Scholarium, Abelard describes the 'mystery of the incarnation' as that "in which it is certain that whole sum of human salvation consists, and without which belief in the other things [for instance, the Trinity] is in vain",[47] and Abelard sharply attacked a master who, he claimed, held that many people were saved before the time of Christ who did not know of his incarnation or passion.[48] Yet how could those who lived under natural law have gained explicit faith? One way, mentioned by Abelard in a couple of passages written late in his life, was by special instruction or illumination accorded to those who had lived as well as they could by natural law.[49] But Abelard also held that some of the ancient poets and philosophers had prophesied the incarnation and passion in their works (as well as discussing the Trinity).[50] Probably it was their teaching which, in Abelard's view, had made available the faith without which salvation under natural law was not possible.[51]

In his Letter VI, Abelard develops a different (though not necessarily incompatible) theory. Instead of using natural law to explain how salvation was possible before the coming of Christ, he uses it to account for the good actions of those who (at any period) are without faith and who there is no reason to expect will be among the saved. There are, his account

---

[46] Ibid., 142: 343—143: 367. As Abelard comments here (142: 353—4), Gregory the Great anticipated this device in his treatment of Job (ed. cit., 10: 12—4).

[47] E. M. Buytaert & C. Mews (eds.) Petri Abaelardi opera theologica III, Turnhout 1987 (= Corpus christianorum continuatio mediaeualis 13), 201: 1350—1 = Theologia Christiana, ed. cit., 345: 2547—8 = Theologia Scholarium, in Opera theologica III, 497: 2677—9.

[48] Theologia Christiana, ed. cit., 302: 1139—42 (cf. Theologia Scholarium, ed. cit., 440: 1003—5, where the position is stated less precisely).

[49] Problemata Heloissae (c. 1138), ed. cit., 696AB, Commentary on Romans (certainly not before c. 1133; perhaps as late as 1137), ed. cit., 200: 446—450; cf. R. Peppermüller, Abaelards Auslegung des Römerbriefes, Münster 1972 (= Beiträge z. Gesch. d. Philos. des Mittelalters, n. f. X), 67—78.

[50] Theologia Summi Boni, ed. cit., 107: 592—110: 668; Theologia Christiana, ed. cit., 124: 1644—128: 1765; 140: 250—65; Theologia scholarium, ed. cit., 397: 2235—401: 2351.

[51] Cf. Theologia Summi Boni, ed. cit., 110: 671—5 = Theologia Christiana, ed, cit., 130: 1843—8 = Theologia Scholarium, ed. cit., 405: 2455—9: "*Cum itaque dominus et per prophetas iudeis et per prestantes philosphos seu uates gentibus catholice fidei tenorem annunciauerit, inexcusabiles redduntur tam iudei quam gentes si, cum hos in ceteris doctores habeant, in salutem anime, cuius fundamentum est fides, ipsos non audiant.*"

implies, two types of followers natural law: "those who ... cling to [God] with such zeal that they try never to offend him by consenting [to evil]" — who will, therefore, be saved;[52] and others, who follow natural law to a greater or lesser extent, but without this overwhelming love for God. Even they, although firmly placed among the 'unfaithful', can act well. "The love of sexual continence", says Abelard, "is good even among those without faith, just as the observance of the bond of marriage is a gift to all men."[53] And he goes on to add to the Pauline observation that the power of pagan rulers is a gift from God, even if they abuse it, the most un-Pauline sequel: "so too is their love of justice, and their gentleness and the other qualities befitting rulers, which they possess instructed by natural law."[54] The fact that good things such are these are mixed with evils, Abelard adds, does not prevent them from being good; and, indeed, evil can only exist in a nature which is good.[55]

In one sense, Abelard's two contrasting theological approaches to natural law reflect the choice Augustine had offered: either those who lived well by natural law were really Christians, or they did not live well but merely less badly.[56] Yet, for each of the options, Abelard transforms Augustine's thought. Natural law combined with faith explains, not the salvation of just a chosen few before the coming of Christ, but of many of the ancient philosophers and those who were instructed by them. Natural law in the unfaithful shows not merely a lesser degree of badness, but explains the presence of virtues, genuine though mixed with evil, in natures themselves good.

---

[52] Problemata Heloissae, ed, cit., 696A.
[53] J. T. Muckle, The letter of Heloise on religious life ..., in: Medieval Studies 17 (1955) 240–81, 277.
[54] Ibid: *"Quis etiam dona Dei esse deneget potestatem etiam infidelium principum, etsi perverse ipsa utantur, vel amorem iustitae vel mansuetudinem quam habent lege instructi naturali, vel cetera quae decent principes?"*
[55] Ibid.; Abelard here refers to theme he discusses in detail in the Collationes (ed. cit., 160: 3136–162: 3211). Although, unlike some of his contemporaries, Abelard accepted the real existence of evils (such as pain and sickness), he argued that every nature is good; cf. J. Marenbon, art. cit.
[56] Cf. above, nn. 12 & 13.

Mensch und Natur als Subjekte der *lex aeterna*[1]

THOMAS NISTERS (Freiburg i. Br.)

1. Problemexposition

Gott hat die Welt erschaffen. Zudem trägt er Sorge für diese seine Schöpfung. Gott, wie Thomas von Aquin ihn denkt, ist nicht jenem Leibniz'schen Uhrmacher vergleichbar, der die Mechanik eines vollkommenen kosmischen perpetuum mobile baut, welches weder der „Ölung" noch der „Inspektion" bedarf. Thomas nimmt an, daß zu jeder Form von Fürsorge (*cura* (Sth I, 22, 1, ad 2)) zweierlei gehört: einerseits die gedanklich-intellektuelle Vorwegnahme dessen, was zu besorgen sei, Planung (*ratio ordinis* (l.c.)), welche *providentia* oder *dispositio* zu nennen ist (l.c.; cf. Sth I, 103, 6, c.); andererseits die tätige Ausführung dieser Planung (*executio ordinis* (Sth I, 22, 1, ad 2; I, 22, 3, c.; I, 103, 6, c.)), welche als *gubernatio* bezeichnet wird. Diese zwei Momente lassen sich auch dann unterscheiden, wenn über Gottes Sorge für die von ihm erschaffene Welt nachgedacht wird.[2] Im ersten Teil der Summa theologica bespricht Thomas beide Aspekte ausführlich, die *providentia* Gottes (Sth I, 22) und die *gubernatio* (I, 103 ff.). Dabei werden wesentliche Unterschiede zwischen *providentia* und *gubernatio* herausgearbeitet:

— Die *providentia* ist von Ewigkeit her (Sth I, 22, 1, ad 2), die *gubernatio* hebt zum Zeitpunkt der Schöpfung an (l.c.).
— Die *providentia* erfolgt unmittelbar (Sth I, 22, 3, c.; I, 103, 6, c.), die *executio* hingegen mittelbar in hierarchischer Kausaldelegation (l.c.).

---

[1] Vieles in diesem Aufsatz verdanke ich dem regelmäßigen philosophischen Gespräch, das ich mit Klaus Jacobi führen konnte, und der Seminardiskussion mit den Studenten meiner Proseminare über das ewige Gesetz und die göttliche Weltlenkung im Sommer-Semester 1990.

[2] Es dürften hier zwei Hinweise wichtig sein, um Mißverständnissen vorzubeugen:
— Wenn über menschliche Fürsorge gesprochen wird, dann ist notwendigerweise Zeitlichkeit im Spiel: Es wird jetzt für die Zukunft geplant und vorgesorgt. Diese Temporalität, ohne die wir uns menschliche Planung nicht vorstellen können, findet sich bei Gott nicht.
— *Providentia* und *gubernatio* sind der Sache nach nicht zu trennen. Es handelt sich um eine gedankliche Unterscheidung, die helfen soll, einen einheitlichen Akt (*cura*) klarer zu verstehen.

Es wäre zu erwarten, daß Thomas somit im ersten Teil der theologischen Summe das Problem göttlicher Weltlenkung abgeschlossen hätte. Wider Erwarten kommt es jedoch im zweiten Teil zu einer Reprise. Und zwar nicht so, wie es einleuchtend wäre, nämlich unter Einschränkung auf die praktische Fragestellung der Moraltheologie. Wenn Thomas sich in der Secunda Pars auf das Problem beschränkt hätte, wie Gott den Menschen lenkt, dann wäre dies plausibel: Gott weist dem Menschen durch das Gesetz den rechten Weg, und Gott hilft ihm durch die Gnade, diesen Weg zu Ende zu gehen.[3] Die Traktate über das Gesetz (Sth I/II, 90—108) und über die Gnade (Sth I/II, 109—114) können sinnvollerweise gedeutet werden als Teilstücke einer Theorie göttlicher Lenkung in praktischer Absicht.[4] Sie gliedern sich als spezifische Teildiskussionen des Lenkungsproblems nahtlos in eine Moraltheologie ein. Überraschend jedoch ist es, wenn Thomas mit seiner Lehre von der *lex aeterna* offenbar das Feld der Morallehre verläßt, um zu Fragen zurückzukehren, deren Behandlung der Leser für abgeschlossen hielt. Thomas macht nämlich aus der Theorie der *lex aeterna* „ein Stück der Lehre von Gott als Schöpfer und Lenker der Welt. Mit diesem Vorgehen ist Thomas, soweit man weiß, der erste im Mittelalter."[5] Thomas beugt sich mithin, indem er so verfährt, nicht dem Druck der Tradition. Vielmehr, so Pesch, beweise Thomas gegenüber der Summa Halensis und Petrus von Tarantasia Originalität. Denn seine Vorgänger „behandeln das ewige Gesetz und das Gesetz überhaupt, wie seit den *Sentenzen* des Petrus Lombardus üblich, im Anschluß an die Christologie."[6] Warum bricht Thomas mit der Tradition und bindet die *Lex-aeterna*-Lehre in eine allgemeine Theorie göttlicher Weltlenkung ein? Thomas gibt auf die Frage nach dem leitenden Motiv keine Antwort. Dieser Mangel einer expliziten, begründenden Reflexion auf sein eigenwilliges Vorgehen bei der Behandlung der *lex aeterna* bringt den wohlwollend interpretierenden Thomas-Leser in eine mißliche Lage: Einerseits weiß er, daß Thomas zumeist guten — wenn auch bisweilen nicht ausdrücklich genannten — Gründen bei der Organisation seiner Texte folgt. Andererseits sind derartige Gründe hier nicht nur nicht genannt, sondern es spricht auf den ersten Blick mehr gegen als für Thomas' innovative Behandlung der *lex aeterna*:

---

[3] „*Principium autem exterius movens ad bonum est Deus, qui et nos instruit per legem, et iuvat per gratiam.*" (Sth I/II, 90, intr.).

[4] Ein weiteres Teilstück der Lehre Thomas' von der göttlichen Lenkung des Menschen ist die Lehre von den Schutzengeln (*angelorum custodia est quaedam executio divinae providentiae circa homines.* (Sth I, 113, 2, c.; cf. I, 113, 6, c.)) Diese helfen dem Menschen dabei, nach Maßgabe der recht allgemeinen Normen der *lex naturalis* den rechten Weg zu finden (Sth I, 113, 1, ad 1 et ad 2).

[5] O. H. Pesch, Das Gesetz, Heidelberg, Graz, Wien, Köln 1977, 562 (= Band 13 der deutsch-lateinischen Ausgabe der Sth).

[6] Pesch, op. cit., 561—562.

Erstens nämlich mutet es seltsam an, im Kontext einer Moraltheologie allgemeine Schöpfungs- und Lenkungstheorie zu betreiben. K.-W. Merks nennt völlig korrekt als zentrale Frage die „nach der Relevanz, die auf diese Weise der göttlichen Vorsehung und Weltlenkung für die menschliche Handlungsordnung zukommt."[7] Was haben Fragen wie die, ob die notwendigen und ewig gleichen Prozesse der *lex aeterna* unterlägen (Sth I/II, 93, 4) oder ob die kontingenten Naturabläufe der *lex aeterna* gehorchten (Sth I/II, 93, 5), in einer Morallehre zu suchen?

Zweitens begibt sich Thomas mit diesem Exkurs ohne Not auf terminologisch spiegelglattes Eis. Denn: Gesetzgebung muß als eine eigentümliche Form der Lenkung bestimmt werden. Der Satz „A lenkt B mittels eines Gesetzes hin auf Z" darf nur dann mit Recht geäußert werden, wenn spezifische Bedingungen bezüglich des Lenkenden (A), des Gelenkten (B) und des Zieles (Z) erfüllt sind. Thomas unternimmt mithin in Sth I/II, 91, 1 und Sth I/II, 93, 4—5 den äußerst gewagten Versuch, universelle Weltlenkung (*providentia generalis*) mit Hilfe einer höchst speziellen Lenkungstheorie (*providentia specialis*), nämlich der Lenkung qua Gesetz, zu beschreiben. Alles, Notwendiges, Kontingent-Natürliches und solches, was humaner Freiheit entspringt, ist Subjekt einer universellen Kosmonomie, welche sich in der *lex aeterna* ausspricht. Die natürlichen Grundsätze der Sittlichkeit in uns und die bewundernswerte Regelhaftigkeit des bestirnten Himmels über uns sind Ausdruck der einen *lex aeterna*.[8] Mit seiner *Lex-aeterna*-Theorie bindet Thomas Mensch und Natur zusammen. Beide unterliegen dem von Gott erlassenen ewigen Gesetz. Insofern sie göttlicher Gesetzgebung folgen, entsprechen sich naturhaftes und menschliches Wirken und werden — bei aller sonstiger Differenz — vergleichbar. Menschen und Naturdinge werden in und durch ihre gemeinsame Untertänigkeit ungleiche Mitbürger einer *communitas universalis*.

Die Kernfrage nun lautet: Warum entwirft Thomas die Theorie eines ewigen Gesetzes, dem Mensch und Natur unterliegen? Was treibt ihn, den terminologischen Drahtseilakt zu wagen, im Kontext einer Morallehre den eindeutig praktisch-politischen Terminus „*lex*" auf theologisch-metaphysische Sachverhalte zu übertragen? Wieso verläßt Thomas den Lehrstand der älteren Summa contra Gentiles? Die ScG bettet die Abhandlung über

---

[7] K.-W. Merks, Theologische Grundlegung der sittlichen Autonomie, Düsseldorf 1978, 190.

[8] Die Partizipation der rationalen Kreatur an der *lex aeterna* bezeichnet Thomas als *lex naturalis*: „*lex naturalis nihil aliud est quam participatio legis aeternae in rationali creatura.*" (Sth I/II, 91, 2, c.; cf. I/II, 96, 2, ad 3; I/II, 97, 1, ad 1) Die Teilhabe der irrationalen Kreatur wird nicht eigens betitelt. Von neueren Autoren wird das, was Thomas *lex naturalis* nennt, bisweilen als *lex naturalis ethica* bezeichnet; die für Thomas namenlose *lex aeterna* im engeren Sinne, d. i. die auf die irrationale Kreatur angewandte *lex aeterna*, wird als *lex naturalis physica* eingeführt (cf. J. Mausbach, Katholische Moraltheologie Bd. 1, Münster ⁹1959, 110).

das Gesetz zwar in die Theorie der *providentia generalis* ein. Aber Gesetz ist ihr Lenkungsmittel Gottes exklusiv für die vernünftige Kreatur.[9] Gesetze Gottes sind tauglich im Zusammenhang der *providentia specialis* freier Personen. Denn: Gottes Voraussicht und Fürsorge erstrecke sich zwar auf alle Dinge, aber (i) wegen der Vollkommenheit der Natur des Menschen (*perfectio naturae* (ScG III, 111, n. 2855)), durch welche er Herr seiner Handlungen sei, und (ii) wegen der herausragenden Zielstellung menschlichen Lebens (*dignitas finis* (l.c.)), nämlich Erkenntnis und Liebe Gottes, bedürfe er, der Mensch, einer ausgezeichneten Form der Fürsorge und Anweisung: der des Gesetzes. Dies, so Thomas, verhalte sich auch sonst nicht anders. Je nach (i a) Handlungsobjekt (*diversitas eorum quae operationi subiiciuntur; diversitas materiae* (l.c.)) und (ii a) Ziel (*diversitas finis* (l.c.)) variieren Zielerreichungsstrategien: Ein Arzt, der eine schwere Infektion bekämpfen will, verabreicht Antibiotika; ein Therapeut, der die Widerstandskraft eines anfälligen Patienten zu festigen versucht, verschreibt Waldläufe und kalte Duschen. Und der Erkältungsneigung eines Diabetikers dürfte anders zu begegnen sein als der eines ansonsten gesunden Patienten.[10] Wenn demnach mit Hilfe des Gesetzesbegriffes im Sinne der ScG Lenkungstheorie betrieben werden soll, dann folgendermaßen: Das Verb „lenken" bezeichnet eine obligat dreistellige Relation:

(1) A lenkt B hin auf Z

Fakultativ kann die Art der Lenkung hinzugefügt werden:

(2) A lenkt B hin auf Z mittels M

Nun hängt M sowohl von B als auch von Z ab. Die Möglichkeit, das Lenkungsmittel „Gesetz" einzusetzen, ergibt sich laut ScG dann, wenn der Gelenkte (B) eine rationale Kreatur ist und — sofern von Gottes Gesetz an den Menschen die Rede ist — *amor et cognitio Dei* den Zielpunkt (Z) der Lenkung markieren.

Gesetz als Lenkungsmittel ausschließlich für die vernünftige Kreatur zu reservieren, legt nun aber auch Thomas' Entfaltung des Gesetzesbegriffs in der Theologischen Summe nahe. Thomas entwickelt diesen Begriff dort nämlich keineswegs mit Blick auf seine metaphysische Übertragung durch die *Lex-aeterna*-Doktrin. Vielmehr exponiert Thomas den Gesetzesbegriff in der Summa theologica als entschieden praktisch-politischen Terminus. Er gewinnt den Begriff aus Anschauung politischer Legislative. „Das

---

[9] „*Cum lex nihil aliud sit quam quaedam ratio et regula operandi, illis solum convenit dari legem qui sui operis rationem cognoscunt. Hoc autem convenit solum rationali creaturae. Soli igitur rationali creaturae fuit conveniens dari legem.*" (ScG III, 114, n. 2878).

[10] „*Omnis autem ratio operis variatur secundum diversitatem* (i) *finis, et* (ii) *eorum quae operationi subiiciuntur: sicut ratio operandi per artem diversa est secundum diversitatem* (i) *finis et* (ii) *materiae; aliter enim operatur medicus ad aegritudinem pellendam, et ad sanitatem confirmandam; atque aliter in corporibus diversimode complexionatis.*" (ScG III, 111, n. 2855).

Modell, an dem die Elemente eines Gesetzes demonstriert werden, ist das politische, das von Menschen in einem Gemeinwesen erlassene Gesetz."[11] Die Einwände gegen die Behauptung, es gebe eine *lex aeterna*, welcher die notwendigen und kontingent-naturhaften kreatürlichen Prozesse gehorchen, argumentieren alle auf Grundlage dieses vornehmlich in Sth I/II, 90 erarbeiteten politischen Gesetzesbegriffes. Mit diesen Argumenten gegen die naturphilosophische bzw. kosmologische Expansion des Gesetzesbegriffs wendet Thomas sich sozusagen gegen sich selbst. Und zwar wendet sich dort nicht nur der Thomas der ScG gegen den der Sth, sondern der Thomas von Sth I/II, 90 wendet sich gegen den Verfechter der *Lex-aeterna*-Theorie.

Warum also, so nochmals die Kernfrage, weitet Thomas den Anwendungsbereich des Gesetzes derart aus, daß Mensch und Natur als Subjekte göttlicher Legislative gedacht werden? Eine Antwort soll in drei Schritten versucht werden. Zunächst (2. Abschnitt) sollen einige Kernmerkmale des thomasischen Gesetzesbegriffes erinnert werden, um (3. Abschnitt) zu zeigen, wie nachdrücklich sich der so exponierte Begriff dagegen sperrt, in einer allgemeinen Lenkungstheorie verwandt zu werden. Abschließend (4. Abschnitt) werden sechs Vorschläge unterbreitet, welche Thomas' Begriffstransplantation als sinnvoll rechtfertigen könnten.

2. Lenkung qua Gesetz

Welche Bedingungen müssen A, B und Z erfüllen, damit A den B auf Z hin mittels eines Gesetzes soll lenken können? Die stillschweigende Voraussetzung dieser Frage, daß nämlich Gesetze Steuerungs- bzw. Lenkungsmittel sind, wird von Thomas nachdrücklich bejaht. Thomas bestimmt „Gesetz" als eine Anweisung oder Anordnung (*dictamen* (Sth I/II, 92, 1, c.)), welche dazu dient, die Untertanen zu guten Handlungen anzuweisen und von üblen Taten abzuhalten.[12] Gesetze sind eine Form von Imperativen, welche der Gesetzgeber (A) an seine Untertanen (B) richtet. Als Imperative unterscheiden sich Gesetze von anderen handlungsleitenden Sprechakten wie Bitten oder Raten durch ihre strenge Verbind-

---

[11] Pesch, op. cit., 547; cf. Merks, op. cit., 98.
[12] „*lex movet eos qui subiiciuntur legi, ad recte agendum*" (Sth I/II, 90, 1, arg. 3); „*lex quaedam regula est et mensura actuum, secundum quam inducitur aliquis ad agendum, vel ab agendo retrahitur*" (Sth I/II, 90, 1, c.); „*lex dirigit hominem ad agendum*" (Sth I/II, 90, 2, arg. 2); „*ad legem pertinet proprie obligare ad aliquid faciendum vel non faciendum*" (Sth I/II, 90, 4, arg. 2); "*per legem ordinatur homo in suis actibus ad finem*" (Sth I/II, 91, 2, arg. 2); „*per legem dirigitur homo ad actus proprios in ordine ad ultimum finem*" (Sth I/II, 91, 4, c.); „*lex importat rationem quandam directivam actuum ad finem*" (Sth I/II, 93, 3, c.); „*lex omnis directiva est actuum humanorum, ut ex supradictis (q. 90 a. 1.2) patet*" (Sth I/II, 95, 1, arg. 3); „*de ratione legis humanae (est) quod sit directiva humanorum actuum*" (Sth I/II, 95, 4, c.).

lichkeit.[13] Durch ihre Allgemeinheit lassen sich Gesetze von singulären Imperativen abgrenzen.[14] Gesetze sind Art zur Gattung *praeceptum*.[15] Die spezifische Differenz lautet „allgemein".[16] Anders als „Handlungsanweisungen" wie Bitten, Raten, Erpressen oder Drohen setzen Imperative wahrscheinlich, Gesetze aber sicherlich voraus, daß der Absender (A) autorisiert ist, den Befehl zu geben bzw. das Gesetz zu erlassen.[17] Ein Gefreiter mag einen Offizier um etwas bitten, ihm zu etwas raten oder ihn — mit vorgehaltener Pistole — drohend zu einer Handlung bewegen, — einen Befehl erteilen kann er ihm nicht. Gesetzgebungsautorität kommt nach Thomas nur dem zu, der Sorge und Verantwortung für das ganze Gemeinwesen trägt.[18] Ein Gesetz, welches von nicht autorisierter Stelle erlassen ist, gilt Thomas als unrecht *ex auctore* (Sth I/II, 96, 4, c.).

Wenn der Gesetzgeber (A) im allgemeinen Imperativmodus das Handeln der Untertanen (B) lenken will, dann nimmt er an, daß sie nicht ganz selbstverständlich von sich aus entsprechend handeln. Das 5. Gebot macht erst nach Kains Brudermord pragmatischen Sinn. Umgekehrt: Wer aus dem Geist handelt, der ist nicht unter dem Gesetz (Gal 5.18; cf. Sth I/II, 93, 6, arg. 1).[19] Deshalb schafft der Gesetzgeber durch Sanktionsdrohung für den Fall des Ungehorsams Motive, recht zu handeln.[20] Daraus ergibt sich weiterhin, daß zwar dem Untertan (B) die latente Neigung zum nicht gesetzeskonformen Verhalten unterstellt wird, daß aber andererseits angenommen wird, er könne sein Handeln kontrollieren, gehorchen oder nicht gehorchen. Imperative setzen die Freiheit des Adressaten voraus. Doch der Adressat muß nicht nur frei sein. Er kann dem Imperativ „Gesetz" darüber hinaus nur dann folgen, wenn er eine beachtliche intellektuelle Leistung vollbringt: Er muß in der Lage sein, allgemeine Sätze zu verstehen und diese allgemeinen Sätze in gegebener Situation zu aktualisieren.

---

[13] „*haec est differentia inter consilium et praeceptum, quod praeceptum importat necessitatem, consilium autem in optione ponitur eius cui datur*" (Sth I/II, 108, 4, c.).

[14] „*Lex enim omnis praeceptum commune est*" (Sth I/II, 92, 2, arg. 1).

[15] „*Lex enim continetur in genere praecepti*" (Sth I/II, 94, 2, arg. 1).

[16] Zur Allgemeinheit von Gesetzen cf. Sth I/II, 95, 1, ad 2; I/II, 96, 1.

[17] „*Order* and *command* have the additional preparatory rule that S must be in a position of authority over H … the authority relationship infects the essential condition because the utterance counts as an attempt to get H to do A *in virtue of the authority of S over H*." (J. Searle, Speech Acts, Cambridge 1969, 66).

[18] „*Et ideo condere legem vel pertinet ad totam multitudinem, vel pertinet ad personam publicam quae totius multitudinis curam habet* (Sth I/II, 90, 3, c.); *(is) qui curam communitatis habet*" (Sth I/II, 90, 4, c.).

[19] Searle postuliert entsprechend für Bitten und Befehle die Einleitungsbedingung: „It is not obvious to both S and H that H will do A in the normal course of events of his own accord." (Op. cit., 66) Strafgesetze sind kraft ihrer Imperativnatur — pointiert ausgedrückt — allgemeine Kriminalitätsunterstellungen.

[20] „*Id autem per quod inducit lex ad hoc quod sibi obediatur, est timor poenae: et quantum ad hoc, ponitur legis effectus punire.*" (Sth I/II, 92, 2, c.).

Damit der Untertan nun weiß, was er zu tun und was er zu lassen hat, muß ihm das Gesetz bekannt sein (Sth I/II, 90, 4). Die Notwendigkeit der Promulgation ergibt sich aus dem Primärziel der Norm, Handeln zu leiten. Geheimgesetze sind pragmatischer Unsinn; und komplizierte, schwer verständliche oder verwaschen-allgemeine Gesetze dürften wenig geeignet sein, das zu leisten, wozu sie erlassen sind: Wegweiser rechten Handelns zu sein.

Das Primärziel von Gesetzen als Imperativen ist es, den Adressaten zu veranlassen, bestimmte Handlungen auszuführen, andere zu unterlassen. Wer nun etwas befiehlt, der verfolgt über den *finis proximus* des Gehorsams in der Regel weitere Ziele; so auch der Gesetzgeber. Thomas unterscheidet zwei Fälle (cf. Sth I/II, 92, 1, c.): (a) Der *finis remotus* des Gesetzgebers ist die allgemeine Wohlfahrt (*bonum commune*). Nur Gesetze, die dieses Ziel erstreben, sind voll gültig. (b) Wenn das Gesetzesziel in der Erfüllung eigensüchtiger Interessen des Gesetzgebers liegt, dann liegt eine *perversitas legis* vor (Sth I/II, 92, 1, ad 4); das Gesetz ist unrecht durch verfehlten Zielbezug (*iniusta ex fine* (Sth I/II, 96, 4, c.)) und mithin sittlich nicht bindend.

Lenkung qua Gesetz beinhaltet demnach: Ein autorisierter Gesetzgeber A, dem die Sorge für das Gemeinwesen obliegt, adressiert allgemeine Imperative, Gebote oder Verbote, an die Untertanen B. Diese Imperative müssen in verständlicher Form promulgiert sein, um ihr Primärziel — Verhaltenssteuerung — zu erreichen. Die Untertanen (B) tun nicht von sich aus selbstverständlich, was von ihnen verlangt wird. Sie sind jedoch verständig und frei: Sie können erstens verstehen und situativ vermitteln, was der Gesetzgeber fordert; sie können zweitens ihr Verhalten steuern. Für die Fälle, in denen die Autorität des A nicht zulangt, B zum Gehorsam zu veranlassen, verhängt A Sanktionen. Der *finis ultimus* der gesetzgeberischen Tätigkeit des A ist das *bonum commune* (Z).

Gesetzgebung stellt einen hochkomplizierten Lenkungsmodus dar, dessen Komplexität bei weitem diejenige einfacher Lenkung übersteigt. Zwar ist jede Gesetzgebung Lenkung, aber nicht umgekehrt. Welche Schwierigkeiten sich nun ergeben, wenn der Terminus „Gesetz" auf Lenkungsphänomene übertragen wird, in denen die dargelegten Anwendungsbedingungen dieses Terminus nicht erfüllt sind, zeigt sich bei Thomas' Versuch, göttliche Weltlenkung im Rahmen der *Lex-aeterna*-Lehre zu verhandeln.

3. Übertragungsschwierigkeiten

C. S. Peirce macht über die Bedeutung des Terminus „nómos" in altgriechischer Zeit folgende Bemerkung: „Soweit sich heute feststellen läßt, war dem Wort in jener Zeit eine feste Bedeutung eigen. In allen Fällen bezieht es sich ... auf eine Regelung oder Regelmäßigkeit, die verletzt werden kann. Ohne Zweifel scheinen wir, die modernen Menschen, dem Wort ‚Gesetz' unbekannte Gewalt anzutun, wenn wir es mit dem Begriff dessen verbinden, was sein muß."[21] Ebenso gewaltsam wie der moderne Mensch verfährt Thomas mit dem Begriff „*lex*", wenn er behauptet, Ewiges und Notwendiges unterliege der *lex aeterna*. Natürlich meint Thomas nicht, Gott selbst als notwendiges und ewiges Wesen unterliege der *lex aeterna*, wie dies Sth I/II, 93, 4, arg. 1 und 2 unterstellen. Vielmehr bringt Thomas zunächst deutlich zum Ausdruck, „daß die lex aeterna in ihrer ordnenden Funktion nur auf den Bereich des Geschöpflichen zielt, nicht auf Gott selbst hingegen, denn Gott selbst *ist* die *lex aeterna*."[22] Notwendig-ewige Subjekte der *lex aeterna* sollen sein: unkörperliche Substanzen (*substantiae incorporales*) und Himmelskörper (*corpora caelestia*) (Sth I/II, 93, 4, arg. 3 et ad 3). Die terminologische Gewaltsamkeit indes bleibt: Was sich notwendigerweise so verhält, wie es dies tut, bedarf keines Verbotes, sich ja nicht anders zu verhalten (cf. Sth I/II, 93, 4, sed contra). Imperative und Gesetze implizieren potentielle Unbotmäßigkeit und die Möglichkeit des Adressaten, alternative Prozeßoptionen zu wählen. Wer befiehlt der Sonne kurz vor ihrem Untergang, sie möge schnell hinter dem Horizont verschwinden? Es bereitet schon Kopfzerbrechen, wie sinnvollerweise vom tugendhaften Menschen gesagt werden kann, er unterstünde dem Gesetz (cf. Sth I/II, 93, 6, arg. 1; I/II, 96, 5, arg. 1 et ad 1). Denn er erfüllt freiwillig, aus fester Haltung und um des Edlen willen das, was die Norm vorschreibt. Regelrecht absurd aber mutet es an, Dinge als Normadressaten zu denken, denen kraft ihrer ontologischen Konstruktion eine und nur eine Prozeßoption offensteht. Sie erfüllen die Searle'sche Einleitungsbedingung für Imperative nicht: „It is not obvious to both S and H that H will do A in the normal course of events of his own accord."[23]

Die Argumentation gegen die Unterworfenheit solcher Kreaturen, die notwendigerweise so wirken, wie sie es tun, unter die *lex naturalis physica* erinnert daran, wie dicht die Problematik der *Lex-aeterna*-Doktrin mit einer allgemeinen Theorie göttlicher Weltlenkung verbunden ist: Sth I/II, 93, 4, sed contra artikuliert einen Einwand gegen die *Lex-aeterna*-Lehre, welcher sich pari ratione gegen die *Gubernatio*-Theorie erheben läßt. Notwendiges ist nämlich nicht nur untaugliches Objekt spezieller Prozeßsteuerung qua Imperativ oder Gesetz. Notwendiges genügt nicht einmal den schwächeren Standards, die Gelenktes überhaupt erfüllen muß. Von Lenkung ist nur dann zu sprechen, wenn das Gelenkte sich ohne Intervention des Lenkenden anders verhalten würde oder anders verhalten hätte, als es

---

[21] C. S. Peirce, Was ist ein Naturgesetz?, in: Peirce, Naturordnung und Zeichenprozeß, ed. H. Pape, Aachen 1988, 291–315, hier 296.
[22] Merks, op. cit., 210.
[23] Searle, op. cit., 66.

dies tut, sofern der Lenkende eingreift. Wem nur eine Weise des Wirkens offensteht, wer gegen jeden Einfluß immun ist, der ist kein Objekt möglicher Lenkung (Sth I, 103, 1, arg. 3; cf. I, 44, 1, arg. 2). Eine Lokomotive auf weichenlosem Schienenstrang ist vom Lokomotivführer, was die Fahrtrichtung — Vorwärts- und Rückwärtsfahrt einmal ausgeschlossen — angeht, nicht zu lenken.

Thomas greift zu ähnlichen Strategien, um Sth I, 103, 1, arg. 3 und Sth I/II, 93, 4, sed contra auszuhebeln. Gleiche Angriffe sind gleich zu kontern: Thomas unterscheidet zwischen bedingter und unbedingter Notwendigkeit. Im Falle bedingter Notwendigkeit verdankt sich die Unmöglichkeit, anders zu wirken, einem äußeren Prinzip.[24] Sth I, 103, 1, ad 3 illustriert dies mit dem von Thomas oft bemühten Pfeil-Beispiel: Mit den Naturdingen, die auf eine Prozeßoption fixiert sind (*determinantur ad unum*), verhält es sich so wie mit einem Pfeil, der unaufhaltsam seinem Ziel entgegenschwirrt. Beide verdanken die Unmöglichkeit, anders wirken zu können, einer äußeren Instanz: der Pfeil dem Schützen, die Naturdinge Gott. Notwendigkeit ist, so gesehen, nichts, was sich gegen göttliche Lenkung sperrt. Bedingte Notwendigkeit markiert nicht die Grenze, an der göttliche Macht versagt. Notwendigkeit ist vielmehr Resultat göttlicher Lenkung. Notwendigkeit widerlegt nicht göttliche Allmacht, sie beweist sie.[25] Und ebenso legt Sth I/II, 93, 4, ad 4 nahe, Gottes Befehlsgewalt nicht an Notwendigem scheitern zu lassen: Notwendige Prozesse bewiesen nämlich geradezu die Wirksamkeit göttlicher Normautorität. Nicht anders wirken zu können sei die höchste Form des Gehorsams (*cohibitio efficacissima*).

Es mag hier dahingestellt bleiben, ob Thomas' Antwort triftig ist. Vermutlich wird seine Konterargumentation weder auf der Ebene der *Lex-aeterna*-Lehre noch auf der nächsthöheren Theorieebene der *Gubernatio*-Doktrin zu bewerten sein. Im Grunde geht es um ein Problem, welches auf einer noch umgreifenderen Theorieebene zu verhandeln sein wird: dem Lehrstück vom Willen Gottes. Denn so, wie jeder Gesetzgebungsakt ein Lenkungsversuch ist, so ist wiederum jede Lenkung eine Willensartikulation. Das Problem, ob Notwendiges der *lex aeterna* unterliege, stellt sich nämlich nicht nur erneut in der Frage, ob Notwendiges Gegenstand von Lenkung sein könne, sondern es stellt sich ein drittes Mal dann, wenn göttliches Wollen zur Diskussion steht: Ist dann noch sinnvollerweise von Wollen zu reden, wenn die Möglichkeit des Scheiterns fehlt? Ist die Tatsache, daß Imperative potentielle Unbotmäßigkeit implizieren, nicht ein bloßer Sonderfall der Regel, daß Wollen immer potentielle Ohnmacht, potentielles Scheitern in sich schließt? Gottes „Wollen" bleibt nie im

---

[24] „*quaedam necessaria habent causam suae necessitatis: et sic hoc ipsum quod impossibile est ea aliter esse, habent ab alio.*" (Sth I/II, 93, 4, ad 4).

[25] „*Unde sicut necessitas violentiae in motu sagittae demonstrat sagittantis directionem; ita necessitas naturalis creaturarum demonstrat divinae providentiae gubernationem.*" (Sth I, 103, 1, ad 3).

Versuchsstadium stecken, es ist nicht vom Scheitern bedroht. Von göttlicher Gesetzgebung, von göttlicher Weltlenkung und schließlich von göttlichem Wollen kann, wenn überhaupt, nur analog — *per modum excellentiae et remotionis* (Sth I, 13, 1, c.) — gesprochen werden. Bei dieser analogen Sprechweise entfallen die Defekte, welche menschlichem Befehlen, Lenken, Wollen anhaften.

Die Problematik göttlicher Steuerung notwendiger Prozesse durch die *lex aeterna* zeigt, wie sich einige Fragen der *Lex-aeterna*-Theorie im Rahmen einer allgemeinen Lenkungstheorie und der noch abstrakteren Lehre vom göttlichen Willen je neu stellen. Selbstverständlich läßt sich umgekehrt zeigen, daß Probleme etwa der basalen Theorie göttlichen Wollens die Lehre von der *lex aeterna physica* belasten: Jedes Wollen geht auf ein Ziel. Was aber soll dies für ein Ziel sein, welches Gott will (cf. Sth I, 19, 1, arg. 1)? Wer etwas will, dem fehlt etwas. Bestreitet derjenige, der einen göttlichen Willen annimmt, nicht dadurch Gottes Selbstgenügsamkeit und Vollkommenheit (cf. Sth I, 19, 1, arg. 2; I, 44, 4, arg. 1)? Es wäre leicht möglich, ja es ist im Grunde notwendig, diese Einwände gegen die Annahme, Gott wolle etwas, in Argumente gegen jene Lehre umzuformulieren, Gott lenke die Welt durch die *lex aeterna*. Denn Thomas erhebt die Hinordnung auf das *bonum commune* zum Wesensmerkmal eines Gesetzes. Welches also ist das von Gott mit der *lex aeterna* intendierte kosmische *bonum commune* (cf. Sth I/II, 91, 1, arg. 3)? Auf diese Frage antwortet Sth I/II, 91, 1, ad 3: Ziel göttlicher Lenkung und mithin göttlicher Gesetzgebung ist Gott selbst. Eine Identität von Lenkendem (A) und Gelenktem (B), Gesetzgeber (A) und Subjekt (B) ist im Rahmen göttlicher Lenkung der Welt durch die *lex aeterna* untersagt;[26] eine Identität von Lenkendem (A) und Lenkungsziel (Z), von Gesetzgeber (A) und *bonum comune* (Z) hingegen ist zu fordern (cf. Sth I/II, 91, 1, ad 3; cf. I, 44, 3; I, 103, 2, ad 2).

Während die behandelten Probleme der *lex naturalis physica* bereits im Vorfeld einer allgemeinen Lenkungstheorie bzw. einer Theorie göttlichen Wollens zu lösen wären, ist die These, Gott lenke die irrationale Kreatur mit Hilfe der *lex aeterna* mit Schwierigkeiten behaftet, die sich im Rahmen der allgemeinen Theorie göttlicher Weltlenkung oder göttlichen Wollens noch nicht stellen bzw. dort leicht ausgeräumt werden können.

Sth I/II, 93, 5, arg. 1—3 verfolgen ein Ziel: Dem Terminus „lex" soll der Zugang in eine theologisch überhöhte Naturphilosophie verwehrt bleiben. Gesetze sind eine Art Befehl. In ihnen wird ein allgemein gehaltener propositionaler Gehalt geboten oder verboten. Ein solcher Befehl nun, so Sth I/II, 93, 5, arg. 1, muß dem Adressaten mitgeteilt und von ihm verstanden werden. Steine, Pflanzen und Tiere aber sind unverständig.

---

[26] Sth I/II, 93, 4, ad 1 et ad 2; das Identitätsverbot von A und B dürfte nach Thomas allgemein gelten; cf. I/II, 93, 5, c.; abwägend I/II, 96, 5, ad 3.

Sie können allgemeine Befehle nicht erfassen, geschweige denn durch Subsumption die richtige Handlungskonsequenz ableiten. Wie soll an Irrationales eine Promulgation erfolgen? Als Gesetzesadressat kommt ausschließlich die vernünftige Kreatur in Frage.

In Buch I, Kapitel 13 der Nikomachischen Ethik leitet Aristoteles vom Glückstraktat zur Diskussion menschlicher Tugenden über. Die anthropologische Skizze, welche Aristoteles in dieser Überleitung entwirft, hat eine doppelte Abwehrfunktion. Es soll einerseits die Einschränkung menschlicher Bestheit auf reine Rationalität abgewiesen werden; andererseits geht es darum, die ins Konträre überzogene Gegenauffassung zurückzuweisen, alles am Menschen sei Gegenstand der Formung zur Bestheit. Eingeschlossen werden soll der affektiv-strebende Aspekt; ausgeschlossen werden sollen die vegetativen Potenzen. Ein- bzw. Ausschlußkriterium ist die Zugänglichkeit für Vernunft. Das und nur das, was an der Vernunft wie auch immer teilhat und von ihr geprägt und kultiviert werden kann, gilt es auf das Ziel menschlicher Bestheit hin zu durchformen. Das Strebe- und Begehrungsvermögen (EN I 13, 1102 b 30) zählt — im Gegensatz zum bloß vegetativen Vermögen, welches Stoffwechsel- und Wachstumsprozesse leitet (1102 a 32—33) — eindeutig dazu, denn es hört auf die Vernunft und gehorcht ihr (1102 b 31), sei es so, wie beim beherrschten (1102 b 27) Menschen oder in Höchstform so wie bei einem weisen (1102 b 27—28) oder tapferen (1102 b 28) Mann. Aristoteles setzt offenbar voraus, daß all das, was auf die Vernunft hört und ihr gehorcht, auch an ihr partizipieren muß. Wenn etwas der Vernunft Folge leistet, dann hat es auch an der Vernunft teil. Diese implizite Prämisse der enthymematischen Argumentation des Aristoteles erhebt Sth I/II, 93, 5, arg. 2 zum Obersatz: *ea quae obediunt rationi, participant aliqualiter ratione*. Die Minor, daß die Naturdinge doch wohl kaum an der — göttlichen — Vernunft partizipierten, macht den Schluß zwingend, die Naturdinge können dem göttlich-ewigen Gesetz nicht folgen. Gehorsamsfähigkeit setzt immer Vernunft voraus. Naturdinge erfüllen diese Voraussetzung nicht. Sth I/II, 93, 5, arg. 1 und arg. 2 bedienen sich einer gemeinsamen Strategie: Aus der Irrationalität der Naturdinge wird gefolgert, daß sie als Normadressaten nicht in Frage kommen.

So wie zu Sth I/II, 93, 4, sed contra finden sich auch zu Sth I/II, 93, 5, arg. 1 und arg. 2 Parallelargumente in der *Providentia*- bzw. *Gubernatio*-Lehre der Prima Pars: Wenn A den B lenkt, dann heißt dies, daß B von A veranlaßt wird, einen zielbezogenen Prozeß zu durchlaufen.[27] Daraus zieht Sth I, 103, 1, arg. 1 den Schluß, Naturdinge unterlägen nicht göttlicher Lenkung. Denn: Sie sind der Zielerkenntnis unfähig und deshalb

---

[27] „gubernatio nihil aluid est quam directio gubernatorum ad finem, qui est aliquod bonum." (Sth I, 103, 3, c.).

außerstande, zielgerichtete Prozesse durchzumachen.[28] Dieses Argument unterstellt, daß nur das zielgerichtete Prozesse durchlaufen könne, was rational ist. Gleiches gälte — a forteriori — für die spezifische Handlungssteuerung durch ein Gesetz. Der von Sth I, 103, 1, arg. 1 gesetzte Standard für jedes *gubernabile* scheint jedoch unsinnig überhöht, wohingegen Sth I/II, 93, 5, arg. 1 und arg. 2 recht haben dürften. Rationalität ist noch kein Merkmal des Formalobjekts von Lenkung, wohl aber des Formalobjekts jeder Lenkung durch Gesetze.

In Sth I/II, 93, 5, arg. 3 schließlich wendet Thomas seine eigene Antwort auf Sth I/II, 93, 4, sed contra gegen die Annahme, Naturdinge unterlägen der *lex aeterna*: Wenn göttliches Wollen nicht darunter leidet, scheitern zu können, und somit auch Gottes Imperative immer befolgt werden, wie ist dann noch Kontingenz denkbar? Natürliche Regelmäßigkeiten gelten *ut in pluribus*. Sie sind keinesfalls unverbrüchlich. Wie vertragen sich die Thesen, (a) die Naturdinge seien kontingent und (b) unterlägen der laut Sth I/II, 93, 4, ad 4 doch unübertroffen wirksamen *lex aeterna*?[29]

Mit wenig exegetischer Phantasie ließe sich im Anschluß an Sth I/II, 93, 5, arg. 3 ein viertes Argument gegen die These des Artikels *quod naturalia contingentia subsint legi aeternae* ersinnen. Naturdinge, so könnte man vorschnell annehmen, kommen gerade wegen ihrer Kontingenz als Kandidaten für Lenkung allgemein und Lenkung kraft Gesetz in Frage. Denn Gesetze setzen doch potentielle Unbotmäßigkeit voraus. Diese Voraussetzung erfüllen die Fehlschläge der Natur: kalte Sommer und weiße Raben. In menschlicher Gesellschaft reagiert das Gesetz mit seiner vierten Wirkweise, dem Strafen (cf. Sth I/II, 92, 2) auf solchen Ungehorsam. Wie aber sind Naturdinge zu bestrafen? Soll mit Heraklit angenommen werden, daß Dikes Rachegöttinnen Helius schon zeigen werden, wo es lang geht,

---

[28] Cf. auch die sehr ähnlichen Argumente Sth I, 44, 4, arg. 3; I/II, 1, 2, arg. 1.

[29] Die Einzelantworten des Thomas auf die Argumente werde ich nicht eingehend diskutieren. In Sth I/II, 93, 5, ad 1 und ad 2 vertieft und bekräftigt Thomas das im *Corpus articuli* Gesagte: Sowohl von einer Promulgation (Sth I/II, 93, 5, ad 1) als auch von Gehorsam (Sth I/II, 93, 5, ad 2) kann bei Naturdingen nicht im strengen Sinne gesprochen werden (cf. auch hier Abschnitt 4, Anfang).
Die Antwort auf Sth I/II, 93, 5, arg. 3 ließe sich — stichwortartig — so zusammenfassen: Wenn solche Naturabläufe analysiert werden, die wider die normale natürliche Regel sind, dann müssen verschiedene Analyseebenen auseinandergehalten werden. Was auf der einen Ebene wie ein Bruch der Naturordnung wirkt, erweist sich auf höherer Ebene als wohlgeordnet und planmäßig. Diese allgemein gehaltene Antwort, die Thomas in Sth I/II, 93, 5, ad 3 gibt, ist vielleicht mit einem Beispiel zu veranschaulichen, welches Thomas in Sth I, 105, 6, ad 1 anführt: Jede Flut könnte bei allzu enger Betrachtung als Defekt im natürlichen Ablauf mißdeutet werden. Ist es doch gegen die Natur des Wassers zu steigen. Die Berücksichtigung kosmischer Vorgänge und ihres Einflusses auf die Gezeiten aber zeigt, daß die zunächst „widernatürlich" scheinende Flut sich völlig harmonisch in umfassende Naturzusammenhänge einfügt. Das Steigen des Meeres ist nicht, wie dies die auf die Natur des Wassers fixierte Betrachtung nahelegt, *contra naturam aquae*, es ist vielmehr *praeter naturam aquae*.

wenn er es wagen sollte, die ihm vorgezeichnete Bahn zu verlassen?[30] Heraklit denkt so animistisch wie konsequent: Wenn die Naturdinge Gesetzen unterliegen, dann müssen sie auch im Falle ihres Ungehorsams bestraft werden!

4. Übertragungsgründe

Auch die irrationale Kreatur unterliegt der *lex aeterna*. Zwar vermag sie den göttlichen Normbefehl nicht so zu verstehen, wie der Mensch die ihm eingepflanzten Grundsätze der *lex aeterna ethica* verstehen kann (Sth I/II, 91, 2; I/II, 94, 4), und das Wort „Gesetz" muß — auf die Natur bezogen — deshalb mit gewissen Einschränkungen versehen werden (Sth I/II, 91, 2, ad 3). So erfolgt etwa der Befehl Gottes an die Natur nicht in Form einer Promulgation im eigentlichen Sinne, sondern durch Impression des inneren Wirkprogramms in die Naturdinge (Sth I/II, 93, 5, c., et ad 1). Sie, die irrationalen Dinge, befolgen Gottes Befehl eher so, wie äußere Gliedmaßen menschlichem vernünftigen Wollen gehorchen (Sth I/II, 93, 5, ad 2),[31] oder so, wie eine kunstvolle Mechanik nach dem Willen ihres Schöpfers funktioniert (cf. Sth I/II, 13, 2, ad 3). Thomas streicht diese Unterschiede zwischen Mensch und Natur deutlich heraus. Dennoch verficht er eindeutig die These, daß Mensch und Natur Bürger einer *communitas perfecta* (Sth I/II, 91, 1, c.) seien, an deren Spitze Gott als Gesetzgeber thront. Warum nimmt Thomas die Kosten dieser Theorie auf sich? Ich möchte sechs Antworthypothesen vorschlagen:

(i) Sth I/II, 93, 1, arg. 1 wendet sich grundsätzlich gegen die Annahme, die *lex aeterna* enthalte einen einheitlichen Lenkungsplan Gottes. Welchen Sinn soll es haben, die vielfältigen und durchaus unterschiedlichen Prozesse der Dinge als von einem einheitlichen Gesetz gelenkt vorzustellen? Jeder Dingtypus folgt je eigentümlicher Regelhaftigkeit; die Suche nach einer allumfassenden Weltformel gleicht der Jagd nach einer Fata Morgana. Das Argument könnte leicht umformuliert werden, um dem Geist solider, naturwissenschaftlicher Forschermentalität zu entsprechen. Welche Fragen stellt ein Naturwissenschaftler? Er will beispielsweise wissen: „Wie verhält sich x unter dem Einfluß von y?" Je nach Disziplin werden für (x/y) Paare wie (Gasvolumen/Temperatur) oder (Leberwerte/Fettzufuhr) eingesetzt. Es werden isolierte Wirk- bzw. Funktionszusammenhänge ausgeleuchtet, um zu sehen, ob ein vermuteter regelhafter Zusammenhang besteht. Naturwissenschaftlicher Erfolg gründet wohl in hohem Maße in dieser methodischen Parzellierung von Natur. Den zünftigen Naturwissenschaftler

---

[30] Cf. H. Diels, Die Fragmente der Vorsokratiker Bd. 1, Berlin ⁷1954, 172 (B 94).
[31] Cf. auch Sth I/II, 17, 8, ad 2: „*quia scilicet, sicut Deus movet mundum, ita anima movet corpus.*"

interessiert nicht, ob und wie alles mit allem zusammenhängt. Ihn interessiert, wie dieses (x) mit jenem (y) verknüpft ist. Edgar Zilsel erinnert in seinem vorzüglichen Aufsatz „Die Entstehung des Begriffs des physikalischen Gesetzes" daran, daß die Urväter neuer Naturwissenschaft nicht den Terminus „Gesetz" zur Bezeichnung solcher Verbindung heranzogen. Galilei spricht — m. E. schön und sehr passend — von Proportion[32]. „Offensichtlich kannte Galilei den Terminus ‚Naturgesetz' nicht. In einer gelegentlichen Erwähnung des Hebelgesetzes in den *Discorsi* paraphrasiert er es mit einem langen Satz und bezieht sich einige Zeilen später hierauf als die ‚Verhältnisse' (ragioni) des Hebels und auf ‚jenes Prinzip' (*questo principio*)."[33] Und auch Kepler „nennt ... seine bekannten drei Gesetze der Planetenbewegung niemals Gesetze ... Das dritte, veröffentlicht in den *Harmonices Mundi* (1619), wird einmal ein ‚Theorem' genannt."[34]

Indem Kepler und Galilei die Resultate ihrer Forschungen als aufgefundene *proportiones* oder *ragioni*, nicht aber als Gesetze bezeichnen, umgehen sie genau jene Schwierigkeiten, welche Thomas' Übertragung des Gesetzesbegriffs in die Naturphilosophie und Kosmologie mit sich bringt. Durch den Verzicht auf den Gebrauch des Gesetzesbegriffs büßt ihre Sprechweise zudem nichts an Genauigkeit ein. Dabei wird es wohl nicht einmal Ergebnis bewußter terminologischer Abstinenz gewesen sein, den Gesetzesbegriff zu meiden, sondern alleine das schlichte Bedürfnis dürfte den Ausschlag gegeben haben, naheliegende, nicht übertragungsbedürftige Termini zu wählen.

Spätestens mit Newton nun wird — so Zilsel[35] — der Gesetzesbegriff von der neuen Naturwissenschaft adoptiert und ein angestammter Terminus wie „*proportio*" stiefmütterlich verstoßen. Könnte es sein, daß ähnliche Gründe sowohl den heiligen Thomas als auch den begnadeten englischen Naturwissenschaftler dazu bewogen haben, den Gesetzesbegriff in der Naturlehre zu benutzen? Ist es möglich, daß sich in historisch kaum vergleichbaren Situationen eine begriffsgeschichtliche Entwicklung aus vergleichbaren Motiven ergab? Thomas' Schweigen auf die Frage, warum er die problembelastete Theorie einer *lex naturalis physica* vertritt, gestatte ich mir als zustimmendes Schweigen zu derart gewagtem Vergleich zwischen ihm und Newton zu deuten. Warum also benutzen Newton und seine Zeitgenossen, anders als noch Galilei und Kepler, den Terminus Gesetz? Und lassen sich diese Gründe für die Übernahme des Gesetzesbegriffs auch bei Thomas vermuten? W. Krohn charakterisiert das Motiv

---

[32] E. Zilsel, Die Entstehung des Begriffs des physikalischen Gesetzes, in: Zilsel, Die sozialen Ursprünge der neuzeitlichen Wissenschaft, ed. W. Krohn, Frankfurt 1976, 66—97, hier 81.
[33] Zilsel, op. cit., 81—82.
[34] Zilsel, op. cit., 84.
[35] Zilsel, op. cit., 91—93.

der Wissenschaftler zur Zeit Newtons, den Gesetzesbegriff zu verwenden, folgendermaßen[36]:

Im Unterschied zu dem Wissen des Handwerkers, Ingenieurs oder praktischen Mediziners sei die wissenschaftliche Erkenntnis in einem Objektfeld — z. B. dem der mechanischen Bewegungen, dem der chemischen Verbindungen oder dem der magnetischen Effekte — auf die Erzeugung einer Einheit gerichtet, in der die einzelnen Erkenntnisse geordnet seien. Letzlich werde in den naturwissenschaftlichen Weltbildern der Neuzeit die gesetzmäßige Einheit der gesamten Natur konzipiert. An dieser Stelle nun, so Krohn, sei die Gesetzesmetaphorik für die neuzeitliche Naturwissenschaft folgenreich: Wenn einzelne Erkenntnisse als Gesetze eines umfassenden und rational konstruierten Gesetzgebungswerkes aufgefaßt würden, dann werde ihre Anordnung sowie die hierarchische Ordnung aller Gesetze im Rahmen einer ‚Naturverfassung' im Prinzip erkennbar. Und dann könnten die einzelnen Forschungen auf die Erkenntnis dieses Gesetzeswerkes hin orientiert werden. Der Begriff des Gesetzes ermögliche es, entdeckte und konstruierte Regelmäßigkeiten zu einem erklärenden Modell zu integrieren. Die analogische Beziehung, die der Gesetzesbegriff zwischen den absolutistischen Rechtsverhältnissen und den Erkenntnissen der Natur herstelle, stifte die moderne Überzeugung von der durchgängigen und systematischen Regelmäßigkeit der Natur. In dieser Überzeugung sei die antike philosophische Vorstellung der Einheit der Natur mit dem empirischen Bewußtsein von der Geltung einzelner Regeln verbunden worden. Durch diese Verbindung sei andererseits im Gegensatz zum antiken Denken die Einheit der Natur nicht vorgegeben, sondern eine Entdeckungsaufgabe, die lösbar sei vermittels der in einzelnen Gesetzen erkennbaren Zusammenhänge.

Nach Krohns Deutung fand der Begriff „Gesetz" also deshalb Einlaß in das Vokabular der Naturwissenschaftler, weil er zu einer Sprengung jener beschriebenen methodischen Parzellierung anweist, auf der naturwissenschaftlicher Erfolg in hohem Maße ruht und die im Terminus „*proportio*" trefflich ausgedrückt wird.

Es spricht nun einiges für die Vermutung, daß auch Thomas von einer *lex naturalis physica* spricht, um Natur als geordnete Einheit zu begreifen: Gesetze sind immer im Konzert mit anderen Gesetzen für eine ganze *res publica* gegeben. Das geordnete, friedliche Zusammenwirken aller Teile ist intendiert (Sth I, 103, 2, arg. 3 et ad 3). Die Einzelregelung ist als Teilfunktion auf die Totalität hingeordnet. Gesetze implizieren auch für Thomas einen Totalitätsbezug. Sie dienen der Lenkung einer geordneten Ganzheit, einer *communitas perfecta*, im Falle der *lex aeterna* der Lenkung der *tota communitas universi* (Sth I/II, 91, 1, c.)[37].

---

[36] W. Krohn, Einleitung zu Zilsel op. cit., 7–43, hier 9–10.
[37] Cf. hierzu auch Merks, op. cit., 191; Pesch, op. cit., 551.

Gesetzt einer der Gründe des Thomas, eine *lex naturalis physica* zu postulieren, läge tatsächlich darin, die geordnete Einheit der komplexen Natur zum Ausdruck zu bringen, so bleibt immer noch die Frage, wem Thomas näher steht: dem antiken Präjudiz einer vorgegebenen naturalen Einheit oder nach-newtonscher Naturforschung, welche die Einheit der Natur als „konstruktive Aufgabe"[38] begreift. Diese Frage dürfte sich erst dann beantworten lassen, wenn ein sicheres Urteil über Thomas' Verständnis von Naturlehre und Naturphilosophie gewonnen ist. Ich traue mir nicht zu, hier ein solches Urteil abzugeben, und beschränke mich auf eine Mutmaßung. Thomas wird im Zielpunkt geordneter Einheit nicht ein bloß regulatives Prinzip empirischer Forschung gesehen haben, wie es dies Krohn zufolge die moderne Naturwissenschaft tut. Vielmehr ist für Thomas jede empirisch aufgefundene Ordnungsstruktur Indiz wenn nicht gar Beweis für die Existenz einer universell ordnenden Vernunft (cf. Sth I, 103, 1, c. ratio prima). Der Sache nach ist die einheitsstiftende *lex aeterna* vorauszusetzen und jeder Empirie vorgeordnet. Dieser Primat aber enthebt nicht der Aufgabe konkreter Naturforschung. Dafür dürfte Thomas hinreichend aristotelisch denken. Im Gegensatz zu Aristoteles wäre für Thomas empirische Einzelforschung allerdings immer theologisch zu transzendieren.

(ii) Die katholische Dogmatik teilt die Vorsehung in vielerlei Hinsicht ein. Ein Untergliederungsprinzip ist das „hinsichtlich des Zusammenhangs des durch Vorsehung Bewirkten".[39] Hier gilt es auseinanderzuhalten: (a) die „ordentliche Vorsehung des ‚normalen', d. h. von der Welt und ihren Kausalzusammenhängen her in etwa kalkulierbaren Weltlaufes"; (b) die „außerordentliche Vorsehung (die Ereignisse der übernatürlichen Heilsgeschichte: Offenbarung, Wunder)."[40] Wenn man E. Zilsel nochmals als Gewährsmann folgen darf, dann legte das Mittelalter den Schwerpunkt auf (b) die *providentia praeter ordinem naturalem rerum* (cf. Sth I, 105, 7). „In der Tat war das ‚ewige Gesetz' Gottes, wie wir es bei Thomas von Aquin getroffen haben, keine leitende Vorstellung des mittelalterlichen Katholizismus. Die Vorstellung der göttlichen Vorsehung war sicherlich wichtig, soweit die Schicksale der Menschen betroffen waren, denn sie gibt Trost und Hoffnung. Sofern sie jedoch ewige Gesetze der Natur umfaßt, ist ihre Erwähnung auf die gelehrten Theologen beschränkt. Das Mittelalter nahm die Herrschaft Gottes viel stärker in Wundern als im gewöhnlichen Lauf der Natur wahr. Kometen und Ungeheuer bewegten die mittelalterliche Frömmigkeit stärker als der tägliche Aufgang der Sonne und die normale

---

[38] C. F. v. Weizsäcker, Die Einheit der Natur, München ⁵1979, 183-206.
[39] K. Rahner, Vorsehung (dogmatisch), in: Lexikon für Theologie und Kirche Bd. 10, ed. J. Höfer u. K. Rahner, Freiburg 1965, 887-889, hier 888.
[40] L.c.

Nachkommenschaft."[41] Könnte es sein, daß Thomas den Begriff der *lex aeterna* im engeren Sinne (*lex naturalis physica*) einführt in Opposition zu jener Dominantsetzung der *providentia extraordinaria*? Eine solche Opposition fände im Gesetzesbegriff ihren treffenden Ausdruck. Gesetze nämlich sind nicht für den Einzelfall gegeben. Sie gelten für viele Menschen, diverse Angelegenheiten und für lange Zeit (cf. Sth I/II, 96, 1, c.). Gesetze schreiben fest, was in der Regel (*ut in pluribus*) zu tun sei, und blenden die potentielle Ausnahme bewußt aus (cf. Sth I/II, 96, 6, c.). Und ebenso manifestiert sich göttliche Weltlenkung in den Vorgängen, die *ut in pluribus* ablaufen und der *lex naturalis physica* folgen.[42]

(iii) Gesetze sind allgemeine Imperative eines autorisierten Gesetzgebers an die Untertanen mit dem Ziel, das gemeine Wohl zu befördern. Warum befolgen die Untertanen das Gesetz? M. Kriele zieht eine denkbare Antwort kritisch in Erwägung: „Eine naheliegende Antwort lautet: weil wir dazu gezwungen werden können, letztlich mittels *physischer Gewalt*, nämlich mittels Polizei, gerichtlicher Zwangsvollstreckung oder Strafen. Staatstheoretisch gesprochen, weil der Staat souverän genug ist, sich durchzusetzen. Ist also die Situation prinzipiell vergleichbar der Zwangssituation, in die uns ein Räuber mit der Alternative ‚Geld oder Leben' stellt und in der wir ihm daraufhin das Portemonnaie aushändigen?"[43] Diese Räubertheorie[44] des Gesetzes klingt plausibel, ist aber absurd. Sie setzt den totalen Überwachungsstaat à la Orwell voraus. Der Gesetzgeber kann nicht jedem Bürger einen Aufseher zur Seite stellen, welcher seinerseits der Überwachung bedürfte, und so *in infinitum*. Gesetzeskonformes Verhalten dürfte vielmehr einem komplizierten Motivgeflecht entspringen. In der Regel aber wird man sagen dürfen, es geschehe *per principia interiora* und nicht durch Zwang oder Gewalt. Der Idealfall ist dann erreicht, wenn die Bürger aus anerzogener Tugend gerecht handeln. Aber auch die Furcht vor Strafe begründet eine, wenn auch gemischte, freiwillig willentliche Handlung (cf. Sth I/II, 6, 6). Lenkung durch Gesetze setzt somit Selbständigkeit und Eigenständigkeit der Subjekte voraus. Dieser freilassende Zug der Lenkung mit Hilfe von Gesetzen könnte nun Konsequenzen für die Antwort auf die Frage haben, warum Thomas postuliert, Gott lenke die Natur qua Gesetz. Thomas nämlich nimmt erstens an, daß alles zwar unmittelbar göttlicher Vorsehung unterläge, daß aber die Lenkung in ihrer Ausführung mittelbar erfolge: *Quia inferiora gubernat per superiora; non propter defectum suae virtutis, sed propter abundantiam suae bonitatis, ut dignitatem causalitatis etiam creaturis communicet.* (Sth I, 22, 3, c.; cf. I, 103, 6) Zweitens gilt, daß

---

[41] Zilsel, op. cit., 94–95.
[42] Cf. zum *Ut-in-pluribus*-Sein menschlicher und natürlicher Dinge Sth I/II, 96, 1, ad 3.
[43] M. Kriele, Einführung in die Staatslehre, Opladen ²1981, 20.
[44] Kriele, op. cit., 21.

die göttliche Lenkung nicht gewaltsam erfolgt, sondern durch das den Dingen eingegebene Strebensprogramm, das sie aus sich handeln läßt: „Eine Ähnlichkeit mit dem sittlichen Gebieten und Gehorchen findet er (sc. Thomas) bei den Naturwesen darin, daß auch sie von Gott nicht äußerlich gestoßen, sondern durch innere Neigung bewegt werden."[45]

(iv) Die genannten mutmaßlichen Gründe für Thomas' Theorie der *lex aeterna physica* gingen davon aus, daß Thomas mit diesem Lehrstück von menschlicher Sphäre möglicherweise dreierlei auf die Natur übertragen wissen will: (i) die Idee geordneter Einheit der Natur in Analogie zur legal einheitlich geordneten Menschengesellschaft, (ii) die Betonung der Regelhaftigkeit *ut in pluribus* im Sinne ordentlicher Vorsehung (*providentia ordinaria*) und (iii) die Wahrung relativer Eigenständigkeit naturalen Wirkens aus inneren Prinzipien. Nun entfaltet Thomas die *Lex-aeterna*-Doktrin in moraltheologischem Kontext. Es wäre seltsam, wenn Thomas in erster Linie oder gar ausschließlich naturphilosophische Maximen dort gewinnen wollte, wo es um geglückte menschliche Praxis geht.

Das Universum wird als *communitas perfecta* charakterisiert (Sth I/II, 91, 1, c.). Durch die *lex aeterna* sind die Dinge auf beste und vollkommenste Weise geordnet (Sth I/II, 93, 2, arg. 2 et ad 2), und auch die Durchsetzung ist unübertroffen wirksam (Sth I/II, 93, 4, ad 4; I/II, 93, 5, arg. 3 et ad 3). Gott lenkt und ordnet die Welt in vorbildlicher Weise. Könnte es sein, daß göttliche Weltlenkung und Weltordnung qua Kosmonomie ein Vorbild abgeben für humane legislative Praxis? Sollen die Menschen versuchen, ihre politische Sozietät gesetzlich so einzurichten, wie Gott das Universum durch das ewige Gesetz lenkt?

In einer Hinsicht ist es sicherlich erlaubt, diese Vorbildfunktion zu bejahen. Thomas glaubt, ein Gesetzgeber habe sein Ziel nicht dann schon erreicht, wenn die Untertanen seinem Gebot aus Angst vor Sanktionen folgen. Vielmehr lautet das Ziel des Gesetzes: Tugend. Was bei einigen am Anfang, bei wenigen vielleicht lebenslang aus Angst vor Strafe getan wird, sollte nach Einübung aus innerer Haltung geschehen (cf. Sth I/II, 87, 2, arg. 1; I/II, 92, 2, ad 4; I/II, 95, 1, c.). So wie auch die Naturdinge nicht unwillig gehorchen, so sollte auch der Untertan in der idealen Sozietät nicht unwillig unter dem Gesetz stehen (cf. Sth I/II, 93, 6, ad 1; I/II, 96, 5, arg. 1 et ad 1). Die Untertanen sollen vom äußeren Prinzip „Gesetz" (Sth I/II, 90, intr.) zum inneren Prinzip „Tugend" (Sth I/II, 49, intr.) geführt werden und aus sich heraus recht handeln, so daß die Zwangsgewalt des Gesetzes (*vis coactiva*) (Sth I/II, 96, 5, ad 3)) obsolet wird, so wie auch zwei Massen nicht der Strafandrohung bedürfen, um sich anzuziehen, und ein Hund keiner Drohung bedarf, um einem Kaninchen nachzujagen.

---

[45] Mausbach, op. cit., 109.

(v) So wie Gott die irrationale Kreatur, die Naturdinge lenkt, indem er ihnen die inneren Prinzipien ihres Wirkens einpflanzt, so lenkt Gott die Menschen durch deren Partizipation an der *lex aeterna*. Sth I/II, 91, 2, arg. 1 nimmt diese Analogie sehr ernst. Es sei, so das Argument, bei der Ausstattung insbesondere der Lebewesen Grundsatz, daß die Natur — und letztlich Gott — sie (a) nicht reichhaltiger als unumgänglich und (b) nicht sparsamer als nötig ausstatte.[46] Dieser Doppelgrundsatz ist auch bei dem rationalen Naturwesen Mensch in Kraft. Nun wird aber der Mensch durch die *lex aeterna* geleitet. Eine Lenkung durch die *lex naturalis* verstieße gegen das Sparsamkeitsprinzip (a). Die Antwort auf diesen Einwand lautet: *Lex aeterna* und *lex naturalis ethica* sind teilidentisch. Die *lex naturalis ethica* ist nichts anderes als humane Partizipation an der *lex aeterna* (cf. Sth I/II, 91, 2, ad 1). Anderenfalls, so Thomas, hätte der Opponent Recht. Interessant an dieser Antwort ist hier der organteleologische Charakter, den Argument und Antwort der *lex naturalis* zuweisen. Es wird nämlich auf eine doppelte anthropologische Dimension der *lex naturalis* aufmerksam gemacht. (a') Die *lex naturalis* erfüllt eine Aufgabe, die im Überlebenshaushalt des Naturwesens ‚Mensch' nur sie — und nicht etwa Instinkt zu erfüllen vermag. Die *lex naturalis* ist kein Luxus der Natur. (b') Es gibt beim Menschen einen Mangel zu beheben, dem die *lex aeterna* abhilft. So gibt Sth I/II, 91, 4, c. ratio prima unumwunden zu, daß die *lex naturalis* und ihre Ausgestaltung qua *lex humana* dann sichere und ausreichende Handlungsleitung böte, wenn der Mensch kein übernatürliches Ziel anstrebte.

Diese organteleologisch-anthropologische Deutung der *lex naturalis* gibt nun einen Hinweis auf eine weitere mögliche Antwort, warum Thomas Natur und Mensch als der *lex aeterna* unterworfen denkt. Die Analogie zur natürlichen Strebenstendenz der Naturdinge enthält einen moralanthropologischen Optimismus. Wenn der Mensch der *lex naturalis* folgt, dann verhält er sich bei aller Differenz in einer Hinsicht so wie der Stein, der fällt: Er handelt in Einklang mit seiner Natur. Handeln gemäß sittlichen Grundsätzen ist nichts, was *per violentiam* geschieht sondern *secundum naturam*. Die terminologische Härte, gerade exklusiv im Sektor des Humanen von *lex naturalis* zu sprechen, gewinnt so einen schönen Sinn. Dem Menschen eignet eine zwar verletzliche aber ursprünglich intakte *naturalis cognitio boni* und eine *naturalis inclinatio ad bonum* (Sth I/II, 93, 6, c.).[47] Sittliches Handeln ist menschlicher Natur so entsprechend wie das Fliegen der des Vogels.

(vi) Gott, so legt die Vorstellung einer allumfassenden *lex aeterna* nahe, „ist gleichsam der Fürst des Alls (*princeps universitatis*), der der — sozusagen

---

[46] „(a) *natura non abundat in superfluis, sicut* (b) *nec deficit in necessariis*" (Sth I/II, 91, 2, arg. 1).
[47] Thomas spricht sogar von *instinctus naturalis boni* (Sth I, 113, 1, ad 3).

in Staatsanalogie zu denkenden — umfassenden Gemeinschaft des Universums (*tota communitas universi*), d. h. allem Seienden, seine Ordnung und Ausrichtung gibt."[48] Aus der Idee universeller göttlicher Weltherrschaft zieht nun Sth II/II, 66, 1, arg. 1 eine überraschende Schlußfolgerung: Dem Menschen ist Besitz an äußeren Dingen untersagt, denn diese unterstehen einzig und allein Gott. Der Mensch greift mit seinem Nutzungsanspruch auf das, was Gott geschaffen hat und lenkt, in göttliche Herrschaftsbefugnis ein, tritt in Konkurrenz zu ihr. Thomas antwortet: Bezüglich äußerer Dinge muß unterschieden werden: (a) Was die Natur der Dinge angeht, sind sie nicht dem Menschen unterworfen, sondern Gott, dem allein sie aufs Wort gehorchen (Sth II/II, 66, 1, c.). Gott übt die Primärherrschaft über die Dinge aus (*principale dominium* (Sth II/II, 66, 1, ad 1)). Dem Menschen steht allenfalls ein sekundäres Nutzungsrecht zu (*dominium quantum ad potestatem utendi* (Sth II/II, 66, 1, ad 1)). Thomas hätte demnach auf Sth II/II, 66, 1, arg. 1 schlichtweg mit Verweis auf die Mehrdeutigkeit von *subicere* und *dominare* antworten können. Gott programmiert die Dinge ($dominare_1$), und der Mensch nutzt die so programmierten Dinge ($dominare_2$), ohne doch auf deren innere Wirkprinzipien Einfluß nehmen zu können. Die Thesen „Gott beherrscht die Welt" und „Der Mensch beherrscht die Welt" widersprechen sich nicht wegen der Äquivokation von *dominare*. Thomas nun geht in Sth II/II, 66, 1, ad 1 weiter. Er verbindet die beiden Typen von Herrschaft: Es ist gerade Moment göttlicher Dingorganisation, daß sie dem Menschen dienen. Göttliche Herrschaft über die Natur steht nicht nur nicht in Konkurrenz zu menschlichem Verfügungsanspruch, sondern göttliche Leitung der Natur zielt von Beginn an auf menschliche Nutzung ab. Die Naturdinge sind menschlicher Herrschaft anvertraut und von Gott selbst „ihm zu Füßen gelegt" (Ps 8.7). Statt Konkurrenz liegt Komplementarität vor. Durch die *lex aeterna physica* gebietet Gott den ihm unterworfenen ($subicere_1$) Naturdingen, daß sie sich menschlicher Dingherrschaft unterwerfen ($subicere_2$) (cf. Sth I/II, 93, 5, c.).

Wenn das Universum als *communitas perfecta* gedeutet wird, dann hat diese Sozietät eine oligarchische Verfassung. Die wenigen, die alles besitzen, nutzen und beherrschen, sind Mitglieder der Klasse „Mensch". Andere Geschöpfe werden zu rechtlosen Parias dieser vollkommenen Gesellschaft erniedrigt. H.-J. Werner umschreibt dies so: „Der Mensch ist im Rahmen des materiellen Seins *actus perfectissimus* (ScG III, 22, n. 2030) und somit befugt, die anderen Geschöpfe zu seiner Erhaltung zu benutzen, sei es zum Essen, zur Bekleidung oder zur Fortbewegung (l.c. n. 2031). Der Aquinate betrachtet dies nicht etwa als eine bedauerliche und für uns letzlich unbegreifliche Notwendigkeit des Lebens, sondern meint ausdrücklich, es sei in der Seinsordnung begründet ... Die vom Menschen

---

[48] Merks, op. cit., 191.

erstellte Nutzordnung wird begründet in der Seinsordnung: kann man einen innerkreatürlichen Anthropozentrismus noch deutlicher vertreten?"[49]

Dieser Anthropozentrismus wird von Thomas dann in den Vordergrund gerückt, wenn der isolierte Aspekt „der unmittelbaren Mensch-Tier-Beziehung"[50] betrachtet wird. Korrigiert und gemildert wird der Anthropozentrismus allerdings erstens dann, wenn „der ontische Status des Tieres aus seiner Perspektive betrachtet"[51] wird. Unter diesem Gesichtspunkt erkennt „Thomas dem Tier durchaus Eigenständigkeit, Selbstbezüglichkeit und damit auch Eigenwertigkeit"[52] zu. Berichtigt und überwunden wird der — uns heute schwer erträgliche — Anthropozentrismus zweitens dann, wenn der „ordo-Gedanke des Aquinaten"[53] zum Tragen kommt.[54]

Thomas unterscheidet im Prooemium zum Ethikkommentar zwei Ordnungstypen: (a) die interne Organisation einer komplexen Struktur; (b) die Hinordnung von etwas auf ein Ziel.[55] Dabei kommt der teleologischen Ordnung (b) der Primat gegenüber der internen Ordnung (a) zu. Der Bauplan (a) richtet sich nach dem Zweck bzw. den Zwecken eines Gebäudes (b).[56] Beide Ordnungstypen finden sich nun auch auf kosmischer Ebene. Einerseits nämlich zielt göttliche Weltlenkung — und somit auch die *lex aeterna*! — auf (a) eine geordnete Einheit ab.[57] Andererseits ist diese gesetzlich geordnete Einheit auf Gott hingeordnet.[58] Gott ist Lenker und Lenkziel des Universums. Das *bonum commune* der *lex aeterna* koinzidiert mit dem Legislator. Die Welt soll auf Gott hingelenkt werden. Gott ist *causa exemplaris* des Kosmos.[59] Um nun Gott annähernd repräsentieren zu können, bedürfe es — so Sth I, 47, 1, c. — einer komplexen Schöpfung: Die Vielfalt der Dinge sei von Gott unmittelbar beabsichtigt. Gott nämlich

---

[49] H.-J. Werner, Vom Umgang mit den Geschöpfen — Welches ist die ethische Einschätzung des Tieres bei Thomas von Aquin? in: Miscellanea Mediaevalia 19 (1988), 211—232, hier 213—214.
[50] Werner, op. cit., 227.
[51] Werner, op. cit., 212; cf. 219—223.
[52] Werner, op. cit., 223.
[53] Werner, op. cit., 223.
[54] H. J. Werner entwickelt diesen ordo-Gedanken im Ausgang von Sth I, 65, 2. In starker Parallelität zu seiner Deutung soll hier der Ausgang vom *lex*-Begriff genommen werden, um den *ordo*-Gedanken zu exponieren.
[55] „Invenitur autem duplex ordo in rebus. (a) *Unus quidem partium alicuius totius seu alicuius multitudinis adinvicem, sicut partes domus adinvicem ordinantur.* (b) *Alius est ordo rerum in finem.*" (In Eth L. I, l. 1, n. 1).
[56] L.c.
[57] „*finis gubernationis mundi est pacificus ordo, qui est in ipsis rebus.*" (Sth I, 103, 2, arg. 3; cf. I, 103, 3, c.).
[58] „*hoc autem bonum non est ultimus finis, sed ordinatur ad bonum extrinsecum ut ad ultimum finem; sicut etiam ordo exercitus ordinatur ad ducem*" (Sth I, 103, 2, ad 3. Zum Bild des Heeres cf. Sth I, 103, 4, arg. 1; In Eth L. I, l. 1, n. 1).
[59] Cf. Sth I, 44, 3, c. et ad 1; I, 103, 2, arg. 2 et ad 2.

habe die Welt erschaffen, um seine Güte der Kreatur mitzuteilen und so seine Güte in dieser Schöpfung darzustellen. Es wäre aber unmöglich gewesen, durch nur eine Art von Geschöpfen göttliche Güte auch nur annähernd wiederzugeben. Deshalb seien viele, sehr unterschiedliche Arten erschaffen worden, damit durch die eine Art ein Aspekt göttlicher Güte repräsentiert werden könne, welcher in anderen Arten nicht zum Ausdruck käme. Zwar sei Gottes Güte in sich selbst schlichtweg einfach und einheitlich; im Geschöpf aber stelle sie sich auf vielfache Weise und unter unterschiedlichen Akzentuierungen dar. So komme es, daß das komplexe Universum in höherem Maße an Gottes Güte teilhabe und seine Güte eindringlicher wiedergebe, als es bei einer einzelnen Art je möglich wäre.[60] Diese zunächst schwer eingängige Vorstellung der Repräsentation des Einen durch eine Vielheit könnte — bei aller Vorsicht im Gebrauch derartiger Vergleiche — mit der künstlerischen Genialität etwa eines Komponisten verglichen werden, die ihren vollen Ausdruck nur in Werken unterschiedlicher Gattung und Art findet. Trotz der Varietät des Geschaffenen liegt eine schöpferische Potenz vor.

Die *communitas perfecta* des Universums, welche von der *lex aeterna* geordnet wird, ist demzufolge nicht schon dann adäquat begriffen, wenn sie gemäß Ps 8.7 ff. als eine Herrschaftsordnung beschrieben wird, in welcher die übrigen Werke aus Gottes Hand dem Menschen zu Füßen liegen. Unter Einschluß des Menschen ist die kosmische Gesamtheit, also Mensch und Natur, auf Gott durch die *lex aeterna* hingeordnet. Menschlicher Nutznieß der ihm überantworteten Natur — so wage ich Thomas weiterzudenken — findet ihre Grenze dort, wo sie dem universellen *bonum commune*, der Repräsentation göttlicher Güte, zuwiderläuft. Menschliche Verfügungsmacht findet ihre Grenze dort, wo der Mensch die Vielfalt der geschaffenen Arten, durch welche Gott seine eine Güte vielfach zum Ausdruck bringt, mutwillig verringert und Natur so verschandelt, daß sein Umgang mit ihr eher von jenem Geiste zu sein scheint, dem alles, was entsteht, wert ist, daß es zugrunde geht. Dann erst kommt es zu der von Sth II/II, 66, 1, arg. 1 beschworenen Konkurrenz zwischen göttlicher und menschlicher Dingherrschaft; dann erst macht sich der Mensch mißbräuchlichen Nutznießes schuldig.[61]

Die „Constitutio Pastoralis de Ecclesia in Mundo Huius Temporis" fordert in Artikel 26 (Teil I, Kapitel 2), die nationalegoistische Beschränkung des *bonum commune* aufzubrechen: „Aus der immer engeren und allmählich die ganze Welt erfassenden gegenseitigen Abhängigkeit ergibt sich als Folge, daß das Gemeinwohl, d. h. die Gesamtheit jener Bedingun-

---

[60] Cf. neben Sth I, 47, 1, c. u. a. auch ScG III, 97, n. 2724.
[61] Werner verweist in diesem Kontext auf die anrührende Vorstellung, daß Gott nicht nur jedem einzelnen Menschenkind von Geburt an einen Schutzengel beigibt, sondern auch jeder Tier- und Pflanzenart (op. cit., 226 mit Stellenangaben).

gen des gesellschaftlichen Lebens, die sowohl den Gruppen als auch deren einzelnen Gliedern ein volleres und leichteres Erreichen der eigenen Vollendung ermöglichen, heute mehr und mehr einen weltweiten Umfang annimmt und deshalb auch Rechte und Pflichten in sich begreift, die die ganze Menschheit betreffen."[62]

Es ist anzunehmen, daß die Grundsätze euklidischer Geometrie im Laufe der Mathematikgeschichte in einer Weise zur Lösung von Problemen gewinnbringend herangezogen wurden, wie es der große griechische Mathematiker nicht voraussehen konnte. Warum also sollen nicht auch prinzipielle philosophische Lehrstücke eine Eigendynamik entfalten, welche eine über den Bereich des von ihren Urhebern Erahnten hinausgehende Anwendung erlaubt? Wenn eine derart aktualisierende Anwendung zulässig sein sollte, dann dürfte es statthaft sein, den Gedanken der *lex aeterna* des Thomas in folgende Forderung münden zu lassen: Der Bereich des *bonum commune* ist noch radikaler auszuweiten, als es dies ‚Gaudium et Spes' nahelegt. Nicht nur der enge Begriff eines nationalen *bonum commune*, dem einzelstaatliche Gesetze dienen, ist zu überwinden. Es gilt die Wohlfahrt der Gesamtkreatur, welche unter der *lex aeterna* steht, zu befördern. Und zwar nicht in dem Sinne, daß Rechte der irrationalen Natur innerhalb dieser universellen Sozietät postuliert würden, wie dies heute vielfach versucht wird, sondern in dem Sinne, daß die Schändung der Natur, welche Gottes Güte repräsentieren soll und welche an göttlicher Güte teilhat, ein mittelbares *peccatum contra Deum* wird.

---

[62] In: Lexikon für Theologie und Kirche (Das zweite Vatikanische Konzil), Freiburg, Basel, Wien 1968, 241–592, hier 363.

Das Isaak-Opfer
Über den Status des Naturgesetzes bei Thomas von Aquin, Duns Scotus und Ockham

KLAUS HEDWIG (Kerkrade)

Bernhard Lakebrink zum Gedächtnis

Die Geschichte des Isaak-Opfers ist bisher noch nicht geschrieben worden, weder für die Patristik, noch für das Mittelalter und noch weniger für die Neuzeit. Auch in der gegenwärtigen theologischen Diskussion scheint sich das Interesse an diesem Thema eher auf die Exegese[1] zu reduzieren. Dagegen hat die ʿaqedah-Szene gerade dort, wo man es nicht vermutet, eine überraschend variantenreiche Interpretation gefunden — in der Literatur[2], der Kunst[3], der Psychologie[4], der Politik[5] und nicht zuletzt auch, allerdings überaus kontrovers, in der Philosophie[6]. Es würde sich lohnen, darüber nachzudenken, warum dieses eminent theologische Thema derart faszinierend gerade auf die Disziplinen wirkt, die von ihrem Ansatz her profan sind und es auch sein müssen.

I.

Das Mittelalter kannte die Isaak-Szene durch die einschlägigen Schriftbelege[7], die patristischen Quellen[8] und durch den Sentenzenkommentar

---

[1] C. Westermann, Genesis, BKAT I/2, Neukirchen-Vluyn 1981, 433; R. Kilian, Isaaks Opferung, Stuttgart 1970; Isaaks Opferung. Die Sicht der hist. krit. Exegese, in: BiKi 41 (1986), 98—103.
[2] Cf. die Texte bei D. Baumgart, Man's Morals and God's Will. The Meaning of Abraham's Sacrifice, 1971 (Holocaust); W. Zuidema, Isaak wordt weer geofferd, Baarn 1980.
[3] Cf. die Angaben in: TRE 16 (1987), 300.
[4] C. G. Jung, Das Wandlungssymbol in der Messe, in: Eranos Jahrbuch 7 (1940/41), 151; E. Drewermann, Abrahams Opfer, in: BiKi 41,3 (1986), 113—124; H. J. Schroedel, in: BiKi 41 (1986), 125—135.
[5] Auch den Kriegen von 1957, 1973 und 1982 ist das ʿaqedah-Motiv literarisch verarbeitet worden; cf. TRE 16 (1987), 300.
[6] Die neuere Diskussion, die mit Kierkegaard beginnt, der übrigens die Behandlung dieses Motivs bei Hegel nicht kannte (Nohl, 247), führt weiter zu Schelling, S. Hirsch, F. Brentano, H. Bergman, M. Buber, E. Fackenheim, L. Kolakowski, J. F. Lyotard.
[7] Gen 22, 1—19; Weish 10, 5; Sir 44, 20; Heb 11, 17 sqq.; Jak 2, 21—22.
[8] Hier ist auf Augustinus, Ambrosius und Origines hinzuweisen; cf. dazu H. Marguerite, in: Hellenica 1986, 457 sqq.; P. Libera, Diss. Pont. Univ. Salesiana, 1986; G. Nauroy, in:

des Lombarden⁹, der den Leitfaden für die überraschend breite, aber bisher noch nicht untersuchte Wirkungsgeschichte dieses Themas liefert. Eine angemessene Interpretation müßte nicht nur diese Traditionsstränge berücksichtigen, sondern auch die tradierte Hermeneutik der Schriftsinne[10], die typologischen Verweisungen[11], die Auswirkungen auf die Liturgie[12], die ikonographischen Darstellungen[13] und schließlich die Aspekte, die die „Prüfung des Glaubens"[14] betreffen. Aber all diese Gesichtspunkte bleiben hier unberücksichtigt.

Die zentrale Frage, um die es geht, betrifft ein Problem, das eine beträchtliche ethische und — verschärft gesagt — moraltheologische Brisanz aufweist: daß nämlich der Gründer des Naturgesetzes — Gott — die Anweisung gibt, „gegen"[15] das Naturgesetz zu handeln.

Die Interpretation des Isaak-Opfers im Rahmen des Naturgesetzes leitet sich nicht aus der älteren Tradition her, die eher versuchte, die ethische Härte des Geschehens durch eine „mystische" (oder „allegorische") Erklärung zu umgehen. Die naturgesetzliche Bewertung der Isaak-Szene in ihrer systematischen Schärfe ist vielmehr typisch scholastisch, auch wenn sie geschichtlich lang, seit Augustinus, Isidor und Gratian durch die Annahme vorbereitet wurde, das Naturrecht sei im Dekalog enthalten. *„Ius naturale in lege et in Evangelio continetur"*[16]. Der Dekalog ließ sich daher naturgesetzlich interpretieren. Aber die Spannung, die in dieser Inklusion

---

RELat 63 (1986), 210 sqq.; W. Völker, in: Festschrift F. Kattenbusch, Gotha 1931, 199 sqq. (Philo, Origenes, Ambroius).

[9] Sent. I. d. 45 c. 7 (n. 196): *„Praecepit enim Abrahae immolare filium, nec tamen voluit; nec ideo praecepit ut id fieret, sed ut Abrahae probaretur fides"*; cf. auch I, d. 47 c. 3 (n. 206).

[10] H. de Lubac, Exegèse médiévale, I, 2, Paris 1959, 455 sqq.

[11] In der mittelalterlichen Typologie verweisen Abraham und Melchisedek auf die Kreuzigung Christi; cf. J. Daniélou, in: Bibl 28 (1947), 363 sqq. und die Verweise in: LexMA 1 (1980), 52 sq.

[12] Hier sie nur auf das *Supra-quae*-Schema im Meßkanon und die liturgische Symbolik verwiesen.

[13] R. Stichel, Zur Ikonographie der Opferungs Isaaks, in: Actas del XXIII Congreso Internacional de Historia del Arte, Granada 1973, 527—536.

[14] Dieser Aspekt wird besonders in der Patristik, weniger in der Scholastik hervorgehoben.

[15] Der Befehl Gottes, gegen das Naturgesetz zu handeln, unterscheidet die drei tradierten Problemfälle (Abraham, Israeliten, Hosea) prinzipiell von den anderen Verstößen (Lüge, Polygamie) im AT, die gewöhnlich *allegorice* ausgelegt werden. Die naturrechtliche Problematik, die bereits bei Alex. v. Hales und Albertus Magnus deutlich formuliert wird, reicht bis in das Spätmittelalter: *„Nullus obediens divinis praecptis male facit. Si ergo Deus posset paecipere mala fieri, tunc male faciens obediret divinis praeceptis et ita non male faceret, quod implicat contradictionem, scilicet quod male faciens non male faciat"* (Durandus, In Sent. Petri Lombardi, I, d. 47, q. 4, a. 3); cf. auch G. Biel, Coll. IV lib. Sent., III, d. 37, a. 2 concl. 5; 637 sqq. (Ed. Werbeck-Hofman, Tübingen 1979).

[16] Decretum Magistri Gratiani, Leipzig 1879 (ed. A. Friedberg), D. 1 (proem): *„Ius naturale est, quod in lege et in Evangelio continetur, quo quisque iubetur alii facere, quod sibi vult fieri, et prohibetur alii inferre, quod sibi nolit fieri. Unde Christus in Evangelio: „Omnia, quaecumque vultis, ut faciant vobis homines, et vos eadem facite illis. Haec est enim lex et prophetae"*.

liegt, ist nicht zu übersehen. Wenn nämlich das Naturgesetz theologisch fundiert wird, dann sind — spätestens seit den Aristoteles-Rezeptionen — umgekehrt auch die theologischen Implikate des Handelns im Alten und Neuen Testament am Naturgesetz zu messen. Nicht ohne Grund hat man daher in der mittelalterlichen Naturrechtsdiskussion von einer ambivalenten, einer „profanen" und „sakralen Linie"[17] gesprochen, deren Kreuzung — wie das Isaak-Opfer[18] zeigt — nicht unproblematisch ist.

Die Scholastik kennt zahlreiche Interpretationen des Isaak-Opfers[19], die auf sehr verschiedene Weise nach Auswegen aus der ethisch komplizierten Problemlage suchen. Aus der Fülle der hermeneutisch und systematisch interessanten Deutungen werden im folgenden nur drei Positionen skizziert — Thomas von Aquin, Duns Scotus und Ockham, die zeigen, daß die profan-naturrechtliche und die theologische Linie in der Legitimation des Isaak-Opfers zunehmend auseinandertreten. Es scheint, daß im Spätmittelalter das Isaak-Motiv den naturgesetzlichen Rahmen der Interpretation wieder verläßt und in die genuin theologischen Kontexte[20] zurückkehrt, zu denen die „Macht Gottes" gehört, der göttliche „Befehl", aber auch die „Prüfung des Glaubens", die Abraham besteht. Der Versuch, das Isaak-Opfer im Rahmen des Naturgesetzes zu rechtfertigen, ist daher geschichtlich auf die Scholastik zu beschränken.

II.

Bei Thomas von Aquin[21] wird das Isaak-Opfer, dessen werkimmanente Bewertung nicht konsistent scheint[22], als tradierter Konfliktfall des Na-

---

[17] Diese Formulierung ist von Ph. Delhaye vorgeschlagen worden (Permanence du droit naturel, Louvain 1967, 68 sqq.); cf. zu den Quellen R. Specht, in: ABG 21 (1977), 86—113.

[18] Das Isaak-Motiv wird stets im Kontext der beiden anderen tradierten Problemfälle (Raub der Israeliten und Unzucht des Hosea) behandelt; cf. Exod. 3, 21 sqq.; 11, 2; 12, 36; Hosea 1, 2.

[19] Hier sei nur auf die ersten Autoren verwiesen, die die spätere Diskussion bestimmt haben: Bernhard von Clairvaux, De praec. et dispens., c. 3 (Opera, Rom 1963, III, 258). — Alex. v. Hales, Glossa in IV Sent., I, d. 45, n. 18 (456); I, 47, n. 10 (497). — Bonaventura, In I Sent., d. 47 q. 4, dub. 5). — Albertus Magnus, In I Sent., d. 45, K. XIII (Ed. Borgnet 25, 418 sqq.); I, d. 47, C. (26, 468). S. th. I, tr. 20, qu. 80, m.2, a.1 (31, 862 sq.).

[20] R. Bainton (Immoralities of the Patriarchs according to the Exegesis of the Later Middle Ages and the Reformation, in: HThR 23, 1930, 39 sqq.) weist darauf hin, daß das Isaak-Opfer primär theologisch gerechtfertigt wird, während der Rekurs auf das „Naturgesetz" (natural law) eher zweitrangig bleibt.

[21] Cf. die wichtigsten Belege: In I Sent., d. 37, a 4; S. th. I/II, 94, 5 ad 2; 100, 8 ad 3; II/II, 64, 6 ad 1; II/II, 104, 4 ad 2; II/II, 154, 2 ad 2; In Epist. ad Heb., c. 11, lect. 4; auch De malo 3, 1 ad 17; 15, 1 ad 8.

[22] In I. Sent., d. 37 a. 4: „*contra praecepta secundae tabulae, quae ordinant immediate ad proximum,*

turgesetzes diskutiert. Der systematische Stellenwert des Themas ist eindeutig zu kennzeichnen.

Es sei hier nur erwähnt, daß das Naturgesetz bei Thomas über die Sonderstellung des Menschen[23] abgeleitet wird: nämlich — zunächst — über seine Vernunftnatur (*intellectualiter et rationaliter*), insofern das Gute in die praktische Vernunft „einfällt" und sie axiomatisch auf die Differenz von „Gut" und „Böse" festlegt, aber dann auch — ferner — über die „natürlichen Neigungen" des Menschen, die den Leitfaden dafür liefern, daß die praktische Vernunft in den Bereichen des Seins, Lebens und Erkennens konkrete „Gebote" und „Verbote" abheben kann. Auch wenn das Naturgesetz ein „Werk der Vernunft" ist, durch die Vernunft „konstituiert"[24] ist, steht es doch in einer partizipativen Abhängigkeit vom Ewigen Gesetz (*lex aeterna*), die sich auch darin ausdrückt, daß die ersten Prinzipien des Naturgesetzes eine *impressio divini luminis*[25] sind, so daß sie in ihrer Geltung nicht nur überall in gleicher Weise „wahr", allen Menschen „bekannt", sondern auch „unwandelbar" sind („*quantum ad prima principia legis naturae lex naturae est omnino immutabilis*"[26]). Der Dekalog, der unter einer „heilsgeschichtlichen" Perspektive das Naturgesetz erklärt und das Handeln des gefallenen Menschen in die Normen der „Gerechtigkeit" (*iustitia*) einbindet, verpflichtet durch Gesetze, in denen sich die *intentio legislatoris* direkt ausspricht.

Genau an diesem Punkt gewinnt das Isaak-Opfer bei Thomas seine unerhörte Schärfe, da der Gesetzgeber eine Handlung zu fordern scheint, die der Intention des Gesetzgebers widerspricht, so daß „Gott sich selbst zu negieren" scheint. „*Negaret autem Deus seipsum*"[27]. Die Radikalität dieses sich hier abzeichnenden Konfliktes ist kaum zu überbieten.

Die Lösung, die Thomas gibt, geht davon aus, daß das Naturgesetz in gewisser Weise „verändert"[28] werden kann: zunächst durch die „Hinzu-

---

Deus potest dispensare". Dagegen heißt es später: „*praecepta decalogi sunt omnino indispensabilia*" (S. th. I/II, 100, 8). In De malo 3, 1 ad 17 wird die These Bernhards von Clairvaux zustimmend zitiert.

[23] S. th. I/II, 94 sqq. Cf. die Kommentierung von O. H. Pesch und U. Kühn, Via caritatis, Göttingen 1965, 66 sq., 111 sqq., 147 sqq.

[24] S. th. I/II, 94, 1: „*quod lex naturalis est aliquid per rationem constitutum*". — Thomas vergleicht diese „Konstitution" mit logischen Gebilden wie *definitio, enuntiatio, syllogismus* und *argumentatio* (I/II, 90, 1). Es ist daher abwegig, ontische oder sogar biologische Strukturen ohne weiteres als Naturgesetz auszugeben.

[25] S. th. I/II, 91, 2: „*omnia participant aliqualiter legem aeternam, in quantum scilicet ex impressione eius habent inclinationes in proprios actus et fines. Inter cetera autem rationalis creatura excellentiori quodam modo divinae providentiae subiacet, inquantum et ipsa fit providentiae particeps, sibi ipsi et aliis providens ... Et talis participatio legis aeternae in rationali creatura lex naturalis dicitur*". Die Qualifikationen des „*intellectualiter et rationaliter*" (I/II, 91, 2 ad 3) beziehen sich auf die „axiomatisch" und „diskursiv" zu erschließenden Aspekte des Naturgesetzes.

[26] S. th. I/II, 100, 8.

[27] S. th. I/II, 100, 8 ad 3: „*Negaret autem [Deus] seipsum, si ipsum ordinem suae iustitiae auferret: cum ipse sit ipsa iustitia*"; cf. auch De malo, 3, 1 ad 17.

[28] S. th. I/II, 94, 5.

fügung" weiterer, auch geschichtlich positiver Gesetze, dann ferner dadurch, daß eine Handlung durch hinzutretende defiziente Umstände oder Ursachen einer konkreten Norm — etwa *deposita sunt reddenda*[29] — „entzogen" und einem höheren Gesetz unterstellt werden kann: *„per modum substractionis, ut scilicet aliquid desinat esse de lege naturali, quod prius fuit secundum legem naturalem"* [30]. Es ist nun genau diese Argumentationsfigur des „Entzugs" (*subtractio*), die Thomas gebraucht, um in der Isaak-Szene das Naturgesetz nicht suspendieren zu müssen[31], da die Kontingenz, die in der „Interpretation" und „Anwendung"[32] eines Gesetzes liegt, in den Sektor des Handlungsgefüges fällt, der selbst kontingent ist: nämlich in den singulären, konkreten Akt[33], dessen Objekt dem Anspruch des Gesetzes „entzogen" werden kann.

Für das Isaak-Opfer wird nun dieser „Entzug" des Objektes nicht, wie für die sekundären Normen des Naturgesetzes, durch den Rekurs auf defiziente Umstände begründet. Es ist vielmehr der Gesetzgeber — Gott — selbst, der das Objekt des Handelns dem Gesetz der zwischenmenschlichen Gerechtigkeit entzieht, um die Rechtfertigung der Handlung an sich selbst zu ziehen. Daß sich hier eine theologische Sprengung des Naturgesetzes abzeichnen könnte, ist offensichtlich. Aber Thomas besteht nachdrücklich darauf, daß die Eingriffe Gottes durchaus im Bereich der Natur verbleiben, daß sie *quodammodo naturale*[34] geschehen. Daher wäre auch dieser Eingriff eigentlich nicht direkt „gegen die Natur" gerichtet, sondern — weil die Natur von ihrem „Ursprung" her geändert wird — eher als *praeter ordinem communem naturae*[35] zu bewerten, auch als gegen die „gewöhnliche Ordnung"[36] der Vernunft und daher dem „Wunder"[37] nicht unähnlich.

---

[29] S. th. I/II, 94, 4. Thomas gebraucht dieses Beispiel, das auf Plato zurückgeht, öfter; cf. dazu A. Zimmermann, in: Studi Tomistici 30, Rom 1987, 63.

[30] S. th. I/II, 94, 5.

[31] Cf. dazu W. Stockums, Die Unveränderlichkeit des natürlichen Sittengesetzes, Freiburg 1911, 53 sqq. und R. McInerny, The Teleological Suspension of the Ethical, in: The Thomist 20 (1957), 295 sqq.

[32] S. th. I/II, 100, 8 ad 3.

[33] S. th. I/II, 94, 5; cf. auch II/II, 88, 10 ad 2: *„... fit, ut hoc, quod erat lex, non sit lex in hoc casu"*.

[34] S. th. I/II, 94, 5 ad 2: *„in rebus naturalibus quidquid a Deo fit, est naturale quodammodo"*; cf. auch I, 105, 6 ad 1.

[35] S. th. II/II, 154, 2 ad 2: *„non est contra naturam quod miraculose fit virtute divina, quamvis sit contra communem cursum naturae"*; ähnlich auch S. th. II/II, 104, 4 ad 2: *„Deus nihil operatur contra naturam, ... operatur tamen aliquid contra solitum cursum naturae"*.

[36] S. th. II/II, 154, 2 ad 2: *„contra communem ordinem rationis, ... quamvis hoc, secundum se consideratum, sit communiter contra rectitudinem rationis humanae"*; cf. auch II/II, 104, 4 ad 2.

[37] Cf. dazu S. th. I, 110, 4: *„miraculum proprie dicitur, cum aliquid fit praeter ordinem naturae"*. Da aber der „Schöpfer" der Natur die Naturgesetze ändert, geht dieser Eingriff nicht „gegen die Natur" (*„cum igitur naturae ordo sit a Deo rebus inditus, si quid praeter hunc ordinem faciat, non est contra naturam"*. S. th. I, 105, 6 ad 1).

Diese Tendenz, den Eingriff Gottes im Bereich des Natürlichen zu belassen, zeigt sich weit prinzipieller noch darin, daß Thomas eben nicht auf die „absolute Macht" (*potentia absoluta*[38]) Gottes rekurriert, sondern die argumentative Rechtfertigung des Isaak-Opfers strikt am Leitfaden der naturgesetzlichen „Gerechtigkeit" (*iustitia*[39]) entwickelt und damit die Intention des Dekalogs keineswegs verläßt. Der Dekalog verbietet die Tötung eines Menschen, insofern sie „unverdient" (*indebite*) und damit „ungerecht" ist. Aber die Argumentation, die Thomas vorlegt, versucht darzulegen, daß die von Gott befohlene Tötung gerade kein *indebitum* aufweist: Wenn nämlich — wie Thomas ausführt — alle Menschen, seien sie schuldig oder unschuldig, dem natürlichen Tod als Folge der Sünde ausgeliefert sind, kann der Schöpfer den Tod des Menschen „ohne Ungerechtigkeit" nicht nur deswegen fordern, weil er ihn als Strafe „verhängt" hat, sondern — prinzipieller noch — weil er der „Herr über Leben und Tod" ist. Daher wäre auch Abraham, der dem Befehl Gottes „zustimmt" (*consentit*), keiner „ungerechten" Tötung schuldig, *sicut nec Deus*[40].

Aber doch muß man sehen, daß diese theologische Rücknahme der Gerechtigkeit bis an eine äußerste Grenze führt, wenn Thomas etwa davon spricht, daß alles in der „Macht"[41] Gottes liege, daß der Wille Gottes die „Regel" der *recta ratio*[42] sei, daß Gott *supra legem*[43] stehe. Dies scheint späteren Annahmen nicht fern. Aber dennoch, auch angesichts der sich abzeichnenden Gefahr, daß der „Begriff der Gerechtigkeit" nicht mehr rational einholbar scheint, besteht Thomas in der Interpretation des Isaak-Opfers eindeutig darauf, daß die gebotene Handlung „ohne Ungerechtigkeit" geschieht. Hier — an dieser Grenze, da die Argumentation nur noch mit begrifflich „negativen" Formulierungen (*sine iniustitia*) arbeiten kann, wird die Prämisse der gesamten Argumentation deutlich: daß sich nämlich in den allgemeinen Prinzipien des Naturgesetzes, ebenso wie in den Gesetzen des Dekalogs die „Intention des Gesetzgebers" derart direkt ausspricht, daß Gott „sich selbst negieren" würde, wenn er die „Ordnung seiner Gerechtigkeit"[44] aufhebt.

---

[38] S. th. I, 25, 5 ad 1.
[39] Auch die anderen theologischen Problemfälle werden im begrifflichen Kontext der *iustitia* diskutiert.
[40] S. th. I/II, 100, 8 ad 3.
[41] De malo 15, 1 ad 8: „*in cuius potestate sunt omnia*"; S. th. I/II, 94, 5 ad 2: „*naturalis mors divina potestate inducitur propter peccatum originale*".
[42] S. th. II/II, 154, 2 ad 2: „*ratio autem hominis recta est secundum quod regulatur voluntate divina, quae est prima et summa regula*".
[43] De malo 15, 1 ad 8: „*qui est supra legem*".
[44] S. th. I/II, 100, 8 ad 2. — In einer nachdenklichen Interpretation bemerkt L. Oeing-Hanhoff, daß nach Thomas — anders als bei Aristoteles — „Gott ... in seiner Vorsehung unsere menschliche sittliche und rechtliche Ordnung zu der seinen macht und sie als die Seine anerkennt und annimmt" (ZkTh 101, 1979, 68—90).

Andererseits bleiben nicht wenige Fragen offen. Es ist zwar offensichtlich, daß Thomas die axiomatische Linie des Handelns überaus stark macht und keiner Dispensation unterwirft, weil ein veränderter Status des Naturgesetzes eine Veränderung Gottes nach sich ziehen würde. Doch muß man sagen, daß diese theologisch abgesicherte „Unveränderlichkeit" des Naturgesetzes allein nicht genügt, um die ethische Qualifikation eines Aktes zu garantieren. Das „Gesetz" (*lex*) — auch das „Naturgesetz" — ist nur ein „externes Prinzip" des Handelns, das nicht ausreicht, die Moralität des Handelns zu sichern. Ein Akt ist ethisch angemessen erst dann zu legitimieren, wenn die Handlung in Hinsicht auf Objekt, Ziel und situativen Kontext als *secundum rationem*[45] ausgewiesen wird. Hier liegt das für die ethische Bewertung des Isaak-Opfers zentrale Problem, das sich in den Begriffen der Ethik nicht mehr analysieren läßt. Wenn nämlich — wie im Isaak-Opfer — das „Objekt", das dem Handeln immerhin die moralische „Gestalt" (*species*) verleiht, der natürlichen Einsicht und damit der Vernunft entzogen wird, dann stürzt die vernünftige, mithin ethische Qualifikation des Handelns zusammen. Das Isaak-Opfer ist von den Prämissen, die Thomas annimmt, ethisch nicht qualifizierbar.

Man wird daher sagen müssen, daß die Isaak-Szene, weil ihr Sinn nur *ex mandato divino* einsichtig ist, der praktischen Vernunft letztlich verschlossen bleibt. Dies scheint auf den ersten Blick enttäuschend wenig. Aber wenn man die moderne Problemlage — nach Kant — überblickt, dann ist die von Thomas geübte Zurückhaltung in der ethischen Bewertung dieser und ähnlicher theologischer Problemfälle überaus aktuell.

III.

Es ist nun interessant, daß Duns Scotus[46] genau diese Argumentation kommentiert, kritisiert und schließlich verworfen hat. Die Kritik zielt auf den Begriff, um den es letztlich geht: die *dispensatio*[47], die — nach Thomas — die allgemeine Norm der Gerechtigkeit nicht verändert, während dagegen der Einzelfall dem Gesetz „entzogen" werden kann. Diese Konstruktion ist für Scotus nicht mehr annehmbar.

Nach Scotus kann die Dispensation doppelt verstanden werden: „*Est enim duplex dispensatio, scilicet iuris revocatio et iuris declaratio*"[48]. Die Erklä-

---

[45] S. th. I/II, 18, 5. Cf. dazu die Kommentare von W. Kluxen, Philosophische Ethik bei Thomas von Aquin, Hamburg 1980, 188 sqq. und L. Lehu, La Raison — Règle de la moralité, Paris 1930, 44 sqq.

[46] Ord. III, d. 37, qu. unica (Wadding-Gregory VII, 2, 857 sqq.). Die Quaestio ist auch bei A. Wolter (Duns Scotus on the Will and Morality, Washington 1986, 268 sqq.) gedruckt.

[47] S. th. I/II, 97, 4: „*dispensatio proprie importat commensurationem alicuius communis ad singula*"; cf. auch S. th. I/II, 88 10 ad 2.

[48] Ord. III, d. 37, qu. un.

rung, also die *declaratio* von Geboten oder Verboten würde es erlauben, ein Gesetz in Hinblick auf die konkrete Anwendung zu interpretieren und dabei auch gewisse Ausnahmen — nach Art des Aquinaten — zu rechtfertigen. Aber Scotus folgt der ersten, harten Variante der Dispensation, der *revocatio iuris*, nach der eine Handlung, die zuvor verboten war, durch die Rücknahme des Gesetzes nun nicht mehr verboten ist — *„manifeste patet de Abraham et de multis aliis"*. Daß Scotus diese harte Dispension wählt, nach der nicht die „Anwendung", sondern das „Gesetz" selbst veränderlich ist, dürfte daran liegen, daß das Naturgesetz nicht mehr an einer höheren Instanz[49] partizipiert, sondern dem Bereich der Kreatur angehört und damit kontingent ist. Die Veränderlichkeit, die sich in der Dispensation ausspricht, fällt daher auf das Naturgesetz selbst zurück.

Es ist bekannt, daß für Scotus nur die beiden ersten Gebote des Dekalogs[50] — übrigens als *praecepta negativa* formuliert — der Dispensation entzogen sind, weil sie „unmittelbar Gott als Objekt" haben (*„quia illa immediate respiciunt Deum pro obiecto"*) und damit das „letzte Ziel" des Handelns betreffen. Dagegen erweisen sich die Gesetze der zweiten Tafel, die das Verhältnis des Menschen „zum Nächsten" (*ad proximum*) regeln — wie der Befehl an Abraham zeigt — als kontingent. Die naturgesetzliche Axiomatik des Handelns, die Scotus vertritt, ist daher einerseits in der Extension ihrer strikten Geltung durchaus eingeschränkt, während sie zugleich aber eine verschärfte theozentrische Fundierung besitzt, die allerdings nicht unproblematisch[51] ist.

Die ersten, uneingeschränkt evidenten praktischen Prinzipien ergeben sich aus dem Begriff Gottes als dem „höchsten Gut" (*summum bonum*[52]) und machen deutlich, daß Gott nur „geliebt" oder — begrifflich exakter gesagt — „nicht gehaßt"[53] werden kann. Aber diese Theozentrik zieht für den Aufbau einer natürlichen Ethik enorme Probleme nach sich: denn das

---

[49] Der von der Stoa, dann von Augustinus entwickelte Begriff der *lex aeterna* wird nicht mehr gebraucht. Das Naturgesetz, das der göttliche Intellekt „anbietet", wird durch den Willen Gottes „statuiert" (Ord. I, d. 44, q. un. n. 2).

[50] Die Lehre, daß die Vorschriften der zweiten Tafel der Dispensation unterstehen, findet sich in der Franziskanischen Schule häufig, so daß Scotus hier nur eine alte Tradition fortsetzt.

[51] Darauf hat G. Stratenwerth (Die Naturrechtslehre des Johannes Duns Scotus, Göttingen 1951, 109 sq.) eindringlich hingewiesen: „Sowohl dem Satz *Deus est*, wie dem Satz *Summum bonum est*, fehlt im Verhältnis zum Menschen die unmittelbare Evidenz. Der notwendigen Evidenz oberster Naturrechtsnormen entspricht nicht die Evidenz der Rangordnung der Werte ... Die Prinzipien gründen in einem Hinblick auf Gott, der der menschlichen Erkenntnis unzugänglich ist".

[52] Ord. III, d. 28, qu. un., n. 2.

[53] Ord. III, d. 37, q. un., n. 10 (Wolter 282): *„‚Diliges Dominum Deum tuum' non est simpliciter de lege naturae inquantum est affirmativum, sed inquantum est negativum prohibens oppositum. Simpliciter enim est de lege naturae ‚non odire' ... Nunc autem ex illa negativa non sequitur quod volendem sit proximum diligere Deum"*.

prohibitive Prinzip des *non odire Deum* — oder *aliquando amare* — reicht offensichtlich nicht aus, das breite Feld der zwischenmenschlichen, sozialethisch relevanten Handlungen, wie sie die zweite Tafel des Dekalogs umreißt, axiomatisch zu fundieren[54]. Auch wenn man versucht, über das Gebot der Nächstenliebe — „*Diliges proximum tuum sicut teipsum*" — die kontigenten Gesetze der zweiten Dekalogtafel an die unveränderlichen Prinzipien rückzubinden, bleibt zu berücksichtigen, daß — nach Scotus — aus der Gottesliebe keineswegs das Gebot der natürlichen Nächstenliebe abgeleitet werden kann, so daß also zu wollen wäre, der Nächste möge Gott lieben — da nicht einmal sicher ist, ob Gott die geschuldete oder geschenkte Liebe überhaupt annehmen will oder nicht[55]. Es wäre möglich, zu wollen, daß der Nächste zwar Gott liebe, aber zugleich auch nicht zu wollen, daß er sein Leben bewahre — was durchaus als eine Anspielung auf das Isaak-Motiv verstanden werden kann. „*Et per consequens possunt ista duo simul stare*". Auch wenn die Gesetze der zweiten Tafel „im weiteren Sinn" zum Naturgesetz gehören und ihre Richtigkeit mit den ersten praktischen Prinzipien „in Einklang" steht („*valde consonat primis principiis practicis*"), darf dies nicht darüber hinwegtäuschen, daß ihre Notwendigkeit nicht axiomatisch zu sichern ist.

Ähnliches wäre auch „*ad auctoritates Pauli et Christi*"[56] zu sagen. Das neue Gebot der Nächstenliebe, das „über" (*ultra*) die Inhalte des Naturgesetzes hinausgeht, fordert zwar, dem Nächsten alle Güter wie sich selbst oder — das Isaak-Motiv kontrastierend — zumindest nicht deren Gegenteil zu wünschen — „*volendum esse proximo bona illa vel saltem non volendum esse proximo mala opposita, puta non volendum esse sibi auferre iniuste vitam corporalem, fidem coniugii, bona temporalia, et cetera huiusmodi*"; aber diese Nächstenliebe, die nicht mehr der Ordnung der Natur angehört, kann die kontingenten Naturgesetze axiomatisch keineswegs sichern, sondern ist selbst vielmehr an die Vorschriften des Dekalogs verwiesen, in denen sie sich zu realisieren hat — „*ut intendit legislator illud praeceptum debere servari, prout explicatur in praeceptis secundae tabulae*"[57].

Diese Abgrenzungen leiten sich letztlich von den Voraussetzungen her, die dem Naturgesetz zugrunde liegen. Nach Scotus sind die evidenten

---

[54] Cf. Stratenwerth, Naturrechtslehre, 80 sqq.
[55] Ord. II, d. 37, qu. un., n. 10 (Wolter 282): „*Ex illo praecepto ‚Diliges Dominum Deum tuum' non sequitur quod ‚Debeam velle proximum diligere Deum' ... Non autem est certum ex lege naturae de quocumque quod eius dilectio acceptetur a Deo dilecto vel diligendo*". — Der Begriff der Nächstenliebe besagt, zu wollen, der Andere möge Gott lieben; cf. dazu Ord. III, suppl. dist. u 27 und 29 (Wolter 422 sqq. u. 454 sqq.).
[56] Ord. III, d. 37, qu. un., n. 12 (Wolter 284).
[57] Ibid.: „*Tota lex quantum ad secundam tabulam, et prophetae, pendent ex isto pracepto: „Diliges proximum tuum sicut teipsum", intelligendo illud praeceptum non tamen ut sequitur ex primo principio practico legis naturae, sed ut intendit legislator illud praeceptum debere servari, prout explicatur in praeceptis secundae tabulae*".

Vorschriften, die sich aus der Erkenntnis Gottes als *vera ex terminis*[58] ergeben, unveränderlich und gehen „in ihrer Wahrheit" auch dem göttlichen Willen voraus („*praecedunt in veritate omnem actum voluntatis*" [59]). Das heißt, daß sie in der Wesenheit Gottes[60] fundiert sind, die auch als Objekt für den göttlichen Willen das Maß der *rectitudo*[61] abgibt, so daß eine Dispensation dieser ersten, unveränderlichen Prinzipien schlechthin unmöglich ist — „*non poterit Deus dispensare, ut aliquid possit licite facere oppositum tali prohibiti*" [62]. Dagegen sind die Gesetze, die die zwischenmenschlichen Handlungen regeln, durchaus kontingent. Wenn nämlich — philosophisch gesagt — der göttliche Intellekt diese Vorschriften als „aus sich wahr" (*vera ex se*) erkennen würde, so daß der Wille Gottes, um „recht" (*recta*) zu sein, ihnen „notwendig" zustimmen und damit eine „praktische Erkenntnis"[63] in Gott selbst initiieren müßte, dann wäre Gott durch Außergöttliches determiniert. Aber gerade dies ist nicht der Fall, denn die „im weiteren Sinn" verstandenen Vorschriften des Naturgesetzes sind wohl der Vernunft zugänglich[64], gerecht[65] und geordnet[66], doch unterstehen sie der Dispensation und können daher „ohne Widerspruch" zurückgenommen werden.

Andererseits aber ist zu beachten, daß diese Dispensation nicht in die freie Verfügung des Menschen[67] fällt. Auch für Scotus bleibt die Recht-

---

[58] Ord. II, d. 7, qu. un., n. 27: „*sicut principia speculabilia sunt vera ex terminis, ita et principia operabilia*". Die praktischen Prinzipien werden über den *finis ultimus* gewonnen: Ord. III, d. 15, qu. un., n. 27: „*prima principia practica sumuntur a fine ultimo*"; cf. Prol. Ord. q. 4, n. 34; Ord. II, d. 39, qu. un., n. 2.

[59] Ord. III, d. 37, qu. un., n. 4; Ord. IV, d. 46, qu. un.: „*Et est quidem ista lex: Deus est diligendus, si tamen debet dici lex et non principium practicum legis, saltem est veritas practica praecedens omnem determinationem voluntatis divinae*".

[60] Ord. I, d. 10, qu. un., n. 11: „*essentia enim divina, qui est primum obiectum illius voluntatis, est ex se volenda*". Ord. I, d. 1, qu. 5 n. 6: „*Licet igitur Deus non sit finis sui, tamen respectu voluntatis suae est illud obiectum cui nata est competere ratio finis, quia est summum bonum*".

[61] Ord. I, d. 10, qu. un.: „*igitur voluntas illa de necessitate est in actu recto volendi illud obiectum quod est ex se recte volendum*".

[62] Ord. III, d. 37, q. un., n. 6. Ord. IV, d. 33, qu. un., n. 7: „*circa primum principium practicum nulla cadit dispensatio, et ideo eius oppositum semper videtur esse peccatum. Circa secundum in casu cadit dispensatio ... quando propter necessitatem recta ratio dictat ullo modo debere commutationem fieri et quando praeceptum divinum adest*".

[63] Scotus verweist hier ausdrücklich auf Prol. Ord. I, IV—V. Die praktische Vernunft wird über das „Objekt" definiert: der Intellekt ist bereits dann praktisch, wenn er einen Gegenstand erkennt, der von sich her „geeignet" ist, eine Praxis zu ermöglichen. Der Begriff der Praxis wird also nicht, wie bei Thomas, vom Ziel, sondern vom „Objekt" her bestimmt; cf. H. A. Krop, De status van de theologie volgens Johannes Duns Scotus, Amsterdam 1987, 81 sqq.

[64] Auf diesen Punkt hat A. Wolter hingewiesen: „Scotus had every reason to think moral truth was accessible to man's natural mental powers" (Scotus on the Will and Morality, 5, 25 sqq.).

[65] Ord. I, d. 46.

[66] Wiederholt sagt Scotus, daß Gott das, was er will, *ordinatissime* will.

[67] Ord. IV, d. 15, q. 3, n. 7: „*... si non excipiatur ille casus a Deo prohibente*".

fertigung naturrechtlicher Ausnahmen *theologisch* gebunden. Es läge nun nahe, die Dispensation am Leitfaden der „Allmacht Gottes"[68] zu interpretieren. Die frühen Scotus-Kommentatoren sprechen davon, Gott habe *de potentia absoluta*[69] dispensiert. Aber Scotus zögert, für die tradierten Problemfälle[70] diese Terminologie zu gebrauchen. Das, was am Isaak-Opfer primär exemplifiziert wird, ist vielmehr die Kontingenz gewisser naturgesetzlicher Normen, die sich in der „Rücknahme" (*revocatio*) von Vorschriften ausspricht. Die praktischen Gesetze — ähnlich den theoretischen Ideen[71] — werden als zwar vernünftige, aber doch kontingente Ordnungen vom göttlichen Verstand dem Willen Gottes angeboten, der allerdings „mächtig" ist, sie zu „statuieren", aber sie auch „zurücknehmen" kann.

Daher ist das Thema der „Macht Gottes" in gewisser Weise doch präsent, wenn Scotus etwa im Blick auf das Isaak-Opfer Wendungen gebraucht wie *potest facere*, *potest dispensare* oder *potest occidere*. Es liegt bei Gott, gewisse Gesetze zu geben und sie ohne Widerspruch zurückzunehmen. Die Begriffe der scholastischen Philosophie treffen hier in aller Härte — wohl erstmals im Mittelalter — auf den Gott Abrahams, Isaaks und Jakobs, der, weil er „frei" ist, den Geschöpfen keine Rechenschaft schuldet.

IV.

Es liegt nahe, daß auf dieser Linie das Isaak-Opfer bei Ockham, obgleich das Thema[72] subtil variiert wird, dann konsequent als Ausdruck der göttlichen „Allmacht" (*omnipotentia*) erscheint. Das Isaak-Motiv steht nicht

---

[68] Es fällt auf, daß Scotus in den klassischen Texten zur *potentia absoluta et ordinata* (Ord. I, d. 44; Lect. d. 44 q. un.) zwar Beispiele aus den Gebieten des Rechtes, der Natur und der Gnade, aber nicht des Naturrechts (*lex naturalis*) anführt. Der „Widerspruch" (*contradictio*) als Grenze der *potentia absoluta* sichert die rationale Konsistenz dessen, was als Recht gesetzt werden kann. Auch hier zeigt sich, daß nicht die Rationalität als solche, sondern nur die Wahl eines bestimmten Typus von Rationalität dem Willen freisteht: „*Sic Deus se habet in operando, nam intellctus — ut prior est voluntate — non statuit legem, sed offert primo voluntati sui; voluntas autem acceptat sic oblatum, et tunc statuitur lex*".(Lect. d. 44, q. un. n. 4).

[69] F. Lychet im Kommentar zu In III Sent., d. 37, q. un., n. 104 (Wadding-Gregory VII, 2, 879).

[70] Nach Scotus bedarf weder der Raub der Israeliten, noch die Unzucht des Hosea einer Dispensation, da diese Akte in andere, höhere Gesetze eingelagert werden (Ord. IV, d. 33, q. un.).

[71] Die „Ideen" als Bilder der außergöttlichen Dinge sind *obiecta secundaria cognita*, die vom göttlichen Intellekt als *operabilia* vorstellt (Ord. I, d. 38, q. un., n. 2), aber nicht vorgeschrieben werden. Erst der Wille Gottes entscheidet darüber, was und auf welche Weise etwas zu schaffen ist, so daß die ontologische Ordnung der Dinge durchaus *kontingent* ist („*notitia contingentium dependet ex voluntatis determinatione, ut determinat ea ponere in effectu vel non*" (Ord. II, d. 3, qu. 11, n. 11)).

[72] Das Abraham-Isaak-Motiv wird auch im Verhältnis zwischen göttlicher Allmacht und

mehr vor dem Hintergrund des Naturgesetzes, sondern es wird in Hinblick auf Fragen diskutiert, die die „Macht" (*potestas*) Gottes[73], aber auch der Christen[74] betreffen.

Die für Ockham leitende Problematik ist auf die Frage zentriert, ob der göttliche Wille, auch wenn er „allmächtig" (*omnipotens*) ist, nicht doch von einer kreatürlichen Instanz „verhindert" werden kann: *„Utrum voluntas divina per quamcumque potentiam creaturae possit impediri"* [75]. Es scheint nämlich der „Allmacht" Gottes zu widersprechen, daß einiges, was Gott nicht will — etwa das Böse — geschieht und daß wiederum anderes, obgleich es Gott befiehlt, nicht geschieht und wenn es geschehen würde, dies nicht gewollt wäre — wie etwa das Isaak-Opfer, das zwar befohlen, aber nicht gewollt ist[76]. Aber wie wäre eine solche Handlung überhaupt zu rechtfertigen: denn würde sie ausgeführt, dann widerspricht sie dem Willen Gottes, wird sie nicht ausgeführt, dann würde ihre Unterlassung dem expliziten Gebot Gottes widersprechen. Andererseits aber ist gerade die Widerspruchsfreiheit des göttlichen Willens von Ockham nie zu Disposition gestellt worden.

---

geschöpflicher Zweitursächlichkeit tangiert (Rep. II, q. 3—4; OTh V, 64 sqq.). Ockham bezieht sich auf eine mißverständliche Aussage des Duns Scotus, nach der ein Ding die Wirkung von zwei Ursachen sein könne („*idem homo ... potuit esse filius Adae et filius Abrahae*". Ord. I, d. 2 qu. 11; OTh II, 350, Anm. 4). Das Problem gewinnt dadurch an Schärfe, daß nach Ockham der Schöpfer alle Wirkungen einer Zweitursache auch allein hervorbringen kann. Die Lösung, die Ockham vorschlägt, geht bezeichnenderweise davon aus, daß Gott und die Kreatur simultan als unmittelbare *causa totalis effectus* „coagieren" können, so daß die Zweitursache nicht „überflüssig" wäre, allerdings unter der Voraussetzung, daß Gott seine Macht nicht ausschöpfen will (Rep. II, qu. 3—4, OTh V, 72).

[73] Ord. I, d. 46, qu. 1. Ockham behandelt unter dieser Fragestellung zwei Problemkreise: das Böse, das Gott nicht will und doch geschieht, dann ferner alles das, was Gott befiehlt, aber nicht geschieht — die Opferung Isaaks. Das erste Problem wird dem Willen als *voluntas signi*, das zweite dem göttlichen Willen als *voluntas beneplaciti* zugeordnet; cf. dazu auch M. McCord Adams, William Ockham, Notre Dame 1987, II, 1151 sqq. (Divine omnipotence analysed).

[74] Das Isaak-Motiv wird auch im Dialogus (III, 1, 2, c. 24. Ed. Goldast, Turin 1959, 812) vor dem Hintergrund der „drei Weisen" (*modi*) des Naturgesetzes diskutiert, die dazu dienen, „die innere Legitimität der natural-temporalen Welt gegen die spirituell-ekklesiarchen Ansprüche zu verteidigen" (W. Kölmel, FSt 35, 1953, 41). Es geht darum, daß eine eventuelle Ersetzung des Papstprimats durch ein Papstkolleg (*plures pontifices*) nicht, wie im Isaak-Opfer, einer göttlichen Dispensation bedarf, sondern in der Macht der *christiani* liegt, da es sich um *praecepta mere positiva* handele. Auf diesen Aspekt des Isaak-Motivs wird hier nicht eingegangen; cf. dazu W. Kölmel, Wilhelm Ockham und seine kirchenpolitischen Schriften, Essen 1962, 93 u. 101 und J. Miethke, Ockhams Weg in die Sozialphilosophie, Berlin 1969, 549 sq.

[75] Ord. I, d. 46, qu. un. (OTh IV, 670 sqq.).

[76] Es ist offensichtlich, daß sich Ockham — enger als Thomas und Duns Scotus — an die Sentenzenvorlage des Lombarden hält (Sent. I. d. 46, c. 7, n. 196). Auch der Gesichtspunkt der „Prüfung des Glaubens" wird von Petrus Lombardus betont (Sent. I. d. 45 c. 7, n. 196).

Die Unterscheidungen, mit denen die Analyse arbeitet, sind — wie übrigens häufig bei Ockham — der älteren theologischen Tradition[77] entnommen. Danach kann der „Wille" Gottes in einem zweifachen Sinn verstanden werden: einerseits als intrinseker Akt des „Wohlgefallens" (*voluntas beneplaciti*), dann ferner als ein Willensakt, der sich extern in verschiedenen „Zeichen" (*voluntas signi*) manifestiert, wobei Ockham die traditionellen Unterscheidungen von *prohibitio, praeceptum, consilium, impletio* und *permissio* übernimmt. Es ist nun wichtig, daß Ockham das Isaak-Opfer nicht auf der Linie der externen, nur kontingenten Gebote oder Verbote interpretiert, sondern es in den göttlichen Willen zurücknimmt, der als *voluntas beneplaciti* mit Gott selbst identisch ist. Das heißt, daß die Paradoxie in Gott selbst fällt. Das Isaak-Opfer scheint zu implizieren, daß Gott ein Geschehen will, von dem er eigentlich nicht will, daß es geschehe.

Für die Lösung dieser Asymmetrie greift Ockham auf die alte, von Damascenus erstmals formulierte, von Petrus Lombardus tradierte und später kontrovers ausgelegte Unterscheidung zwischen dem Willen als *voluntas antecedens et consequens* zurück. Es handelt sich dabei um denselben Willensakt, der unter verschiedenen Perspektiven gesehen wird: während der Wille als *voluntas consequens* den faktisch ausgeführten Akt meint, gegen den „nichts geschieht", sind dagegen im Willen als *voluntas antecedens* die vorausgehenden, aber kontingenten Ausführungsbedingungen thematisch, die sich auch auf die Kreatur erstrecken: daß nämlich Gott der Kreatur die „natürlichen Eigenschaften" (*antecedentia*) des Handelns verleiht, daß er bereit ist, in der Handlung „mitzuhandeln" (*coagere*) und schließlich, daß er dem Handelnden nichts „Gegenteiliges" (*contrarium*) in Geboten oder Räten nahelegt.

Es ist nun mit diesen Differenzierungen für Ockham möglich, die Schwierigkeit zu lösen, daß Gott etwas gebietet, dessen Geschehen er eigentlich nicht will — die Opferung des Isaak, zu der Gott zwar die Voraussetzungen gegeben hat, auch keinen gegenteiligen Befehl, aber doch hat er nicht offenbart, daß er in dieser Handlung nicht mithandeln will — „*non tamen Deus volebat sibi coagere ad immolationem*". Das Isaak-Opfer, das Ockham dem „voraufgehenden Willen" Gottes zuordnet, ist daher, auch wenn es befohlen wird, keine Instanz, die dem Willen Gottes widersprechen, die ihn „verhindern" (*impedire*) könnte, da Gott bereits *antecedenter* die Ausführung der Handlung nicht will und in ihr auch nicht mithandeln würde. Hier wird deutlich, daß es im Isaak-Opfer nicht mehr um einen naturgesetzlichen Konflikt geht. Die Argumentation zielt darauf, die „All-

---

[77] Ord. I, d. 46, q. un. (OTh IV, 670 sqq.); cf. als Vorlagen Damascenus (De fide orthodoxa, II, c. 29) und Petrus Lombardus (Sent. I. d. 45). — Auch Thomas greift auf diese Tradition zurück (In I Sent., d. 48, a. 4; S. th. I, 19, 12), aber das Thema wird nur beiläufig auf die Duplizität von *voluntas antecedens et consequens* bezogen (In I. Sent., d. 37, a. 4 ad 1).

macht" Gottes zu sichern, *„quod contra voluntatem omnipotentem et non impedibilem nihil possit fieri"*[78].

Dagegen werden — anders als das Isaak-Opfer — die übrigen theologischen Problemfälle wie *„odium, furari, adulterari et similia"*[79] auf der Linie äußerer „Zeichen" (*signa voluntatis*) des göttlichen Willens, also der „Vorschriften" interpretiert. Aber auch hier tritt die imperative Stilform hervor, die für die Ethik Ockhams kennzeichnend ist: Denn wenn ein Akt ethisch bereits dadurch legitimiert ist, daß er von Gott befohlen wird, dann ist das menschliche Handeln als „gut" zu rechtfertigen, wenn es den Geboten Gottes „konform" ist. Daher sündigten die Israeliten nicht, als sie den Willen Gottes „gehorsam" ausführten — *„nisi illi qui malo animo, non praecise obediendo divino praecepto, spoliaverunt"* [80]. Es ist nicht uninteressant, daß diese tradierte Problematik argumentativ bruchlos in die neue, viel diskutierte[81] und von Ockham später[82] relativierte These des *odium Dei*[83] übergeht — einen Akt, der, wenn er von Gott geboten würde, nicht böse wäre. Allerdings sind hier einige Nuancierungen erforderlich. Die Forderung, der Mensch müsse, um gut zu handeln, das wollen, was Gott will, besagt — auf der Linie der scholastischen Lehre — auch für Ockham, daß wir das wollen, von dem Gott will, daß wir es wollen[84]. Man darf daher nicht

---

[78] OTh V, 352.

[79] OTh V, 352.

[80] Ord. I, d. 47, q. un. (OTh IV, 685); cf. auch E. Hochstetter, Viator mundi, in: FSt 32 (1950), 14.

[81] Cf. die Übersicht bei J. Miethke, Ockhams Weg, 315.

[82] Der Gegensatz wird zwar schwächer formuliert: *„Deus potest praecipere quod pro aliquo tempore non diligatur ipse"*. Aber dennoch läßt sich dieser Akt — darin dürfte der Abstand zum Sentenzenkommentar liegen — vom Menschen nicht mehr hervorrufen, weil er einen performativen Widerspruch enthält (*„voluntas non potest pro tunc talem actum elicere ... ex hoc ipso quid sic diligeret, non facere praeceptum divinum per casum; et per consequens sic diligendo, Deum diligeret et non diligeret, faceret praeceptum Dei et non faceret"* (Quodl. III, q. 14. OTh IX, 256 sq.)); cf. auch L. Freppert, The Basis of Morality according to William Ockham, Chicago 1988, 123 sqq.

[83] Rep. II, q. 15 (OTh V, 352); Rep. IV, q. 16 (OTh VII, 352). Das Thema ist durch die Frage vorgegeben, wie die Bosheit des „gefallenen Engels" zu bewerten ist, wenn Gott die Totalursache aller Akte — auch des Hasses — ist (OTh V, 338 sqq.). Damit wäre Gott, da er das Böse verursacht, selbst böse. Nur nebenbei sei bemerkt, daß in der Diskussion auf Aristoteles (EN II, 6 1107 a 9 sqq.) rekurriert wird. Ockham, der die tradierten Problemfälle anführt, antwortet darauf, daß Akte wie *odium, furari, adulterari et similia* zwar verboten sind: *„si autem caderent sub praecepto divino, tunc faciens tales actus non obligaretur ad oppositum, et per consequens tunc non nominaretur furtum, adulterium"* (OTh V, 352). Das heißt, daß Gott, da er der Kreatur keine Rechenschaft schuldig ist, nichts Böses tut, wenn er den Gotteshaß hervorruft oder befiehlt; cf. dazu auch K. Bannach, Die Lehre von der doppelten Macht bei Wilhelm Ockham, Mainz 1975, 399 sqq.

[84] Ord. I, 48, q. un. (OTh IV, 687 u 689): *„quia vult illud quod alia voluntas vult ipsum velle ... Voluntas tenetur se conformare voluntati divinae volendo ea quae voluntas Dei vult eam velle, et hoc si velit eam velle illud voluntate beneplaciti vel voluntate praecepti"*; cf. auch Quodl. III, qu. 14: *„hoc est diligere Deum super omnia: diligere quod quid Deus vult diligi"* (OTh IX, 257).

übersehen, daß die theozentrischen Gebote kreatürlich vermittelt sind. Für die moralische Praxis öffnet sich mithin ein kreatürliches, kontingentes und eigenverantwortliches Handlungsfeld, in dem sich allerdings sehr verschiedene ethische Normenbegründungen überschneiden. Während nämlich die „Gebote" (*praecepta*) theozentrisch begründet werden, ist es andererseits doch erforderlich, die ethische Qualifikation des Handelns auch durch den Rekurs auf die „Erfahrung", die „Klugheit" und die „rechte Vernunft"[85] zu sichern. Die Frage, ob und inwieweit diese „beiden ethischen Systeme"[86] in Ockhams Werk tatsächlich bruchlos ineinandergreifen oder nicht, ist hier nicht zu beantworten.

Aber für den Zusammenhang, um den es geht, muß darauf hingewiesen werden, daß sich der Stellenwert des Isaak-Opfers verändert hat. Der naturgesetzliche Konflikt bleibt für Ockham sekundär, während dagegen die „Allmacht" Gottes, die einzig im Widerspruch ihre Grenze findet, eine geradezu überragende Bedeutung gewinnt. Das Isaak-Motiv verläßt den Rahmen des Naturgesetzes und kehrt in theologische Kontexte[87] zurück.

V.

Es wäre eine hermeneutisch interessante Aufgabe, die von der Quellenlage[88] her durchaus überschaubar ist, am Leitfaden der tradierten Konfliktfälle dem sich ändernden Status des Naturgesetzes, ebenso wie der zunehmenden Verlagerung des Naturrechts auf die *recta ratio* über das Spätmittelalter hinaus nachzugehen. Es scheint, daß auch die Synthesen[89] der Barockscholastik — vor allem in Spanien — nicht verhindert haben, daß

---

[85] Die *recta ratio* ist nicht nur Instrument, sondern auch „Teilobjekt" des Handelns („*recta ratio est obiectum actus virtuosi*", OTh VIII, 394), so daß das Diktat der praktischen Vernunft — in fast kantischer Weise — im Objekt eingeschlossen ist (OTh VIII, 418): „No act is perfectly virtuousous unless the will by this act wills what is dictated by rigth reason because it is dictated by right reason. It is would not be sufficient, therefore, that an act be elicited in conformity with rigth reason. What is really necessary is that it is elicited according to, and because of, the dictates of rigth reason" (Freppert, The Basis of Morality, 65); cf. B. Wald, Genitrix virtutum, Münster 1986, 131 ff.

[86] Cf. Freppert, The Basis of Morality, 172: „The one system based on the will of man and his right reason as the norm of morality, and the second system resting on the will of God as the highest ethical norm ... The two systems are related and there is a dependence in a very close and intimate way of the one system upon the other".

[87] Cf. die Belege bei Bainton, Immoralities of the Patriarchs, 42 sqq. und G. v. Rad, Das Opfer des Abrahams, München 1971, 45 sqq. (Luther).

[88] Ein Leitfaden für die Interpretation des Isaak-Motivs ist die Sentenzenliteratur; cf. auch W. Kölmel, in: FSt 37 (1955), 218 sqq.

[89] Hier sei nur auf die Übersichten hingewiesen, die Cajetan (S. th. I/II, 100, 8), F. Lychet (In II Sent., d. 37 q. un., Ed. Wadding-Gregory, VII, 2, 857 sqq.) und Suarez geben (De leg. II, 15, n. 1 sqq. Opera omnia, Paris 1856, 144 sqq.). Die Diskussion des Isaak-Themas in der Barockscholastik reicht aber weiter.

die Naturrechtsdiskussion am Beginn der Neuzeit aus den tradierten theologischen Bindungen[90] endgültig heraustritt und sich auf ein neues Zentrum — den Menschen[91] — zubewegt.

Für die Bewertung der Tendenzen, die sich hier abzeichnen, ist es nicht uninteressant, den Autor zu zitieren, der zwar sehr viel später, aber in systematischer Hinsicht doch bemerkenswert exakt nochmals auf das Isaak-Motiv zurückgreift — nämlich Kant.

Im „Streit der Fakultäten"[92] gebraucht Kant das Isaak-Motiv, um die „drei oberen Fakultäten" (Theologie, Recht und Medizin) gegenüber der niederen, wenig nützlichen Fakultät der Philosophie abzugrenzen, deren Mitglieder zudem noch in Fragen der Wahrheit „keinen Scherz" verstehen. Der „gesetzmäßige Streit" zwischen der Theologie und der Philosophie entscheidet darüber, wer der „gnädigen Frau" der Theologie die „Schleppe" nachträgt oder aber die „Fackel" voran. Die „statutarischen" Gesetze, durch die die Religion verpflichtet, zielen — nach Kant — eigentlich nur auf das „Herz" des Menschen, ohne daß die Theologen dadurch veranlaßt würden, sich auf die „philosophische Bank" herabzusetzen und mit einer „kritischen Prüfung der darin enthaltenen Lehren und Erzählungen" zu beginnen. An genau diesem Punkt gebraucht Kant die Isaak-Erzählung als ein „Beispiel", um den „Friedensabschluß" zwischen der Theologie und Philosophie zu demonstrieren, einen Frieden, der in der Trennung beider Disziplinen bestehen wird.

Der Text ist erstaunlich genug. Kant — sonst nicht sonderlich den Gefühlen zugeneigt — spricht vom „armen Kind", das zudem „noch das Holz" selbst tragen mußte, während Abraham — wie man annehmen darf — sich wohl besser mit der transzendentalen Erörterung der Anschauungsformen von Raum und Zeit und der Generalisierung moralischer Maximen hätte befassen sollen. Er hätte, nach Kant, auf die „vermeinte göttliche Stimme" antworten müssen: „daß ich meinen guten Sohn nicht töten solle, ist ganz gewiß; daß aber du, der du mir erscheinst, Gott sei, davon bin ich nicht gewiß, und kann es auch nicht werden, wenn sie auch vom (sichtbaren) Himmel herabschallete". Oder, in der Sprache der Vernunftkritiken geantwortet: „Denn wenn Gott zum Menschen wirklich spräche, so kann dieser doch niemals wissen, daß es Gott sei, der zu ihm

---

[90] Nach H. Grotius wäre auch dann, wenn die Existenz Gottes entfällt, das Naturrecht nicht gefährdet (De iure belli et pacis, Jena 1573, 6: *etiam daremus ... non esse Deum*, n. 10). Auf dieser „profanen Linie" (Delhaye) wird sich die neuzeitliche Naturrechtsdiskussion entwickeln.

[91] Cf. Delhaye, Permanence du doit naturel, 104: „Dieu n'a plus rien à faire en morale. Celle-ci est batie sur l'homme". Aber daß die moderne Ethik dem Aristotelischen Typus vergleichbar sei — „comme celle d'Aristote" — scheint doch einiger Differenzierungen zu bedürfen.

[92] Werkausgabe XI, 261 sqq. (Ed. Suhrkamp); cf. auch: Die Religion innerhalb der Grenzen der bloßen Vernunft, 861 (VIII).

spricht. Es ist schlechterdings unmöglich, daß der Mensch durch seine Stimme den Unendlichen fassen, ihn von Sinnenwesen unterscheiden, und ihn woran kennen solle. — Daß es aber nicht Gott sein könne, dessen Stimme er zu hören glaubt, davon kann er sich wohl in einigen Fällen überzeugen; denn, wenn das, was ihm durch sie geboten wird, dem moralischen Gesetz zuwider ist, so mag die Erscheinung ihm noch so majestätisch, und die ganze Natur überschreitend dünken: er muß sie doch für Täuschung halten"[93].

Das, was hier interessiert, ist die Tatsache, daß das Naturgesetz nunmehr als Gesetz der praktischen Vernunft durch die Vernunft selbst konstituiert wird, als eine Norm, die strikte „Allgemeinheit" fordert, während die religiöse Akzeptanz von Befehlen dem „Glauben" überlassen wird. Damit ist nicht nur ein Schlußstrich unter eine lange Tradition gezogen, sondern es sind auch — weit vor Kierkegaard — die Weichen für die moderne Diskussion des Isaak-Motivs gestellt, die bis heute andauert.

---

[93] Der Streit der Fakultäten, A 103 (Suhrkamp XI, 333). — Cf. H. Rosenau, Die Erzählung von Abrahams Opfer (Gen 22) und ihre Deutung bei Kant, Kierkegaard und Schelling, in: NZSysThR 27 (1985), 251—261.

Die Bestimmung der *ratio legis* bei Thomas von Aquin und Duns Scotus

Zur Frage der Inkompatibilität oder Kontinuität mittelalterlicher Naturrechtstheorien[*]

BERTHOLD WALD (Münster)

Untersuchungen zur Geschichte der Rationalität in der westlichen Welt sehen die Entwicklung des Rationalitätsanspruchs im Mittelalter gewöhnlich bestimmt durch die irreversible Ausbildung einer klaren Unterscheidung von Theologie und Philosophie unter dem Einfluß des aristotelischen Wissenschaftsbegriffs[1]. So unbezweifelbar das Faktum selbst erscheint, so verschieden sind allerdings die Ansichten darüber, ob und an welchem Punkt dieser allgemeinen Entwicklung es tatsächlich erstmals zur Ausbildung einer genuin philosophischen Methode gekommen ist, die ohne Rekurs auf theologische Voraussetzungen zu materialen und nicht bloß formalen Aussagen führt.

Unstrittig wiederum ist, daß irreduzibel verschiedene Sehweisen die philosophische Spekulation des 13. Jahrhunderts bestimmt haben, die sogar dazu berechtigen, von einem Neubeginn oder einem zweiten Anfang der Metaphysik bei Duns Scotus zu sprechen[2]. Demgegenüber scheinen die Unterschiede im Bereich der praktischen Philosophie weniger tiefgreifend. Insbesondere in der Frage des Naturrechts markiert erst die Position Ockhams eine vergleichbare Zäsur, die Duns Scotus diesmal näher an Thomas von Aquin als an die Seite der Nominalisten bringt.

---

[*] Der folgende Text wurde angeregt durch einen Diskussionsbeitrag von L. Honnefelder zu dem Vortrag von K. Hedwig. Der Untertitel bezeichnet abgekürzt die Diskussionslage, der Titel den Punkt, von dem her am ehesten Aufklärung in dieser Frage zu erwarten sein wird.
  Gegenstand der Diskussion war die These von K. Hedwig, wonach in der unterschiedlichen Haltung von Thomas, Scotus und Ockham zur Frage einer Suspension des Naturgesetzes „die letztlich inkompatiblen Positionen der mittelalterlichen Naturrechtslehren sichtbar werden."

[1] Cf. L. Honnefelder, Wissenschaftliche Rationalität und Theologie, in: Rationalität. Ihre Entwicklung und ihre Grenzen, ed. L. Scheffczyk, München 1989, 297 sqq.

[2] Cf. L. Honnefelder, Der zweite Anfang der Metaphysik. Voraussetzungen, Ansätze und Folgen der Wiederbegründung der Metaphysik im 13./14. Jahrhundert, in: Philosophie im Mittelalter. Entwicklungslinien und Paradigmata, ed. J. P. Beckmann, L. Honnefelder, G. Schrimpf und G. Wieland, Hamburg 1987, 165–186.

Von daher zu urteilen, könnte es durchaus naheliegen, im Bereich der praktischen Philosophie eine etwas anders verlaufende Linie zu sehen als im Bereich der theoretischen Philosophie. Sie beginnt mit Abelards Insistieren auf der Eigenständigkeit ethischer Kategorien[3] und führt über die von Thomas von Aquin geleistete grundlegende Systematisierung der verschiedenen Aspekte der Naturrechtslehre schließlich bei Duns Scotus zu einem gewissen Abschluß, allerdings unter der Voraussetzung, daß es noch dasselbe Kriterium ist — die unmittelbare Selbstevidenz naturrechtlicher Prinzipien — an dem Duns Scotus festhält. Der eigentliche Unterschied gegenüber Thomas von Aquin bestünde dann lediglich in der schärferen Fassung des rationalen Kriteriums, was Duns Scotus erlaubt, alle nicht aus sich notwendigen, d.h. evidenten Sätze aus dem Kernbereich des Naturrechts auszuschließen.

Die (Gegen)These lautet also mit anderen Worten: Duns Scotus entfernt aus der naturrechtlichen Spekulation alle Reste einer nur theologisch und nicht philosophisch zwingend begründbaren Inhaltlichkeit; er unterscheidet dort, wo es Thomas von Aquin noch darauf ankommt, Beziehungen herzustellen. Aber er führt kein neues Kriterium ein, weshalb eher von Kontinuität als von Inkompatibilität in der Naturrechtslehre gesprochen werden sollte.

W. Kluxen hat seinerzeit in einer vielbeachteten Studie dieses Argument von Thomas her vorbereitet durch die These, daß im Rückbezug der lex *naturalis* auf die *lex aeterna* zweierlei unterschieden werden müsse: „ihr vorzüglich spekulativer Sinn und die Eingeschränktheit ihrer praktischen Bedeutung"[4]. In seinem Kommentar zu qu. 94 des Lex-Traktats der Summa Theologica[5] expliziert O. H. Pesch unter ausdrücklichem Hinweis auf dieses Kapitel von Kluxens Thomas-Interpretation die nach seiner Auffassung längst fällige Konsequenz aus der jüngsten Forschung. Auf die Frage nach dem „*philosophischen* Gewinn" lasse sich nunmehr „eine zunächst möglicherweise bestürzende, dann aber befreiende Antwort" anbieten: „Das philosophische Ergebnis von Fr. 94 ist, daß es kein Naturgesetz gibt — jedenfalls nicht in dem (materialen) Sinne, wie Fr. 94 gewöhnlich in Anspruch genommen wird. (An dieser Stelle folgt der Hinweis auf Kluxen) ... Wo von *konkreten* Weisungen des Naturgesetzes die Rede ist, handelt es sich samt und sonders um solche, die faktisch nur aus dem Glauben an die Offenbarung des göttlichen Gesetzes erkannt sind und auch nur dadurch ihre Festigkeit haben"[6]. Eben das hätte — mutatis mutandis —

---

[3] Cf. E. Volk, Das Gewissen bei Petrus Abaelardus, Petrus Lombardus und Martin Luther, in: Trier. theol. Studien, 38 (1980), 304.
[4] Die philosophische Ethik bei Thomas von Aquin, Mainz 1964, Überschrift von § 2 des IV. Abschnitts; Cf. 233—237.
[5] Dt. Thomas-Ausgabe, Bd. 13, 572 ssq.
[6] L.c. 572, Hervorhebung von Pesch.

auch Duns Scotus schreiben können, und wie noch zu zeigen sein wird, trifft das tatsächlich im wesentlichen seine Position gegenüber Thomas von Aquin in der Frage nach dem Verpflichtungsgrund einiger (nicht aller) Gebote der zweiten Tafel des Dekalogs.

Die entscheidende Frage ist allerdings, ob wir sachlich berechtigt sind, diese (Selbst)deutung des einen für unsere Beurteilung des philosophischen Ansatzes der beiden mittelalterlichen Autoren zu übernehmen und auf die Formel einer stufenweisen Selbstexplikation einer gemeinsamen Grundidee zu bringen, wobei das „Materiale" der *Lex naturalis*-Theorie im Laufe der weiteren philosophischen Reflexion als unzugehörig erkannt und am Ende der Entwicklung nun ausdrücklich seiner implizit schon immer gegebenen theologischen Legitimierung überlassen wird.

1
Die grundlegende Bestimmung der ratio legis

Wie häufig bei Thomas von Aquin festzustellen ist, bezieht er sich, selbst in seinen eigenständigsten Darlegungen zu einer Frage, ausdrücklich und zustimmend auf bereits formulierte Einsichten der ihm erreichbaren philosophisch-theologischen Überlieferung. So verweist er im Zusammenhang mit der von ihm entwickelten und keineswegs zum überlieferten Gemeingut zählenden Definition des Gesetzes als „*ordinatio rationis*"[7] gerade auf Augustinus, dessen verwandte Formulierung, „*lex quae summa ratio nominatur*"[8], eine Bestätigung der eigenen Position nahelegen soll[9].

Das Wesen des Gesetzes muß für Thomas aber deshalb von seinem Vernunftbezug her definiert werden, weil sein Zweck in der rechten Anleitung zum Handeln besteht. Zwar macht wegen der Grundstruktur des naturhaften Perfektibilitätsdranges das noch unerfüllte Wollen stets den Anfang vor der Überlegung, wie ein Ziel zu erreichen ist. Wirklich erreicht wird es aber nur, indem die Vernunft die gebotenen Mittel und Wege erkennt und „anordnet" (*imperat*). Analog dazu läßt sich das Verhältnis von Wille und Vernunft auch in bezug auf die Natur des Gesetzes als Handlungsregel verstehen. Würde dagegen der Ausgangspunkt für eine Wesensdefinition des Gesetzes beim Willen des Gesetzgebers genommen,

---

[7] S.Th. I–II, 90,4: „*quaedam rationis ordinatio ad bonum commune, ab eo qui curam communitatis habet, promulgata*".
[8] S.Th. I–II, 92,1, s.c. (De lib. Arb. I,6; PL 32, 1229 B 5). Cf. S.Th. I–II, 91,2, 1.obj.: „*lex aeterna est qua iustum est ut omnia sunt ordinatissima* (ibid., PL 32, 1229 C)".
[9] Ob Thomas damit der Position des Augustinus gerecht wird oder nicht, mag hier dahingestellt bleiben. Überraschen kann der Augustinus-Verweis nicht, sofern bereits Alexander von Hales in der Summa Theologica wiederholt eben diese Stellen angeführt hatte. Einen ähnlichen Hinweis bei Duns Scotus konnte ich aber nicht finden. Stattdessen die entgegengesetzte Berufung auf Augustinus, cf. Anm. 12.

wäre nur die *causa efficiens* der Gesetzesform als verbindlicher Anordnung benannt, der für die Definition maßgebliche, kontradiktorische Unterschied jedoch verfehlt, von dem her jedes Gesetz seine innere, das Gewissen verpflichtende Verbindlichkeit bezieht: der Gegensatz von Gerechtigkeit und Ungerechtigkeit[10].

Duns Scotus nimmt demgegenüber eine deutlich verschiedene Perspektive ein. Er bestreitet zwar für den Bereich der politischen Gesetzgebung keineswegs den konstitutiven Zusammenhang von praktischer Vernunft und gesetzgeberischem Willen. Dennoch versieht er dieses Verhältnis unter Voraussetzung seiner Theorie des Willens mit einer Einschränkung, die nicht ohne Folgen für das Verständnis der positiven Gesetzgebung bleiben kann[11]. Wird nämlich der Wille wesenhaft von der *libertas indifferentiae* her begriffen, dann bleibt zwar der generelle Vernunftbezug erhalten, jedoch so, daß der Wille in jedem einzelnen Akt nur auf die Weise durch Gründe bestimmt wird, daß er selbst der letzte Grund dafür ist, sich von diesem statt jenem Grund leiten zu lassen[12]. Eben deshalb kann Duns Scotus das *imperium rationis* als bloße Fiktion kritisieren, an dessen Stelle richtigerweise eine dem *imperium voluntatis* lediglich vorauffliegende „*ostensio obiecti*" anzunehmen ist[13].

Im Falle der göttlichen Gesetzgebung steht es nicht grundsätzlich anders. Auch hier muß zunächst ein *iudicium intellectus* dem Willen anzeigen, wie sich eine Sache verhält. Die Gesetzesform einer göttlichen Anordnung hängt jedoch wiederum nur vermittels eines Willenaktes mit der zu regelnden Materie zusammen. Eine Definition der *lex naturalis*, die nur auf den partizipativen Charakter des natürlichen Sittengesetzes abhebt, verfehlt daher unweigerlich die Anforderungen der *ratio legis*, die ohne Bezug auf einen vorauffliegenden Akt des Willens nicht verwirklicht ist[14].

---

[10] Cf. S.Th. I–II, 90,1 ad 3; ibid. 90,4.
[11] Dies schwingt schon mit in der besonderen Akzentuierung des Zwangsmomentes. Cf. Ord.I, d.44, n.1. „*Lex a ligando dicta est*: ille *tantum obstringere potest per legitimam auctoritatem alios ad parendum suis mandatis iustis, qui potest eis imperare et praecipere illis qui tenentur sibi obedire; alioquin frustra ferret leges, ad quarum observantiam cogere non posset; eiusdem est ergo potestatis, et virtutis legem ferre et imperare*".
[12] Ord.I, d.44, n.1 (mit Bezug auf S.Th. I–II, 90,1, ad 3). „*Non itaque ratio iubet aut praecipit voluntati, nec sic facienda intimat, ut necessario aut indubie amplectatur quod intellectus dictat et intimat, ut dictum est iuxta Anselmi et Augustini doctrinam, testantium, voluntatem sibi atque aliis imperare potentiis animae. Quare quoniam proprie et per se voluntatis interest per imperium dirigere ac movere quotquot sibi subduntur ad rectae agendum, eius quoque erit leges statuere et ferre, prout prudentia dictaverit, et bonum eorum, qui lege legantur, exegerit*".
[13] Ord.I, d.44, n.1. „*Atqui imperium est actus voluntatis, praevia obiecti ostensione, et non rationis, quae etsi ostendat practice quid facto opus sit, tamen rationalis appetitus, pro innata sui dominativa potestate, valet sequi dictamina rationis, et contemnere, alia vel opposita eligendo*".
[14] Op. oxon. 4, d.17, n.3. „*Ut ergo lex ista naturalis proprie involvit legis rationem, sic lex naturae, ut est aeternae legis participatio, deficit a vera legis ratione, quia actum voluntatis praecedit*".

2
Wesen und Umfang der lex naturalis

Die beiden Autoren jeweils eigentümliche Auffassung von der *ratio legis* läßt sich in ihrer vollen Tragweite erst an dem Gesetzestypus der *lex naturalis* ablesen. Zunächst teilt Duns Scotus mit Thomas von Aquin die Ansicht, daß sich die Gerechtigkeit der menschlichen Verhältnisse von ihrer unmittelbaren oder mittelbaren Beziehung zur *lex naturalis* herleitet. Das natürliche Sittengesetz regelt nicht etwa nur eng umgrenzte Sonderfälle, sondern auf dem Wege der Ableitung (*conclusio*) oder der näheren Determination (Scotus spricht von Konsonanz) die gesamte Rechtsmaterie. Das natürliche Sittengesetz ist die Substanz der Gerechtigkeit in allen Gesetzen, sofern Gerechtigkeit ‚Richtigkeit' bzw. ‚Berichtigung' des Wollens bedeutet durch die Vernunft. Diese beginnt, wie alle Erkenntnis, nicht prinzipienlos, sondern findet und beurteilt das Besondere im Lichte erster Prinzipien[15].

Läßt sich der Einfluß der *lex naturalis* nach gemeinsamer Auffassung nicht sinnwidrig auf wenige Sonderfälle begrenzen, so kommt es doch entscheidend darauf an, wie sein Sonderstatus gegenüber dem positiven Gesetz verstanden wird. Das betrifft vor allem zwei Fragen: erstens (1), den Unterschied zwischen einem Wissen von Prinzipien und der Erkenntnis auf Grund von Prinzipien, zweitens (2), die besondere Materie, welche von einer Erkenntnis *ex principiis naturaliter notis* erfaßt wird andererseits. In beiderlei Hinsicht lassen sich grundlegende Auffassungsunterschiede zwischen Thomas und Scotus nicht übersehen, auch wenn zunächst ein partieller Konsens darin besteht, was das Adjektiv ‚*naturalis*' in dem Ausdruck ‚*lex naturalis*' bedeutet.

(1) Beginnen wir zunächst mit dem, was den besonderen Status der *cognitio principii* betrifft. Hier ist nach gemeinsamer Auffassung von Thomas und Scotus der eigentliche Grund dafür, von einer ‚*naturalis* lex' zu reden nicht der Bezug auf eine besondere Materie — etwa das „Naturhafte" in den Dingen — sondern die besondere Erkenntnisweise des Gesetzes, das unmittelbar und ohne Nachforschung (*inquisitio*), also nicht wie im Fall der *dictamina rectae rationis*, von der Vernunft erfaßt und formuliert wird[16]. Die Konstituierung der *lex naturalis* ist gewissenmaßen das Produkt der *ratio naturalis*, die ohne Belehrung oder Nachdenken die grundlegenden Zusammenhänge im Bereich des Praktischen erfaßt, wie beispielsweise den Sachverhalt der in jedem Gesetz notwendig eingeschlossenen Allgemeinheit, ohne die es kein Gesetz, sondern eine bloße Willensäußerung wäre.

---

[15] S.Th. I—II, 95,2. „*Inquantum habet de iustitia intantum habet de virtute legis. In rebus autem humanis dicitur esse aliquod iustum ex eo quod est rectum secundum regulam rationis. Rationis autem prima regula est lex naturae.*".
[16] Cf. S.Th. I—II, 91,3.

Diese „natürliche" Einsicht steckt in der sogenannten Goldenen Regel, die von Thomas von Aquin und Duns Scotus als eine grundlegende Formulierung der *lex naturalis* betrachtet wird[17].

Übereinstimmung herrscht auch bezüglich der Frage, weshalb die menschliche Vernunft zur unmittelbaren Formulierung notwendiger Zusammenhänge in der Lage ist. Qua Vernunft ist sie ein aktives Vermögen, dessen unmittelbare Wirksamkeit von der unbegrenzten Wirklichkeit der göttlichen Vernunft herrührt. Thomas spricht daher bildlich vom „*lumen rationis*" als einer „*impressio divini luminis in nobis*", weshalb die in diesem Licht erkannte *lex naturalis* wiederum nichts anderes ist als die Art und Weise, wie das „natürliche Licht in uns" durch die Erfassung der *lex naturalis* an der aus dem „göttlichen Licht" hervorgehenden *lex aeterna* partizipiert[18].

Dieser Doppelstruktur der *lex naturalis*, ihrem an sich unzugänglichen Grund in der *lex aeterna* und deren Wirkungen auf die Prinzipienerkenntnis der *ratio naturalis*, entspricht bei Thomas jedoch eine weitere Unterscheidung, welche die Bedeutung der „*principia per se nota*" klären soll[19]. Die zu lösende Schwierigkeit besteht in der Zweideutigkeit des Ausdrucks ,*per se notum*', wie er im Begriff eines unmittelbar selbstevidenten Wissens auftritt. ,An sich bekannt sein' meint zunächst eine Eigenschaft von Sachverhalten, die von sich her bekannt (*secundum se*) sind, sofern eine notwendige Übereinstimmung vorliegt von Gegenstandsbegriff und Aussage. Inwiefern aber einer solchen notwendigen Übereinstimmung etwas in der Wirklichkeit entspricht, wird für uns (*quoad nos*) nur dann aus dem Verhältnis von Satzsubjekt und Prädikat erkennbar, wenn wir bereits über ein definitives Wissen um den mit dem Satzsubjekt bezeichneten Gegenstand verfügen. Entzieht sich das Objekt der Erkenntnis gerade dort unserer Kenntnis, wo ihm an sich die größte Erkennbarkeit zukommt, in der Existenz seines konkreten Wesensgehalts nämlich, bleibt nur der Weg über seine Wirkungen, mit denen sich etwas als so oder so beschaffen indirekt zu erkennen gibt. Diese sind für uns das Bekanntere, im Verhältnis zu dem uns unzugänglichen Wesen der Sache jedoch das Unbekanntere[20].

---

[17] Im Anschluß an Gratian, Decretum I, 1 Prol., ein Gemeinplatz der scholastischen Theologie. Cf. S.Th. I–II, 94,4, ad 2.

[18] S.Th. I–II, 91,2; cf. In duo praec. expositio I, n.1129. „*Lex naturae nihil aliud est nisi lumen intellectus insitum nobis a Deo, per quod cognoscimus quid agendum et quid vitandum*". Zum Zusammenhang von *lex aeterna* und *lex naturalis* cf. unten Abschnitt 3.

[19] S.Th. I–II, 94,2. „*Dicitur autem aliquid per se notum dupliciter: uno modo, secundum se; alio modo quoad nos. Secundum se quidem quaelibet propositio dicitur per se nota, cuius praedicatum est de ratione subiecti: contingit tamen quod ignoranti definitionem subiecti, talis propositio non erit per se nota*".

[20] Neben der hier zur Rede stehenden Frage ist der wichtigste Zusammenhang, in dem Thomas diese Auffassung vertritt, bekanntlich seine Zurückweisung des sogenannten ontologischen Argumentes für die Existenz Gottes aus der bloßen Kenntnis einer an sich wahren Proposition. Cf. J. Owens, St. Thomas Aquinas on the Existence of God,

Duns Scotus lehnt eine derartige Unterscheidung von an sich und für uns Bekanntem ab. Sätze von der Art einer *propositio per se nota* bleiben auch dann noch für uns in demselben Sinn *per se notum*, wenn sie mangels Einsicht in den Wirklichkeitsbezug ihrer Glieder de facto nicht erkannt werden. Entscheidend für Scotus ist allein die Notwendigkeit der Beziehungen als solche, weil sie die erste und wichtigste Bedingung dafür hergibt, daß etwas im nachhinein in eben dieser Form auch als wirklich erfaßt werden kann[21].

Hier deutet sich schon an, wo die Wurzel für die eigentümliche Art zu suchen ist, wie Duns Scotus die Selbstevidenz der ersten Prinzipien im Bereich des Naturgesetzes begründet. Dem Wirklichen wohnt die den Verstand zwingende Kraft notwendiger Prinzipien nur deshalb ein, weil und sofern sie Ausdruck von an sich grundlegenderen Wirklichkeitsbedingungen sind. Diese machen den Anfang, indem durch sie allein, und nicht durch das Wirklichsein, bereits festgelegt ist, was sich notwendig zueinander verhalten muß und deshalb als solches erkannt werden kann, und was nicht[22].

Die Auswirkungen eines solchen Primats der logischen Ordnung von Begriffen für die Bestimmung der *praecepta legis naturalis* sind beträchtlich. Wie Thomas spricht Scotus zwar von der menschlichen Vernunft als einer *„quaedam participatio lucis increatae"*[23]. Scotus folgert jedoch unter der Prämisse seines Begriffs von Evidenz daraus für den menschlichen Intellekt dieselbe Ausdehnung auf das *„esse intelligibile et possibile"* wie für Gott.

Qua Intellekt erfassen Gott und Mensch unmittelbar den Zusammenhang der Termini und damit zugleich, ob es sich um eine notwendige oder kontingente Beziehung handelt. Kontingente Beziehungen können zwar nachträglich — in der Wirklichkeit — zu notwendigen gemacht werden, aber nur durch eine positive Setzung des Willens, weshalb wiederum auch nur eine nachträgliche Erkenntnis der zwar faktisch, aber nicht notwendig geltenden Gesetze möglich ist. Im Kernbereich der *lex naturalis* muß dagegen dieselbe unbedingte Notwendigkeit herrschen für den göttlichen wie für den menschlichen Intellekt, die a priori erkennbar ist und die

---

New York 1980, 158—160. Wie sich noch herausstellen wird, hängt beides eng miteinander zusammen, wenn es um die Möglichkeit eines naturhaften Wissens um das Gebot der Gottesliebe geht. Cf. unten Text und Anm. 40 sq.

[21] Cf. E. Gilson, Johannes Duns Scotus. Einführung in die Grundgedanken seiner Lehre, Düsseldorf 1959, 125—134; dort ausführliche Belege zu Scotus. Gilson ist sich allerdings nicht schlüssig, ob trotz der offenkundigen Differenzen zwischen Thomas und Scotus ein sachlicher Unterschied vorliegt oder nicht (ibid. 133 sq.). Cf. für Thomas von Aquin: R. B. Schmitz, Sein-Wahrheit-Wort. Thomas von Aquin und die Lehre von der Wahrheit der Dinge, Münster 1984, 105—114.

[22] Cf. L. Honnefelder, Scientia transcendens, Die formale Bestimmung der Seiendheit und Realität in der Metaphysik des Mittelalters und der Neuzeit (Duns Scotus — Suárez — Wolff — Kant — Peirce), Hamburg 1990, Kap. I, 2—4.

[23] Op. oxon. 3.d., 37 n.8.

Möglichkeit einer universalen Erkenntnis der *prima praecepta legis* bei allen Menschen qua Vernunftwesen garantiert[24].

(2) Fragen wir jetzt nach dem materialen Gehalt der Prinzipienerkenntnis, dann zeigt sich wiederum zunächst Übereinstimmung hinsichtlich der Formulierung des grundlegenden Gebotes in seinen beiden Fassungen, von der biblisch-theologischen Tradition her als ‚Goldene Regel‘, von philosophischer Seite her als der Satz: *„Bonum est faciendum et prosequendum, malum vitandum et fugiendum"*[25]. In diesem obersten Grundsatz der *lex naturalis* wird lediglich explizit formuliert, was als die *ratio boni* implizit in der jedermann bekannten Erfahrungstatsache — *„bonum est quod omnia appetunt"* — enthalten ist: die Präzeptivität des Guten, welche in der Reflexion auf die konstitutive Finalität des jeweils eigenen Tuns unmittelbar zum Vorschein kommt.

Die Logik des Arguments, der Zusammenhang zwischen der Feststellung, „alle erstreben das Gute" und der Aufforderung, das Gute zu wollen, wird allerdings verschieden interpretiert, und es steht zu erwarten, daß die nach Ausweis der Texte unterschiedliche Bestimmung von Umfang und Inhalt der *praecepta legis naturae* genau hierin begründet liegt — und nicht in der Wirksamkeit von theologischen Voraussetzungen, die erst von Scotus erkannt und aus einer ansonsten gemeinsamen Begründungsstruktur entfernt worden sind[26].

Den Ausgangspunkt bei Thomas[27] bildet die Behauptung einer Analogie der transzendentalen Bestimmungen ‚wahr‘ und ‚gut‘ auf Grund ihrer jeweils verschiedenen Seinsbezogenheit im Verhältnis zu den geistigen

---

[24] Cf. Op. oxon.I, d.3,4, n.24. *„Natura rationalis sit quaedam participato lucis increatae; et ipsa pariter suo modo in terminis apprehensis cernit convenientiam, et disconvenientiam immutabilem eorumdem, dante eis perpetuitatem et immutabilitatem actu divini intellectus iudicantis ita esse, et iudicari ab omnibus debere"*.

[25] Cf. S.Th. I–II, 94,2; die einschlägigen Stellen für Scotus sind: Op. oxon.3, d.37, n. 5–8; ibid. 4, d.17, n.3; Rep.Par. ibid. n.3 sqq.

[26] Wie sensibel gerade Thomas in anderen Zusammenhängen auf undurchschaute Voraussetzungen theologischer Herkunft reagiert, dürfte schon für sich allein genügen, vorsichtiger zu sein mit dem Verdacht einer theologischen Befangenheit seines Denkens. Erwähnt sei nur der explizite Verweis auf die Gewöhnung (*„ex consuetudine qua ex principio assueti sunt..."* S.c.G. I,11), die er als psychologische Ursache dafür ansieht, daß die Logik des ontologischen Arguments für die Existenz Gottes in einem christlich geprägten Kulturkreis überhaupt zu wirken vermag und nicht sofort als bloßer Schein erkannt wird. Seine Auseinandersetzung mit Bonaventura und anderen Theologen seiner Zeit im Zusammenhang mit der Behauptung einer zwingenden philosophischen Beweisbarkeit des Schöpfungsglaubens liefert ein nicht weniger prominentes Beispiel, diesmal in der umgekehrten Perspektive, in welcher es um die Abgrenzung echter theologischer Kompetenzen geht.

[27] Zur Struktur des Arguments bei Thomas von Aquin cf. R. Mc Inerny, Ethica Thomistica, Washington 1982, 35–40; cf. 40–62 (Diskussion kontroverser Positionen von Grisez und Finnis).

Vermögen des Menschen[28]. Wie das Sein in der Erkenntnis als Bestimmungsgrund jeglicher Wahrheit enthalten ist, so im Wollen als Bewegungsgrund allen Strebens nach dem Guten. Weil die *appetitio boni* aus der noch unerfüllten Hinneigung auf das Wirkliche erwächst, wird die *ratio boni* unmittelbar als Beziehung auf das verstanden, was in diesem appetitiven Beziehungsverhältnis von geistigem Vermögen und Wirklichkeit allein den Ausschlag zu geben vermag: das wirklich Gute, das — unter dem naturgegebenen Antrieb der *appetitio boni* noch nicht bewußt intendiert — auch bewußt gesucht und unterschieden werden soll von dem bloß vermeintlich Guten, dem objektiv Schädlichen oder gar Bösen, das es zu meiden gilt. Die bewußte sittliche Entscheidung des Willens macht sich in Gestalt eines ‚Sollens' nur selbst zu eigen, was in Gestalt eines naturhaften Begehrens die gesamte Dynamik des Willens trägt: die *intentio finis sub ratione boni*[29].

Die Verpflichtung zum Guten erwächst damit aus der Erkenntnis einer objektiv vorhandenen Struktur, die nur dort die Form eines Sollens annimmt, wo das Gute als universaler Zielsinn zwar naturhaft vorgegeben ist, ohne sich jedoch von selbst durchzusetzen. In dieser besonderen Situation befindet sich ein Wille, der beides zugleich in sich vereint: Naturtendenz qua Begehren und Freiheit qua Erkenntnis[30].

Als Naturtendenz äußert sich dieses allgemeine Verlangen nach dem *bonum conveniens* auf vielfältige Weise entsprechend den verschiedenen Vermögen des Menschen. Um Mißverständnissen vorzubeugen, muß allerdings deutlich gemacht werden, weshalb die in qu. 94,2 entwickelten Strukturmomente des menschlichen Existenzvollzugs zwar wegen des fundamentalen Charakters der darin enthaltenen Güter (Selbsterhaltung des eigenen Lebens, Fortpflanzung, Entfaltung des geistigen Lebens) zum Kernbereich der *lex naturalis* gehören, ohne jedoch durch sich selbst bereits Gesetzescharakter zu haben.

Wohl sieht Thomas die Ordnung der Gebote des Naturgesetzes ausdrücklich bezogen auf die Ordnung der naturhaften Antriebe im Menschen[31]. Aber gerade an der Notwendigkeit, sie aufeinander zu beziehen, wird auch deutlich, daß sie nicht schon dasselbe sind und daß die *lex naturalis* nicht lediglich eine Verdoppelung der Naturordnung ist. Denn wie schon aus dem ersten Artikel des ganzen Lex-Traktats hervorgeht, rechnet Thomas den Terminus ‚lex' zu den analogen Begriffen, die im

---

[28] Cf. S.Th. I—II 94,2 in Verbindung mit Ver. I,1.

[29] Cf. S.Th. I—II, 8,1 et q.8 passim (über das Objekt des Willens).

[30] Cf. S.Th. I—II, 10,1. „*Naturaliter homo vult non solum obiectum voluntatis, sed etiam alia quae conveniunt aliis potentiis, ut cognitionem veri quae convenit intellectui, et esse, et vivere, et alia huiusmodi quae respiciunt consistentiam naturalem: quae omnia comprehenduntur sub obiecto voluntatis sicut quaeda particularia bona*".

[31] S.Th. I—II, 94,2. „*Secundum igitur ordinem inclinationum naturalium, est ordo praeceptorum legis naturae*".

eigentlichen wie uneigentlichen Sinn verstanden werden können. Das Gesetz im primären Sinn findet sich allein in der „zumessenden und regelnden" Vernunft, in einem weiten und abgeleiteten Sinn in allem, was in seiner naturhaften Hinneigung auf etwas bereits „geregelt und bemessen" ist[32].

Diese natürlichen Gesetzmäßigkeiten können nun deshalb nicht unmittelbar selbst als Gesetze für den Menschen gelten, weil die einzelnen *inclinationes naturae* nicht wie Subjekte eines eigenen Wollens dem Menschen inhärieren, sondern die natürlichen Objekte des menschlichen Willens sind. Als gewisse Teilgüter fallen sie unter ein einziges Objekt des Willens: das Gut der menschlichen Person[33].

Die naturhaft vorgegebenen Ziele der menschlichen Antriebsstruktur enthalten demnach für jeden einzelnen Menschen selbst noch einen gewissen Regelungsbedarf unter dem Gesichtspunkt ihrer Einheit in der Person[34]. Weder könnten sie alle stets zum selben Zeitpunkt im Leben eines Menschen verwirklicht sein, noch verpflichten sie ihren Träger ausnahmslos. Aber weil es sich bei den mit diesen Zielen verbundenen Gütern um die fundamentalen Verwirklichungsbedingungen des menschlichen Lebens als solchem handelt, müssen sie jedem Menschen mit unbedingter Notwendigkeit zugestanden werden und sind deshalb konstitutiv für eine natürliche Gerechtigkeitspflicht, die in Gestalt der *prima principia legis naturae* alle weitere positive Gesetzgebung bindet. Deren tragende Grundnormen sind dann gerecht, wenn sie als Folgerungen (*conclusiones*) an der unwandelbaren Richtigkeit der obersten moralischen Grundsätze partizipieren[35]. Thomas nennt sie daher auch „*praecepta secunda legis naturae*", denen universale Verbindlichkeit „*ut in pluribus*"[36] innewohnt — im Unterschied zu solchen Normen, deren besondere Geltung wegen der Kontingenz der zu regelnden Materie den Umständen entsprechend variiert[37].

Was sind nun konkret inhaltlich jene stets gültigen *praecepta secunda* oder Grundnormen, welche die Basis einer gerechten Gesetzgebung ausmachen? Zunächst fällt auf, daß Thomas offensichtlich eine systematisch vollstän-

---

[32] Cf. S.Th. I–II, 90,1; 91,6.
[33] Cf. Anm. 30, letzter Satz. Das verbreitete Mißverständnis dieser Position, die präzeptive Struktur der *lex naturalis* unmittelbar aus den Naturtendenzen abzuleiten, hat M. Rhonheimer zum Anlaß genommen, in einer grundsätzlichen Weise „die personale Struktur des Naturgesetzes bei Thomas von Aquin" herauszuarbeiten. Cf. Natur als Grundlage der Moral, Innsbruck–Wien 1987, 24–142, 241–268.
[34] Die Verselbständigung der partikulären Antriebe im Menschen — außerhalb eines umfassenden Lebenszieles unter Leitung der Vernunft — ist für Thomas gerade das sichtbare Zeichen für den Zustand des gefallenen Menschen. Cf. S.Th. I, 95,1 und 2.
[35] Cf. S.Th. I–II, 94,4.
[36] Ibid. 94,5. Einschränkende Bedingung für die universale Gültigkeit der *praecepta secunda* ist die Kontingenz der Handlungsmaterie und nicht eine Unbestimmtheit im Wesen des Gesetzes, die zu seiner Veränderlichkeit führt. Cf. M. Rhonheimer, l.c., 378–386.
[37] Cf. S.Th. I–II, 95,2.

dige Deduktion vermeidet. Bei näherem Zusehen kann das allerdings kaum überraschen, sofern er, selbst für die Erkenntnis der ersten Prinzipien des Gesetzes, nur eine solche Art von Evidenz (*quoad nos*) annimmt, die sich — dann aber zwingend und unmittelbar — aus der Reflexion auf gewisse Sachverhalte der Erfahrung ergibt. In dieser genetischen, nicht sachlichen Bindung der Erkenntnis an gewisse Entstehungsbedingungen äußert sich ein unvermeidliches Moment von Geschichtlichkeit der menschlichen Vernunft, das sich einer systematischen Vorwegnahme von abschließenden Einsichten widersetzt.

Gleichwohl läßt Thomas es nicht an Hinweisen auf konkrete Grundnormen fehlen, die er wegen ihrer unmittelbaren Verbindung zu den *prima principia* als unwandelbar gültig betrachtet. Er verfährt dabei jedoch so, daß er einzelne Rechtsbereiche durchgeht, von denen der für ihn zweifellos wichtigste die überlieferte Rechtsordnung des Alten Testaments ist[38]. Wenn Paulus sagen konnte, daß den „Heiden" das Gesetz „ins Herz geschrieben" sei, dann war die Frage nach der Erkennbarkeit und ausnahmslosen Gültigkeit des Dekalogs im Verhältnis zur *lex naturalis* unvermeidlich.

Diese Frage wird bekanntlich von Thomas und Scotus unterschiedlich beantwortet, und zwar so, daß der eine jeweils verneint, was der andere bejaht — ein nicht zu übersehendes Indiz dafür, wie sich die Vorstellung vom Wesen des Gesetzes bei Scotus inzwischen verändert hat. Es ist daher wichtig zu sehen, weshalb Thomas die eine Hälfte des Dekalogs, das Sittengesetz im engeren Sinn, als evident betrachtet, die andere dagegen nicht. Die Gebote der Nächstenliebe haben ein reales Fundament in der Selbsterfahrung jedes Menschen, die Gebote der Gottesliebe jedoch nur im Glaubenden, obwohl sie an sich nicht weniger evident sind[39]. Einmal verstanden, kommt ihnen sogar die größere Evidenz zu, sofern die Liebe zu Gott das Wissen um die Nächstenliebe einschließt. Das Verstehen des ersten Gebots folgt jedoch nicht schon aus der bloßen Einsicht in die Struktur einer Proposition. Es steht vielmehr unter derselben einschränkenden Bedingung wie das Wissen um die Existenz Gottes, die nur Realität gewinnt in der Reflexion auf gewisse Tatsachen der Erfahrung — und im Glauben[40].

Fragen wir jetzt nach dem Zusammenhang von erstem allgemeinen Prinzip und dem materialen Gehalt der *lex naturalis* bei Duns Scotus, dann fällt sofort der Unterschied in der Logik der Ableitung ins Auge. Scotus gewinnt die *ratio boni* zwar auch aus der Reflexion auf die Selbsterfahrung

---

[38] Cf. S.Th. I—II, 100, 1—4. Neben dem Alttestamentlichen Dekalog interessieren Thomas vor allem die Normen des *ius gentium* und des *ius civile* in ihrer Beziehung auf das natürliche Sittengesetz.

[39] Cf. S.Th. I—II, 100,1.

[40] S.Th. I—II, 100,4. „*Sicut enim prima praecepta communia legis naturae sunt per se nota habenti rationem naturalem, et promulgatione non indigent; ita etiam et hoc quod est credere in Deum, est primum et per se notum ei qui habet fidem*".

des Menschen, so daß in der Vorstellung von ‚gut' notwendig die Bedeutung ‚erstrebenswert' miterkannt ist. Doch er zieht daraus den Schluß, daß, wann immer bei einem Begriff ‚gut' als notwendiger Bestandteil seiner Bedeutung auftritt, daraus folgen muß, daß die mit ihm bezeichnete Sache auch notwendigerweise als erstrebenswert erkannt wird. „Gott über alles zu lieben" ist demnach jedermann als oberstes Gebot von Natur aus bekannt, sofern er die Bedeutung des Wortes ‚Gott' versteht. ‚Gott' verstehen heißt aber, „notional" um seine unendliche Gutheit zu wissen und damit auch um die geforderte Haltung[41].

Mit derselben Notwendigkeit folgen noch weitere Sätze, die wegen ihrer Allgemeinheit eher als Prinzipien denn als Gebote des Naturgesetzes zu bezeichnen sind[42]. Als unmittelbare Folgerungen (*conclusiones*) stehen sie auf der nächsten Stufe unterhalb des obersten praktischen Prinzips der *lex naturalis*, weil sich ihre Ableitung zwingend aus der Verknüpfung der Termini ergibt; sie gehören daher zu den immer und überall geltenden Sätzen der *lex naturalis*, die jedermann bekannt sind.

Erst auf der nachfolgenden Stufe befinden sich alle diejenigen Sätze, die sich als Gebote des Sittengesetzes auf das Verhältnis der Menschen untereinander beziehen und mit den voraufgehenden ersichtlich zusammenstimmen (*consonant*), ohne jedoch dieselbe zwingende Notwendigkeit für die Erkenntnis ihrer Gültigkeit bei sich zu führen[43]. Beispielhaft nennt Duns Scotus hier die Gebote der sogenannten zweiten Tafel des Dekalogs, die strenggenommen in dem naturrechtlichen Gebot der Nächstenliebe enthalten sind, daraus aber nicht mit letzter Verbindlichkeit abgeleitet werden können, wie das Verbot, einen Unschuldigen zu töten, zu stehlen, oder die Ehe zu brechen[44].

Diese Gebote gehören deshalb nur „*extendendo nominis*" zum Naturgesetz, weil der Verbindung ihrer Termini mit dem obersten praktischen Prinzip

---

[41] Rep. Par.4, d.17, n.3. „*Strictissime ad hanc legem pertinent prima principia practica ex ipsorum apprehensione terminorum omnibus nota. Quia enim de naturae instinctu bonum amnia appetunt, mox boni et convenientis ratione intellectui apparente, actuum, perspectum, persuasumque sibi est, bonum esse appetendum atque amandum, malum et disconveniens fugiendum ac declinandum. Cum item omnibus insita sit notio Dei, primi principii, ac infiniti boni; illico intellectus hoc apprehendens, iudicat esse maxime, et prae omnibus Deum diligendum*".

[42] Zu diesen Sätzen zählen unter anderem: ibid. n.3. „*Omne honestum esse amandum, et prosequendum, inhonestum ergo et turpe declinandum, si que neninem esse iniuria afficiendum*".

[43] Op. oxon.3, d.37, n.5. „*Legis naturae nomine proprie et stricte primum significantur prima principia practica, ut bonum est amandum, malum vero fugiendum. Secundum gradum tenent conclusiones, ex talibus principiis primis evidenter deductae, ut; ergo Deus est amandus, superbia detestanda, eo quod mala sit. Et tertio denique extendendo nominis significatum, de lege naturae dici possunt ea omnia, quae esto principia prima non sint, nec conclusiones illorum principiorum necessariae, sunt nihilominus admodum consona illis. Et talia profecto esse probantur moralia praecepta, quae in secunda tabula continentur. — Quod isthaec praecepta non sint omnia de lege naturae ex terminis nota, inde constat, quia rationes eorum, quae ibi praecipiuntur, vel prohibentur, non sunt principia practica simpliciter necessaria, nec conclusiones simpliciter necessariae*".

[44] Cf. Op. oxon.3, d.33, n.11.

aus sich selbst heraus keine unabänderliche Notwendigkeit und Wahrheit innewohnt[45]. Im strengen Sinn dazugehörig gelten Scotus nur die Gebote der ersten Tafel, deren Kenntnis sich niemand entziehen kann, der den notwendigen Zusammenhang ihrer Termini verstanden hat[46].

Wohl gilt auch für Scotus, daß das Wissen um die Gebote der Nächstenliebe dem Menschen ebenso natürlich eingegeben ist wie das Wissen um die Gebote der Gottesliebe. Aber es beruht auf einem vermittelnden Prinzip, das die besondere Materie des Sittengesetzes mit den obersten Grundsätzen der praktischen Vernunft auf kontingente Weise verknüpft. Es lautet: „Was immer ihr wollt, daß die Menschen euch tun mögen, das sollt auch ihr ihnen tun"[47]. In dieser Regel sind zwei Elemente enthalten, die zur unmittelbaren Einsicht in das gebotene Handeln führen (können): Durch die Reflexion auf die eigenen Bedürfnisse erschließen sich auch die Bedürfnisse der anderen; und, im Wissen um die eigene Erwartung an die anderen enthalten ist zugleich das Wissen um die Bedingung ihrer Anerkennung als Zustimmung zu den auf einen selbst gerichteten Erwartungen.

Daß es sich hier jedoch um ein Argument von ganz anderer Art handelt, dürfte wohl unmittelbar einleuchten. Das Prinzip der Erkenntnis einer immer und überall gleichen Beziehung von Begriffen ist unwandelbar, selbst für Gott, der menschliche Wille oder die Selbstliebe als vorauszusetzende psychologische Basis für Ableitungen aus der Goldenen Regel dagegen nicht. Denn der Wille kann sich nicht bloß ändern, er braucht nicht einmal bei allen hinsichtlich derselben Materie vorhanden zu sein. Deshalb schafft dieses zusätzliche Argument zwar unter Umständen ein natürliches Wissen um den Inhalt gewisser Gebote, aber doch nur so, daß ihre faktische Konsonanz, aber nicht ihre Notwendigkeit erkannt wird.

3
Lex aeterna und lex naturalis

Letzte Klarheit über das jeweilige Verständnis der *ratio legis* bei Thomas von Aquin und Duns Scotus kann es nicht geben ohne einen Blick auf das Verhältnis der *lex naturalis* zur *lex aeterna*. Die Behauptung einer partizipativen Rückbindung des natürlichen Sittengesetzes an das ewige Gesetz der göttlichen Schöpfungsordnung mag zunächst wie eine entbehrliche, metaphysische oder theologische Zugabe erscheinen, sofern die *ratio naturalis* ja per definitionem auf sich gestellt sein muß hinsichtlich

---

[45] Op. oxon.3, d.37, n.3. „*Termini illarum complexionum, sive praeceptorum complurium secundae tabulae, non habent inter se talem connexionem, ut sint ex seipsis necessario verae, et penitus immutabiles, ut prima principia, et eorumdem necessariae conclusiones*".

[46] Cf. Op. oxon.3, d.37, n.5–8.

[47] Cf. Op. oxon.3, d.37, n.8.

der Fähigkeit, die ersten praktischen Prinzipien der Rechtsordnung samt ihren Folgerungen ohne Hilfe von außen zu erkennen. Ob und wie diese Möglichkeit einer metaphysischen Rückbindung der *lex naturalis* eingeräumt wird, erklärt jedoch zu allererst die besondere Eigenschaft des natürlichen Sittengesetzes, den moralischen Willen in der Form eines ausnahmslos gültigen Gesetzes an sich zu binden und gibt letzten Endes den Ausschlag in der Frage der Kompatibilität der Positionen.

Wenn auch für die konkrete Erkenntnis der *lex naturalis* unerheblich, so ist die Idee der *lex aeterna* bei Thomas doch eine letzte Vertiefung seiner Auffassung von der *ratio legis*. Sie ist der höchste, nur spekulativ erreichbare Punkt, von dem her Möglichkeit und Notwendigkeit der Ordnung aller Dinge aus dem Verhältnis zu ihrem göttlichen Grund erfaßt werden. Dabei geht es vor allem um die Frage, wie ein in sich geordneter Kosmos so aus der Erkenntnis Gottes hervorgehen kann, daß beides gewahrt bleibt: die Unbeliebigkeit im Wesen der Schöpfungsordnung und die Freiheit Gottes gegenüber seinem Werk.

Die Antwort auf diese Frage wird in der betreffenden Quaestio des Lex-Traktats eher vorausgesetzt als entwickelt und hat dort nur die Form einer These. Sie lautet: Die *lex aeterna* hat als „*summa ratio in Deo existens*"[48] vorzüglich hieraus die Bewandnis eines Gesetzes (*ratio legis*) für die von Gott geschaffenen Dinge, gleichgültig, ob es sich dabei um Zufälliges oder Notwendiges handelt. Die Natur oder die Wesenheit Gottes untersteht aber selbst nicht dem ewigen Gesetz, sondern ist in Wirklichkeit das ewige Gesetz selber[49]. Die Erläuterung dieser Behauptung einer Identität von Wesenheit und Gesetz bei ihrer gleichzeitigen Unterschiedenheit in Gott findet sich an anderer Stelle, hauptsächlich im Zusammenhang mit der Frage nach der göttlichen Machtvollkommenheit (*de potentia Dei*).

Mit Blick auf den Necessitarismus einiger Philosophien verteidigt Thomas die Freiheit Gottes gegenüber seinem Werk mit dem Hinweis, daß Gottes Gutsein und seine Weisheit zuvor weder auf die von ihm geschaffene Ordnung der Dinge festgelegt sei, noch sich darin erschöpft[50]. Außer der logischen Notwendigkeit, daß Gottes Wille nur wollen kann, was in sich möglich und nicht widersprüchlich ist[51], gibt es keine voraufgehende, von außerhalb kommende Nötigung durch ein wie auch immer vorgestelltes Objekt seines Willens, dies oder jenes zu tun. Aber es gibt eine unwandelbare, naturhafte Bindung seines Willens von innen her, mit

---

[48] S.Th. I–II, 93,1.
[49] Ibid. 93,4. „*Legi aeternae subduntur omnia quae sunt in rebus a Deo creatis, sive sint contingentia sive sint neccessaria: ea vero quae pertinent ad naturam vel essentiam divinam, legi aeternae non subduntur, sed sunt realiter ipsa lex aeterna*".
[50] Cf. S.Th. I, 25,5. „*Ordo a divina sapientia rebus inditus, in quo ratio justitae consistit, non adaequat divinam sapientiam, sic ut divina sapientia limitetur ad hunc ordinem*".
[51] S.Th. I, 25,3. „*Deus dicatur omnipotens quia potest omnia possibilia absolute. Pot. 1,7. Potentia Dei, quantum est de se, ad omnia illa obiecta se extendit quae contradictionem non implicant*".

welcher er alles, was er wirkt, nach Maßgabe seiner Güte, d. h. seiner Gerechtigkeit und Weisheit tut[52].

In der Konsequenz dieses Gedankens zeigt sich nun mit aller Deutlichkeit der charakteristische Unterschied der von Thomas vertretenen Position zur Frage des unbedingten Geltungsgrundes der *lex naturalis* im Verhältnis Gottes zu der von ihm geschaffenen Ordnung der Dinge, wie umgekehrt, in der Rückbeziehung dieser Ordnung auf ihren Ursprung. Mag diese Ordnung, bezogen auf die absolute Freiheit Gottes, nicht die einzige Weise sein, in der Gott schöpferisch wirkt[53]. In Bezug auf seine Gerechtigkeit jedoch ist jedes Werk in seiner Art auf die einzige und vollkommenste Weise verwirklicht, in der Gott es schaffen kann. Nachdem er einmal aus absolut freiem Willen erschaffen hat, was ihm kraft seiner Gerechtigkeit möglich ist, ergibt sich daraus mit zwingender Konsequenz der Satz, daß Gott „*ex suppositione*" nichts dem widersprechendes tun oder anordnen kann, was er bereits geschaffen hat[54]. Sein gebietender Wille steht nicht gewissermaßen unverbunden über den Dingen, nachdem sie aus der Kontingenz einer absoluten Possibilität in die Bestimmtheit einer *ex suppositione* notwendigen Beziehung zur göttlichen Gerechtigkeit getreten sind. Die Gebote, die sich auf das beziehen, was gemäß der Ordnung seiner Gerechtigkeit geschaffen ist, enthalten in diesem Bezug nichts anderes als die Intention des göttlichen Gesetzgebers der Natur[55]. Ein Widerspruch zwischen dem schöpferischen Tun und dem gebietenden Willen Gottes wäre für Thomas gleichbedeutend mit einer Negation Gottes durch sich selbst[56].

Ist eine Disproportion zwischen den Absichten Gottes ausgeschlossen, so auch eine Dissoziierung der Güter und Ziele, zu denen Gott den Menschen kraft seiner Erschaffung bestimmt hat. Sofern sie zur naturhaften Ausstattung des Menschen gehören, sind sie in ihrer Gesamtheit von Gott gewollt, weshalb alle Arten des Gesetzes, soweit sie unter der Wirkung der *lex aeterna* stehen, nur darauf hingeordnet sein können, das menschliche Gut zu verwirklichen. Gegen dieses eigene Gut zu handeln, ist die eigentliche und einzige Weise, in der Gott beleidigt wird, wenn die

---

[52] Pot. 1,6. „*Constat quod voluntas divina non potest velle contrarium suae bonitatis, quam naturaliter vult. Pot. 1,5. Finis naturalis divinae voluntatis est eius bonitas, quam non velle non potest*".

[53] Pot. 1,5. „*Sicut enim manifestatur divina bonitas per has res quae nunc sunt et per hunc rerum ordinem, ita potest manifestari per alias creaturas et alio modo ordinatas; et ideo divina voluntas absque praeiudicio bonitatis, justitiae et sapientiae, potest se extendere in alia quam quae facit*".

[54] Pot. 1,5. „*Patet ergo quod absolute Deus potest facere alia quam quae fecit. Sed quia ipse non potest facere quod contradictoria sint simul vera, ex suppositione potest dici, quod Deus non potest alia facere quam quae fecit: supposito enim quod ipse non velit alia facere, vel quod praesciverit se non alia facturum, non potest alia facere, ut intelligatur composite, non divisim*".

[55] Cf. S.Th. I–II, 100,8.

[56] Ibid. 100,8 ad 2. „*Negaret autem seipsum, si ipsum ordinem suae justitiae auferret: cum ipse sit ipsa justitia*". Deshalb können alle Gebote der *lex naturalis* wie des Dekalogs aus sich heraus keiner Dispens in besonderer Absicht unterliegen.

von seiner schöpferischen Weisheit bestimmten Gesetze mißachtet werden[57]. Damit ist nun auch der Punkt erreicht, von dem her das meiste Licht auf die Unterschiede in der Rechtslehre von Thomas von Aquin und Duns Scotus fällt.

Ein erster Hinweis auf die tiefgreifende Differenz zu Thomas könnte der Umstand sein, daß Duns Scotus — anders als seine Vorgänger und Kollegen — formal nur selten Gebrauch macht von dem Konzept der *lex aeterna*[58]. Dennoch gibt es ein sachliches Äquivalent, insofern er die Möglichkeit einer Erkenntnis der *lex naturalis* zurückgebunden sieht an die göttliche Vernunft, an welcher die menschliche Vernunft partizipiert[59]. Im Verhältnis zum menschlichen Intellekt begründet der *intellectus divinus* nach seiner Maßgabe die Gesetzmäßigkeit im Bereich der gesamten Natur — *„ut aliter se habere non possit"* — und verleiht ihr mit dem *„esse primum intelligibile, et possibile"* auch die Erkennbarkeit für den menschlichen Intellekt[60]. Dieses „ewige und unwandelbare Gesetz" in der Natur ist der rationalen Kreatur aber deshalb durch sich selbst zugänglich, weil der göttliche Wille wegen seiner Gerechtigkeit stets nur ein vernunftgemäßes und kein willkürliches Gesetz in den Dingen verwirklicht hat[61]. Soweit herrscht Einigkeit.

Knüpfen wir jetzt an bei dem, was über den Unterschied zwischen den Geboten der Nächstenliebe und dem unveränderlichen Kern der *lex naturalis* bereits deutlich wurde. ‚Unveränderlichkeit' kommt einem Gebot genau dann zu, wenn es jegliches Wollen — auch das göttliche — durch seine innere Wahrheit bindet. ‚Wahrheit' in dieser Ausschließlichkeit ist aber nur dort gegeben, wo eine notwendige Verbindung der Termini vorliegt und demzufolge auch jegliche Veränderung im Verhältnis der nach ihnen bemessenen Wirklichkeit ausgeschlossen ist[62].

---

[57] S.c.G. III, 122. *„Non autem videtur esse responsio sufficiens, si quis dicat quod facit iniuriam Deo. Non enim Deus a nobis offenditur nisi ex eo quod contra nostrum bonum agimus"*.

[58] Cf. A. B. Wolter, Duns Scotus on the Will and Morality, Washington 1986, 23 sq., 55 sq.

[59] Cf. Anm. 24.

[60] Quodl. 18, n.3 sqq. *„Intellectus quippe Dei est mensura totius nature ut aliter se habere non possit, nisi ut accepit a sua mensura dante ei esse primum intelligibile, et possibile; esto terminis in esse tali positis ex ipsis formaliter sint consoni aut dissoni. Quemadmodum igitur iudicium divini intellectus voluntatis arbitrium praecedens constituit legem aeternam immutabilem et primam operabilium mensuram; qua iudicatur, et discernitur de convenientia, et disconvenientia omnium, et iudicatur quid opus sit, ut quae geruntur, dicatur convenientia, vel dissona primae ipsorum mensurae. Ita quatenus lex ista intelligitur derivata, atque indita creaturae rationali, praecise iudicare potest, utrum quae fiunt sint consentanea, vel disconvenientia naturae illi, quae est participatio lucis increatae"*.

[61] Wolters, l.c. 57, weist auf das Mißverständnis hin, daß häufig mit dem Begriff der *potentia ordinata* verbunden ist. ‚Ordinata' meint nicht bloß, *de facto* gewollt, sondern auch ‚ordinate' — im Hinblick auf die Gerechtigkeit des göttlichen Willens.

[62] Op. oxon.3, d.37, n.4. *„Quae sunt vera ex terminis, seu sint principia prima, seu conclusiones ex eis necessario deductae praecedunt in veritate omnem actum voluntatis; habent enim veritatem circumscripto per impossibile omni velle"*.

Unter dieser Prämisse ist das menschliche Wollen für Scotus nur an einem einzigen Punkt eingebunden in eine aus sich selbst unveränderliche Beziehung, welche in der *lex naturalis* a priori erkannt werden kann[63] und in der ersten Tafel des Dekalogs noch einmal von Gott selbst nachdrücklich zur Kenntnis gebracht wurde. Das Faktum einer göttlichen Promulgation auch der Gebote der zweiten Tafel nimmt Scotus wiederum als einen aposteriorischen Beweis dafür, daß sich dieser Teil des Gesetzes (nicht morden, stehlen, ehebrechen etc.) nur auf die besondere Situation des gefallenen Menschen bezieht und darüber hinaus keine weiterreichende Verbindlichkeit haben kann. Universal verbindlich ist allein, was ohne Rücksicht auf die kontingenten Bedingungen des gegenwärtigen Menschseins im Naturzustand gelten kann[64].

Diese geschichtstheologisch begründete Unterscheidung einer menschlichen Natur an sich gegenüber der nun zuständlich-faktischen Naturverfassung der Menschheit als ganzer induziert eine fundamentale Dissoziierung der Ziele menschlicher Praxis hinsichtlich der aus sich notwendigen und der kontingenten Güter des Lebens. Eine absolut notwendige Beziehung besteht allein im Bereich des letzten Zieles, durch das der Mensch auf Gott hingeordnet ist. Eine bedingt notwendige, von sich her jedoch kontingente Beziehung verbindet ihn über die Gebote der Nächstenliebe mit seinen Mitmenschen. Ihre Geltung ist für den Menschen zwar ebenso unbedingt, nicht jedoch für Gott, dessen Wille der zwar vernünftige, aber, als Wille, auch der allein hinreichende Grund ihrer Geltung ist.

So erfüllt derjenige, der die konkreten Gebote der Nächstenliebe beachtet zwar das Gesetz der Liebe, aber doch nur so, wie er es kraft göttlicher Anordnung erfüllen soll[65] und nicht, wie es sich einschlußweise als notwendige Folgerung aus der *lex naturalis* ergibt[66]. Denn alle diese, das Naturgesetz erweiternden Regeln stimmen zwar mit der menschlichen Natur zusammen — *quae nunc est*, ohne jedoch eine letzte konstitutive Bedeutung für das persönliche Heil eines Menschen zu besitzen. Im Hinblick auf das letzte Ziel sind diese Regeln allesamt indifferent, weder nützlich noch schädlich und also u. U. von Gott zu dispensieren[67], im

---

[63] Cf. Anm. 41.
[64] Op. oxon.3, d.37, n.1. „*Quae pertinent ad legem naturae, in quocumque eius naturae statu adstringunt ad agendum, vel non agendum iuxta talem legem; semper enim oportuit fuisse et esse nota. Sed Decalogus non obligavit in omni statu*".
[65] Op. oxon.3, d.37, n.12. „*Deum nunc de facto explicavisse dilectionem proximi ultra illud, quod includit, inquantum sequitur ex principiis legis naturae; ac proinde, licet ut concluditur ex his principiis, non contineat nisi velle proximo ipsum diligere Deum in se; tamen ut explicatur in lege, includit esse optanda bona illa, vel saltem non fore volenda proxima mala opposita, ut iniuste sibi auferri vitam corporalem, fidem coniugii, bona temporalia*", etc.
[66] Ibid. „*Verum est igitur quod diligens proximum, legem implevit, eo modo scilicet, quo lex explicata est debere servari; licet non eo modo quo proximi dilectio concluditur ex primis principiis legis naturae*".
[67] Cf. Op. oxon.3, d.37,5 sq.

Hinblick auf die faktische Situation des Menschen jedoch notwendig verbunden mit den Gütern seines gegenwärtigen Lebens. Ein von Gott zugelassenes oder befohlenes Zuwiderhandeln gegen die Gebote der erweiterten Naturordnung begründet daher aus sich heraus noch keine moralische Schuld, sondern ist lediglich Ursache eines „*malum naturae*", das als physisches Übel, nicht als Schuld, in den Bereich der Philosophie gehört[68].

Nicht indem jemand trotz besserer Einsicht gegen sein natürliches Gut handelt, vermag er Gott zu beleidigen, sondern nur insofern er es eigenmächtig tut und in diesem Akt des Ungehorsams dessen erklärten Willen mißachtet[69]. Die *ratio legis* hängt nur bedingt an der Erkenntnis dessen, was sie regeln soll, denn moralischen Wert bekommt die Erkenntnis des Gebotenen nicht über ein direktes Verhältnis des Willens zum Inhalt der Erkenntnis, sondern nur über das Verhältnis zu einem in dieser Sache gebietenden Willen[70].

4
Schlußbemerkung

Nicht selten haben Differenzen in der Theorie in der Praxis oft erstaunlich geringe Auswirkungen. Das Feld der Gemeinsamkeiten im Bereich der konkreten Resultate ist so groß, daß auch zwischen Thomas und Duns Scotus eher eine Linie gesehen werden könnte als ein Bruch, wären da nicht die besonderen Fällte — in der Philosophie sind es Gedankenexperimente, in der Theologie (siehe das Isaak-Opfer) Experimente Gottes mit dem Menschen — an denen eine tiefergehende Differenz im Denken zutage tritt.

Dies beginnt immer dort, wo es sich entscheidet, was als evident gelten kann und was nicht. Und weil das wiederum nicht ohne ein Kriterium möglich ist, reduziert sich die Frage nach der Kontinuität oder Inkompatibilität der Positionen im Bereich des natürlichen Sittengesetzes zu einem wesentlichen Teil auf die Frage nach der Identität der Beurteilungskriterien.

---

[68] Op. oxon.2, d.37,1, n.8. „*Quare non intellecto voluntatis imperio adstringentis alios ad servandam legem, quaecumque repraesentarentur contra iudicium rationis essent reputanda mala, non moralia vel theologica, sed mala naturae et philosophica; essent enim contra dictamen rationis, sed non contra legem praecipientem aut vetantem, et ideo mala naturae, non moris*".

[69] Ibid. „*Homo faciens contrarium, contra naturam committit malum, sed non esset tale malum reputandum demeritorium, aut offensa Dei*".

[70] Op. oxon.2, d.37,1, n.6. „*Et enim voluntas creata debitrix est dandi rectitudinem actibus ab se elicitis, seu eliciendi omnes actus iuxta praescriptum voluntatis superioris... Haec igitur carentia, in quantum consequitur actum voluntatis deficientis a dictamine recto, et regulis superioris voluntatis, est formaliter actuale peccatum*".

Wie sich herausgestellt hat, verstehen Thomas und Scotus unter Evidenz *nicht* dasselbe. Scotus ist primär an einer Art von Evidenz interessiert, die Gott und Mensch umfassen kann und die sich folglich an dem Spielraum orientiert, der für jeden Intellekt im Bereich der *complexio terminorum* notwendig derselbe sein muß. Von daher fallen einige Gesetze der *lex naturalis*, im Grunde der gesamte zwischenmenschliche Bereich der konkreten Handlungsprinzipien aus dem Bereich streng begründeter Notwendigkeit heraus.

Thomas hingegen sieht die Frage der Evidenz nicht notwendig begrenzt auf die Möglichkeit einer gemeinsamen Warte der urteilenden Vernunft. Was von dort her erkannt wird, ist nur ein bestimmter Ausschnitt des Erkennbaren, nämlich derjenige, welcher ohne Verbindung mit der Wirklichkeit bereits im Raum des Denkens vorhanden ist. Aber das ist gleichzeitig zu weit und zu eng gefaßt; zu weit, weil nicht alles Denkbare in der Weise, wie es im Denken existiert auch wirklich sein muß, zu eng, weil alles Wirkliche, nicht bloß das logisch Notwendige, eine innere Notwendigkeit haben kann, die für uns nicht unmittelbar einsehbar ist.

Deshalb ist Thomas an der Evidenz ‚für uns' interessiert, die mit der Erfahrung des Wirklichen beginnt, das so und nicht anders ist. Ob es auch anders sein könnte, ist philosophisch gesehen zwar spekulativ interessant, aber nicht maßgeblich, wenn es darauf ankommt, die Gesetze zu erkennen, nach denen — bezogen auf seine hier und jetzt gegebene Wirklichkeit — der Mensch handeln soll. Theologisch hält Thomas die Frage nach einer Nicht-Notwendigkeit im Wesen des gegenwärtigen, erfahrbaren Seins der Dinge sogar für eine Blasphemie, wenn sie nicht auf die göttliche Freiheit *vor* Erschaffung eben dieser Wirklichkeit begrenzt ist[71].

Zwischen beiden Positionen gibt es von daher keinen gleitenden Übergang und sei es auch nur in Gestalt einer Verschärfung des rationalen Kriteriums. Es ist ein anderes Kriterium, dessen besondere Identität im weiteren Verlauf der Entwicklung bei Ockham deutlicher zum Vorschein kommt, wenn er auch noch die Nichtwidersprüchlichkeit des Gotteshasses der von Scotus behaupteten Selbstevidenz der gebotenen Gottesliebe entgegensetzt[72].

Rückblickend auf Gemeinsamkeiten und Unterschiede kann deshalb behauptet werden, daß beide Positionen hinsichtlich der Frage nach der Erkennbarkeit von Umfang und Geltung des sittlichen Naturgesetzes eine philosophisch begründete Antwort entwickeln, deren Geltung auch unabhängig von dem theologischen Kontext geprüft werden kann, in welchem sie entwickelt wurde. Die Tatsache, daß Duns Scotus im Bereich seiner Position offensichtlich mit weniger Voraussetzungen auskommt als Thomas von Aquin, impliziert noch kein Urteil darüber, welche Position

---

[71] Cf. Ver 23,7.
[72] Cf. Sent. II,19 O.

„philosophischer" sei und weniger abhängig von theologischen Vorentscheidungen. Sofern jede große Philosophie nur aufgrund und nicht unabhängig von selbst nicht mehr philosophisch ableitbaren Vorentscheidungen entwickelt wird, hängt die Frage nach ihrer größeren oder geringeren Überzeugungskraft letzten Endes daran, welche ihrer Vor-Urteile sich auch in einen veränderten Kontext des Denkens einfügen lassen und welche nicht.

Hier hat es nicht bloß ein zeitgenössischer Leser offenkundig schwerer mit der Position des Thomas von Aquin. Heute wie damals (insbesondere nach 1277) geht eine Beunruhigung aus von der Inhaltlichkeit seiner Aussagen, die sowohl (moderne) Skeptiker wie (mittelalterliche) Theologen irritieren kann und heute (damals gerade nicht) den Verdacht zu wecken scheint, nur theologisch begründet zu sein.

Bezieht man diesen Eindruck auf die Motive des Denkens, von denen her jemand zu seinen Vorurteilen neigt, ist das sicher unbezweifelbar richtig, aber es gilt für beide. Thomas, von Chesterton mit dem erhellenden Beinamen „a creatore" bedacht, denkt theologisch vor allem aus der Perspektive einer Bewunderung für die Ordnung und Schönheit der von Gott geschaffenen Dinge. Hier liegt für ihn der natürliche Anknüpfungspunkt und die Kongenialität zur Haltung der Philosophie in der Antike. —

Duns Scotus denkt in einer inzwischen veränderten Situation theologisch vor allem von der Freiheit der göttlichen Gnade her, die durch nichts Geschaffenes formell genötigt oder begrenzt zu werden vermag, was den skeptischen Grundzug seiner Haltung gegenüber dem philosophisch Wißbaren erklären mag.

Die Wahl seines philosophischen Ansatzes ist daher philosophisch so wenig zwingend, wie die entsprechende Vorentscheidung bei Thomas von Aquin. Sie führt letzten Endes auf den in der gesamten Denkgeschichte unbeendlichen Konflikt zwischen Realismus und Idealismus in der Philosophie. Vom Idealismus aus gesehen, ist die Schwäche des Realismus gerade seine Behauptung wahrer Einsichten in die Natur der Dinge, die ihn unvermeidbar anfällig macht für eine skeptische Kritik — gleichgültig, ob von theologischen oder anderen Voraussetzungen her. Sich dem auszusetzen, kann für einen Theologen mit gutem Grund als ein zu großes Risiko erscheinen und ihn dazu veranlassen, nach anderen Wegen zu suchen, die mehr Spielraum für theologische Aussagen lassen. Eben das hat Duns Scotus in seiner Naturrechtslehre getan. Aber deshalb gilt nicht im Umkehrschluß, daß, was immer Duns Scotus dafür gehalten hat, auch schon theologische Aussagen sind.

Die Rolle der Natur in den „Commentarii in Libros Politicorum Aristotelis" des Albertus Magnus

Francisco Bertelloni (Buenos Aires)

1. Einleitung

Spuren eines keimenden Interesses für politische Philosophie finden sich in der ersten Hälfte des 13. Jahrhunderts hauptsächlich in den zwischen 1230 und 1250 bei den Artisten abgefaßten *divisiones philosophiae*. Da die erste Phase der politischen Reflexion Alberts des Großen unter dem Einfluß dieser Tradition steht, fasse ich zuerst die sich in Texten der Zeit befindenden Hinweise auf politische Begriffe zusammen (§ 2). Danach werfe ich drei Fragen auf, die die in § 2 analysierten Schriften der Rekonstruktion der Geschichte der politischen Philosophie des Mittelalters stellen (§ 3). Obwohl Albert in der ersten Phase seiner politischen Reflexion von den *divisiones philosophiae* abhängt, fängt er doch schon in dieser Phase an, diese Tradition wohl ohne Hilfe der aristotelischen Politica zu überwinden, indem er die drei in § 3 aufgeworfenen, durch die Tradition aber nicht gelösten Fragen beantwortet (§ 4). Zum Übergangsprozeß von der ersten zur zweiten Phase der politischen Reflexion Alberts leistet aber seine Rezeption der aristotelischen Auffassung über das von Natur aus Politische einen wichtigen Beitrag (§ 5). Schließlich stelle ich eine zusammenfassende Bilanz auf (§ 6).

Zum richtigen Verständnis der in diesem Vortrag aufgestellten These muß in Erwägung gezogen werden, daß ihr Leitfaden das Auftauchen der Dreiteilung der *philosophia moralis* in *ethica, oeconomica* und *politica* in drei verschiedenen Zusammenhängen ist: zuerst in der Tradition der *divisiones philosophiae* (§§ 2 und 3); danach in der Schrift Super Ethica des Albertus (§ 4); schließlich in seinem Kommentar zur aristotelischen Politica (§ 5). Alle anderen hier zu berührenden Themen tragen zur Begründung der These bei. Ihre Rolle im Vergleich zum Hauptthema halte ich zwar für bedeutend, aber sie sind dem Hauptthema untergeordnet. Ich befasse mich also vor allem mit drei verschiedenen Rezeptionsarten der Dreiteilung der *philosophia moralis*: bei den *divisiones philosophiae*, bei der ersten und schließlich bei der zweiten Phase des politischen Denkens des Albertus. Der aristotelische Gedanke des von Natur aus Politischen gestaltet erst hierin die überlieferte Auffassung der Dreiteilung völlig um.

2. Die Politik in der ersten Hälfte des 13. Jahrhundertes

Die Tatsache, daß intellektuelle und akademische Kreise der ersten Hälfte des 13. Jahrhunderts politische Fragen nicht ausdrücklich aufgeworfen haben, müssen uns nicht dazu bewegen, im voraus das Bestehen eines Interesses an politische Themen in dieser Zeit auszuschließen.

Betrachten wir zuerst den in die Zeit zwischen 1230 und 1240 zu datierenden Studienplan, den Martin Grabmann in der HS Ripoll 109 des Archivo de la Corona de Aragón gefunden hat[1], so zeigt diese für die Geschichte des politischen Denkens des Mittelalters wichtige Schrift[2], daß die überwiegend aristotelischen Lesestücke, die den verschiedenen Teilen des Studienplans entsprechen, die traditionelle „sagesse chrétienne" ersetzt haben. Was nun den Teil der *philosophia moralis* anbelangt[3], legt der Text die Lehre der doppelten Wahrheit nahe[4] und läßt zudem eine Spannung zwischen der *vita animae in Deo* und den anderen Teilen der Ethik erkennen: während für die *vita animae in Deo* theologische Lektüren in Betracht gezogen werden, werden der *vita animae in seipsa* die *ethica nova* und *vetus* zugeschrieben. Da Aristoteles im I. Buch der Ethik die Politik als eine die Ziele aller anderen ethischen Diziplinen umfassende Wissenschaft darstellt[5], verbleibt für einen gewissenhaften Leser der vom Verfasser emp-

---

[1] Cf. M. Grabmann, Das Studium der aristotelischen Ethik an der Artistenfakultät der Universität Paris in der ersten Hälfte des 13. Jahrhunderts, in: Phil. Jahrbuch 53 (1940) 339–354; id., I divieti ecclesiastici di Aristotele sotto Innocenzo III e Gregorio IX, Rom 1941, 115 sqq.; id., Eine für Examinazwecke abgefasste Quaestionensammlung der Pariser Artistenfakultät aus der ersten Hälfte des 13. Jahrhunderts, in: id., Mittelalterliches Geistesleben, Bd. II, München 1956, 183–199.

[2] Zur Bedeutung des Studienplans für das politische Denken s. unsere Die tomasische onto-theologische Auffassung der Politik in ihrem historischen Zusammenhang, in: Freib. Zeitschrift f. Phil. und Theol. 35 (1988) 331–352 und Das Wiederauftauchen der Donatio Constantini 1236, in: ibid., 37 (1990). Über die Rolle des Studienplans hinsichtlich der Entwicklung der spätmittelalterlichen Philosophie s. Ch. Lohr, The Medieval Interpretation of Aristotle, in: The Cambridge History of Later Medieval Philosophy, Cambridge 1982, 80–98.

[3] „... dividitur autem haec scientia secundum multiplicem vitam animae in bono ... Et anima uno modo totaliter vivit in Deo. Et haec est theologia, quae tradita solum a Spiritu Sanctu ... Et anima iterum vivit in bono aliorum et hoc dicit uno modo in regendo sibi subditos cogitando de bono eorum in quantum potest et ut debet. Et hoc est liber de vera iustitia vel liber De Officiis, quod idem est, quem fecit Tullius. Et haec scientia ypotica appellatur ab ypos quod est sub, quod est scientia de subditis. Item anima vivit in bono omnium communiter secundum legem communem et secundum hoc est scientia quae traditur in legibus et decretis, quae politica vocatur, a polis quod est civitas ... anima vivit ut in se ipsa ..." (cf. HS Ripoll 109, fo.135 v a, 43/54).

[4] Cf. M. Grabmann, Der lateinische Averroismus des 13. Jahrhundertes und seine Stellung zur christlichen Weltanschauung (Sitzungsberichte der Bay. Ak. der Wissenschaften, Phil. hist. Klasse), München 1931, 76 sq.

[5] „Si utique est aliquis finis operabilium, quem propter seipsum volumus ...: manifestum quoniam hic utique erit bonus, et optimus ... Si autem sic, tentandum est figuraliter accipere illud quid quidem est, et cuius disciplinarum aut virtutum. Videbitur autem utique principalissime et maxime

fohlenen Lektüre das höchste menschliche Gute innerhalb der Grenzen der Politik.

Diese Spannung zwischen Transzendenz und Immanenz hinsichtlich der Fragen des *finis hominis* wiederholt sich nun in der *vita animae in civitate*, und zwar deswegen, weil für letztere das Studium des kanonischen und des durch Gregor IX. 1235 verbotenen römischen Rechtes empfohlen wird. Das spricht dafür, daß im Studienplan ein *corpus* rein menschlichen Ursprungs im Gegensatz zum christlichen Charakter der *lex canonica* stand. Schließlich wirkt diese sowohl innerhalb der ganzen *philosophia moralis* wie der *politica* selbst zum Vorschein kommende ungelöste Spannung zwischen Immanenz und Transzendenz als das chronologisch erste Programm für die späteren wichtigsten staatstheoretischen Positionen des ausgehenden Mittelalters. Thomas, Dante und Marsilius werden jeder auf seine Weise die Spannung zwischen *theologia* und *politica* zu überwinden versuchen. So scheint das schwierige Verhältnis Theologie–Politik — als erste zu lösende Frage der politischen Theorie — seinen Ursprung in diesem Pariser Milieu zu haben.

Sparsame, aber hinsichtlich ihrer Reperkussion wichtige Hinweise auf die Politik machen auch spätere *divisiones* und Schriften, die die vom Studienplan zum ersten Mal im 13. Jahrhundert durchgeführte Identifizierung der *politica* mit den *leges* im Rahmen der Dreiteilung der *philosophia moralis* bestätigen. So finden wir z. B. diese Ansicht in der Divisio scientiarum des Arnulfus provincialis (1250). Arnulfus hält die *scientia politica* nicht nur für identisch mit den *leges* und *decreta*[6], sondern betrachtet als erste Aufgabe der *politica* die Belohnung derjenigen, die das Gesetz beobachten und die Bestrafung derjenigen, die es übertreten[7]. Auch der durch Martin Grabmann dem Adam von Bouchermefort zugeschriebene Kommentar zum Liber de Causis löst zur selben Zeit die Politik (*regimen civitatis*) in den *leges* und *decreta* auf[8]. Ebenfalls führt Nikolaus von Paris

---

architectonicae esse. Talis utique et civilis apparet ... Utente vero hac, reliquis practicis disciplinis, amplius autem legem proponente quid oportet operari, et a quibus abstinere: huiusmodi finis complectitur utique eos qui aliarum. Quapropter hic utique erit humanum bonum" (cf. Eth. Nic., 1094a 22–b 6). S. auch: „*Dicamus autem resumentes, quoniam omnis cognitio et electio, bonum aliquid desiderat, quid est hoc, quod dicimus civilem desiderare*" (cf. ibid., 1095a 14–15).

[6] Philosophia] „*Moralis autem ... dividitur secundum modus bene vivendi et conversandi. Est autem triplex modus bene vivendi et conversandi. Unos cum subditis, militibus et civibus, qui consistit in regimine populi, regionis et civitatis, et de illo est una pars moralis, quae dicitur politica, dicta a polis, quod est ‚pluralitas', et vcos, ‚scientia', quasi scientia de regimine plurium. Et hanc dicunt quidam haberi per leges et decreta ...*" (cf. Ch. Lafleur, Quatre introductions à la philosophie au XIIIe siècle, Montréal–Paris 1988, 333–4).

[7] „*... tenetur enim punire malos et legis transgressores, et remunerare bonus et legis conservatores*" (cf. ibid., 335).

[8] „*Moralis vero cum sit de regimine suiipsius, quum humana natura rerum ancilla est, aut proprie familie aut secundum regimen civitatis et dividitur in tres partes, in monasticum, que est de regimine proprie conditionis et traditur in libro ethicorum Aristotelis, et yconomicam et traditur a Tullio de*

in einer auch in diese Zeit zu datierende Schrift[9] die Politik auf die *leges* und *decreta* zurück[10]. Auf gleiche Weise geht um die Mitte des Jahrhundertes Robert Kilwardby vor [11]. Und einige Jahre später, zwischen 1251 und 1260[12], scheint die Robert Grosseteste zugeschriebene Summa philosophiae dieselbe Ansicht zu enthalten[13].

Diesen Schriften sind noch andere hinzuzufügen. R. A. Gauthier und G. Wieland erwähnen noch sechs Texte, deren Verfasser sich ebenfalls auf die Dreiteilung berufen und die die Identifizierung der Politik mit den *leges et decreta* vertreten: Henricus Brito, Oliverus Brito, Robertus Anglicus, Adam Bocfeld und die Anonymi Paris BN lat. 1374 und Oxford Merton Coxe 261[14].

3. Drei Fragen der Geschichte der mittelalterlichen Staatstheorie

Es sind nun einige Fragen hervorzuheben, die diese Schriften im Rahmen der Dreiteilung der Ethik an die Geschichte der mittelalterlichen politischen Philosophie stellen.

Erstens. Obwohl Robert Grosseteste die Identifizierung der *politica* mit den *leges* nur andeutet, kommt in den anderen Schriften diese Identifizierung klar zustande. Das Bestehen der *divisiones* auf die Gleichung *politica* = *leges* wurde bisher dadurch erklärt, daß ein vermutlich arabischer

---

officiis et politicam ad regimen civitatis introductam in legibus et decretis" (cf. M. Grabmann, Die Aristoteleskommentatoren Adam von Bocfeld und Adam von Bouchermefort, in: id. Mittelalterliches Geistesleben, Bd. II, München 1936, 155).

[9] Cf. ibid.

[10] „*Moralis autem dividitur tripliciter quia triplex est bonum. Est enim bonum monasticum et est bonum hyconomicum et est bonum politicum ... Politica dicitur a polis, quod est civitas, secundum quod huius prelati dicuntur regere civitates ut prepositi et alii. Due ultime partes scilicet yconomica et politica, sicut quidam dicunt, tradunt ur in legibus et decretis*" (cf. M. Grabmann. Die mittelalterlichen Kommentare zur Politik des Aristoteles, Sitzungsberichte der Bay. Ak. der Wissenschaften, Phil. hist. Abt., München 1941, 9 und id., Die logischen Schriften des Nikolaus von Paris und ihre Stellung in der aristotelischen Bewegung des XIII. Jahrhunderts, in: id., Mittelalterliches Geistesleben, Bd. I, München 1936, 245—6).

[11] „*Ad hanc scientiam [politicam] pertinent iura canonica et civilia*" (cf. De ortu scientiarum, hg. A. G. Judy, Toronto 1976, 126 (Auctores Britannici Medii Aevi 4).

[12] Cf. L. Baur, Die philosophischen Werke des Robert Grosseteste, Bischofs von Lincoln, Münster 1912, 137 (Beiträge z. Gesch. d. Philos. des Mittelalters IX).

[13] „*Civilis autem scientia pars est notabilis philosophiae moralis, Canonica etiam, qua utuntur ecclesiastici activae philosophiae deservit et subicitur*" (cf. Summa philosophiae Roberto Grosseteste ascripta, in: L. Baur, l.c., 301).

[14] Cf. R. A. Gauthier, Arnoul de Provence et la doctrine de la ‚Fronesis', vertu mystique suprême, in: Revue du moyen âge latin 19 (1963) 140 sq. und G. Wieland, Ethica-Scientia practica. Die Anfänge der philosophischen Ethik im 13. Jahrhundert, Münster 1981, 95 sq. (Beiträge z. Gesch. d. Philos. des Mittelalters, Nf. XXI).

Verfasser die Gesetze Platons als geeignetes Lesestück der *scientia politica* verwendet hatte. Da den Artisten aber dieses Werk unbekannt war, haben sie das Buch Platons mit den *leges* und *decreta* identifiziert[15]. Diese These von Gauthier ist durchaus plausibel. Man kann aber noch zwei weitere Thesen aufstellen. Die erste stützt sich auf philosophische Quellen. Die zweite ist ideengeschichtlich.

Was erstere betrifft, waren zur Zeit der Abfassung der *divisiones* ihre Verfasser schon im Besitz von Büchern der Ethica Nicomachea, die die Politik in enge Verbindung mit dem Gesetz bringen. Der anonyme Verfasser des Pariser Studienplans kannte zwischen 1230/1240 das I. Buch, in dem Aristoteles den gesetzgebenden Charakter der Politik hervorhebt (*legem proponens*)[16]. Dieses Verhältnis der Politik zum Gesetz spitzt sich noch im letzten Kapitel des X. Buches zu, das zusammen mit allen anderen Büchern der Ethica Nicomachea den Verfassern der späteren *divisiones* (ab 1250) bekannt war. Aristoteles behandelt darin die Thematik um das Gesetz als Übergang von der Ethik zur Politik. Ein theoretisches Vorgehen hält er im Rahmen der Ethik für unzureichend[17]. Menschen handeln eher aus Furcht als wegen der Ehre[18]. Daher spricht er von der Notwendigkeit des Gesetzes mit zwingender Gewalt[19] und führt die *leges* auf die Politik zurück[20]. Die Tatsache, daß die aristotelische Politica noch nicht bekannt war, zusammen mit einer mangelhaften Beherrschung des ethischen Denkens des Aristoteles haben in der Zeit vielleicht dazu geführt, daß die durch diese Stellen der Ethica Nicomachea überlieferten Lehren als das politische Denken des Philosophen betrachtet wurde. Sollte es jedoch nicht der Fall gewesen sein, daß diese juristische Auffassung der Politik bei den Artisten von Aristoteles stammt, so können doch sicher die erwähnten aristotelischen Stellen mindestens als Bestätigung für die Ansicht der Verfasser der *divisiones philosophiae* gewirkt haben. Außer diesen Texten waren in der ersten Hälfte des Jahrhundertes keine anderen bekannt, in denen die Politik dem positiven Gesetz so nahe stand. Die Schrift De divisione philosophiae des Dominicus Gundissalinus kommt in diesem Zusammenhang nicht in Frage, denn in ihr fungieren die *leges* nur als Teil der Politik. Diese wird aber keineswegs auf die *leges* beschränkt[21].

---

[15] Cf. Gauthier, l.c. 141, Anm. 30.
[16] S. supra, Anm. 5 ([politica] ... legem propones ...).
[17] „*Siquidem ergo essent sermones per se sufficientes ad facere studiosos, multas utique mercedes, et magnae et iuste fierent*" (cf. Eth. Nic., 1179b 4—5).
[18] „*Non etiam nati sunt verecundiae obedire, sed timore*" (cf. ibid., 1179b 10—11).
[19] „*Lex autem coactiva habet potentiam, sermo ens ab aliqua prudentia et intellectu*" (cf. ibid. 1180a 20—22).
[20] „*Leges autem politicis operibus assimilantur*" (cf. ibid., 1181b 1).
[21] Für Gundissalinus geht die *politica* über die *scientia legis* hinaus (cf. Dominicus Gundissalinus, De divisione philosophiae, ed. L. Baur, Münster 1903, 134—9, Beiträge z. Gesch. d. Philos. des Mittelalters IV 2—3).

Der zweite Erklärungsversuch geht davon aus, daß bei der Erläuterung dieser Frage nicht nur philosophische Traditionen Aufmerksamkeit verdienen. Auch epochale, ideengeschichtliche Gedanken spielen eine Rolle. Walter Ullmann hat in dieser Hinsicht darauf aufmerksam gemacht, daß nicht zuletzt aus Mangel an philosophisch-politischen Texten das Mittelalter seine staatstheoretischen Ideen in juristischer Form äußerte. Das Gesetz war der juristische Ausdruck der politischen Ziele, die die Gesellschaft anstrebte[22]. Das Mittelalter formulierte also in Form von Gesetzen, was wir heute unter Politik verstehen. So hatten nicht nur verschiedene Kapitel des römischen Rechtes politische Implikationen. Auch die kanonische Gesetzgebung war eine praktische Umsetzung von theoretisch-politischen Prinzipien auf die konkrete Gesellschaft. Es ist daher anzunehmen, daß die Verfasser der *divisiones* das im Recht enthaltene, nicht als solches artikulierte politische Denken der Zeit als Teil der Philosophie in die *philosophia moralis* aufnehmen wollten. Es fehlen diesbezüglich nicht Beispiele von Juristen, die ihren Beruf als Kommentatoren des römischen Rechtes als Teil der dreifach aufgeteilten *philosophia practica* verstanden[23].

Zweitens. In keiner der erwähnten Schriften wird die Natur als Grundlage der Politik bzw. des *homo civilis* in Anspruch genommen. Dieses Fehlen des Naturbegriffes ist in Zusammenhang mit der engen Verbindung der Politik zu den Gesetzen zu bringen. Warum dieser Naturbegriff ausbleibt, kann mit Hilfe der Frage nach der Identifizierung beantwortet werden. Obwohl wir auch in diesem Fall nur auf Vermutungen angewiesen sind, können wir annehmen, daß die Kraft der mittelalterlichen juristischen Tradition zusammen mit der Autorität der aristotelischen Zurückführung des Gesetzes auf die Politik die wenigen zirkulierenden Texte über das Verhältnis der Natur zur Politik in den Schatten gestellt hat. Das Mittelalter brauchte wohl nicht auf das Bekanntwerden im 13. Jahrhundert der ganzen aristotelischen Ethica Nicomachea und besonders der Politica zu warten, um Kenntnis von den Auffassungen zu nehmen, der Staat existiere von Natur und der Mensch sei von Natur ein politisches Wesen[24]. Als einzige

---

[22] "... political science was wholly indistinguishable from legal science: politics and laws were interchangeable terms in medieval days. Empire versus papacy was a constitutional quarrel: the canonists forged the weapons for the papacy, the legists or civilians for the empire" (cf. W. Ullmann, Medieval Papalism. The Political Theories of the Medievals Canonists, London 1949,8).

[23] Cf. Ph. Delhaye, L'enseignement de la philosophie morale au XIIe siècle, in: Medieval Studies XI (1949) 91 sq. und 97.

[24] „*quia natura civile homo*" (cf. Eth. Nic., 1097b 10); „*homo einim in natura coniugale magis, quam politicum*" (cf. ibid., 1162a 16—7); „*politicum enim homo, et convivere aptus natus*" (cf. ibid., 1169b 17—8); „*omnis civitas natura est*" (cf. Pol., 1252b 30); „*quod homo natura civile animal est*" (cf. ibid., 1253a 3); „*quod autem civile animal homo, omni ape et omni gregali animali magis, palam. Nihil enim, ut aiunt, frustra natura facit; sermomem autem solus habet homo super animalia*" (cf. ibid., 1253a 7—9); „*natura quidem igitur impetus in omnibus ad talem communitatem*" (cf. ibid., 1253a 30).

Texte, die sich auf die Funktion der Natur *in politicis* bezogen, dürften dem Verfasser des Studienplans eine Stelle des Traktates De natura hominis des Nemesius von Emesa[25] und ein Passus des Policraticus des Johannes von Salisbury[26] bekannt gewesen sein. Außerdem verfügte der Verfasser des Studienplans über den ihm aber sicherlich unverständlichen Text des ersten Buches der aristotelischen Ethica Nicomachea[27]. Erst den Verfassern der späteren *divisiones* wurden außer diesen Texten weitere Stellen des VIII.[28] und des IX.[29] Buches der Ethica Nicomachea bekannt. Andere Hinweise auf die Rolle der Natur *in politicis* sind in der ersten Hälfte des Jahrhunderts selten. Es erübrigt sich, zu sagen, daß damals die erwähnten Texte nur eine hermetische Lehre über das von Natur aus Politische bildeten. Die von Gauthier edierte *expositio* über die *ethica nova* (1225/30) z. B. erläutert einige politische Themen ziemlich konfus und weist auch nicht auf die Natur hin[30]. All diese Tatsachen führen also zur Annahme,

---

[25] „*A natura namque congregabile et civile animal factus est homo*" (cf. Nemesii episcopi Premnon Physicon ... a N. Alfano Archiepiscopo Salerni in latinum translatus recognovit C. Burckhard, Leipzig 1917, 15); „*Natura enim gregarium et civile animal factus est homo*" (cf. Némésius d'Émèsa. De Natura Hominis. Traduction de Burgundio de Pise. Édition critique avec une introduction sur l'anthropologie de Némésius par G. Verbeke et J. R. Moncho, Leiden 1975, 14). Auf die lateinische Übersetzung des Traktates Premnon Physicon des Nemesius weist Johannes von Salisbury in seinem Metalogicon hin, was zeigt, daß dieses Buch dem Gelehrtenmilieu des 12. Jahrhundertes bekannt war (S. Metalogicon, IV, 20; ed. C. C. J. Webb, Oxford 1929, 187).

[26] „... *ut vita civilis naturam imitetur*" (cf. Policraticus, VI, 21, in Migge, PL, 199, 619). Johannes betrachtet die Natur nicht teleologisch, sondern organologisch. So sei sie ein Zusammenhang harmonisierender Teile, aber nicht ein Vorgehen um eines Zweckes willen. Für Johannes ist also die *vita civilis* nicht von Natur. Eher muß die *vita civilis* der Natur nachahmen. Die Natur ist also kein *impetus* zur *vita civilis*, sondern ein Paradigma, dessen Struktur nachgeahmt werden muß. Zur Darstellung der Funktion der Natur im politischen Denken des Johannes von Salisbury s. M. Kerner, Natur und Gesellschaft bei Johannes von Salisbury, in: Miscellanea Mediaevalia, Bd. 12/I: Soziale Ordnungen im Selbstverständnis des Mittelalters, ed. A. Zimmermann, Berlin 1979, 179—202, bes. 191 sqq. Eine Darstellung des Denkens des Johannes als politische Organologie in T. Struve, Die Entwicklung der organologischen Staatsauffassung im Mittelalter, Stuttgart 1978, 124.

[27] Cf. Eth. Nic., 1097b 10 (s. supra, Anm. 24).

[28] Cf. ibid., 1162a 16—7 (s. supra, Anm. 24).

[29] Cf. ibid., 1169b 17—8 (s. supra, Anm. 24).

[30] R. A. Gauthier, Le cours sur l'Ethica nova d'un maître des arts de Paris (1235—1240), in: AHDLMA XLII (1976) 71—141. Es handelt sich nicht um eine *divisio philosophiae*, sondern um eine *expositio litteralis* mit *quaestiones* über einen Teil der *ethica nova* (bis 1097a 14). Daher befaßt sich der Verfasser nicht mit der Stelle, die auf die Natur als Grundlage des *homo civilis* hinweist (1097b 10). Er behandelt zwei politische Begriffe: *vita civilis* und *scientia civilis*. Was erstere betrifft, unterscheidet er *tres vitae, voluptuosa, civilis* und *contemplativa* (108, 7—8) und charakterisiert die *civilis* dadurch, daß sie „circa honores [est]" (108, 18). Aber der Verfasser erklärt nicht, warum der *finis scientie civilis* an sich begehrenswert ist: „*sine dubio finis civilis sciencie est propter se bonum et propter se desiderabile*" (111, 29—30).

daß bis zum Bekanntwerden der aristotelischen Politica niemand verstehen konnte, was der Satz *homo a natura civilis* eigentlich bedeutete. Im 12. Jahrhundert blühten verschiedene Lehren auf, die der Natur eine gewisse Selbständigkeit zugestanden[31]. Man sprach auch von *ius naturale, iustitia naturalis* und *ordo naturae*[32]. Wie gesagt hatten Nemesius und Johannes von Salisbury die menschliche Natur mit dem Politischen in Zusammenhang gebracht. Und schließlich kam die Ethica Nicomachea des Aristoteles im 13. Jahrhundertes mit der Lehre des von Natur aus Politischen hinzu. Trotzdem fungierte die Natur auf keinen Fall als Basis der Politik.

Drittens. In jeder dieser Schriften wird ohne Begründung Gebrauch von der Dreiteilung der *philosophia moralis* in *ethica, oeconomica* und *politica* gemacht. Dieser Mangel an Begründung ist gewiß durch die Tatsache zu erklären, daß sich die Verfasser der *divisiones* auf die Autorität von überlieferten, aber nicht erwähnten Quellen stützen. Doch wird hier nicht der Versuch unternommen werden, die Frage nach der Quelle der Dreiteilung der *philosophia moralis* zu lösen. Ihre Zurückführung auf eine einzige Quelle ist m.E. in der Schwebe[33]. Hinsichtlich dieser Dreiteilung lassen die Schriften folgende Merkmale erkennen: abgesehen von dem Pariser Studienplan, der dank seiner Aufnahme der *ethica nova* als Lesestück für die *vita animae in seipsa* (oder *ethica individualis*) den aristotelischen, politischen

---

[31] Zur Auffassung der Natur im 12. Jahrhundert s. T. Gregory, L'idea die natura nella filosofia medievale prima dell'ingresso della fisica aristotelica, in: Atti del III Congresso internazionale die filosofia medievale, Milano 1966, 27–65 und id., Anima Mundi. La filosofia di Guglielmo di Conches e la Scuola die Chartres, Firenze 1955, 175/246. S. auch M.-D. Chenu, La théologie au douzième siècle, Paris 1957, 19–51.

[32] Cf. D. E. Luscombe und G. R. Evans, The twelfth-century renaissance, in: The Cambridge History of Medieval Political Thought, Cambridge 1988, bes. 334sqq. Außerdem hatte Makrobius den Begriff *virtus politica* und die Auffassung des Menschen als *animal sociale* in das Mittelalter überliefert (cf. Commentarium in Somnium Scipionis, Leipzig1774, 1.8, 50–1, apud W. Ullmann, Principles of Government and Politics in the Middle Ages, London 1961, Part III. Ch.2, Anm. 41).

[33] Wohl entspricht die Dreiteilung dem Geist der aristotelischen Ethik. So eine literarische Formulierung stammt aber nicht von Aristoteles. Nur eine Stelle des VI. Buches der Ethica Nicomachea deutet diese Dreiteilung an: „*Quamvis forte non est hoc [bonum individuale] sine oeconomica, neque sine urbanitate* [d. h. *sine politica*]" (cf. 1142a 9). Dem Verfasser des Studienplans war diese Stelle nicht bekannt. Es ist anzunehmen, daß seine Quellen Wilhelm von Conches und Dominicus Gundissalinus sind. S. z. B.: "*[Philosophiae] ... due sunt species: PRACTICA et THEORICA. PRACTICE vero sunt tres species: ethica* de instructione morum ..., *echonomica* id est dispensativa ..., *politica* id est civilis ..." (cf. Guillaume de Conches. Glosae super Platonem, ed. É. Jeauneau, Paris 1965, 60; s. auch 62 sq.). S. dazu: „*De partibus practice philosophie. Quarum prima scientia est gubernandi iustitatem, que dicitur politica, sive civilis racio*" (cf. Dominicus Gundissalinus, wie supra, Anm. 21, 134) und: „*Secunda est scientia regendi familiam propriam*" (cf. ibid., 139); „*Tercia est gubernacio sui ipsius*" (ibid., 140). S. dazu Boethius, In Porphyrium ..., in: PL 64, 11–12 und Hugo v. St. Viktor, Didascalion, II, 19).

Charakter der ganzen *philosophia moralis* weiter zu erhalten scheint[34], zeigen alle anderen Schriften einen deutlichen Mangel an Politischem. Der Grund dafür liegt darin, daß in den *divisiones* die *ethica individualis* und die *oeconomica* in keiner Beziehung zur *politica* stehen. Diesbezüglich schließe ich mich an die zutreffenden Bemerkungen G. Wielands über die Isolierung der verschiedenen Teile der *philosophia moralis* an: Während Aristoteles die drei Disziplinen „durch den Begriff der Politik miteinander in Beziehung setzt, ... stehen die drei praktischen Disziplinen beziehungslos nebeneinander ... Der Verlust der politischen Dimension markiert die entscheidende Differenz zwischen diesen Autoren und Aristoteles"[35]. Meiner Meinung nach aber spitzt sich der Verlust des Politischen auch dadurch zu, daß diese Schriften die *politica* mit den *leges* und *decreta* identifizieren und nicht erklären, wie und warum diese Identifizierung eintritt. Diese Auflösung der *politica* in den *leges et decreta* trägt dazu bei, daß sie sich in eine Art *scientia legislativa* verwandelt und ihren spezifischen politischen Charakter verliert. Diese Identifizierung wird vielleicht im Pariser Studienplan etwas gemildert, weil die von ihm aufgenommene *ethica nova* die *ethica individualis* und im allgemeinen alle Teile der *philosophia moralis* in Beziehung zur *politica* setzt. Man sollte aber nicht übersehen, daß im I. Buch der Ethica Nicomachea diese Beziehung teilweise mittels des Gesetzes erfolgt: für Aristoteles bedient sich die *politica* nicht nur „der übrigen praktischen Wissenschaften für ihre Zwecke", sondern „gesetzlich bestimmt [sie], was zu tun und zu lassen ist, so umfaßt ihr Ziel die aller andern"[36]. Nach der lateinischen Version: „*Utente vero hac, reliquis practicis disciplinis, amplius autem legem proponente quid oportet operari, et a quibus abstinere, huius modi finis complectitur utique eos qui aliarum*"[37]. Das juristische Profil der *politica* geht also auch im Studienplan nicht ganz verloren.

4. Die erste Phase der albertschen politischen Reflexion

Im Lichte der aus der Analyse der *divisiones* entstehenden Fragen können wir nun drei diesen Schriften gemeinsame Züge zusammenfassen. So haben wir: (1) die Identifizierung der *politica* mit dem Gesetz und (2) das Ausbleiben des Naturbegriffes; beide Züge zeigen eine wissenschaftlich unzureichende Behandlung der politischen Thematik; (3) die Dreiteilung der Ethik, die als Rahmen wirkt, innerhalb dessen die beiden anderen Züge

---

[34] Cf. supra, Anm. 5.
[35] Cf. G. Wieland, l.c., 95, Zur Auffassung des Aristoteles über das Verhältnis der Politik zu den anderen ethischen Disziplinen s. supra, Anm. 5 und die Stelle der Eth. Nic. 1142a 9 (wie supra, Anm. 33).
[36] Deutsche Übersetzung von W. Nestle.
[37] S. supra, Anm. 5.

zustandekommen, drei isolierte Teile der *philosophia moralis* anschaulich macht und einen Verlust ihrer politischen Dimension durchblicken läßt. Es wurde diesbezüglich mehrmals darauf aufmerksam gemacht, daß sich in der zweiten Hälfte des 13. Jahrhunderts einige Verfasser über die Beschränkung der *politica* auf die *leges* und über den daher entstehenden Mangel an Wissenschaftlichkeit der *politica* beklagten[38]. Schon vorher aber bemüht sich Albert darum, den Verlust der politischen Dimension zu überwinden. Er geht aber nicht so vor, daß er von Anfang an die bestehende Tradition zurückweist und die *politica* rein philosophisch behandelt, sondern er reiht sich in diese Tradition ein und versucht gleichzeitig die Lücken allmählich zu schließen, die sich bei der Behandlung der *politica* aus den *divisiones* ergeben. Dies tut er schon in der ersten Phase seiner politischen Reflexion und zwar in drei Momenten: Zuerst überwindet er die Lehre der drei isolierten Teile der Ethik; danach erlangt er die politische Dimension der Ethik wieder und begründet die Identifizierung der *politica* mit den *leges*; schließlich läßt er diese Identifizierung beiseite und schreibt der *politica* eine größere Tragweite zu.

Im Prologus zur Schrift Super Ethica[39] (1248–1252)[40] stellt Albert fünf Fragen, von denen die zweite (*utrum disciplina moralis sit una*[41]), die vierte (*quis sit finis huius scientiae*[42]) und die fünfte (*de modo [disciplinae moralis]*[43]) Bedeutung für unsere These gewinnen.

Bei der Behandlung der Frage nach der Einheit der Ethik beruft sich Albert auf Eustratius und schreibt ihm die Dreiteilung der ganzen Ethik in *scientia moralis* (d. h. *ethica individualis*), *scientia oeconomica* und *scientia politica* zu. Gleich darauf spricht er Eustratius auch die Identifizierung der *politica* mit der *lex positiva* zu[44]. Der griechische Kommentator hatte nur die Dreiteilung, aber nicht die Identifizierung behauptet[45]. Albert aber vertritt beide Lehren, was zeigt, daß er sie nicht nur von Eustratius, sondern von anderer Seite erhält, sehr wahrscheinlich aus der Tradition

---

[38] Cf. Wieland, l.c., 96 sq. und G. Fioravanti, Politiae Orientalium et Aegyptiorum. Alberto Magno e la Politica Aristotelica, in: Annali della scuola normale superiore di Pisa (Classe di lettere e filosofia), Serie III, Vol. IX,1,Pisa 1979, 209 sqq.

[39] Alberti Magni Super Ethica. Commentum et Quaestiones, in: Alberti Magni Opera Omnia, T. XIV, Pars I–II, hg. W. Kübel, Münster 1968, 1972, 1987. Ich weise auf Seite und Spalte hin.

[40] Cf. ibid., Prolegomena, VI, a.

[41] Cf. Super Ethica, 2 a.

[42] Cf. ibid., 4 a.

[43] Cf. ibid., 4 b.

[44] „*Praeterea, in COMMENTO dicitur, quod tres tradidit scientias de moribus hominum, scilicet moralem, oeconomicam et politicam vel legis positivam* …" (cf. ibid., 2 b).

[45] „*Divisa enim et hac [philosophia practica] in tres, ethicam, oeconomicam et politicam*" (cf. H. P. F. Mercken, The Greek Commentaries on the Nicomachean Ethics in the Latin Translation of Robert Grosseteste, Bishop of Lincoln († 1253), vol. I (Corpus Latinum Commentariorum in Aristotelem Graecorum, VI,1) Leyden 1973, 1, 10–11.

der *divisiones philosophiae*. Außerdem nimmt Albert diese Tradition mit allen ihren Mängeln — d. h. mit den drei ungelösten Fragen — auf, die wir schon hervorgehoben haben. Obwohl er diese Mängel unverzüglich überwindet, belegt seine Rezeption auch dieser Mängel seine Abhängigkeit von dieser Tradition.

Was nun seinen Umgang mit der Tradition betrifft, bringt Albert zuerst in Anlehnung an Averroes die *scientia moralis* mit der *oeconomica* und der *politica* in Verbindung und begründet dieses Vorgehen: während die *scientia moralis* den anderen Disziplinen moralische Prinzipien bietet, beschäftigen sich diese durch die Anwendung dieser Prinzipien mit dem Gebrauch der Sitten (*exercitium morum*). Albert fügt hinzu, daß die Prinzipien der *oeconomica* verschieden von denen der *politica* sind. Beide sind jedoch auf eine gemeinsame Wissenschaft zurückzuführen, von der sie ihre Prinzipien erhalten[46]. Halten wir nun das ganze Schema der *philosophia moralis* vor Augen, so scheint es, als ob durch eine Abwärtsbewegung die *scientia moralis (individualis)* die *oeconomica* und die *politica* mit sich selbst verbinden würde, indem sie ihnen ihre Prinzipien gibt. Die Initiative also, durch die die Verbindung zustandekommt, entspringt der *scientia moralis*. So kommt Albert über die Isolierung der drei Teile der Ethik hinaus, die sich aus den *divisiones* ergab. Alle drei sind nun miteinander verbunden.

Zweitens befaßt er sich mit dem Verlust der politischen Dimension der Ethik. Dafür nimmt er die schon im ersten Moment nur angedeutete Differenz in Anspruch zwischen Wissenschaften, die moralischen Prinzipien Lehren (*docens*) und Wissenschaften, die von diesen Prinzipien Gebrauch machen (*utens*). Diese Differenz erläutert Albert nun ausführlich in der Lösung der vierten Frage (nach dem Zweck der *disciplina moralis*). Die *disciplina moralis* kann von zwei Gesichtspunkten aus betrachtet werden: als *docens* ist ihr Zweck das Wissen (*finis est scire*); als *utens* zielt sie darauf, daß wir gut werden (*ut boni fiamus*)[47]. Nun spielt dieser Unterschied eine wichtige Rolle in der Lösung der fünften Frage (nach dem *modus* der *disciplina moralis*). Zuerst charakterisiert Albert den *modus* jeder Wissen-

---

[46] „*Tres autem sunt partes huius [scientiae] secundum COMMENTATOREM ARABEM sic differentes, quod in morali traduntur principia moralium — unde etiam intitulatur secundum IPSUM ‚De principiis moralium‘ —, in aliis autem duabus traditur exercitium morum secundum usum illorum principiorum in specialibus casibus; propter quod etiam dicuntur ‚Magna Moralia Aristotelis‘, quia magna volumina sunt. Sic ergo hic traduntur principia, quibus illae utuntur; quarum una docet, qualiter convivendum sit domesticis, altera, qualiter convivendum sit civibus. Et sic planum est, quod reducuntur ad unam scientiam communem, ex quo ex eisdem principiis procedunt ... Sed homo dupliciter potest considerari: vel secundum se vel in comparatione ad alterum, et in comparatione ad alterum dupliciter: vel ad domesticos coniunctos vel ad omnes communiter qui sunt sub eadem civitate vel regno vel gente, nec omnes per eadem principia regulantur in regimine domus et sui ipsius et civitatis, sed per diversa*" (cf. Super Ethica, 2b—3a).

[47] „*... dupliciter potest considerari scientia ista: secundum quod est docens, et sic finis est scire; vel secundum quod est utens, et sic finis est, ut boni fiamus*" (cf. ibid., 4a).

schaft dadurch, daß sie durch ihn ihre Zwecke erreichen kann[48]. Danach erinnert er daran, daß zum Zweck der Ethik, d. h. *ut boni fiamus*, die Überredung nicht genügt. Albert beruft sich nun entschieden auf das X. Buch der Ethica Nicomachea und läßt die zwingende Gewalt des Gesetzes mit Nachdruck auftreten: da die *persuasio* nicht genügt, daß wir gut werden, muß die Gewalt des Gesetzes uns dazu führen, gut zu werden[49]. Nun nimmt Albert das Binom *scientia docens — scientia utens* wieder auf, um die *politica* mit der *oeconomica* und mit der *moralis* in Verbindung zu bringen. Ich mache auf zwei methodische Unterschiede zwischen dem ersten und diesem zweiten Moment aufmerksam: (1) Albert verbindet jetzt nicht mehr die *moralis* mit der *oeconomica* und der *politica*, sondern die *politica* mit der *oeconomica* und der *moralis*; er geht also nicht mehr von oben nach unten — wie im ersten Fall —, sondern von unten nach oben; es handelt sich um eine Aufwärtsbewegung; (2) im ersten Moment hatte Albert die *moralis* als *docens* und die *oeconomica* und *politica* als *utens* deswegen charakterisiert, weil er sie vom Gesichtspunkt der Wissenschaften aus betrachtete, die entweder Prinzipien lehren oder von Prinzipien Gebrauch machen; nun aber charakterisiert er die *oeconomica* und sogar die *moralis* selbst deswegen als *utens*, weil sie einen Zweck mit geeigneten Mitteln erreichen müssen. Ihr Zweck ist es nun, daß wir gut werden. Richten sich aber *moralis* und *oeconomica* nur nach dem *modus persuasivus*, so verfügen sie nicht über die Mittel dafür. Daher benötigen sie eines wirksameren *modus*, der *coactivus* ist und sich deswegen der *politica* verdankt, weil diese durch Albert im Anschluß an die Tradition als *legislativa* betrachtet wird[50]. Von seiner Art her, zum Zweck zu führen — d. h. *ligando* —, bekommt das Gesetz seine zwingende Gewalt[51], die dazu verhilft, die Zwecke der *moralis*

---

[48] „*Modus scientiae est, per quem potest consequi finem suum*" (cf. ibid., 4b).

[49] „*sed finis huius est, ,ut boni fiamus'. Ad hoc autem non sufficit persuadere, sed oportet esse virtutem coactivam iudicum, sicut dicitur in DECIMO HUIUS; sed persuasio facit tantum scire; ergo etc.*" (cf. ibid., 4b).

[50] „... *modus huius, inquantum est utens, est persuasivus, inquantum est docens, est demonstrativus sicut cuiuslibet alterius scientiae. Et hic modus sufficit ad scire, inquantum est docens, sed non inquantum utens. Et ideo nec moralis nec oeconomica sufficit ad illum finem qui est, ,ut boni fiamus', sine legislativa, quae cogit*" (cf. ibid., 4b). S. auch ibid., 329a: „*[disciplina], quae est de communi bono, quae dicitur politica vel legispositiva*". G. Wieland beruft sich auf einen Hinweis von A. Pelzer auf die Aufteilung der Ethik in *theorica* und *practica* und macht auf eine mögliche arabische Quelle dieser Auffassung aufmerksam, die Albertus aufgenommen hätte (cf. Wieland, l.c., 105 und A. Pelzer, Les versions latins des ouvrages de morale conservés sous le nom d'Aristote en usage au XIIIe siècle, in: Études d'histoire littéraire sur la scolastique médiévale, ed. A. Pattin und E. Van de Vyver, Louvain—Paris, 1964, 148).

[51] Cf. Super Ethica, 785 b. Definitionen, die die zwingende Gewalt des Gesetzes nicht berücksichtigen, übersehen für Albertus das Wesen des Gesetzes (cf. ibid., 785a und b). G. Wieland fragt, warum der Begriff des Zwangs der politischen Gewalt „in der Methodendiskussion erscheinen kann" (cf. Wieland, l.c., 123). M. E. hat Albertus diese Thematik in die Diskussion eingeführt, um die Frage nach der Verbindung der *politica* mit den anderen Teilen der Ethik zu lösen. Hat die *legislativa* nicht diese Gewalt, so ist die *politica* traditionsgemäß immer noch ein isolierter Teil der Ethik. Als reine *politica*, d. h. ohne zwingende Gewalt kann sie innerhalb der Dreiteilung keine Aufgabe erfüllen.

und der *oeconomica* zu erreichen. So wird also die *politica* den *divisiones philosophiae* entsprechend mit den *leges* identifiziert und damit die Stelle der *politica* als Teil der Ethik gerechtfertigt. Schließlich wird die *politica* dadurch, daß *oeconomica* und *moralis* zum Erreichen ihrer Zwecke von der *politica* als *legislativa* Gebrauch machen, *conditio sine qua non* der Vollendung der anderen Teile der Ethik. So zeigt die *politica* von einem instrumentalen Gesichtspunkt aus, d. h. nur *secundum quid*, einen gewissen Vorrang vor *moralis* und *oeconomica*[52].

Zusammenfassend: (1) Waren im ersten Moment die *oeconomica* und die *politica* als *utens* den Prinzipien der *moralis* als *docens* untergeordnet, so hängen nun im zweiten Moment *moralis* und *oeconomica* als *utens* von der Hilfe der *politica* als *legislativa* ab. Durch diese Abhängigkeit erlangen *moralis* und *oeconomica* gewiss die in den *divisiones philosophiae* verlorene politische Dimension wieder. (2) Schrieb Albert vorher die Initiative der Verbindung der *moralis* zu, so scheint nun diese Initiative der mit der *legislativa* identifizierten *politica* zu gehören. Durch diese Art instrumentaler Funktion der *politica* erklärt sich nun die Bedeutung der in den *divisiones philosophiae* noch undeutlichen Gleichung *politica = leges*. (3) Dank dieser doppelten Abwärts- und Aufwärtsbewegung verbinden sich alle ethische Disziplinen miteinander und überwinden ihre Isolierung.

Doch obwohl Albert die überlieferte Identifizierung der *politica* mit den *leges* so erklärt hat, nimmt er sie nicht definitiv auf. In einem dritten Moment lehnt er ausdrücklich die Gleichung *politica = leges* ab, womit seine Überwindung der Tradition in der ersten Phase seiner politischen Reflexion ihren Höhepunkt erreicht. So läßt er auf den letzten Seiten der Super Ethica die Identifizierung der *politica* mit den *leges* beiseite und betrachtet das Gesetz als einen Teil der *politica*. Diese beschäftigt sich also nicht nur mit Gesetzen: *politica [est] plus quam legispositiva*[53]. Auch wenn Albert noch sehr wenig über *politica* im aristotelischen Sinn weiß — er richtet sich vielmehr nach der Ethica Nicomachea —, behauptet er immerhin entschieden, daß Tragweite und Bereich der Politik über die *lex positiva* hinausgehen[54].

Zur Hervorhebung der Unterschiede zwischen beiden Phasen des albertschen politischen Denkens ist nun die Tatsache in Erwägung zu ziehen, daß bei der Behandlung dieser Fragen Albert in der ersten Phase nicht rein aristotelisch vorging, sondern die Fragen der Tradition vielmehr

---

[52] In diesem Zusammenhang ist die folgende Stelle über den Vorrang der *felicitas civilis* vor der *felicitas contemplativa* zu verstehen: „... felicitas contemplativa et civilis dupliciter possunt considerari: aut secundum dignitatem et honestatem, et sic multo dignior est contemplativa felicitas, quia est secundum id quod optimum est hominis et minus referibilis ad aliud. Aut secundum utilitatem necessitatis vitae, et sic civilis potior est, et hoc est esse potius secundum quid ..." (cf. Super Ethica, 761 a—b).
[53] Cf. ibid., 790a.
[54] Cf. ibid., 790 a—b und 793 a.

selbstständig beantwortet hat. Dies läßt sich aus verschiedenen Gründen erklären: Er kennt gut die Stellen der Ethica Nicomachea, die auf die Rolle der Natur *in politicis* hinweisen und bezieht sich sogar auf die Auffassung, der Mensch sei *ex natura civilis*[55]; trotzdem erklärt er weder die Dreiteilung der *philosophia moralis*[56] noch ihre einzelnen Teile unter konsequenter Berufung auf die Natur. So mißt Albert diesen Stellen der Ethica nicht die Bedeutung bei, die ähnliche Stellen der Politica in seinem Politik-Kommentar gewinnen werden. Erst in diesem Buch verwandelt Albert die Natur in einen operativen Begriff und durch ihn erledigt er die Frage nach dem Fehlen des Naturbegriffes.

5. Die zweite Phase der politischen Reflexion Alberts

Der Übergang von der ersten zur zweiten Phase erfolgt dank der programmatischen Begründung der drei Teile der *philosophia moralis* und daher der *politica* selbst in dem Naturgedanken. Mit dem Auftreten der Funktion der Natur *in politicis* beantwortet Albert zugleich alle drei durch die Tradition überlieferte Fragen. Dies tut er in drei Momenten.

Zuerst befaßt er sich auf den ersten Seiten seines Politik-Kommentars[57] mit der Isolierung der drei Teile der Ethik. Diese Seiten fungieren als eine Art Einführung in den Kommentar; in ihnen geht Albert nicht als Kommentator vor, sondern äußert seine eigenen politischen Ideen[58]. Aus diesem Grund muß das in dieser Einführung durch Albert Gesagte als sein eigener Beitrag zum politischen Denken aufgefaßt werden. So nimmt er die Dreiteilung wieder auf und begründet sie in der Natur: *„Est autem hominis consideratio triplex secundum naturam, scilicet in seipso, in domo et in civitate"*[59]. Es handelt sich also nicht mehr um eine unbegründete Dreiteilung, wie es der Fall bei den *divisiones philosophiae* war. Auch nicht um eine Dreiteilung, die auf eine Autorität zurückgeführt war, wie in der Schrift Super Ethica. Die Dreiteilung stützt sich nun auf die Natur, was gewichtige

---

[55] S. u. a.: *„homo est natura politicum"* (cf. ibid., 761 a) und *„homo est politicum naturaliter"* (cf. ibid., 761 b).

[56] Cf. ibid., 634 a–b.

[57] D. Alberti Magni ... Comentarii in Octo Libros Politicorum Aristotelis, in: B. Alberti Magni ... Opera Omnia, vol. VIII, Paris, 1891. Ich weise auf Seite und Spalte dieser Ausgabe von Borgnet hin.

[58] Deshalb stützt er sich in der Einführung nicht auf die Politica. Bezieht er sich auf Aristoteles, so weist er auf die Ethica aber nicht auf die Politica hin. So wurde diese Einführung von Glossen zur Politica des 15. Jahrhundertes interpretiert, d. h. als Text, der die politische Auffassung des Albertus, nicht des Aristoteles überliefert (cf. P. Czartoryski, Glosses et commentaires inconnus sur la Politique d'Aristote d'après les MSS de la Bibliothèque Jagellone de Cracovie, in: Mediaevalia Philosophica Polonorum, V, 1960, 17).

[59] Cf. Borgnet, VIII, 6b–7a.

Folgen nach sich ziehen wird. Nachdem Albert im Rahmen der Zurückführung der Dreiteilung auf die Natur die *consideratio hominis in seipso* mit der Ethik, d. h. mit der Bestimmung der moralischen und der betrachtenden Tugend bzw. Glückseligkeit (*virtus et felicitas moralis et contemplativa*) identifiziert[60], begründet er den Übergang von der Erwägung des Menschen in sich selbst zur Erwägung des Menschen in Bezug auf andere Menschen. Dafür beruft er sich auf den Unterschied zwischen *virtus hominis* und *virtus civis*[61]: Sowohl *in seipso* wie *in civitate* wird der Mensch *secundum naturam* betrachtet; selbstverständlich sind Tugend und Glückseligkeit des *homo in seipso* anders als die des *homo in domo* und *in civitate*. Doch da alle drei möglichen menschlichen Vollkommenheiten ihre gemeinsame Grundlage in der Natur finden, bleiben sie nicht mehr voneinander isoliert. Während der Unterschied *virtus hominis — virtus civis* Albert erlaubt, von der Dimension des einzelnen Menschen zur Dimension des sozialen Menschen fortzuschreiten — aus diesem Grund spielt diese wichtige Unterscheidung eine Vermittlungsrolle —, gelingt es ihm nun durch den Naturgedanken, die individuelle und die soziale Dimension des Menschen auf eine gemeinsame Grundlage zurückzuführen. Die Natur wirkt also als gemeinsamer Grund dafür, daß alle drei Tugenden und Glückseligkeiten des Menschen als aus der Natur entstandene, mögliche Vollkommenheiten studiert werden, damit die *scientia moralis* vollständig — d. h. in ihren drei Dimensionen — überliefert wird (*ut perfecte traderetur*)[62]. Demzufolge liegt die Hinlänglichkeit (*sufficientia*) der *philosophia moralis* nicht mehr darin, daß sich die *politica* in den Dienst der *moralis* und der *oeconomica* stellt, damit diese ihre Zwecke erreichen können (*ut boni fiamus*). *Sufficientia* heißt auch nicht mehr, daß die *moralis* und die *oeconomica* mit den durch die *politica* verschafften Mitteln ihre Zwecke erreichen[63]. *Sufficientia moralis doctrinae* bedeutet nun, daß diese deutlich zeigen kann, wie der Natur nach der Mensch in sich selbst, dann in der *communicatio oeconomica* als *animal*

---

[60] „*In seipso cognoscitur in passionibus, operationibus et contemplatione, et sic cognitio hominis determinata est in Ethicis, ubi determinavit Aristoteles de virtute morali et contemplativa, et felicitate morali et contemplativa*" (cf. Borgnet, VIII, 6b).

[61] „*Sed quia alia est virtus hominis et alia virtus civis, ut dicit Aristoteles in VI. Ethicorum, et in unoquoque extremum in bono, est virtus eius, ut dicit in IV. Ethicorum, ideo ad perfectionem hominis in virtute, quia homo est animal naturaliter conjugale et civile, ideo post perfectionem Ethicorum, quibus docetur virtus hominis in seipso, et utraque felicitas, moralis scilicet et contemplativa, oportuit suscipere hoc negotium, ut perfecte traderetur moralis scientia: et hoc est causa suscepti operis*" (cf. ibid., 6b). Zur aristotelischen Lehre über das Binom *homo — civis* s. Politica 1276b 27—35. Albertus hatte sich in der Schrift Super Ethica darauf bezogen. Damals kannte er aber die Politica nicht; daher interpretierte er den Passus der Eth. Nic. 1130b 28 als Unterschied zwischen *publica* et *privata*: „*... bonitas viri est in his quae sunt privata, sed bonitas civis est in his quae sunt in factis publicis ...; in virtutibus politicis una potest habere sine altera*" (cf. Super Ethica, 327a).

[62] Cf. Borgnet, VIII, 6b (wie supra, Anm. 61).

[63] Cf. Super Ethica, 4b (wie supra, Anm. 49 und 50).

naturaliter conjugale und schließlich in der *communicatio civilis* als *animal naturaliter civile* vollkommen, d. h. *perfectus* werden kann[64]. Es ist also nicht mehr die *politica* als *legislativa*, die den anderen Teilen der *philosophia moralis* hilft, sondern jeder Teil verfügt von Natur aus über die Mittel, um seine eigene Vollkommenheit zu erreichen. Es erübrigt sich zu sagen, daß Albert damit die *politica* nicht mehr in erster Linie durch die Identifizierung mit dem Gesetz, sondern vor allem als Ausdruck einer Tendenz der menschlichen Natur erklärt.

Diese Identifizierung der *politica* mit den *leges* fällt ebenfalls in seinem Kommentar zum ersten Kapitel der Politica weg, in dem sich Albert auch auf die Funktion der Natur *in politicis* bezieht. In diesem I. Kapitel macht Aristoteles von einer analytischen Methode mit der Absicht Gebrauch, „das Zusammengesetzte so lange [zu] teilen ..., bis man zu einfachen Bestandteilen gelangt ..."[65]. Zweck dieser Teilung ist die Unterschiede „zwischen dem Leiter eines Freistaats, dem Beherrscher eines Königreiches, dem Verwalter eines Gutes und dem Herrn eines Hauses" festzustellen[66]. Diese Stellen kommentierend sagt Albert, daß im Fall des Hauses (*domus*) sowohl die Beziehungen zwischen Herrn und Sklaven als auch zwischen Mann und Frau wie ihre verschiedene Aufgaben durch die Natur bestimmt werden. So „gelingt es jedem unter ihnen — so Albert —, seine eigene Tätigkeit vollkommen zu erfüllen, wenn jeder sich nach dem richtet, worauf die Natur zielt"[67]. Der Natur gibt Albert zudem einen deutlichen Vorrang vor der Kunst hinsichtlich der Gewißheit und Sicherheit, mit denen sie ihre Zwecke erreicht. So erreicht die Natur ihre Zwecke ganz präzis, während die Kunst es nur durch Mutmaßungen (*conjecturando*) tut[68]. Daher die Bedeutung, die für Albert die Natur bei der Bildung der menschlichen Gemeinschaften gewinnt. Nun schließt er diesen Vorrang der Natur an den Einwand an, den Aristoteles gegen die Barbaren deswegen erhebt, weil sie sich nicht an die Natur halten. Die Barbaren verwechseln die durch die Natur dem Weibe und dem Slaven zugeschriebenen Zwecke, so daß sich bei ihnen Weiber und Sklaven nach derselben Ordnung richten (*eundem habent ordinem*)[69]. Dies bedeutet eine Veränderung

---

[64] „*Subjectum autem sive materia est communicatio oeconomica et communicatio civilis secundum ordinem recti et justi, in qua ostenditur homo perfectus secundum virtutem secundum quam naturaliter est homo animal conjugale, et secundum quam homo naturaliter est animal civile. In hoc enim est sufficientia moralis doctrinae, quando ostensum est qualiter homo est in virtute perfecta secundum se, in domo et in civitate*" (cf. Borgnet, VIII, 6b).

[65] Cf. Politica, 1252a 18—20. Deutsche Übersetzung von W. Nestle.

[66] Cf. ibid., 1252a 7.

[67] „*Et ita est de servo et domino, et uxore et marito, quod unumquodque optime perficiet opus suum, quando est ad hoc, cui naturaliter communicat*" (cf. Borgnet, VIII, 10a).

[68] „*Quia licet ars imitetur naturam, non tamen aequat eam, ita quod aliquid factum ab arte, in communicatione ad alterum contendat, conjecturando bonum aliquod per communicationem*" (Borgnet, VIII, 9b).

[69] Cf. Politica, 1252b 5 und Borgnet, VIII, 10a.

der natürlichen Ordnung und diese Alteration drückt sich für Albert dadurch aus, daß bei den Barbaren „kein Gebrauch von Gesetzen und [gesellschaftlichen] Beziehungen gemacht wird, die dem Gerechtigkeitsgesetz entsprechen"[70]. So verzichtet Albert nicht auf den instrumentalen Charakter des Gesetzes. Vielmehr läßt er die *lex positiva* eine deutliche politische Funktion erfüllen, aber nicht nur dank ihrer zwingenden Gewalt, sondern vor allem als einen aus der Natur entsprungenen Teil der *politica*. Obwohl Albert in diesem Fall als Kommentator vorgeht, versucht er in Anlehnung an den aristotelischen Text nochmals, das als Teil der *politica* verstandene Gesetz in Verbindung mit der Natur zu bringen. Aus diesem Grund ist auch dieses als ein albertscher Beitrag zur mittelalterlichen Staatstheorie zu betrachten.

Schließlich befaßt er sich mit der Thematik um den Verlust der politischen Dimension der *philosophia moralis* und versucht, im Lichte des durch Aristoteles Vorgebrachten diese Dimension wiederzuerlangen. Dies führt er auch in seinem Kommentar zum ersten Kapitel der aristotelischen Politica aus, in dem er zuerst die Funktion der Natur als generativen Prozeß in den verschiedenen menschlichen Gemeinschaften betrachtet. So erfolge dank dieses generativen Prozesses zuerst die Entstehung der *domus*[71], danach die des *vicus*[72] und schließlich die der *civitas*[73]. Der Grund für diese generative Bildung jeder Gemeinschaft liegt also in der Natur. Diese zielt auf immer komplexere menschliche Beziehungen und daher auf immer vollkommenere Gemeinschaften. Doch Naturprozesse können nicht nur generativ, sondern auch ontologisch betrachtet werden. Für Aristoteles ist die *civitas* von Natur Zweck der *domus* und des *vicus*[74], und zwar deswegen, weil die *civitas* Vollendung der vorherigen Gemeinschaften ist. So nennt Albert die *civitas principalissima communicatio*, die alle anderen umfaßt[75]. Fassen wir nun beide Perspektiven zusammen, von denen aus Albert die *civitas* analysiert, so ist generativ betrachtet diese die letzte Gemeinschaft, ontologisch aber ist sie die erste. Da die *civitas* — d. h. die politische Gemeinschaft — von diesem ontologischen Gesichtspunkt aus alle vorherigen Gemeinschaften nach sich zieht und in sich versammelt[76], erlangen diese die politische Dimension, die die *divisiones* nicht beachtet

---

[70] „*Hoc autem ulterius probatur per eos qui legibus non utuntur et communicationibus secundum leges justitiae ordinatis*" (cf. Borgnet, VIII, 12a).

[71] „*Et communicatio domus generatione prima est, et est naturalis homini secundum naturam qua homo conjugale animal est*" (cf. Borgnet, VIII, 12a).

[72] Cf. ibid.

[73] „*Ex his autem duabus communicationibus generatur tertia ...*" (cf. ibid.).

[74] „*Propter quod omnis civitas natura est, siquidem et primae communitates; finis enim ipsa illarum ...*" (cf. Politica, 1252b 30—32).

[75] „*Principalissima autem omnium, est quae omnes alias complectens communicationes*"; „*Omnes autem complectens, civitas est communicatio politica*" (cf. Borgnet, VIII, 8a).

[76] „*Politica communicatio, sive civilis, colligit omnes alias*" (cf. ibid., 12b).

hatten. Neigte die *politica* in der ersten Phase des albertschen Denkens dazu, nur ein Instrument der *moralis* und der *oeconomica* zu sein, so umfaßt sie nun die Ziele der vorherigen menschlichen Gemeinschaften und verliert dadurch die Rolle, die sie damals nur als *lex* im Dienst der anderen Teile der Ethik spielte. Die Argumentation Alberts wird aber in diesem dritten Moment in einer so strengen Anlehnung an Aristoteles geführt, daß es schwer fällt, diese Rehabilitierung der politischen Dimension der ganzen *philosophia moralis* als ein Beitrag Alberts selbst zu betrachten. Vielmehr scheint diese Thematik ein Wiederauftauchen eines aristotelischen Topos im 13. Jahrhundert zu sein. Wenn wir aber diese Lehre vom Gesichtspunkt der politischen Ideen aus betrachten, die unmittelbar nach der Rezeption der aristotelischen Politica im Westen zirkulieren, verliert die Frage an Bedeutung, ob es sich um eine albertsche oder um eine aristotelische Lehre handelt. Wichtiger ist nun, daß gleich nach dem Bekanntwerden der Politica die Idee des Vorrangs der *civitas* und daher des Politischen vor den vorherigen Gemeinschaften Aufmerksamkeit verdient. Die Bedeutung dieses Topos zeigt sich darin, daß einige politische Lehren des ausgehenden Mittelalters dem Politischen einen deutlichen Vorrang vor allen anderen menschlichen Zielen zugeschrieben haben.

6. Bilanz

Traditionen werden im Mittelalter oft aufgenommen und alsbald überholt, ohne Rechenschaft davon abzulegen, ob dies absichtlich geschieht oder nicht. Nach dem Vorgebrachten läßt sich nur feststellen, daß Albert die durch die Tradition überlieferten Fragen ausführlich beantwortet hat und zwar in zwei Etappen: vor und nach seiner Lektüre der aristotelischen Politica. Von einem literarischen und historischen Gesichtspunkt aus können diese beiden Etappen des albertschen politischen Denkens in Zusammenhang mit zwei wichtigen Entwicklungsphasen der Geschichte der mittelalterlichen Staatstheorie gebracht werden.

Vor der Lektüre der Politica schließt sich Albert an die Tradition der *divisiones philosophiae* an, die die *scientia politica* mit den *leges* identifizieren und sie in der *lex positiva* auflösen. Die Abhängigkeit Alberts von dieser artistischen Auffassung über die Politik wirkt als Anstoß für die Rekonstruktion der Geschichte des mittelalterlichen politischen Denkens, den Einfluß der politischen Ansicht der Artisten auf das spätere politische Denken zu ergründen. Hätte es bei den Artisten kein Interesse für politische Themen gegeben, so hätte die in § 1 vorgelegte artistische Deutung der Politik auf Denker wie Albert überhaupt keinen Einfluß üben können. Die Tatsache aber, daß Albert diese Auffassung aufnimmt und von ihr ausgehend sie überholt, erlaubt es, bei intellektuellen Kreisen der ersten

Hälfte des 13. Jahrhunderts ein Interesse für politische Themen vorauszusetzen.

Was die zweite Etappe betrifft, schließt sich Albert an eine mit der Rezeption der Politica beginnende, neue Tradition an. In diesem Zusammenhang verdient der Politik-Kommentar Alberts im Rahmen der unter aristotelischen Einfluß aufgesetzten politischen Schriften deswegen besondere Aufmerksamkeit, weil er den ersten Beitrag zur mittelalterlichen Staatstheorie in einer Zeit bildet, in der sich westliche Kreise philosophisch noch wenig über Politik als Wissenschaft geäußert hatten. Der albertsche Beitrag zur politischen Philosophie ist jedoch in dieser Etappe nicht leicht festzustellen. Nur an wenigen Stellen findet sich die eigene Position Alberts deutlich artikuliert. Dazu kommt, daß er am Ende seines Kommentars die Absicht ausdrückt, dem aristotelischen Text *quanto fidelius* darzustellen[77]. Dies verlangt Zurückhaltung hinsichtlich der Zuschreibung von politischen Lehren an den Doctor universalis, die in seinem Politik-Kommentar vorkommen. Immerhin hat das Auftreten des Begriffes „von Natur aus politisch" eine wesentliche Umgestaltung seiner Auffassung über Politik hervorgerufen. Nun erst nämlich bildet die *scientia civilis* den Rahmen, innerhalb dessen die Verwirklichung einer natürlichen Vollkommenheit des Menschen möglich wird. So gelingt es Albert, durch den Naturbegriff eine rein juristische Auffassung der Politik zu überwinden, die er in seinem Ethik-Kommentar als sophistisch charakterisiert[78]. Die Frage, wie sich nun für Albert diese *scientia civilis* im Rahmen der Natur entwickeln muß, muß noch beantwort werden.

---

[77] Cf. Borgnet, VIII, 803 in fine.
[78] „*Sophistas autem hic vocamus ... politicos, cum nesciant quae sit ars politica aut legis positiva ... quales autem sunt qui judicata ab imperatoribus et praetoribus colligunt et ex his civilia se docere praesumunt ...*" (cf. Borgnet, VII, 639b).

Anthropologica I

The Disappearance of Galen
in Thirteenth-Century Philosophy and Theology

MARK D. JORDAN (Notre Dame)

In the second book of his Contra Gentiles, in the middle of an elenchus of errors about the human intellect, Thomas Aquinas inserts a short chapter by way of refuting Galen. He is concerned to argue against what he takes to be the Galenic teaching that the soul is a *complexio*, that is, a temperament or character resulting from an interaction. The teaching has been brought to mind by his preceding and much longer attack upon the views of Alexander of Aphrodisias[1]. Indeed, Thomas first notes that the Galenic position can be refuted by the arguments already given against Alexander[2]. Only then does he provide four additional reasonings to show that the soul cannot be a *complexio*. He ends the brief chapter by suggesting that Galen's error arose from a failure to distinguish the manners of attributing passions to a *complexio* and to a soul.

Now in all of this Thomas's source is no text from Galen. He says about Galen what he finds in a favorite authority, the De natura hominis of Nemesius of Emesa, which he believes to be a work by Gregory of Nyssa. But this is puzzling. The Nemesian text recounts many other ancient opinions about the soul that Thomas does not bother to refute. Why should Thomas single out Galen for criticism in a separate chapter?

Some help with this puzzle is provided by a work that derives in part from Thomas's Contra Gentiles, namely, the Pugio fidei of Raymund Martinus (Ramón Marti, d. 1285)[3]. Early in the Pugio, Raymund divides the schools of error into three: first, the teachers of the temporal or carnal; second, the naturalists or physicians; and, third, the philosophers. The leader of the middle group is Galen, whose brazen denial of the immortal

---

[1] Thomas Aquinas, "Summa contra Gentiles" = Liber de veritate catholicae fidei contra errores infidelium 2.63, ed. Petrus Marc, Turin and Rome 1961–1967, 2:199.

[2] Thomas Aquinas, "Summa contra Gentiles" 2.63, Marc 2:199 no. 1416: "Unde et per easdem rationes haec opinio improbari potest per quas improbata est opinio Alexandri ..."

[3] For a survey of borrowings from the Contra Gentiles, see Liber de veritate catholicae fidei, ed. Marc, 1:62–65. Marc wanted further to reverse the received chronology in order to assert that Thomas himself had depended in other matters on an earlier work by Raymund, the Capistrum iudaeorum. See his introduction, 1:65–72. I share with most readers the sense that Marc's extended arguments are unpersuasive.

soul, according to Raymund, makes him the "prince" of the "great crowd of naturalists and physicians"[4]. Somewhat later, Raymund claims by his reasonings to have "strangled" the pernicious doctrine "of the naturalists, physicians, and followers of Galen"[5].

While Raymund's source for arguments is Thomas, his source for the importance of Galen is probably Ghazali, who cites Galen when paraphrasing the opinion that the soul depends on the temperament of the matter into which it is impressed[6]. For Raymund, the prominence of Galen in Islamic disputes certifies his importance as an adversary to be addressed by a Christian apologist. And the same passage in Ghazali might have combined with the Nemesian doxography to make Thomas think it important to meet Galen directly and distinctly.

Yet if the appeal to Raymund and through him to Ghazali may help to explain why Thomas includes a separate chapter against Galen, it brings forward a much more difficult puzzle. If Galen is indeed the prince of a large realm of naturalists and physicians, why does he merit only this one brief chapter in the Contra Gentiles? Thomas's work is, after all, explicitly intended to set forth Christian wisdom in the face of its strongest opponents. How can Thomas content himself with disposing of Galen so peremptorily, as an afterthought? But this question, thus formulated, arises not only for Thomas. It could be asked of any number of his near predecessors or contemporaries in the faculties of Arts and Theology at Paris or Oxford. So we are led to ask, more generally, why Galen is reduced almost to silence in their extended disputes about the human soul?

In pursuing the now generalized question, I will take only three small steps. I will consider, first, the reception of Galen as a speculative interlocutor in some thirteenth-century works of reference. I will survey, second, his exclusion as an interlocutor in a much greater number of philosophical or theological texts. Finally, in third place, I will try to suggest some reasons for the exclusion of Galen — and how the exclusion can serve as an index for the fate of a whole body of medical teaching. In order to accomplish even this much, I will have to move selectively through a large textual mass. Such rapid reading poses many dangers, but I know of no other way to follow the fate of Galenic authority.

---

[4] Raymund Martinus, Pugio fidei adversus mauros et iudaeos 1.1.7, ed. Joseph de Voisin, Leipzig 1687, 194.
[5] Raymund Martinus, Pugio fidei 1.4.10, Voisin 207.
[6] As in Averroes, Tahafut al-Tahafut 1, trans. Simon Van Den Bergh, London 1954, 1:64. Galen is not mentioned in the Latin version by Calo Calonymos, as in Averroes' Destructio Destructionum philosophiae Algazelis, ed. Beatrice H. Zedler, Milwaukee 1961, 129.

1. The Reception of Galen as an Interlocutor

It is not possible in a short time to talk comprehensively about the high medieval reception of Galen. Nor is it possible in a long time. We do not yet know the evidence well enough to be constructing comprehensive accounts of whatever length[7]. First, we do not yet have a complete census of Galenic and pseudo-Galenic manuscripts[8]. Moreover, second, a census would itself not capture all the materials for a study of the medieval reception of Galen. The transmission of Galenic or pseudo-Galenic texts offers the best evidence for studying the fortune of Galen's 'authorship' in our sense, but not for studying the function of Galen's authority in the medieval sense. The function of Galenic *auctoritates* is determined only indirectly by the canon of Galen's whole texts or even of texts ascribed to him. In understanding the function of Galenic *auctoritates*, we would do better to begin with *florilegia* or *sententiae*, with traditions of commentary and encyclopedic erudition. When thirteenth-century disputants speak of Galen, they mean most immediately to refer, not to the author of a canon of works, but to the authority embodied in a definite and fairly short series of *sententiae* or abbreviated arguments. Even literal commentaries on a particular Galenic text are motivated in many instances by traditions of topics extraneous to the text.

It is true, of course, that some of the most speculatively ambitious Galenic works were not available to Latin readers in the thirteenth century. Such treatises as De libris propriis, De optima secta, Quod optimus medicus sit etiam philosophus, and others like them were not to appear in Latin for some time. More importantly, the philosophic masterwork De placitis Hippocratis et Platonis had to be re-discovered by Renaissance humanists[9].

---

[7] For an expert survey of the situation, see Richard J. Durling, A Chronological Census of Renaissance Editions and Translations of Galen, Journal of the Warburg and Courtauld Institutes 24 (1961) at 231–236; Gerhard Baader, Galen im mittelalterlichen Abendland, in: Galen: Problems and Prospects, ed. Vivian Nutton, London 1981, 213–228. Cf. Jole Agrimi and Chiara Crisciani, Edocere medicos: Medicina scolastica nei secoli XIII–XV, Naples 1988, 15–16.

[8] Diels's list of *Galenica* is inadequate, and even with the addenda so far made available by Thorndike–Kibre and Durling, we do not yet have a census of the kind that Kibre has completed for Hippocrates. Cf. H. Diels, Die Handschriften der antiken Ärzte, 1: Hippokrates und Galenos, Abhandlungen der königlich Preussischen Akademie der Wissenschaften, Philos.-histor. Abh. 1905 III, 59–150; Lynn Thorndike and Pearl Kibre, A Catalogue of Mediaeval Scientific Writings in Latin, rev. ed., Cambridge (Mass.) 1963; Durling, Corrigenda and Addenda to Diels' Galenica: I. Codices Vaticani, Traditio 23 (1967) 461–476; II. Codices Miscellanei, Traditio 37 (1981) 373–381. Durling promises a complete census for the *Catalogus Translationum*; it will be very good to have it.

[9] Cf. Nikolaus Mani, Die griechische Editio princeps des Galenos (1525), ihre Entstehung und ihre Wirkung, in: Gesnerus 13 (1956) 29–52. Fragments of the text had been preserved anonymously in Nemesius, but no Latin translation of the whole was made until after publication of the Aldine edition of the Greek. Cf. Galen: On the Doctrines of Hippocrates and Plato, ed. Phillip de Lacy, Corpus Medicorum Graecorum V 4,1,2, Berlin³ 1984, 1:46.

On the other hand, a Latin reader of the thirteenth century would have found such philosophically important works as De elementis secundum Hippocratem, De facultatibus naturalibus, De sectis, and De temperamentis, not to speak of the Ars parva or the commentaries on major works of the Hippocratic corpus[10].

More influential and often more widely distributed than translations of these Galenic texts were the works drawn from them. One obvious example would be the Pantegni of Constantine the African. The influence of the Pantegni begins with the writers of Salerno and Chartres to continue well into the thirteenth century. Thirteenth-century manuscripts of the Pantegni show that it was widely copied and annotated in various kinds of institutions. Another and somewhat better example of Galenic sources for the main thirteenth-century authors would be Avicenna's Canon of Medicine. But the best examples of Galen's continuing availability come from two other kinds of reference works, namely encyclopedias and commentaries on Aristotle. Among the encyclopedists, it is worth noting especially Bartholomaeus Anglicus and Vincent of Beauvais[11]. Both ended their lives as mendicant friars — Bartholomaeus a Franciscan, Vincent a Dominican — and both shared in the larger medicant programs of re-composing reference works useful to teaching or preaching. Both compilers present, quite explicitly, large quantities of Galenic and Constantinian doctrine.

In De proprietatibus rerum (before 1230), Batholomaeus begins the treatment of man with two books, on the soul (Book 3) and on the body (Book 4). In the first, Bartholomaeus weaves together doctrines from the Liber de spiritu et anima, Aristotle's De anima, and Johannitius's Isagoge — easily the most famous introduction to Galen's Ars parva. In the fourth Book, Bartholomaeus succeeds in bringing into conversation with each other Galen, Constantine, and Aristotle, sometimes precisely in order to remark their differences. The juxtaposition of authorities makes for other tensions that Bartholomaeus seems to ignore or merely to conceal[12]. But his succes in handling the plurality of views is not so important as his recognition of that plurality. We have in Bartholomaeus a Franciscan encyclopedist of the mid-thirteenth century for whom Galen and his followers are important interlocutors in any debate about the embodied human soul.

---

[10] Cf. Thorndike—Kibre, Catalogue, cols. 36, 575, 847, 859, 984, 1002, 1055, 1269, 1274, 1281, 1538, 1585, 1694. Cf. further the notations in Durling, Addenda and Corrigenda, at Census nos. 8a, 46a, 104a, 114a, 149a, 158a.

[11] The medical sections in the Sapientiale of Thomas of York do not cite Constantine or Galen with any regularity.

[12] So the frequent judgment that Bartholomaeus is merely eclectic, as in Pierre Michaud-Quantin, Petites encyclopédies du XIII siècles, and Maurice de Gandillac, Encyclopédies pré-médiévales et médieévales, both in: La pensée encyclopédique au Moyen Age, Neuchâtel 1966, 111 and 41, respectively.

Much the same role is assigned them by Vincent of Beauvais (before 1260)[13]. In those books of the Speculum naturale that treat of the soul and body, Galenic passages are juxtaposed with a whole range of other authorities. In Book 23, the discussion of the soul quotes Johannitius[14]. In the next book, Galen himself is quoted on the effects of cerebral lesions on mental powers — a passage that Vincent introduces with a general appeal to the teaching authority of the "*medici*"[15]. The same book takes its basic treatment of virtues from Haly's Regalis dispositio[16]. In Books 28 and 31, Vincent alternates passages from Isidore with passages from Constantine's Pantegni, Avicenna's Canon, Johannitius, and other medical works that allude not infrequently to Galen. The technical detail of many of the paragraphs might make them seem unhelpful to philosophy or theology, but other paragraphs treat of such issues as the localization of soul functions in the brain and the foundations of physiology[17]. These topics recur regularly in philosophical and theological debate about the human soul.

Galen's presence within encyclopedic texts does not stop with Bartholomaeus and Vincent. If the Summa philosophiae once attributed to Robert Grosseteste is indeed an Oxford product of the late 1260s, it would give good evidence of his role later in the century — though the role is now increasingly as object of criticism. This Summa first mentions Galen as "*medicus famosissimus*" in a list of authoritative writers from Roman times[18]. But Galenic doctrine is subjected to criticism at several points in the body of the work[19]. Galen's differences with Aristotle are recorded[20]. In other passages, however, Galen and Constantine figure as the source for some trustworthy teaching, sometimes joining a whole list of philosophic authorities[21]. Thus, however much Galen's authority is qualified by ps-Grosseteste, or contrasted with that of Aristotle, Galen still does figure prominently as an authority for discussions of natural philosophy[22]. Galen

---

[13] I leave aside the complicated redactional history of the whole Speculum maius. I assume only that the Speculum naturale, as the Douai edition presents it, was substantially complete before 1260.
[14] Vincent of Beauvais, Speculum naturale 23.39, as in Speculum quadruplex, 1, Douai 1624, col. 1679.
[15] Speculum naturale 24.60 (col. 1755).
[16] Speculum naturale 24.4—11 (cols. 1711—1717).
[17] Speculum naturale 38.40—43 (cols. 2018—2021) and 31.66—69 (cols. 2342—2345).
[18] Ps.-Grosseteste, Summa philosophiae 1.5, ed. Ludwig Baur in: Die philosophischen Werke des Robert Grosseteste, Bischof von Lincoln, Beiträge GPhM 9, Münster 1912, 279.
[19] Summa philosophiae 13.6, Baur 521.
[20] Summa philosophiae 12.11, Baur 495; 17.3, Baur 598; 18.7, Baur 623.
[21] Summa philosophiae 12.11, Baur 496; 13.10, Baur 524; 17.10, Baur 608.
[22] He does so again as late as in the Speculum of Henry Bate (1281—1302). Cf. Speculum divinorum et quorundam naturalium 1.19, 1.18., and 1.31, ed E. Van de Vyver, Philosophes médiévaux 4, Louvain and Paris 1960.

never disappears from the encyclopedic tradition during the thirteenth century, even after its incorporation of Aristotle and Aristotelian commentary.

Nor is he missing from the basic texts of Aristotelian learning. Averroes's various kinds of expositions and commentaries note a number of disagreements between Galen and Aristotle, usually to Galen's disadvantage. He is held to misunderstand a number of Aristotelian arguments, such as those about time and about motion[23]. On several points of physiology, Galen is also recorded as dissenting from Aristotle — and as being mistaken[24]. More interestingly, Averroes records Galen's scepticism on such issues as the eternity of the world, the nature of the *virtus informativa*, and the source of the human soul[25]. If Galen is praised for his discoveries an anatomy, he is blamed harshly for failing to look at the "*fundamenta naturalia*"[26]. And yet the repeated attacks ought not to obscure the fact that Averroes incorporates Galen fully as an interlocutor in the reading of Aristotle. Whoever reads Averroes on Aristotle reads about Galen. The tradition of Aristotelian commentary preserves Galen's philosophical voice.

2. The Exclusion of Galen

While it is easy to show Galen's presence by citation, it is impossible to show his absence in the same way. Little would be learned from a list of thirteenth-century works in which Galen does not appear. It is more practicable and more helpful to select some important texts about the soul in which Galen ought to figure prominently — and then to say briefly what happens instead.

An important preface to the treatment of Galen in thirteenth-century works of philosophy or theology is provided by Alfred of Sareshel in the De motu cordis (c. 1210). One of his most prominent motives in the treatise is to attack medical claims for authority, especially when made by those whom Alfred counts as medical hacks. He ridicules Montpellier and Salerno, just as he derides those who quote mechanically from their

---

[23] Phys. 4.txt97—98, Venice 1562—1574, 4:177vM—178rA and 179rD—F; 7.txt1—2, 4:306vG and 307vG—I; 8.txt78, 4:424vL.

[24] De anima 2.txt88, Venice Suppl. 2:96vD—E; In De part. animal. 3.cap4 De corde, 6:157vL—163rB; De generatione animalium 1.cap20, 6:62vI—66vM; 2.cap2, 6:75vK—77rC.

[25] De cael. 1.txt92, Venice 5:61rC; In Metaph. 7.txt31c 8:181rF.

[26] De part an. 3.cap. 10 De septo transverso, Venice 6:172rA—E; De generatione animalium 1.20, 6:62vI—66vM. For another example, cf. J. Christoph Bürgel, Averroes 'contra Galenum', Nachrichten der Akademie der Wissenschaften in Göttingen, Philol.-hist. Kl., Jg. 1967:263—340, especially 276—290.

Johannitius or Hippocrates[27]. When Alfred wants to stress that a point is obvious, he says that it is admitted even by the hack physician, the *"vulgus medicorum"*[28]. There are, to be sure, simple citations in De motu cordis to the authority of Galen or the *"schola medicorum"*[29]. But more often Alfred confronts the Galenic views with those of Aristotle, or dismisses the technical dithering of the *medici*, or tries to explain why they were misled[30]. The rhetorical effect of the De modu cordis is quite clear: it means to displace medical authorities with philosophical ones in discussions of basic physiology. This displacement of Galen will be repeated in different ways and with varying explicitness throughout the century.

The De anima of William Auvergne (c. 1230) is an ambitious polemic against reductive views of the human soul. In it, William makes different sorts of reference to medical matters. There are deprecating remarks about physicians. For example, William derides the *"medici"*, whom he shortly links with *"apothecarii"*, for thinking that they can preserve the body after death[31]. But there are also direct attacks on medical theory. Thus a view of animation in human conception that William attributes to Hippocrates is attacked twice[32]. As part of the critical reaction to Aristotle, William conducts a sustained polemic against Alexander of Aphrodisias for views like those of medical authorities[33]. Conversely, when he runs into certain details unimportant for his purposes, he leaves them for the physicians to worry about[34].

If William is rejecting Galenic teaching, he seems at least to take it into account. The simple exclusion of Galen is more striking in the new works of theological systematization at Paris. So, for example, there are no explicit references to Constantine or Galen in Philip the Chancellor's Summa de bono (1230x1236), though there are hints of Galenic doctrine at several points. There is one reference to Galen in the printed text of the Summa Halensis (1240–1256). It explains that sleep is a drawing inward of surface

---

[27] Alfred of Sareshel (Alfredus Anglicus), De motu cordis 7 and 11 (respectively), ed. Clemens Baeumker, Beiträge GPhM 23/1–2, Münster 1923, 28 and 51–52.
[28] Alfred of Sareshel, De motu cordis 12 and 13, Baeumker 61 and 65.
[29] Alfred of Sareshel, De motu cordis 10 and 11, Baeumker 41–42 and 51.
[30] Respectively, Alfred of Sareshel, De motu cordis, 5, 6, and 10, Baeumker 18–19, 22, and 45.
[31] William of Auvergne, De anima 1.1, in Guillelmi Alverni episcopi parisiensis opera, Supplementum, Paris 1674, 2:66a. Other references to physicians are straightforward and do not hint at disagreement. So, for example, William cites them on the use of the term "cellula" in cerebral anatomy (5.5, 119a); together with the alchemists on what being "temperatissimus" does and does not imply (5.5, 120a); on the soul's intensity of power (6.37, 197b).
[32] William of Auvergne, De anima 4.4 (anonymously) and 5.1, Paris (1674), 109b and 110b–111a.
[33] For example, William of Auvergne, De anima 5.3–4, 5.6.
[34] For example, William of Auvergne, De anima 6.40, Paris (1674) 201b.

heat for the sake of digestion[35]. The only other mediately Galenic citation is to Constantine's Pantegni on the definition of equal mixture of elements[36]. There is not even a single mention of Galen or Constantine in Bonaventure's Sentences-commentary (c. 1253).

Thomas Aquinas might seem to offer more hope, given his explicit engagement with Galen in the passage of the Contra Gentiles with which I began. But outside that chapter Galen is mentioned only twice and then in connection with incidental doctrines[37]. The only citation to Constantine concerns the purpose of sexual pleasure[38]. Moreover the citations disappear in Thomas's later works, where his doctrine becomes more relentlessly Aristotelian. There is some question whether Thomas's late letter De motu cordis is a direct critique of Alfred of Sareshel, but I think that other sources are just as likely. In any case, Alfred would hardly count as a Galenic interlocutor.

John Pecham's Tractatus de anima (1270—71x1279) contains no explicit references to Galen or Constantine. It does make much use of Avicenna on the soul and of Alfred of Sareshel[39]. So it goes in Pecham's slightly earlier disputed questions (Paris, c. 1269), where he asserts that the only ones who denied the immortality of the soul were the "vile Epicureans"[40]. Pecham relies here on Cicero, but throughout the questions on Avicenna and the De spiritu et anima. The same displacement of Galen and Constantine by Avicenna can also be found in the disputed questions of Matthew of Aquasparta (shortly before 1277)[41].

In an anonymous commentary on De anima from the Parisian Arts faculty (c. 1275), the one engagement with Galen comes over the organ of the common sense. The topic had already been singled out in Arts commentaries of thirty years earlier[42]. But in this later text it is framed quite clearly as a controversy between philosophers and physicians. The first objection is pinned directly to the "*auctoritas Avicennae*" in his De

---

[35] "Alexander of Hales", Summa theologica 4.3.1.1.3, Quaracchi 1928, 2:639, art. no. 471: "*Unde Galienus: Somnus est revocatio caloris exterioris ad interiora, ut digeratur nutriens*".

[36] "Alexander", Summa 4.2.1.3.2.1.unic, 2:529a; repeated in 4.2.1.3.2.2.1, 2:531a.

[37] Super Sent. 2.15.2.2. ad1 and 4.44.3.1.3 ad3 on the principle that all bodies are consumed by fire; Super Sent. 4.15.3.1.2 ad 3 on the maxim, "summa medicina est abstinentia".

[38] Super Sent. 4.33.1.3; compare 2.38.1.2 ad6, where the doctrine is attributed only to the "medici".

[39] John Pecham, Tractatus de anima, ed. Gaudentius Melani, Bibliotheca di Studi Francescani 1, Florence 1948.

[40] John Pecham, Quaestiones tractantes de anima, ed. Hieronymus Spettmann, Beiträge BPhM 19/5—6, Münster 1918.

[41] Matthew of Aquasparta, Quaestiones disputatae de anima XIII, ed. A.-J. Gondras, Études de philosophie médiévale 50, Paris 1961.

[42] Anonymous Master of Arts (c1245—1250), Lectura in librum de anima a quodam discipulo reportata, ed. R.-A. Gauthier, Spicilegium Bonaventurianum 24, Grottaferrata 1985.

anima⁴³. The second objection argues that the organ of common sense is the first part of the brain because all the veins are rooted there. The anatomy is secured by medical authority: "The minor premiss is clear from all the *medici*"⁴⁴.

Our anonymous commentator's replies to these objections are telling. To the first:

> "And when it is said: existing in the first part of the brain, I deny this according to the natural philosophers (*naturales*), however much the physicians (*medici*) follow along that road with Avicenna. In connection with which it should be noted that physicians depend on sense (*sunt sensuales*), and since physicians see that all the veins of the body come together in the first part of the brain and they judge that the common sense is a certain organic power, therefore according to them the common sense is in the first part of the brain ... And since philosophers are more subtle (*subtiliores*) than physicians, they speak much more subtly about the common sense, saying that it is virtually and spiritually in the heart as in an organ ..."⁴⁵

The anonymous commentator's reply to the second objection draws the contrast more succinctly: "And you say that all veins are rooted near the brain — I deny this. And you argue by the authority of the *physici* — I say that all veins come together around the heart, and there they are more and more spiritually than around the brain"⁴⁶. Lest there be any uncertainty about whose authority is being opposed to that of the physicians, the Sed contra reads: "To the contrary there is Aristotle, in many passages ..."⁴⁷. What adds special interest to the passage is that the complaint against the empiricism of physicians itself echoes Avicenna's Canon⁴⁸. The anonymous commentator is borrowing from the medical authority of Avicenna to pass judgment on the authority of medicine.⁴⁹.

But enough of multiplying references. The pattern of excluding medical authorities, and preeminently Galen, is constant, though the rhetorical

---

⁴³ Cf. the "anti-Averroist" Quaestiones de anima 2.40, as edited by Bernard Bazán in Trois commentaries anonymes sur le Traité de l'âme d'Aristote, Philosophes médiévaux 11, Louvain and Paris 1971, 464.6.
⁴⁴ Quaestiones de anima 2.40, Bazán 464.14.
⁴⁵ Quaestiones de anima 2.40, Bazán 465.36—45.
⁴⁶ Quaestiones de anima 2.40, Bazán 465.50—53.
⁴⁷ Quaestiones de anima 2.40, Bazán 464.16.
⁴⁸ Avicenna, Liber canonis 1.6.1, Venice 1507 23rb.
⁴⁹ Later texts would show the same judgment, though less explicitly. In Roger Marston's questions on the soul (Oxford, c1282—1284), there are no explicit citations of Galen at all. Anonymous references to the doctrine of the "medici" are either refuted by direct theological teaching or are adduced condescendingly as additional authorities. Cf. Quaestiones disputatae de anima 1.1, 4.unic, 7.unic, ed. in Bibliotheca Franciscana Scholastica medii aevi 7, Quaracchi 1932, pp. 156, 281, 369. On the other hand, Avicenna's division of cerebral functions is paraphrased quite fully, as is his doctrine on the condition of any organ used by an operative power (4.unic and 7.unic, Quaracchi 281—282 and 368).

manners of exclusion are different. For some, the exclusion is deliberate, and it embodies a judgment on the superiority of philosophy over medicine. For others, the exclusion seems due to ignorance of medical views. For yet others, there is a tightening of the range of permissible authorities to a smaller circle of philosophical or theological texts.

There are two great exceptions to these rhetorical exclusions of Galen, though neither is simply an exception. The first is Albert the Great, the second Roger Bacon.

Albert proves here again his wide learning and his taste for comprehensiveness in dispute[50]. From early to late, he insists upon attention to Galen and other medical authorities. Albert regularly makes a place for Galenic views in his paraphrases of Aristotle. Thus, in the Physica, Galen is cited for his views on time[51]; in De generatione for the distinction between qualities and their intensities or actions[52]; in De anima for the role of heat in growth and taste[53]. The most detailed of Albert's Galenic references come in the Quaestiones super de animalibus, and they concern a large number of anatomical and physiological points[54]. What is perhaps more interesting than the role of Galen in the Aristotelian paraphrases is his appearance much earlier, in Albert's Summa de creaturis. Galen appears there with other medical authorities as one of the authoritative voices in the tradition of natural philosophy [55]. Indeed, Albert invokes the "*auctoritas*

---

[50] For Albert's use of medical authorities generally, cf. Nancy G. Siraisi, The Medical Learning of Albertus Magnus, in Albertus Magnus and the Sciences: Commemorative Essays 1980, ed. J. A. Weisheipl, Toronto 1980, 379–404. Cf. particularly the remarks on Albert's use of Galen at 385–385 and 390–392.

[51] Albert the Great, Physica 4.3.3–4, ed. P. Hossfeld, in: Opera omnia 4/1, Münster 1987, 264.18–20, 265.28–36, 266.79–81, 267.8–18.

[52] Albert, De generatione et corruptione 1.6.8, ed. P. Hossfeld, in: Opera omnia 5/2, Münster 1980, 172.41–48.

[53] Albert, De anima 2.2.7 and 2.3.29 respectively, ed. C. Stroick in: Opera omnia 7/1, Münster 1968, 91.15–29 and 140.35–40/63–67.

[54] Albert, Quaestiones super de animalibus, ed. E. Filthaut, in: Opera omnia 12, Münster 1955, at 91.60–62 ("in Tegni"), 106.65 ("I de crisi"), 171.55 ("I interiorum"), 187.39–41 ("in de morbo et accidente"), 206.53–56 ("in aphorismis"), 233.48 ("in Tegni"), 237.42–44 ("in de criticis diebus"), and so on. Siraisi suggests that Albert may have had access to a medical codex while composing Book 22, where the number of exact citations is even greater. Cf. Siraisi, "Medical Learning," 391.

[55] Cf. the following lists of authorities in Albert, Summa de creaturis, ed. A. Borgnet in Opera omnia (Paris), 2.1.2.3.1, on the soul as motionless, "*Philosophi, Aristoteles, et Avicenna, Averroes, Constabulinus, Alpharabius, et Collectaneus, et multi alii naturales*" (35:28a–b); 2.1.2.27.unic, on the auditory nerve, "*Philosophi, Aristoteles, Avicenna, et Alpharabius*" (253a); 2.1.2.28.1, on the olfactory organs, "*secundum auctoritates, scilicet Avicennae, Constantini et Gregorii, et etiam Aristoteles vult*" (254b); 2.1.2.30.unic, on the medium of smell, "*ut dicunt Aristoteles, Algazel, et Avicenna*" (270a); 2.1.2.37.3, on the organ of imagination, "*Et dicunt Damascenus et Gregorius Nyssenus* [= Nemesius] ... *Et similiter dicunt Algazel et Avicenna*" (327).

physicae artis" to assert that *membra dissimilia* are nourished through the *membra similia*[56]. He cites Galen directly — and despite Averroes — for an explanation of why certain kinds of limbs cannot grow back[57]. Most importantly, he rehearses the complex and often-glossed disputes between Aristotle and Galen on such central issues as *virtus informativa* and digestion[58].

Now even Albert acknowledges that he is indebted to Avicenna and Averroes for the accounts of these debates and for resolutions of them. Indeed, and in the most technical passages, Albert seems to take most of his Galenic doctrine through some intermediary — perhaps especially from Avicenna's Canon or De anima. There is an important difference between these two sources. The Canon is full of direct references to Galen; the De anima contains none, even when it gives Galenic doctrine. To the extent that Albert depends more and more on the latter, he shares in his contemporaries' loss of contact with Galen as Galen. But my point is not so much to assert that Albert had direct knowledge of Galen as to notice that he still wants to retain Galen as an interlocutor. Indeed, he sometimes does so quite explicitly, as in setting forth the authorities to be used in the paraphrase of De somno[59]. If Albert is doing no more than attempting to preserve what indirect contact with Galen he has, he is at least preserving it. Unfortunately, but not unexpectedly, Albert's readers failed to do even this. In an anonymous Tractatus de anima (after 1270) based on Albert's Summa de creaturis and Summa theologica, the authorities are Aristotle, Augustine, Averroes, Avicenna, Basil, Boethius, Chalcidius, Nemesius, Themistius — but not Galen[60].

The second author who does not exclude Galen entirely from philosophical or theological dispute is Roger Bacon. His synthetic works continue to engage Galenic teaching. Sometimes Bacon uses the authority of Galen to emphasize the ignorance of latter-day practitioners. Thus Hippocrates, Galen, Haly, Isaac and all medical authorities insist on the importance of astronomy to prognosis, but "the physicians of this time know little astronomy, and so many neither understand their authors nor can understand them, and thus they neglect the better part of medicine"[61].

---

[56] Albert, Summa de creaturis 2.9.2.sol, Borgnet 35:111a.
[57] Albert, Summa de creaturis 2.11.4.arg3, Borgnet 35:123a. Cf. Averroes's De generatione animalium 2.2, ed. Iuntas 6/2, Venice 1524, f. 77r A–B, where Galen's view is reported and attacked.
[58] Albert, Summa de creaturis 2.1.2.17.3 and 2.1.2.32.3.5 respectively, Borgnet 35:155b and 279a.
[59] Albert, De somno et vigilia 1.1.1, Borgnet 9:123a.
[60] Tractatus de anima, ed. Martin Grabmann, "Un inédit du XIIIe siècle: Le tractatus De anima du Cod. Vindob. 597", in Mélanges Joseph Maréchal, Paris 1950, 2:316–344.
[61] Roger Bacon, Opus maius 4, ed. John Henry Bridges, rptd. Frankfurt 1964, 1:251. There follow several appreciative references to Galen (383–384, 385, 386–387).

Again, Bacon invokes the agreement of all naturalists, *medici*, and authors of perspective in beginning his treatment of cerebral anatomy[62]. He mentions Constantine the African several times, though his main authority is in fact Avicenna's De anima[63]. In other places, perhaps more typically, Bacon rehearses the disagreements between Aristotle and Galen in order to correct the latter[64]. Indeed, in discussing the famous controversy over animal conception, Bacon quotes Avicenna's disdainful wonder at Galen, who could know so much of the branches of philosophy while knowing nothing of its roots[65].

Still Bacon's most remarkable treatment of the relations between philosophy and medicine comes in his De erroribus medicorum. The treatise's structure could only euphemistically be called discursive. It keeps interrupting itself with new polemic. Much of the polemic aims to exhibit the ignorance of hack physicians in *materia medica*. Yet some central sections discuss quite cogently the more general deficiencies of medical science. Among the deficiencies that Bacon enumerates are ignorance about the original languages of the medical authorities, the neglect of experience in favor of arid disputation, and failure to consider astronomy or alchemy[66]. The last and most comprehensive deficiency is ignorance of natural philosophy — an ignorance shared not only by "Latin physicians" but by every hack philosophizer[67]. Bacon explains that the ignorance is due in part to the recent arrival of a faulty and incomplete Latin Aristotle. But the larger cause seems to be the very limitedness of medical knowledge, which affects even Galen[68]. Because medicine cannot gain experience by trial and error on the human body, it can never earn that certitude in particulars which is the foundation of real knowledge. Thus physicians must be excused more than other craftsmen of the sciences[69]. They lack not only the higher doctrine of philosophy, but even the means of gaining ordinary knowledge about their main object of study. With Bacon, we are finally given strong reasons for not trusting to medical authority even at its best.

---

[62] Roger Bacon, Opus maius 5.1.1.2, ed. Bridges 2:4.
[63] For citations to Constantine, Roger Bacon, Opus maius 5.1.2.1–3, ed. Bridges 2:13, 15, 17, etc.
[64] Roger Bacon, Communia naturalia 1.4.2.3–4, ed. Robert Steele, in: Opera hactenus inedita Rogeri Baconi 3, Oxford 1911, 278–281.
[65] Roger Bacon, Communia naturalia 1.4.2.3, ed. Steele 270.
[66] Roger Bacon, De erroribus medicorum, ed. E. Withington, in: Opera hactenus inedita Rogeri Baconi 9, Oxford 1928, 153–158.
[67] Roger Bacon, De erroribus medicorum, ed. Withington, 158.
[68] Roger Bacon, De erroribus medicorum, ed. Withington, 159–160.
[69] Roger Bacon, De erroribus medicorum, ed. Withington, 160–161.

3. Reasons and Consequences

If Bacon gives reasons, his reasons are not in fact the causes for the disappearance of Galen as a philosophical or theological interlocutor in the thirteenth century. I would like to end by suggesting what some of those causes might be — and then by asking whether any other fate for Galen can plausibly be imagined. I start with extrinsic reasons, such as seem to arise from the particular circumstances of the thirteenth-century reception, and then move to intrisic ones, which seem to arise from within the Galenic corpus.

One rather obvious extrinsic reason for the disappearance is the success of new works of reference and the consequent shift in the texts ready to hand for academic debate. A good example would be Avicenna's De anima. Supported by the authority of Avicenna's philosophic reputation, the relative simplicity and clarity of this text make it much easier to use in debate than the diffuse Galenic originals or their twelfth-century summaries. Since Galenic authorities do not figure explicitly in the De anima, its success as a handy authority is a loss of the Galenic voice[70].

Still the thirteenth-century interest in literal commentary and in the recovery of a fuller sense of the controversies of ancient philosophy could just as easily have counted towards a resurgence in the reading of Galen. The same intellectual project that led Moerbeke to translate ancient Aristotelian commentators, and led Thomas Aquinas to rely on them assiduously, might just as well have led to the recovery of Galen's more philosophical texts. It certainly led Moerbeke to translate Galen, and it led to intensive exegesis of the Galenic corpus in the circles around Taddeo Alderotti[71].

But here the conditions of university dispute come into play in another way — and suggest a second extrinsic reason. While Avicenna and Averroes were both trained in part as physicians, neither William of Auvergne, nor Albert, nor Thomas were. The study of medicine was kept apart from the study of theology not only by taste, but by the various pressures tending to enforce the guild-character of the faculty of theology. To say this more generally: The exclusion of Galen from thirteenth-century philosophical or theological disputes is one measure of the distance between faculties of medicine and faculties of theology.

---

[70] The substitution of Avicenna for Galen among theologians could only be hastened by the rapid triumph of Avicenna's Canon in the medical faculties — though the Canon is punctuated by the praise of Galen.

[71] Cf. Nancy G. Siraisi, Taddeo Alderotti and His Pupils: Two Generations of Italian Medical Learning, Princeton 1981, 100–106. For a comparative study of commentaries on the Tegni beginning after Taddeo, cf. Per-Gunnar Ottosson, Scholastic Medicine and Philosophy, Naples 1984.

Yet some theologians did cross the distance and many more could have in their private reading, if not in their public *lectiones*. But here there is an extrinsic reason in the exclusivity of the Aristotelian corpus. The corpus was slow to be assimilated. Its careful reading required many decades at Paris and Oxford, not to say much help from supplementary texts. But when the Aristotelian corpus was assimilated, its very success led to the exclusion of other constellations of authorities and other bodies of works. The exclusion was not only a matter of particular Aristotelian doctrines replacing other doctrines; it was a matter of reorganizing the hierarchy of scientific discourse. Aristotle's De anima was not simply added to the existing store of knowledge about the soul. It reordered the study of the soul and so displaced such authorities as would not fit into the new order.

If individual Aristotelian works re-drew the map for particular inquiries, collectively they re-drew the boundaries of what could be called "philosophy". Here the absence of a medical work within the Aristotelian canon is decisive. Aristotle speaks about medical knowledge, of course, and uses innumerable medical examples throughout the corpus. But he does not have a treatise on medicine, and thus does not work out in any detail the relations between medicine and natural philosophy. The reception of Aristotle's *libri naturales* meant, then, that fundamental natural philosophy would be defined in such a way as to exclude medical theory. Medicine might survive, indeed, as a branch or application, as a subalternated science like optics, but it could not be counted one of the roots of knowledge about the world. Thus the Galenic conception of medicine — the Galenic insistence on its philosophical character — could find no room in the Aristotelian canon. The root is Aristotle, Galen but branches.

Of course the disappearance of Galen as a philosophical or theological interlocutor in the thirteenth century is not final. It is followed by numerous rediscoveries and reappropriations of the Galenic corpus, not least at the beginning of the fourteenth century, in the works of Pietro d'Abbano and Niccolò da Reggio. But I would want to argue that the disappearance during the thirteenth century marked a permanent displacement of Galenic science in favor of the Aristotelian. Could it have been otherwise? This is not a question about historical necessity — whatever that might mean. It is rather a question about reasons intrinsic to the Galenic corpus that make Galenism unsuccessful as a competitor against Aristotelian natural science.

I find many points at which the Galenic writings teach more convincingly and more suggestively than the Aristotelian. So, for example, Galen's treatises on the origins and kinds of knowledge about nature advance beyond Aristotle's schematic remarks in the Posterior Analytics. Again, Galen's causality of *dynamis* makes better sense than Aristotle of the soul's powers — and may even suggest a more fruitful way of organizing causal knowledge generally. But the Galenic corpus as a whole cannot rival the

Aristotelian as a comprehensive introduction to natural science or as footing for it.

There are several intrinsic reasons for this. First, there is Galen's prolixity. If he had written sixteen volumes instead of 160, or if he had passed to posterity through the hands of some editor as skillful as Andronicus of Rhodes, the corpus might have served better as a curricular paradigm. But despite centuries of attempts at codification — in Greek at Alexandria, in Arabic under Hunayn ibn Ishaq, in Latin from the twelfth century on — Galen's writings could never be made to exhibit the pedagogical comprehensiveness of the Aristotelian corpus[72].

Second, Galen's prolixity is no simple self-indulgence. It follows from his view about the limits of medical discourse. The discourse is scattered and particular because medical knowledge is inescapably particular. Hence the importance of histories — and the respect for that talent of linking like cases without ignoring their differences. Galen's prolixity is largely irreducible because it is largely a matter of principle.

Then, third, this principle bears directly on the ways in which medical teaching must invoke philosophical teaching. I don't mean simply that Galen takes as given certain highly articulate philosophic pedagogies embodied in distinct ancient communities. That assumption would be true of any writer in the second century. Nor do I mean only that Galen assumes some philosophic culture in his readers — that too is a general assumption. I do mean that Galen concludes from the origin of medical knowledge that it will always depend on and tend towards a way of knowing — call it philosophical — that possesses some surer intelligibility. Knowledge about natural things, and especially about living bodies, will thus always reach backward for its ground in a higher kind of knowledge.

But this is just what makes the Galenic corpus, however re-arranged, so vulnerable to displacement by the Aristotelian. Galen will always seem less able than Aristotle to produce fundamental principles of the kind needed by those who want to construct a universal natural philosophy. Hence the inevitable attempts by twelfth-century Latin readers of Galen to construct a general Galenic physics as prologue to the more specialized inquiries of medicine. And hence the disappearance of Galen when that general physics was supplied in the order and teaching of the re-discovered Aristotelian corpus.

---

[72] Cf. the *distinctiones* of Bartolomeo da Varignana, as in Siraisi, Taddeo Alderotti.

Anthropologische Erkennungsmerkmale menschlichen Seins
Die Frage der „Pygmei" in der Hochscholastik

THEODOR WOLFRAM KÖHLER (Salzburg)

Die anthropologischen Gedankengänge der hochscholastischen[1] Autoren bewegen sich durchgängig innerhalb eines konstanten Orientierungsschemas, das im wesentlichen durch zwei ontologische Grundannahmen vorgegeben ist: erstens, daß die Vernunftseele das bestimmende Wesensprinzip des Menschen darstelle, und zweitens, daß der Mensch ein aus Vernunftseele und Leib zusammengesetztes Wesen sei. Systematisch grundgelegt bei Aristoteles, bot diese Basisdoktrin nicht zuletzt ein gleichsam konnaturales philosophisches Modell für die theologische Reflexion verschiedener Glaubenslehren, wie beispielsweise der Lehre von der Auferstehung.

Ganz problemlos war diese Basislehre, trotz des anthropologischen Grundkonsenses, den sie ermöglichte, freilich nicht. Sie zog eine Reihe von Anschlußproblemen nach sich, die außerordentlich lebhafte Diskussionen entfachten. Es ging dabei vor allem um die anhaltend umstrittene Frage der Einheit oder Vielheit der substantiellen Form im Menschen[2] sowie um zeugungstheoretische Detailprobleme. Ich erwähne nur die Frage nach der Art der Beseelung des menschlichen Organismus[3] oder nach dem Zeitpunkt dieser Beseelung[4]. Hinzu traten anthropologische Fragen, die

---

[1] Cf. Th. W. Köhler, Was heißt: „Dies und das muß anthropologisch betrachtet werden?" Mediävistische Marginalien zu einer an sich systematischen Frage, in: H. Paarhamer & F.-M. Schmölz (Ed.), Uni Trinoque Domino, Karl Berg, Bischof im Dienste der Einheit. Eine Festgabe Erzbischof Berg zum 80. Geburtstag, Thaur bei Innsbruck 1989, 47 sqq.

[2] Cf. z. B. M. De Wulf, Le Traité „De Unitate Formae" de Gilles de Lessines, Louvin 1901 (= Les Philosophes Belges I); L. Hödl, Anima forma corporis. Philosophisch-theologische Erhebungen zur Grundformel der scholastischen Anthropologie im Korrektorienstreit (1277–1287), in: Theologie und Philosophie 41 (1966), 536 sqq.

[3] Z. B. Heinrich von Gent, Quodl. III q. 16: „*U. homo generat hominem?*" (ed. Quodlibeta Magistri Henrici Goethals a Gandovo, Nachdruck Louvain 1961, f. 77r–78r); Aegidius quidam, Quodl. q. 30: „*Utrum homo possit generari sine homine?*" (Bruxelles, Bibl. royale 141–42, f. 29rb–va). Cf. R. Hissette, Enquête sur les 219 articles condamnés à Paris le 7 mars 1277, Louvain/Paris 1977, 195 sqq. (= Philosophes Médiévaux XXII).

[4] Z. B. Correctorium Corruptorii „Sciendum", art. 38 (ed. P. Glorieux [Bibliothèque Thomiste XXXI], Paris 1956, 169 sqq.); Jakob von Metz, III Sent. d. 5 q. 2: „*Utrum Christus fuerit antiquior Joanne?*" (Troyes, Bibl. Municipale 992, f. 107va). Cf. H. A. Hewson, Giles of Rome and the Medieval Theory of Conception: A Study of the De formatione corporis humani in utero, London 1975.

keine ausschließlich theoretisch-spekulativen Probleme, sondern eher empirische bzw. quasi-empirische Sachverhalte betrafen und eine entsprechende Stellungnahme erforderten. Zu ihnen zählen u. a. die Fragen nach der personalen Einheit extremer menschlicher Mißgeburten und damit zusammenhängender pastoraler Probleme[5] wie eben auch die von einigen Autoren aufgeworfene Frage, ob die „pygmei" genannten Wesen Menschen seien. Beide Fragen implizieren die sogenannte anthropologische Identifikationsfrage: „Wer ist Mensch?" bzw.: „Woran erkennen wir, wer Mensch ist?"[6]. Diese Identifikationsfrage gehört neben der eigentlichen operativen Leitfrage philosophischer Anthropologie: „Wer/was ist der Mensch?" zu den Fragestellungen, welche seit je die anthropologische Reflexion wesentlich bestimmen.

Beide Fragen, nach der personalen Einheit von extrem Mißgebildeten und der Natur der *pygmei*, haben miteinander das eine gemeinsam, daß sie offenkundig nicht allein durch die sich aus der Basisdoktrin ergebende, allgemeine ontologische Auskunft, das Unterscheidungskriterium zwischen menschlichem und tierischem Sein sei die Vernunftseele, hinreichend zu beantworten sind. Geht es in ihnen doch gerade darum zu klären, woran denn erkannt werden könne, ob Wesen wie die *pygmei* vernunftbeseelt seien oder nicht. Um dies entscheiden zu können, reichen theoretisch-spekulative, apriorische Argumente allein nicht aus. Zusätzlich müssen empirische, aposteriorische Konstitutions- und Verhaltensmerkmale berücksichtigt werden. Für die hochscholastische Anthropologie erwuchs hieraus die Aufgabe, eine wissenschaftlich fundierte Antwort auf die Frage zu finden, welche Verhaltens- und/oder Konstitutionsmerkmale zureichende Erkennungszeichen eines menschlichen (gegenüber einem tierischen) Lebewesen sind. Aus der Art, wie Autoren vom Ende des 13. Jahrhunderts mit dieser Frage umgehen und sie zu beantworten suchen, dürften sich daher zusätzliche Aufschlüsse über die hochscholastische Anthropologie sowohl in inhaltlicher als auch in wissenschaftstheoretischer Hinsicht ergeben: Welches Wissen um den Menschen, über die ontologischen Prämissen der Basisdoktrin hinaus, zeichnet sich ab? Wie wird von den Autoren nicht-ontologisches Wissen um den Menschen wissenschaftlich gewonnen und verwendet?

In der nachfolgenden Studie befasse ich mich mit der Behandlung der Frage nach der anthropologischen Einstufung der *pygmei* genannten Wesen. Ich analysiere diese Einstufung an Hand von drei Texten. Es sind dies die

---

[5] Z. B. Albert der Große, Questiones de animalibus XVIII, q. 5 u. 6, Monasterii 1955, 299—300 (= Opera Omnia XII); John Peccham, Quodl. I q. 22; Remigius von Florenz, Quodl. II q. 9; Johannes von Neapel, Quodl. I q. 11.

[6] Cf. Th. W. Köhler, Relevante anthropologische „Inhalts"-Anteile religiöser Bildung. Überlegungen aus philosophisch-anthropologischer Sicht, in: A. Biesinger & T. Schreijäck (Ed.), Religionsunterricht heute. Seine elementaren theologischen Inhalte, Freiburg/Basel/Wien 1989, 145.

einschlägigen Passagen aus „De animalibus" Alberts des Großen[7] sowie die beiden Quodlibeta-Quästionen: *„Utrum pygmei sint homines?"*, die — soweit aus dem von Glorieux erstellten Quästionen-Verzeichnis hervorgeht[8] — als einzige um die Wende zum 14. Jahrhundert explizit diese Thematik aufgreifen. Autor der ersten ist ein anonymer Magister aus dem Franziskanerorden[9], der um 1286—87 diese Frage determinierte[10]. Die zweite Quästion gleichlautenden Titels entstammt der sechsten Disputatio de quolibet des Petrus de Alvernia, die von Weihnachten 1301 datiert[11].

Meine Studie gliedert sich in folgende Abschnitte: Ich stelle zunächst die Frage, auf welche Informationsquellen sich die Autoren bei ihrer Beschäftigung mit den *pygmei* stützen (I). Ich frage sodann, an welche Daten über die *pygmei* sie sich halten, wenn sie das Problem der menschlichen oder nichtmenschlichen Natur derselben zu lösen versuchen (II). Im letzten Abschnitt schließlich arbeite ich heraus, zu welchem Ergebnis die drei Autoren im Hinblick auf die Frage nach der menschlichen oder nichtmenschlichen Natur der *pygmei* gelangen und wie sie ihre anthropologische Einstufung begründen (III).

I.

Die erste Frage ist alsbald beantwortet: Keiner der drei Autoren kennt offensichtlich *pygmei* aus eigener Anschauung. Keiner von ihnen vermag somit, auf eigenes Erfahrungswissen um sie zurückzugreifen. Die Autoren beziehen ihre Informationen zum einen und vor allem aus einem reichen,

---

[7] Albert der Große, De animalibus (ed. H. Stadler, Albertus Magnus, De animalibus libri XXVI. Nach der Cölner Urschrift. Erster Band, Buch I—XII enthaltend, Münster 1916 [= BGPhMA XV]; Zweiter Band, Buch XIII—XXVI und die Indices enthaltend, Münster 1921 [= BGPhMA XVI]).

[8] P. Glorieux, La littérature quodlibétique de 1260 à 1320, I, Le Saulchoir Kain 1925 (= Bibliothèque Thomiste V); II, Paris 1935 (= Bibliothèque Thomiste XXI).

[9] Cf. P. Glorieux 1935, 199. Laut brieflicher Mitteilung der Bibliothèque Nationale (vom 01.10.1990), für die ich Frau Konservatorin Jaqueline Sclafer ergebenst danke, liegen dem Département des Manuscrits keine zusätzlichen Erkenntnisse über den Verfasser der Quästion vor.

[10] Anonymus OFM, Quodl. q. 17: *„Utrum pygmei sint homines?"* (Paris, BN. lat. 15850, f. 16va—17rb).

[11] Petrus de Alvernia, Quodl. VI q. 13: *„Utrum scilicet pygmei sint homines?"* (Paris, BN. lat. 15851, f. 78rb—vb; BN. lat. 15841, f. 50rb—va; Città del Vaticano, Vat. lat. 932, f. 168rb—vb). Zur Datierung cf. P. Glorieux 1925, 263; G. Canizzo, I „Quodlibeta" di Pietro d'Auvergne. Problemi di storia letteraria e dottrinale. La tradizione manoscritta. Testo critico delle Quaestiones de Verbo, 1296, 1300, in: Rivista di Filosofia Neo-Scolastica 56 (1964), 491. Nach C. Lecouteux, Les monstres dans la littérature allemande du Moyen âge. Contribution à l'étude du merveilleux médiéval, III Documents (Göppinger Arbeiten zur Germanistik Nr. 330 III), Göppingen 1982, 17, hebt das wissenschaftliche Interesse an den *„monstra"* allgemein im 13. Jahrhundert an.

über die Jahrhunderte angewachsenen Überlieferungsgut. Erzählungen von *pygmaioi-pygmei* durchziehen die antike Literatur seit Homer, Hesiod und Herodot[12]. Homer war es auch, der die Kunde weitertrug, diese faust- bzw. ellengroßen Zwergvölker lägen im Kampf mit den Kranichen[13]. Als einer der wichtigsten Gewährsmänner galt den hochscholastischen Autoren wohl Augustinus. Von unseren Autoren berufen sich sowohl der Anonymus als auch Petrus auf ihn. Augustinus erwähnt in „De civitate Dei" XVI c. 8, an die antiken Erzählungen anknüpfend, die *pygmei* innerhalb einer Aufzählung abnormer Arten von Menschen. Sie seien nur ellengroß. Ihr Name, der sich im Griechischen von „Elle" ableite, rühre eben daher[14]. Als bedeutsam erwiesen sich seine kurzen Bemerkungen über die *pygmei* — abgesehen von der Größenangabe *cubitalis* —, offenbar in zweierlei Hinsicht: Erstens erachtete er es grundsätzlich für möglich, daß die *pygmei* genannten Wesen trotz ihrer zwerghaften Gestalt Menschen seien; ihr abnormes Äußeres allein spricht als solches nach ihm nicht schon gegen diese Annahme[15]. Zweitens läßt er aber letztlich offen, ob es die *pygmei* in Wirklichkeit überhaupt gibt[16]. Der Anonymus zitiert ihn als Quelle für die Größenangabe „ellengroß"[17]. Desgleichen Petrus, der darüber hinaus erwähnt, daß Augustinus die *pygmei* unter den *monstra* aufzählt und — ihn im Wortlaut anführend — die Frage ihrer tatsächlichen Existenz offenläßt[18].

Zu den namentlich angeführten Gewährsleuten gehört darüber hinaus auch Papias Vocabulista. Der Anonymus zitiert ihn — allerdings nicht ganz korrekt —, außer wiederum für die Größenangabe „ellengroß", auch für die Information, daß die *pygmei* nahe dem Oceanus lebten, mit dem fünften Lebensjahr zeugungsfähig seien und im achten bereits alterten[19].

---

[12] Cf. C. Lecouteux, I Etude (Göppinger Arbeiten zur Germanistik Nr. 330 I) 1982, 270; II Dictionnaire (Göppinger Arbeiten zur Germanistik Nr. 330 II) 1982, 153.
[13] Cf. E. Wüst, Pygmaioi, in: Pauly-Wissowa XLVI, Sp. 2064 sqq.
[14] Augustinus, De civitate Dei, XVI, c. 8 (ed. Sancti Aurelii Augustini ep. de civitate Dei libri XXII, Stuttgart 1981, 135 v. 16—17).
[15] Ibid., 135 v. 29—136 v. 4; 137 v. 8 sqq.
[16] Ibid., 135 v. 27—29; 137 v. 26 sqq.
[17] Anonymus OFM., Quodl. q. 17 c: „*Augustinus, XVI De civitate Dei c. XVIII, dicit de pygmeis, quod sunt cubitalis staturae. Et hoc dicit ex auctoritate Graecorum*" (f. 16vb).
[18] Petrus de Alvernia, Quodl. VI q. 13 c: „*Augustinus in 16 De civitate Dei c. 5 dicit quosdam statura cubitales, quos pygmeos a cubito Graeci dicunt enerratis multis, quae monstra esse videntur sicut et pygmei. Sub dubio videtur relinquere, an sint, dicens: ‚Quapropter, ut istam quaestionem pedetemptim cauteque concludam: aut [illa], quae de quibusdam gentibus scripta sunt, omnino nulla [sunt], aut si sunt, homines non sunt, aut sunt ex Adam, si homines [sunt]'* " (f. 78rb).
[19] Anonymus OFM., Quodl. q. 17 c: „*Papias etiam dicit, quod sunt cubitalis staturae et sunt prope Oceanum et quinto anno generant et octavo anno senescunt*" (f. 16vb). Cf. Papias Vocabulista, Elementarium doctrinae erudimentum (ed. Mediolan. 1476, ristamp., Torino 1966): „*Pygmei gens statura cubitalis: quos graeci a cubito pygmaeos vocant. hi montana indiae tenent: quibus est vicinus oceanus. hi tertio anno generant: octavo senescunt: Sic graeci nanos vocant*". Cf. C. Lecouteux I, 76; 271; II, 155.

Die nicht explizit genannten literarischen Quellen unserer Autoren genau zu identifizieren, dürfte bei der Vielzahl der in Betracht kommenden Texte[20] nicht ganz einfach sein. Ich sehe von einem Versuch, dies zu tun, ab, da es für mein hier gestecktes Untersuchungsziel nicht unmittelbar von Belang ist. Erwähnt sei lediglich, daß zu den von den Autoren nicht explizit angeführten literarischen Quellen sehr wahrscheinlich die Angaben Isidors von Sevilla zählen[21], auf die seinerseits Papias zurückgriff. Isidor weiß u. a. davon zu erzählen, daß die *pygmei* in Indien beheimatet seien und dort die „am Oceanus gelegene Berggegend" besiedelten[22]. Ebenso wie Augustinus betrachtet Isidor die *pygmei* offenbar als eine bestimmte menschliche Rasse; anders als dieser grenzt er sie und andere menschliche Wesen von abnormer Gestalt jedoch ausdrücklich gegenüber bloßen Fabelwesen ab[23], d. h. er scheint ihre Existenz vorauszusetzen.

Eine weitere Informationsquelle für das Wissen um die *pygmei* waren schließlich neben den literarischen Quellen offenbar gewisse Augenzeugenberichte. Zumindest Albert und Petrus berufen sich auf solche. Wir können wohl kaum davon ausgehen, daß es sich dabei jeweils um echte Augenzeugenberichte aus erster Hand handelte, etwa wenn Albert an einer Stelle darauf verweist, daß viele die *pygmei* selbst gesehen hätten[24]. Petrus allerdings scheint gewisse Auskünfte direkt von Gewährsleuten erhalten zu haben[25]. Die Quellen seiner Informanten wiederum waren Händler, die Exemplare von *pygmei* — allerdings nicht mehr in lebendem Zustand und teilweise einbalsamiert[26] — in nicht genauer gekennzeichnete, „näher gelegene Gegenden" brachten. Petrus' Gewährsleute erstanden von ihnen daselbst offenbar einige dieser Exemplare und schafften sie noch ein Stück näher heran. Mit seinen unmittelbaren Gewährsleuten schätzt Petrus die Zuverlässigkeit dessen, was jene Händler von den *pygmei* zu berichten wußten, nur gering ein. Kritisch stellt er deren Händlermentalität in Rechnung. Er verweist auf ihr Verkaufsinteresse. Für ihn steht fest, daß

---

[20] Cf. C. Lecouteux, Les monstres dans la littérature allemande du Moyen âge. Contribution à l'étude du merveilleux médiéval I—III (Göppinger Arbeiten zur Germanistik Nr. 330 I—III), Göppingen 1982, insbesondere I, 270 sqq.; II, 154 sqq.; cf. auch: P. Janni, I Pigmei dall'Antichità al Medioevo. Le fortune di una favola, in: F. Prontera (ed.), Geografia e geografi nel mondo antico, Bari 1983, 135 sqq.

[21] Isidor von Sevilla, Etym. XI 3,7 (ed. Isidori Hispalensis Episcopi Etymologiarum sive originum libri XX, Tomus II libros XI—XX continens, Oxonii 1962 [= Scriptorum Classicorum Bibliotheca Oxoniensis]).

[22] Ibid., Etym. XI 3,26. Cf. C. Lecouteux I, 74 sqq.; I, 270; II, 154.

[23] Ibid., Etym. XI 3,28.

[24] Albert der Große, De animalibus VII tr. 1 c. 6 n. 62 (521).

[25] Petrus de Alvernia, Quodl. VI q. 13 c: „*sicut ab aliquibus, qui eos emerunt et detulerunt ad istas regiones, audivi*" (f. 78vb). Cf. C. Lecouteux III,28.

[26] Ibid.: „*... de regione Indeorum(?), in qua convalescunt generati, delati sunt ad regiones propinquiores nobis et ab illis ad nos, quamvis mortui et fruniti in parte et multis ostensi*" (f. 78rb).

sie in ihren Erzählungen von den *pygmei* nur zu gern ausschmücken, übertreiben oder überhaupt schlicht erfinden, um einfach ihre Ware besser an den Mann zu bringen"[27].

II.

Ich komme zum zweiten Abschnitt und frage: An welche Daten halten sich unsere Autoren, wenn sie das Problem der menschlichen oder nichtmenschlichen Natur der *pygmei* wissenschaftlich zu lösen versuchen?

Die Daten, welche die Autoren heranziehen, lassen sich in zwei Gruppen unterteilen: Eine erste bilden gewisse somatische/konstitutionelle Merkmale der *pygmei*, eine zweite ihnen zugeschriebene typische Verhaltensmerkmale.

Das entscheidende somatische Merkmal überhaupt ist zweifellos die von allen Autoren angeführte typisch menschliche, zugleich aber anormal kleine, nämlich ellengroße oder gar nur halbellengroße[28], Körpergestalt der *pygmei*. Alle weisen auf sie, z. T. unter Berufung auf Augustinus und Papias, hin. Eine von Petrus wiedergegebene Ansicht präzisiert darüber hinaus noch, daß diese menschenähnliche Erscheinung der *pygmei* nicht nur die Gesamtgestalt, sondern auch die einzelnen Körperteile betreffe[29]. Dem entspricht, daß Albert vermerkt, die *pygmei* (und andere Affen) hätten als einzige Lebewesen außer dem Menschen willkürlich nicht bewegliche Ohren[30], besäßen — wie die Menschen — vor der Brust angeordnete Milchdrüsen und hätten ebenso wie diese einen aufrechten Gang[31].

Der Anonymus und Albert beziehen außerdem noch die u. a. von Isidor und Papias berichtete kurze Lebensdauer der *pygmei* von lediglich etwa acht Jahren in ihre Stellungnahme ein[32].

Auf Verhaltensmerkmale der *pygmei* nehmen bei ihrer Erörterung der Natur dieser Wesen interessanterweise nur Albert und Petrus, nicht aber den Anonymus, Bezug. Albert ist hierbei am ausführlichsten. Er spricht

---

[27] Ibid.: „... *quia mercatores, qui eos deportant venales ad loca propinquiora nobis, multa confingunt de eis, ut dicitur, quae non sunt vera. Multa etiam faciunt circa eos depilando, pinguendo, ornando, ut melius vendant, sicut ab aliquibus, qui eos emerunt et detulerunt ad istas regiones, audivi*" (f. 78vb).

[28] Petrus macht die Größenangabe „*semicubitalis*": „*Pygmei enim quantitatis semicubitalis vel circa*" (f. 78va). Cf. C. Lecouteux I, 76; II, 153 sq.

[29] Petrus de Alvernia, Quodl. VI q. 13 arg.: „*Sed pygmei conveniunt cum homine in figura totius et singulorum membrorum*" (f. 78 rb); q. 13 c: „*Quia conveniunt cum homine in figura et totius corporis et singulorum membrorum*" (f. 78 rb).

[30] Albert der Große, l. c., I tr. 2 c. 4 n. 175 (63).

[31] Ibid., II tr. 1 c. 1 n. 12, (228); VII tr. 1 c. 6 (521); XXI tr. 1 c. 2 n. 13 (1328).

[32] Anonymus OFM, Quodl. q. 17 c: „*Modo dico, quod si sint in rerum natura, non obstante eorum brevitate et parva aetate quod possunt esse homines*" (f. 16vb); Albert der Große, De animalibus, VII tr. 1 c. 6 n. 62 (521). Cf. Isidor von Sevilla, Etym. XI 3,7.

insgesamt drei Verhaltensbereiche an: Der erste betrifft das Gesamtverhalten der *pygmei*. Albert kennzeichnet es global als instinktgesteuert, wild und ungesittet[33]. Er gibt Berichte wieder, wonach sie in der Nähe der Nilursprünge vorkämen und sehr kleine Pferde als Reittiere benützten[34]. Der zweite Bereich sind die Lautäußerungen der *pygmei*. Albert weiß zu berichten, daß die *pygmei* eine gewisse Sprachfähigkeit besitzen[35]. Sie seien in der Lage, korrespondierend mit Vorstellungen, gegliederte Laute zu bilden[36]. Der dritte Bereich schließlich sind erschlossene kognitive Operationen bzw. kognitive Fähigkeiten. Hierzu erwähnt Albert, daß die *pygmei* in der Lage seien, Gedächtniseindrücke kognitiv zu verarbeiten sowie aus akustischen Äußerungen Informationen herauszufiltern[37]. Desgleichen geht er davon aus, daß sie zur Reflexion auf das in der sinnlichen Wahrnehmung und das gedächtnismäßig Gegebene befähigt und dementsprechend auch in der Lage seien, „Erfahrungswissen" auszubilden. Wichtig ist, wie wir sehen werden, seine Annahme, daß die *pygmei* in ihren kognitiven Operationen stets dem Konkreten, Partikulären verhaftet blieben und sich von diesem nicht abzulösen vermöchten[38]. — Im Moment muß ich offen lassen, woher Albert sein Wissen um diese Verhaltensdaten der *pygmei* im einzelnen gewinnt[39].

Petrus erwähnt, daß die *pygmei* über Sinneswahrnehmung verfügten und aufgrund von Sinneseindrücken zum Ortswechsel fähig seien[40]. Darüber hinaus führt er aus den überlieferten Erzählungen die Berichte an, wonach die *pygmei* sich bei Sonnenaufgang in einer Weise bewegten, als würden sie die Sonne beklatschen[41], ferner daß sie mit den Kranichen kämpften und schließlich daß sie Saaten ausbrächten[42].

Soweit die „Daten-Basis", auf die sich unsere Autoren bei ihrer Erörterung der menschlichen oder nichtmenschlichen Natur der *pygmei* beziehen. Die entscheidende und zugleich unsere letzte Frage in dieser Studie ist nun: Zu welchem Ergebnis gelangen sie und wie begründen sie ihre Stellungnahme?

---

[33] Albert der Große, De animalibus XXI tr. 1 c. 2 n. 13 (1328 sq.); VII tr. 1 c. 6 n. 62 (521); I tr. 1 c. 3 n. 46 (18). Cf. jedoch C. Lecouteux II, 153.

[34] Albert der Große, l. c., VII tr. 1 c. 6 n. 62 (521); XXIII tr. un. c. 24 n. 114 (1495). Cf. C. Lecouteux I, 271; II, 155.

[35] Ibid., I tr. 1 c. 3 n. 45 (18); XXIII tr. un. c. 24 n. 114 (1495).

[36] Ibid., IV tr. 2 c. 2 n. 90 (398); n. 96 (400); XXI tr. 1 c. 2 n. 11 (1328).

[37] Ibid., XXI tr. 1 c. 2 n. 11 (1328).

[38] Ibid., n. 11–12 (1328).

[39] Jedenfalls kommt Thomas de Cantimpré mit seinen knappen Bemerkungen als Quelle nicht in Betracht, cf.: Thomas Cantimpratensis, De natura rerum III, 5, 4 (ed. H. Boese, Teil I: Text, Berlin/New York 1973, 98).

[40] Petrus de Alvernia, Quodl. VI q. 13 c: „... *quoniam manifeste sensus habent et per sensus moventur processione(?) de loco ad locum*" (f. 78rb).

[41] Ibid.: „... *quia sol[e] oriente in regione illa moventur applaudentes eidem* ..." (f. 78rb).

[42] Ibid.: „*Quia dicuntur pugnare cum gruibus et seminare in terra iuvantes naturam* ..."

III.

Die Antwort, die die drei Autoren auf die Frage nach der Natur der *pygmei* finden, fällt unterschiedlich aus. Für Albert und Petrus steht zunächst fest, daß es die *pygmei* jedenfalls gibt. Zugleich aber sind sie davon überzeugt, daß es sich bei ihnen nur um eine, wenn auch hochentwickelte Affenart handeln könne. Der Anonymus hingegen argumentiert zum einen rein hypothetisch, nämlich unter dem Vorbehalt, daß es die *pygmei* überhaupt gibt; zum anderen scheint er nicht ausschließen zu wollen, daß die *pygmei* doch menschliche Wesen sein könnten[43].

Damit wende ich mich den Gedankengängen der Autoren im einzelnen zu. Ich werde mich nicht streng an die Chronologie der Texte halten. Vielmehr gruppiere ich inhaltlich nach der Art der gegebenen Antwort und beginne mit der Stellungnahme des Anonymus.

III.1

Wie im Ergebnis, unterscheidet sich die Stellungnahme des Anonymus auch in der Argumentation von derjenigen Alberts oder Petrus'. Unverkennbar ist zunächst, daß er sich stark an den von Augustinus in „De civitate Dei" abgesteckten Vorgaben orientiert. Er folgt Augustinus, wenn er — wie gesagt — offen läßt, ob es die *pygmei* überhaupt gibt. Ebenso, wenn er es an sich für möglich erachtet, daß sie — so es sie denn gibt — trotz ihrer unnatürlichen Kleinheit und ihrer abnorm kurzen Lebensdauer gleichwohl Menschen sein könnten[44]. Der Anonymus diskutiert die Frage vor dem Hintergrund einer Typologie ungewöhnlicher menschlicher bzw. menschenähnlicher Lebewesen (*monstra*). Er unterscheidet drei Arten von ihnen: Die erste sind Menschen, aus menschlicher Zeugung hervorgegangen, aber von abnormen Aussehen. Die zweite wären Lebewesen, die aus einer Verbindung von Elternteilen verschiedener Spezies, etwa Mann-Tierweibchen, hervorgingen. Die dritte Art schließlich bildeten jene Wesen, wie Affe und Sirene, die völlig artverschieden vom Menschen sind, bei deren Zeugung überhaupt kein menschlicher Elternteil beteiligt ist[45]. Der Anonymus rechnet die *pygmei* hypothetisch der ersten Art zu.

---

[43] Cf. Anm. 32.
[44] Cf. Anm. 32.
[45] Anonymus OFM, Quodl. q. 17 c: „*Dicendum quod monstra humanae naturae inveniuntur sub triplici differentia: Quia quaedam sunt monstra, quae sunt ex humanis principiis, sicut ex semine viri et mulieris ... Alia sunt monstra, quae causantur ex commixtione similium (?) animalium diversorum specie, sicut ex semine viri et femellae alterius speciei ... Alia sunt monstra, quae non sunt ex principiis humanis ambobus nec altero, sed sunt totaliter alterius speciei, sicut sunt sirena et simia*" (f. 16vb—17ra).

Von seinen Ausführungen interessieren uns hier zwei Aspekte: Erstens, wie erklärt er es, daß die *pygmei* ungeachtet ihrer unnatürlichen Kleinheit und ihrer abnorm kurzen Lebensdauer Menschen sein könnten? Zweitens, woran ist nach ihm unzweideutig zu erkennen, daß ungewöhnliche Lebewesen der zweiten und dritten Art mit Sicherheit keine Menschen sein können?

(1) Der Anonymus argumentiert durch und durch zeugungsontologisch. Mißbildungen bzw. abnorme Körperformen bei Menschen erklärt er allgemein aus gewissen Defekten der Körpermaterie, der Körperqualitäten oder auch der mangelnden Disposition der Gebärmutter[46]. Eben dieses Erklärungsschema wendet er auch auf die *pygmei* an. Sie könnten in ihrer abnormen Erscheinungsform von körperlich mißgebildeten, zwergwüchsigen Menschen abstammen, insofern diese Nachkommen von noch kleinerer Körpergröße als der eigenen zeugten[47]. Zudem zieht er einen gewissen Einfluß der Himmelskonstellation in Betracht. Auf diese sei jedenfalls zurückzuführen, daß regionsweise Unterschiede hinsichtlich der Körpergröße und Lebensdauer von Menschen aufträten[48].

Daß ellengroße Winzlinge wie die *pygmei* an sich Menschen sein könnten, leitet der Anonymus per Analogieschluß aus dem Größenverhältnis zwischen Zwergwüchsigen, Riesen und Menschen durchschnittlicher Größe bzw. deren Embryonen ab. Da der Größenabstand zwischen einem Embryo zwergwüchsiger Eltern vom 46. Tag nach der Empfängnis an und einem Riesen einerseits größer sei als der zwischen *pygmei* und Riesen, andererseits aber die Leibesfrucht zwergwüchsiger Eltern nach dem 46. Tag mit der Vernunftseele beseelt und damit Mensch sei, könnten erst recht die *pygmei* bei ihrer relativen Körpergröße Menschen sein[49]. Ebenso sei der Abstand zwischen der Körpergröße von Riesen und der Durchschnittsgröße eines Menschen größer als derjenige zwischen der Körpergröße von *pygmei* und Menschen. Da die Riesen Menschen seien, könne wiederum dasselbe durchaus auch für die *pygmei* gelten[50].

Zeugungsontologisch betrachtet, stellt die überlieferte extrem kleine Körpergestalt der *pygmei*, insofern ein anthropologisch entscheidendes

---

[46] Ibid.: „*Sed propter defectum materiae sed superabundantiam fiunt cum sex digitis vel tribus. Vel etiam causantur (?) propter defectum alicuius qualitatis vel propter inconvenientem dispositionem matricis*" (f. 16vb).

[47] Ibid.: „*Et potuit esse, quod fuerunt generati ex hominibus defectuosis, scilicet ex nanis. Unde et nani generant breviores se*" (f. 16vb).

[48] Ibid.: „*Item, potest hoc esse ex dispositione caelesti. Unde ex virtute caelesti in quibusdam regionibus homines sunt vitae brevioris et staturae et in quibusdam longioris*" (f. 16vb).

[49] Ibid.: „*Item, maior est distantia inter embryonem nanorum post xlvi. diem et statura gigantum quam inter staturam pygmeorum et staturam gigantum. Sed embryo nanorum post xlvi. diem est homo, quia est informatum anima rationali. Ergo multo fortius pygmei erunt homines*" (f. 16vb–17ra).

[50] Ibid.: „*Item, maior est distantia inter gigantum et staturam nostram communem ... quam inter staturam pygmeorum et nostram. Sed gigantes sunt homines, ergo et pygmei*" (f. 17ra).

Problem dar, als die Beseelung durch die Vernunftseele ohne eine Mindestquantität nach der traditionellen Zeugungsontologie nicht denkbar ist. Daraus resultiert auch die in der Hochscholastik verbreitete und vom Proponens erinnerte Annahme, daß vor dem 46. Tag nach der Empfängnis die Materie der Leibesfrucht noch nicht hinreichend organisiert und daher auch keinesfalls durch die menschliche Vernunftseele informierbar sei[51]. Der Anonymus hält dem entgegen, daß die Körpergröße des Menschen offenkundig eine relativ große Variationsbreite zulasse[52].

(2) Ich komme zur zweiten Frage: Woran ist nach dem Anonymus unzweideutig zu erkennen, daß ungewöhnliche Lebewesen der von ihm unterschiedenen zweiten und dritten Art mit Sicherheit keine Menschen sein können? Wiederum argumentiert der Anonymus ausschließlich ontologisch:

Bei den ungewöhnlichen Lebewesen der zweiten Art, den möglichen Nachkommen aus einer Verbindung von einem menschlichen und einem tierischen Elternteil, ergibt sich deren nichtmenschliche Natur daraus, daß der menschliche (z. B. männliche) Samen im Zeugungsakt einen nichtmenschlichen (z. B. weiblichen) Samen nicht in einen menschlichen artspezifisch umzuwandeln vermöge. Aus einer derartigen Verbindung entstünde daher notwendigerweise ein nichtmenschliches, allenfalls menschenähnliches Zwischenwesen[53].

Was schließlich die ungewöhnlichen Lebewesen der dritten Art betrifft, zeigt sich ihre Artverschiedenheit vom Menschen daran, daß zum einen bei ihrer Erzeugung kein menschlicher Elternteil beteiligt sei und sie zum andern, wie die Sirenen, eine völlig andere Körperkonstitution aufwiesen[54].

Ich fasse zusammen:

---

[51] Ibid.: „*Contra: Non habent debitam quantitatem, quam requirit anima in copore perfectibili. Unde materia embryonis in matrice non est organizabilis in tempore statuto, scilicet infra xlvi. diem, et in statura determinata recipiente organizationem. Ergo multo minus est forma perfectibilis*" (f. 16va–vb).

[52] Ibid., ad 2: „*Nam statura humana habet magnam latitudinem*" (f. 17rb). — Im übrigen geht seine Entgegnung über die im Contra-Argument aufgestellten Behauptungen hinaus: „*Et cum probatur, quod plus distat embryo pygmei ab embryone hominis alterius vel gigantis quam quantitas ad quantitatem, dico quod argumentum est transcendens: Quoniam licet duo plus distant ab octo quam ab uno, quia per plures unitates; tamen duo magis conveniunt cum viii, quia ad unum ordinantur, scilicet numerum. Eodem modo embryones ordinantur ad unum, scilicet organizationem*" (f. 17rb).

[53] Ibid.: „*Et licet haberet aliquam figuram hominis, non tamen est homo ille fetus nec capax gratiae nec debet baptizari. Quod non sit homo, satis patet: Semen hominis non est tantae virtutis, quod possit covertere aliud semen ad suam speciem, sicut asinus non convertit semen equae, sed facit teriam partem*" (f. 17ra).

[54] Ibid.: „*Alia sunt monstra, quae non sunt ex principiis humanis ambobus nec altero, sed sunt totaliter alterius specie, sicut sunt sirena et simia. Unde simia habet effigiem hominis exteriorem, sirena effigiem mulieris. Unde non sunt in specie humana. Deficiunt enim a complexione naturae humanae. Nam sirena ita est rarae complexionis, statim cum ponitur in aere, moritur*" (f. 17ra).

— Die vom Anonymus herangezogenen Identifikationskriterien für menschliche Lebewesen sind material-ontologischer Art.

— Positives theoretisches Erkennungsmerkmal menschlichen Seins ist nach ihm traditionsgemäß die Begabung mit der Vernunftseele sowie — damit zusammenhängend — die notwendige Organisation der Körpermaterie. Dieses Kriterium wird weder von der Leibesfrucht vor dem 46. Tag noch offenbar auch von einem extrem mißgebildet Geborenen erfüllt[55], möglicherweise jedoch von den *pygmei*.

— Der Anonymus hebt ausschließlich auf Konstitutionsmerkmale der *pygmei* ab. Verhaltensmerkmale, wie sie der Opponens mit dem Gesichtssinn und dem Verstandesgebrauch derselben ins Feld führt, berücksichtigt er im Grunde nicht[56]. Einen verhaltensmäßigen Anhaltspunkt für den Vernunftgebrauch der *pygmei* erbringt er nicht.

— Als Identifikationskriterium für ein menschliches Lebewesen scheidet nach ihm die Körpergröße aus, sofern sie nur die Größe der menschlichen Leibesfrucht vor dem 46. Tag nach der Empfängnis nicht unterschreitet.

— Der Anonymus folgt in seiner Argumentation einer eher „a-personalen" Sichtweise.

III.2

Von Albert wissen wir bereits, daß er die *pygmei* als eine Affenart und nicht als Menschen ansieht[57]. Freilich betrachtet er sie als eine sehr hochentwickelte Affenart und geht davon aus, daß sie unter allen Tieren dem Menschen am nächsten stünden[58].

Aus meiner Perspektive interessieren wiederum zwei Fragen: Worauf stützt Albert sein Urteil, daß einerseits erstens die *pygmei* keine Menschen seien und daß sie andererseits zweitens als höchstentwickelte Tierart dem Menschen besonders nahestünden? Ich beginne mit der letzteren Frage:

(1) Für die einzigartige konstitutionelle Nähe zwischen *pygmei* und Menschen sprechen nach Albert zunächst äußere, somatische Merkmale. Abgesehen von der offenbar augenfälligen gestaltmäßigen Ähnlichkeit zwischen Mensch und *pygmei*, führt er noch jene oben schon erwähnten Merkmale an: willkürlich nicht bewegliche Ohren[59] und — wie beim Menschen — vor der Brust angeordnete Milchdrüsen[60].

---

[55] Ibid.: „*Sed si non haberent organizationem debitam, puta caput inferius et pedes ad latus vel aliquo modo consimili, tunc non essent capacia gratiarum (?) nec essent baptizanda*" (f. 16vb).

[56] Ibid., arg. 1; ad 1: „*Quoniam habent visum et operationem rationis ... Aliqua habent usum rationis sicut pygmei, alia non habent sicut simia*" (f. 16va; 17ra—rb).

[57] Albert der Große, l. c., I tr. 2 c. 4 n. 175 (63); II tr. 1 c. 1 n. 12, (228); IV tr. 2 c. 2 n. 96 (400).

[58] Ibid., XXI tr. 1 c. 2 n. 11—14 (1328 sq.).

[59] Ibid., I tr. 2 c. 4 n. 175 (63).

[60] Ibid., II tr. 1 c. 1 n. 12 (228).

Anthropologisch bedeutsamer sind freilich jene weiteren, gleichfalls oben schon erwähnten Feststellungen Alberts, daß die *pygmei* erstens — wiederum als einzige Lebewesen außer dem Menschen — eine gewisse Sprachfähigkeit besäßen[61]. Sie seien in der Lage, korrespondierend mit Vorstellungen, gegliederte Laute zu bilden[62]. Allerdings erfolge ihr Sprechen nicht aufgrund vernunftmäßiger Einsicht, sondern aufgrund bloßer Vorstellung[63]. Darüber hinaus seien die *pygmei* zweitens mehr als alle anderen Tiere in der Lage, Gedächtniseindrücke kognitiv zu verarbeiten sowie aus akustischen Äußerungen Informationen herauszufiltern. Albert sieht hierin vernunftähnliche Fähigkeiten der *pygmei*. Vernunft als solche aber erkennt er ihnen nicht zu[64].

(2) Damit zeichnet sich bereits die Antwort auf unsere erste Frage ab, weshalb nach Albert die *pygmei* trotz ihrer Menschenähnlichkeit keinesfalls Menschen sein können: Sie sind nach ihm schlechterdings keine „vernunftbegabten Lebewesen". Diese formale Auskunft überrascht nicht, führt freilich auch nicht viel weiter. Aufschlußreicher ist daher, woran Albert zu erkennen glaubt, daß derart menschenähnliche Wesen wie die *pygmei* gleichwohl vernunftlose Wesen seien.

Eine erste Klasse von Erkennungsmerkmalen sind die den *pygmei* zugeschriebenen kognitiven Operationen. Albert spricht von einem „Schatten der Vernunft", der sich in ihnen äußere. Dieser befähige die *pygmei* zu einem in gewisser Weise „überlegteren" Verhalten[65]. Die volle Vernunftmächtigkeit würde sich demgegenüber, so Albert, exakt in der Fähigkeit äußern, das aus den einzelnen Gedächtniseindrücken gewonnene Erfahrungswissen unter Kontiguitäts- und Schlußfolgerungsgesichtspunkten zu durchmustern (*discurrendo*), Allgemeinbegriffe zu bilden und schließlich daraus Prinzipien von Kunstfertigkeiten und wissenschaftlichem Erkennen zu gewinnen[66].

Im vollen Vernunftgebrauch fließen demnach zwei Fähigkeiten zusammen: erstens die Fähigkeit zur Reflexion auf das in der sinnlichen Wahrnehmung und das gedächtnismäßig Gegebene mit der damit verbundenen Möglichkeit, „Erfahrungswissen" zu erwerben, und zweitens die eigentlich maßgebliche Vernunftfähigkeit, nämlich Allgemeinbegriffe zu bilden, die ihrerseits die Grundlage für Kunstfertigkeit und wissenschaftliches Erken-

---

[61] Ibid., I tr. 1 c. 3 n. 45 (18).
[62] Ibid., IV tr. 2 c. 2 n. 90 (398); XXI tr. 1 c. 3 n. 11 (1328).
[63] Ibid., IV tr. 2 c. 2 n. 96 (400); VII tr. 1 c. 6 n. 62 (522).
[64] Ibid., XXI tr. 1 c. 3 n. 11 (1328). Cf. C. Lecouteux II, 156: Odoricus de Pordenone vertrat später allerdings eine gegenteilige Ansicht, hierzu: Konrad Steckels deutsche Übertragung der Reise nach China des Odorico de Pordenone. Kritisch hg. v. G. Strasmann, Berlin 1968 (= Texte des späten Mittelalters und der Neuzeit, Heft 20), 94.
[65] Albert der Große, l. c., n. 13 (1328).
[66] Ibid., n. 11 sq. (1328).

nen sind⁶⁷. Albert geht davon aus, daß die *pygmei* die erstgenannte Fähigkeit besitzen. Die letztere, eigentliche Vernunftfähigkeit aber spricht er ihnen ab. Da sie in ihren kognitiven Operationen stets dem Konkreten, Partikulären verhaftet bleiben, seien sie auch nicht in der Lage, Wesenheiten von Dingen zu erfassen, noch auch seien sie zu schlußfolgerndem Denken fähig. Zu erkennen ist das nach Albert daran, daß die *pygmei* keine Diskurse führten, sich weder rhetorischer noch dichterischer Überredungskünste bedienten und auch keine Allgemeinbegriffe verwendeten⁶⁸. Darüber hinaus deutet bei ihnen nichts auf einen intelligenten Gebrauch der Hände (als Werkzeuge des Verstandes) hin. Jedenfalls führen die *pygmei* nach Albert damit keine handwerklichen Tätigkeiten aus⁶⁹.

Eine zweite Klasse von Erkennungsmerkmalen betreffen die sozialen und moralischen Verhaltensweisen. Die *pygmei* erweisen sich danach als wild und ungesittet. Bei ihnen gibt es nach Albert keine politische Meinungsbildung. Ihr Verhalten ist instinktgesteuert. Sie beobachten daher auch weder Anstandsformen noch Gesetze, noch zeigen sie Reaktionen von Schamgefühl oder Stolz⁷⁰.

Ich fasse auch Alberts Gedankengänge abschließend zusammen:

— Basilares Identifikationskriterium für menschliches Leben ist auch nach Albert selbstverständlich die Begabung mit der Vernunftseele.

— Albert widmet der Frage erhöhte Aufmerksamkeit, aus welchen Beobachtungsmerkmalen die Begabung mit der Vernunftseele zu erschließen sei⁷¹.

— Verhaltensmerkmalen mißt Albert als Indikatoren für Vernunftbeseelung gegenüber somatischen Merkmalen vorrangige Bedeutung bei.

— Entscheidendes kognitives Indikatormerkmal ist die doppelte Fähigkeit zur Reflexion und zur Bildung bzw. diskursiven Verwendung von Allgemeinbegriffen⁷².

III.3

Gleich Albert vertritt schließlich auch Petrus de Alvernia, wie wir schon sahen, die Auffassung, daß die *pygmei* keine Menschen seien. Die gegen-

---

⁶⁷ Ibid., n. 12 (1328).
⁶⁸ Ibid., n. 13 (1329). Cf. den dialogischen „*ratio*"—Begriff bei Aristoteles, hierzu: K. v. Fritz, Beiträge zu Aristoteles, Berlin/New York 1984, 146.
⁶⁹ Ibid., n. 13 (1328).
⁷⁰ Ibid., n. 13 (1328 sq.); VII tr. 1 c. 6 n. 62 (521); I tr. 1 c. 3 n. 46 (18).
⁷¹ Cf. Thomas von Aquin, S. Th. I q. 75 a. 2 c; Q. disp. De anima, q. un. a. 1c; Q. disp. De spirit. creat., q. un. a. 1—2; S. Th. I q. 76 a. 1c; E. H. Wéber, L'homme en discussions à l'Université de Paris en 1270, Paris 1970, 127 sqq. (= Bibliothèque Thomiste XL).
⁷² Cf. Th. W. Köhler, „Dicendum est eum non esse hominem". — Ein mögliches frühes Zeugnis für die anthropologische Gewichtung des Phänomens des reflexiven Selbstverhältnisses, in: Freiburger Zeitschrift für Philosophie und Theologie 37 (1990), 31 sqq.

teilige Ansicht hält er schlicht für falsch und unsinnig[73]. Ich muß im Augenblick wiederum offen lassen, wen Petrus als Vertreter einer solchen Position im Auge hatte.

Im Zentrum seiner Stellungnahme steht die Erörterung der Frage, welches echte und welches unechte Erkennungsmerkmale für ein menschliches Lebewesen sind. Wiederum kommen sowohl Verhaltensmerkmale als auch somatische Merkmale in Betracht. Selbstverständlich setzt auch Petrus voraus, daß die Vernunftbegabung das wesentliche Bestimmungsstück menschlichen Seins ist. Er präzisiert allerdings diese Grundannahme, indem er genauer die „universelle" Vernunft (*ratio universalis*) — in Abgrenzung zur „partikulären" Vernunft (*ratio particularis*) — als konstitutiv für menschliches Leben erklärt[74]. Die partikuläre Vernunft stellt ein sinnliches Vermögen dar[75]. Sie bleibt auf den konkreten Einzelsachverhalt hingeordnet. Die universelle Vernunft ist hingegen auf Wesenheiten bzw. Universalien ausgerichtet. Thomas hatte aus verschiedenem Anlaß eine ähnliche Unterscheidung vorgenommen[76]. Anders als dieser scheint Petrus die partikuläre Vernunft jedoch weniger dezidiert als ausschließlich menschliches Vermögen anzusehen. Jedenfalls zieht er in Erwägung, daß die *pygmei* in gewisser Weise an der partikulären Vernunft partizipieren könnten[77]. Äußerungsformen partikulärer Vernunft eignen sich demnach eher nicht als Erkennungsmerkmale für menschliche Lebewesen.

Echte Erkennungsmerkmale sind nach Petrus demgegenüber vor allem die verhaltensmäßigen Äußerungsformen universeller Vernunft. Petrus nennt explizit deren drei: das satzmäßige Urteilen, das schlußfolgernde Denken bzw. Argumentieren und schließlich die Ausrichtung des Willens auf das Gute schlechthin, das Streben nach dem, was ehrbar ist, und die Abscheu und Scham gegenüber dem, was zur Schande gereicht[78]. Sein

---

[73] Petrus de Alvernia, l. c: „*Utrum autem sint homines vel non, quod in quaestione positum est, visum est quibusdam, quod sic: ... Sed hoc videtur esse falsum et irrationale (?)*" (f. 78rb).

[74] Ibid.: „*... quia homo, cum sit animal rationale, per intellectum et rationem constituitur in esse et determinatur a non-homine, non autem per rationem particularem, quae ad partem animae sensitivam videtur pertinere, sed per rationem universalem*" (f. 78rb—va).

[75] Ibid.: „*quae ad partem animae sensitivam videtur pertinere*" (f. 78va); „*Primo consequitur autem hominem ratio particularis, quae ad virtutem sensitivam in eo pertinet, per quam competit ei collatio circa particularia*" (f. 78va).

[76] Cf. Thomas von Aquin, S. Th. I q. 78 a. 4c; 81 a. 3c; 82 a. 2 ad 3.

[77] Petrus de Alvernia, Quodl. VI q. 13 c: „*Et ad huius participationem per quandam similitudinem videntur pygmei attingere*" (f. 78va); „*... non est opus rationis intellectualis sed eius, quae ad sensum pertinet, quae aliquam similitudinem ad rationem particularem habet in homine*" (f. 78vb); „*Vel etiam hoc possunt ex participatione rationis particularis quadam, quam dicti sunt habere*" (f. 78vb). Cf. Correctorium „Sciendum", art. 58, 217—219.

[78] Ibid.: „*Quoniam obiectum partis intellectualis est quod quid est et universale. Ex cuius consideratione procedit tamen ipsum ad formam affirmationis et negationis et ulterius ad cognitionem posteriorum ex prioribus et consequentium ex antecedentibus (?) secundum diversum modum rationis. Ex hiis autem ulterius sequitur voluntas boni simpliciter, non tantum huius vel illius, quae sunt bona ut nunc, et etiam honesti appetitus et turpis abominatio et verecundia de ipso*" (f. 78va).

Urteil, daß die *pygmei* keine Menschen sein können, gründet er vor allem darauf, daß bei ihnen keine dieser verhaltensmäßigen Äußerungsformen universeller Vernunft festzustellen seien[79]. Petrus argumentiert damit der Sache nach in ganz ähnlicher Weise wie zuvor Albert.

Ein weiteres echtes Erkennungsmerkmal sieht Petrus in dem somatischen Merkmal der „natürlichen Körpergröße", die weder einen kritischen Minimalwert unterschreiten, noch einen kritischen Maximalwert überschreiten kann[80]. Wo liegen diese Werte beim Menschen? Petrus gibt sie nicht genau an. Ausgehend von einer durchschnittlichen Körpergröße des Menschen von 4 und mehr Ellen, stellt er lediglich fest, daß diese von den *pygmei* wesentlich unterschritten werde, und zwar um das Achtfache, wenn man, wie Petrus es hier tut, die Körpergröße der *pygmei* mit ungefähr einer halben Elle ansetzt. Sie würde damit die durchschnittliche menschliche Körpergröße um ein Vielfaches dessen unterschreiten, um das sie andererseits selbst der größte Riese überschritte[81]. Auch im Hinblick auf dieses somatische, nach Petrus echte anthropologische Erkennungsmerkmal der natürlichen Körpergröße können die *pygmei* demnach nicht als Menschen angesehen werden. Er gelangt damit zu einem anderen Urteil als vor ihm der Anonymus.

Als unechtes somatisches Erkennungsmerkmal stuft Petrus andererseits die bloße gestaltmäßige Ähnlichkeit der *pygmei* mit dem Menschen, und zwar in bezug auf die Körperform als ganze und die einzelnen Körperteile, ein. Er widerspricht damit dem ersten Argument der Gegenposition. Er verweist auf das Beispiel von Fuchs, Wolf und Hund bzw. Pferd, Maultier und Esel. Diese Tiere sehen zwar einander jeweils ähnlich, sind aber gleichwohl untereinander artverschieden. Zur gestaltmäßigen Ähnlichkeit müßten notwendigerweise neben anderem noch eine entsprechende Körpergröße und die aufrechte Körperhaltung treten, damit daraus auf Artgleichheit *pygmei*—Mensch geschlossen werden könnte. Das trifft aber nach Petrus nicht zu[82]. Er stellt das fest, obwohl Albert — wie wir sahen — zumindest vom aufrechten Gang der *pygmei* zu berichten weiß.

---

[79] Ibid.: „*Quorum nullum simpliciter in huiusmodi pygmeis invenitur*".
[80] Ibid.: „*Item, homo secundum naturam suam est determinatae quantitatis ad minus et etiam in magis. Ad minus quidem: Secundum enim Commentatorem super I Physicorum: ‚minimus ignis naturaliter terminatus est et similiter minima terra et minimus homo et similiter in unoquoque naturalium'*".
[81] Ibid.: „*Pygmei vero deficiunt ab ea ad minus multum. Quia si accipiamus homines mediae quantitatis secundum naturam, deficiunt a quantitate eius plus quam in octo partibus. Pygmei enim quantitatis semicubi[ta]lis vel circa. Homo autem mediae quantitatis 4 cubitorum et amplius. Et sic deficiunt in plus quam in octo partibus. Et etiam plus multo deficiunt a quantitate media hominis ad minus quam maximus gigas excedat hominem mediae quantitatis. Quia nullus quantumcumque magnus excedit in triplo vel quadruplo quantitatem illius*" (78va).
[82] Ibid.: „*Cum dicitur, quod conveniunt in figura cum homine etc.: Quando solius figurae convenientia non ostendit naturam speciei. Videmus enim lupum, vulpum et canem in figura convenire, et tamen non dicimus, quod sint unius naturae. Similiter equum, mulum et asinum esse similis figurationis*

Als unechte anthropologische Erkennungsmerkmale erweisen sich nach ihm sodann auch die von der Gegenposition ins Feld geführten Verhaltensmerkmale der *pygmei*: sie würden bei aufgehender Sonne applaudieren, sie würden mit den Kranichen kämpfen und mit dem Ausbringen von Saatgut eigentlich eine Art Kunstfertigkeit (*ars*) ausüben.

Die Gegenposition war davon ausgegangen, daß das berichtete Händeklatschen der *pygmei* bei Sonnenaufgang eine Art religiösen Aktes darstelle und ein solcher auf Vernunftbegabung der *pygmei*, und d. h. ihre menschliche Natur, schließen lasse[83]. Petrus bestreitet dies. Die Deutung jenes Händeklatschens als eines religiösen Kultaktes lehnt er ab. Er interpretiert es vielmehr naturalistisch, daß sich nämlich die *pygmei* bei Sonnenaufgang erwärmen und ihre Glieder strecken, wie sich ähnlich die Blüten bei Sonnenaufgang öffnen und bei Sonnenuntergang wieder schließen. Damit entfällt auch der Grund, den *pygmei* menschliche (universelle) Vernunft zuzusprechen. Daß diese über ein der partikulären Vernunft ähnliches sinnliches Vermögen verfügen, schließt Petrus — wie wir sahen — hingegen nicht aus[84].

Ebensowenig wie das Händeklatschen bei Sonnenaufgang können nach Petrus die beiden anderen von der Gegenposition angezogenen Verhaltensäußerungen der *pygmei* als zureichende Indikatoren für menschliche Vernunft gelten. Was den Kampf mit den Kranichen betrifft, macht er darauf aufmerksam, daß auch andere Lebewesen, die mit Sicherheit keine Menschen seien, aus den verschiedensten Anlässen miteinander kämpften[85]. Der Bericht über das Ausbringen von Saat durch die *pygmei* erscheint ihm schließlich insgesamt eher als dubios. Er neigt dazu, darin — falls es tatsächlich erfolgt — ein instinktgesteuertes Vorsorgeverhalten zu sehen, wie ähnlich viele andere, zum Teil wesentlich primitivere Tiere Vorsorge für die nahrungsarme Zeit im Winter träfen. Nicht ausschließen möchte

---

membrorum et totius corporis et tamen esse alterius speciei. Sed cum figurae similitudine requiritur similitudo in aliis, puta in quantitate et rectitudine et irrectitudine vel inclinatione corporis et multa alia, quae in pygmeis non reperiuntur" (f. 78va – vb).

[83] Ibid.: „*... quia sol[e] oriente in regione illa moventur applaudentes eidem et quasi reverentiam exhibentes adorando ipsum, quod ad cultum religionis videtur pertinere, qui non est sine ratione, per quam distinguitur homo a non-homine*" (f. 78rb).

[84] Ibid.: „*Quod etiam dicitur, quod oriente sole moventur applaudentes quasi reverentiam exhibentes, quod ad cultum religionis pertinet, qui non est sine ratione. Dicendum, quod oriente sole in illa regione virtute solis calefiunt corpora eorum et dilatantur spiritus, quod sentientes delectati movent quasi applaudentes, quod etiam in multis aliis animalibus et fere in omnibus contingit. Etiam videmus in plantis, quod sole ascendente ad cenith calefactae aperiuntur flores, sicut patet in solsequio, et descendente clauduntur constrictae. Etsi aliqua collatio sit in eis, quantum ad hoc non est opus rationis intellectualis, sed eius, quae ad sensum pertinet, quae aliquam similitudinem ad rationem particularem habet in homine*" (f. 78vb).

[85] Ibid.: „*Quod etiam dicuntur pugnare, non concludit in eis esse rationem, quae est propria hominis. Quia pugnant etiam alia animalia, quae (?) manifestum est non esse homines, propter cibum, [propter fetum], propter venerea, sicut patet ex 9 De historiis animalium*" (f. 78vb).

er, daß die Tätigkeit des Aussäens wiederum mit einer gewissen Teilhabe an partikulärer Vernunft erklärt werden könnte[86]. Auf den eigentlichen Kern des gegnerischen Arguments, daß das Ausbringen von Saat auf eine Kunstfertigkeit der *pygmei* hindeute, Kunst nach Aristoteles aber auf Allgemeines ziele und damit auf Allgemeines gerichtete Vernunft voraussetze, geht Petrus nicht ein.

Ich fasse wiederum zusammen:

— Petrus spezifiziert das basilare Erkennungsmerkmal eines menschlichen Lebewesens im Anschluß an Thomas von Aquin als Begabung mit „universeller" (in Abgrenzung zu „partikulärer") Vernunft.

— Das Problem der Unterscheidung von echten vs. nichtechten empirischen Erkennungsmerkmalen für ein menschliches Lebewesen tritt in seiner Stellungnahme sehr deutlich zutage; er bezieht sowohl Konstitutions- als auch Verhaltensmerkmale in seine Erörterung ein.

— Petrus spricht ausdrücklich die Frage der Zuverlässigkeit von Berichten über die *pygmei* an.

— Petrus scheint die Ausführungen Alberts des Großen über die *pygmei* in „De animalibus" gekannt zu haben. Keinen Bezug nimmt er offenbar auf die Parallelquästion des Anonymus O.F.M.

Eingangs hatte ich die Annahme geäußert, daß aus der Art, wie die Autoren gegen Ende des 13. Jahrhunderts die Frage nach der Natur der *pygmei* angehen und beantworten, zusätzliche Aufschlüsse über die hochscholastische Anthropologie sowohl in inhaltlicher als auch in wissenschaftstheoretischer Hinsicht zu gewinnen sein könnten. Insbesondere erwartete ich weitere Einblicke darin, wie die Autoren nicht-ontologisches Wissen um den Menschen wissenschaftlich verwenden bzw. erarbeiten. Ich ziehe folgendes Resümee:

Zunächst halte ich aus der vorausgegangenen Analyse der drei Texte fest, daß die Auffassung unserer Autoren hinsichtlich der Natur der *pygmei* nicht einheitlich ist. Während der Anonymus nicht ausschließt, daß die *pygmei* doch Menschen sein könnten, verneinen das Albert und Petrus ganz dezidiert. Grundgelegt sehe ich diese Divergenz generell in den unterschiedlichen anthropologischen Argumentationsansätzen des Anonymus einerseits und Alberts und Petrus' andererseits. Diese Ansätze repräsentieren zwei verschiedene Argumentationstypen, die ich vereinfachend und vergröbernd als „zeugungsontologisch" vs. „verhaltenstheoretisch" kennzeichnen möchte. Im speziellen erwächst jene Differenz — zumindest was

---

[86] Ibid.: „*Quod etiam dicitur, quod seminant providentes sibi de futuro quasi iuvantes naturam. Dicendum, quod in multis aliis animalibus invenitur quaedam providentia pro futuro, etiam quae imperfectiora sunt pygmeis, sicut formica et apes provident in aestate ea, quae necessaria sunt ad victum in hieme, fabricantes casulas ex industria quadam naturali. Et sic etiam possunt pygmei semina mandare terrae. Vel etiam hoc possunt ex participatione rationis particularis quadam, quam dicti sunt habere*" (f. 78vb).

den Anonymus und Petrus betrifft — darüber hinaus daraus, daß beide unterschiedliche Auffassungen von der kritischen, minimalen Körpergröße eines menschlichen Lebewesens haben. Nach Petrus ist diese bei den *pygmei* klar unterschritten, nach dem Anonymus hingegen nicht.

Das nicht-ontologische anthropologische Wissen, auf das unsere Autoren in ihren Überlegungen zurückgreifen, erstreckt sich im wesentlichen auf vier Datenbereiche: die Körpergröße und Körpergestalt, das kognitive (intelligente) Verhalten, das gesellschaftlich-moralische Verhalten und das religiöse Verhalten. Das Datenmaterial selbst wird von den Autoren nicht systematisch erhoben. Es handelt sich letztlich um ihnen zugängliche Zufallsdaten in Form von Traditionsgut oder gelegentlichen zeitgenössischen Erzählungen von Augenzeugen. Ebensowenig unterziehen sie dieses Datenmaterial einer systematischen Sichtung. Nur ansatzweise wird es (bei Petrus) im Hinblick auf seine Zuverlässigkeit qualifiziert. Das auf diesem Datenmaterial basierende Wissen erhält seine wissenschaftlich-anthropologische Bedeutung formell dadurch, daß es in Beziehung gesetzt wird zum anthropologischen Basiskriterium der Vernunftbeseelung, und zwar insofern es entweder (a) die notwendig vorausgesetzte körperliche Organisation für eine Vernunftbeseelung oder (b) die verhaltensmäßigen Äußerungsformen einer Vernunftbeseelung betrifft. Mit dem „verhaltenstheoretischen" Argumentationsansatz bei Petrus und vor allem bei Albert tritt in der Diskussion um die *pygmei* die zentrale Bedeutung der Verlaufsformen menschlicher Rationalität für das anthropologische Denken hervor. In Umrissen zeichnet sich damit eine Entwicklung ab, die über Johannes Duns Scotus zu René Descartes und dann über diesen hinaus bis zur Gegenwartsphilosophie verläuft[87].

---

[87] Cf. Th. W. Köhler 1990, 31—50.

Der liebende Mensch nach Meister Eckhart

Udo Kern (Jena)

1. Gott „selbst verursacht in uns die Liebe und gibt uns die Liebe, durch die wir lieben"[1]

Wer im Sinne Meister Eckharts nach dem Menschen fragt, der durch die Liebe geprägt und orientiert ist, ist nicht auf anthropologische und gesellschaftliche Idealsetzung aus, die ihrerseits im Anthropologischen, Gesellschaftlichen, im Kreatürlichen, sozusagen aus sich selbst heraus, menschliches Sein und Handeln qualitätsmäßig bestimmten. Nach dem liebenden Menschen zu suchen, bedeutet nach Meister Eckhart nicht Kreisen in bezug auf die kreatürlichen „Realien" menschlicher Existenz. Wer sich hier einnistet, erfährt nach Eckhart die Liebe nicht. Der Mensch darf nicht sein (oft süßliches) Ideal von Liebe ausgeben für das, was in Wahrheit Liebe ist. Denn nur wenn der verursachende Grund derselben erkannt wird, kann der Mensch zum liebenden Menschen werden. Wer hier verschleiert, nicht klar durchschaut, sich pluralistisch-seiend in Mannigfaltigkeit entfremdet, begibt sich in Alienation und Destruktion in bezug auf die Liebe. In rechter Perspektive ist der liebende Mensch zu sehen, ja, in dieser erweist er sich erst in seinem Erkennen und Tun als ein Liebender.

Für Eckhart bedeutet die Frage nach dem liebenden Menschen zuerst und vor allem und überhaupt, den Verursacher der Liebe zu erkennen. Nur so wird man der Wirklichkeit des liebenden Menschen gerecht. Wer den liebenden Menschen interpretiert unter Absehung des Verursachers der Liebe, wird letzterer nicht ansichtig. Hier muß für Meister Eckhart klar und eindeutig verfahren werden. Der eine Verursacher der Liebe muß erkannt werden, wenn man denn vom liebenden Menschen sprechen will.

Damit aber erweist sich die Interpretation des liebenden Menschen im Sinne Meister Eckharts grundsätzlich als eine theologische Frage, denn für Eckhart gilt unumstößlich axiomatisch: *„Ipse* [sc. *Deus*] *causat in nobis et dat dilectionem"*[2]. Diesem gilt es im Sinne Meister Eckharts nachzudenken,

---

[1] Meister Eckhart, Die deutschen und lateinischen Werke, ed. im Auftrage der Deutschen Forschungsgemeinschaft, Stuttgart 1936 ff. (DW = Deutsche Werke; LW = Lateinische Werke), hier: LW IV, n. 65, 63, 9sq.
[2] LW IV, n. 65, 63, 9sq.

wenn man vom liebenden Mensch spricht, sich darüber orientiert, was und wie denn Liebe den Menschen gestaltet.

Gott als Verursacher und Geber der Liebe korreliert nach Meister Eckhart der biblischen Aussage: „*Deus caritas est*" (1. Johannes 4,8). In dem Sermon „*Dominica prima post Trinitatem de epistula (1 Joh. 4,8—21)*"[3] interpretiert Eckhart die ihm wichtigen Punkte dieses „*Deus caritas est*":

1. „Gott ist die Liebe ..., weil die Liebe allumfassend (*communis*) ist, ohne jemanden auszuschließen (*nullum excludens*)."[4] Dieses Argument hat für Eckhart zwei Gesichtspunkte: *a*. Gott ist darum Liebe, weil, wie Eckhart unter Berufung auf Römer 11,36 sagt: „*deus communis est*", d. h. „*omne ens et omne omnium esse ipse est, ,in ipso, per ipsum et ab ipso'.*"[5] Dabei ist allerdings zu beachten, „daß Gott alles ist, was von einem jeden und von allen als das Beste gedacht oder erwünscht werden kann und noch mehr *(quod deus est omne quod cogitari potest melius aut desiderari a quocumque et ab omnibus et adhuc amplius)*. Aber das Ganze, das von allen erstrebt werden kann, ist im Hinblick auf das Mehr ein Nichts *(respectu li ,amplius' est quoddam nihil)*. Dazu sage den Satz: ,Gott ist der Gegensatz zum Nichts durch die Vermittlung des Seienden *(deus est oppositio ad nihil mediatione entis)*'."[6]

b. Weiter ist zu beachten, daß Gott als der, der alles umfaßt — und nicht die durch „etwas Begrenztes *(finitum)*, Beschränktes *(limitatum)*, Unterschiedenes *(distinctum)* und Eigenes *(proprium)*" gekennzeichnete und damit nicht-umfassende Kreatur — „seinem Wesen nach allumfassende Liebe ist *(se toto communis caritas est)*"[7].

2. Gott ist die Liebe, weil Gott es ist, „den alles liebt und sucht, das lieben kann *(quem amat et quaerit omne, quod amare potest)*."[8] Er allein ist die Liebe, weil „er ganz und gar liebenswert ist *(se toto amabilis est)*, ganz und gar Liebe ist *(se toto amor est)*".[9] Gott „ist es, in dessen Suchen und Lieben alles existiert *(subsistit omne)*, was ist oder sein kann *(esse potest)*."[10]

3. „Gott ist die Liebe, weil er ganz und gar liebt *(se toto amat)*."[11] Neun Gesichtspunkte sind hier nach Eckhart zu beachten:

3.1. Zu erkennen ist, „wie sehr *(quantum)* uns er (= Gott) liebt, der uns mit allem, was er ist und hat, liebt *(se toto et toto sui nos amat)*."[12]

---

[3] LW IV, n. 52, 50sqq.
[4] LW IV, n. 53, 51,6.
[5] LW IV, n. 53, 51, 7sq.
[6] LW IV, n. 53, 51,8—52,2.
[7] LW IV, n. 53, 52,3—6.
[8] LW IV, n. 54, 52,7sq.
[9] LW IV, n. 54, 53,1.
[10] LW IV, n. 54, 52,9sq.
[11] LW IV, n. 55, 53,2.
[12] LW IV, n. 55, 53,3.

3.2. Gott liebt uns „mit derselben und gleichen Liebe *(eodem et pari amore)*, mit der er sich selbst *(se ipsum)*, seinen gleichewigen Sohn *(filium suumm coaeternum)* und den Heiligen Geist liebt".[13] Eckhart preist dies als Wunder: „Merket diz wort: ,got minnet'. Ein wunder! Waz ist gotes minne? Sîn natûre und sîn wesen: daz ist sîn minne. Der gote daz benaeme, daz er uns minnet, der benaeme im sîn wesen und sîne gotheit, wan sîn wesen swebet dar ane, daz er mich minnet. Und in dirre wîse sô gât ûz der heilige geist. Got segen! waz wunders ist diz! Minnet mich got mit aller sîner natûre — wan diu hanget hie ane —, sô minnet mich got rehte, als sîn gewerden und sîn wesen dar ane hange. Got enhât niht wan éine minne: mit der selben minne, dâ der vater sînen eingebornen sun mite minnet, dâ mite minnet er mich."[14]

3.3. Gott liebt uns „mit dem Ziel auf dieselbe Herrlichkeit..., in der er sich selbst liebt *(ad eandem gloriam nos amat, qua se ipsum amat)*", sagt Eckhart unter Hinweis auf Lukas 22,30 und Johannes 12,26.[15]

3.4. Daß Gott die Liebe ist, ist für Eckhart betont pneumatologisch zu verstehen. Weil gemäß Johannes 4,16 gilt: „ ,*deus caritas est*' ", hat das die Konsequenz, pneumatologisch die Liebe zu interpretieren. „*Ergo ipsa dilectio est deus, spiritus sanctus est.*"[16] „Die Liebe, mit der er (sc. Gott) uns liebt, ist der Heilige Geist selbst *(amor, quo nos diligit, est ipse spiritus sanctus)*."[17] Gottes „minne ist in uns ein ûzblüejen des heiligen geistes."[18]

3.5. Unter Berufung auf Hugo von St. Victor sagt Eckhart, daß uns Gott so „liebt ,als hätte er alle andern beinahe vergessen' oder (als hätte er) fast die andern vergessen *(nos amat ,quasi oblitus omnium aliorum' aut quasi vel fere aliorum)*."[19] Man vermißt hier bei Eckhart eine nähere Erläuterung. In der Predigt 79 „*Laudate caeli exultet terra. Ego sum lux mundi*" heißt es: „Also vertoeret ist got mint sîner minne ze uns, rehte als ob er vergezzen habe himelrîches und ertrîches und aller sîner saelicheit und aller sîner gotheit und niht ze tuonne habe wan aleine mit mir, daz er mir gebe allez, daz mich getroesten müge. Und er gibet mirz zemâle und gibet mirz volkomenlîche und gibet ez in dem lûtersten und gibet ez alle zît und gibet ez allen crêatûren."[20]

Hier ist nun auch schon ein weiteres Argument *3.6.* angesprochen, das Eckhart mit biblischer Untersetzung anführt (Eckhart verweist auf Jeremia 31,3 und Sprüche 8,31): Gott ist die Liebe, weil „er uns so liebt, als ob

---

[13] LW IV, n. 55, 53,3—5.
[14] DW II, 287,1—8.
[15] LW IV, n. 55, 53,5—7.
[16] LW IV, n. 392, 338,2sq.
[17] LW IV, n. 55, 53, 7sq.
[18] DW III, 268,1sq. Cf. DW III, 268 Anm. 2.
[19] LW IV, n. 55, 53,8sq. Cf. LW IV, n. 104, 99,4sq.
[20] DW III, 367,3—7.

seine Seligkeit daran hinge, uns zu lieben *(sic amat, quasi sua sit beatitudo nos amare).*"[21] Gottes *beatitudo* ist ausgestellt auf seine Liebe zu uns.

3.7. Gott ist die Liebe, weil „er uns noch als Feinde liebt *(adhuc inimicos nos amat).*"[22] „Wie hât uns got geminnet? Er minnete uns, dô wir niht enwâren und dô wir sîn vìent wâren."[23]

3.8. Gott ist die Liebe, „da er sein Alles *(omnia sua)* und auch sich selbst gibt *(et se ipsum etiam dat)*", im Gegensatz zum „*creatum*", denn es gibt kein Geschaffenes, das das Seinige *(suum)*, noch sein Alles *(omne sui)*, noch sich selbst *(se ipsum)* gibt.[24]

3.9. Gott ist die Liebe, „weil Gottes Natur, Sein und Leben *(dei natura, esse et vita)* darin besteht *(subsistit)*, daß er sich selbst mitteilt *(in se communicando)* und daß er sich selbst, sich ganz gibt *(se ipsum se totum dando).*"[25] Für Gott gilt: „*Primum enim est dives per se*", d. h. Gott „*est ergo ipsi per se per se.*" Daraus folgt für Eckhart gemäß Dionysius Areopagita, daß Gott „sich gibt ohne zu berechnen, daß er liebt *(non ratiocinando se amare)*, sondern so wie die Sonne strahlt *(sicut sol irradiat).*"[26]

Die Liebe ist auf das Einssein in Gott hin entworfen. „*Nota quod manere in deo sive in caritate est intromitti sive intrare, ubi sunt unum omnia*".[27] Aber die Liebe ist dieses Einssein nicht, denn es gilt: „Minne eneiniget niht, enkeine wîs niht; daz geeiniget ist, daz heftet si zesamen und bindet ez zuo. Minne einiget an einem werke, niht an einem wesene."[28] Das Einigende der Liebe ist nach Eckhart im Wirken nicht im Sein. Die Liebe ist nicht Einssein, sondern sie bringt zusammen, „daz geeiniget ist". Indem Eckhart die Liebe von ontologischer Überlastung und Illusion entlastet, gelingt es ihm, das Gewicht der Liebe auf das Bewegende, Dynamische in bezug auf die Liebe zu setzen. Die Liebe kommt so zu ihrem Wirken. Sie kann aber nur dazu kommen, wenn das theologische Fundament der Liebe klar eingesehen wird. Das Fundament aller Liebe ist, daß Gott sich selbst liebt: „got enminnet niht wan sich selber; er verzert alle sîne minne in im selber."[29] Wenn aber gilt, daß Gott „nichts außerhalb seiner *(nihil extra se)* liebt noch etwas Unähnliches *(dissimile)* oder Fremdes *(alienum)* liebt"[30], wie kann es dann zur Liebe im Menschen kommen? Gibt es vielleicht doch auch von Gott her eine doppelte (geteilte) Liebe, eine Liebe, die sich in ihm selbst ereignet und eine andere abgeleitete mindere

---

[21] LW IV, n. 55, 54,1—3.
[22] LW IV, n. 55, 54,2sq.
[23] DW II, 46,7sq.
[24] LW IV, n. 55, 54, 4—6.
[25] LW IV, n. 55, 55,1sq. Cf. LW IV, n. 455, 377,14.
[26] LW IV, n. 55, 55,2—4.
[27] LW IV, n. 63, 61,6sq.
[28] DW I, 122,3—5.
[29] DW III, 267,9sq.
[30] LW IV, n. 56, 55,9.

Liebe den Kreaturen gegenüber und in den Kreaturen? Diese doppelte Liebe weist Eckhart unbedingt zurück, denn für Eckhart ist Gottes Liebe nur eine Liebe. Gottes Liebe ist nicht geteilt. „Got enhât niht wan éine minne: mit der selben minne, dâ der vater sînen eingebornen sun mite minnet, dâ mite minnet er mich."[31] Denn „Got bekennet unde minnet sich selber in allen dingen."[32] Wenn an der einen Liebe Gottes, wo auch immer, nach Eckhart festgehalten werden muß und andererseits gilt, daß Gott nur sich selbst in dieser einen wo auch immer geschehenden Liebe liebt, kann der Mensch nur von der Liebe betroffen werden, indem er durch Gott „präpariert" wird. Denn „Got minnet niht wan sich selben und als vil er sîn glîch vindet in mir und mich in im."[33] Gott qualifiziert mich, den Menschen, durch die Gottesgeburt in der Seele, indem ich Sohn werde, zur Liebe überhaupt. Indem er hier als der Gebärende das „etwas" der Seele gottförmig macht, macht er mich zum Geliebten und Liebenden. Die Liebe Gottes wird durch Gott in mir zur mich liebenden Liebe. So ist „die Seele ganz im Innersten Gottes und Gott ganz (im Innersten) der Seele, die er so liebt *(intima deo anima et deus animae, quam sic amat)*".[34]

2. Der liebende Mensch als Gott liebender

Der liebende Mensch ist essentiell geprägt von dem liebenden Gott. Er erkennt durch Gott den liebenden Gott. Nicht aus Eigenem heraus ist das möglich. Fundamental ist für Eckhart die Erkenntnis, die er unter Hinweis auf Johannes 14,10; 6,44 und 15,5 zur Sprache bringt, „daß wir Gott nicht lieben nach all dem, was wir sind *(secundum totum id quod sumus)*, sondern nur nach dem, was wir empfangen haben *(sed tantum secundum id quod accepimus)*".[35] Der liebende Mensch trägt dem *„Prior dilexit* (sc. deus) *nos"*[36] Rechnung, indem er erkennt, daß Gott „durch seine Liebe macht, daß wir lieben *(diligendo facit nos diligere)*. Er (sc. Gott) selbst verursacht in uns *(Ipse causat in nobis)* und gibt uns die Liebe durch die wir lieben. *(dat dilectionem qua diligimus)*."[37] Gott ist Verursacher, Geber und auch Mediator der Liebe, denn Gott „selbst ist die Liebe, durch die wir lieben *(ipse est dilectio qua diligimus)*."[38] Der liebende Mensch liebt, wenn er denn wirklich liebt, mit der ihm von Gott geschenkten Liebe. Der Liebende ist als der von Gott gezeugte Sohn, der sich dem Liebe seienden und Liebe gebenden

---

[31] DW II, 287,7sq.
[32] DW II, 285 Anm. 3.
[33] DW II, 285,10.
[34] LW IV, n. 56, 55,8sq.
[35] LW IV, n. 65, 64,1sq.
[36] LW IV, n. 65, 63,9. Cf. LW II, n. 76, 407,10.
[37] LW IV, n. 65, 63,9sq. Cf. LW II, n. 76, 407,11.
[38] LW II, n. 65, 63,11.

Vater verdankt und einzig als Liebender den Vater kennt, denn „die Liebe ist ja Gott *(Amor enim deus est)*. Die Liebe gibt Liebe *(Amor amorem dat)*, sie macht und erzeugt den Liebenden *(amantem facit et parit)*, sie ist sein Vater *(pater eius est)*, der Liebende ist ihr Sohn *(amans filius eius est)*."[39]

Zur Interpretation der Liebe ist nach Meister Eckhart die Einsicht erforderlich, daß in der Liebe „notwendig dreierlei zusammenkommt *(necessario tria concurrunt)*: der Liebende *(diligens)*, das Geliebte *(dilectum)* und die Liebe selbst *(ipsa dilectio)*."[40] Diese dreifache Notwendigkeit in bezug auf die Liebe ist gebaut auf dem trinitarischen Gerüst des sich selbst liebenden dreieinigen Gottes. Die „Dreizahl bezeichnet *(ternarius ... indicat)* ... den Vater, der ‚den Sohn liebt' ... (Joh. 3,35; 5,20) und den geliebten Sohn *(filium dilectum)* (Matth. 3,17) und den Heiligen Geist, der die wesensgleiche Liebe ist *(qui amor est consubstantialis)*, mit der sich Vater und Sohn lieben."[41]

Da Gott „selbst die Liebe ist, durch die wir lieben *(ipse est dilectio qua diligimus)*"[42], „er selbst in uns die Liebe verursacht und die Liebe gibt, durch die wir Lieben"[43], ist Liebe immer angewiesen auf Gottesliebe und ist der liebende Mensch als Gott-liebender Mensch. Damit sich Liebe dem Menschen ereignet, muß er wirklich Gott selbst lieben und nicht irgendwelche göttlichen Attribute. Für Eckhart gilt, „daß wer Gott selbst liebt und schmeckt *(amans et gustans deum ipsum)*, ihn nicht wegen seiner Ewigkeit liebt und ihn auch nicht deswegen mehr liebt, weil er ewig, weise, gut oder irgend etwas anderes ist, sondern er liebt, schmeckt und kostet vielmehr die Ewigkeit, Weisheit und alle anderen Eigenschaften allein deswegen, weil sie Gott sind *(ipsa sunt deus)*, von Gott und in Gott *(a deo et in deo)*. Er liebt also nicht Gott um eines anderen willen *(Non ergo deum propter aliud amat)*, sondern alles andere *(omnia alia)* ... um Gottes willen *(propter deum)* und ihn um seiner selbst willen *(et hunc se ipso)*."[44] Der Grund *(ratio)*, daß der Mensch allein Gott liebt, ist für Eckhart darin zu sehen, daß der liebende Mensch, indem er Gott liebt, in diesem alles hat.[45] Die Gottesliebe wird darum *mensura* der Liebe überhaupt, denn es gilt: „was am meisten und zuerst geliebt wird *(primo quod maxime et primo amatum)*, ist das Maß für alles Liebenswerte und Geliebte *(mensura est omnium amabilium sive amatorum)*."[46] Wer „Gott aus ganzem Herzen liebt", der liebt sich selbst und den Nächsten wie sich selbst „nur um Gottes willen oder in Gott *(non diligit nisi propter deum sive in deo)*", „denn sonst

---

[39] LW III, n. 731, 639,2—6.
[40] LW III, n. 733, 640,4sq.
[41] LW III, n. 733, 640,5—7.
[42] LW IV, n. 65, 63,11.
[43] LW IV, n. 65, 63,9sq.
[44] LW IV, n. 321, 281,10—15. Cf. LW IV, n. 87, 83,4—13.
[45] LW IV, n. 87, 83,13.
[46] LW IV, n. 306, 271,6sq.

wäre Gott nicht das erste Liebenswerte *(enim deus non esset primum diligibile)* und nicht das Maß *(mensura)*" für alles Geliebte, denn — Thomas zitierend[47] sagt Eckhart: „,Das Erste ist allenthalben die Ursache des Nachfolgenden *(Primum enim unoquoque causa est eorum quae sunt post)*'."[48] Die „*lex dei*" ist „*ratio* und *mensura dilectionis*, durch die wir uns selbst und den Nächsten lieben."[49] Das Liebesgebot ist wahrhaft das größte und erste Gebot („*maximum et primum mandatum*"), sagt Eckhart mit Bezug auf Matthäus 22,38, „denn es handelt vom Ersten *(de primo)*, von Gott *(scilicet de deo)*".[50]

Entscheidend für den liebenden Menschen ist, daß er die göttliche Liebe hat. Das aber ist nur möglich, indem — wie wir oben bereits sagten — der Mensch durch Gott qua Gottesgeburt Gottes Sohn wird. „Daz salz ist diu götlîche minne. Haeten wir die götlîche minne, sô smakte uns got und alliu diu werk, diu got ie geworhte, und enpfiengen alliu dinc von gote und worhten alliu diu selben werk, diu er würket. In dirre glîcheit sò sîn wir alle ein einic sun."[51]

„Die Liebe muß nämlich einen einzigen Gegenstand haben *(Oportet enim amoris unum esse obiectum)*."[52] Das bedeutet, daß die Liebe zu Gott „*pure*" auf den einen Gott konzentriert ist[53], und hier kein (substantiales) Additum hinzukommen kann. Es ist für Eckhart „*perverse*", obwohl es bei vielen geschieht, irdische Autoritäten mehr zu lieben und zu fürchten als Gott.[54] Aber wer so Liebe pervertiert, wer, wie es Matthäus 10,37 heißt: „,Vater oder Mutter mehr liebt als mich, ist meiner nicht wert'", lädt Verderben bringende Sünde auf sich, denn aus Liebe zu den Seinen sündigt er gegen Gott.[55] So aber stirbt die Liebe. Der liebende Mensch ist nur als Gott liebender liebender Mensch. In der Liebe ist das „Ineinander" von Gott und Mensch[56] Wirklichkeit gebend. Das heißt, wie Eckhart mit Berufung auf „die besten meister"[57] pneumatologisch präzisiert: „diu minne, mit der wir minnen, ist der heilige geist."[58]

Thomas sagt: „*Per amorem amans fit unum cum amato*".[59] Das gilt auch für Eckhart: „*Amor enim amantem transformat in amatum.*"[60] Sich auf Augustin[61]

---

[47] In Anal. post I c. 2 lect. 4 n. 16 I 155b, zit. nach LW IV, n. 306, 272 Anm. 1.
[48] LW IV, n. 306, 271,8–272,2.
[49] LW IV, n. 309, 273,4 und 6sq.
[50] LW IV, n. 391, 336, 12sq.
[51] DW I, 387,9–12.
[52] LW III, n. 730, 637,14–638,1.
[53] Cf. LW III, n. 730, 637,14–638,3.
[54] LW III, n. 727, 635,8sqq.
[55] LW III, n. 727, 635,8–11.
[56] DW II, 49,3sqq.
[57] J. Quint weist auf ähnliche Aussagen bei Petrus Lombardus, Augustin, Thomas und auf Parallelstellen bei Eckhart selbst hin. (DW II, 41sq. Anm. 4).
[58] DW II, 41,5.
[59] Thomas, In III. Sent. d. 27q. 1a. 1, zit. DW I, 79 Anm. 3.

wie so oft berufend und auf die Heilige Schrift , näherhin auf „Augustinus super canonicam Iohannis Homilia"[62], vertritt Eckhart zurecht die Ansicht: „*Qualia amat, ,talis est'.... ,Terram amas? terra es. Deum amas? quid dicam? deus eris? Non audeo dicere ex me, scripturas audiamus: ,ego dixi: dii estis' etc.*"[63] In der Predigt 5a „*In hoc apparuit charitas dei in nobis...* (1. Joh. 4,9)" präzisiert Eckhart diesen Gedanken: „Augustin sagt: Was der Mensch liebt, das wird er in der Liebe. Sollen wir nun sagen: Wenn der Mensch Gott liebt, daß er dann Gott werde? Das klingt, wie wenn es Unglaube sei", aber es ist gemäß der Heiligen Schrift. — Eckhart zitiert Psalm 81,6: „Ich habe gesagt, ihr seid Götter und Kinder des Allerhöchsten". — Obwohl es „verwunderlich" „klingt", „daß der Mensch in solcher Weise Gott zu werden vermag in der Liebe", „ist es wahr in der ewigen Wahrheit", wie es „unser Herr Jesus Christus beweist".[64] Denn — und nun kommt das für Eckhart wichtige Argument — „die liebe, die ein mensch gibt, do ensind nit zwey, me eyn und eynung, und in der liebe bin ich me got, dann ich in mir selber bin."[65] Die Fundamentalorientierung des Liebenden auf das *Unum*, den Einen erweist sich in der *intentio* und Bewegung als In-sein in Gott.

Der Mensch soll Gott nach Eckhart „svnder minneklicheit" lieben, denn Gott ist nicht „minneklich", sondern „vnminneklich"; denn er „ist über alle minne vnd minneklicheit".[66] „Du sollst Gott ungeistig lieben, das heißt so, daß deine Seele ungeistig sei und entblößt aller Geistigkeit; denn, solange deine Seele geistförmig (geisthaft) ist, so lange hat sie ,Bilder' (Vorstellungen). Solange sie aber Bilder hat, so lange hat sie Vermittelndes; solange sie Vermittelndes hat, so lange hat sie nicht Einheit noch Einfachheit (Einhelligkeit). Solange sie nicht Einfachheit (Einhelligkeit mit Gott) hat, so lange hat sie Gott (noch) nie recht geliebt; denn r e c h t zu lieben hängt an der Einhelligkeit. Daher soll deine Seele allen Geistes bar (n i c h t - g e i s t i g) sein und soll g e i s t l o s dastehen. Denn, liebst du Gott, wie er ,Gott', wie er ,Geist',wie er ,Person' und wie er ,Bild' ist, — alles das muß weg? ,Wie denn aber soll ich ihn lieben?' — Du sollst ihn lieben,

---

[60] LW II, n. 34, 354,12—355,1.
[61] Burkhard Mojsisch (Meister Eckharts Kritik der teleologisch-theokratischen Ethik Augustins, in: Medioevo. Rivista di storia della Filosofia Medievale 11 (Padova 1983) 43—59, hier: 58sq.) hält es für erwiesen, daß Eckharts Gedanken „Augustins Liebesbegriff nicht etwa nur vertieften, sondern ihn vielmehr einer Totalrevision unterzogen, dies mit dem Gewinn, durch die Identifikation der Theologie des Evangeliums mit der Metaphysik und der Ethik das Ich des Menschen in all seinen Perspektiven denkender Durchdringung zugänglich sein lassen zu können und nicht nur Auskünfte zu erteilen, die das Ich nicht hätte durch sich selbst rechtfertigen können."
[62] In ep. Joh. ad Parthos tr. II n. 14, PL 35, 1997. Cf. DW I, 79,11sqq. und Anm. 3.
[63] LW IV, n. 552, 462,13—463,1.
[64] DW I, 79,11—80,1.3—6, Übersetzung: 447.
[65] DW I, 80,1—3.
[66] DW III, 447,10—12.

wie er ein Nicht-Gott, ein Nicht-Geist, eine Nicht-Person, ein Nicht-Bild ist; mehr noch: wie er ein lauteres, reines, klares Eines ist, abgesondert von aller Zweiheit. Und in diesem Einen sollen wir ewig versinken vom Etwas zum Nichts."[67] Darauf kommt es an, wenn wir Gott lieben, alles zu lassen, auch die subtilsten Bilder von Frömmigkeit und Heil und überformt zu werden von dem, daß Gott in uns selbst eine Stätte seines Wirkens schafft.

3. Lautere Liebe

Der Liebende muß sich nach Eckhart an der Lauterkeit der Liebe orientieren. Diese ergibt sich aus dem theologischen Fundament derselben. Es gilt, „daz diu minne, mit der wir minnen, diu sol sîn also lûter, also blôz, also abegescheiden, daz si niht ensol geneiget sîn weder ûf mich noch ûf mînen vriunt noch neben sich."[68] Die Lauterkeit bzw. die Abgeschiedenheit begründet Eckhart pneumatologisch und christologisch. „… daz merket: minne diu ist also lûter, also blôz, also abegescheiden in ir selber, daz die besten meister[69] sprechent, daz diu minne, mit der wir minnen, ist der heilige geist."[70] Eckhart urgiert die pneumatologische Gründung der Liebe, die diese als lautere qualifiziert: „Daz ist iemer wâr: alle die bewegede, dâ wir beweget werden ze minne, dâ beweget uns niht anders wan der heilige geist. Minne in dem lûtersten, in dem abegescheidensten, in ir selber enist niht anders dan got."[71] Der liebende Mensch lebt und gestaltet von dieser Lauterkeit aus, besser: in dieser Lauterkeit der Liebe. Seine Liebe wird so tauglich zu rechter Freigebigkeit in materiellen Dingen und geistlichen Gütern. Er wird so, „daz er milte sî von lîplîchen dingen und von geistlîchem guote, daz er daz allez milticlîche gebe."[72] Der liebende Mensch soll christusgemäß geben. An Christus wird das Geben in der Liebe Gottes evident. „Unser herre Jêsus Kristus was ledic und arm in allen sînen gâben, die er uns milticlîche gegeben hât: in allen sînen gâben ensuochte er des sînen nihtes niht, mêr: er begerte aleine lob und êre des vaters und unser saelicheit und was lîdende und gebende sich selben von rehter minne in den tôt."[73] Dementsprechend verhält sich der durch die Liebe gebende Mensch „Swelch mensche nû geben wil durch

---

[67] Interpretierende Übersetzung Josef Quints von DW III, 447,12—448,9 in DW III, 448 Anm. 1.
[68] DW II, 43,6—44,1.
[69] Cf. die DW II, 41sq. Anm. 4 von J. Quint angegebenen Parallelstellen bei Augustin, Thomas und Petrus Lombardus.
[70] DW II, 41,3—5.
[71] DW II, 42,1—43,1.
[72] DW II, 430,2sq.
[73] DW II, 430,8—11.

die liebe gotes, der sol alsô geben lîplich guot lûterlîche durch got, daz er niht enmeine dienst noch widergâbe noch zergenclîche êre noch des sînen nihtes niht ensuoche dan aleine gotes lop und êre und sînes naehsten helfe durch got, dem ihtes gebristet an sîner nôtdurft. Und alsô so er ouch geben geistlich gout, swâ er bekennet, daz ez sîn ebenkristen gerne nimet, sîn leben dar ane ze bezzerne durch got, und sol noch dankes noch lônes begern von dem menschen noch keines vorteiles noch ensol ouch keines lônes von gote begern durch dienstes willen, mêr: aleine, daz got gelobet werde. Alsô sol er ledic in der gâbe stân, als Kristus ledic und arm stuont in allen sinen gâben, die er uns gegeben hât."[74] Diese Lauterkeit der Liebe in dem Ledigsein in allen Gaben zeichnet die gottgemäße Liebe des liebenden Menschen aus.

Durch ihre Lauterkeit und Abgeschiedenheit ist die Liebe Grund aller Tugenden. Es geschieht weder ein gutes Werk noch eine Tugend, „ez enbeschehe denne in der minne."[75] Thomas spricht von der Liebe als der *„mater omnium virtutum"* und der *„radix, inquantum est omnium virtutum forma"*.[76] Die Liebe ist darum für Eckhart die Mutter aller Tugenden, weil in ihr grundlegend Tugend bestimmt wird, d. h. durch Lauterkeit definiert wird. „Tugent diu ist alsô edel, alsô abegescheiden, alsô lûter, alsô blôz in ir selber, daz si niht bezzers enbekennet dan sich und got."[77]

Der Liebende als der lauter Liebende „sucht nicht geliebt zu werden *(non quaerit amari)".*[78] Das Selbstgeliebtwerden als intentionales Fundament ist ihm als Liebenden, der durch Lauterkeit ausgezeichnet ist, fremd, denn dem Liebenden ist alles fremd, was nicht lauteres Lieben ist.[79] Der Liebende liebt um des Liebens willen *(„amare propter amare")*.[80] Er korreliert Gott, der „allein *(solus)* ... *amabilis* ist, weil ... in ihm das Geliebte *(amatum)* und die Liebe *(amor)* dasselbe ist *(ipsum est)*, der Heilige Geist."[81] Das hat Konsequenzen für den Liebenden und den Geliebten, die unausweichlich sind, wenn denn tatsächlich Liebe geschieht: „Der Liebende sucht nicht geliebt zu werden, sondern zu lieben ... Der Geliebte ... sucht nicht wiedergeliebt zu werden *(reamari)*, sondern er will lieben und wiederlieben *(amare et reamare)*."[82]

Auf Aristoteles[83] hinweisend nennt Eckhart die Liebe *„finis...et principium omnis passionis"*.[84] Aber „dadurch, daß die Liebe der Ursprung *(prin-*

---

[74] DW II, 430,11—431,9.
[75] DW II, 44,1sq.
[76] Thomas, S. theol. I IIq. 62a. 4, zit. DW II, 44 Anm. 1.
[77] DW II, 44,2—4.
[78] LW III, n. 734, 641,3.
[79] LW III, n. 734, 641,3sq.
[80] LW III, n. 734, 641,4.
[81] LW III, n. 734, 641,6sq.
[82] LW III, n. 734, 641,9.
[83] Cf. Aristoteles, Eth. Nic. VII (H 14 1154b 13), zit. LW III, 407 Anm. 5.
[84] LW III, n. 474, 407,9sq; LW IV, n. 74, 71,13.

cipium) aller Leidenschaft ist, ist sie auch ihr Ende *(finis)*."[85] „Liebe ist deshalb nicht Erleiden, Leidenschaft im eigentlichen Sinn *(amor proprie passio non est)*, da sie das Ende jeglichen Erleidens *(finis omnis passionis)* ist, wie auch der Punkt nicht Größe ist und der Augenblick nicht Zeit ist."[86] Wo die Liebe Raum gewinnt, dort, wo sie zur Vollkommenheit gelangt, ist keine Begierde *(cupiditas)*[87] und keine Furcht *(timor)*[88]. Furcht ist darum nicht in der Liebe, weil dort, wo einer liebt, Gott ganz und gar geliebt wird und so, indem die Liebe alles transformiert in den Geliebten, nicht Raum für anderes, also auch nicht für die Furcht, neben Gott bleibt.[89]

Im Sermo zum 18. Sonntag nach Trinitatis über Matthäus 22,34—46 nennt Meister Eckhart eine vierfache „*utilitas*" in bezug auf die Liebe[90]:
1. Die Liebe teilt Leben zu und schafft so Befreiung vom Tode (1. Johannes 3,14; Lukas 10,28).
2. Die Liebe eröffnet („*aperit*") die *contemplatio* und *cognitio* „der göttlichen Dingen, indem sie den *intellectus* erleuchtet", sagt Eckhart unter Hinweis auf 1. Johannes 2,10.
3. Die Liebe „haßt den Teufel, indem sie sich ihm widersetzt" (Matthäus 5,43).
4. Die Liebe macht („*constituit*") den Menschen „Gott ähnlich und dadurch zum Sohn Gottes" (Lukas 6,27; Matthäus 5,44f; Kolosser 1,16), „*quia dilectio facit esse filium dei.*"

Die Liebe *(amor, dilectio)* „ist Bewegung zum Gegenstand hin *(est motus in res)*."[91] Sie ist dies, weil sie etwas enthält von dem, auf das sie sich hinbewegt.[92] Dem entspricht, daß *causa* und *radix* der Liebe die *similitudo* ist.[93] Der liebende Mensch realisiert die so auf die *similitudo* gegründete Liebe. Ihm ist das möglich, wenn er von der Lauterkeit der in Gott wirkenden, gebärenden Liebe betroffen wird.

Wer aber kann wissen, ob er tatsächlich liebt? Eckhart antwortet: „Ob ... jemand liebt, kann nur wissen, wer liebt *(qui amat)* oder wer die Liebe gibt *(qui amorem dat)* oder die Liebe selbst *(ipse amor)*."[94] — Wer aber tatsächlich liebt, in dem ist auch seine Seele, denn „die Seele ist in dieser Welt nur durch die Liebe *(anima in mundo isto solum est amore)*. „... wo man liebt, dort ist sie", die Seele.[95] Dort, wo die Liebe geschieht, wo also

---

[85] LW IV, n. 435, 365, 8sq.
[86] LW III, n. 475, 408,10sq.
[87] LW IV, n. 400, 342,8.
[88] LW IV, n. 73, 70,10.
[89] LW IV, n. 73, 70,10—71,4.
[90] Cf. zum Folgenden LW IV, n. 393, 338,4—14.
[91] LW IV, n. 389, 335,9sq.
[92] LW IV, n. 389, 335,8sq. Cf. LW IV 335, Anm. 3 die angegebene Aristotelesstelle.
[93] LW IV, n. 389, 335,11; LW IV, n. 146, 137,6 und LW IV, 137 Anm. 1.
[94] LW III, n. 731, 638,4sq.
[95] LW IV, n. 552, 462,12sq.

der Verursacher, der Geber derselben, Gott, schaffend gebärend prägt, ist die Seele. Seelenlos wird der nichtliebende Mensch. In der Nichtliebe kann die Seele nicht gedeihen, verliert der Mensch seine Seele. Diese Welt ist seelenlos ohne die Liebe. „Niht entreget die sêle in dise werlt denne minne aleine."[96]

4. Nächstenliebe

Wer Gott liebt, wird mit Notwendigkeit auf die Nächstenliebe orientiert.[97] „…jeder, der Gott wahrhaft liebt, liebt notwendig *(necessario amat)* den Nächsten so wie sich selbst, und nicht nur jeden Nächsten, d. i. Menschen *(omnem proximum, scilicet hominem)*, sondern alles Nächste *(omne proximum)*, alles, was es außer Gott gibt *(omne citra deum)*, liebt er wie sich selbst. Es ist also gleich *(simile)*, denn mit jenem hat man auch dieses, und dieses ist in jenem enthalten."[98]

Nächstenliebe ist für Eckhart nicht gelöst von notwendiger Selbstliebe. Diese ist für ihn nicht zuerst moralisches Gebot, sondern gebunden an den Gott-gewollten „Selbststand". Wer den Nächsten liebt, kann ihn nicht lieben, ohne daß er sich selbst liebt. Es heißt: „Liebe deinen Nächsten, wie du dich selbst liebst, nicht, wie du dich selbst haßt."[99] Eckhart stellt unter Berufung auf Augustin einen unbedingten Zusammenhang zwischen Gottesliebe, Selbstliebe und Nächstenliebe her. „Augustin sagt im 14. Kapitel des 14. Buches von der Dreifaltigkeit[100]: ‚Wer weiß, daß er sich liebt, der liebt Gott. Wer aber Gott nicht liebt, liebt auch sich nicht, was doch von Natur in ihn gelegt ist.'" Ja, er haßt sich selbst und „‚tut das, was ihm schadet und verfolgt sich ganz so, als wäre er sein eigener Feind'. ‚… wenn aber der Geist *(mens)* Gott liebt, so wird ihm ganz richtig befohlen, seinen Nächsten wie sich selbst zu lieben. Denn dann liebt er sich nicht mehr in verkehrter, sondern in rechter Weise *(non perverse, sed recte diligit)*, wenn er Gott liebt *(cum deum diligit)*'."[101] Wo der Mensch Gott liebt, wird er herausgeführt aus verkehrtem Selbstsein und zurechtgerückt auf das seiner Natur notwendige legitime Selbstsein. Also nur der kann nach Eckhart seiner rechten notwendigen Selbstliebe entsprechen, der Gott liebt.

Wer Gott gemäß seinen Nächsten liebt wie sich selbst, hat Genuß, Freude und Ergötzen an dessen „Lohn *(praemium)*, Verdienst und Herr-

---

[96] DW I, 287, 3sq.
[97] Cf. LW IV, n. 315, 277,2sq.
[98] LW IV, n. 391, 337,1–5.
[99] LW IV, n. 311, 274,8.
[100] N. 18, PL 42,1050, nach LW IV, 274 Anm. 2.
[101] LW IV, n. 311, 274,9–14.

lichkeit *(gloria)*", so daß in dieser Welt der Liebe die zerstörende Differenz von Mein und Dein aufgehoben ist, so daß ich mich als Liebender ebenso an dem Seinen als an dem Meinem freue, ohne das eine zugunsten des anderen zu minimieren oder zu maximieren.[102] Vielmehr gilt: *„caritas facit omnia communia, tam in praesenti quam in futuro."*[103] „... alles was einem meiner Nächsten gehört, ist auch mein Eigentum und gemeinsamer Besitz (propria et communia)."[104] Den Grund sieht Eckhart darin, daß die Liebe „den Nächsten ‚*tamquam*' se ipsum liebt".[105] Aus diesem Grunde ist auch „die Strafe meiner Nächsten *(poena proximorum)*" mir zueigen, aber nicht als Schuld *(„non ad culpam")*, sondern als Verdienst *(„ad meritum")*, folgert Eckhart unter Hinweis auf 2. Korinther 11,29.[106]

Eckhart verwendet in seiner Auslegung des biblischen „Liebe deinen Nächsten wie dich selbst" die unterschiedliche lateinische Wiedergabe des biblischen Textes (*sicut* oder *tamquam*[107]) produktiv für seine Interpretation, den Nächsten wie sich selbst zu lieben. Mit dem *„sicut"*[108] bzw. dem *„tamquam"*[109] verbindet Eckhart Bedeutungsvarianten, die letztlich in der *„tamquam"*-Variante „aufgehoben" (im Hegelschen Sinne) werden. Beim biblischen Befund setzt Eckhart an und erläutert ihn: *„et sic iam non solum proximum diligimus ‚sicut' nos ipsos, sicut habent Matthaeus' |22,39|et Lucas | 10,27|, sed ‚tamquam' nos ipsos, ut habet Marcus |12,31|"* und wie Augustin *„illa littera ... frequenter utitur"*.[110] Wir sollen den Nächsten also nicht nur wie *(sicut)* uns selbst, sondern ebensosehr wie *(tamquam)* uns selbst lieben. Die Grundintention Eckharts[111] ist es, das *„sicut te ipsum"* im Sinne des *„tamquam"* (sich auf Augustin und Markus 12,31 berufend) auszulegen. *„Tamquam"*, so definiert Eckhart „aber heißt *tam-quam*, so sehr wie, *tantum-quantum*, ebensoviel wie dich selbst *(‚Tamquam' vero dicitur tam—quam, tantum, quantum te ipsum)*."[112] Das *„tamquam"* in bezug auf meine Liebe zum Nächsten ist entscheidend. Wo dieses nicht beachtet wird, bleibe ich an dem Meinen hängen, „liebe ich mehr *divitias, delicias, honores et omnia huiusmodi, quae in me sunt, mea sunt et mihi sunt"* und komme nicht zur Nächstenliebe.[113] Den Nächsten gemäß dem *„tamquam"* zu lieben bedeutet,

---

[102] LW IV, n. 312, 275,2—7.
[103] LW IV, n. 395, 339,8sq.
[104] LW IV, n. 395, 339,9sq.
[105] LW IV, n. 395, 339,9.
[106] LW IV, n. 396, 339,11—13.
[107] Klaus Hedwig danke ich für die diesbezügliche Frage an mich auf der 27. Kölner Mediaevistentagung im September 1990.
[108] Cf. LW IV, n. 306, 271,11; LW IV, n. 310, 273,12; LW IV, n. 311, 274,8; LW IV, n. 314; 276,13.
[109] LW IV, n. 310, 274,2; LW IV, n. 315, 277,4sq.
[110] LW III, n. 627, 545,10—546,1.
[111] LW IV, n. 315, 276,15sqq.
[112] LW IV, n. 316, 277,5sq.
[113] LW III, n. 388, 331,10sq.

daß es tatsächlich zur Nächstenliebe kommt, denn „,tamquam', id est tantum quantum diligo proximum ex aequo et de pari quantum me ipsum".[114] Aber dieses „tamquam" ist gleichsam notwendigerweise offen für das „sicut", ja erfordert dieses. Dieses „sicut" versteht Eckhart als „sic intense sicut me ipsum".[115] Für Eckhart verbindet sich mit dem „tamquam" und dem „sicut" ein wichtiges Bedeutungsspektrum bei der Interpretation des Wie-dich-selbst-Liebens des Nächsten. Dieses gipfelt in dem „tamquam", denn „tamquam te ipsum" orientiert das Wie-dich-selbst-Lieben des Nächsten auf das Für-sich-selbst um des Ganzen willen wie Eckhart am Sehen des Auges in bezug auf die anderen Glieder exemplarisch verdeutlicht.[116]

Von Gott her ist „die volle Gleichheit" (plena aequalitas), „Gleichwertigkeit" (parilitas), ja „besser Identität der Selbstliebe und der Nächstenliebe" (identitas dilectionis sui et proximi) zu konstatieren.[117] Das heißt auch, daß es keine Usurpation — welcher Art auch immer — der einen durch die andere geben darf. So ist also auch nicht die Selbstliebe „die mensura der Nächstenliebe"[118] oder umgekehrt „sondern die aus ganzem Herzen (ex toto corde) kommende Gottesliebe (dilectio dei) ist Maß (mensura) oder Grund (ratio) und Ursache (causa) der Liebe sowohl zu dir als auch zum Nächsten."[119] Nächstenliebe und Selbstliebe sind beide nicht aus sich heraus, sondern allein aus der Gottesliebe.

Der Ertrag für den Menschen, der Liebe tut, ist nicht in selbstischer Konzentration zu erreichen, ja der liebende Mensch kennt diesen nicht als (intentionalen) Bewegungsantrieb seines Handelns. Vielmehr muß dieser total zurückgelassen werden, wenn denn Liebe sich ereignet. Hier hat der Liebende gänzlich leer in bezug auf das Eigene zu sein, weil er sich qua Kaufmannschaft, d. h. durch den Modus des Habens selbstisch destruiert. Aber Eckhart spricht dennoch in bezug auf den Liebenden von ihm zuteilwerdenden Eigenen und Ertrag, die sich sozusagen objektiv ergeben, wo der liebende Mensch sich als Liebender in der Liebe erweist. „Wer nämlich vollkommen (perfecte) den Nächsten wie sich selbst liebt und Gott um seiner selbst willen (deum propter se ipsum) aus ganzem Herzen, der hat in sich (habet in se ipso) den Lohn (praemium) und die Herrlichkeit aller Auserwählten (gloriam omnium electorum) wie Eigenes (tamquam propria)."[120]

Immer wieder betont Eckhart, daß wirkliche Selbst- und Nächstenliebe nicht um ihrer und aus sich selbst möglich sind, sondern nur wahrhaft in Gott. „...wie mich selbst, so liebe ich auch den Nächsten wahrhaft nur in

---

[114] LW III, n. 388, 331,12sq.
[115] LW III, n. 388, 331,13.
[116] LW IV, n. 315, 277,5sqq.
[117] LW IV, n. 307, 272,4—6.
[118] LW IV, n. 307, 272,6sq.
[119] LW IV, n. 307, 272,6—8.
[120] LW IV, n. 390, 336,7—9.

Gott, und wie ich den Nächsten nur um eines anderen willen, nämlich um meinet- oder Gottes willen liebe *(propter alium, puta me aut deum)*, so liebe ich auch mich selbst nur um Gottes willen. In diesem Sinne heißt es: (Liebe) deinen Nächsten wie dich selbst, weil du auch dich selbst nicht (liebst), sofern du du selbst bist *(nec te ipsum ut tu ipse)*."[121] Dieser von uns mehrfach angeführte Gedankengang Eckharts enthält ein zumindest auf den ersten Blick überraschendes Argument, nämlich das der Nächstenliebe um meinetwillen. Stellt dieses nicht das Gegründetsein der Nächstenliebe um Gottes willen in Frage? Wird hier das der Nächstenliebe notwendige Um-eines-anderen-willen ohne das *„propter deum"* einseitig durch das *„propter me"* ermöglicht? Der zitierte Text könnte so interpretiert werden, da Eckhart sich hier mißverständlich äußert. Aber in der Gesamtintention Eckharts liegt dieses Argument nicht. Denn ich kann der mir von Natur her notwendigen Selbstliebe nicht von mir aus rechte Dimension geben. Das ist nur möglich in Gott, und so kann das *„propter me"* in bezug auf die Nächstenliebe theologisch ermöglicht und verwirklicht werden. Es bleibt für Eckhart dabei: wo ich recht Gott liebe, dort liebe ich meinen Nächsten wie mich selbst.[122] Wenn dem Menschen das „Glück" zuteil wird, seinen Nächsten wie sich selbst zu lieben, dann hat er Anteil an dem Nutzen und Schmecken der Ehre des andern und gewinnt weiten Raum und Ertrag.[123] In der Nächstenliebe werde ich frei das Ganze zu lieben und aus der Absolutsetzung des Einzelnen herausgehoben.[124] Wo wir uns untereinander lieben, dort ist edeles und seliges Leben.[125] „Wäre es nicht ein edles Leben, wenn ein jeder auf seines Nächsten Frieden wie auf seinen eigenen Frieden ausgerichtet und seine Liebe so rein und so lauter und so abgeschieden in sich selber wäre, daß sie auf nichts anderes zielte als auf die Gutheit und Gott?"[126]

Für Eckhart gibt er keine Konkurrenz zwischen Nächsten- und Gottesliebe.[127] Wer hier auf Mehr oder Weniger wägend aus ist, orientiert sich nicht an der durch Gott definierten, also durch den Einen bestimmten Liebe. Wer in dem Einen liebt, entspricht in seiner Liebe dem Einen, und von diesem gilt: *„In uno autem non est plus et minus". „In uno autem nec gradus est nec ordo*. Wer also Gott mehr liebt als den Nächsten, handelt zwar gut *(bene)*, aber noch nicht vollkommen, weil er weder Gott im Nächsten noch den Nächsten in Gott liebt. Denn wenn er so liebte, liebte er ja ein

---

[121] LW IV, n. 394, 339,1—4.
[122] LW III, n. 723, 633,2sq.
[123] Cf. LW III, n. 725, 634,8sqq.
[124] Cf. LW III, n. 724, 633,11sqq.
[125] DW II, 45,5sq.
[126] DW II, 45, 6—8.
[127] Cf. zum Folgenden LW III, n. 728, 636,8sqq.

und dasselbe *(ipsum et unum)*."[128] Es gibt also keinen Hiatus zwischen Gottes- und Nächstenliebe, da beide von dem Einen her sind.

Summa: Der liebende Mensch erhält nach Meister Eckhart Ursprung, Grund, Bewegung und Dimension seiner Liebe von der Liebe des Einen, der *dilectio dei* her.

---

[128] LW III, n. 728, 636,10–13.

Homo sequens rationem naturalem
Die Entwicklung einer eigenständigen Anthropologie
in der Philosophie des späten Mittelalters

OLAF PLUTA (Bochum)

> *„nullum habemus principium vitae nostrae humanae directivum nisi rationem tantum"* [1]

Eine gegen Ende des 14. Jahrhunderts entstandene Geschichte der Gesta Romanorum mit dem Titel „Vom gegenwärtigen Zustand der Welt"[2] handelt von einem Königreich, in dem sich das Gute in Schlechtes, das Wahre in Falsches, das Starke in Schwaches und das Gerechte in Ungerechtes verkehrt hat. Der König fragt vier Philosophen nach dem Grund dieser Änderung. Jeder der Philosophen schlägt an eines der vier Stadttore drei Gründe an. Der vierte Philosoph nennt als letzten Grund: *„Gott ist tot"*.[3] Der Kommentar führt dazu aus: Weshalb sollten die Menschen die Sünden meiden, wenn nicht aus Liebe zu Gott oder wenigstens aus Gottesfurcht! *„Aber heute betrachten wir ihn als tot* und denken nicht an das Letzte Gericht, die Hölle, die Ewige Verdammnis oder das Reich Gottes."[4]

Nietzsches Parole „Gott ist tot!" im Mittelalter — solch ein Fund weckt Zweifel an der traditionellen Auffassung des Mittelalters als einer christlich geprägten Zeit. War das 14. Jahrhundert trotz aller äußeren kirchlichen Prachtentfaltung im Kern vielleicht ein *saeculum atheum* und damit — um Barbara Tuchmanns bekannten Buchtitel zu zitieren — ein ferner Spiegel unserer Zeit? Wenn dies tatsächlich so war, dann darf man für diese Zeit

---

[1] Johannes Buridan, Quaestiones super decem libros Ethicorum, VII, 15; Venezia, Biblioteca Marciana, Cod. 1984 (= Fondo antico, 262), f. 299ra.

[2] Gesta Romanorum, ed. H. Oesterley, Berlin 1872 (Nachdruck Hildesheim 1963), c. 144: De statu mundi actuali, 500—503. Vgl. den Hinweis auf diese Geschichte in A. Funkenstein, Theology and the Scientific Imagination from the Middle Ages to the Seventeenth Century, Princeton, New Jersey 1986, 361. Die angeführte Geschichte findet sich nicht in den älteren englischen Handschriften. — Die Gesta Romanorum werden als mögliche Quelle nicht genannt in E. von der Luft, Sources of Nietzsche's „God Is Dead!" and Its Meaning for Heidegger, in: Journal of the History of Ideas 45 (1984), 263—276.

[3] *„Deus est mortuus"* (ibid., 500, 30).

[4] *„Sed nunc quasi mortuus a nobis reputatur, nec de futuro judicio, vel de inferno, vel eterna pena, vel eterno regno cogitamus."* (ibid., 503, 23—25).

auch eine materialistische Anthropologie postulieren — ohne jeglichen Bezug zu der verlorengegangenen Transzendenz. Wenn der Mensch sich nicht mehr als *imago Dei* versteht, dann wird die Natur Bezugspunkt bei der Definition des Menschen; nicht mehr die *fides catholica*, sondern die *ratio naturalis* bestimmt das Bild des Menschen.

*

Eine materialistische Anthropologie war dem Mittelalter in den Schriften des Alexander von Aphrodisias überliefert worden. Von dessen Abhandlung Περὶ ψυχῆς wurde im späten zwölften Jahrhundert in Toledo — vermutlich von Dominicus Gundissalinus[5] — das Kapitel „Περὶ νοῦ" übersetzt und als eigenständige Schrift unter dem Titel „De intellectu et intellecto" in Umlauf gebracht.[6] Alexander von Aphrodisias vertritt hier eine ausgesprochen materialistische Anthropologie und deutet auch Aristoteles in diesem Sinne.[7] Diese kleine Schrift war in kurzer Zeit weit verbreitet und übte eine große Wirkung aus.[8]

Zu Beginn des 13. Jahrhunderts berichtet Wilhelm von Auvergne, der als erster theologischer Autor gegen den *error Alexandri* schreibt: „Viele verschlingen diese Behauptungen ... stimmen ihnen sogar zu und halten sie für völlig gewiß."[9] Wegen ihrer Gefährlichkeit müsse die Lehre des

---

[5] Cf. M. Alonso, Traducciones del arcediano Domingo Gundisalvo, in: Al-Andalus 12 (1947), 295—338; zu Alexander von Aphrodisias' Περὶ ψυχῆς cf. ibid., 315—317.

[6] Der Text der lateinischen Übersetzung bei G. Théry, Autour du décret de 1210: II. — Alexandre d'Aphrodise. Aperçu sur l'influence de sa noétique, Le Saulchoir 1926 (= Bibliothèque thomiste, VII), 74—82.

[7] Cf. M. Grabmann, Mittelalterliche lateinische Übersetzungen von Schriften der Aristoteles-Kommentatoren Johannes Philoponos, Alexander von Aphrodisias und Themistios, München 1929 (= Sitzungsberichte der Bayerischen Akademie der Wissenschaften. Philosophisch-historische Abteilung, Jahrgang 1929, Heft 7), 37; auch in: idem, Gesammelte Akademieabhandlungen. Herausgegeben vom Grabmann-Institut der Universität München, Bd. I, Paderborn/München/Wien/Zürich 1979 (= Veröffentlichungen des Grabmann-Institutes, Neue Folge 25/I), 533.

[8] Zur handschriftlichen Überlieferung vgl. F. E. Cranz, Alexander Aphrodisiensis, in: Catalogus translationum et commentariorum: Mediaeval and Renaissance Latin Translations and Commentaries. Annotated Lists and Guides, vol. I, ed. P. O. Kristeller, Washington, D. C. 1960, 77—135; idem, Alexander Aphrodisiensis. Addenda et corrigenda, in: ibid., vol. II, ed. P. O. Kristeller/F. E. Cranz, Washington, D. C. 1971, 411—422. Cf. etiam F. E. Cranz, The Prefaces to the Greek Editions and Latin Translations of Alexander of Aphrodisias, 1450 to 1575, in: Proceedings of the American Philosophical Society 102 (1958), 510—546.

[9] „*Et quoniam multi deglutiunt positiones istas* (i. e. *Alexandri*) *absque ulla investigatione discussionis et perscrutationis recipientes illas, et etiam consentientes illis et pro certissimis eas habentes, conveniens est de ipsis considerationes facere* ..." (De anima, VII, 3; Opera omnia, II, Paris 1647 [Unveränderter Nachdruck Frankfurt am Main 1963], 205b — cf. Théry, op. cit., 112). Paul Moraux hat dieses Zitat als Motto seiner Untersuchung über Alexander von Aphrodisias vorangestellt; cf. P. Moraux, Alexandre d'Aphrodise. Exégète de la Noétique d'Aristote, Liège/Paris 1942 (= Bibliothèque de la Faculté de Philosophie et Lettres de l'Université de Liège, fasc. XCIX).

Alexander sorgfältiger und gründlicher ausgerottet werden *(studiosius et perscrutatius exterminanda est eius sententia)* — und zwar nicht nur mit den Waffen des Geistes, sondern auch mit Feuer und Schwert *(igne et gladio)*.[10] Albertus Magnus und Thomas von Aquino haben die *opinio Alexandri* gleichfalls mit harten Worten angegriffen.[11] Die Schärfe der Polemik bei den genannten Autoren ist ein Indiz für die Verbreitung der Gedanken Alexanders. Die Verurteilungen der Lehre des Alexander in den Dekreten von 1270 und 1277[12] weisen in die gleiche Richtung.

Trotz des offensichtlich großen Interesses an den Gedanken Alexanders blieb das genannte Kapitel „Περὶ νοῦ" zunächst der einzige Text Alexanders zur Anthropologie, der in lateinischer Übersetzung verfügbar war. Wilhelm von Moerbeke besaß ein vollständiges griechisches Manuskript von Alexanders Abhandlung Περὶ ψυχῆς[13]; es handelt sich um den aus der Sammlung des Kardinals Bessarion stammenden und heute in der Biblioteca Marciana zu Venedig aufbewahrten Codex Graecus 258, den Archetypen aller anderen bekannten Handschriften von Alexanders Opuscula, die sämtlich dem 15. oder 16. Jahrhundert angehören. Warum Wilhelm von Moerbeke dieses wichtige Werk nicht übersetzt hat, können wir nur vermuten; die theologischen Polemiken gegen Alexanders Anthropologie legen aber nahe, daß von dieser Seite kein Interesse an einer weiteren Verbreitung seiner Gedanken bestand. Jedenfalls wurde eine Übersetzung des ersten Buches von Alexanders Abhandlung erst mehr als zweihundert Jahre später durch Girolamo Donato im Jahre 1495 veröffentlicht; das vollständige zweite Buch in der Übersetzung von Angelo Canini erschien sogar erst im Jahre 1546.

---

[10] „*Quia igitur inter Graecos philosophos et apud Aristotelis expositores non mediocriter claruit iste philosophus, eo studiosius et perscrutatius exterminanda est eius sententia*" (De anima, V, 3; ibid. 114b — cf. Théry, op. cit., 111). „*Et hic est error, quem lex omnis et igne et gladio exterminat tanquam pestem radicalem ac pestilentissimam, quae spem felicitatis futurae omnino praecidit et evacuat*" (De anima, V, 5; ibid., 119a — cf. Théry, op. cit., 110).

[11] Albert der Große bezeichnet die *opinio Alexandri* als völlig irrig („*Haec autem phantasia omnino est erronea*" — De natura et origine animae, II, 5; editio Coloniensis, XII, ed. B. Geyer, Münster in Westf. 1955, 24b, 98) und als völlig absurd (cf. ibid., 25b, 55—56 und 64—65) und Thomas von Aquino sieht die Argumente Alexanders als völlig nichtig an: „*Ratio etiam sua frivola omnino est.*" (Summa contra gentiles, III, c. 72; editio Leonina, XIV, Rom 1926, 108a).

[12] „*Quod anima, quae est forma hominis secundum quod homo, corrumpitur corrupto corpore*", „*Quod forma hominis non est ab extrinseco, sed educitur de potentia materiae*", „*Quod anima est inseparabilis a corpore; et quod ad corruptionem harmoniae corporalis corrumpitur anima*" — 1270, prop. 7; 1277, prop. 105; 1277, prop. 116 (vgl. Chartularium Universitatis Parisiensis, ed. H. Denifle/Ae. Chatelain, tomus I, Paris 1899 [Unveränderter Nachdruck Bruxelles 1964], 486—487 und 543—558).

[13] Cf. L. Labowsky, William of Moerbeke's Manuscript of Alexander of Aphrodisias, in: Mediaeval and Renaissance Studies 5 (1961), 155—162. Der Besitzeintrag auf f.1r lautet: „*liber fratris guillelmi de morbeka ordinis predicatorum penitentiarii domini pape*" (cf. ibid., 156).

Die Theologen des 13. Jahrhunderts haben die Lehre des Alexander erbittert — und zunächst erfolgreich — bekämpft; trotz aller Verurteilungen war sie aber nicht aufzuhalten, und das 14. Jahrhundert stellt einen ersten Höhepunkt in der Verbreitung einer materialistischen Anthropologie dar. An erster Stelle ist hier Johannes Buridan (um 1300 — um 1360)[14] zu nennen, der bedeutendste und einflußreichste Naturphilosoph des 14. Jahrhunderts.[15] Was die Anzahl und den Umfang seiner Schriften zum *Corpus Aristotelicum* betrifft, steht er — wie Martin Grabmann urteilt — „an der Spitze der Aristoteleserklärung des Mittelalters, wenn nicht aller Zeiten".[16] Ein Dokument im Historischen Archiv der Stadt Köln vom 24. Dezember 1425 bezeichnet das zurückliegende Jahrhundert deshalb zutreffend als *saeculum Buridani*.[17]

In der dritten und letzten Redaktion seiner Quaestiones super tres libros De anima,[18] die Buridan nach 1350 verfaßt hat, widmet er gleich vier

---

[14] Zu Geburts- und Todesdatum Buridans vgl. B. Michael, Johannes Buridan: Studien zu seinem Leben, seinen Werken und zur Rezeption seiner Theorien im Europa des späten Mittelalters, Histor. Diss. Freie Universität Berlin 1978, Berlin 1985, Teil 1, 399—402.

[15] Zu dieser Wertung vgl. E. A. Moody, Studies in Medieval Philosophy, Science, and Logic. Collected Papers 1933—1969, Berkeley/Los Angeles/London 1975, 353 und 441.

[16] M. Grabmann, Methoden und Hilfsmittel des Aristotelesstudiums im Mittelalter, München 1939 (= Sitzungsberichte der Bayerischen Akademie der Wissenschaften. Philosophisch-historische Abteilung, Jahrgang 1939, Heft 5), 51; auch in: idem, Gesammelte Akademieabhandlungen. Herausgegeben vom Grabmann-Institut der Universität München, Bd. II, Paderborn/München/Wien/Zürich 1979 (= Veröffentlichungen des Grabmann-Institutes, Neue Folge 25/II), 1497.

[17] Cf. Moody, op. cit., 442. Die Angabe von Moody bezieht sich auf ein Schreiben, mit dem die Kölner Universität Angriffe der Kurfürsten auf die Lehrmethode der Kölner Artistenfakultät abwehrt. Eine kritische Edition dieser Urkunde findet sich bei F. Ehrle, Der Sentenzenkommentar Peters von Candia des Pisaner Papstes Alexanders V. Ein Beitrag zur Scheidung der Schulen in der Scholastik des 14. Jahrhunderts und zur Geschichte des Wegestreites, Münster in Westf. 1925 (= Franziskanische Studien, Beiheft 9), 281—290.

[18] Wir beschränken uns hier auf den Text der letzten, in den Handschriften als „*tertia sive ultima lectura*" bezeichneten Redaktion der *Quaestiones De anima* Buridans, die nach 1350 entstanden ist und den Charakter einer *ordinatio* hat. — Vgl. das Explicit der Handschrift Sarnano, Biblioteca Communale, Cod. E. 14: „*Expliciunt quaestiones super tertium librum De anima Aristotelis, editae, dispositae et ordinatae per reverendum et eximium artium doctorem et magistrum Iohannem Buridani Parisio compilatae.*" (Michael, op. cit., Teil 2, 699), der Handschrift Sarnano, Biblioteca Communale, Cod. E. 143: „*Explicit tabula quaestionum ordinatarum per magistrum Iohannem doctorem eximium Parisius in vico Straminis.*" (ibid., 700) und der Handschrift Roma, Biblioteca Apostolica Vaticana, Cod. Reg. lat. 1959: „*Expliciunt quaestiones super libris de anima editae et compilatae Parisius ...*" (ibid., 701). — Zu den Handschriften der „*ultima lectura*" vgl. Michael, op. cit., Teil 2, 693—703; zur Datierung der „*ultima lectura*" cf. ibid., 707sq. Die Drucke von 1516, 1518 und 1534 bieten eine eigene, von der erhaltenen handschriftlichen Überlieferung abweichende Version. Folgende Handschriften wurden für die Konstitution des Textes benutzt: Roma, Biblioteca Angelica, Cod. 593, ff. 93ra—150rb (Perugia 1396) (= R1); Roma, Biblioteca Apostolica Vaticana, Cod. Reg. lat. 1959, ff. 1ra—69rb (1404) (= R2); Roma, Biblioteca Apostolica Vaticana, Cod. Vat. lat. 2164, ff. 122ra—233rb (Bologna 1398) (= R3); Roma, Biblioteca

Quaestionen der Frage nach der Materialität des menschlichen Intellekts.[19] Diese vier Quaestionen — die Fragen 3—6 zum dritten Buch — bilden eine Einheit, insofern als die einzelnen Quaestionen wechselseitig aufeinander Bezug nehmen und die letzte Quaestio die Ergebnisse der vorherigen Quaestionen zusammenfaßt.

Buridan diskutiert in diesen Quaestionen ausführlich die materialistische Anthropologie des Alexander von Aphrodisias, wobei er sich vor allem auf entsprechende Hinweise bei Averroes stützt, wie aus den Worten erhellt, mit denen Buridan die Darstellung der Intellekttheorie Alexanders einleitet: *„Prima opinio fuit Alexandri, ut ibi recitat Commentator."*[20] Buridan unterscheidet in diesen Quaestionen methodisch streng zwischen den Ansichten des Naturforschers *(naturalis)*, der allein der natürlichen Vernunft *(ratio naturalis)* verpflichtet ist, und der Ansicht des Gläubigen *(fidelis)* oder des katholischen Glaubens *(fides catholica)*, der sich auf eine übernatürliche Offenbarung *(revelatio supernaturalis)* beruft.

Bevor wir uns diesen Quaestionen zuwenden, möchte ich einige prinzipielle Überlegungen anstellen zur Interpretation philosophischer Texte des 14. Jahrhunderts, die an der Pariser Artistenfakultät entstanden sind. Von zentraler Bedeutung ist in diesem Zusammenhang der Beschluß der Pariser Artistenfakultät vom 1. April 1272, der den Magistern der Philosophie vorschrieb, eine rein theologische Frage *(quaestio pure theologica)* weder zu determinieren noch zu disputieren und eine philosophisch-theologische Streitfrage *(quaestio, quae fidem videtur attingere simulque philosophiam)* nicht gegen den Glauben zu determinieren und nur dann zu disputieren, wenn die gegen den Glauben vorgebrachten Argumente *(ra-*

Apostolica Vaticana, Cod. Vat. lat. 11575, ff. 22ra—87ra (= R4); Wien, Österreichische Nationalbibliothek, Cod. 5454, ff. 2ra—56vb (Wien 1397) (= W). Wir zitieren den Text nach der Handschrift Roma, Biblioteca Apostolica Vaticana, Cod. Vat. lat. 2164, und verbessern ihn gelegentlich stillschweigend nach den anderen genannten Handschriften; wichtige abweichende Lesarten der anderen Handschriften fügen wir in Klammern hinzu. Die Edition von J. A. Zupko, John Buridan's philosophy of mind. An edition and translation of Book III of his "Questions on Aristotle's *De anima*" (third redaction) with commentary and critical and interpretative essays, Philos. Diss. Cornell University 1989, Ann Arbor 1990 enthält zahlreiche und teilweise sinnentstellende Lesefehler; wir haben sie deshalb nicht benutzt.

[19] Zur Interpretation dieser Quaestionen cf. A. Maier, Das Prinzip der doppelten Wahrheit, in: idem, Metaphysische Hintergründe der spätscholastischen Naturphilosophie, Rom 1955 (= Studien zur Naturphilosophie der Spätscholastik, IV), 20—27; O. Pluta, Kritiker der Unsterblichkeitsdoktrin in Mittelalter und Renaissance, Amsterdam 1986 (= Bochumer Studien zur Philosophie, 7), 37—41; J. A. Zupko, op. cit., vol. II, 457—505. Die hier behandelte Thematik wird in einen größeren Zusammenhang gestellt in: O. Pluta, Ewigkeit der Welt, Sterblichkeit der Seele, Diesseitigkeit des Glücks — Elemente einer materialistischen Philosophie bei Johannes Buridan, in: Historia Philosophiae Medii Aevi. Studien zur Geschichte der Philosophie des Mittelalters. Festschrift für Kurt Flasch zu seinem 60. Geburtstag, ed. B. Mojsisch/O. Pluta, Amsterdam 1991 (im Druck).

[20] f. 201rb.

tiones contra fidem) widerlegt *(dissolvere)* oder auch als schlechthin falsch und völlig irreführend bezeichnet würden.[21] Jeder Magister der Philosophie mußte seitdem bei der Erteilung der *licentia legendi* durch den Kanzler vor versammelter Universität schwören, sich an diesen Beschluß zu halten. Wer sich bei Zuwiderhandlung weigerte, innerhalb von drei Tagen nach Aufforderung durch die Fakultät öffentlich *(publice)* seinen Irrtum unterwürfig und demütig *(humiliter et devote)* zu widerrufen *(revocare)*, wurde für immer aus dem Lehrkörper ausgeschlossen *(a nostra societate tanquam haereticus perpetuo sit privatus)*. Eine Freiheit der Lehre, die diesen Namen verdient, war damit nicht mehr gegeben. Dieser Beschluß der Artistenfakultät blieb bis ins 15. Jahrhundert unverändert in Geltung, und wir wissen aus der Feder Buridans, daß ihm von theologischer Seite der Vorwurf gemacht wurde, gegen diesen Eid zu verstoßen.[22] Dieses Statut hat für die Interpretation philosophischer Texte Konsequenzen: Die Tatsache, daß sich ein Magister bei der *determinatio* am Ende formal für die Seite des Glaubens ausspricht, ist für die Ermittlung des doktrinären Standpunktes eines Autors wertlos, da jeder Magister sich eidlich zu dieser Erklärung verpflichtet hatte und durch die Umstände zur Einhaltung seines Eides gezwungen war, wollte er nicht die Entfernung aus dem Lehramt — oder Schlimmeres — in Kauf nehmen. Um den Standpunkt eines Autors zu ermitteln, sind vielmehr jene Textpassagen heranzuziehen, in denen er sich *material* mit den einzelnen Lehrmeinungen auseinandersetzt.

Die Quaestio „Utrum intellectus humanus sit forma substantialis corporis humani",[23] welche die verschiedenen Theorien über den menschlichen Intellekt vorstellen soll,[24] nennt drei berühmtere Lehrmeinungen *(tres opiniones magis famosae)*: die Theorien des Alexander von Aphrodisias und des Averroes sowie die Lehre des katholischen Glaubens. Die nominelle Frage ist schnell beantwortet: Alle drei Lehrmeinungen stimmen

---

[21] Cf. Chartularium Universitatis Parisiensis, loc. cit., Nr. 441, 499—500; cf. etiam ibid., Nr. 501, 586—588.
[22] Cf. Johannes Buridan, Quaestiones super octo libros Physicorum (ultima lectura), IV, 8: „*aliqui dominorum meorum et magistrorum in theologia improperaverunt mihi in hoc, quod aliquando in quaestionibus meis physicis interposui aliqua theologica, cum hoc non pertineat ad artistas. Sed ego cum humilitate respondeo, quod ego bene vellem de hoc non esse astrictus, sed omnes magistri, cum incipiant in artibus, iurant, quod nullam quaestionem (pure) theologicam disputabunt, utpote de Trinitate (et) de Incarnatione, et ultra iurant, quod, si contingat eos disputare vel determinare aliquam quaestionem, quae tangat fidem et philosophiam, eam pro fide determinabunt et rationes in oppositum dissolvent, prout eis videbuntur dissolvendae. Constat autem, quod aliqua tangat fidem et philosophiam, ista enim est una de illis, scilicet utrum possibile est esse vacuum. Ideo, si eam volo disputare, oportet me dicere, quid de illa apparet mihi dicendum secundum theologiam, vel etiam esse periurum, et eiusdem rationes in oppositum solvere; et non possem solvere eas nisi moverem eas.*" (Kraków, Biblioteca Jagiellońska, Cod. 1771, f. 82vb).
[23] ff. 200vb—202rb.
[24] „*Ista quaestio mota est ad distinguendum opiniones de ipso intellectu, ut videatur, in quo conveniunt et in quo differunt, et quod postea inquiratur de differentiis earum.*" (f. 201ra—b).

darin überein, daß der menschliche Intellekt die substantielle Form des menschlichen Körpers ist.[25] Die eigentliche Streitfrage besteht für Buridan in der von Alexander von Aphrodisias behaupteten Materialität des menschlichen Intellekts — ihr widmet er deshalb den überwiegenden Teil dieser Quaestio.

Buridan stellt zunächst die Argumente vor, die für die vom christlichen Glauben und von Averroes gemeinsam vertretene These sprechen, der menschliche Intellekt sei keine materielle Form derart, daß er aus der Materie entstanden und wie die Materie räumlich ausgedehnt sei.[26] Diese These ist zwar, wie Buridan anschließend zugesteht, schlechthin wahr und muß fest geglaubt werden, und die zu ihrem Beweis angeführten Argumente sind auch wahrscheinlich *(probabiles)*, gleichwohl sind die Argumente seiner Ansicht nach aufgrund von Prinzipien, die unter Ausschluß des katholischen Glaubens Evidenz besitzen *(ex principiis circumscripta fide catholica evidentiam habentibus)*, nicht beweiskräftig *(demonstrativae)*.[27]

Im folgenden macht sich Buridan zum Anwalt des Alexander von Aphrodisias und widerlegt im einzelnen die vermeintlichen Beweise der Gegenseite: „*Alexander sic respondisset ad illas rationes, ut puto.*"[28] Durch die Widerlegung der gegnerischen Argumente, mit der die Quaestio endet,[29] erweist Buridan die These von der Immaterialität des menschlichen Intellekts als völlig haltlos. Buridan zeigt in diesen teilweise sehr ausführlichen Erwiderungen, in denen er die Theorie Alexanders weiterentwickelt, daß alle Phänomene *(omnes apparentiae)* im Bereich des Denkens sich auch ohne die Annahme eines immateriellen Intellekts allein durch ein materielles Denkvermögen erklären lassen; wenn sich nun alle Phänomene im Bereich des Denkens mit einer materialistischen Geisttheorie erklären

---

[25] „*Omnes autem haec opiniones in una conclusione, de qua praesens quaestio quaerebat, concordant, scilicet quod intellectus humanus est forma substantialis corporis humani. Et hoc videntur satis concludere rationes, quae in principio quaestionis fiebant.*" (f. 201rb—va).

[26] „*Demum etiam fides (fideles R2R4) et Commentator in secunda conclusione conveniunt (concordant R2R4), scilicet quod intellectus humanus non est forma materialis sic, quod sit educta de potentia materiae vel extensa extensione materiae. Et hanc conclusionem Aristoteles et Commentator videntur probare multis rationibus.*" (f. 201va).

[27] „*Notandum est, quod, quamvis ista secunda conclusio sit simpliciter vera et firmiter fide tenenda et quamvis rationes ad eam adductae sint probabiles, tamen non apparet (videtur R1R3) mihi, quod sint demonstrativae ex principiis circumscripta fide catholica evidentiam habentibus, nisi Deus de gratia speciali et ultra communem cursum naturae nobis faceret illam evidentiam, sicut ipse posset alicui facere evidentem articulum Trinitatis vel Incarnationis.*" (ff. 201vb—202ra).

[28] f. 202ra.

[29] Dies ist schwer verständlich, wenn man — wie Zupko — annimmt, Buridan vertrete *nicht* eine materialistische Intellekttheorie. „Buridan uncharacteristically fails to reply to any of the N-arguments. What he gives us instead is a series of materialist replies to arguments on behalf of the thesis that the human intellect is not a material form — which is rather odd, since Buridan is not a materialist about the human intellect." (Zupko, op. cit., vol. II, 458sq.).

lassen, dann fordert das Ökonomieprinzip, dieser Theorie den Vorzug zu geben und auf weitere, auf Zusatzannahmen wie etwa die eines von der Materie unabhängigen *intellectus agens* zu verzichten.

Wir können hier *causa brevitatis* nur ein zentrales Argument und seine Widerlegung durch Buridan vorstellen.[30]

---

[30] Dieses Argument steht am Ende der zweiten Quaestio zum dritten Buch und kann als Einleitung zu den folgenden vier Quaestionen gelesen werden. Bei der Widerlegung der gegnerischen Argumente am Ende der dritten Quaestio verweist Buridan gleich zu Anfang auf dieses Argument mit den Worten: „*Unde Alexander sic respondisset ad illas rationes, ut puto. Ad primam dixisset, sicut dictum fuit in praecedenti quaestione.*" (f. 202ra).

„*Sed sexta conclusio est manifesta: quod ipse est a multis, quae intelligit, semper et necessario denudatus, ut a corporibus caelestibus, a lignis et lapidibus. Tamen nondum habemus ex istis propositum* (probatum R1R2R4, propositum sive probatum R3), *quod Aristoteles et Commentator videntur intendere, scilicet quod intellectus non sit forma materialis nec corporea. Aristoteles enim et Commentator videntur hoc velle concludere ex eo, quod intellectus intelligit omnes formas materiales et corporeas; infert enim Commentator, quod intellectus nec est corpus nec virtus in corpore, et Aristoteles dicit, quod sit immixtus. Sed licet aliunde forte possit demonstrari* (declarari R1) *eius immaterialitas, tamen ista non sequitur evidenter ex eo, quod potest omnes formas materiales cognoscere, quia istae argumentationes* (Zupko: augmentationes) *non videntur fundari nisi super proportionem intellectus ad intelligibilia sicut sensus ad sensibilia et super hoc, quod sensum sive organum sentiens colorem oportet esse sine colore vel saltem sine tali gradu coloris et sentiens sonum sine sono saltem secundum talem gradum et sentiens caliditatem sine caliditate saltem secundum talem gradum, et sic de aliis sensibus. Propter quod dicit Aristoteles in secundo huius, quod similiter* (Zupko: simpliciter) *calidum et frigidum non sentimus et quod susceptivum* (sensum R2, sensum susceptivum R4) *coloris debet esse sine colore. Igitur propter hoc proportionaliter videntur Aristoteles et Commentator concludere, quod intellectus eo, quod est cognoscitivus* (perceptivus R2R4, cognitivus R3) *omnium formarum materialium directe et sine discursu, non sit aliqua forma materialis complexionalis. Dico autem ‚directe et sine discursu', quia certum est, quod non oportet intellectum esse denudatum ab eo, quod ipse cognoscit secundum discursum, quia sic cognoscit se ipsum et habitus et actus sibi inhaerentes. Cum igitur intellectus directe et sine discursu cognoscit calidum, frigidum, humidum et siccum et secundum quemcumque gradum possibilem, non est possibile, quod ipse habeat calidum, frigidum, siccum vel humidum; et tamen omne organum corporeum et materiale oportet esse tale, scilicet calidum vel frigidum et cetera. Unde videtur consequi, quod intellectus non habeat organum corporeum nec materiam, de cuius potentia sit eductus et genitus.*

Videtur autem mihi, quod, quamvis haec ratio sive deductio sit apparens, tamen non est demonstrativa. Nam licet praedicta sint vera quantum ad sensus exteriores, scilicet quod sentiens calidum vel frigidum secundum talem gradum non debet esse calidum vel frigidum nec sentiens colorem debet esse coloratum, tamen non oportet sic dicere de sensu communi vel de virtute, quam vocat Commentator cogitativam. Nam organum sensus communis — sive sit in corde, ut ponit Aristoteles, sive sit in cerebro, ut ponunt alii — non est eiusdem complexionis cum carne vel nervo digiti tui, sed est multo calidius. Unde, si occidas porcum et statim dividendo tu aperias eum, tu sentis in corde vel in cerebro ipsius caliditatem multo intensiorem, quam sit caliditas digitorum tuorum; igitur per tactum tu potes (Zupko: non poteris) *sentire caliditatem aequalis gradus cum caliditate organi sensus communis vel phantasiae vel cogitativae. Et tamen quidquid sentit sensus exterior — sive tactus sive visus —, hoc potest sentire sensus communis vel phantasia vel cogitativa; igitur sensus communis vel cogitativa potest sentire vel apprehendere similiter calidum secundum gradum. Et ita, si ponatur, quod non sit virtus cognoscitiva ultra virtutem, quam vocat Commentator cogitativam vel quam vocat Aristoteles sensum communem, ratio, quae fiebat, non concludit, quod intellectus sit sine organo et complexione, sicut non concludit hoc de sensu communi vel de virtute cogitativa. Et de hoc dicetur amplius in sequentibus.*" (f. 200ra–vb).

Aristoteles und, ihm folgend, Averroes haben aus der Tatsache, daß der Intellekt alle materiellen Formen denkt, gefolgert, er selbst könne kein materielles Vermögen sein. Zugrunde lag diesem Schluß das bekannte aristotelische Diktum über die Analogie des Wahrnehmungs- und Denkvermögens: *„sicut se habet sensus ad sensibilia, sic se habet intellectus ad intelligibilia"*[31] oder in den Worten des Averroes: *„necesse est ... quod proportio sensus ad sensibilia sit sicut proportio intellectus ad intelligibilia"*[32]. Hinsichtlich der *receptio formarum* nämlich gelten für Denken und Wahrnehmung die gleichen Grundsätze, wie beispielsweise: *„omne recipiens debet esse denudatum a natura recepti"*, wenngleich die genannten Vermögen hinsichtlich ihrer *passio* verschieden sind, denn das Denken wird von Aristoteles im Unterschied zur Wahrnehmung als *impassibilis* bezeichnet. Die einzelnen Sinne nun nehmen nach Aristoteles nur diejenigen Sinnesqualitäten wahr, die sie nicht selbst besitzen. So nimmt der Tastsinn etwas, das ebenso warm oder kalt ist wie sein Organ, nicht als ein Warmes oder Kaltes wahr, sondern nur etwas, das wärmer oder kälter ist. Da nun der Intellekt nicht nur wie die Sinne einzelne sinnliche Qualitäten, sondern alle materiellen Formen erkennt, haben Aristoteles und Averroes geschlossen, er selbst könne kein materielles Vermögen sein und kein körperliches Organ besitzen — in den Worten des Aristoteles: *„necesse est itaque, quoniam omnia intelligit, immixtum esse"*.[33]

Diese Argumentation, so Buridan, klingt zwar plausibel *(apparens)*, ist aber keineswegs schlüssig *(demonstrativa)*. Die entscheidende Prämisse nämlich, daß die einzelnen Sinne nur diejenigen Qualitäten wahrnehmen, die sie nicht selbst besitzen, ist nur wahr hinsichtlich der äußeren Sinne *(quantum ad sensus exteriores)*, nicht jedoch in bezug auf den Gemeinsinn oder das zu den inneren Sinnen zählende Vermögen, welches Averroes *virtus cogitativa* nennt. Denn das Organ des Gemeinsinns — unabhängig davon, ob es mit Aristoteles im Herzen oder mit Galen und Avicenna im Gehirn angenommen wird — ist von anderer Zusammensetzung als die Organe der fünf äußeren Sinne, es ist beispielsweise viel wärmer als das Fleisch und die Nerven eines Fingers. Nach Aristoteles dürften wir die sinnlichen Qualitäten, die dem Organ des Gemeinsinns zukommen, nicht wahrnehmen. Die Erfahrung jedoch belehrt uns, daß der Gemeinsinn auch diejenigen sinnlichen Qualitäten wahrnimmt, die er selbst besitzt.

Buridan gibt dafür ein lebensnahes Experiment: Wenn du ein Schwein schlachtest und den Körper des Tieres sofort öffnest, nimmst du in seinem

---

[31] Cf. Aristoteles, De anima, III.4, 429a 16—18; cf. Jacqueline Hamesse, Les Auctoritates Aristotelis. Un florilège médiéval. Étude historique et édition critique, Louvain/Paris 1974 (= Philosophes médiévaux, XVII), 185, Nr. 137.

[32] Averroes, Commentarium magnum in Aristotelis De anima libros, ed. F. St. Crawford, Cambridge, Mass. 1953 (= Corpus commentariorum Averrois in Aristotelem. Versionum Latinarum vol. VI, 1), 382, 25—27.

[33] Aristoteles, De anima, III.4, 429a 18—20.

Herzen oder in seinem Gehirn eine Wärme wahr, die viel größer ist als die Wärme deiner Finger; du kannst also mittels des Tastsinns eine Wärme wahrnehmen, die von derselben Intensität ist wie die Wärme des Organs des *sensus communis* oder der *virtus cogitativa*. Was aber ein äußerer Sinn — in diesem Fall der Tastsinn — wahrnimmt, das kann auch der Gemeinsinn oder das körperliche Denkvermögen wahrnehmen; folglich kann der *sensus communis* oder die *virtus cogitativa* eine Wärme von derselben Intensität wahrnehmen wie die Wärme seines Organs.[34]

Die Tatsache, daß der Intellekt alle materiellen Formen erkennt, beweist also keineswegs seine Immaterialität — „*ratio, quae fiebat, non concludit, quod intellectus sit sine organo et complexione, sicut non concludit hoc de sensu communi vel de virtute cogitativa*".[35] Zur Erklärung dieser Tatsache ist die Annahme eines materiellen Denkvermögens hinreichend. Buridan kehrt damit zu der von Aristoteles bekämpften *opinio antiquorum* zurück, „*quod intelligere est corporale sicut sentire*".[36]

Die Quaestio „*Utrum intellectus humanus sit forma inhaerens corpori humano*"[37] diskutiert und verwirft die These des Averroes vom menschlichen Intellekt als einer *forma assistens*. Für die These des Averroes lassen sich zwar auch *rationes probabiles* anführen, gleichwohl ist sie falsch, denn die Argumente des Averroes lassen sich nicht nur widerlegen, sondern es gibt überzeugende *rationes naturales* für die gegenteilige Annahme, daß der menschliche Intellekt dem Körper inhäriert. Ganz offen erklärt Buridan: „*dicta conclusio tenenda est rationibus naturalibus, fide catholica circumscripta, ita quod philosophus paganus teneret eam*", und fügt hinzu: „*ego puto, quod philosophus paganus teneret opinionem Alexandri*".[38] Am Ende der Quaestio deutet Buridan an, daß eine materialistische Theorie des menschlichen Denkens nicht notwendig im Widerspruch zum christlichen Glauben stehen muß: „*certum est, quod supernaturaliter Deus potest non solum formam non eductam de potentia materiae, immo etiam eductam separare a sua materia et separatim conservare et ponere in aliam materiam*"; wenn Gott also eine materielle Form von ihrer Materie trennen und getrennt im Sein erhalten kann, „*quare igitur hoc non esset possibile de intellectu humano?*"[39]

Die Quaestio „*Utrum sit unicus intellectus, quo omnes homines intelligentes intelligunt*"[40] führt zur Ablehnung der These des Averroes von der *unitas intellectus*. Hier erklärt sich Buridan gleichfalls offen für die Lehre des

---

[34] Zupko hat den Gedankengang Buridans — nicht zuletzt infolge mehrerer Lesefehler — nicht nachvollziehen können und schließt seine Interpretation mit den Worten: „Buridan seems to have missed the point of this argument entirely." (Zupko, op. cit., 455).
[35] f. 200vb.
[36] Aristoteles, De anima, 427a 26.
[37] ff. 202rb—204ra.
[38] f. 202vb.
[39] f. 204ra.
[40] ff. 204ra—205rb.

Alexander von Aphrodisias: „*puto, quod, fide catholica circumscripta et supernaturali infusione notitiae veritatis in nobis, ratio naturalis nostra dictaret, quod intellectus humanus est eductus de potentia materiae et generabilis et corruptibilis*".[41]

Die Quaestio „*Utrum intellectus humanus sit perpetuus*"[42] schließlich greift das zuvor Gesagte zusammenfassend noch einmal auf.[43] Hier stellt Buridan abschließend den naturwissenschaftlichen Standpunkt dem katholischen Glauben gegenüber.

Zunächst stellt Buridan diejenigen Sätze über den menschlichen Intellekt zusammen, die jemand behauptete, wenn er, ohne katholischen Glauben, allein *rationes naturales* verwenden würde. Hier wird dieser Begriff auch zum ersten Mal streng definiert. *Rationes naturales* sind solche, die aufgrund von Prinzipien aus der Erfahrung Evidenz besitzen *(per principia ex sensibilibus evidentiam habentibus)*, aufgrund von Sinnlichkeit und Verstand ohne eine besondere und übernatürliche Offenbarung *(per naturam sensus et intellectus sine speciali et supernaturali revelatione)*.[44]

Im Verlauf der ersten vier conclusiones, die er in der fünften Conclusio zusammenfaßt, weist Buridan nach, daß *secundum rationem naturalem* sechs — hypothetische — Aussagen wechselseitig auseinander folgen: der menschliche Intellekt ist ewig, ist nicht erzeugt noch zerstörbar, ist nicht von der Materie hervorgebracht, inhäriert nicht der Materie, ist nicht wie die Materie räumlich ausgedehnt und ist nicht vervielfältigt. In gleicher Weise folgen die sechs gegenteiligen Aussagen wechselseitig auseinander: der Intellekt ist nicht ewig, ist erzeugt und zerstörbar, ist von der Materie hervorgebracht, inhäriert der Materie, ist räumlich ausgedehnt und ist vervielfältigt.[45] Weil aber, wie Buridan als sechste — kategorische[46] — Conclusio anführt, der menschliche Intellekt dem menschlichen Körper oder der Materie inhäriert, und diese Aussage mit den entsprechenden anderen oben genannten Aussagen wechselseitig zusammenhängt, folgt schließlich als siebte und letzte Conclusio die *opinio Alexandri*: im Lichte der natürlichen Vernunft ist der menschliche Intellekt erzeugbar und

---

[41] f. 204vb.
[42] ff. 205rb–206vb.
[43] „*Veritas istius quaestionis apparet (patet R3) ex praecedentibus, sed quaestio mota est, ut omnia recolligantur simul.*" (f. 205va).
[44] „*Et enumero primo conclusiones, quas aliquis poneret, si sine fide catholica solum rationibus naturalibus uteretur per principia ex sensibilibus* (Zupko: *speciebus*) *evidentiam habentibus, per naturam sensus et intellectus sine speciali et supernaturali revelatione.*" (f. 205va).
[45] „*Quinta conclusio, quod haec sex se mutuo consequuntur: intellectum esse perpetuum, non esse genitum neque corruptibilem, non esse eductum de potentia materiae, non inhaerere materiae, non esse extensum extensione materiae et non esse multiplicatum. Et similiter sex opposita illorum consequuntur se mutuo, scilicet non esse perpetuum, esse genitum et corruptibilem, esse eductum de potentia materiae, inhaerere materiae, esse extensum et esse multiplicatum. Haec enim tota conclusio infertur ex praecedentibus.*" (f. 206ra).
[46] Maier (op. cit., 25) liest hier fälschlicherweise: „*Sexta conclusio est catholica*".

zerstörbar, (wie die Materie) ausgedehnt, (von der Materie) hervorgebracht, (der Materie) inhärierend und vervielfältigt.[47]

Abschließend weist Buridan zwar darauf hin, daß nicht alle diese Conclusiones wahr seien, da sie dem katholischen Glauben widersprächen, fügt aber einschränkend gleich hinzu: Ich glaube, daß die entgegengesetzten Thesen der *fides catholica* ohne eine besondere und übernatürliche Offenbarung nicht beweisbar sind.[48] Die im folgenden kurz aufgezählten Lehrsätze der Kirche können deshalb bloß vorgetragen werden: „*narrandae sunt sine probationibus*".[49]

In der Frage nach der Sterblichkeit der Seele besteht nach Buridan also ein Dissens zwischen der natürlichen Vernunft und dem christlichen Glauben. Er entscheidet sich bei der *determinatio quaestionis* zwar formal für die Lehren der katholischen Kirche, material dagegen weist er nach, daß Glaube und Vernunft einander widersprechen und im Lichte der *ratio naturalis* allein eine materialistische Anthropologie annehmbar ist.

Fassen wir zusammen: Einem erdrückenden Übergewicht von Argumenten für die Materialität des Intellekts stehen einzelne Erklärungen gegenüber, in denen sich Buridan für die Seite des Glaubens ausspricht. Buridan anerkennt die Lehre der Kirche als Wahrheit, aber er unternimmt keinen Versuch, für diese Wahrheit zu argumentieren; ganz im Gegenteil argumentiert er zugunsten einer eigenständigen philosophischen, einer materialistischen Anthropologie. Wie sollen wir die Frage entscheiden, welcher Ansicht Buridan den Vorzug gegeben hat? Mit letzter Gewißheit ist eine Entscheidung dieser Frage nicht möglich. Aber wenn man bedenkt, was oben zur Bedeutung des Statuts von 1272 gesagt worden ist, glaube ich, daß Anneliese Maier Recht hat, die nach der Lektüre dieser vier Quaestionen schrieb: „Buridan entscheidet sich also persönlich — wie nicht anders zu erwarten ist — für die Lehren der katholischen Kirche ... Andererseits wird aber deutlich genug, dass die *ratio naturalis* ... keineswegs nur die des [heidnischen] Philosophen, sondern seine eigene sein soll."[50]

---

[47] „*Sexta conclusio est categorica (catholica R3R4), quod intellectus humanus inhaeret corpori humano sive materiae* (Zupko: *sine materia*). *Et haec fuit prius posita et probata.*
Septima conclusio infertur, quae erat opinio Alexandri, quod est generabilis et corruptibilis, extensus, eductus, inhaerens et multiplicatus." (f. 206ra).

[48] „*Sed tamen firmiter (fortiter R3) tenendum est, quod non omnes conclusiones sunt verae, quia sunt contra fidem catholicam. Sed credo, quod oppositae conclusiones non sunt demonstrabiles sine speciali et supernaturali revelatione.*" (f. 206ra).

[49] „*Ideo nunc narrandae sunt sine probatione conclusiones vel propositiones, quae in hac materia secundum fidem catholicam sunt tenendae (credendae R3).*" (f. 206ra).

[50] A. Maier, op. cit., 26.

Anthropologica II

Natur und Tod gemäß Thomas von Aquin

Albert Zimmermann (Köln)

1. Zu den Bewegungen, Veränderungen und Prozessen, deren unübersehbare Vielfalt uns vor Augen steht, wenn wir von Natur sprechen, gehören — jedenfalls im Reich des Lebendigen auf unserer Erde — nicht nur ständiges Werden, Blühen und Fruchtbringen, sondern auch Erlahmen, Verblühen und schließlich Auflösung. Entstehen und Vergehen sind untrennbar ineinander verwoben, wie dies der Satz ausdrückt: *„Generatio unius est corruptio alterius"*.[1]

In dieses Wechselspiel von Werden und Vergehen, von Geburt und Tod sind wir Menschen einbezogen, der einzelne ebenso wie Gemeinschaften, Sippen, Völker und Rassen. Viele Gelehrte halten sogar das ganze Menschengeschlecht für naturhaft vergänglich, wie unzählige Arten, in denen das Leben sich bisher verwirklichte. Entstehen und Vergehen, Geborenwerden und Sterben scheinen also auch für den Menschen, das Individuum und die Art, ganz und gar natürlich zu sein. Dennoch bewirkt der Gedanke an den Tod, den eigenen, den geliebter Menschen, auch den des ganzen Menschengeschlechts, in uns Angst. Er verstört uns. Es fällt uns schwer, uns in der Sterblichkeit geborgen zu fühlen. Es fehlt gewiß nicht an Versuchen, das Todesschicksal erträglich zu machen, indem Gelassenheit, Selbstbescheidung oder Heroismus als angemessene und trostverheißende Haltungen empfohlen werden. Das Pathos, mit dem das nicht selten geschieht, wirkt allerdings angesichts der Weise, wie in unserem Jahrhundert Millionen Menschen durch Krieg und Zwang, durch Töten und Morden ihr Ende fanden, seltsam unrealistisch und befremdend. Wer vom Tod spricht — erst recht als Philosoph und erst recht heutzutage —, darf nicht nur an sich selbst, das eigene Leben und dessen Ende denken, sondern er muß auch an die denken, deren Hoffnungen, Erwartungen und Möglichkeiten brutal und sinnlos zerstört wurden, oft noch ehe sie sich entfalten konnten. Hätte man diesen Mitmenschen sagen können: „Warum sollte es mich sorgen, daß ich aufhöre zu leben? Die ganze Zeit vor meiner Geburt habe ich doch auch nicht gelebt, ohne daß mir das Sorgen berei-

---

[1] Aristoteles, De generatione et corruptione I, c. 3, 318a 29; Thomas von Aquin zitiert diese Stelle häufig.

tet".² Wirklichkeitsgerechter ist da sicherlich die Feststellung, es bliebe dem, der im Tod das absolute Ende des Daseins eines Menschen sieht, nur übrig, „prinzipiell trostlos zu leben"³.

Weil die Sterblichkeit das die Menschen aller Zeiten und aller Regionen der Erde prägende Geschick ist, ist es uns keineswegs fremd, wenn wir im Werk des Thomas von Aquin auf die Überlegung stoßen, ob der Tod und andere, auf ihn deutende Mängel etwas dem Menschen Natürliches seien⁴. Daß Thomas den Tod als einen Mangel *(defectus)* ansieht, entspricht nicht nur der für ihn maßgebenden philosophischen und theologischen Überlieferung, sondern ist ganz einfach eine realistische Beurteilung. Jedenfalls denkt er nicht daran, den Verlust des irdischen Lebens zu verharmlosen, etwa so, wie Lukrez es mit den Worten versucht: „Nichts also geht der Tod uns an, und er bedeutet uns gar nichts, da ja der Seele Natur sich als sterblich uns erwiesen hat"⁵. Thomas stellt fest, daß der Tod und andere Mängel der Natur Trauer und Angst verursachen⁶. Vollendetes Glück ist im irdischen Leben nicht möglich; denn „der Mensch flieht von Natur aus den Tod und trauert seinetwegen, und zwar nicht nur, wenn er ihn erleidet, sondern auch wenn er an ihn denkt"⁷. Vom Standpunkt der natürlichen Vernunft aus ist — so Thomas — dem Aristoteles zuzustimmen, wenn dieser sagt, der tugendhafte Mensch trauere in höchstem Maß wegen seines Todes, weil er des größten Gutes, dessen er würdig ist, beraubt wird, nämlich des Lebens und des gegenwärtigen Gebrauchs der Tugenden⁸.

---

² Diese erstaunliche Bemerkung B. Russells zitiert und prüft R. Spaemann an einer Stelle seines Aufsatzes: „Sein und Gewordensein", in: Evolutionstheorie und menschliches Selbstverständnis, ed. R. Spaemann, P. Koslowski, R. Löw, Weinheim 1984, 90. — Zur gegenwärtigen Diskussion siehe u. a.: Grenzerfahrung Tod, ed. A. Paus, Frankfurt a. M. 1978 (stw 430); Der Tod in der Moderne, ed. H. Ebeling, Meisenheim 1979; G. Greshake, Tod und Auferstehung, in: Christlicher Glaube in moderner Gesellschaft 5, ²Freiburg 1980, 63—130.

³ J. Habermas, Legitimationsprobleme im Spätkapitalismus, Frankfurt a. M. 1973, 165.

⁴ Wie vielen wichtigen Lehrstücken des Thomas hat J. Pieper auch diesem eine hervorragende Untersuchung gewidmet: Tod und Unsterblichkeit, München 1968. — Zur Lehre des Thomas vom Tod ist ferner hinzuweisen auf: K. Rahner, Zur Theologie des Todes, Freiburg 1958; folgende Aufsätze in Bd. 7 der Akten des Thomas-Kongresses vom April 1974 (Tommaso d'Aquino nel suo settino centenario, Neapel o. J.): M. Clark, Towards a Thomistic Philosophy of Death, 450—456; T. Jáñez Barrio, La muerte como paso al limita, 457—466; L. F. Mateo-Seco, La muerte como mal en el pensamiento de S. Tomás de Aquino, 467—480. Ferner O. H. Pesch, Thomas von Aquin, Grenze und Größe mittelalterlicher Theologie, Mainz 1988, 195—206.

⁵ Lucretius Carus, De rerum natura III, 830sq.

⁶ S. theol. I—II, 42,2, ad 3: *„ex inclinatione particularis naturae est dolor et tristitia de huiusmodi malis"*.

⁷ S. c. gentiles, III, c. 48, n. 2251: *„Homo naturaliter refugit mortem et tristatur de ipsa: non solum ... cum eam sentit eam refugiens, sed etiam cum eam recogitat"*.

⁸ Cf. Sententia libri Ethicorum III, l. 18.

2. Die Frage, ob der Tod dem Menschen natürlich sei, greift Thomas an mehreren Stellen auf. In Art. 6 der Quaestio 85 der Summa theologiae I—II wird gefragt: „Sind der Tod und andere Mängel dem Menschen natürlich?", in Art. 5 der Quaestio 6 der Quaestiones disputatae de malo: „Sind der Tod und derartige Mängel dem Menschen natürlich?" Die Frage wird ferner erörtert im Sentenzenkommentar, in der Summa contra gentiles und im Compendium theologiae[9]. Die Antwort, die er gibt, ist nirgendwo ein einfaches Ja oder Nein. Jedesmal heißt es: Der Tod ist in gewisser Hinsicht etwas Natürliches, in anderer Hinsicht ist er nicht natürlich. Die Gesichtspunkte, die zu diesen verschiedenen Urteilen führen, hängen davon ab, was jeweils unter „Natur" und „natürlich" verstanden wird. Daß von Natur in mehrfacher Weise gesprochen werden kann, hat mit der sehr weiten grundlegenden Bedeutung dieses Begriffs zu tun. Natur eines Seienden ist gemäß Thomas, der die aristotelische Beschreibung, Natur sei Ursprung und Grund von Bewegung und Verharrung, aufgreift, die Wesenheit dieses Seienden, insofern sie als Quelle und Bestimmungsgrund seines Verhaltens und Tätigseins betrachtet wird[10]. Demnach ist einem Seienden alles das natürlich, was seinem wesentlichen Sein entspricht und diesem entspringt. Natürlich ist ihm, wie es sich aus sich heraus entfaltet und darstellt, was es von sich her tut und erleidet. Da jedes Seiende Werk des Schöpfers ist, rührt das, was aus seiner Natur fließt, letztlich vom Schöpfer her[11]. Das gibt der Frage nach der Natürlichkeit des Todes eine besondere Schärfe. Im Zusammenhang mit dieser Frage versteht Thomas Natur als eine Kraft *(virtus)*, die Seiendem innewohnt und durch die es Änderungen in der Wirklichkeit hervorruft *(virtus activa)*. Kennzeichnend für diese Kraft ist ihre Ausrichtung auf Bewahrung und Erhaltung, sei es des einzelnen Seienden, das sie besitzt, sei es des Ganzen[12]. Sie entspricht dem wesentlichen Sein desjenigen, zu dem sie gehört, insofern sie ihre Ausrichtung durch dessen eigentümliche Tendenzen und Neigungen zum Tätigsein erfährt. Zum Beispiel ist dem Feuer die Bewegung nach oben natürlich; denn sie folgt der in ihm liegenden Bewegungstendenz zum natürlichen Ort, und diese wiederum dient seiner Erhaltung. Verstehen und Wollen sind natürliche Tätigkeiten des Menschen; sie folgen nämlich

---

[9] Die Stellen sind angegeben in der Marietti-Ausgabe, S. theol. I—II, 85,6. — Verwunderlich ist, was J. Mundhenk, Die Seele im System des Thomas von Aquin, Hamburg 1980, 119, schreibt: „Ein eigentliches Todesproblem hat Thomas weder von der philosophischen noch von der theologischen Seite her ins Auge gefaßt".

[10] In De ente et essentia, c. 1, wird die Bemerkung des Aristoteles „omnis substantia est natura" wie folgt erläutert: *„nomen naturae ... videtur significare essentiam rei secundum quod habet ordinem ad propriam operationem, cum nulla res propria operatione destituatur"*.

[11] In II Physic., lectio 14, n. 268: *„Unde patet quod natura nihil est aliud quam ratio cuiusdam artis, scilicet divinae, indita rebus, qua ipsae res moventur ad finem determinatum"*.

[12] Von *natura* als *virtus activa* spricht Thomas mit Nachdruck in S. th. I—II, 85,6, und zwar im Hinblick auf die *natura particularis* und die *natura universalis*.

aus seiner Neigung zur Erkenntnis der Wahrheit und zum Verwirklichen des Guten.

Die Antwort auf die Frage nach der Naturgemäßheit des Todes setzt einige weitere Klärungen voraus. Deren erste ist eine Unterscheidung, die sich aus einer genauen Betrachtung der natürlichen Wirkkräfte ergibt. Jedes einzelne Seiende für sich genommen strebt unverkennbar danach, sich zu erhalten. Viele seiner Verhaltensweisen und viele seiner Aktivitäten lassen sich nur als Ausdruck des ihm eigentümlichen Antriebs zur Selbsterhaltung begreifen. Die Kräfte, die dieser Neigung entsprechen, gehören zu dem, was Thomas „Einzelnatur *(natura particularis)*" nennt. Es liegt auf der Hand, daß Vergehen oder Tod im Hinblick auf sie nicht-natürlich sind[13]. Das gilt auch für jeden Menschen.

Zu einem anderen Urteil gelangt man jedoch, wenn man das einzelne veränderliche Seiende nicht nur isoliert, sondern als Bestandteil der ganzen materiellen Wirklichkeit betrachtet. Dann fallen Kräfte auf, für deren Erklärung die Annahme einer Erhaltungstendenz des je einzelnen nicht ausreicht, die vielmehr nur im Blick auf das Ganze zureichend verstanden werden können. Sie zielen nämlich auf dessen Erhaltung, und dabei gehen sie über das einzelne, auf das sie sozusagen keine Rücksicht nehmen, hinaus. Auch der Gesamtheit des unserem Erkennen zugänglichen materiellen Seienden, als ein Ganzes gesehen, kommt also eine Neigung zur Erhaltung und Bewahrung zu, die sich in gewissen Wirkkräften äußert. Diese Kräfte entsprechen dem, was Thomas „allgemeine Natur *(natura universalis)*" nennt. Sie steuert die vielfältigen Bewegungen und Veränderungen, das Werden und Vergehen der einzelnen Wesen so, daß dadurch letzten Endes dem Bestand des Ganzen gedient wird. Die Kraft, die den ganzen Bereich veränderlicher Dinge lenkt, ist kosmischen Ursprungs. Sie geht von einem supralunaren Gestirn oder von mehreren Sternen aus. Thomas erwähnt auch, daß manche Philosophen und Theologen in dieser Sicht vom Schöpfer als „*natura naturans*" sprechen[14].

Der Bestand des Universums hängt gewiß nicht von der Existenz des jeweils einzelnen Seienden ab. Erwägt man, daß jedes stoffliche Seiende aus Materie und Form zusammengesetzt ist, läßt sich sogar begreifen, daß das Vergehen des einzelnen für die Erhaltung des Ganzen erforderlich ist. Daß die Materie jede der unbegrenzt vielen Formen, durch die verwirklicht zu werden ihr möglich ist, tatsächlich aufnimmt, bleibt nämlich ein nie

---

[13] S. th. I—II, 85,6, c: „*Et secundum hanc* (scil. *naturam particularem) omnis corruptio et defectus est contra naturam, ut dicitur in 2° De caelo, quia huiusmodi virtus intendit esse et conservationem eius cuius est*".

[14] L. c.: „*Natura vero universalis est virtus activa in aliquo universali principio naturae, puta in aliquo caelestium corporum, vel alicuius superioris substantiae, secundum quod etiam Deus a quibusdam dicitur natura naturans*". Zur Unterscheidung zwischen *natura particularis* und *natura universalis* und zum Begriff *natura naturans* sei auf die entsprechenden Artikel im Historischen Wörterbuch der Philosophie, ed. J. Ritter u. K. Gründer, Bd. 6 hingewiesen.

vollständig erreichtes Ziel der kosmischen und irdischen Bewegungen. Diesem ist es also gemäß, wenn ständig neue Formen hervorgebracht werden, denen andere dann weichen müssen. Im Hinblick auf die Natur als eine das ganze materielle Seiende bestimmende Kraft, also im Hinblick auf die *natura universalis*, sind Vergehen und Tod des einzelnen demnach natürlich[15]. Somit ist jedem einzelnen irdischen Seienden das Vergehen sowohl unnatürlich wie auch natürlich, je nachdem welchen Teil der in ihm und durch es wirkenden Kräfte man im Auge hat und als Natur versteht.

Diese zweifache Antwort wird vertieft, wenn die Wesensstruktur des je einzelnen Seienden in die Überlegung einbezogen wird. Jedes zum irdischen Bereich gehörende Seiende ist seinem Wesen nach eine Einheit aus Materie und Form. Dabei ist unter Materie zu verstehen das Prinzip der Potentialität, dem an sich selbst keine Wirklichkeit und keine Bestimmtheit zukommt, das ohne Form nicht existiert. Die Form ist das seinsvermittelnde, Wirklichkeit und Bestimmtheit verleihende Prinzip. Diese Zusammensetzung drückt sich auch in den Wirktendenzen und -kräften aus, die einem materiellen Seienden eigentümlich sind. Eine der Form, dem seinsvermittelnden Prinzip, gemäße Neigung zielt für sich genommen auf beständiges Sein. Der Materie, dem aus sich heraus jedweder Bestimmung baren und auf Verwirklichung durch eine Form angewiesenen Prinzip, entsprechen hingegen Tendenzen, die zu Mängeln und schließlich zur Zerstörung führen. Warum ist das so? Die Materie ist nächste Ursache dieser Tendenzen insofern, als sie einander entgegengesetzte Bestimmungen aufzunehmen vermag und aufnimmt. Dadurch wird das physische Gleichgewicht eines jeden materiellen Seienden dauernd gestört[16]. Der tiefste Grund ist die unauslotbare Potentialität. Vergänglich ist ein materielles Seiendes, weil seine endliche Form und die ihr entsprechende begrenzte Wirklichkeit die grenzenlose Potentialität der Materie nicht restlos auszufüllen und zu überwinden vermag. Die Materie, die zu ihm gehört, bleibt somit gewissermaßen ungesättigt[17]. Deshalb ist jedes der-

---

[15] L. c.: „*Quae quidem virtus intendit bonum et conservationem universi, ad quod exigitur alternatio generationis et corruptionis in rebus. Et secundum hoc, corruptiones et defectus rerum sunt naturales*". In De malo 5,5,c heißt es im Anschluß an Aristoteles: „*corruptio seminum et omnis defectus sunt contra naturam particularem huius rei determinatae per formam, quamvis sit secundum naturam universalem, cuius virtute reducitur materia in actum cuiuslibet formae ad quam est in potentia, et uno generato necesse est aliud corrumpi*".

[16] S. c. gent. II, c. 30, n. 1072: „*Et quia materia, secundum id quod est, ens in potentia est; quod autem potest esse, potest etiam non esse: ex ordine materiae necessario res aliquae corruptibiles existunt, sicut animal quia ex contrariis compositum est, et ignis quia materia est contrariorum susceptiva*".

[17] L. c., n. 1073b: „*In quibus vero forma non complet totam potentiam materiae, remanet adhuc in materia potentia ad aliam formam. Et ideo non est in eis necessitas essendi, sed virtus essendi consequitur in eis victoriam formae super materia ... Unde manifestum est quod omnia quae vel contrarium habent vel ex contrariis sunt, corruptibilia sunt*".

artige Seiende von Instabilität durchdrungen, die schließlich seine Auflösung zur Folge hat.

Wenn Vergehen und Tod der Natur des einzelnen Seienden als einzelnem nicht gemäß sind, so liegt das also an seiner Form. Sie ist das Prinzip der Dauer und der Selbsterhaltung. Sie widersetzt sich allerdings vergeblich dem Sog der Unbeständigkeit.

Der Mensch nimmt nun in dieser Hinsicht eine Sonderstellung unter den stofflichen Wesen ein. Bei der Untersuchung seines Verhaltens und seiner Tätigkeiten lassen sich Vollzüge erkennen, die als Veränderungen eines körperlichen Organs und damit der Materie nicht hinreichend erklärt werden können. Das gilt mit Sicherheit vom Denken und Wollen. Dieser Befund wiederum läßt Rückschlüsse auf die Eigenart der seinsgebenden Form des Menschen, der Vernunftseele, zu. Sie muß, wenn sie bei gewissen Tätigkeiten vom Stoff unabhängig ist, auch ihrem Sein nach unstofflich und darum unzerstörbar sein[18]. Die Formen der anderen Wesen sind dagegen ganz und gar auf die Vereinigung mit dem Stoff angewiesen, von dem sie gleichsam aufgesaugt sind.

Daraus folgt, daß die in der Form wurzelnde Tendenz zur Selbsterhaltung dem einzelnen Menschen natürlicher ist als den übrigen irdischen Wesen. Das Vergehen widerstreitet also der Natur des einzelnen Menschen mehr als der Natur irgendeines nichtmenschlichen irdischen Seienden[19]. Dennoch ist der Mensch ebenso wie jedes andere dieser Wesen naturhaft vergänglich aufgrund seiner Materialität und der im Stoff wurzelnden Tendenz. Auch sein Körper ist aus entgegengesetzten Elementen aufgebaut, auch in seinem Körper wirkt der Drang nach Trennung und Auflösung[20].

Die These, der Mensch sei aufgrund seiner Leiblichkeit, *ex necessitate materiae*, der Zerstörung und dem Tod von Natur aus verfallen, hält Thomas auch angesichts etlicher gewichtiger Einwände aufrecht. Der folgende hat besonderes philosophisches Gewicht: In jedem materiellen

---

[18] S. th. I, 75,6,c: „*necesse est dicere animam humanam, quam dicimus intellectivum principium, esse incorruptibilem*".

[19] S. th. I–II, 85,6,c: „*Et quamvis omnis forma intendat perpetuum esse quantum potest, nulla tamen forma rei corruptibilis potest assequi perpetuitatem sui, praeter animam rationalem, eo quod ipsa non est subiecta omnino materiae corporali, sicut aliae formae; quinimmo habet propriam operationem immaterialem ... Unde ex parte suae formae naturalior est homini incorruptio quam aliis rebus corruptibilibus*". De malo 5,5,c: „*speciali modo corruptio proveniens ex necessitate materiae est praeter convenientiam huius formae quae est anima intellectiva. Nam aliae formae sunt corruptibiles saltem per accidens, sed anima intellectiva non est corruptibilis nec per se nec per accidens*".

[20] L. c.: „*Sed quia et ipsa habet materiam ex contrariis compositam, ex inclinatione materiae sequitur corruptibilitas in toto. Et secundum hoc, homo est naturaliter corruptibilis secundum naturam materiae sibi relictae, sed non secundum naturam formae*". De malo 5,5,c: „*quia natura non potest invenire corpus ex elementis compositum quod secundum naturam materiae sit incorruptibile, aptatur naturaliter animae incorruptibili corpus organicum, licet corruptibile*".

Seienden müssen seinsvermittelnde Form und Materie einander entsprechen, da sie ja nur so eine Einheit bilden können. Nun ist die Vernunftseele unzerstörbar. Angemessen ist ihr deshalb nur ein Leib, der ebenfalls seiner Natur nach unzerstörbar und unvergänglich ist[21].

Das Verhältnis zwischen Vernunftseele und Leib des Menschen hält Thomas, wie seine Antwort zu erkennen gibt, für verwickelter, als es in diesem Einwand unterstellt wird. Der Leib ist in gewisser Hinsicht der Wesensform des Menschen angemessen, und in anderer Hinsicht ist er dies nicht.

Man muß voraussetzen, daß die natürliche Vergänglichkeit des menschlichen Leibes nicht sinnvoll bestritten werden kann. Insoweit ist ohne Zweifel eine Inkongruenz zwischen Leib und Vernunftseele einzuräumen[22]. Damit ist aber nicht ausgeschlossen, daß der Leib dieser Seele auch in bestimmter Weise angemessen ist. Das ergibt sich aus folgender Überlegung: Zu den Beschaffenheiten eines stofflichen Seienden, die durch dessen Materie mitverursacht sind, zählen stets einige, die der Seinsweise und Art dieses Seienden angemessen sind, während andere nicht dazu passen. Betrachtet man es hinsichtlich seiner Herkunft, so gilt: Seine Verursachung erfolgt umwillen derjenigen Eigenschaften, die ihm angemessen sind. Was nicht paßt, muß, soweit es zur Stofflichkeit als solcher gehört und somit nicht aufgehoben werden kann, in Kauf genommen werden[23]. Man kann sich das Gemeinte an einem Beispiel klarmachen: Härte und Formbarkeit sind natürliche Eigenschaften des Eisens, ebenso aber auch Sprödigkeit und Rostanfälligkeit. Wer nun ein Messer oder eine Säge herstellt, wählt als Material Eisen wegen dessen Härte und Stabilität, weil diese Eigenschaften des Materials den genannten Werkzeugen und ihrer Verwendung angemessen sind. Zugleich ist das Eisen wegen seiner Sprödigkeit und Rostanfälligkeit ihnen nicht angemessen. Dem Schmied wäre es sicherlich am liebsten, wenn das von ihm verwendete Material diese Beschaffenheiten nicht hätte; denn sie sind weder der Idee eines Messers oder einer Säge gemäß noch entsprechen sie dem Ziel, um dessentwillen man solche Werkzeuge herstellt. Stünde es in der Macht des Schmiedes, so beseitigte er die störende Eigenschaft. Leider bleibt ihm jedoch nichts anderes übrig, als das Material so zu nehmen, wie es von Natur aus ist[24].

---

[21] I—II, 85,6, Sed contra 3: „*Materia proportionatur formae, et quaelibet res suo fini. Finis autem hominis est beatitudo perpetua ... Forma etiam humani corporis est anima rationalis, quae est incorruptibilis... Ergo corpus humanum est naturaliter incorruptibile*".

[22] L. c., c.: „*Sed corpus humanum, quod est corruptibile secundum suam naturam consideratum, quodammodo proportionatum est suae formae, et quodammodo non*".

[23] L. c.: „*Duplex enim conditio potest attendi in aliqua materia: una scilicet quam agens eligit; alia quae non est ab agente electa, sed est secundum conditionem naturalem materiae.*" Dieselbe Unterscheidung in De malo 5,5,c.

[24] L. c.: „*Sicut faber ad faciendum cultellum eligit materiam duram et ductilem, quae subtiliari possit ut sit apta incisioni, et secundum hanc conditionem ferrum est materia proportionata cultello; sed*

Für das Verhältnis des menschlichen Leibes zu seiner Wesensform, der Vernunftseele, gilt Ähnliches. Dieser Leib ist, wie Thomas im Anschluß an Aristoteles dartut, wegen seiner ausgewogenen Zusammensetzung unter allen materiellen Gebilden am besten für die Einheit mit der Vernunftseele geeignet; denn er ist in einer ausgezeichneten Weise fähig zur Wahrnehmung, und dadurch paßt er zum Vernunftvermögen des Menschen, das zur Betätigung auf sinnenhafte Erkenntnis angewiesen ist[25]. Die Natur hat also insoweit eine sinnvolle Auslese oder Wahl getroffen. Diese bezieht sich jedoch nicht auf die von der Materialität untrennbare Hinfälligkeit und Vergänglichkeit des Leibes. Sie muß in Kauf genommen werden. Keine Naturkraft kann einen irdischen Körper hervorbringen, der unvergänglich ist. Wäre die Natur dazu in der Lage, hätte sie den menschlichen Leib unzerstörbar gemacht. Sie vermag es aber nicht[26].

Spätestens hier drängt sich nun die folgende Frage auf: Hätte der menschliche Körper nicht so gestaltet und ausgestattet werden können, daß er es aus sich heraus vermöchte, Verfall und Auflösung zu widerstehen, statt notwendigerweise der Zerstörung anheimzufallen? War die naturhafte Sterblichkeit des Menschen unvermeidbar? Sind Vergehen und Tod mit der Wirklichkeit so eng verbunden, daß es nicht anders hätte sein können?

Thomas weicht dieser Frage nicht aus. Welche Antwort gibt er? An einer Stelle im zweiten Buch der Summa contra gentiles, wo er die verschiedenen Bedeutungen des Wortes „notwendig" erläutert und die Freiheit des Schöpfers bei der Erschaffung des Universums darlegt, erwähnt er wieder, daß Vergehen und Tod eines Sinnenwesens notwendig aus dessen Körperlichkeit folgen. Dieser Bemerkung fügt er hinzu: „obwohl es nicht absolut notwendig gewesen wäre, daß Körper aus Entgegengesetztem aufgebaut sind"[27]. Demnach hält er eine andere Weise der

---

hoc quod ferrum sit frangibile et rubiginem contrahens, consequitur ex naturali dispositione ferri, nec hoc eligit artifex in ferro, sed magis repudiaret si posset. Unde haec dispositio materiae non est proportionata intentioni artificis, nec intentioni artis". De malo, 5,5,c: *„sicut artifex qui facit serram ad secandum, quaerit ferrum, quia est materia apta ad formam serrae et ad finem eius propter suam duritiem. Invenitur tamen in ferro aliqua conditio secundum quam ferrum non habet aptitudinem nec ad formam nec ad finem ... unde non sunt electa ab agente, sed magis ... repudiarentur, si esset possibile"*.

[25] Darüber vor allem Quaest. disp. de anima, 8 (unten Anm. 28). Ferner S. theol. I, 76,5.

[26] S. theol. I–II, 85,6,c: *„Similiter corpus humanum est materia electa a natura quantum ad hoc, quod est temperatae complexionis, ut possit esse convenientissimum organum tactus et aliarum virtutum sensitivarum et motivarum. Sed quod sit corruptibile, hoc est ex conditione materiae, nec est electum a natura, quin potius natura eligeret materiam incorruptibilem, si posset"*. Diese Überlegung findet sich etwas ausführlicher in De malo 5,5. Sie schließt: *„quia natura non potest invenire corpus ex elementis compositum, quod secundum naturam materiae sit incorruptibile, aptatur naturaliter animae incorruptibili corpus organicum, licet corruptibile"*.

[27] S. c. gent. II, c. 30, n. 1069: *„sicut mors animalis huius absolutam necessitatem habet propter hoc quod iam ex contrariis est compositum, quamvis ipsum ex contrariis componi non fuisset necessarium absolute"*. Vgl. S. theol. I, 19,9,c: *(Deus) ... volendo ordinem naturae servari, vult quaedam naturaliter corrumpi"*. Vgl. auch I, 49,2,c.

Körperlichkeit nicht für schlechthin unmöglich; denn die Notwendigkeit, die sich aus dem Wesensaufbau der stofflichen Dinge ergibt und somit im Bereich des Universums eine absolute ist, geht letztlich auf den Schöpfer zurück, und unter diesem Gesichtspunkt ist sie eine frei bewirkte.

Die Frage ist ferner Gegenstand des Art. 8 der Quaestiones disputatae de anima: „Sollte die menschliche Seele mit einem Leib, wie der menschliche es ist, vereinigt werden?"[28] Hier werden ausführlich die Gründe dargelegt, derentwegen man den menschlichen Leib als passend zur Vernunftseele ansehen muß, und zwar trotz seiner unvermeidlichen Mängel bis hin zur vollständigen Auflösbarkeit. Die These, diese Mängel seien notwendige Folgen der natürlichen Konstitution des Leibes, kann man nach Meinung des Thomas nicht sinnvoll mit der Erwägung, der Schöpfer hätte dies doch auch anders einrichten können, bestreiten. An sich betrachtet ist das zwar denkbar, wenn man nämlich nur die Allmacht und die Freiheit des Schöpfers zum Maßstab nimmt. Eine derartige Überlegung betrifft jedoch nicht mehr den Aufbau und die Eigenart der Welt, in der wir nun einmal leben, sondern sie bewegt sich im Bereich bloßer Möglichkeiten. Angesichts solcher Erwägungen ist aber zu beachten, was schon Augustinus sagte: „Die Erschließung der Natur bedeutet nicht zu fragen, was Gott hätte bewerkstelligen können, sondern was gemäß der natürlichen Beschaffenheit der Dinge geschieht"[29]. Zu dieser Wirklichkeit gehört der Mensch, der aufgrund der natürlichen Struktur seines Leibes naturhaft dem Tod verfallen ist. Auch an anderen Stellen weist Thomas den Einwand, Gott hätte doch die Auflösbarkeit des Leibes, die dessen Materialität notwendig folgt, vermeiden können, mit Berufung auf dasselbe Augustinuszitat zurück[30]. Er hält also daran fest, daß die Inkongruenz von naturhaft vergänglichem Leib und unzerstörbarer Vernunftseele nicht zu beseitigen ist.

Das ist das letzte Wort des Philosophen, der die Natur mittels Erfahrung und Vernunft zu erkennen sucht. Es ist jedoch nicht das letzte Wort des Theologen, der sich auf die Bibel und die Lehre der Kirche stützt. Demgemäß war die Inkongruenz von Geistseele des Menschen und seinem Leib ursprünglich aufgehoben, und zwar durch eine besondere Gnadengabe des Schöpfers. Vor dem Sündenfall war nämlich der Seele eine Kraft geschenkt, durch welche sie die eigene Unzerstörbarkeit dem Leib mitteilen konnte, insofern sie ihn, der aus sich heraus, seiner natürlichen Beschaf-

---

[28] Quaest. disp. de anima, 8: *„Utrum anima rationalis tali corpori debuerit uniri, quale est corpus humanum".*

[29] L. c.: *„Necesse est enim corpus sic mixtum subiacere talibus defectibus. Nec potest obviari per hoc, quod Deus potuit aliter facere; quia in institutione naturae non quaeritur quid Deus facere potuit, sed quid rerum natura patitur ut fiat, secundum Augustinum Super Genesim ad litt.".*

[30] z. B. S. theol. I, 76,5,ad 1:*„Si quis vero dicat quod Deus potuit hanc necessitatem vitare, dicendum est quod in constitutione rerum naturalium non consideratur quid Deus facere possit, sed quid naturae rerum conveniat, ut Augustinus dicit II super Genesim ad litt.".*

fenheit nach, zur Auflösung neigt, vor dem Verfall zu bewahren vermochte. Obwohl diese Auszeichnung des Menschen die Ordnung der Natur übersteigt, läßt sie sich als vernünftig bezeichnen; denn das Gnadengeschenk der vollständigen Herrschaft über den Leib hat eine Harmonie von Seele und Leib zur Folge, die zwar von Natur aus nicht besteht und die auch mit natürlichen Kräften allein niemals bewirkt werden kann, die aber der Ordnung von Geist und Materie zutiefst gemäß ist[31]. Daß sie nicht mehr besteht, ist die Folge der Abwendung des Menschen von Gott und seiner Revolte gegen die Ordnung, in der zu leben er berufen war. Der Sündenfall hat dazu geführt, daß wir nun unserer natürlichen Leiblichkeit ausgeliefert sind[32]. Die Heilsgeschichte hat das Ziel, die ursprüngliche Harmonie den Menschen in einer neuen Weise wiedererlangen zu lassen. Wenn somit der Tod ursprünglich ein vermeidbares Geschick des Menschen war, so war und ist die Sterblichkeit dem Menschen natürlich, da er einen Leib hat, der durch keine naturhafte Kraft vor der Auflösung geschützt werden kann.

3. Was Thomas von Aquin über Natur und Tod des Menschen lehrt, vermag vielleicht eine Besinnung auszulösen, zu der manche zeitgenössischen Versuche, den Menschen als sterbliches Wesen zu begreifen, ohnehin Anlaß geben. Zum Schluß sei deshalb versucht, anzudeuten, wo sie einsetzen kann.

a. Irdische Natur und Tod sind — so Thomas — untrennbar ineinander verflochten. Mag jedes Lebewesen durch die ihm eigene, das Sein gebende und es bestimmende Form auch auf Bestand und Erhaltung hin tendieren, seine Auflösung und sein Vergehen folgen mit Notwendigkeit aus seiner Stofflichkeit. Jedenfalls zeigt das ein unvoreingenommener Blick auf die Wirklichkeit, zu der wir gehören. Angesichts dieser Zwiespältigkeit läßt sich die Frage, warum eine derartige Wirklichkeit naturhaften Werdens und Vergehens geschaffen wurde, nicht umgehen. Sie stellt den Fragenden jedoch vor ein letzten Endes nicht aufklärbares Geheimnis.

---

[31] S. theol. I—II, 85,6,c: *„Sed Deus, cui subiacet omnis natura, in ipsa institutione hominis supplevit defectum naturae, et dono iustitiae originalis dedit corpori incorruptibilitatem quandam, ut in I° dictum est"*. De malo 5,5,c: *„Sed quia Deus, qui est hominis institutor, hanc necessitatem materiae sua omnipotentia potuit prohibere ne in actum prodiret, eius virtute collatum est homini ante peccatum ut a morte praeservaretur, quousque tali beneficio se reddit pecando indignum; sicut et faber praestaret ferro, ex quo operatur, si posset, quod nunquam frangeretur"*. Dazu Genaueres in: S. theol. I, 97,1; Quaest. disp. de veritate 24,9; Compendium theologiae, c. 152. Thomas hebt ausdrücklich hervor, daß die gnadenhafte Erhebung des Menschen über die Natur *„rationabiliter factum est"*.

[32] I—II, 87,7,c: *„poena originalis peccati est quod natura humana sibi reliquitur, destituta auxilio originalis iustitiae"*. a.a.O. 85,5 ad 1: *Sic igitur, remota originali iustitia, natura corporis humani relicta est sibi"*; 5,6,c: *„homo est naturaliter corruptibilis secundum naturam materiae sibi relictae, sed non secundum naturam formae"*. Cf. dazu O. H. Pesch, Thomas von Aquin, op. cit. Anm. 4, 199.

Auch uns Menschen des 20. Jahrhunderts bietet die Natur denselben zwiespältigen Anblick. Das Vergehen des einzelnen Lebewesens und der Tod jedes Menschen — so sagt man heute — sind der Preis der Evolution. Mit ihm werden das Streben und Drängen des Lebens, immer neue und reichere Formen zu entwickeln, bezahlt. Es kann sein, daß durch die Annahme dieser Tendenz vielen die Vergänglichkeit des Individuums begreiflicher erscheint als im Rahmen einer Theorie, nach welcher die Struktur des Kosmos nicht evolutiv, sondern beständig ist. Allerdings reicht dieses Verstehen nur so weit, wie Ursprung und Sinn einer kosmischen Evolution überhaupt begriffen werden können. In Wahrheit stehen auch wir spätestens hier vor einem Geheimnis, das wir nicht durchschauen.

b. Thomas von Aquin lehrt, daß der Mensch aufgrund seiner leiblichen Konstitution und somit seiner Natur gemäß sterblich ist. Im Menschen erreicht aber die Zwiespältigkeit von Materie und Form, von naturhaft unvermeidlichem Verfallen und der Tendenz nach Erhaltung, ihr Extrem; denn die menschliche Wesensform, die Vernunftseele, ist unzerstörbar. Deshalb ist der Mensch in einer Welt des naturhaften Werdens und Vergehens zugleich zuhause und nicht zuhause. Er vermag die Todesdrohung, unter der er, „seiner Natur überlassen" existiert, aus eigener Macht nicht zu bannen. Er ist, anders gesagt, als Teil dieser Welt nicht vollständig zu begreifen.

Der modernen Anthropologie ist diese Eigenart menschlicher Existenz ebenfalls nicht unbekannt. Sie wird in mancherlei Weisen beschrieben. Besonders prägnant und erhellend sind Helmut Pleßners Analysen der „exzentrischen Positionsform" des Menschen. Das bewußte Zentrum menschlichen Erlebens und Existierens, das, was jeder mit dem Wort „ich" bezeichnet, ist wesenhaft ort- und zeitlos, es hat bei aller Einbindung in die erfahrbare Welt seinen Standort außerhalb von Raum und Zeit[33]. Unlösbar erscheinen vor allem die Fragen, die nicht zu vermeiden sind, wenn man den Menschen als Ergebnis einer evolutiv verstandenen Natur zu denken versucht. Der Mensch, das Produkt einer Entwicklung, die dem Drang der Natur nach Erhaltung und ständiger Neugestaltung des Lebens entspringt, ist in der Lage, sich und seiner Art, dem Leben auf der Erde und womöglich gar der ganzen evolutiven Natur ein Ende zu bereiten[34]. Es nimmt nicht Wunder, daß wir manchem Zeitgenossen in dieser Perspektive als ein Unfall der kosmischen Geschichte, als „evolutive Mißgeburt" erscheinen. Wie soll man sonst den Befund, daß die Natur

---

[33] H. Pleßner, Die Stufen des Organischen und der Mensch, Gesammelte Schriften Bd. II, Frankfurt a. M., 1982, 385.
[34] K. Jaspers meinte als einer von vielen, es sei unwiderruflich, daß „der Mensch ... die Menschheit und alles Leben auf der Erde durch sein eigenes Tun auslöschen" kann. Dem menschlichen Verstand erscheine sogar „dieses Ende in den kommenden Jahrzehnten wahrscheinlich" (in: „Wo stehen wir heute?", Gütersloh 1960, 41.)

aus sich heraus mit den in ihr wurzelnden Kräften ein Wesen hervorbringt, das ihre innerste Tendenz nicht nur umzukehren, sondern gar zu zerstören vermag, Ausdruck geben?

Demnach trifft zu, was Otto-Hermann Pesch in seinem Buch über Thomas von Aquin von dessen Gedanken über die Natürlichkeit und Nicht-Naturgemäßheit des Todes sagt, nämlich daß sie als erregende Frage nach wie vor voll gegenwärtig sind[35].

---

[35] O. H. Pesch, Thomas von Aquin, op. cit. Anm. 4, 206.

Reflexiones sobre la muerte en el Renacimiento americano del siglo XVI

„Memoria y aparejo de la buena muerte", de Juan de Zumárraga (Mexico, 1547)

Josep-I. Saranyana (Pamplona) — Carmen J. Alejos-Grau (Pamplona)

1. Los „Artes moriendi"

La literatura y el arte, en la Baja Edad Media, escenifican ampliamente la muerte, hasta tal punto de que se crea un género literario específico: los „artes de bien morir" o *„artes bene moriendi"*[1]. En efecto, alrededor de 1440 aparecieron en el centro de Europa dos manuales anónimos, destinados a enseñar a morir cristianamente, que alcanzaron pronto extraordinaria difusión. Teniendo en cuenta la trascendencia del tema y la situación anímica de aquellos años, podemos señalar varias causas que contribuyeron a su éxito: la brevedad y el dramatismo del texto, el verismo de los grabados, y el haber sido una de las primeras publicaciones de la imprenta. Tales *„artes moriendi"* eran reflejo, por tanto, de la espiritualidad de la época: „Los fieles del Renacimiento, no solamente tenían necesidad de conmoverse en la descripción de los dolores de Cristo; era necesario también hacerles temblar por el pensamiento de los novísimos. Los predicadores franciscanos y dominicos no faltaban, y su palabra fue tan eficaz, que la meditación sobre la muerte se convirtió en un ejercicio espiritual al que se entregaban todos los que querían emprender el camino de la perfección cristiana. También se compusieron entonces tratados sobre el 'Arte de morir' "[2].

---

[1] Cf. J. Huizinga, El otoño de la Edad Media. Estudio sobre las formas de la vida y del espíritu durante los siglos XIV y XV en Francia y los Países Bajos, trad. de J. Gaos, Buenos Aires 1947, 192–210; M. C. O'Connor, The Art of Dyin Wel. The Development of the Ars moriendi, New York 1942; A. Tenenti, Il senso della morte e l'amore della vita nel Rinascimento (Francia e Italia), Turín 1957, 80–138; R. Chartier, Les Arts de mourir, 1450–1600, in: Annales 31/1 (1976), 51–75; E. Mâle, L'Art religieux de la fin du Moyen Age en France. Étude sur l'iconographie du Moyen Age et sur ses sources d'inspiration, Paris ⁵1949, 347–389; H. Zerner, L'art au morier, in: Revue de l'Art, 11 (1971), 7–30; F. Vernet, Ars moriendi, in: DSp 1 (1937), 897–899.

[2] P. Pourrat, La Spiritualité chrétienne, II: Le Moyen Age, Paris 1951, 287–288. Pourrat ha desfigurado, en el párrafo que acabamos de citar, el genuino espíritu de los „artes de bien morir". Tales escritos pretendían, contrariamente a lo expresado por este teólogo francés, preparar para un morir en confianza, en paz, con el alma serena. No deseaban, pues, fomentar el miedo. (Comunicación oral del Prof. Dr. Ildefonso Adeva).

Esta corriente se había iniciado algunos años antes[3] con la Scientia mortis de Juan Gerson[4], Canciller de de la Universidad de París durante la época del Cisma de Avignon. Tal Scientia constituía la tercera parte de su famosísimo Tripartitum[5], y era un breve tratado sobre el bien morir, que se dividía en: exhortaciones, interrogaciones, oraciones y observaciones.

Uno de los manuales anónimos antes referidos fue editado xilográficamente, y se inicia con las palabras *Quamvis secundum Philisophum*; el otro lo fue tipográficamente, comenzando con las siguientes palabras: *Cum de praesentis vitae miseria*. El primero es más breve y menos divulgado. Tanto en uno como en otro, el núcleo está constituido por la exposición de las cinco tentaciones típicas de la agonía — infidelidad, desesperación, impaciencia, vanagloria y avaricia —. El manual xilográfico se reduce prácticamente a eso sólo: junto a unos breves consejos pastorales, que sirven de proemio y conclusión, aparecen las tentaciones del demonio y las contrarias inspiraciones del ángel bueno. Se ilustra cada tentación e inspiración con un grabado incisivo.

El tipográfico, en cambio, además del capítulo introductorio loando la muerte y la ciencia del bien morir, añade otros cinco, con las interrogaciones e interposiciones de San Anselmo, instrucciones que deben hacerse

---

[3] Cf. F. Vernet, Ars moriendi, cit. en nota 1, 897; I. Adeva, El maestro Alejo Venegas de Busto. Su vida y obras, Toledo 1987, 333, nota 41.

[4] Sobre la vida de Juan Charlier, vid. L. Salembier, Gerson, in: DThC 7/1 (1915), 1313—1330; P. Glorieux, Gerson, in: DSp 6 (1967), 314—331; J. Gerson, Œuvres complètes, ed. P. Glorieux, Paris 1960—1973, I, 105—139.

[5] Estas tres obritas, escritas en romance (francés), ya que iban dirigidas a la gente sencilla, fueron publicadas por separado: Miroir de l'âme (sobre los diez mandamientos), entre 1400—1401; Examen de conscience sur les septs péchés capitaux (sobre el examen de conciencia), en 1403; Médecine de l'âme (sobre la ciencia del bien morir), en 1403. El Opus tripartitum, que recoge los tres tratditos, se publicó en 1404. Iban precedidos de una carta (el original era en latín) dirigida a un Obispo, posiblemente el de París o el de Thérouanne (Matthieu Règnault): Conqueritur Dominus; y también de un prólogo (con título original en romance) dirigido a un desconocido: Ceste brieve doctrine; ambos datan de 1404. En el prólogo se señalan los destinatarios de la obra: párrocos poco instruidos, personas con alguna responsabilidad espiritual: prelados, padres cuyos hijos están en edad escolar, laicos que trabajan en hospitales, etc. En la edición de Glorieux: J. Gerson, Œuvres complètes, cit en nota 4, se recogen las cinco partes del Tripartito por separado. Los textos pueden verse: Conqueritur Dominus: II, 72—73; Ceste brieve doctrine: II, 74—75 (latín); II, 75—76 (francés); Miroir de l'âme: VII/1, 193—206; Examen de conscience sur les septs péchés capitaux: VII/1, 393—400; La médecine de l'âme: VII/1, 404—407. Algunos datos sobre este Tripartito gersoniano pueden verse en la edición de Glorieux: I, XIV y 114—118; II, XV; VII/1, XVII. — Otra edición, ya clásica de las obras del Canciller de la Universidad de París, es J. Gerson, Opusculum tripartitum, de praeceptis decalogis, de confessione et de arte moriendi, in: Opera Omnia, reimpresión fotostática de la ed. de Ellies Du Pin, Amberes 1706, Hildesheim 1987, I, col. 425—450. Gerson es autor, también, de otros opúsculos que tratan del mismo tema. Estos pueden verse en la edición de Du Pin: Brevis instructio ad senem quomodo se ad mortem praeparet, III, col. 275—276; Tractatus de consolatione in morte amicorum, III, col. 345—353; Considerationes pro volentibus condere testamentum, III, col. 758—760.

al enfermo, oraciones que deben rezar los circunstantes, sobre todo cuando el moribundo pierde el sentido, y, por fin, la devoción de los tres o cinco padrenuestros[6].

El éxito alcanzado por estos dos *Artes moriendi* dio pie a que aparecieran pronto otros tratados con título y contenido similar, bien formando auténticos libros u opúsculos, o bien sólo extensos capítulos en obras de mayor envergadura. Entre los opúsculos dedicados exclusivamente al tema, habría que citar los „artes" de Juan Nider, Pedro Barozzi, Jacobo de Clusa o de Insterburg, Juan Raulin, José Clicthove, Desiderio Erasmo, etc. Y, de entre los segundos, es decir, aquellos „artes" incorporados como un capítulo en obras más extensas y generales, merecerían destacarse los de San Antonino de Florencia, Dionisio Rickel, Juan Mombaer, etc.[7].

Esta literatura, tan extendida por toda Europa a partir de 1440, llegó a España en fecha muy temprana, como lo muestra „el códice 127 de Vich, anterior a 1443, las traducciones manuscritas del siglo XV y las cuatro ediciones incunables"[8]; y culminó con la obra de Venegas: Agonía del tránsito de la muerte, publicada en Toledo en 1537[9]. Como ocurrió en el resto de Europa, en la Península Ibérica no sólo se tradujeron y publicaron diversos Artes moriendi desde mediados del siglo XV[10], sino que también aparece este tema dentro de algunas obras dedicadas a otras materias, como, por ejemplo, en el capitulo XVI des Espejo de ilustres personas[11], de Alonso de Madrid. Posteriormente, pasó a América a través de la Regla cristiana breve, de Zumárraga.

---

[6] Cf. I. Adeva, El maestro Alejo Venegas de Busto, cit. en nota 3, 337—376.

[7] J. Nider, Dispositorium moriendi, Coloniae, Ulrich Zell, ca. 1470, sin foliar; P. Barozzi, De modo bene moriendi libri tres, Venetiis, Juan Antonio y Hermanos de Sabio, 1533; J. de Clusa, Tractatus de arte bene moriendi, Lipsiae, per Arnoldum de Colonia, 1495; J. Raulin, Doctrinale mortis, Parisiis, a Iohanne Parvo, 1519; J. Clichtove, De doctrina moriendi, Parisiis, a Simone Colinaeo, 1520; D. Erasmo, Liber de praeparatio ad mortem, Anturpiae, apud Martinum Caesarum, 1534; San Antonino de Florencia, Summa theologiae moralis, I, tit. 5, cap. 1—2; IV, tit. 14, cap. 8.; D. Rickel, De particulari iudicio, art. 34—35; id., De quattuor hominis novissimis, art. 2—15, en Opera Omnia, 41, Tornaci 1912, 475—477 y 496—514, respectivamente; J. Mombaer, Rosetum exercitiorum spiritualium, tit. 35, cap. 6—8.

[8] I. Adeva, Los „Artes de bien morir" en España antes del Maestro Venegas, in: De la Iglesia y de Navarra. Estudios en honor del Prof. Goñi Gaztambide, ed. J. I. Saranyana, Pamplona 1984, 173 (= Colección Teológica 40).

[9] Un estudio sobre esta obra y su influjo en España puede verse, respectivamente, en: I. Adeva, El maestro Alejo Venegas de Busto, cit. en nota 3; id., El Maestro AlejoVenegas de Busto plagiado por Pedro Medina, in: Cuadernos para Investigación de la Literatura Hispánica 9 (1988) 165—192. Acerca de la posible influencia de Erasmo de Rotterdam en Alejo, puede consultarse: I. Adeva, Erasmo, Venegas y Bataillon, in: Revista Española de Teología 44 (1984) 397—439.

[10] Cf. I. Adeva, Los „Artes de bien morir" en España antes del Maestro Venegas, cit. en nota 8, 165—175.

[11] Alonso de Madrid, Espejo de ilustres personas, in: Escritores místicos, I: Hernando de Talavera, Alejo Venegas, Francisco de Osuna, Alfonso de Madrid, ed. M. Mir, Madrid 1911, 648—649 (= NBAE 16).

2. La „Memoria y Aparejo de la buena muerte" de Juan de Zumárraga

Fray Juan de Zumárraga fue el primer Obispo de México, desde 1528 a 1548, fecha en que murió[12]. A él se debe la introducción de la imprenta en Nueva España y la publicación de un abundante número de obras en aquellos primeros años de la evangelización. Dos de ellas eran libros de autores europeos: el Tripartito, de Juan Gerson, y un tratado de Dionisio Rickel sobre el modo de hacer las procesiones. Otras eran catecismos dirigidos a los naturales y estaban escritos por algunos de los misioneros llegados a aquellas tierras: Pedro de Córdoba, Alonso de Molina y Pedro de Gante. Otras, finalmente, eran manuales de vida cristiana. De todas ellas sólo dos fueron preparadas directamente por el mismo prelado: la Doctrina breve, de 1543—44[13], y la Regla cristiana breve, ya citada.

Esta última obra zumarraguiana se editó por primera vez en la ciudad de México en 1547. En 1951, José Almoina realizó una edición crítica[14]. Recientemente, el professor Ildefonso Adeva ha elaborado una nueva edición crítica de la parte que nos interesa para nuestro estudio, que ha titulado: „Memoria y aparejo de la buena muerte"[15].

La Regla cristiana breve es el primer manual ascético novohispano dirigido a todo tipo de personas: laicos, sacerdotes, religiosos. No es, por

---

[12] Juan de Zumárraga nació en Durango (Vizcaya) en 1468 ca. Ingresó pronto en la Orden franciscana. Fue guardián de varios conventos, definidor y provincial de la provincia de la Concepción. A raíz de la estancia de Carlos V en el convento del Abrojo en 1527, recayó sobre Zumárraga, entonces guardián de dicho convento, el nombramiento de Obispo de México, cargo que aceptó por obediencia. Poco antes de partir para Nueva España, junto con la primera Audiencia, en agosto de 1528, fue nombrado Protector de los Indios. A mediados de 1532 fue necesario que volviera a España para responder de las acusaciones que contra él había presentado el ex-oidor Delgadillo. Tras salir airoso de estos cargos fue consagrado Obispo en Valladolid, el 27 de abril de 1533. Regresó a México en 1534 y en junio de 1535 fue elegido inquisidor apostólico de su diócesis. Poco después, tras la Junta eclesiástica de 1546, Zumárraga fue designado como primer Arzobispo mexicano. Murió el 3 de junio de 1548. Véase sobre el tema: J. García Icazbalceta, Don fray Juan de Zumárraga. Primer Obispo y Arzobispo de México, México 1941, 4 tomos; R. E. Greenleaf—N. Kaveny, Zumárraga and his Family. Letters to Vizcaya 1536—1548, Washington 1979.

[13] Sobre este catecismo véase: E. Mira, „Doctrina breve" (1543—44) de Fray Juan de Zumárraga. Estudio preliminar y transcripción, tesis de licenciatura, Universidad de Navarra, Pamplona 1988, pro manuscripto; id., Estudio histórico-genético de la „Doctrina breve" (1543—44) de Fray Juan de Zumárraga, tesis doctoral, Universidad de Navarra, Pamplona 1989, pro manuscripto.

[14] Fray Juan de Zumárraga, Regla cristiana breve, ed. J. Almoina, México 1951.

[15] I. Adeva, Observaciones al supuesto erasmismo de Fray Juan de Zumárraga. Edición crítica de la „Memoria y Aparejo de la Buena muerte", in: VV. AA, Evangelización y teología en América (siglo XVI), ed. J. I. Saranyana, Pamplona 1990, 811—886 (= Colección Teológica 68). Nosotros seguiremos la edición de I. Adeva, abreviando Rcb, Memoria.

tanto, ni un catecismo ni un tratado teológico, sino una obra que pretende enseñar a vivir la vida cristiana. Consta de dos grandes partes: la primera está formada por siete documentos y la segunda es un „Tripartito"[16], que como indica su nombre, está dividido en tres apartados: el primero es un ejercitatorio sobre la Pasión del Señor; el segundo trata sobre la oración mental; y el tercero es un aparejo sobre el bien morir, que se titula: „Memoria y aparejo de la buena muerte con los apercibimientos y avisos muy provechosos que todo fiel christiano debe tener consigo para, cuando cayere enfermo, proveer y aparejarse para pasar de esta vida con mayor seguridad a la otra, que para siempre ha de durar. Y pónese primero el proemio al cristiano lector que duerme descuidado de su muerte y fin"[17].

La „Memoria y Aparejo" se divide en dos partes. La primera de ellas comienza lamentándose del descuido general que hay en la preparación para bien morir; la causa — se dirá — es que se suele amar lo que se debe temer y se teme lo que se debe amar. Se describe, seguidamente, cuatro clases de muerte: de gracia (se perdona el pecado), de culpa (se pierde el estado de gracia), natural (se separa el alma del cuerpo — es lo que se llama habitualmente muerte —), y eterna (es la de los condenados). El tercer tipo de muerte, la natural, pertenece a la misma naturaleza del hombre y tiene su causa en el pecado original cometido por Adán. A unos llega esta muerte a consecuencia de una enfermedad, a otros por vejez o por un accidente, o por decreto de la justicia divina. Ahora bien, a pesar de que la muerte conlleva cierto pesar, no debe olvidarse que ella es el medio o camino para ver a Dios, y que es también el fin de los sufrimientos y el descanso de los trabajos de esta vida; además, en cuanto que es condición natural e inevitable para el hombre, no conviene rehuirla, antes bien aceptarla.

Sin embargo, la muerte es temible por lo imprevisible de su llegada, y por los peligros que encierra. Éstos son de tres tipos: la incertidumbre del lugar, tiempo y modo de producirse; la rectitud de la justicia divina, especialmente contra los que pecaron, presumieron o menospreciaron la misericordia divina; y los impedimentos que surgen, en los últimos momentos, para que la conversión sea verdadera. Al final se resume todo lo anterior y se exhorta, de nuevo, a todos los cristianos a que se preparen debidamente para su muerte.

La segunda parte de la „Memoria y Aparejo" se divide, a su vez, en varios apartados. Comienza con unos „apercibimientos" o advertencias

---

[16] Este „Tripartito" no debe confundirse con el de Gerson. El del autor francés trata sobre los diez mandamientos, el examen de conciencia y la ciencia del bien morir. Vid. los datos de edición en nota 5, supra.
[17] Rcb, Memoria (Adeva, 847). Nos detendremos en describir esta tercera parte por ser la que interesa en este trabajo.

sobre el modo concreto de disponerse para el último momento de la vida. Es conveniente que el moribundo restituya lo que debe y haga testamento de sus bienes, que haga la profesión de fe y recite unas oraciones — se recomienda decir unas palabras que, probablemente, recitó San Jerónimo en el lecho de muerte —, y que se confiese y reciba el Viático. En el „tercer apercibimiento" se dan unas normas a los familiares y amigos del enfermo con el fin de que en los últimos momentos le hagan recomendaciones sobrenaturales y le ayuden, así, a perder el miedo a la muerte. A continuación se vuelven a explicar — resumidamente — los pasos que se deben seguir: hacer testamento; recibir los sacramentos (confesión, comunión, unción de enfermos); avisar al médico; y hacer profesión de fe y de arrepentimiento. Termina con una oración y una protestación del enfermo.

En el siguiente apartado se recogen doce avisos breves para asistir al moribundo: que el sacerdote le dé la absolución si está excomulgado; que se le lean oraciones; si ha perdido el habla el moribundo, que muestre con señas su arrepentimiento; que se le ponga delante el crucifijo e imágenes piadosas; que se le evite la presencia de personas que no le favorezcan una buena muerte; que haga testamento; que no se le dé esperanza de más vida; etc. Los tres últimos apartados recogen un ejemplo sobre la eficacia del rezo del Padrenuestro en el lecho de la muerte; unas palabras sobre la conveniencia de atender a los moribundos; y unas letanías para rezar en los últimos momentos.

3. Sobre la verdadera autoría de la „Memoria y Aparejo de la buena muerte"

Almoina, en la edición crítica que hace de la „Memoria y Aparejo de la buena muerte", defiende la tesis de que el prelado vizcaíno elaboró esta parte de la Regla teniendo en cuenta las obras de Erasmo de Rotterdam y de Alejo Venegas[18]. Sin embargo, un estudio atento de la „Memoria" revela — en contra de la opinión de Almoina — que este apartado de la Regla ni es fruto directo de la creación literaria de Zumárraga ni está influido por las ideas erasmistas. Es más bien el resultado — a nuestro modo de ver — de una compilación de autores bajo-medievales, llevada a cabo por Zumárraga, como intentaremos mostrar seguidamente[19].

Hay varios aspectos, en efecto, que apoyan nuestra afirmación:

---

[18] Cf. a modo de ejemplo: Juan de Zumárraga, Regla cristiana breve, ed. Almoina, 410—411, nota 585.
[19] Sobre este tema vid. I. Adeva, Observaciones al supuesto erasmismo ..., cit. en nota 15, 811—845.

a) Los temas y las autoridades que se citan en el „Aparejo" son los habituales en los „artes de bien morir" de aquella época, anteriores a Erasmo y Venegas.

b) Existe una falta de conexión lógica entre algunas de las partes que constituyen el „Aparejo de la buena muerte".

c) Se repiten algunos elementos: preguntas al enfermo, recomendaciones para los que lo asisten, etc. Es lógico suponer que, si hubiese sido redacción de una sola mano, tales repeticiones no se habrían producido.

d) Se omiten, en cambio, las tentaciones y las oraciones, elementos muy característicos de los escritos sobre la muerte, lo cual revela ciertos cortes o deseos de simplificar, que no se habrían producido de ser uno solo su autor.

A todo esto es preciso añadir que hemos detectado copias literales de algunas obras clásicas de este mismo género[20]. Por ejemplo: en el „Aparejo de la buena muerte" se encuentran recogidos:

a) La Scientia mortis, del Tripartito de Gerson, salvo las „Orationes" y unas pocas líneas de las „Exhortationes" y de las „Observationes". En Gerson aparecen primero las „Exhortationes", seguidas de las „Interrogationes", „Orationes" y „Observationes". En Zumárraga, primero las „Interrogationes" y, después, las „Exhortationes" y las „Observationes". Las „Interrogationes" se incluyen en las preguntas que el sacerdote debe hacer al enfermo antes de darle el Viático. Veamos un ejemplo del paralelismo[21]:

„Rogáis a Dios que os dé gracia de continuar este propósito y verdadera contrición de vuestros pecados? Sí ruego" (Adeva, p. 866).

„Acuérdaseos algún pecado mortal que no hayáis confesado? Responda" (Adeva, p. 866).

„*Rogas etiam Deum ut tibi gratiam praestet hoc propositum continuandi veramque contritionem habendi?*" (col. 448).

„*Es tu conscius tibi ipsi alicuius peccati mortalis vel criminis de quo non sis confessus?*" (col. 448).

Las „Exhortationes" se encuentran recogidas en los apercibimientos tercero y cuarto, cuando se señala la conveniencia de que haya una persona que ayude al moribundo. Por ejemplo:

„Reconoced los beneficios que Dios os ha hecho y cuán mal le habéis servido; y agora se los agradeced, y entre los otros dándole gracias porque en tal

„*Recognosce diligenter, cum gratiarum actione, a Deo tibi concessa beneficia, quod tibi etiam in hac extrema hora sui cognitionem dederit, nec te morte subita praeoccupaverit;*

---

[20] Cf. C. J. Alejos, Estudio sobre las fuentes de la „Regla cristiana breve" de Fray Juan de Zumárraga (1547), in: VV. AA., Evangelización y teología en América (siglo XVI), cit. en nota 15, 887–910.

[21] En los textos de Gerson seguimos la edición de Du Pin, cit. en nota 5, y en los de la Regla, la edición de Adeva, cit. en nota 15, *in fine*.

tiempo os da conocimiento de Sí, y no os lleva con muerte arrebatada" (Adeva, p. 872).
"Pedidle perdón con mucha devoción; y sola su misericordia será vuestro refugio" (ibid.).

gratias pro his et aliis innumeris donis tunc eidem refer, ad suam infinitam misericordiam confugiens, et de commissis a te criminibus veniam humiliter poscens" (col. 447).

Y al final del tercer apercibimiento se recogen doce avisos breves, copiados, siete de ellos, de las "Observationes" de Gerson. Citemos uno de ellos:

"El tercer aviso. Si hubiere perdido el habla y retiene el sentido y conocimiento, muestre con señales su fe y contrición, y no cesen las oraciones y exhortaciones (...)" (Adeva, p. 881).

"*Si patiens usum loquendi perdiderit, habet tamen sanam et integram notitiam ad interrogationes sibi factas vel Orationes coram eo recitatas, signo aliquo exteriori vel solo cordis consensu respondeat; hoc enim sufficit ad salutem*" (col. 449).

b) El apartado *Quam caritativum sit et benignum subvenire defunctis*, artículo XL (último), de un escrito sobre la muerte de Dionisio Rickel, titulado: De particulari iudicio[22], lo copió literalmente Zumárraga al final de la tercera sección del "Tripartito".

c) También copió una oración atribuida a San Jerónimo por el Pseudo-Eusebio, cuando el Santo iba a recibir el Viático en el lecho de muerte. El Obispo de México la recoge en el segundo apercibimiento. Pudo traducirla directamente del texto latino del Pseudo-Eusebio, o bien copiarlo de otros autores, que, como Hernando de Talavera, también lo incluían en sus escritos. Veamos, a continuación, un ejemplo[23]:

"Tú eres aquél de quien sobre el río Jordán dijo el celestial Padre: *Hic est filius meus dilectus*" (Adeva, p. 867).

"*Tu nempe es ille quem in Jordanis alveo baptizante Joanne, vox subito paterna coelitus intonuit: Hic (inquiens) est Filius meus di-*

"Tú eres aquel de cual en el río de Jordán, baptizándole Sant Juan, sonó aquella excelente voz que dijo: Este es mi amado

---

[22] Esta obra la regaló Juan de Zumárraga a las beatas de Durango (Vizcaya, España). Vid. E. Mira, El legado bibliográfico de Juan de Zumárraga a las "Beatas de Durango", in: VV. AA., Evangelización y teología en América (siglo XVI), cit. en nota 15, 205—224. Esta parte de la "Memoria y Aparejo", tomada de Rickel, junto con la parte siguiente, que contiene "Letaniae, orationes, commendationesque pro morientibus", están en latín, quizá porque no le dio tiempo a Zumárraga a traducirlas, ya que urgían las prisas por terminar su trabajo.

[23] A la izquierda recogemos el texto de Zumárraga según la edición de I. Adeva, cit. en nota 15. En el centro, el texto del Pseudo Eusebio: Eusebius, De morte Hieronymi, in Opera Omnia S. Hieronymi, en PL 22, 269—274. A la derecha, el texto de Hernando de Talavera: Breve y muy provechosa doctrina de lo que debe saber todo cristiano, in: Escritores místicos españoles, I: Hernando de Talavera, Alejo Venegas, Francisco de Osuna, Alfonso de Madrid, ed. Miguel Mir, Madrid 1911, 1—103 (= NBAE, 16).

lectus [in quo mihi bene complacui, ipsum audite]" (c. 270, 44—47).	Hijo en que a Mí aplugo; oídle" (p. 44 b, 15—18).

Un tercer aspecto queríamos señalar: la ausencia de influencias de Erasmo en esta „Memoria y Aparejo de la buena muerte", como apuntábamos anteriormente. En efecto, y por citar sólo algún ejemplo, Zumárraga recomienda que el moribundo tome hábito religioso, planteamiento totalmente contrario a los presupuestos erasmistas. Se aprecia también la diferente interpretación que uno y otro hacen de las circunstancias externas de la muerte, o su discrepancia respecto a la necesidad de la confesión sacramental en esos trances últimos de la vida[24].

Parece evidente, después de cuanto llevamos dicho sobre la autoría de la „memoria", que Zumárraga no es su autor, en el sentido que se concede modernamente a este término. Con todo, y dados los usos editoriales que estaban vigentes en el Medievo y en el Renacimiento, fray Juan no puede ser considerado como un vulgar plagiario o como un simple compilador. La elección de los pasajes incorporados muestra una voluntad bien determinada de identificarse con la mente de los autores „copiados"; el orden con que compone los párrafos elegidos expresa asímismo el intento de trasmitir una doctrina bien personal; y los recortes y ligeros cambios terminológicos que introduce revelan el deseo de corregir y tomar distancias respecto a los trozos transcritos, lo cual es muy claro en el caso de los textos recibidos de Erasmo.

Por todo ello, y en orden a simplificar nuestra exposición, nos referiremos a Zumárraga como „autor" de la Regla cristiana breve, aun cuando no se nos oculta que tal atribución es impropia, al menos según los usos modernos del término.

4. La muerte definida como „accidente"

a) La muerte entendida como „passio"

Zumárraga define la muerte como separación del alma del cuerpo[25]. Esta muerte es natural, es decir, responde al estatuto natural del hombre, puesto que su cuerpo está compuesto de contrarios[26]. Con todo, tiene

---

[24] Cf. I. Adeva, Observaciones al supuesto erasmismo ..., cit. en nota 15, 838—845. Acerca de papel del sacerdote en la atención a los moribundos, cf. C. J. Alejos—J. I. Saranyana, La condición sacerdotal según la „Regla cristiana breve" de Juan de Zumárraga, in: VV. AA., La formación de los sacerdotes en las circunstancias actuales, ed. L. F. Mateo-Seco, Pamplona 1990, 315—323 (= Colección Teológica 70).

[25] „La muerte natural es ésta que comúnmente llamamos y tenemos por muerte, por la cual el alma se aparta del cuerpo" (Rcb, Memoria, 2, 4 [Adeva, 849]).

[26] Rcb, Memoria, 3, 1 [Adeva, 850]).

ahora carácter penal, al ser consecuencia del pecado de origen, cometido por Adán en el Paraíso[27]. Así, pues, la muerte corporal deriva de la muerte espiritual. Por ello, y con San Agustín, Zumárraga puede hablar de „culpa de muerte". Pero, bien entendido que „esta muerte no viene derechamente por sí del pecado de Adán, sino solamente por accidente que remueve y aparta lo que prohibía la muerte: que el hombre naturalmente había de morir, que era mortal según su composición"[28].

Todo esto le lleva a considerar la condición del hombre en estado de justicia original, „que prohibía la muerte"[29], donde gozaba del don de inmortalidad, no por naturaleza, sino „por especial don de Dios". Perdido tal don, el cuerpo quedó „llagado", „por el desorden del mismo, alterándose y corrompiéndose"[30]. En consecuencia, Zumárraga puede hablar de la muerte del hombre como accidente, ya que le sobrevino al perder al justicia original. Así, pues, y en perspectiva sobrenatural, la muerte tiene carácter accidental, como algo que sufre o padece el hombre por haber perdido su integridad original. Es, por tanto, una pasión.

Desde el punto de vista teológico, la doctrina de fray Juan sobre la muerte como pena es irreprochable, y responde a las bases que había sentado la tradición patrística, especialmente desde Agustín de Hipona, retomadas por Tomás de Aquino en el Medievo[31].

b) La muerte es concebida, además, como un „proprium"

Conviene que digamos todavía unas palabras sobre su concepción de la muerte, entendida como accidente. Zumárraga entiende que, desde la perspectiva del alma misma, es decir, en el plano estricto de la naturaleza, la separación entre alma y cuerpo es también accidental[32].

---

[27] Es „estatuto y sentencia de Dios en pena del pecado original" (ibid.).
[28] Rcb, Memoria, 3, 2 [Adeva, 850]).
[29] Ibid.
[30] Ibid.
[31] Sobre la doctrina de Tomás de Aquino, relativa a la muerte entendida como pasión, véase: L. F. Mateo-Seco, El concepto de muerte en la doctrina de Santo Tomás de Aquino, in: Scripta Theologica 6 (1974) 173–208; id., Muerte y pecado original en la doctrina de Santo Tomás de Aquino, in: Veritas et Sapientia. En el VII centenario de Santo Tomás de Aquino, ed. P. Rodríguez y J. J. Rodríguez Rosado, Pamplona 1975, 279–315 (= Colección Teológica 11). Ambos trabajos ofrecen textos abundantes del Aquinate y, también, algunas alusiones a la reciente polémica sobre la muerte entendida como acto — Karl Rahner y Ladislao Boros — y, sobre todo, a la muerte entendida como pasión o defecto sufrido por la naturaleza, tal como la concibe la Tomás de Aquino.
[32] „*Si igitur ad naturam corporis respiciatur, mors naturalis est; si vero ad naturam animae, et ad dispositionem quae propter animam supernaturaliter humano corpori a principio indita fuit, est per accidens et contra naturam, cum naturale sit animae corpori esse unitam*" (Compendium Theologiae, I, cap. 152, n. 303 [ed. R. A. Verardo]).

Para el Aquinate, el término „accidental" se opone aquí a „natural", entendido esto último como lo esencial. Estamos, por consiguiente, en el ámbito de los predicables, no en el orden categorial. En efecto: cuando el Doctor Angélico se pregunta: „Parece que la separación del alma y del cuerpo no es un hecho accidental, sino conforme a la naturaleza, pues el cuerpo está compuesto de elementos contrarios ..."[33], lo natural es comprendido como lo perteneciente a la esencia de las cosas; lo accidental, en cambio, como lo no-esencial, es decir, lo opuesto a la naturaleza[34]. Por ello, si se considera desde la condición del alma, que es inmortal por naturaleza, el morir es accidental y contra naturaleza; en cambio, si se observa desde la naturaleza del cuerpo, que está constituido de contrarios, el morir es natural.

Así, pues, al definir la muerte como algo accidental, Zumárraga se colocaba en la perspectiva tomasiana, en la que el alma, que es eviterna, supone lo más fundamental del hombre, esto es, aquello que es portador y depositario del „yo" humano. Tal planteamiento reúne indudablemente una serie de ventajas, desde el punto de vista apologético, pues facilita muchísimo los argumentos de conveniencia en favor de la „resurrección de la carne" en la vida futura; y, en este sentido, el Catecismo del Concilio de Trento approvecharía el razonamiento tomasiano[35]. Todo ello implica, además, como lo hemos recogido más arriba, considerar que el cuerpo está compuesto de contrarios. ¿Cuáles son, en definitiva, esos elementos contrarios que se componen en el cuerpo humano? Nos lo explica fray Juan al exponer las tres causas de la muerte natural.

„Esta muerte natural viene por tres cosas: de enfermedad, o de violencia exterior, o de venganza e justicia superior. La que viene de enfermedad es una de dos maneras, o de enfermedad accidental, o natural"[36]. Describe, seguidamente las enfermedades accidentales, en donde no se aparta del común sentir de la época: hay, según él, enfermedades agudas, enfermedades largas y enfermedades crónicas; „y de cada una de éstas vemos morir cada día". Más interés tiene, para nosotros, en cambio, la definición que ofrece de la „enfermedad natural". Dice Zumárraga: „La muerte natural es por la cual se acaba el húmido radical. Ésta siempre es mortal. De ésta mueren los que mueren de viejos y los otros que naturalmente se les acaba la vida sin violencia interior ni exterior"[37].

Zumárraga se inscribe, de esta forma, en la tradición galénica, vigente en Europa a lo largo de toda la Edad Media y en los primeros siglos de

---

[33] „*Videtur autem animam a corpore separari non esse per accidens, sed secundum naturam*" (Compendium theologiae, I, cap. 152, n. 303 [ed. R. A. Verardo]).

[34] „*Quod est per accidens et contra naturam, non potest esse sempiternum*" (Compendium theologiae, I, cap. 151, n. 302 [ed. Verardo]).

[35] Cf. Catecismo de Trento, parte 1, cap. 12, n. 4.

[36] Rcb, Memoria, 3, 3 (Adeva, 851).

[37] Ibid.

la Modernidad, hasta bien entrado el siglo XVIII. Como se sabe, desde Aristóteles, y recogido después por Galeno, se consideró que todo hombre recibía, en su nacimiento, su húmedo radical, es decir, la humedad necesaria para su vida. A lo largo de ella, tal humedad era repuesta por medio de la alimentación y la bebida. Con todo, tendía a disminuir por causa del calor innato del organismo vivo, hasta terminar por secarse enteramente. En tal momento sobrevenía la muerte natural, si no se había producido antes por violencia exterior o por enfermedades accidentales. Según la imagen, tantas veces repetida por los tratados médicos, aunque la salud fuera perfecta, la vida tendía a consumirse, como se agota el aceite de una lamparilla encendida[38].

Así, pues, y recapitulando todo cuanto llevamos dicho en el presente epígrafe, la muerte — según Zumárraga — puede considerarse accidental, desde una doble perspectiva:

a) Contemplada bajo el prisma teológico y sobrenatural, la muerte es una *passio*, puesto que es algo sobrevenido al hombre por culpa del pecado de Adán. En efecto, aun cuando el hombre, desde el punto de vista estrictamente natural, no puede evitar el morir, gozaba — en el estado de justicia original — del don gratuito de inmortalidad, que ha perdido. Por consiguiente, la mortalidad le adviene ahora como una pasión que debe sufrir.

b) Desde una óptica antropológica y natural, considerado el hombre como compuesto de alma y cuerpo, la muerte — además de una *passio*, es decir, algo que se sufre o padece — es un *proprium*: un accidente íntimamente ligado a la condición natural o esencial del hombre, que se compone de contrarios. Tales contrarios son: a nivel substancial, el alma y el cuerpo, que son de naturaleza opuesta; y, desde la perspectiva estrictamente corporal, el húmedo radical y el calor innato, que también son contrarios.

---

[38] Almoina, por ejemplo, en su edición crítica, cit. en nota 14, 415—416, se detiene en recoger algunos pasajes de Alejo Venegas (ca. 1498—1562), referidos al húmedo radical.

Der Mensch und die Natur im „Fegefeuer" Dantes (Gesang XXX)

ALEKSANDR DOBROCHOTOW (Moskau)

Es mag seltsam erscheinen, aber Dante hätte seine Epoche ebenso benennen können, wie sie auch von den kämpferischen Kritikern der Renaissance bezeichnet wurde: „Mittelalter", wobei aber nicht an einen Charakter als Zwischenepoche, sondern an ihre zentrale Stellung in der Weltgeschichte zu denken wäre. Im 13. Jahrhundert nämlich durchlebte die westeuropäische Kultur eine neue Etappe im Bewußtwerden ihrer selbst, die von den Mediaevisten nicht immer adäquat gewertet wird, wenn sich ihnen das 13. Jahrhundert als Höhepunkt des Mittelalters oder als Morgenröte der Renaissance darstellt, obwohl es doch durch eine Reihe von Besonderheiten zu einer kulturellen Gesamtheit mit Eigenwert wird. Schon die Bewegungen der Joachimiten und der Franziskaner betrachteten ihre Zeit als Umbruch der Menschheitsgeschichte. Zur Zeit Dantes aber kam der Mythos einer Ära des Heiligen Geistes auf, die von Joachim von Fiore vorausgesagt und im geschichtlichen Bewußtsein jenes Jahrhunderts mit der alten Idee des Hylismus verbunden wurde. Im Kontext dieses Mythos erhält auch die Konzeption der Natur neue Nuancen. Vom naiven Allegorismus des 10. und 11. Jahrhunderts, vom schülerhaften Platonismus des 12. Jahrhunderts geht die Philosophie zur Ausarbeitung eines die reife mittelalterliche Philosophie charakterisierenden neuen Verständnisses zwischen Mensch, Natur und Gott über.

Ein interessantes Beispiel des neuen Verständnisses der Natur stellt die Intuition der „Mitte" bei Dante dar, die trotz ihrer Verbindung mit der Ethik des Aristoteles wie auch mit der des Thomas von Aquin als originell erscheint. Die Natur ist zwar hauptsächlich Thema des Mittelteils der „Göttlichen Komödie"; es ist aber auch Thema der beiden anderen Teile. In der „Hölle" ist die Natur das Produkt des Sündenfalls; die Höllenphysik ist bestimmt durch blinde Anziehung der Notwendigkeit, durch eine mechanische Bewegung toter dinglicher Masse, durch einen Kreislauf gegenseitiger Verwandlungen. Im „Paradies" ist die reine vollkommene Natur der Untersuchungsgegenstand von Astronomie und Metaphysik. Das „Fegefeuer" stellt die Vermittlung oder den Übergang vom Tod zum ewigen Leben dar; die Themen sind das Leben, die moralische Evolution, die Psychologie. Der Haupttyp der Bewegung ist hier die einer aufsteigenden Spirale. Da aber gerade die Natur die Rolle des Bindeglieds zwischen dem wahren Sein und dem Nichtsein spielt, orientiert sich das „Fegefeuer" eben auf die Probleme der Naturphilosophie wie auch auf das Enträtseln des Wesens der Natur als einer göttlichen Schöpfung.

Kompositionelles Zentrum des Poems sind die Gesänge XXVIII— XXXIII des „Fegefeuers"; ihr zentrales Thema ist die Rückkehr des verlorenen Paradieses. Der Held, der am Ende des XXVII. Gesanges „Mitra und Kranz" erhält, also sich selbst zum Herrscher und Priester wird, gerät, nachdem er seine verderbte Natur wiederhergestellt hat, in das irdische Paradies, aus dem seinerzeit Adam und Eva vertrieben worden waren. Hier trifft er die geheimnisvolle Jungfrau Matelda, die für ihn die Rolle eines Führers, Lehrers und Mystagogen übernimmt. In der Gestalt der Matelda klingen die alttestamentarische (Zitat des 91. Psalms; Lea als Allegorie der Weisheit) und die antike Mythologie (Proserpina, Eurydike), ein sozial-utopisches Motiv (das Goldene Zeitalter, das Himmlische Jerusalem) und die christliche Doktrin (Johannes der Täufer) an. Es ist charakteristisch, daß hier erstmals im Poem die Natur-, die sozial—historische und die religiös-mythologische Realität in einer Gestalt miteinander verbunden werden und daß diese Gestalt dennoch in erster Linie eine Manifestation der durch die Sünde unberührten natürlichen Welt ist: Matelda gibt dem Helden eine Lektion über die Meterologie des Paradieses, reinigt sein Bewußtsein in den Wassern der Lethe und bereitet ihn auf die Reise in den Himmel vor. Übrigens soll ihr Name hinweisen auf das griechische μάθημα, d. h. auf reines wahres Wissen. Dante konnte durchaus wissen, daß die antike Mathematik die Zahl als die Grenze zwischen dem ansah, was sinnlich, und dem, was mit dem Verstand erfaßt werden kann.

Es ist wahrscheinlich, daß Dante die Idee der „Mitte" auch mit Hilfe der von ihm geliebten Zahlensymbolik zum Ausdruck brachte. Wir halten es für wahrscheinlich, daß Dante den Goldenen Schnitt kannte und ihn bei der Strukturierung des Poems als Gestaltungsmittel bewußt anwendete. In der Zahlenfolge des Fibbonacci, deren Glieder im Verhältnis des Goldenen Schnitts miteinander verbunden sind, kann man die für die Struktur der „Komödie" so wichtigen Zahlen 3, 21, 55, 144 finden. Die interessantesten Ergebnisse erhält man, wenn man davon ausgeht, daß Dante das Verhältnis 5 : 3 = 1,6 verwendete. Wenn man nach Zahlensymbolik sucht, muß man allerdings immer bedenken, daß man leicht durch den Effekt einer Pseudo-Berechnung in die Irre geführt werden kann. Teilt man gleichwohl das Poem im Verhältnis 5 : 3, so liegt der Goldene Schnitt genau auf dem 15. Vers des XXX. Gesanges. Betrachten wir den Teil des Gesanges, in dem dieser Vers steht.

Eine in sich geschlossene Sinneinheit bilden die Zeilen 10 bis 21, in denen vom Gesang der mystischen Prozession berichtet wird, die dem Erscheinen Beatrices vorausgeht. Dieser Teil ist so strukturiert, daß in ihm die wichtigsten Symbolzahlen des Poems erscheinen: 3 (Pfingsten), 9

(Beatrice), 10 (die Fülle der Taten). Die Zahl der Zeilen beträgt 12; das ist die Zahl der heiligen Gemeinde. Die Summe der Ziffern ist die Zahl 3. Die Anzahl der Worte beträgt 73 (Summe der Ziffern — 10). Das zentrale Wort ist „Alleluiando". Bis zu ihm hin sind es 36 Worte, nach ihm ebenfalls 36 (Summe der Ziffern — 9). Das zentrale Wort ist also das 37ste, vom Anfang wie vom Ende des gesamten Teils aus gezählt (Summe der Ziffern — 10). In durchgehender Zählung der Zeilen des Poems des XXX. Gesanges kommt man auf 8895 Zeilen (Summe der Ziffern — 30 = 10 × 3). Der Gesang selbst ist der 64ste, von vorne gezählt (Summe der Ziffern — 10), und der 37ste vom Ende aus gesehen (Summe der Ziffern —10).

Innerhalb des genannten Teils gibt es wiederum einen seinerseits in sich geschlossenen Teil, die Zeilen 11 bis 19, deren mittlere die 15. Zeile ist. Dieses Stück beginnt mit einem lateinischen Zitat aus dem „Lied der Lieder" (IV,8: *Veni, sponsa, de Libano*) und endet mit Zitaten aus dem Neuen Testament [Mt 21,9; Lk 19,38]: *Benedictus, qui venis*). Dieser Teil ist also durch Hinweise auf den Einzug Jesu in Jerusalem umrahmt: am Beginn durch einen Hinweis in Gestalt eines alttestamentarischen Prototyps, am Ende in Form eines Zitats aus den Evangelien. Das heißt, das Zusammentreffen der Braut (Kirche) mit dem Bräutigam (Christus) wird in Beziehung gesetzt mit dem Erscheinen des Messias in Jerusalem. Diese beiden Ereignisse machen den Sinn des Erscheinens der Beatrice im irdischen Paradies deutlich. Der zentrale Vers jedoch, der erwähnte 15., der zugleich auch Mittelpunkt des Poems ist, redet vom Fleisch, das mit dem Ruf „Halleluja" auferstanden ist.

Es ist jedenfalls offensichtlich, daß der genannte Teil in seiner Komposition gründlich durchdacht und folglich auch von besonderer semantischer Wichtigkeit ist. Wenn unsere Beobachtungen richtig sind, dann enthält der XXX. Gesang neben den beiden genannten Knotenpunkten — Vers 55, wo durch Beatrice die Trennung Dantes von Vergil fixiert wird, und Vers 73, wo Beatrice sich zu erkennen gibt — auch noch die „Goldene Mitte" des Poems, wo es um die Heiligmachung und die Auferstehung des Fleisches geht. Der kompositionellen Mitte entspricht die Rolle eines Vermittlers, die im Weltgebäude die Natur spielt. Sie bewahrt sozusagen das Andenken an den Weg, den der Schöpfer im Laufe der Schöpfung vollzog; somit hilft sie dem Menschen, auf umgekehrtem Weg — von der Kreatur zum Schöpfer — den göttlichen Gedanken vom Menschen nachzuvollziehen.

Es ist bemerkenswert, daß das Thema der Natur, die sich in Abhängigkeit vom Grad der Annäherung des Helden an das irdische Paradies belebt, im „Fegefeuer" eng mit dem Sinn der Geschichte verbunden wird. Auf der Höhe des Berges entwickelt sich unter dem Baume der Erkenntnis des Guten und des Bösen ein komplettes Theater: Das Sujet des Stückes ist die Geschichte der Kirche und des Staates. Die Geschichtlichkeit der Natur und die „Natürlichkeit" der Geschichte sind — vielleicht zum ersten Male im Mittelalter — Dante bewußt geworden. Auch hier spielt die Idee der Mitte eine nicht unwesentliche Rolle. Wie R. Benini[1] zeigte, stellte Dante sein Leben in die Mitte der Weltgeschichte. (In der vom Autor angeführten Tabelle finden sich wieder die Zahlen 3 und 5, die oben als das Verhältnis des „Golden Schnitts" genommen wurden; hier sind es die Daten der Auferstehung und des Todes Christi.) Als wichtigstes Werk seines Lebens betrachtete Dante die „Divina Comedia" Er nannte sein Poem nicht ohne Absicht ein „heiliges" (Paradies, XXV, 1). Er war sich dessen sicher, daß es eine wichtige historische Rolle spielen würde. (Deshalb ist auch seine Struktur für den Inhalt nicht ohne Belang.) Es ist denkbar, daß im Titel noch mehr enthalten ist: *Mediare* bedeutet im Lateinischen soviel wie „in die Hälfte teilen", „in der Mitte sein", *meditari* hingegen „bedenken" (aber auch „vor sich hin spielen" oder „vor sich hin singen"), *commeditari* schließlich „sich im Gedächtnis einprägen", „reproduzieren". Die „Komödie" erweist sich wirklich als ein Lied der Mitte: einerseits, weil die Zeit der Vision — der Frühling des Jahres 1300 — 13000 Jahre Weltgeschichte in sich zusammendrängt, anderseits aber auch, weil sie — ähnlich der Rolle der Natur in der Schöpfung — die Rolle eines Vermittlers in der Geschichte erfüllt. Denn die Natur war ein gütiger Plan Gottes, der in Folge des Sündenfalls verzerrt wurde. Der Dichter — hier in der Gestalt Dantes — wiederholt den Schöpfungsakt (indem er ihn „von unten nach oben" richtet, tut selbst Buße (ein Motiv, das das ganze Poem durchzieht) und sühnt durch ein poetisches Opfer die Sünde des falschen Schöpfertums. Das Poem erweist sich sozusagen als Natur in der Natur. Wenn aber in der Welt des Universums die Natur Mittler zwischen der Person des Menschen und der göttlichen Person war, so ist in der Welt der Geschichte die Person des Menschen, eben Dante, der Mittler zwischen der Natur des Poems und der Natur des Kosmos. In der mittelalterlichen Kultur vor Dante wird man wohl kaum eine so radikale Betonung der Bedeutung des zutiefst Persönlichen finden.

In der „Göttlichen Komödie" finden wir also eine neue, wenngleich tief in der mittelalterliche Kultur wurzelnde Konzeption der Natur. Die Natur ist nicht nur das Ergebnis der göttlichen Schöpfung, d. h. der Kreatur, sondern nimmt auch teil an der Errettung als eine reinigende und korrigierende Kraft. Die Horizontale der geschichtlichen Ereignisse und die Vertikale des geistigen Aufstiegs sind in der Natur so miteinander vereint, daß ein Zusammenwirken des Irdischen und des Himmlischen und die Rückkehr der Kreatur zum Schöpfer möglich werden. Eine besondere Rolle in diesem Prozeß obliegt dem Dichter als demjenigen, der am Mysterium der Schöpfung teilhat.

---

[1] R. Benini, Scienza, religione ed arte nell' astronomia di Dante, Roma 1939.

Der menschliche Körper und seine Lebenskräfte in der Ideenwelt des Mittelalters
Ein Versuch über die mittelalterliche Erotik

Tzotcho Boiadjiev (Sofia)

Das vorliegende Thema ist im Zusammenhang mit dem Problem des mittelalterlichen Naturalismus, als eine Komponente des ganzheitlichen weltanschaulichen Gefüges, Mittelalter genannt, zu behandeln. Die Dimensionen der mittelalterlichen Erotik sind eng verbunden mit der spezifischen Vorstellung vom Menschen und seiner Bestimmung, vom menschlichen Körper und dessen Lebensfunktionen, vom Guten und Bösen, vom Schönen und Häßlichen, vom Würdigen und Abscheulichen. Davon ausgehend führen unsere Überlegungen sowohl in Hinsicht auf ihre erklärenden Prinzipien als auch in Hinsicht auf ihre Sinnmotivation unumgänglich zu grundlegenden Problemen der mittelalterlichen Mentalität. Eine ähnliche „Unterbrechung" der Argumentationsketten ist beim Aufbau eines begrenzten wissenschaftlichen Textes unentbehrlich.

Das Thema der mittelalterlichen Erotik ist aber nicht einfach eine gelungene Illustrierung des Themas der „Natur" im Mittelalter. Es hat auch eigenständige Bedeutung. Würden wir die Frage nach der Eigenart der mittelalterlichen Formen dieser der Menschheit wesenseigenen Lebenstätigkeit stellen, würden wir diese Frage ernsthaft stellen, so hätten wir die Chance eine Reihe von historischen „Standardetiketten" zu korrigieren, zahlreiche Vorurteile zu überwinden und, indem wir unsere automatischen historischen Reaktionen abschalten, in die Erscheinungen der mittelalterlichen Kultur einzudringen.

Um die wirklichen Dimensionen der mittelalterlichen Erotik aufzudecken, müssen wir uns zuerst von der völlig haltlosen Vorstellung vom rein spirituellen Charakter des Mittelalters befreien und unsere Überlegungen aufbauen auf der Idee vom intimen gegenseitigen Durchdringen des Körperlichen und des Geistigen auf allen „Ebenen" des mittelalterlichen Kosmos — vom verleiblichten Gott, der die Sünden der Menschen durch körperliche Qualen und körperlichen Tod sühnt, bis in die Tiefen der Hölle, wo die Sünder eher die geistigen Qualen der Reue als körperliche Leiden zu ertragen haben. Danach müssen wir uns die Frage nach der spezifischen Form dieses gegenseitigen Durchdringens, nach der rein mittelalterlichen Form der Vereinigung des Geistigen und des Körperlichen stellen.

Wenn wir also auf die Kultur des Mittelalters zurückschauen, stellen wir im Gegensatz zu unseren gewöhnlichen Vorstellungen mit Erstaunen fest, daß der mittelalterliche Mensch anscheinend nur für das körperlich Ausgedrückte Sinne hatte. Sein ganzes Verhalten, sein ganzes Leben ist von körperlichen Gesten gekennzeichnet. Seine Welt ist ausschließlich sinnlich verdichtet. Jeder wesentliche Lebensakt in dieser — nach den Worten von Le Goff — „Zivilisation der Gesten" wird durch eine bestimmte Körperbewegung ausgedrückt. Jede Realität hat ihre eigene konkrete Plastik. Im mittelalterlichen Kosmos wären ein körperloses Wesen, das durch ein Vorbild bzw. eine Analogie nicht „zu verleiblichen" ist, die nicht Fleisch und Blut werden könnte, gar nicht denkbar. Selbst die „bildlosen" Ekstasen der Mystiker des 12. Jahrhunderts finden ihren körperlichen Ausdruck im selig erleuchteten Antlitz oder in den fließenden Tränen gerührter Begeisterung.

Aber dieses allumfassende Vorhandensein der Körperlichkeit im Universum des Mittelalters ist von besonderer Art. Hier handelt es sich natürlich nicht um das „unschuldige", das „natürliche" Vorhandensein des Körpers in der hellenischen Kultur, deren Grundsymbol, das lebendige Wesen, die Selbstverständlichkeit des positiv vorhandenen Körpers voraussetzt. Die Antike ist in gewissem Sinn dem Körper gegenüber ruhig gleichgültig. Die Schönheit, die Kraft und der Adel des Körpers sind ihrem Wesen nach kein Problem, das die moralische Reflexion fördert, sondern ein allgemeiner weltanschaulicher Kanon, der unmittelbare moralische Verwirklichung verlangt. Es scheint im Gegenteil, daß das Mittelalter von irgendeinem fieberhaften, quälend aufdringlichen Interesse an den Dimensionen der Körperlichkeit beherrscht ist — eben wegen der universalen ideologischen Prägung ihrer Sündhaftigkeit und Nichtigkeit. Weil gerade das Mittelalter, indem es den Leib zum Mittelpunkt alles Unwürdigen und Bösen im Menschen erklärt, unumgänglich vor der Frage steht, ob dieser Körper notwendig und ontologisch gerechtfertigt ist. Der Christ stellt plötzlich fest, daß er etwas mehr besitzt als das, was sein eigenes Wesen (d. h. seine Seele) bildet, und er muß entscheiden, was er mit seinem Körper als „Rest" zu tun hat.[1]

Am natürlichsten und glaubhaftesten wäre es, ihn eben als „Rest" zu behandeln — als etwas Unsauberes, als ein Übel, ein Exkret, eine Quelle aller möglichen Versuchungen, die den Menschen in die Hölle führen, als Strafe für die Sünde vor Gott, als Gruft für die Seele. Und das heißt: als

---

[1] Ein ähnliches Dilemma ist nicht typisch für das klassische Alterum, dessen Grundsymbol nicht die Seele und nicht der Körper ist, sondern das lebendige Wesen, d. h. die organische Einheit von Körper und Seele.

etwas, was entfernt, weggeworfen, vernichtet werden muß, damit die Seele triumphiert. In der mittelalterlichen Kunst und Literatur taucht immer wieder das Motiv der Verachtung der Welt, des Vergänglichen, des Sterblichen, des Verfaulenden und Zerfallenden auf. Die Gedanken des mittelalterlichen Menschen kehren unablässig zum schrecklichen Bild der Verwesung, zu den Würmern und der Erde zurück.[2] Schönheit, sinnlicher Genuß, Glück und Freude sind nur Schein, Äußerliches, hinter dem sich nur Verwesung und Staub, Schmutz und Übel verbergen. Der Tod habe die herrliche Form des Körpers schon von Geburt an zerfressen, und allein von unserem Scharfblick und unserer Frömmigkeit hängt es ab, ob wir die entsetzlichen Kavernen, den Stachel im Fleisch erkennen werden. Diese Idee ist nicht nur in mehreren Werken der bildenden Kunst (oft sind die Sarkophage mit Skulpturen verziert, die die Phasen der Verwesung darstellen), sondern auch in literarischen Werken äußerst naturalistisch und anschaulich vertreten. *„Nam corporea pulchritudo in pelle solummodo constat. Nam si viderent homines hoc quod subtus pellem est ... mulieres videre nausearent. Iste decor in flegmate, et sanguine, et humore, ac felle consistit."*[3] Die zahlreichen, unter dem charakteristischen Titel „De contemptu mundi" erschienenen Traktate suggerieren nachdrücklich den Abscheu vor dem Fleisch, den Ekel vor dem menschlichen Körper, der auf seine widerwärtigsten physiologischen Funktionen herabgewürdigt wird.

Papst Innocenz III. schrieb folgendes: *„Sane formatus de terra conceptus in culpa, natus ad poenam, agit prava quae non licent, turpia quae non decent, vana quae non expediunt, fiet cibus ignis, esca vermis, massa putredinis."*[4]

Das Furchtbarste ist, daß die körperlichen Freuden flüchtig sind, daß die Zeit der Genüsse geschwind vergeht, das Fest der Lust schnell verrauscht, daß das Glück, für einen Augenblick entflammt, in der unvermeidlichen Katastrophe, im Leiden und Tod erlöscht. „Mais ou sont les neiges d'antan?" (Villon).

„Wo ist nun der Glanz Babylons? Wo ist nun/Der furchtbare Nebukadnezar, und des Darius Kraft, und jener Cyrus?/Wie ein Rad, das mit Kraft gedreht ist, so schwanden sie dahin;/Ihr Ruhm bleibt übrig, er festigt sich — sie aber vermodern./Wo ist nun die Julische Kurie, wo die Julische Prozession? Caesar, du schwandest dahin!/Und du bist der Grimmigste in der ganzen Welt und der Mächtigste gewesen! ... Wo ist nun Marius und Fabricius, dem das Gold fremd war?/Wo ist der ehrenvolle Tod und die denkwürdige Tat des Paulus/Wo die göttliche philippische Stimme [Demosthenes], wo die göttliche Ciceros?/Wo ist Catos Friedfertigkeit gegen die Bürger und sein Zorn gegen die Aufrührer?/Wo ist nun Regulus? Und

---

[2] Cf. J. Huizinga, Herbst des Mittelalters (nach der niederl. Ausgabe letzter Hand von 1941 ed. K. Köster) Stuttgart [7]1953, 148.
[3] Odo v. Cluny, Collationes II (PL 133, 556B).
[4] Innocentius III papa, De contemptu mundi I,1 (PL 217, 702B—C).

wo Romulus, und wo Remus?"[5] Von all ihnen sind nur die Namen erhalten. *„Stat rosa pristina nomine, nomina nuda tenemus."*[6]

Der Körper — das ist die „Welt", und die Welt, auch wenn sie an sich nicht das Böse ist (denn sie ist eine Schöpfung), liegt im Bösen. Die Welt liegt im Bösen, denn eben dort werden die Netze des Lasters ausgelegt, die Ränke des Teufels gesponnen, dort wird die Seele des Christen in Versuchung geführt und in die Hölle geschickt.

Der Körper „Welt" — dieses Gefäß mit Unrat (*vas stercorum*), dieses Festmahl für die Würmer (*esca vermium*) — ist der ständige Verführer, und der Verführer zeichnet sich eben dadurch aus, daß er ein entzückendes Gesicht und einen entsetzlichen Rücken hat. Die Idee von dem Körper, der durch seine Trugbilder verlockt, ist in dem im Mittelalter verbreiteten Bild des rückenlosen Dämons Welt verkörpert. In der deutschen Mythologie gibt es Frauen, die von vorn entzückend und von hinten abscheulich sind — mit Schwänzen, Geschwüren, eiternden Wunden.[7] Cesarius von Heisterbach erzählt von Dämonen, die junge Mädchen verführen und mit ihnen Geschlechtsbeziehungen eingehen, und die einen menschlichen Körper, aber keinen Rücken haben.[8] Insgesamt suggerieren die Predigten, die Hymnen, die visionären Überlieferungen, die Werke der bildenden Kunst einstimmig: Würde es uns gelingen, den Rücken des Dämons-Welt zu schauen, würden wir nichts anderes als von Würmern zerfressenes Fleisch erblicken.[9]

Das fromme Verhältnis zum Körper besteht demzufolge darin, zu verbergen, was an ihm schön, d. h. verlockend ist, jegliche Reize mit dem groben, unplastischen Gewebe des Frauenkleides zu verhüllen, das sich selbst manifestierende Fleisch zu unterdrücken und zu erniedrigen, alle

---

[5] Bernardus Morlanensis, De contemptu mundi, ed. Th. Wrigth, The anglolatin satirical poets and epigrammatists of the twelfth century (Rerum Britannicarum medii aevi scriptores), London 1872, vol. II, 37:
„Est ubi gloria nunc Babylonia? nunc ubi dirus
Nabugodonosor, et Darii vigor, illeque Cyrus?
Qualiter orbita viribus incita praeterierunt,
Fama relinquitur, illaque figitur, hi putruerunt.
Nunc ubi curia, pompaque Julia? Caesar ubisti!
Te truculentior, orbe potentior ipse fuisti.
. . . .
Nunc ubi Marius atque Fabricius inscius auri?
Mors ubi nobilis et memorabilis actio Pauli?
Diva philippica vox ubi coelica nunc Ciceronis?
Pax ubi civibus atque rebellibus ira Catonis?
Nunc ubi Regulus? aut ubi Romulus, aut ubi Remus?"
Übers. von J. Huizinga, op. cit. Anm. 2, 144.

[6] Bernardus Morlanensis, l. c., 37.

[7] Cf. J. Grimm, Deutsche Mythologie, Berlin 1875, 418, 898, 1033.

[8] Cesarius, Heisterbacensis, Dialogus Miraculorum III, 6, Köln–Bonn 1851.

[9] Cf. W. Stammler, Frau Welt. Eine mittelalterliche Allegorie, Freiburt 1959, 31sqq.

reliefartigen Wölbungen des Leibes, die die jubelnde und vitale Energie und Fülle verraten können, „zu verflachen". Und andererseits besteht ein frommes Verhältnis zum Körper auch darin, erniedrigend sich selbst zu entblößen, den Körper, seine Häßlichkeit und Mißförmigkeit, seine Unreinheit und Unnatürlichkeit öffentlich zur Schau zu stellen. Während die Antike eben die Nacktheit des schönen menschlichen Körpers bewundert, der durch die Vollkommenheit der Proportionen die Idee von der starken und freien Persönlichkeit verkörpert und der das ganze Leben des Geistes ahnen läßt, ist das Mittelalter, das die Nacktheit als ein Symbol des Sündenfalls, als Strafe für die Erbsünde betrachtet, bestrebt, den mit Grind und Geschwüren bedeckten, von Aussatz zerfressenen oder mißgestalteten Leib öffentlich zur Schau zu stellen.

In dieser erstaunlichen Demonstration der antiästhetischen Körperlichkeit, in diesem quälend wonnevollen Rausch der Erniedrigung und Demütigung, in dieser perversen Selbstentblößung kann man diejenige der mittelalterlichen Sensibilität zugrunde liegende Mythologeme erkennen, deren Ergebnis die Notwendigkeit ist, den Körper zu beseitigen und zu verneinen, um die Seele zu retten. Gerade deshalb ist der „Weise" des Mittelalters irgendwie unkörperlich oder vielmehr pseudokörperlich. Nicht der Philosoph, der vierzigjährige Mann, der gleichsam im Mittelpunkt der optimal entfalteten intellektuellen und körperlichen Kraft steht, verkündet die Wahrheit über diese Welt, sondern das Jesuskind, das Lamm Gottes, das noch keinen Körper hat, bzw. der Alte, aus dessen Leib die Zeit schon alle Lebenssäfte ausgesaugt hat, oder letztendlich der Mißgestaltete, diese Parodie der Idee der Körperlichkeit. Gott verkündet seine Weisheit durch die vom Leibe nicht belastete Seele und findet in ihr den zuverlässigsten Hort für seine Vorsehung.

In die Dichotomie zwischen Körper und Seele gespannt, dauernd über ihren unversöhnlichen Zweikampf nachdenkend, berauscht sich das Mittelalter an der Nacktheit der Seele im Gebet und in der Beichte und entblößt den Leib, wenn er mißförmig, erschöpft und gebrechlich ist, oder verbirgt ihn sorgfältig, wenn er lebensvoll, energisch und schön ist. Je mehr die Seele sich erhebt, je höher ihre fromme Demut sie in das Himmelreich führt, desto tiefer sinkt der Leib und tritt in den Schmutz, der er eigentlich ist. Und je mehr sich die Persönlichkeit des Christen mit der Seele identifiziert, desto mehr wird der Leib beiseite geschoben als ein unentbehrlicher, aber unwürdiger und abscheulicher „Rest".

Diese spezifische „Metaphysik des Leibes" (Lo Duca) gestaltet auch das Feld der sexuellen Beziehungen. Nicht nur der sinnliche Genuß, sondern sogar auch die visuelle Bewunderung oder die Berührung des jungen, gesunden und herrlichen Körpers wird als schwerste Sünde verurteilt. Die paroxysmale Sexophobie des Mittelalters schließt radikal — auf ideologischer Ebene! — die ganze reiche Symbolik der körperlichen Freude, der berauschenden Vereinigung der Körper aus. Im schönen weiblichen Haar erblickt der mittelalterliche Mensch entsetzt vor allem die Schlingen des Lasters, in den Wölbungen des weiblichen Körpers die in den Abgrund der Hölle führende Verlockung. Der Liebesakt selbst muß derart „bearbeitet" werden, daß er in gewissem Sinne der Persönlichkeit des Christen fern bleibt. Am besten ist es natürlich, ihn überhaupt zu vermeiden, aber wenn dies unmöglich ist, muß er mindestens von aller Ästhetik und Feinfühligkeit gesäubert, so verzerrt und herabgewürdigt werden, wie der einzig zulässige Leib verzerrt und herabgewürdigt ist. Folglich ist der Liebesakt nur als eine rein körperliche, dabei „flache" und demnach auch mißförmige körperliche Geste möglich. Die sexuelle Verbindung wird zu einem banalen Mittel zur Fortpflanzung des menschlichen Geschlechts herabgewürdigt, zu einem rein physiologischen, die Seele nicht berührenden und ihre Sinnlichkeit nicht erweckenden Akt.

Auf das Niveau der tierisch-physiologischen Mechanik herabgesetzt, wird der Liebesakt eigentlich aus dem Dasein eliminiert, indem das rein physiologische Erlebnis, das im flüchtigen „Jetzt", ohne Projektionen in der Vergangenheit oder der Zukunft, eingeschlossen ist, die metaphysische Tiefe der Liebesvereinigung selbst verliert.

Der Körper könnte als ein anrüchiges und unanständiges Anhängsel einfach weggeworfen werden, damit die Seele „entfesselt" und gerettet wird. Aber, nur sich selbst überlassen, von der autoritären Bevormundung der Seele befreit, bekommt er plötzlich eine eigene autonome Vitalität, beginnt sich durch seine spezifische Plastik und seine spezifischen Funktionen selbst zu äußern. Die schwer überschaubare Distanz zwischen den Gegensätzen — Körper und Seele, Gut und Böse, Rettung und Untergang, Keuschheit und Unzüchtigkeit — bietet zahlreiche Möglichkeiten sowohl zur Verharmlosung oder sogar aufrichtigen Ignorierung des Sakralen als auch zu dessen parodistisch-grotesker Umwandlung, Laizisierung, Vergräberung und Verkörperung, zur vulgärironischen Interpretation der im ideologischen Kanon übermäßig entkörperten göttlichen Vorsehung. Von der Seele verlassen und ihrer ständigen Überwachung ledig, rächt sich der Leib, indem er sie vergißt oder von ihrem hohen Thron herunterholt und in der groben ursprünglichen Körperlichkeit versinken läßt.

Auf diese Weise wird das Leib-Seele-Verhältnis mit einer inneren dramatischen Spannung geladen. Die Spannung wird äußerst verstärkt durch die für das Mittelalter charakteristische Diskrepanz zwischen den Lebensformen und ihrer ideologischen Reglementierung. Das soziale Leben des mittelalterlichen Menschen geht nur in Ausnahmefällen über die Grenzen der Körperlichkeit hinaus. Seine Arbeitstätigkeit ist körperliche Anstrengung. Sein ökonomisches Leben ist Austausch von materiellen Gütern. Er erduldet körperliche Strafen und bekommt gegenständliches Entgelt. Seine Hoffnungen, Überlegungen und Ängste sind meistens mit den

Naturerscheinungen verknüpft. Und siehe da, dieser dem Wesen nach fleischliche Mensch, dessen ganze Lebenstätigkeit mit körperlichen Mitteln verwirklicht wird und sich selbst fast einzig auf körperliche Weise ausdrückt, weiß, daß das Fleisch ein Übel und Sünde ist und beseitigt werden muß, damit die Seele triumphiert. Er weiß das wirklich und glaubt es aufrichtig, aber es fällt ihm ungeheuer schwer, diese Ideologeme auf sich zu beziehen und danach zu leben. Er ist natürlich davon überzeugt, daß ein guter Christ nicht in Ausschweifung leben darf, sondern Gottesfurcht und strenge Keuschheit üben muß. Jedoch von den zahlreichen körperlichen Lebenstätigkeiten gefesselt, ist er wirklich nicht imstande, die Notwendigkeit zu begreifen, bestimmte körperliche „Gesten" zu zügeln. Unumgänglich akzeptiert der mittelalterliche Mensch die Forderung nach Keuschheit formal und äußerlich, und er erfüllt sie nicht real, sondern wiederum auf formale und äußerliche Weise.

Die „Veräußerlichung" der ideologischen Verbote ist vielleicht das charakteristischste Kennzeichen des Phänomens „mittelalterliche Erotik". Diese „Veräußerlichung" ist allerdings nur möglich (um den Körper zu rechtfertigen und seine spezifischen Funktionen zu entschuldigen), wenn im sozialen Raum des Mittelalters bestimmte Schneisen, bestimmte Topoi bestehen, in denen das Selbstmanifestieren, und zwar das unschuldige Selbstmanifestieren des Leibes zulässig ist.

Das Anliegen der vorliegenden Untersuchung besteht folglich in der Erläuterung der wichtigsten dieser Topoi.

Zuerst müssen wir auf das mittelalterliche Fest verweisen. Auf das Thema der festlichen Kultur des Mittelalters wird in der bekannten Studie von M. Bachtin[10] tiefschürfend eingegangen. Es sei mir gestattet, die Leser auf diese hervorragende Untersuchung zu verweisen und die Aufmerksamkeit auf eine Besonderheit der Funktion dieser Feste zu lenken, die sich unmittelbar auf das uns interessierende Problem bezieht. Man könnte das mittelalterliche Fest natürlich als einen eigenartigen „Durchbruch" im ausgewogen-ruhigen, durch zahlreiche strenge Vorschriften sanktionierten Alltag, als eine zeitlose Wende der sozialen und der geistigen Hierarchie betrachten. Das würde aber nicht genügen.

Seinem Wesen nach ist das Fest vor allem der extrem unaufhaltbare, selbstvergessen verantwortungslose Ausdruck des in der mittelalterlichen Kultur unentwegt real existierenden „Unterleibs". Das Fest wird auf dem Marktplatz abgehalten und verkündet, sündenfrei erleichtert, in aller Öffentlichkeit all das, was der mittelalterliche Mensch im Alltag heimlich und schuldbewußt tut. Das Fest berauscht gerade dadurch, daß die Handlungen und Gedanken nicht reglementiert, die gegenseitigen Beziehungen nicht im vorhinein gegeben sind, d. h. durch die apriorische Unschuld

---

[10] M. Bachtin, Tworschestwo Francois Rabelais i narodnaja kultura srednewekowija i renessansa, Moskwa 1965.

jeder Handlung, jedes Wortes, jeder Geste. Ich wiederhole: jener Handlung und jenes Wortes, die auch im alltäglichen Leben existieren, wo sie Schuld und Sünde sind.

Das Fest ist eine spezifische Form der „Veräußerlichung" der sozialen Normen durch die „Entschuldigung" des im Alltag Unzulässigen bzw. Wertlosen, durch dessen „Hinausziehen" in einen anderen, ungewöhnlichen Raum, wo das Nichterlaubte erlaubt, das Ekelhafte schön, das Qualvolle wonnevoll, die Sünde eine entschuldbare Tat wird. Daher die für das mittelalterliche Fest charakteristische Raserei und zügellose Leidenschaft. Daher die demonstrative Überfülle an Speisen, Wein, Belustigung und ungebührlichem Lachen. Daher auch das fröhlich-unverbildete Gestikulieren der Leibesglieder, die orgiastisch-demonstrative Erfüllung der Funktionen des Körpers.

Bekanntlich spielt das mittelalterliche Fest die Rolle eines gewissen „sozialen Ventils", das die im Alltag angesammelte Spannung durch die „chronologische" Aufgliederung und Aneinanderreihung vom Gerechten und Sündigen freisetzt. Es ist ein ergänzendes Ereignis im menschlichen Leben, das in das bewohnte All des mittelalterlichen Menschen die real nicht zu beseitigenden Gesten seines Körpers „einbezieht". Jedoch die gespannte und dramatische Gemeinschaft von Körper und Seele ist eine alltägliche Realität, und die Prinzipien ihrer Koexistenz müssen ebenfalls die Merkmale des Alltags tragen. Das wirkliche Leben des mittelalterlichen Menschen ist nicht so streng in den Alltag des Gebets und der Beichte und in das verantwortungslos fröhliche Fest aufgeteilt. Das gute Essen, das Trinken, die Liebesfreuden können ein unerwartetes Geschenk des glücklichen Zufalls sein, und der mittelalterliche Mensch (unabhängig von seiner sozialen Stellung, vom Alter und Beruf) gibt sich ihnen mit Bereitschaft und zügellosem Leichtsinn hin. Mit erstaunlicher Sorglosigkeit wird zum Beispiel täglich gegen die zahlreichen Vorschriften und Verbote verstoßen, die die sexuellen Beziehungen regeln. Die „Bußbücher", diese unersetzbaren Kulturdenkmäler, die das vollblütige und authentische Leben des Volkes widerspiegeln[11], stellen eine äußerst breite Palette vitaler Äußerungen des vom autoritären Diktat der Seele befreiten Fleisches dar. Ehebruch und Unzucht, sexuelle Gewalt und Prostitution, Sodomie und Zoophilie, raffinierte Liebestechniken und Liebesmagie — nichts fehlt in diesen sorgfältig und gewissenhaft aufgestellten „Erotiklexika" (Gurewitsch). Für uns ist es wichtig, nicht zu vergessen, daß der Beichtvater in

---

[11] Diese ungewöhnliche „Genre" der mittelalterlichen Literatur wird umfangreich behandelt bei: H. J. Schmitz, Die Bußbücher und die Bußdisziplin der Kirche, Graz 1958; R. Kottje, Die Bußbücher Halitgars von Cambrai und des Hrabanus Maurus. Ihre Überlieferung und ihre Quellen. Beiträge z. Geschichte u. Quellenkunde des Mittelalters, Bd. 8, Berlin 1980.

den Penitentialen wirklich unzulässige und sündhafte, aber zweifellos reale, im Leben verwirklichte Handlungen und Gedanken aufzählt.

Diese auffallend deutlich spürbare Anwesenheit des Unterleibs im Alltag des mittelalterlichen Menschen erfordert zweifellos das Vorhandensein eines besonderen entschuldigenden Mechanismus, einer rechtfertigenden Handlung, einer büßenden Geste. Ein solcher „Mechanismus" ist die Reue in der Beichte. Die Beichte und die Reue sind im weitesten Sinne mit der festlichen „Zeitlosigkeit" funktional identisch. Sie „veräußerlichen" auch die sozialen Regelungen, indem sie durch das von außen durchgesetzte (d. h. verallgemeinerte und formalisierte) Verfahren die Verantwortung für die Sünde aufheben. Nach der mittelalterlichen Paradoxologie sind die Beichte und die Reue auch Topoi der Entschuldigung, denn die vom Beichtvater auferlegte *Epitimia* ist Strafe für die Sünde, aber gleichzeitig auch schon Vergebung. Die Beichte und die Reue sind in gewissem Sinne Schneisen in der ausgesprochen repressiven normativen Struktur der mittelalterlichen Moral, und eben in diesen Schneisen der Barmherzigkeit und Vergebung werden die Handlungen des Fleisches gerechtfertigt und unterstützt.

Die wesentliche Besonderheit des Festes und der Beichte als „Räume der Unschuld" besteht darin, daß der mittelalterliche Mensch in seinem Leben diese Räume häufig betritt und wieder verläßt. Das menschliche Leben geht ständig vom Alltag in den Feiertag und vom Feiertag in den Alltag über, genauso wie die reinigende Beichte die sündige Handlung oder den sündigen Gedanken ablöst, um bald wieder dem nächsten Sturz in die Tiefe des Lasters den Platz zu räumen. So unzureichend unsere Kenntnisse auch sind, können wir doch behaupten, daß die rezidivierende Sünde im mittelalterlichen Verhalten eher Norm als Ausnahme ist. Unsere Überzeugung wird auch dadurch verstärkt, daß die mittelalterlichen Autoren die Fälle der „ein für allemal" gezeigten Reue mit liebender Freude beschreiben. Und da die Literatur des Mittelalters (besonders die Genres, die uns vor allem interessieren: die Chroniken, die *Vitae sanctorum*, die Predigten und die Visionen) keine Vorliebe für die gewöhnlichen Erscheinungen aufweist, sondern sich mit dem Außergewöhnlichen, dem Außerordentlichen befaßt, dürfen wir annehmen, daß die entscheidende, endgültige Reue nicht die Regel, sondern eine Ausnahme ist, eine von wenigen Auserwählten begangene moralische Heldentat.

Aber wie ist dieses ständige Fluktuieren des menschlichen Daseins zwischen zwei so entgegengesetzten Zuständen möglich? Wie ist ihre Vereinigung überhaupt möglich — nicht die heuchlerische, sondern die aufrichtige Vereinigung in ein und derselben Persönlichkeit (oder sozialen Gruppe) der Heiligkeit und der Sündhaftigkeit, der reinen geistigen Intention und der brutalen Lebenshandlung, der fanatischen Keuschheit und der orgiastischen Ausschweifung des Fleisches, der asketischen Großtat und der zügellosen Gier nach irdischen Gütern? Würde es uns gelingen, diese Frage zu beantworten, so würden wir einen wichtigen Schritt machen — vielleicht den wichtigsten — auf dem Wege zu dem Schwerpunkt, der die Realien der Kultur des Mittelalters konstituiert und ihre Eigenartigkeit und organische Einheit bewirkt. Erst dann wären wir in der Lage, diese Kultur ernsthaft zu akzeptieren, sie zu verstehen und mitzuerleben.

Vor allem müssen wir die Frage nach den konkreten Dimensionen der menschlichen Lebenssituation in jener historischen Epoche stellen. Die Situation des Menschen in der Welt im Mittelalter ist völlig einzigartig und einmalig.

Zuerst hat sie nichts gemeinsam mit dem wirkenden Egozentrismus des Menschen der Postrenaissance, des freien Individuums, der sein Universum vom privilegierten Standpunkt des sich selbst konstituierenden Ichs aufbaut und sich über den Abgrund des außerhalb seiner Welt Verbleibenden nicht besonders beunruhigt, denn er weiß, daß er nur situativ und nicht substantiell existiert und letzten Endes von seiner sinnschaffenden Aktivität vollständig ausgefüllt wird. Die Lebenssituation des mittelalterlichen Menschen hat auch nichts gemeinsam mit dem optimistischen Universalismus des alten Hellenen, des Weisen, der im optimalen Mittelpunkt des Seins steht, von dem aus die Betrachtung des ganzen Universums in seiner selig-ruhigen Abgeschlossenheit und Selbstgenügsamkeit möglich wird. Abgesehen von allen offensichtlichen typologischen Unterschieden zwischen der antiken und der neueuropäischen Weltanschauung stimmen sie darin überein, daß sie eine solche menschliche Position zu finden vermögen, die die vollständige organische Übereinstimmung zwischen Mensch und Welt gewährleistet.

Der mittelalterliche Mensch hat keine solche Position. Er wird vom privilegierten Standpunkt verdrängt. Er kann niemals alle Möglichkeiten des Daseins gleichzeitig ausschöpfen, mit einem Blick die Welt in ihrer Totalität erfassen, mit einem Verhaltensakt die ganze Fülle seiner eigenen Existenz ausdrücken. Der mittelalterliche Mensch befindet sich stets irgendwo auf der Vertikalen zwischen dem Gottesreich und der Hölle — erhoben im Gebet und in der mystischen Ekstase, heftig niederstürzend in seinem Stolz und Ungehorsam, oder auf einer der zahlreichen Übergangsstufen zwischen Untergang und Rettung stehenbleibend. Aber wo auch dieses „irgendwo" sein mag, es ist niemals dort, wo der mittelalterliche Mensch alles überblicken und alles sein kann. Ob Heiliger oder Sünder — in seinem Dasein herrscht immer Mangel: beim Heiligen Mangel an Lebensfreude und Sinnlichkeit, an Eigenwilligkeit und Revolte; beim Sünder Mangel an geistiger Größe und sittlicher Reinheit, an Geduld und Demut.

Der mittelalterliche Mensch ist im wahren Sinne des Wortes zwischen den beiden superkosmischen Antagonisten — Gott und Teufel — ausgespannt. Und da es ihm nicht möglich ist, gleichzeitig nach oben und nach unten zu schauen, noch gleichzeitig sich zu erheben und hinabzusteigen, dreht er der einen Richtung stets „den Rücken" zu und vergißt sie in gewissem Sinne. Heiligkeit bedeutet, den leiblichen Übeln den Rücken zu kehren und sie vergessen, Ausschweifung hingegen der seelischen Reinheit den Rücken zu kehren und sie zu vergessen. Der mittelalterliche Mensch kann nur dann jemand sein, wenn er kein anderer ist: er ist ein Held, weil er kein Feigling ist, er ist ehrlich, weil er kein Lügner ist, er ist heilig, weil er nicht sündig ist, er ist Seele, weil er nicht Körper ist. Undenkbar ist für ihn ein Existenzmodus, bei dem die Gegensätze verschmelzen und sich zu ein und derselben Zeit in ein und demselben Individuum identifizieren. Ontologisch wird sein Sein durch die Negativität und den Mangel bestimmt.

Die absolute Fülle und Selbstgenügsamkeit kennzeichnen nicht das menschliche, sondern das göttliche Sein. Der mittelalterliche Mensch kann jedoch im Gegensatz zum alten Hellenen oder modernen Europäer keineswegs „Gott werden", noch Gott so weit ähnlich werden, daß er allsehend und allwissend wird. Seine einzige Möglichkeit, das ganze Dasein auszuschöpfen, ist die Bewegung auf der Vertikalen, das ständige Wechseln der existentiellen Perspektiven. Der Möglichkeit beraubt, als organische Totalität zu existieren, kompensiert der mittelalterliche Mensch die verlorene synthetische Einheit seines Seins durch das einfache Aneinanderreihen der einzelnen Segmente des Seins auf der Horizontalen seiner irdischen Existenz. So wird die Totalität des menschlichen Seins nicht als Festsetzung des Individuums im absolut privilegierten Zentrum des Universums, sondern als kontinuierliche Ergänzung der Lebenspositionen erreicht.

Eben dieses eigenartige „Komplementaritätsprinzip" stellt, meiner Meinung nach, den sinnvollen Kern dar, auf dessen Grundlage wir das reale soziale Verhalten des Menschen im Mittelalter verstehen können. Ideologisch von dem Platz verdrängt, der seiner Existenz Einheit und Fülle verleihen könnte, und von Natur aus nach solcher Einheit und Fülle strebend (denn die Totalität des Seins ist das natürliche immanente Telos der menschlichen Lebenstätigkeit), akzeptiert der mittelalterliche Mensch (als Ausnahme) den Mangel an Lebensmöglichkeiten (und ist dann ein reiner Heiliger oder ein unverbesserlicher Sünder) oder ergänzt sein Leben mit jenen Elementen, die ihm nicht ausreichen, indem er die Lebensteile „aneinanderklebt" und ein seltsames und für uns schwer verständliches Mosaik aufbaut.

Dieses „Aneinanderkleben" bleibt jedoch notwendigerweise eine äußerliche Aneinanderreihung. Äußerlich reflektieren sich Keuschheit und Lüsternheit gegenseitig, aber sie wachsen nie zusammen. Ihre riesige wertmäßige Belastung schließt sowohl den allmählichen Übergang ineinander als auch ihre tolerante Koexistenz aus. Der heute Keusche kann morgen wollüstig werden — das kommt oft vor, und der gestern Wollüstige kann heute keusch sein; aber dieser Übergang ist kein einfaches Verschmelzen von Lebenspositionen. Er ist vielmehr ein Bruch, ein mit höchsten menschlichen Werten gesättigter, verhängnisvoller Akt, der nur als Ausschreitung, als ekstatisch-orgiastischer Ausbruch des unterdrückten oder vergessenen Teils des Daseins realisierbar ist. Der Triumph der rehabilitierten Seele äußert sich in der herzzerreißenden Reue, in der ganzen breiten Palette demonstrativ rasender Gesten: Knien, reichliche Tränen, Asche auf dem Haupt, Geißeln des Körpers. Der Triumph des rehabilitierten Fleisches ist das selbstvergessene hemmungslose Schwelgen in den „niederen" Körperfunktionen und das gierige Genießen der irdischen Freuden. Die Tage des mittelalterlichen Menschen sind eine ständige Kette von Erheben und Niederstürzen, von Sündenfällen und Reue. Gerade deshalb ist auch sein Leben so angespannt affektiv sowohl in Hinsicht auf seinen inneren Gehalt als auch auf sichtbaren Äußerungen. Die gnadenlose Selbstgeißelung der Flagellanten und das ausgelassene Bacchanal des Festes sind nur die Grenzpunkte des ununterbrochenen fieberhaften Taumelns des mittelalterlichen Menschen zwischen Laster und Tugend, zwischen *memento mori* und unschuldiger ursprünglicher Vitalität, zwischen der Sorge um die Seele und der wollustigen Hingabe an die Versuchungen des Fleisches. Vom Gesichtspunkt unserer sittlichen Normen und Denkstereotypen ist das Verhalten des mittelalterlichen Menschen zweifellos uneinheitlich und widerspruchsvoll, sogar irgendwie demonstrativ uneinheitlich und hysterisch widerspruchsvoll. Aber wir würden uns irren, würden wir den einen Verhaltensakt für authentisch und den ihn negierenden für verstellt und nicht authentisch halten. Der mittelalterliche Mensch ist äußerst ehrlich, ich möchte sogar sagen exzessiv ehrlich — sowohl in seiner Heiligkeit als auch in der die Heiligkeit zustörenden Hingabe an das Laster, sowohl in der Sündhaftigkeit als auch in der auf die Sünde folgenden Reue. Vom absoluten Blickpunkt verdrängt, der Möglichkeit beraubt, „alles" zu sein, hat er im Grunde genommen auch keine Möglichkeit, die Spielvielfalt seiner Daseinsmodi zur Geltung zu bringen, mit den zahlreichen Lebensmöglichkeiten zu spielen. Wenn er in Frömmigkeit und Keuschheit lebt, ist er völlig und höchst aufrichtig fromm und keusch. Und wenn er diese Frömmigkeit und Keuschheit verletzt, gibt er sich mit derselben Aufrichtigkeit und Leidenschaft dem Laster hin. In jeder konkreten Lebenssituation ist er völlig identisch mit seiner Eigenschaft, und sein Dasein ist durch das jeweilige emblematische Zeichen umfassend dargestellt. Er kann natürlich die Rolle wechseln, aber nur, wenn er sich von der vorhandenen Eigenschaft „losreißt" und sich an eine andere, auch an die entgegengesetzte, „bindet", indem er das ursprüngliche Emblem ablegt und sich durch ein anderes, auch entgegengesetztes, kennzeichnet, das aber sein Hier-und-jetzt-Sein wiederum umfassend darstellt.

Dadurch, daß es dem mittelalterlichen Menschen unmöglich ist, sich in die verschiedenen Lebenssituationen spielend einzuschalten, durch seine völlig ernsthafte Einbeziehung in die konkreten Lebensrollen entsteht die

Notwendigkeit, die wertmäßig negativen Verhaltensäußerungen mit einer spezifischen Kulturhülle zu überziehen, die ihre derbe Ursprünglichkeit mildern, ihre hemmungslose Leidenschaftlichkeit zügeln und sie zulässig machen soll — schon als reine Kulturformen. Wenn die Persönlichkeit mit ihrer unmittelbar vorhandenen Eigenschaft ontologisch verwachsen ist, muß diese Eigenschaft selbst als eine mögliche Modalität des menschlichen Seins offensichtlich irgendwie „gerechtfertigt" werden. Doch während die positiven Eigenschaften — Demut, Gehorsam, Enthaltsamkeit, Keuschheit usw. — ihre Bedeutsamkeit sozusagen unmittelbar und offen bekunden, können Schlemmerei und Trunksucht, Ehrgeiz und Stolz, Freidenkertum und sexuelle Zügellosigkeit den Status von realen menschlichen Positionen nur dann bekommen, wenn ihnen die offene und unmittelbare Vitalität entzogen wird und sie kulturmäßig normiert werden.

Die kulturmäßige Normierung ist nach dem Fest und der Beichte demnach der dritte Topos der mittelalterlichen Erotik. Indem sie eine Kulturform wird, hört die arglose Sinnlichkeit des mittelalterlichen Menschen auf, banale, verurteilenswerte Sündhaftigkeit zu sein, und wird eine sittlich und ästhetisch gerechtfertigte Daseinsmodalität, die anderen, außerideologischen Normen und Kriterien und deshalb keiner direkten ideologischen Sanktionierung unterliegt. Auf der Ebene der Kultur (der weltlichen Kultur natürlich, denn der Körper ist eine Analogie der „Welt") sind die Handlungen des Körpers nicht mehr grobe und primitive, mißförmig-tierische Grimassen, sondern ausgewogene und auf ihre Art schöne menschliche Gesten.

Die Mechanismen für die positive sittliche und ästhetische Normierung des sexuellen Lebens im Mittelalter sind unterschiedlich. Ein solcher Mechanismus ist zum Beispiel die Courtoisie — dieser eigenartige erotische Kodex der feudalen Aristokratie. Tatsächlich ist die Courtoisie an sich ein soziokulturelles Phänomen, das viele Bedeutungen hat, und wenn wir ihre spezifische „gesetzgeberische" Funktion betonen, vereinfachen wir natürlich die Dinge. Jedoch müssen wir uns ein für allemal von den jugendlich-romantischen Vorstellungen von der ritterlichen Liebe befreien, die, wenn auch wunderschön und „sittlich", die kulturelle Form nur berühren, ohne in das einzudringen, dessen „entschuldigender" Ausdruck diese Form ist.

In der Courtoisie gibt es natürlich sowohl den ergebenen Minnedienst und den Traum von der fernen Geliebten als auch stilles Bewundern, Liebeskummer und tragische unerwiderte Liebe. Aber hinter den ausgewogenen Dimensionen der „Ritteretikette" verbirgt sich die für den mittelalterlichen Lebensstil charakteristische ursprüngliche Sinnlichkeit. Die Liebe ist eine Naturerscheinung, eine angeborene Leidenschaft, die beim Erblicken des anderen Geschlechts, bei dem Gedanken an seine Besonderheiten entsteht. Sie erweckt im Mann den Wunsch, die Frau zu besitzen, und in der Frau den heißen Wunsch, sich dem Mann hinzugeben.

Erst auf der Grundlage dieser hinreichend offenen Sinnlichkeit bauen sich die zahlreichen Elemente der Courtoisie auf — bis hin zu jenen raffiniert vergeistigten Formen, bei denen der Minnedienst mit dem Gottesdienst verschmilzt. Dieses Verschmelzen ist aber nur das Endergebnis der eifrigen und vielschichtigen Vermittlung und Modellierung der vitalen sinnlichen Naturkraft. Das tatsächliche Korrelat des Körpers im courtoisen Verhalten ist nicht die nach Rettung und ewiger Wonne strebende, sondern die von der Etikette, der Mode und der edlen Rede „kultivierte" Seele. Auf diese Weise verläßt die Liebesbeziehung den Raum, in dem sich Rettung und Untergang gegenüber stehen. Als bestimmend erweist sich nicht der Kampf zwischen der Tugend und der Sünde, sondern der Gegensatz zwischen der groben tierischen Begierde und der raffinierten Erotik.

Die aufrichtige sinnliche Freude am körperlichen Besitz spiegelt sich auch in bestimmten Genres der Literatur des Mittelalters wider. Die ihren spezifischen Normen und Kriterien untergeordnete künstlerische Form ist ausnehmend geeignet, die menschliche Sexualität so zu meistern, daß die Liebesvereinigung den Status eines wertmäßig gerechtfertigten Lebensaktes gewinnt. Es ist mir wirklich nicht möglich, die unvermutet umfangreiche erotische Literatur des Mittelalters hier auch nur relativ vollständig zu behandeln. Man darf jedoch keinesfalls ihre bedeutendsten Erscheinungen übersehen. Und da ich gezwungen bin zu wählen, werde ich kurz auf die Goliardendichtung und die erotische Parodie eingehen.

Die Dichtung der umherziehenden Scholaren (auch Vaganten oder Goliarden genannt) ist vielleicht die beeindruckendste literarische Aussage über den Freudenrausch, den im Mittelalter das irdische Leben und das leibliche Vergnügen hervorriefen. Die Vagantenlieder sind erfüllt von ehrlicher Begeisterung über die Herrlichkeiten der Welt — die Liebkosungen der Sonne, die Vogellieder, die Frühlingsdüfte, den Geschmack des Weines, die Hasardleidenschaft, den geistreichen Ausspruch, die Liebeszärtlichkeit. Fast die Hälfte dieser Lieder haben erotischen Inhalt, und unsere Hoffnung, in ihnen wichtige Hinweise für das uns interessierende Thema zu finden, ist gut begründet.

Die Erotik in der Vagantendichtung ist von der Konventionalität der Etikette und der Norm der Courtoisie befreit. Sie ist in einer Konvention anderen Typs gehalten, die es erlaubt, den natürlichen Liebesgenuß und die Kultur zu vereinen. Diese Konvention ist vom künstlerischen Modell vorgegeben. Es ist offensichtlich für die Leser der Goliardendichtung, daß die aufrichtige erotische Bewunderung des Körpers der Geliebten, die frivolen Beschreibungen der sinnlichen Freuden, die obszönen Andeutungen stark stilisiert sind nach bestimmten antiken Vorbildern und insbesondere nach Ovid, der für die Scholaren des Mittelalters zweifelsohne eine Autorität in der *ars amatoris* ist. Dabei geht es hier nicht einfach darum, die natürlichen Realien unter formalen literarischen Hüllen zu verbergen, oder, anders gesagt, der groben körperlichen sexuellen Praxis konventionellen verbalen Ausdruck zu verleihen. Das künstlerische Modell ist keine dünne Schicht an der Oberfläche, die man durchbrechen könnte, um in die unkünstlerische und unmittelbare Naturgewalt des Lebens im Mittelalter zu versinken. Die Kulturform durchdringt die Lebenspraxis und modelliert sie entsprechend ihrer eigenen Wertkriterien. Ovid ist nicht nur ein gebildeter Lehrer der Redekunst, sondern auch ein echter Ausbilder in den Dingen der Liebe. Die gemeisterte Form der „Liebeskunst", die gründliche Kenntnis des antiken erotischen „Handbuches" — das ist der Haupttrumpf des Scholaren in der Rivalität in der Liebe. Er ist dem Laien gerade durch seine Fähigkeit überlegen, „nach Ovid" zu lieben, d. h. seine körperlichen Gesten den Gesetzen eines bestimmten literarischen Modells entsprechend zu normieren. Die Fähigkeit, das Lebensverhalten nach kulturellen Normen zu gestalten, versetzt den gebildeten Vaganten in eine privilegierte Lage sowohl dem ungebildeten Bauern als auch dem kaum des Lesens und Schreibens kundigen Ritter gegenüber. Seine Bildung ist eine Garantie für die Erfolge in der Liebe sowie eine Vorbedingung für die Verwirklichung der Liebesvereinigung als menschlichem Lebensakt.

Die Parodie ist eine weitere Möglichkeit der mittelalterlichen Kultur, die übermäßig herabgewürdigte und von den positiven Lebenswerten entfernte Körperlichkeit zu rehabilitieren. Das Wesen der Parodie[12] äußert sich in der spielerischen Entweihung und Verweltlichung der höchsten Werte der Kultur, in ihrer „Übersetzung" in die aufrichtig vulgäre Sprache der der Heiligkeit beraubten „Welt", in ihrer Ansiedlung im Bereich des „Unterleibs". Das läßt sich verhältnismäßig leicht realisieren in dem auf der Vertikalen weit ausgedehnten Kosmos des Mittelalters.

Je erhabener die Seele dargestellt wird, je schwerer erreichbar die Sündlosigkeit scheint, je beneidenswerter das Schicksal der Ausgewählten im Gottesreich ist, desto notwendiger ist die Parodie, desto stärker ist die Eifersucht, mit der der mittelalterlichen Mensch den hohen Sinn herabwürdigt und vergröbert, desto ungestümer ist seine Freude über die spielerische „Umwandlung" der Wirklichkeit. Die mittelalterliche Parodie ist eine Art Rache für den vergessenen und erniedrigten sozialen oder körperlichen „Unterleib", der aus dem Blickfeld der höchsten ideologischen Werte ausgeschieden ist. Nachdem sie plötzlich frei und selbständig wird, beginnt die Körperlichkeit in ihrer eigenen Sprache zu sprechen, die jetzt zu einer universellen Sprache wird, die jeden, auch den höchsten Sinn zum Ausdruck bringt. So bleibt keine, auch nicht die sakral am meisten geschützte Lebenssphäre für die parodistische Transposition ungeeignet. Und da die natürliche Sprache der Parodie die Sprache des „Unterleibs" ist, ist es auch kein Wunder, daß in der mittelalterlichen Parodienliteratur die erotischen Parodien überwiegen.

Was unser Thema anbelangt, bereitet uns die mittelalterliche Parodie gewisse Schwierigkeiten. Es wurde bereits die Hypothese dargelegt, der

---

[12] Über das Wesen der Parodie cf. I. Passi, Smeschnoto, Sofia 1972, 213sq.

mittelalterliche Mensch, die Allgegenwärtigkeit entbehrend und deshalb stets mit seiner unmittelbar vorhandenen Eigenschaft identisch, sei nicht in der Lage, mit den verschiedenen Lebensmöglichkeiten zu spielen, sich in verschiedene Lebensrollen spielerisch einzufühlen, ein „Sein" vorzuspielen. Aber was sonst ist die Parodie als ein Spiel mit dem Parodierten, ein spielerischer Anspruch des Scheinbaren und Niedrigen, wirklich und sinnvoll zu sein?

Natürlich ist die Parodie ein Spiel und eine nicht ernsthafte Nachahmung. Natürlich erniedrigt sie das erhaben Sakrale, das Wahre und Wertvolle. Natürlich übertönt das Ungestüm der parodistischen Spötteleien die gemessenen, feierlichen Takte der tiefsinnigen Rede. Doch warum? In seiner bekannten Untersuchung verweist Issak Passi dezent auf die Möglichkeiten der Parodie, die vom Charakter des „parodistischen Vorübers"[13] bestimmt sind. Das bedeutet aber, daß wir, um den Sinn der mittelalterlichen Parodie zu begreifen, zuerst die Besonderheiten des Parodierten aufdecken und so, auf allgemeine theoretische Überlegungen verzichtend, versuchen müssen, die Eigenart des Stils der mittelalterlichen Parodie zu erklären.

Das Mittelalter parodiert also den höchsten göttlichen Sinn: die Versuchung Adams, die Entbindung einer Jungfrau, die Leidenschaften des Erlösers. Aber gibt es für den mittelalterlichen Menschen etwas Dramatischeres, etwas Schrecklicheres und Verhängnisvolleres als die Sünden der ersten Menschen, etwas Herrlicheres und Schöneres als die Reinheit der Mutter Gottes, etwas Rührenderes und Würdigeres als die Leiden dessen, der gekommen ist, um die Sünden der Menschen zu sühnen. Man parodiert die Messe und das Gebet, die Hymne und die Sequenzen. Aber ist die Liturgie nicht der wahre Maßstab für das menschliche Leben, jener Maßstab, ohne den das Leben eine chaotische und sinnlose Anhäufung von Ereignissen wäre? Ist das Gebet nicht der sicherste Weg zu Gott? Ist es nicht die Hymne, die die entzückte und in wonnevoller Ahnung lebende Seele erhebt? Man parodiert die Namen und die Beschäftigung mit den Worten. Aber ist nicht der Name der in sich maximal konzentrierte Code des göttlichen Gedankens? Ist es nicht das Wort, das wirklich „am Anfang" ist und ohne das jedes Sein und jede Wahrheit undenkbar sind? Ist die Grammatik, die die richtige Verbindung der Namen lehrt, nicht jene „Ausgangswahrheit", ohne die wir für den göttlichen Aufbau des Kosmos ontologisch blind wären? Man parodiert die evangelischen Texte, die Dekretalien, die Entscheidungen der Konzilien. Ist das Leben des Christen außerhalb der Verkündigung Mariä überhaupt denkbar, und wer, wenn nicht der Statthalter des Apostels auf der Erde, hat den Schlüssel zur ewigen Rettung?

---

[13] Ibid., 214.

Die mittelalterliche Parodie visiert offensichtlich keine zweitrangigen und zufälligen ideologischen Werte an, sondern eben das, was das Wesen der christlichen Weltanschauung und des christlichen Lebensstils kennzeichnet. Sie erniedrigt und verspottet etwas, ohne das für den mittelalterlichen Menschen jede menschliche Stätte unvorstellbar ist. Sie droht, das Leben selbst zu zerstören, es in ein Chaos umzuwandeln, ihm Ziel, Sinn und Berechtigung zu entziehen. Die vertikale Architektonik des mittelalterlichen Kosmos und die maximale wertmäßige Intensität der parodistisch profanierten „Spitze" wandeln die Parodie nicht nur in etwas Fröhliches, Unterhaltsames und Lichtes, sondern auch in etwas Riskantes, Dramatisches, Beunruhigendes und Furchterregendes. Hinter der neueuropäischen Parodie — als künstlerisches Schaffen oder als Lebensposition — kann man in der Regel einen anderen, schöneren und zweckmäßigeren Kosmos erkennen. Hinter der mittelalterlichen Parodie lauert die fürchterliche Tiefe der reinen Negativität, der Sinnlosigkeit und des Chaos. Wir könnten zum Beispiel einen bestimmten Typ der Sprachgestaltung parodieren, aber unser Parodieren wäre — im ontologischen Sinne — nicht gefährlich und verantwortunglos, denn, indem wir im parodistischen Spiel den mißlungenen Sprachstil zerstören, glauben wir an eine andere, sozusagen „richtige" Sprachgestaltung. Oder wir könnten, wiederum ohne jedes ontologische Risiko, zum Beispiel das Bild eines Staatsoberhauptes parodistisch „herabmindern", mit dem klaren Bewußtsein, daß das echte, gute und gerechte Staatsoberhaupt dennoch existiert (jetzt oder einst oder vielleicht in der Zukunft). Aber für den mittelalterlichen Menschen gibt es keine alternative Welt, keine alternative Sprachgestaltung, keinen alternativen Schöpfer. Und wenn er diese Welt parodistisch zerstört, wenn er die wahrhafte Rede auf die vulgär-profane Sprache des „Unterleibs" herabwürdigt, wenn er die heiligen Bedeutungen verspottet, betritt er die Grenze des schlimmsten ontologischen Risikos — des Risikos, das Sein total zu verlieren, des Risikos, in den Abgrund des Nichts zu stürzen. Die mittelalterliche Parodie ist unumgänglich vom düsteren und bedrohenden Schatten der Selbstvernichtung und der totalen Sinnlosigkeit begleitet. Die sorglose parodistische Geste ähnelt auf seltsame Art der fatalen Geste des Selbstmörders. Das parodierende Lächeln droht plötzlich in der Maske des Todes zu erstarren.

Folglich kann die mittelalterliche Parodie kein „Daseinsspiel" sein, kein wirkliches ontologisches Verspielen der Daseinsmöglichkeiten. Das positive Ideal, das das parodistische Travestieren fördert, erstreckt sich unumgänglich auf den Gegenstand der Parodie, denn nur einer ist Christus, nur eins ist das wahrhafte Wort, nur eine ist die göttliche Welt — außerhalb von ihnen gibt es nichts als Chaos, Finsternis, Sinnlosigkeit und Übel. Dieses ständige Stehen am Rand des Abgrunds verleiht der mittelalterlichen Parodie eine einmalige innere Spannung, Dramatik und Schmerzhaftigkeit. Bedenken Sie selbst: Hier wird herabgewürdigt und sinnlos gemacht, was unser Leben selbst in seinem tiefsten Grunde ausmacht. Deswegen ist im Parodieren der hohen Werte im Mittelalter stets ein orgiastischer Wahnsinn, eine fieberhafte Ausschweifung, eine beängstigende Fröhlichkeit zu erkennen. Deswegen ist die kritische Phrase eine freche Schmähung. Deswegen ist der obszöne Ausdruck eine unverhüllte Vulgarität. Deswegen ist das parodistische Lachen eine hysterische Herausforderung. Zu hoch ist der Einsatz im parodistischen „Daseinsspiel", zu gefährlich ist das Risiko des parodierenden Verhaltens, zu verhängnisvoll ist der mögliche Ausgang der Entwertung der göttlichen Gegenstände, damit sich der Mensch zu einem solchen ontologischen Spiel entschließt. Aus diesem Grunde ist die mittelalterliche Parodie eher ein „Kulturspiel", eine Art Glasperlenspiel, und wir können verhältnismäßig leicht erkennen, mit welcher Vorsicht die mittelalterlichen Autoren darauf achten, daß sie über die Grenzen des rein formalen Kulturspiels nicht hinausgehen. Die obengenannte Hypothese bedarf selbstverständlich einer umfassenden Begründung. Aber wir sind sehr weit vom Thema abgewichen. Deswegen werde ich dieses Problem in einer weiteren Untersuchung eingehend behandeln. Hier sei nur auf die allgemein bekannte Tatsache hingewiesen, daß die mittelalterlichen Parodien größtenteils die Grenzen der Schulen nicht überschritten haben, daß sie meistens toter Papiertext geblieben sind und auf dem Festplatz nicht vorgetragen worden sind.[14]

Zweifelsohne hat das Kulturspiel ebenfalls seinen reinen Lebenssinn. Worin besteht der Lebenssinn des Parodierens im Mittelalter? Wenn der mittelalterliche Mensch auf den Altar einen mit den Kennzeichen der Bischofsmacht ausgestatteten Esel erhebt, beabsichtigt er nicht so sehr, den Bischofsstuhl zu entweihen oder die existierende soziale Hierarchie umzukehren (denn sowohl der Altartisch als auch die soziale Topik sind göttlich, d. h. absolut reglementiert). Seine tiefste Intention besteht eher darin, beim festlichen Spiel, beim orgiastischen Jubeln, das, was für ihn in unendlicher Ferne lag, zu sich „heranzuziehen", es mit seiner eigenen täglichen Alltagsexistenz zu vereinbaren. Er (an dieser Stelle sei mir diese scherzhafte Bemerkung gestattet) deutet nicht an, auf dem Bischofstisch stünde ein Esel, sondern setzt dem für ihn zu hohen Sein-als-Bischof sein eigenes erniedrigendes Sein-als-Esel gleich. Darin besteht, scheint mir, auch die wichtigste Funktion der erotischen Parodie im Mittelalter. Sie vereint das, was im ideologischen Kanon nicht vereinbar ist, verleiht dem Unsichtbaren konkret bekannte Züge, meißelt eine plastische Figur der Körperlosen, vertont das in tiefem Schweigen Versunkene. Die mittelalterliche Parodie ist ein Mittel des mittelalterlichen Menschen, sich den höchsten Werten des Geistes zu nähern, sie — selbstverständlich auf eine ungewöhnliche und nicht besonders adäquate Weise — in jene leibliche

---

[14] P. Lehmann, Die Parodie im Mittelalter, Stuttgart 1963, 95.

Daseinsmodalität einzubeziehen, der er sich keineswegs zu entziehen vermag.

Es bleiben noch ein paar Worte über das Theater und die bildende Kunst zu sagen. Die mittelalterlichen Theatervorstellungen enthalten eine Fülle von erotischen Motiven, die in der Regel aus der antiken Mythologie entliehen worden sind. Bei Feierlichkeiten wurde das Volk mit offenen erotischen Szenen unterhalten (das bevorzugte Thema war „Die Entscheidung des Paris"), in denen Göttinnen, Nymphen und Sirenen unbedingt nackt auftraten.

Die Darstellung des nackten Körpers im Mittelalter ist in der Regel durch die allgemeine weltanschauliche Einstellung bedingt, die im Fleisch vor allem ein Symbol der Sünde und der verhängnisvollen Versuchung sieht. Trotzdem weist die bildene Kunst im Mittelalter eine deutliche Tendenz zur realistischen Darstellung des nackten Körpers auf, der in seiner ganzen Schönheit und Kraft am Tage des Jüngsten Gerichts aufersteht.[15] Übrigens war die künstlerische Darstellung erotischer Sujets auch im Mittelalter ein fester Bestandteil der „populären" Kultur, und die Einwohner der Städte konnten unanständige Bilder sogar im Vorraum der Kirche kaufen.[16]

Die kulturelle Normung der Erotik wird letzten Endes durch ihr theoretisches Durchdenken, d.h. durch ihre Einbeziehung ins Feld des wissenschaftlichen Wortes verwirklicht. Die Liebe von Mann und Frau, und zwar die Liebe in ihren rein körperlichen Dimensionen, wird zum Gegenstand theoretischer Erörterung vor allem bei den Naturalisten des 12. Jh. Für Abaelard zum Beispiel ist die Liebe an sich keine Sünde, sondern ein natürliches Bedürfnis. Aber das von Natur aus Notwendige ist den Dimensionen der Sittlichkeit gegenüber sozusagen gleichgültig. Gut oder böse, sündig oder gerecht ist nur die Absicht, mit der eine Tat begangen wird. Abaelard schreibt: „Wir müssen die Bedürfnisse unseres Körpers befriedigen. Denn Gott gebietet uns, nicht Feinde der Natur, sondern des Lasters zu sein." Dieser Gegensatz zwischen Natur und Laster wird zum Hauptthema des vielleicht größten philosophischen Werkes des späten 12. Jh., „De planctu Naturae" von Alan von Lille. Robert von Melun, der Nachfolger des Abaelard in der Schule auf dem Hügel Sainte Genevieve, bestreitet die These von der Sündhaftigkeit des sinnlichen Genusses mit dem scharfsinnigen „theologischen" Argument, daß, wenn es so wäre, wir auch im Paradies die Töne und Farben, die schmackhaften Speisen und die anderen Wonnen nicht genießen könnten, und das würde der Vorstellung vom Paradies widersprechen.[17]

---

[15] Cf. K. Klark, Goloto tjalo, Sofia 1983, 180sqq.
[16] Cf. J. Huizinga, op. cit. Anm. 2, 169sq.
[17] Ausführlich zu diesem Problem: M.-T. d'Alverny, Comment les théologiens et les philosophes voient les femmes, in: CCM 20 (1977), 105sqq.

Noch ruhiger und sachlicher behandeln die Philosophen der Schule in Chartres die sexuellen Probleme. Sie stellen die Frage: Warum ist die Frau, wenn sie ihrer körperlichen Beschaffenheit nach kälter als der Mann ist (auch die heißeste Frau ist kälter als der kälteste Mann, vermerkt Willhelm von Conches[18]), libidinöser als er? Weil — antwortet Adelard von Bath[19] — die Libido nicht von der Kälte, sondern von der Feuchtigkeit abhängt. Und da bei der Frau das feuchte Element überwiegt, ist bei ihr der Wunsch nach Liebe stärker. In allen Fällen, so schließt der Autor seine Überlegungen, ist die Frauenlibido kein Laster, sondern ein natürliches Bedürfnis.

Die Analyse der mittelalterlichen Erotik zeigt, daß der mittelalterliche Mensch nicht nur ein asketisch heroischer Sucher des Jenseits, sondern auf besondere Weise auch auf irdische Güter hin orientiert ist; daß seine Welt nicht nur von demütigem Beten, Schweigen und seelischer Konzentration, sondern auch von vielen rein körperlichen Gesten mit schrillen Lauten und grellen Farben erfüllt ist; daß er in vieler Hinsicht körperlich lebt und daß die Erotik eine wichtige Komponente seiner irdischen Existenz darstellt; daß er trotz der ganzen schwer überschaubaren Entfernung der guten Seele vom sündigen Leib es vermag, sie auf eine originelle Weise zu vereinigen und dadurch seinem menschlichen Dasein Fülle und Vollendung zu verleihen.

---

[18] Guillelmus de Conchis, De philosophia mundi IV, 13 (PL 172, 89).
[19] Die Quaestiones naturales des Adelard von Bath. Hg. u. unters. von M. Müller, BGPhMA XXXI, 2, Münster 1934, 42.

Juan Ruiz und sein „Libro de buen amor":
Die gute Liebe und die menschliche Natur

HENK DE VRIES (Doorn)

Der Dichter äußert seine Gedanken über Mensch und Natur im Zusammenhang mit dem Thema seines Buches, der Liebe zwischen Mann und Frau. Er hat überdies seinem Werk eine Form gegeben, die seinen Äußerungen zur Natur des Menschen besonderes Gewicht verleiht und daher zuerst unsere Aufmerksamkeit verdient.

Das Buch wurde ‚Buch des Erzpriesters' genannt, bis der junge Menéndez Pidal 1898 darauf hinwies, daß der Dichter selbst dem Buch den Titel *Libro de buen amor* gegeben hatte. Der Dichter ist nur aus diesem Buch bekannt. Er nennt sich Juan Ruiz und Erzpriester von Hita. Hita ist eine kleine Stadt (‚*villa*') nördlich von Guadalajara, die den Rang eines Erzpriestertums hatte; aber die Identität des Dichters ist schwer nachzuweisen.[1] Das Werk gibt sich als Autobiographie. Der Stil ist lebhaft und realistisch. Es hat viele Forscher verwirrt, daß dieser angebliche Priester von seinen Verliebtheiten erzählt, Verliebtheiten, die alles andere als platonisch sind und von denen einige ihre Erfüllung im Beischlaf finden. Demgegenüber steht, daß der Dichter das Buch mit frommen Liedern an Maria eröffnet und abschließt und öfters erklärt, der Leser solle sich bemühen, hinter die grobe Außenseite der Wörter zu blicken, um den wahren, heiligen Sinn des Buches zu erkennen. Letzteres erschwert er jedoch sehr durch seinen mehrdeutigen, ausweichenden Stil. So entstand die große Streitfrage, ob der Dichter einen didaktischen Zweck verfolge. An der Sympathie des Erzählers für die Hauptperson, die seinen Namen trägt, und für die Frauen, denen sie begegnet, ist nämlich nicht zu zweifeln.

---

[1] Francisco J. Hernández hat 1984 mit einem Dokument aus 1330 einen Johanne[m] Roderici archipresbiter[um] de Fita nachgewiesen. Mit diesem Dokument, einem Urteil, wurde ein Konflikt zwischen dem Erzbischof von Toledo und den Klerikern von Madrid beendet, das Hernández dazu anwenden will, die Episode der Kleriker von Talavera besser zu verstehen. Nach H. A. Kelly, der an die dreißig Juan Rodriguez (= Ruiz) dokumentiert, kann das Libro de buen amor erst spät im XIV. Jahrhundert geschrieben worden sein. Siehe F. J. Hernández, „The Venerable Juan Ruiz, Archpriest of Hita", in: La Corónica XIII (1984) 10–22; H. A. Kelly, „Archpriests, Apostles, and Episcopal Epistles", in: La Corónica XIV (1985) 1–5; F. J. Hernández, „Juan Ruiz y otros arciprestes, de Hita y aledaños", in: La Corónica XVI (1988) 1–31; H. A. Kelly, „Juan Ruiz and Archpriests: Novel Reports", in: La Corónica XVI (1988) 32–54.

Der Aufforderung des Dichters, zwischen den Zeilen zu lesen und hinter die Oberfläche zu dringen, hat mancher Kritiker Folge geleistet. Auf die einander widersprechenden Deutungen, zu denen dies geführt hat, gehe ich hier nicht ein. Meine eigenen Untersuchungen beinhalten eine Analyse des arithmetischen Bauplans des Buches, vor der ich mich, der Unvollständigkeit des erhaltenen Textes wegen, lange gescheut hatte, die aber für die Deutung des Buches unumgänglich ist und die ich hier daher kurz besprechen werde.[2]

Das Buch ist vermutlich in zwei Fassungen entstanden, von denen die erste 1330 und die zweite 1343 vollendet wurde. Die erste ist sehr lückenhaft erhalten: von der Handschrift von Gayoso fehlen dreißig Prozent, von der von Toledo sogar siebzig Prozent der Blätter. Von der Handschrift von Salamanca, die eine zweite, erweiterte Fassung vertritt, fehlen zwar acht der 112 Blätter. Der Text kann jedoch zum Teil mit Hilfe der Handschrift von Gayoso ergänzt werden; überdies läßt sich die Zahl der fehlenden Strophen einfach aus der Zahl der fehlenden Blätter errechnen, da die erhaltenen sehr regelmäßig beschrieben sind. Die Annahme, es fehlten genau siebzig Strophen, wird von der Strukturanalyse bestätigt.

Das eigentliche Buch der guten Liebe, dessen Anfang und Ende Juan Ruiz mit Liedern an Maria genau markiert, liegt eingebettet zwischen einführenden Stücken und einem Anhang von eigenständigen Liedern.[3] In der Mitte des Werkes hebt sich ein aus drei eng zusammengehörigen Elementen bestehender Teil ab: Der enttäuschte Liebhaber hält eine Schimpfrede gegen Herrn Liebe, dieser antwortet mit einem Schnellkurs in der Liebeskunst nach Ovid, worauf der Erzähler diese Lehre in einer freien Übersetzung der Komödie „Pamphilus" in die Praxis umsetzt — wobei er den Personen der Komödie allegorische Namen gibt und selber als Herr Dachs in die Haut des Liebhabers Pamphilus schlüpft.

Das Buch besteht somit aus drei Teilen, deren Anfang und Ende genau festliegen (s. die Übersicht auf pp. 818—819). In dem kurzen ersten Teil finden wir drei erfolglose Liebesabenteuer und Verhandlungen zu den Themen: Verständnis des Buches, menschliche Natur, Frau, Astrologie, Liebe. Auf letztere werde ich später zurückkommen. Der dritte Teil, der nur wenig kürzer als der zweite ist, enthält eine bunte Reihe von Liebesabenteuern, die von dem allegorischen Streit zwischen Frau Fasten und

---

[2] Henk de Vries, „Buen Amor: Apuntes para un estudio estructural del Libro", in: Iberoromania No. 29 (1989), 80—124.

[3] Zwei Lieder für Bettelstudenten, zwei für blinde Bettler, vier Lieder an Maria, eines gegen Fortuna, und zum Schluß in Alexandrinern die Geschichte der Kleriker von Talavera, denen „ein Erzpriester" den Befehl des Papstes überbringt, ihre Konkubinen fortzuschicken. Vier Lieder an Maria, denn die vereinzelte Strophe 1684 bildet die fehlende erste Hälfte der Strophe 1673. Das aus den Strophen 1684/1673 bis 1677 bestehende Gedicht gehört als Fortsetzung zum akrostischen Gebet 1668—1672. V. Henk de Vries, „Sobre dos cantigas marianas de Juan Ruiz", in: La Corónica XIV (1986), 268—271.

Herrn Fleischlich unterbrochen wird. Diese Liebesabenteuer finden erst nach dem Sterben der Kupplerin, das dem Erzähler eine Schimpfrede gegen den Tod und eine Darstellung der Waffenrüstung des Christenmenschen entlockt, ein Ende.

‚Gute Liebe' ist nicht nur der Titel, sondern auch der Schlüssel zum Verständnis des Buches. Am Anfang des dritten Teiles empfängt nämlich die Kupplerin diesen Namen als Ehrentitel, worauf sie dem Protagonisten eine fast übernatürliche Leistung bietet, indem sie ein für ihn völlig unerreichbar gewordenes junges Mädchen erobert. Darauf stirbt das Mädchen jedoch, und damit ist die Kupplerin vorläufig von der Bühne verschwunden: Der arme Liebhaber muß sich bis zu ihrer späteren Rückkehr allein durchschlagen. Es folgen fünf bedenkliche Abenteuer (mit einer alten Frau und vier Kuhhirtinnen), daraufhin der Streit zwischen Herrn Fleischlich und Frau Fasten und schließlich an Ostern die triumphale Rückkehr von Herrn Fleischlich, dem Herr Liebe auf dem Fuße folgt. Nach der Abreise von Herrn Liebe erscheint die Kupplerin Gute Liebe wieder. Die Abschnitte der Erzählung, in denen der Protagonist sich allein durchschlägt, füllen genau die Hälfte des dritten Teils, der somit aus zwei gleich langen Sektoren besteht.

Die Abschnitte des zweiten Teils bilden drei Sektoren. Im ersten Sektor wendet sich der Erzähler/Protagonist gegen die Liebe, zunächst in einer Schimpfrede gegen Don Amor und am Schluß in einer Warnung an die Damen. Im zweiten Sektor läßt er sich zuerst von Herrn Liebe und danach von dessen Gemahlin Frau Venus belehren und nähert sich im Alleingang der schönen jungen Witwe Endrina. Im dritten Sektor sieht er jedoch ein, daß er bei ihrer Eroberung Hilfe braucht, und sucht diese bei der besten aller Kupplerinnen, auf die ihn Herr Liebe wie von weitem mit dem Rat hingewiesen hat, ihr „mit guter Liebe" zu begegnen. Jeder dieser drei Sektoren macht genau einen Drittel des zweiten Teils aus.

Der Vergleich der zwei Sektoren des dritten Teils (je 370 Strophen) mit den drei Sektoren des zweiten Teils (je 266 Strophen) führt zu der Feststellung, daß erstere um 104 Strophen länger als letztere sind. Letztere sind wiederum um 104 Strophen länger als der gesamte erste Teil, dessen 162 Strophen je zwei Sektionen von 52 und eine Sektion von 58 Strophen umfassen. 52 und 58 nun sind die Moduln, die den Umfang der Sektoren der beiden langen Teile bestimmen. Lassen wir den Modul 58, von dem jeder Sektor nur einen enthält, außer Betracht, so steht der Umfang des gesamten ersten Teils zu den Umfängen der Sektoren des zweiten und des dritten Teils im Verhältnis 1 : 2 : 3. Dies jedoch sind die Proportionen des menschlichen Körpers nach Vitruv: Das Buch ist eine Menschenfigur, worin der erste Teil den Kopf bildet, die drei Sektoren des zweiten Teils den Rumpf und die Arme, und die beiden Sektoren des dritten Teils die Beine. Durch diese Erkenntnis vertieft sich der Sinn eines Verses am Anfang, der lautet: ‚Verstehe mein Buch gut, und du wirst eine hübsche Frau besitzen.'

Buch der guten Liebe – Inhalt und Struktur
Numerierung der Strophen nach J. Ducamin (ed.), Toulouse 1901

Gebet (1-10) und Predigt-Prolog in Prosa
Anrufung (11-13) und Captatio (14-18)

Erster Teil

19-70	Erste Sektion	52	
71-122	Zweite Sektion (zwei Abenteuer)	52	
123-180	Dritte Sektion (ein Abenteuer)	58	**162**

Zweiter Teil: drei Sektoren

1. Sektor: Gegen die Liebe --1--
2. Sektor: Bei Amor, Venus und Endrina --2--
3. Sektor: Mit Unterstützung der Kupplerin --3--

(Aussprache mit Don Amor)

181-422	Schimpfrede gegen Don Amor ('Herr Liebe')	242	
423-574	Antwort von Don Amor (Str. 452 streichen)	151	
575	Der Dichter: Schlußstrophe	1	

Pamphilus-Bearbeitung (4. Abenteuer)

576-579	Selbstprüfung und Entschluß		4	
580-648	Unterredung mit Frau Venus	69		
649-694	Gespräch mit Endrina und neue Selbstprüfung	46		
695-890	Unterstützung der Kupplerin, Erfolg (drei Lücken = 70 Strophen)			266
891	Der Dichter: Schlußstrophe		1	
892-909	*Epilog:* Warnung an die Damen		18	
		266	**266**	**266**

Dritter Teil: zwei Sektoren

4. Sektor: Mit Unterstützung der Kupplerin --4--
5. Sektor: Ohne die Kupplerin --5--

910-944	Ein junges Mädchen (5. Abenteuer)	35
945-1042	Eine alte Frau, vier Hirtinnen (6. bis 10. Abenteuer)	98
1043-1066	"Santa María del Vado": zwei Lieder über das Leiden Christi	24
1067-1209	Der Streit zwischen Carnal ('Fleischlich') und Cuaresma ('Fasten'); die Fastenzeit (58 + 85 Strophen)	143
1210-1314	Rückkehr von Don Carnal und Don Amor (15+35+55)	105
1315-1512	Reiche Witwe, fromme Dame, Nonne, Mohrin (11. bis 14. Abenteuer)	198
1513-1617	Tod der Kupplerin, Schimpfrede gegen den Tod, Planctus, Grabschrift, Rüstung des Christenmenschen, Loblied auf die 'dueñas chicas' (kleinen Damen)	105
1618-1625	Don Furón ('Frett'), ein Knecht mit vierzehn Fehlern (15. Abenteuer)	8
1626-1649	Schluß des Buches	24
		370 370

1650-1728 Anhang: Lieder für Bettelstudenten, für blinde Bettler, an Maria, gegen Fortuna; die Kleriker von Talavera.

Proportionen des Buches

```
                  8
        ─────────── 170
   52
             52              162 = 58 + 1 x 104
        58
   ────────────────
             798
           (3x266)            266 = 58 + 2 x 104
         740
       (2x370)                370 = 58 + 3 x 104
   ────────────────           ─────
    850 + 850 = 1700           1 : 2 : 3
```

Einleitende Stücke und Erster Teil

1-10 Gebet um Erlösung aus einem Gefängnis
Predigt in Prosa über Ps. XXXI,8: 'Intellectum tibi dabo[;] et instruam te[;] in via hac qua gradieris, firmabo super te oculos meos'

11-13 Anrufung des dreieinigen Gottes und Titel des Buches   (3)
14-18 Captatio benevolentiae. Die gute Liebe: ein "Wissen
       ohne Sünde" unter einem schlechten Kleid.   (5)

------------------**Buch der guten Liebe, Erster Teil**------------------

  19 Maria ist Anfang und Wurzel alles Guten   1
20-32 Die Freuden Mariä   13
33-43 Die Freuden Mariä   11
44-70 *Über das Verständnis des Buches*   27 **52**
   47-63 Wie sich der griechische Gelehrte und der
      römische Raufbold durch Gebärden verständigten

71-76 *Über die menschliche Natur*   6
77-106 Eine streng bewachte Dame (1. Abenteuer)   30
   82-88 Der Anteil des Löwen
   98-100 Als die Erde gebar   **52**
107-111 *Über die Frau*   5
112-122 Die lustige Bäckerin Cruz (2. Abenteuer)   11

123-150 *Über die Astrologie*   28
   129-139 Ein fünfdeutiges Horoskop
151-165 *Über die Liebe*   15 **58**
166-180 Eine eingeschlossene Dame (3. Abenteuer)   15
   174-178 Der Dieb und der Wachhund

---

                                81 **81**

Das Buch ist eine Frau. Nicht umsonst hat der Dichter seiner Pamphilus-Bearbeitung eine Warnung an die Damen folgen lassen, die den untersten Teil des Rumpfes bildet und mit den Worten schließt: „Wage es nicht, mit einem Mann allein zu sein, nähere dich nicht dem Stachel."

Bevor wir nun untersuchen, was für Dinge diese Frau im Kopf hat, stellen wir fest, daß der Dichter in der zweiten Fassung dem Anfang der ersten Fassung zwei neue einführende Stücke voranstellt, ein Gebet und einen Prolog in Form einer Predigt. Nur in dieser Predigt definiert er ‚gute Liebe' unmißverständlich als „die Liebe zu Gott und seinen Geboten". Der Kopist von Salamanca behauptet am Schluß seiner Handschrift, der Erzpriester habe sein Buch geschrieben, als er auf Befehl des Erzbischofs von Toledo im Gefängnis war. Dies könnte eventuell für die zweite Fassung zutreffen. Während im eigentlichen Werk der Begriff ‚gute Liebe' entweder unbestimmt bleibt — dies mehrheitlich — oder aber die Liebe zwischen Mann und Frau oder die Freundschaft bezeichnet, hätte der Dichter sich in der Predigt auf die heilige Bedeutung des Begriffs konzentriert. Wer jedoch die zweite Fassung mit Prolog als eine im Gefängnis geschriebene Strafarbeit deuten möchte, ist allerdings auch verpflichtet zu erklären, weshalb erst in dieser zweiten Fassung die Kupplerin mit dem Ehrentitel ‚Gute Liebe' ausgezeichnet wird.

Die Predigt ist eine Mischung von Ernst und Scherz, und es wäre dumm zu glauben, die Bedeutung, die der Begriff ‚gute Liebe' in ihr erhält, müsse im ganzen Werk zutreffen. Gerade zu dieser Dummheit haben sich jedoch viele verleiten lassen. Denn: Funktioniert der Prolog nicht wie eine Anleitung zum Lesen des Werkes? Und: Gibt es mittelalterliche Dichtwerke ohne eine moralische Lehre? Erst wenn man bedenkt, daß diese Predigt in der ersten Fassung gar nicht vorhanden war, hütet man sich davor, ihr zuviel Bedeutung beizumessen.

Was liest der Leser, was erlauscht der Zuhörer in dieser Predigt? Der Dichter teilt den Psalmvers (XXXI,8), den er als sein Thema gewählt hat, in drei Bestandteile, die er mit den drei Fähigkeiten der Seele — Verstand, Wille, Gedächtnis — verbindet. Mit dem Verstand versteht der Mensch das Gute und unterscheidet davon das Böse: dies bedeutet *‚Intellectum tibi dabo'*. Sobald die Seele gelernt hat, sie werde in einem reinen Körper gerettet, überdenkt, liebt und verlangt der Mensch die gute Liebe zu Gott und seinen Geboten, wie auch die Seele die Sünde der albernen weltlichen Liebe verwirft und verabscheut; darum folgen sogleich die Worte: *‚Et instruam te'*. Und sobald die Seele mit gutem Verstand und gutem Willen die gute Liebe, das heißt die Liebe zu Gott, gewählt und liebgewonnen hat, bewahrt sie diese in der Kammer des Gedächtnisses, um sich ihrer zu erinnern, und bringt sie den Körper dazu, gute Werke zu tun, durch welche der Mensch erlöst wird. Dies besagt der dritte Bestandteil: *‚In via hac qua gradieris firmabo super te oculos meos'*. Denn der guten Werke wegen, die der Mensch auf dem Wege zu seiner Erlösung vollbringt, richtet Gott seinen Blick auf ihn.

Wenn sich nun der Mensch bisweilen der Sünde erinnert und sie auch begeht, so kommt dies weder vom guten Verstand noch vom guten Willen, noch vom guten Gedächtnis, sondern von der Schwäche der menschlichen Natur, die ihm eigen ist. Durch diese Schwäche kann der Mensch der Sünde nicht entgehen. Weitere Ursachen sind die Armut des Gedächtnisses, das nicht vom guten Verstand unterrichtet worden ist, und die Tatsache, daß die menschliche Natur mehr zum Bösen als zum Guten neigt. Diese Anfälligkeit des menschlichen Gedächtnisses ist auch der Grund, warum die Schrift und die Bildhauerkunst erfunden sind, warum Gesetzbücher und Lehrbücher nötig sind. Denn: alles im Gedächtnis zu behalten und nichts zu vergessen, ist nur der Gottheit eigen. Darum paßt das Gedächtnis besser zur Seele, die ein von Gott geschaffener, vollkommener Geist ist und ewig in Gott lebt, als zum Körper, der nur kurze Zeit besteht.

Der Dichter will seine Leser vor der albernen Liebe, deren Fallstricke, Kniffe und Schliche er in seinem Buch beschreibt, warnen, weil sie dem Menschen an Leib und Seele schadet. Da es jedoch menschlich ist zu sündigen, werden diejenigen, die — was er ihnen nicht rate — die alberne Liebe betreiben möchten, hier die Art und Weise finden, dies zu tun. Und so sagt das Buch jedem Mann und jeder Frau, dem klugen Menschen und dem Unvernünftigen, welchen Weg er auch wähle: *Intellectum tibi dabo* etc. Aber jeder, der das Buch liest oder lesen hört, soll bedenken, es sei nicht die Absicht des Dichters gewesen, auch nur einen Menschen zum Sündigen zu veranlassen, sondern alle vor der List und Tücke der albernen Liebe zu warnen. Denn, wie Gregor sagt: Die Pfeile, die man kommen sieht, treffen weniger tief. Und weil jedes guten Werkes Anfang und Grundlage Gott und der katholische Gauben seien, wolle er mit dem ersten Vers des *Quicumque vult* beginnen.

So erreichen wir die Stelle, an der die erste Fassung mit einer Anrufung des dreieinigen Gottes einsetzt. Davon sind drei Strophen Gott gewidmet, fünf handeln von der Welt. Die letzte der drei Gott gewidmeten Strophen ist ein Gebet, das auf die Menschförmigkeit des Buches anspielt, den Titel verrät und ‚gute Liebe' als eine Liebe definiert, die sich auf den Leib und die Seele, auf den ganzen Menschen richtet:

> Du, Herr mein Gott, der Du den Menschen geformt hast, forme mich und helfe mir, Deinem Erzpriester, damit ich dies zu einem Buch der guten Liebe machen kann, das die Leiber ermuntere und den Seelen dienlich sei.

Unmittelbar darauf, im ersten Vers der fünf der Welt gewidmeten Strophen, spielt Juan Ruiz mit dem Wort ‚solaz' auf die sinnliche Liebe an (‚solaz' von *solacium*, ‚Trost', aber über okzitanisch ‚solatz', ‚Vergnügen'): „Wollt Ihr ein gutes Vergnügen hören, so hört mir zu ... Ich werde Euch gar keine Lüge erzählen, denn in der ganzen Welt ist es üblich und wird es gemacht." Wertvolles Wissen liege in diesem Buch verborgen wie die Rose unter den Dornen und gutes Geld in einem Beutel (insgesamt sieben solcher Gleichnisse); die gute Liebe trage ein häßliches altes Kleid.

Nach diesen acht Strophen kommt der eigentliche Anfang des Buches. „Weil alles Guten Anfang und Wurzel die Jungfrau Maria ist, darum habe ich, Juan Ruiz, Erzpriester von Hita, zuerst über sie ein Lied gemacht, über ihre sieben Freuden, das wie folgt lautet" (es folgen zwei Lieder). Mit nochmals zwei Liedern über die Freuden Mariä beschließt der Dichter sein Buch, das 1700 Strophen lang ist.

Die Strophen 11—18 gehören nicht zum ersten Teil, sondern sind dem ganzen Buch vorangestellt. Zusammen mit dem ersten Teil umfassen sie 170 Strophen, einen Zehntel des Buches, das mit Strophe 19 beginnt. Ein Element, das einen Hundertstel des Buches, d.h. siebzehn Strophen umfaßt, finden wir kurz nach den beiden Anfangsliedern, eingebettet in die Verhandlung über das Verständnis des Buches. Es ist die erste Exempelerzählung, die als einzige diesen Umfang hat.

Verstehe meine Worte gut und überdenke ihre Bedeutung, sagt der Dichter seinem Leser, damit es mir mit Dir nicht geht wie dem griechischen Gelehrten mit dem römischen Raufbold. Die Römer baten die Griechen, ihnen ihre Gesetze zu geben, mußten aber dafür zuerst beweisen, daß sie gelehrt genug waren, um sie zu verstehen und sich ihrer zu bedienen. Für die Befragung brauchten sie Gebärden. Die ratlosen Römer, die ja durchaus nicht gelehrt waren, hatten sich einen Spitzbuben von der Straße aufgelesen und ihn als Doktor der Philosophie verkleidet. Der Grieche erhob sich, streckte den Zeigefinger auf und setzte sich wieder. Der Raufbold sprang verärgert auf und streckte dem Griechen drei Finger entgegen: Daumen, Zeige- und Mittelfinger, wie eine Harpune. Dann setzte er sich wieder und bewunderte seine schönen neuen Kleider. Der Grieche zeigte nun die flache Hand, worauf der Schelm die Faust schüttelte. Da sprach der Grieche: „Die Römer verdienen die Gesetze, ich darf sie ihnen nicht verweigern." Die Römer atmeten auf: Durch einen verächtlichen Landstreicher hatte Rom große Ehre erworben.

Als man nachher den Griechen bat, das Gebärdengespräch zu erklären, sagte er: „Ich bedeutete: Es gibt nur einen Gott; der Römer antwortete: Einen in drei Personen; da bedeutete ich, alles geschehe nach seinem Willen, und er antwortete wahrheitsgemäß, er habe die Welt in seiner Macht.[4] Als ich sah, daß sie die Dreieinigkeit verstehen und an sie glauben, verstand ich, daß sie sichere Gesetze verdienen."

---

[4] Herrn Prof. Joachim Gaus danke ich für den freundlichen Hinweis auf Andreas Thielemann u. Henning Wrede, „Bildnisstatuen stoischer Philosophen", in: Mitteilungen des Deutschen Archäologischen Institutes, Athenische Abteilung, 104 (1989), 109—155. Der Artikel befaßt sich u. a. mit den von Zenon begründeten „philosophisch definierten Handzeichen" der Stoiker (S. 124), die in einem von Cicero überliefertern Zenon-Zitat

Darauf fragte man auch den Raufbold, der erklärte: „Er sagte, er wolle mir mit einem Finger ein Auge ausstechen; da wurde ich böse und sagte, ich würde ihm vor allen Leuten mit zwei Fingern die Augen und mit dem Daumen die Zähne eindrücken. Da sagte er, er versetze mir eine schallende Ohrfeige; und ich wiederum, er bekäme von mir einen Fausthieb, den er sein Leben lang nicht rächen könne. Da hat er aufgehört, mir zu drohen."

Der Leser solle hieraus die Lehre ziehen, so fährt der Dichter fort, daß es keine schlechten Worte gibt, nur falsch verstandene. „Du wirst sehen, wie gut diese Worte gesagt sind, wenn man sie nur richtig versteht: Verstehe mein Buch gut, und du wirst eine hübsche Frau besitzen." Und abermals beteuert er seine vernünftigen Absichten; nur seien die Worte der guten Liebe bedeckte Worte, der Leser solle, um sie zu verstehen, nach sicheren Zeichen Ausschau halten.

Dieser Ausdruck ‚sichere Zeichen' taucht sechzig Strophen später wieder auf, als der Dichter eine Erzählung ankündigt, die beweisen soll, der Mensch könne seinem Schicksal, das in den Sternen geschrieben steht,

---

beschrieben werden: Zenon „hielt einem die Hand mit ausgestreckten Fingern entgegen und sagte: ‚Von dieser Art ist die Vorstellung (*visum*, φαντασία)', anschließend zog er die Finger ein wenig zusammen und erklärte: ‚Von dieser Art ist die Zustimmung (*adsensus*, συγκατάθεσις)'; wenn er sie dann fest zusammengepreßt und eine Faust gemacht hatte, sagte er, dies sei die Erkenntnis (Erfassung, *conprehensio*), von welcher Illustration her er die Sache auch mit dem Namen κατάληψις betitelte, den es vorher nicht gab; schließlich nahm er die linke Hand dazu, umfaßte damit eng und kräftig die Faust und erklärte, solcherart sei das Wissen (Wissenschaft, *scientia*, ἐπιστήμη), über das niemand anderes als allein der Weise verfüge" (S. 131). Das Wissen um die Handzeichen der stoischen Erkenntnistheorie ging in der Archäologie abhanden (S. 132); nur die Zeichen für Dialektik (oder „Logik") und Rhetorik wurden bis in die Gestenkataloge der Neuzeit tradiert (S. 133). Auf dem Titelblatt zu Bulwers „Chirologia" (1644; abgebildet S. 133) „steht die geöffnete Hand nun für *Intellectus*, die Hand mit eingekrümmten Fingern für *Voluntas*, die Faust der linken Hand für *Scientia* und die der rechten für *Memoria*" (S. 134). Es fällt auf, daß Juan Ruiz (Str. 57) den Philosophen mit ‚*memoria*', den Gauner mit ‚*fantasia*' charakterisiert: „Der Grieche erhob sich, streckte die flache Hand aus und setzte sich wieder mit gesundem Gedächtnis (con su memoria sana); da erhob sich der Gauner mit eitler Phantasie (con fantasia vana), zeigte geballte Faust: Streit ist es, was er sucht. „Obwohl — oder gerade weil — Juan Ruiz ‚*memoria*' nicht direkt mit der flachen Hand, ‚*fantasia*' nicht direkt mit der geballten Faust verbindet, wäre bei einem so parodierfreudigen Dichter wie er eine Anspielung auf die Philosophengebärden nicht auszuschließen, falls man glaubhaft machen könnte, daß sie ihm bekannt waren. Wenn er dagegen in der bei Bulwer erhaltenen Tradition steht, was vielleicht plausibler ist, und die flache Hand des Griechen — mit dem sich der Dichter seinen Lesern gegenüber identifiziert — schon den *Intellectus* andeutet, so wäre die Strophe 57 als der Schlüssel zum Verständnis des Buches aufzufassen. Hier gäbe der Dichter, was er in der Predigt über *Intellectum tibi dabo* versprach: das durch die flache Hand des Weisen angedeutete Verständnis des Buches besteht in der Erkenntnis, daß alles nach dem Willen Gottes geht.
(Ich habe nicht gelesen, was Van Rijnberk 1954, Martins 1958, Penna 1962 über die Zeichensprache bei den Mönchen schrieben; s. die Bibliographie bei Félix Lecoy, Recherches sur le Libro de buen amor de Juan Ruiz. With a New Prologue, Supplementary Bibliography and Index by A. D. Deyermond, Farnborough 1974.)

nicht entgehen. Ein König ließ von fünf berühmten Astrologen seinem erstgeborenen Sohn das Horoskop stellen. Darüber, wie der junge Prinz einmal sterben werde, schienen sie sich nicht einig zu sein: er würde gesteinigt werden, verbrennen, abstürzen, gehängt werden, ertrinken. Der König ließ die fünf Astrologen ins Gefängnis werfen. Als der junge Prinz zum ersten Mal auf die Jagd ging, überfiel ihn ein Gewitter. Große Hagelsteine fielen auf ihn herunter; als er über eine Brücke ritt, traf ihn das Feuer des Blitzes; die Brücke zerbrach unter ihm und er stürzte in die Tiefe; mit seinen Kleidern blieb er an einem Baum im Fluß hängen; und dort, wo ihn alle sahen und niemand ihm zu Hilfe kommen konnte, ertrank er im Wasser. Der tief betrübte König ließ die fünf Astrologen frei.

Die Astrologen seien zuverlässig, so erläutert der Dichter, soweit sie über den natürlichen Lauf der Dinge urteilen. Diese seine Überzeugung stimme mit dem katholischen Glauben überein. Gott, der die Natur und den Zufall geschaffen hat, habe die Macht, von den Gesetzen der Natur abzuweichen, wie der König und der Papst von den von ihnen geschaffenen Gesetzen und Dekreten. Gott habe bei der Erschaffung des Himmels den Tierkreiszeichen und Planeten ihre sichere Macht zuerteilt, aber eine größere Macht habe er für sich behalten. Darum habe ein schlechtes Himmelzeichen keine Macht gegen denjenigen, der Gott dient. Die Astrologen, die gemäß der Natur urteilen, lögen nicht; sie und ihre Wissenschaft seien zuverlässig und sicher — aber Gott gegenüber sind sie machtlos.

Mit den zwei Erzählungen, die sich mit der Deutung von Zeichen beschäftigen — Fingerzeichen und Sternzeichen —, gibt der Dichter seinem Leser einen Schlüssel zum Verständnis des Buches. Der Grieche und der Römer verstehen sich gegenseitig falsch, doch der Dichter identifiziert sich mit dem Gelehrten und warnt den Leser, es nicht dem Raufbold gleich zu tun. Das heißt: Das Buch hat eine heilige Bedeutung, die der Leser erforschen muß. Und die Erzählung vom fünfdeutigen Horoskop bedeutet, wie der Dichter erklärt: Die Naturgesetze sind unumgänglich, und nur Gott kann den Menschen davon erlösen.[5]

---

[5] Auch die besten Hispanisten können sich in der Deutung einzelner Episoden des Libro de buen amor irren. So Alan Deyermond, wenn er schreibt: „In the first story, we are shown two conflicting interpretations, both of them wrong; in the second, five conflicting interpretations, all of them right. The Archpriest certainly warns us often enough not to misunderstand him (a common protective device in medieval authors), but in the light of these two *exempla* it is hard to accept the view that he is here inviting us to see a single correct meaning for the LBA as a whole" (A. D. Deyermond, „The Greeks, the Romans, the Astrologers and the Meaning of the Libro de Buen Amor", in: Romance Notes 5 (1963), 88—91). Deyermond begeht den Fehler, die beiden Exempel von ihrem Kontext getrennt zu deuten und deren Deutung durch den Dichter selbst zu übersehen. Ich nahm dagegen flüchtig Stellung in „Goede Liefde en de macht van haar tekens (Tweeduidigheid als thema bij Juan Ruiz)", in: A. M. J. van Buuren et al. (eds.), Tussentijds (Bundel studies aangeboden aan W. P. Gerritsen), Utrecht 1985, 280—296 und 368—370.

Über die menschliche Natur äußert sich der Dichter sofort nach der Verhandlung über das richtige Verständnis des Buches. Um zwei Dinge kümmere sich die Welt: um den Lebensunterhalt und um die Liebe; während aber die Tiere ihre festen Brunstzeiten haben, werde der Mensch allzeit von der Natur zum Geschlechtsakt getrieben. Ich übersetze diesen kurzen Abschnitt (Strophen 71—76) in extenso.

„Wie Aristoteles sagt — und es ist wahr —, jagt die Welt zwei Dingen nach: zunächst dem Lebensunterhalt und dann der Vereinigung mit einem netten Weib.
Wenn ich dies selber sagte, so wäre ich zu tadeln; aber da ein großer Philosoph es sagt, ist es mir nicht vorzuhalten; an dem, was der Weise sagt, paßt uns kein Zweifel, denn unsere Werke beweisen die Wahrheit seiner Worte.
Daß der Weise die Wahrheit spricht, wird klipp und klar bewiesen: Der Mensch, die Vögel, die Tiere und alle Höhlenviecher wollen von Natur her immer neuen Verkehr; am meisten der Mensch, der mit jeder anbändelt.
Ja, der Mensch viel mehr als jedes andere Geschöpf, denn alle andern paaren sich von Natur her zu festem Zeitpunkt; nur der Mensch will aus Unverstand zu jeder Zeit, ohne Maß, so oft er kann, diese Dummheit tun.
Das Feuer will immerzu in der Asche sein, obwohl es desto heißer brennt, je mehr man es schürt; wenn der Mensch sündigt, weiß er, daß er einen Fehltritt macht, wendet sich jedoch davon nicht ab, da die Natur ihn treibt.
Und ich, da ich ein Mensch wie jeder andre bin: ein Sünder, habe mich Mal für Mal heftig in die Frauen verliebt; weil er die Dinge prüft, ist der Mensch ja nicht schlechter, oder weil er Gutes und Böses kennt und das Gute behält."

Diese sechs Strophen leiten die nun beginnende Rahmenerzählung ein. Mit der Entschuldigung, er müsse seiner Natur gehorchen — man beachte die nachdrückliche Wiederholung des Wortes ‚Natur', das in drei aufeinanderfolgenden Strophen erscheint — macht sich der exemplarische Protagonist auf den Weg, der ihn zu fünfzehn Liebesabenteuern führen wird.

Nach dem ersten Liebesabenteuer spricht der Erzähler über die Frau. Fast alle anderen Stücke, die der Belehrung dienen, eröffnet er mit einer *auctoritas*: einmal Cato, dann, für die Wahrheit der Sterne, ‚die alten Astrologen', Ptolemäus, Plato; zweimal Aristoteles, nämlich bezüglich der menschlichen Natur und der Gewohnheit, die eine zweite Natur ist.[6] Der mittlere der fünf belehrenden Abschnitte jedoch, dessen fünf Strophen über die Frau handeln, fängt nicht mit einer *auctoritas*, sondern mit einem Eid an. Das erste Liebesabenteuer ist vorbei, die streng bewachte Dame, die das traurige Lied, das er für sie schrieb, so gefühlvoll sang, als hätte sie es selbst gedichtet, ist durch die Einmischung ihrer Verwandten un-

---

[6] Die Stellen sind 44a (‚Catón'), 123a (‚los antiguos astrólogos'), 124a (‚Tholomeo', ‚Platón'), 71a (‚Aristótiles') und 166a (‚el sabio' = Aristoteles). Letztere ist der Auftakt zum dritten Abenteuer, das der Protagonist schon auf die ‚Gewohnheit junger Männer' stützt, immer eine Geliebte haben zu wollen, um das ‚gute Vergnügen (‚solaz') der Liebe' genießen zu können. Die Verhandlung über die Liebe stützt er (151c) auf die tägliche Erfahrung.

erreichbar geworden. „Gott weiß, daß ich diese Dame, ja alle, denen ich begegnet bin, immer respektiert habe; über eine vernünftige Dame habe ich immer nur Gutes geschrieben." *„Siempre bien escreví'*: dieses Wort ‚bien', das in der höfischen Dichtung der Halbinsel ein Euphemismus für den Liebesakt ist, kommt in vier dieser fünf Strophen einmal, und in der letzten dreimal vor. So ein gemeiner Dörfler sei er nicht, versichert der Dichter, daß er von der edlen Frau etwas Häßliches sagen würde: „Denn in einer munteren, schönen, höfischen Frau ist alles Gute dieser Welt und das gesamte Vergnügen." Er unterstützt diese These mit einem indirekten Beweis. „Wenn Gott, als er den Menschen formte, gemeint hätte, die Frau sei etwas Böses, so hätte er sie weder dem Manne zur Gefährtin gegeben noch sie aus ihm gemacht: Wenn es nicht zu etwas Gutem wäre, so wäre sie nicht so edel geraten."

Obwohl die Verhandlung über die Liebe die Fortsetzung des bereits besprochenen Abschnittes über die Astrologie bildet, stützt der Dichter sich in ihr auf die tägliche Erfahrung. Von Astrologie verstehe er nicht mehr als ein Ochse, aber er sehe in seiner Umgebung, daß viele unter Venus geboren seien, deren Leben nur darin bestehe, die Frauen zu lieben; daran dächten sie die ganze Zeit, aber die meisten erreichten nicht „das, was sie am meisten wünschen". Unter diesem Zeichen sei auch der Dichter geboren: immer habe er versucht, Damen, die er kennenlernte, zu dienen; vielen habe er lange gedient, ohne etwas zu erreichen. Das sei nun mal sein Schicksal; wenn er aber auch „die Birne nicht vom Baum pflücke", so sei es doch ein allen Menschen gemeines Vergnügen, im Schatten zu sitzen.

Wer den Damen dient, habe viele gute Eigenschaften, er sei munter, beredt, freigebig. Die Liebe mache den Unwissenden klug, den Stummen redegewandt ... und so weiter, insgesamt acht Beispiele. Und wenn die Verliebten auch sehr häßlich seien, so kämen sie sich gegenseitig wie die schönsten Menschen der Welt vor. Darum suche sich jeder Mensch, der eine Liebe verliert, sofort wieder eine neue; denn, wenn auch sein Zeichen ähnlicher Natur sei wie das des Dichters, wer sich anstrengt, könne sein Schicksal überwinden; und wie das Sprichwort sagt: „Jede harte Birne wird mit der Zeit reif."

Etwas bemängelt der Dichter jedoch an der Liebe, daß sie nämlich lügnerische Reden hält. In der Liebe gehe es, wie gesagt, so zu, daß, was scheint, nicht ist: „Wenn die Äpfel immer so gut schmecken würden, wie sie glänzend aussehen und farbig glühen, so gäbe es von allen Pflanzen keine wertvollere Frucht; aber gerade sie faulen am schnellsten, obschon sie herrlich duften."

Obwohl der Grundton des Prologs ein ganz anderer als der des eigentlichen Buches ist, ist der Prolog keine Widerrufung des Buches, sondern vielmehr eine Verdeutlichung seiner Struktur. Die drei Fähigkeiten der Seele sind gewissermaßen im Kopf des Buches, in den drei Liebesabenteuern des ersten Teils, wiederzufinden. Aber warum hat der Dichter in der Predigt, die der Prolog ja ist, den Psalmvers anders eingeteilt, als es üblich ist?[7] „Auf dem Weg, den du gehen wirst, werde ich meine Augen auf dich richten." Diesen Satz bezieht der Dichter auf das Gedächtnis, und dies mit Recht, denn wie für unsereinen gilt auch für dieses Buch das Sprichwort: „Was man nicht im Kopfe hat, muß man in den Beinen haben." Dort, in den Beinen des Buches, geht der Liebhaber den langen Weg vieler Liebesabenteuer, bis er durch den Tod der Kupplerin seiner eigenen Sterblichkeit eingedenk wird. Vermutlich war für den Dichter der Kopf des Buches mit dem Verstand verbunden, der Rumpf und die Arme mit dem Willen oder anders gesagt dem Verlangen, die Beine mit dem Gedächtnis. In den Beinen des Buches werden wiederholt Jahreszeiten und kirchliche Feste erwähnt.

Nachdem der Liebhaber das Sterben zweier Geliebten (nämlich des jungen Mädchens und der Nonne, beide im dritten Teil) mit philosophischer Ergebenheit hingenommen hat, erfüllt ihn das Verscheiden der Kupplerin Gute Liebe mit tiefer Trauer und versetzt ihn in eine rasende Wut gegen den Tod: den Feind der Welt und des Lebens, den Feind des gesunden Körpers und der fünf Sinne, den Feind alles Guten. Dies kann nur eines bedeuten: Die Kupplerin verkörpert für den Dichter/Erzähler/Protagonisten nicht nur die gute Liebe zwischen Mann und Frau, sondern das ganze irdische Glück des Menschen. Wie könnte es auch anders sein? Findet sich nicht alles Gute der Welt in einer hübschen Frau?

Der Dichter schreibt der Kupplerin (*Urraca*, ‚Elster', hieß sie eigentlich) ein Epitaph und hält an ihrem Grab eine Predigt über die Rüstung des Christenmenschen. Nicht der Tod ist in dieser Predigt der Feind des Menschen. Hier sind seine Feinde die Hauptsünden, die Welt, das Fleisch und der Teufel. Seine Waffen sind die guten Werke der Barmherzigkeit und diejenigen der Gottesfurcht, die Gaben des heiligen Geistes, die Tugenden und die Sakramente. Aus diesen fünf Kategorien von Waffen wählt sich der Christ den Harnisch gegen *Cupiditas*, das Schwert gegen *Superbia*, die Keule gegen *Avaritia*; Armbergen, Diechlinge und Beinröhren gegen *Luxuria*; den Helm gegen *Ira*, die Halsberge gegen *Gula*,[8] den

---

[7] „At the beginning of the prologue Juan Ruiz disobeys one of the precepts of the learned sermon, that the preacher should not modify or corrupt the sense of the *thema* by the way in which he divides it, for the first and second parts of his threefold division have the same sense, the second being a rhetorical amplification of the first, while the first part of the third division — ‚in via hac qua gradieris' — should be associated with the first two phrases" (Janet A. Chapman, „Juan Ruiz's ‚Learned Sermon' ", in: G. B. Gybbon—Monypenny (ed.), ‚Libro de buen amor' Studies, London 1970, 29—52; angeführte Stelle, 34).

[8] Der Text (nur in S erhalten) hat hier (1597d), statt des Namens einer Waffe, ‚graçia', was sicher ein Fehler ist. J. Corominas hat 1967 in seiner kritischen Ausgabe (590 Anm.) ‚adarga' oder ‚guarnición' vorgeschlagen. Plausibler erscheint mir das von J. Joset (in seiner annotierten Ausgabe, 1974) vorgeschlagene ‚gorguera', das ich hier übersetze.

Schild gegen *Invidia*, Schaft und Eisen der Lanze gegen *Acidia*. Gegen die Welt die *Caritas*, gegen das Fleisch das Fasten, gegen den Teufel das Herz.

(Bessert sich der unverbesserliche Schürzenjäger? Keineswegs. Der Predigt folgt ein vielleicht etwas nostalgisches, aber hochlyrisches Loblied auf die Vorzüge der kleinen Damen.)

Die zwei Predigten ergänzen sich. Die Grabpredigt im Inneren des Buches befaßt sich, in der Darstellung der christlichen Waffenrüstung, mit dem Körper des Menschen. Der Prolog ist ihr in der zweiten Fassung als ein Gegenstück außerhalb des eigentlichen Werkes hinzugefügt — wie eine Seele aus dem Nichts geschaffen, eine Seele allerdings, die Vieles über den Körper des Buches aussagt.

Der Dichter Juan Ruiz schenkt seinem Leser ein Buch, das eine Frau ist, wie Gott dem ersten Menschen eine Frau zur Gefährtin gab. Jeder Leser, jeder Mensch ist selbst für seinen Umgang mit dem Buch und mit der Frau verantwortlich. Für den Vernünftigen und für den Unvernünftigen, auf welchem Weg der Mensch auch gehen möge, gelten die Worte: „Auf dem Weg, den du gehen wirst, werde ich meine Augen auf dich richten." Wie sich die Augen Gottes auf den Menschen richten, so richten sich die Augen des Dichters auf den Leser, noch bevor dieser sich auf den Weg des Buches macht. Das rechte Auge des Dichters leuchtet aus den drei Strophen heraus, in denen er Gottes Segen auf sein Buch herabfleht. Sein linkes Auge blinzelt dem Leser in den fünf Strophen zu, in denen er von der sinnlichen Welt und vom irdischen Kleid der guten Liebe spricht.

Die gute Liebe richtet sich auf den ganzen Menschen, Leib und Seele; ja, sie *ist* die Harmonie von Seele und Leib.[9] Um dies zum Ausdruck zu bringen, hat ein Unbekannter namens Juan Ruiz ein Buch geschaffen, ihm zum Bilde und dem Leser zur Gefährtin. Genau wie ihr gläubiger, schelmischer Schöpfer ist diese hübsche Frau „von Kopf bis Fuß auf Liebe eingestellt."

---

[9] Plausibel erscheint mir die These von Vicente Reynal (in: El Buen Amor del Arcipreste y sus secretas razones, Alcácer—Valencia 1982), daß der Erzpriester in der Verhüllung seines Gedichts gegen die Zölibatspflicht und für die Priesterheirat plädiere.

Cultura

Natur und Naturerscheinungen
Ihre Zusammenhänge in der böhmischen Geschichtsschreibung der Přemyslidenzeit

MARIE BLÁHOVÁ (Prag)

Die Natur besaß als Thema kaum Anziehungskraft für die Mittelalterliche Geschichtsschreibung, die grundsätzlich als *narratio rei gestae* aufgefaßt wurde.[1] Trotzdem richteten die mittelalterlichen Geschichtsschreiber verhältnismäßig oft ihre Aufmerksamkeit auf die Klima- und Wetterbedingungen, auf astronomische Erscheinungen, Erdbeben u. ä. Der Grund für dieses Interesse ist verständlich: zu eng war der mittelalterliche Mensch von der ihn umgebenden Natur abhängig, als daß er ihre unmittelbare Einwirkung ignorieren konnte. Alle Wetterschwankungen und -abweichungen bedrohten die Landwirtschaft und damit die Existenz des Menschen selbst. Dabei wurden unerklärbare Ereignisse mit — unerklärbaren — Naturerscheinungen in Verbindung gebracht. Die Geschichtsschreiber registrierten diese Erscheinungen und setzten diese auch in Zusammenhang mit den politischen und gesellschaftlichen Veränderungen.

Auch in dieser Hinsicht folgt die böhmische mittelalterliche Geschichtsschreibung der Historiographie des gesamten lateinischen Kulturkreises. Ihre Vertreter beschäftigen sich analog mit vergleichbaren Erscheinungen wie die Autoren der historiographischen Quellen aus anderen Gebieten.[2]

Die Anfänge der böhmischen Geschichtsschreibung fallen mit dem Ende des 10. Jahrhunderts zusammen.[3] Damals wurden höchstwahrscheinlich

---

[1] Cf. B. Guenée, Histoire et culture historique dans l'Occident médiéval, Paris 1990, 18sqq.
[2] Verschiedene in den historiographischen Quellen angeführte Naturerscheinungen wurden in den letzten Jahrzehnten z. B. von P. Alexandre, Le Climat en Europe au Moyen Age, Contribution à l'histoire des variations climatiques de 1000 à 1425, d'après les sources narratives de l'Europe occidentale, Paris 1987, oder von M. H. Malewicz, Zjawiska przyrodnicze w relacjach dziejopisarzy polskiego średniowiecza, Wrocław—Warszawa—Kraków—Gdańsk 1980, wo auch die ältere Literatur angeführt ist. Cf. auch J. Tyszkiewicz, Ludzie i przyroda w Polsce średniowiecznej, Warszawa 1983, 221sqq. Die Naturerscheinungen, die die böhmischen Quellen erwähnen, wurden von A. Strnad, Chronologisches Verzeichnis der Naturbegebenheiten im Königreiche Böhmen vom Jahre Christi 633 bis 1700, Prag s. d., leider ganz unkritisch, zusammengestellt.
[3] Cf. vor allem V. Novotný, Studien zur Quellenkunde Böhmens IV, Die verlorenen Annales Pragenses, in: Mitteilungen des Instituts für österreichische Geschichtsforschung 24 (1903), 612—615; L. Dušek, Kronika tzv. Beneše Minority a její pokračování, unge-

bestimmte Annalen im Prager Domkapitel geführt, deren Spuren in den jüngeren Quellen zu finden sind. Ähnliche Notizen wurden vielleicht mit nur geringer Verspätung in etlichen böhmischen Klöstern aufgezeichnet. Das früheste bis heute erhaltene Werk ist die Chronica Boemorum, die ihr Verfasser — der Domherr und Dechant des Prager Domkapitels, Cosmas — wohl am Ende des zweiten Dezeniums des 12. Jahrhunderts zu schreiben begann und bis zum Jahr 1125 geführt hat.[4] Diese Chronik, eine böhmische *origo gentis*, stellt die einzige Volksgeschichte Böhmens in der Přemyslidenzeit dar.

An die Cosmas-Chronik knüpfen jüngere Arbeiten an: der sog. Domherr von Wyschehrad, der in seinen teilweise zeitgenössischen Annalen den Zeitabschnitt der Jahre 1125 bis 1140 umfaßt[5], und ein unbekannter Benediktiner aus dem Kloster Sazawa, der in den siebziger Jahren des 12. Jahrhunderts die Cosmas-Chronik in eine Klosterchronik umarbeitete und bis zum Jahre 1162 fortführte.[6]

Das wichtigste Zentrum für die Historiographie Böhmens in der Přemyslidenzeit war jedoch das Prager Domkapitel. Hier wurden — leider nicht ohne Unterbrechungen — annalistische Aufzeichnungen und auch ausführliche Erzählungen aufgeschrieben. Etwa in den neunziger Jahren des 13. Jahrhunderts wurden diese heterogenen Texte noch mit Angaben aus einigen anderen Quellen in einer neuen Schrift zusammengefügt, die jetzt als die zweite Fortsetzung von Cosmas bekannt ist. Diese Kompilation

---

druckte Dissertation, Praha 1968, XII—LXXX; D. Třeštík, Anfänge der böhmischen Geschichtsschreibung, Die ältesten Prager Annalen, in: Studia źródłoznawcze, Commentationes, Tom XXIII (1978), 1—37. Übersicht der böhmischen mittelalterlichen Geschichtsschreibung bietet F. Palacký, Würdigung der alten böhmischen Geschichtsschreiber, Prag 1830 (heute schon überholt), kurz auch W. Wattenbach, Deutschlands Geschichtsquellen im Mittelalter II, Neuausgabe bes. v. F.-J. Schmale, Darmstadt 1967, 803—809; L. Hosák, Kritické poznámky k moravské středověké analistice, in: Sborník Vysoké školy pedagogické v Olomouci, Historie II (1955), 77—87; F. Kutnar, Přehledné dějiny českého a slovenského dějepisectví I, Praha 1971, 13—22; W. Baumann, Die Literatur des Mittelalters in Böhmen, München—Wien 1978, 32—54.

[4] Cosmac Pragensis Chronica Boemorum, ed. B. Bretholz, MGH SRG NS II, Berolini 1923. Mit dieser Chronik beschäftigte sich gründlich D. Třeštík, Kosmova kronika, Studie k počátkům českého dějepisectví a politického myšlení, Praha 1968. Cf. auch R. Nový, Dvojí redakce Kosmovy kroniky Čechů, in: Problémy dějin historiografie I, AUC, phil. et hist. 2 (1981), Studia historica XXI, Praha 1983, 93—124.

[5] Kosmova letopisu českého pokračovatelé, I. Kanovník vyšehradský, ed. J. Emler, Fontes rerum Bohemicarum II, Praha 1874, 203—237. Literatur ist bei M. Bláhová, Letopis tzv. Kanovníka vyšehradského a Druhé prokračování Kosmovo, in: Pokračovatelé Kosmovi, Praha 1974, 196—203, und M. Wojciechowska, Wstęp, in: Kronikarze czescy Kanonik Wyszehradzki, Mnich Sazawski, Warszawa 1978, 5—22, zusammengefaßt.

[6] Mnich Sázavský, ed. J. Emler, FRB II (wie Anm. 5), 238—269. Literatur ist bei M. Bláhová, Pokračovatelé Kosmovi, 194 sqq., M. Wojciechowska, Wstęp (beide wie Anm. 5), 22sqq., angeführt.

knüpft an die Jahrbücher des sog. Wyschehrader Domherren an und reicht bis zum Jahre 1283.[7]

Neben der teilweise eher „amtlichen" Geschichtsschreibung des Prager Domkapitels, die die Entwicklung des böhmischen Staates im Grunde von den ältesten Zeiten bis ins Hochmittelalter mehr oder weniger systematisch und gründlich erfaßt hat, wurden die geschichtlichen Ereignisse auch in etlichen anderen kirchlichen Institutionen oder von einzelnen Personen aufgeschrieben: So begann ein uns unbekannter Mönch des Klosters Hradisch bei Olmütz, die Geschichte seines Klosters zu verfassen. Seine Annalen wurden nach der Vertreibung der Benediktiner aus Hradisch in den vierziger Jahren des 12. Jahrhunderts in Opatowitz umgearbeitet und erweitert.[8] Der Prager Domherr und Kaplan des Prager Bischofs Daniel I. Vincentius hat die Geschichte Böhmens unter Wladislaw II. (1140—1172; die unvollendete Schrift endet jedoch bereits beim Jahr 1166) bzw. Gesta dieses Herrschers in breiten außenpolitischen Zusammenhängen beschrieben.[9] An seinen Text knüpfte Gerlach, der erste Abt des in den achtziger Jahren des 12. Jahrhunderts in Südböhmen gegründeten Prämonstratenserklosters Mühlhausen, an. Dieser Anhänger eines Programms kirchlicher Emanzipation legte den Akzent auch auf die auswärtige Politik der böhmischen Herrscher; mehr noch aber interessierte er sich für die Schicksale der Prämonstratenser und der katholischen Kirche in Böhmen überhaupt.[10]

Aus der u. U. geringfügigen Geschichtsschreibung der böhmischen Klöster blieben weitgehend nur bescheidene Spuren in jüngeren Quellen erhalten.[11] Bis in unsere Zeit ist nur die Chronik des Zisterzienserklosters Saar überliefert, die der dortige Mönch Heinrich gegen Ende des

---

[7] Ed. J. Emler, FRB II (wie Anm. 5), 270—370. Die wichtigste Literatur und Problematik dieser Quelle ist bei M. Bláhová, Druhé pokračování Kosmovo, in: Sborník historický 21 (1974), 5—39, zusammengefaßt.

[8] Letopisy Hradištsko—opatovické, ed. J. Emler, FRB II (wie Anm. 5), 383—400. Dazu vornehmlich J. Zezulčík, Hradištsko—opatovické anály, in: Historická Olomouc a její současné problémy VIII — im Druck. Cf. auch V. Novotný, Studien zur Quellenkunde Böhmens III, Annales Gradicenses und Opatovicenses, Mitteilungen des Instituts für österreichische Geschichtsforschung 25 (1903) 580—602; L. Hosák, Kritické poznámky (wie Anm. 3), 78—82.

[9] Letopis Vincencia, kanovníka kostela pražského, ed. J. Emler, FRB II (wie Anm. 5), 407—460. Gründliche Informationen bringt V. Novotný, České dějiny I,3, Praha 1928, 206sqq.; Z. Fiala, Předmluva, in: Letopis Vincenciův a Jarlochův, Praha 1957, 14sqq.

[10] Letopis Jarlocha, opata kláštera milevského, ed. J. Emler, FRB II, 461—516. Gerlach und sein Werk wurde vor allem von V. Novotný, ČD I,3 (wie Anm. 9), 99—102, behandelt. Cf. K. Dolista, Několik poznámek k novému vydání překladu Jarlochova letopisu, in: Jihočeský sborník historický 26 (1957) 124—127, und die Antwort von Z. Fialas, ibid. 27 (1958) 100—103; auch N. Backmund, Die mittelalterlichen Geschichtsschreiber des Prämonstratenserordens, Averbode 1972, 186—194.

[11] Cf. M. Bláhová, Společenské a kulturní předpoklady vzniku nejstarší české kroniky, in: AUC, Phil. et hist., Z pomocných věd historických IX — im Druck.

13. Jahrhunderts verfaßt hat.[12] Etwa zur gleichen Zeit verfaßte ein ansonsten unbekannter, in Heimburg geborener Priester namens Heinrich eine Geschichtskompilation, die als *Cronica Boemiae* bekannt ist.[13]

Die frühesten Erwähnungen zu unserem Thema sind im Werk des ersten böhmischen Chronisten, des Prager Domherren Cosmas, zu suchen. Nach dem Muster dieser historiographischen Gattung beginnt er seine *origo gentis* mit einer Beschreibung der geographischen Lage und der Naturverhältnisse des Landes. Ausgehend von der Genesis knüpft die Chorographie des Cosmas an die spätantike und frühmittelalterliche Literatur an und hängt mit den Werken von Iustinus, Plinius dem Älteren, Augustinus, Beda, Paulus Diaconus u. a. zusammen.[14] Die unmittelbare Inspiration empfing Cosmas in dieser Hinsicht durch Regino von Prüm und dessen Darlegung über die Herkunft der Ungarn.[15]

Cosmas charakterisiert das Land anfangs recht realistisch als „*locus nimis diffusus, cinctus undique montibus per girum, qui mirum in modum extenduntur totius terre per circuitum ...*" Unmittelbar darauf betont er, daß dieses Land keine Bewohner hatte, dafür aber viele Bienenschwärme, Vögel, Wild, Vieh, reines und gesundes Wasser, schmackhafte Fische usw.[16] Im Grunde umschreibt er damit das biblische Paradies, das dem Menschen alles Nützliche biete; der hierher kommende Mensch werde weder Mangel leiden noch Schaden erfahren.[17] Zumindest nach der Meinung des Cosmas konnte diese unberührte Landschaft eine ideale Umwelt für das Leben der Menschen bieten.

Die natürlichen Grenzen des Landes wurden durch die dicht bewaldeten Berge geschaffen. Oft sind die Grenzwälder in der Chronik selbst erwähnt.[18] Besonders bei Kriegen mit den Nachbarn spielten sie eine wich-

---

[12] Cronica Domus Sarensis, ed. J. Ludvíkovský, Brno 1964. Die Werk- und Autorschaftsanalyse wurde von J. Ludvíkovský, O mnichu Jindřichu Řezbáři a jeho Žďárské kronice, ibid., 5—19, durchgeführt. Der Versuch J. Šilhans, Jindřich Heimburský, in: Vlastivědný věstník moravský 20 (1968) 481, bezüglich einer anderen Lösung der Autorschaftsfrage ist neben den Argumenten J. Ludvíkovskýs nicht überzeugend.

[13] Letopisové Jindřicha Heimburského, ed. J. Emler, FRB III, Praha 1882, 305—321. Cf. Literatur in Anm. 12 dieser Arbeit.

[14] Marcus Iunianus Iustinus, Epitome historiarum Philippicarum Pompeia Troga II, 1—3; Gaius Plinius Secundus, Naturalis historia III,5; Aurelius Augustinus, De civitate Dei XVI,17; Beda Venerabilis, Historia ecclesiastica gentis Anglorum I,1, ed. B. Colgrave, R. A. B. Mynors, Bede's Ecclesiastical History of the English People, Oxford 1981, 18, 20; Pauli Historia Langobardorum I,1sqq., ed. G. Waitz, MGH SRG in us. schol., Hannoverae 1878, 52sqq.

[15] Regionis abbatis Prumiensis Chronicon cum continuatione Treverensi, rec. F. Kurze, MGH SRG in us. schol., Hannoverae 1890, 131sq. (z. J. 889).

[16] Cosmas I,2, ed. B. Bretholz (wie Anm. 4), 5sq. Die ungetrübten Quellen und gesunde Getränke erwähnt der Chronist noch weiter (ibid. 7).

[17] Ibid.

[18] Cosmas II,9, 95; II,10, 96; II,11, 98; II,33, 130.

tige Rolle.[19] Eine Grenze ohne Berge und Wälder scheint für Cosmas derart unüblich, daß er diese Tatsache besonders hervorhebt.[20] Auch bei der Beschreibung der kleineren Gebiete betont er vor allem die Nützlichkeit dieses Landes und seiner Natur für den Menschen. Das geht sowohl aus der Schilderung eines der Gebiete des Luczanerstammes[21] als auch aus der Charakteristik einzelner Teile des mährischen Teilfürstentums hervor.[22] Ganz offensichtlich interessieren Cosmas in besonderem Maße die Gaben der Natur, die sich der Mensch zunutze machen kann.[23]

Erst im zeitgenössischen Teil der Chronik treten dann konkrete Informationen über Naturerscheinungen hervor. Cosmas verfolgt hier meteorologische Erscheinungen, vor allem extreme Wetterlagen und ihre Folgen: den wärmeren oder, im Gegensatz, überaus kalten Winter,[24] Hagel,[25] Frost und Schnee im Mai,[26] Sturmwinde,[27] Dürren,[28] Hochwasser[29] und darauffolgende Missernten, Fallhölzer, Hochwasserschäden usw. Nur in Ausnahmefällen berichtet der Verfasser vom Erntesegen.[30] Die hier angeführten „Wetternachrichten" betreffen also insgesamt die Situationen, die das Leben der menschlichen Gemeinschaft zutiefst berührten und ihre Existenz bedrohten. Cosmas schreibt seine Notizen dabei nicht als bloßer Beobachter, sondern als Mitglied dieser Gesellschaft, die durch diese Naturerscheinungen unmittelbar betroffen wurde.

Aus demselben Grunde registriert Cosmas einmal auch Erdbeben; dabei vergaß er nicht zu betonen, daß dieses Erdbeben und seine Folgeschäden in der Lombardei beträchtlich größer seien als in Böhmen.[31]

---

[19] Die Wälder charakterisieren das Land auch in der Schilderung des englischen Minoriten Bartholomäus. Cf. weiter.
[20] Cosmas II,35, 131.
[21] Cosmas I,10, 23.
[22] Cosmas I,18, 110.
[23] Der in der ersten Hälfte des 13. Jahrhunderts schreibende, englische Minorit Bartholomäus beschreibt die böhmische Natur nicht nur mit Rücksicht auf ihre Nützlichkeit für die Landwirtschaft, sondern für die Wirtschaft überhaupt. Seine Beschreibung ist schon mehr konkret. Er stimmt mit Cosmas in der geographischen Charakteristik Böhmens überein, wenn er Böhmen als mit großen Bergen und dichten Wäldern umschlossenes Land schildert. Weiter aber betont er neben verschiedenen Pflanzen und Tieren die Fruchtbarkeit des Bodens und auch die reichen Metallquellen. Cf. E. Schönbach, Des Bartholomäus Anglicus Beschreibung Deutschlands gegen 1240, in: Mitteilungen des Instituts für österreichische Geschichtsforschung 27 (1906), 70. Zu den mittelalterlichen Beschreibungen Böhmens cf. vor allem Z. Boháč, Historical-Ecological Aspects of the Bohemian Feudal State Economy, in: Historická ekologie 1, Praha 1988, 18sq.
[24] Cosmas III,48, 220; III,50, 223; III,52, 225.
[25] Cosmas III,52, 225.
[26] Cosmas III,61, 239sq.
[27] Cosmas III,45, 219; III,57, 233.
[28] Cosmas III,47, 220.
[29] Cosmas III,44, 219; III,48, 220.
[30] Cosmas III,50, 223; III,52, 225.
[31] Cosmas III,43, 217.

Die Zusammenhänge mit dem praktischen Leben bzw. den Einfluß auf das Leben und die Wirtschaft betont er auch bei der Betrachtung der astronomischen Erscheinungen. Ganz eindeutig zeigt sich dies bei der Nachricht von der Erscheinung eines Kometen im Jahre 942, die jedoch als solche aus der Continuatio Reginonis übernommen wurde. Nach dieser Erscheinung sollte eine große Viehseuche folgen.[32] Im Original-Text bei Cosmas finden sich solche Konsequenzen bei der Sonnenfinsternis im Jahre 1124, die gleichermaßen in Zusammenhang mit der großen Viehseuche wie mit der Mißernte gesetzt wird.[33] Die fallenden Sterne sind in der Chronik vom Geheimnis umhüllt und werden mit biblischen Gleichnissen kommentiert.[34] Ein Polarlicht[35] sowie eine Sonnen- oder Mondfinsternis[36] bleiben hingegen unkommentiert. Als tatsächlicher Beobachter astronomischer Phänomene kann der Autor gelten, der das Werk Cosmas als erster fortsetzt. Der Annalist interessiert sich ausgesprochen lebhaft für die Astronomie und trägt seine Beobachtungen in die Annalen ein. Die im Vergleich mit anderen historiographischen Quellen böhmischer Herkunft zahlreichen astronomischen Nachrichten des sog. Wyschehrader Domherren haben auch das Interesse moderner Historiker und Astronomen gefunden, so daß ich hier nur die Ergebnisse ihrer vielseitigen Studien resümieren kann.

František Link, der die astronomischen Nachrichten des sog. Wyschehrader Domherren vielfältig ausgewertet und eine grundlegende Untersuchung hierüber verfaßt hat,[37] verfolgte in den Annalen die Nachrichten über Sonnenflecken,[38] Sonnenfinsternisse,[39] Mondfinsternisse,[40] Planeten[41] und vielleicht auch Kometen,[42] Meteoren,[43] meteorologische Optik, kon-

---

[32] Cosmas II,1, 40; Regino (wie Anm. 15), 162. Cf. M. H. Malewicz, Que signifie une comète? Studia mediewistyczne 27 (1990) 74.

[33] Cosmas III,57, 232sq.

[34] Cosmas III,51, 225.

[35] Cosmas III,4, 163.

[36] Eclipsis solis z. J. 1092 (richtig vielleicht 1093), cf. F. K. Ginzel, Astronomische Untersuchungen übe Finsternisse, in: Sitzungsberichte der kaiserlichen Akademie der Wissenschaften, Math.-Naturwiss. Classe 88 (1883) 692; B. Bretholz, Cosmas (wie Anm. 4) 158, Anm.1; K. Steinich, Úplná a kruhová zatmění slunce v zemích českých od roku 878 do 1842, in: Věstník České akademie věd a umění 22 (1913) 435sqq.; Cosmas II,51, 158. Eclipsis lune z. J. 1123: Cosmas III,49, 220sq.

[37] F. Link, Astronomiské zprávy v kronice Vyšehradského kanovníka, in: Československý časopis historický 9 (1961) 559—571. Dort ist auch die ältere Literatur angeführt und bewertet.

[38] Domherr v. Wyschehrad 1139, FRB II, 230; F. Link, Astronomické zprávy (wie Anm. 37) 560sq.

[39] 1133, FRB II, 216; F. Link, ibid. 560sq.

[40] 1128, FRB II, 207; 1131, 213; 1136, 224; 1137, 228. Cf. F. Link, ibid. 561sq.

[41] 1130, FRB II, 207; 1131, 213; 1136, 224; 1137, 228. Cf. F. Link, ibid. 562sqq.

[42] 1141, FRB II, 234. Cf. F. Link, ibid. 564sq.

[43] 1128, FRB II, 206; 1130, 212; 1135, 223; 1138, 238. Cf. F. Link, ibid. 565sq.

kret über Halo,[44] ferner über Lufttrübung, die am wahrscheinlichsten nach entfernten Vulkaneruptionen entstand,[45] und Polarlichter.[46] Insbesondere die Schilderung des Annalisten über ein Polarlicht verdient hier Aufmerksamkeit. Der Verfasser informiert so von einem Blutregen in Deutschland,[47] den er nur von Gerüchten kannte und selbst in Zweifel stellte. Wenn der Annalist nicht nur vom Regen, sondern darüber hinaus von ganzen Stücken vom Himmel fallenden Fleisches gehört haben will, haben in diesem Fall sichtlich die Entfernung und die Phantasie mitgewirkt.

Eine Konfrontation der Beobachtungen des sog. Wyschehrader Domherren mit astronomischen Berechnungen bzw. vergleichbaren Nachrichten zeigt trotz einer gewissen Begrenztheit der astronomischen Kenntnisse des unbekannten Annalisten die Glaubwürdigkeit seiner Darlegungen.

Der sog. Wyschehrader Domherr registriert und beschreibt überwiegend allein die astronomischen Erscheinungen. Nur gelegentlich sucht er die Ursachen hierfür in Gottes Fügung.[48] Lediglich in einem Fall verbindet er eine Mondfinsternis mit einer großen Menschensterblichkeit.[49]

Andere Naturerscheinungen kommen in der ersten Fortsetzung von Cosmas schon seltener vor. Der sog. Wyschehrader Domherr informiert noch über das unbeständige und extreme Wetter,[50] Gewitter zu Weihnachten oder Anfang Januar,[51] Hochwasser[52] sowie über Sturmwinde und dadurch entstandene Schäden.[53] In keinem einzigen Fall gibt er Auskunft über Zeiten mit Mißernten oder Hunger, wie Cosmas es nahezu regelmäßig getan hat. Entgegen seinem Vorgänger treten hier die Zusammenhänge mit dem praktischen Leben nicht so deutlich hervor.

Schließlich bleibt die Nachricht von einer „übernatürlichen" Erscheinung übrig: das Wasser im Fluß Sazawa in der Nähe des gleichnamigen Klosters sei ganz verschwunden, Abt und Mönche hätten Fische und Krebse im trockenen Flussbett sammeln können.[54] Unter Umständen handelte es sich hierbei um eine Karsterscheinung, als sich vielleicht eine Höhle mit Wasser füllte, ehe der Fluß seinen alten Lauf wieder aufnahm. Erstaunlicherweise erwähnt der Mönch von Sazawa diese Episode nicht.[55]

---

[44] 1135, FRB II, 222. Cf. F. Link, ibid. 566. Zu den Erscheinungen der meteorologischen Optik cf. J. M. Pernter–F. M. Exner, Meteorologische Optik, Wien 1910; Beschreibung und Aufklärung der Haloerscheinungen ibid. 216sqq.
[45] 1139, FRB II, 230. Cf. F. Link, ibid. 566.
[46] 1128, FRB II, 206; 1132, 214; 1138, 228; 1139, 230. Cf. F. Link, ibid. 567sq.
[47] 1133, FRB II, 216. Zu dieser Erscheinung cf. P. Alexandre, Le climat (wie Anm. 2), 33.
[48] 1131, FRB II, 213; 1136, 224sq.
[49] 1133, FRB II, 216.
[50] 1134, FRB II, 221.
[51] 1126, FRB II, 203.
[52] 1141, FRB II, 234.
[53] 1134, FRB II, 221.
[54] 1140, FRB II, 234.
[55] Cf. A. Strnad, Chronologisches Verzeichnis (wie Anm. 1), 22; auch M. Wojciechowska im Kommentar zu Kronikarze czescy (wie Anm. 5), 104, Anm. 77.

Der Mönch von Sazawa widmete den astronomischen und meteorologischen Erscheinungen schon wesentlich geringere Aufmerksamkeit als der sog. Wyschehrader Domherr. Bei seiner Bearbeitung der ursprünglichen Chronik des Cosmas erweiterte er dessen Text auch um etliche Nachrichten dieser Art, die insgesamt aus den Hersfelder Annalen stammen.[56] So fügt er die Information von dem grausamen und langen Winter im Jahre 875 bei, von der Trockenheit, der Menschensterblichkeit und der Viehseuche im Jahre 989, von der Sonnenfinsternis im Jahre 990 sowie vom Erdbeben im Jahre 998. Diese Nachrichten sind damit nicht böhmischer Provenienz und berühren auch Böhmen weitgehend nicht. Aus einer unbekannten Quelle schöpfte er die Nachricht von dem trockenen Winter des Jahres 1091.[57]

In seinem eigenen Text registrierte der Mönch von Sazawa nur etliche astronomische Erscheinungen: eine Sonnen- und eine Mondfinsternis sowie einen Durchflug des Boliden.[58] Aus den „Wetternachrichten" hat er nur ein Gewitter im Jahre 1130 und ein Hochwasser 1141 in seinen Annalen aufgezeichnet. Alle diese Nachrichten aber sind bloße Bemerkungen ohne weiteren Kommentar. Nur die Mondfinsternis im Jahre 1154 wird in Zusammenhang mit einer großen Menschensterblichkeit gebracht.

Weitere Nachrichten, die die Natur bzw. Landschaft betreffen, sind in den angeführten Pertinenzformeln vermerkt, die vielleicht aus den diplomatischen Quellen stammen.[59] Diese Problematik aber beleuchtet ein anderer Beitrag dieses Bandes.[60]

In den Klosterchroniken spiegelt sich gewöhnlich auch die wirtschaftliche Tätigkeit des Klosters wider, die vor allem in der Landwirtschaft bestand und somit ebenfalls mit der Natur im weiteren Sinne zusammenhing. Wenigstens eine Nachricht über das Anlegen und den Anbau von Weinbergen bringt der Mönch von Sazawa.[61]

In seiner Gesta Wladislaws II. verzichtete der bischöfliche Kaplan Vincentius vollständig auf die Nennung von Naturerscheinungen. Doch mußte er sein Staunen über die italienische Landschaft und ihre Vegetation zum Ausdruck bringen, die er auf dem Mailänder Feldzug gesehen hatte.

---

[56] Mönch v. Sazawa, FRB II, 239sq.
[57] FRB II, 251.
[58] Die Finsternisse: 1133, FRB II, 259; 1154, 263. Durchflug des Boliden: 1142, 261.
[59] FRB II, 244; 1097, 252; 1132, 258. Die Formulierungen sind offenkundig aus den Akten, ev. Urkunden übernommen. Cf. I. Hlaváček, Diplomatisches Material in den narrativen Quellen des böhmischen Mittelalters bis zum Anfang des 13. Jahrhunderts, in: Palaeographica, diplomatica et archivistica. Studi in onore di Giulio Battelli, Roma 1979, 90sq. Der Autor verfolgt nur den ersten Akt, der sich auf die Gründung des Klosters bezieht. Dazu auch V. Novotný, České dějiny I,2, Praha 1913, 55sq., 692sq.
[60] I. Hlaváček, Diplomatische Quellen und ihr Beitrag zur Erkenntnis der Natur im Hoch- und Spätmittelalter am Beispiel des mittelalterlichen Böhmens, 851—860.
[61] 1097, FRB II, 252.

Die Tatsache, daß das kaiserliche Heer seine Zelte unter Ölbäumen aufgeschlagen hatte und die edlen Ölbäume als Heizmittel, Futtermittel und Unterstreuung für die Pferde benutzt wurden,[62] war für einen Mitteleuropäer völlig neu und ungewohnt. Darüber hinaus erwähnt Vincentius nur die Vernichtung der Ernte, der Weinberge und der Obstbäume bei der Belagerung Mailands.[63]

Auch der Mühlhausener Abt Gerlach, der die Gesta des Vincentius fortführte, interessierte sich nicht für Naturerscheinungen und die Natur im weiteren Sinne. Nur in seiner Erzählung über die Gründung des Klosters Seelau konstatierte er, daß der erste Abt dort einen dichten Wald gerodet, Felder erstellt und eine Kirche errichtet habe.[64]

Die Klosterannalen von Hradisch und Opatowitz widmen den Naturerscheinungen weit mehr Aufmerksamkeit als der Außenpolitik, an der die beiden vorgenannten Verfasser orientiert sind. Vor allem der Hradischer Mönch verfolgt die astronomischen Erscheinungen, extreme Wetterlagen, eventuell auch Erdbeben. Die Nachrichten über die ältere Zeit wurden aus den benutzten Quellen übernommen, überwiegend aus dem Werk des Cosmas und seines ersten Fortsetzers, des sog. Wyschehrader Domherren sowie aus den nicht erhaltenen Prager Annalen, aus denen gleichfalls der Mönch von Sazawa geschöpft hat, u. U. auch aus anderen Quellen. So informieren die Hradisch–Opatowitzer Annalen über die Sonnenfinsternisse in den Jahren 1092 und 1093. Es ist nicht ausgeschlossen, daß beide Nachrichten die gleiche Sonnenfinsternis betreffen, nämlich die des Jahres 1093, welche Cosmas fälschlich für das Jahr 1092 angeführt hat.[65] Die Quelle der Angabe über die Mondfinsternis des Jahres 1096 ist unbekannt,[66] ebenso die Quelle der Information über einen Kometen im Jahre 1106.[67] Die Nachricht über die Mondfinsternis und das Polarlicht im Jahre 1128, vielleicht auch die über den Durchflug des Boliden im Jahre 1130, stammen aus dem Werk des sog. Wyschehrader Domherren.[68] Aus denselben Quellen sowie darüberhinaus den nicht erhaltenen Prager Annalen[69] wurden auch die „Wetternachrichten" entliehen: die Angabe über den trockenen Winter 1091,[70] über das Hochwasser 1118,[71] die Sturmwinde

---

[62] Vincencius, 1158, FRB II, 429.
[63] 1162, FRB II, 452.
[64] Gerlach, FRB II; 487.
[65] Annales Gradicenses et Opatovicenses, FRB II, 391; Cosmas II, 51, 158. Cf. ibid., Anm. 1.
[66] FRB II, 391. Diese ist im Jahre 1096 am 22. Dezember erschienen.
[67] FRB II, 392.
[68] Ann. Grad.–Opat., FRB II, 394; Domherr v. Wysch. 206.
[69] Cf. vor allem V. Novotný, ČD I,3 (wie Anm. 9), 203.
[70] FRB II, 391. Die Nachricht stammt am wahrscheinlichsten aus den nicht erhaltenen Prager Annalen; sie wurde auch vom Mönch von Sazawa benutzt – FRB II, 251.
[71] Ann. Grad.-Opat., FRB II, 392; Cosmas III,44, 219.

1119,[72] die großen Schneemassen, die Menschensterblichkeit, das Hochwasser und das Glatteis im Jahre 1126.[73] Im Jahr 1117 führen die Annalen auch die Nachricht des Cosmas über ein Erdbeben an.[74] Über diese Nachrichten hinaus kann man noch die Notiz über die Menschensterblichkeit anführen, die die Hradisch−Opatowitzer Annalen für das Jahr 1095 nennen. Dieselbe Nachricht führen Cosmas und die Hildesheimer Annalen für das Jahr 1096 an.[75]

Im Original-Text der Hradisch−Opatowitzer Annalen sind etliche astronomische Erscheinungen registriert, die zum Teil auch beschrieben werden. Für das Jahr 1130 liefern die Jahrbücher die Beschreibung einer ungewöhnlichen Erscheinung, eines „Wunders" in der Luft, wobei es sich wahrscheinlich um ein vielfältiges Halo handelte.[76] Im Jahr 1132 beobachtete der Verfasser einen Kometen[77] und im Jahr 1133 eine Sonnenfinsternis, die auch der sog. Wyschehrader Domherr in seinen Jahrbüchern aufgezeichnet hat; bei diesem erschien die Information zwar ausführlicher, aber ohne genauere Zeitangabe, die nun die Hradisch−Opatowitzer Annalen anführen.[78] Für unser Thema ist insbesondere die Information über die Mondfinsternis im Jahre 1142 von Bedeutung. Für den Verfasser war diese Erscheinung die Ursache für verschiedenen Kummer in Böhmen: für einen Bürgerkrieg, die Klosterbrände in Prag, den Raub im Lande, politische Streitigkeit unter den Přemysliden usw.[79] Schließlich beschreibt der Annalist ausführlich *nimis horibile ... monstrum*, vermutlich einen Luftwirbel,[80] den der Olmützer Teilfürst Otto III. mit seinem Heer beobachtet haben soll.

Die Hradisch−Opatowitzer Annalen haben unsere bisherigen Erkenntnisse also um teilweise recht ausführliche astronomische Angaben erweitert. Alle diese Angaben beziehen sich auf die ältere Zeit, noch vor der Vertreibung der Benediktiner aus Hradisch. Daraus läßt sich schließen, daß der Beobachter dieser Erscheinungen nur der Hradischer Annalist gewesen ist. Sein Opatowitzer Bearbeiter und Fortsetzer interessierte sich für diese Sachverhalte nicht.

Die annalistischen Werke enthielten Nachrichten dieser Art offensichtlich regelmäßig. Das beweisen u. a. die fragmentarisch erhaltenen Kompilationen der älteren annalistischen Quellen, die überwiegend Prager Provenienz sind. Die *Annales Pragenses*, welche wahrscheinlich am Anfang

---

[72] Ann. Grad.-Opat., FRB II, 393; Cosmas III,45, 219.
[73] Ann. Grad.-Opat., FRB 393; Domherr v. Wysch. 203.
[74] Ann. Grad.-Opat., FRB II, 392; Cosmas III,43, 217.
[75] Cf. MGH SS XVII, 648, Anm. 18.
[76] FRB II, 394.
[77] FRB II, 395.
[78] Ann. Hrad.−Opat., FRB II, 395; Domherr v. Wysch. 216.
[79] FRB II, 397.
[80] FRB II, 398.

des 13. Jahrhunderts als Kompilation mehrerer Quellen böhmischer und auswärtiger Provenienz entstanden sind,[81] übermitteln auch ältere astronomische, meteorologische und seismographische Nachrichten. Sie informieren über Kometen[82] (die Quelle dieser Nachricht ist unbekannt), über eine Sonnenfinsternis[83] sowie über eine große Dürre.[84] In unserem Zusammenhang ist vor allem die Nachricht über die Sonnenfinsternis im Jahre 1186, *„inde mortalitas hominum facta est"*, von Wichtigkeit.[85]

Ähnliche Nachrichten sind auch in den *Annales Bohemici*, einer vielleicht noch jüngeren Kompilation, zusammengefaßt. Aus dieser Schrift sind nur dreieinhalb Spalten des einzigen erhaltenen Handschriftenblattes aus dem 14. Jahrhundert erhalten geblieben.[86] Die uns hier interessierenden Nachrichten sind allerdings in ihrer Gesamtheit aus den bekannten Quellen entliehen: die Nachrichten über das Hochwasser 1118 und die Sturmwinde 1119[87] stammen aus der Chronik des Cosmas, die Nachricht über die Sonnenfinsternis 1133 aus den Jahrbüchern des sog. Wyschehrader Domherren, die Information über die Hungersnot 1043 wiederum von Cosmas.[88]

Die Begebenheiten des 13. Jahrhunderts sind überwiegend in der zweiten Fortsetzung des Cosmas erfaßt. Diese Kompilation wurde Ende des 13. oder Anfang des 14. Jahrhunderts aus verschiedenartigen zeitgenössischen historiographischen Quellen zusammengestellt.[89] An ihrem Anfang stehen Exzerpte aus dem Werk des Vincentius sowie aus anderen Quellen überwiegend Prager Provenienz, die sich noch auf das 12. Jahrhundert beziehen. Zu unserem Thema sind hier nur zwei kurze Nachrichten zu finden: eine Information über die große Dürre im Jahre 1176, die die gesamte Ernte vernichtet hat[90] sowie die Nachricht über die Sonnenfin-

---

[81] Letopisy pražské, ed. J. Emler, FRB II (wie Anm. 5), 376—380. Cf. V. Novotný, Studien zur Quellenkunde Böhmens IV, Die verlorenen Annales Pragenses, in: Mitteilungen des Instituts für österreichische Geschichtsforschung 24, (1902) 607; id., ČD I,3 (wie Anm. 9) 211, Anm. 2. J. Emler, FRB II, 375 sieht jedoch Ursprung der Annalen anders.
[82] 941, FRB II, 376.
[83] 1133, FRB II, 378. Dieselbe Nachricht bringen auch der Mönch von Sazawa, FRB II, 259, und die Hradisch-Opat. Annalen, ibid. 395.
[84] 1178, FRB II, 378. Dieselbe Nachricht in derselben Formulierung führt auch die zweite Fortsetzung des Cosmas (cf. unten) zum Jahre 1176 an.
[85] FRB II, 379. Cf. auch die zweite Fortsetzung des Cosmas zu demselben Jahr.
[86] Letopisy české, ed. J. Emler, FRB II (wie Anm. 5), 380—382. Kurze Information ibid. 375sq.
[87] FRB II, 382. Cf. auch oben, Anm. 27, 29.
[88] Sonnenfinsternis: FRB II, 382, cf. oben, Anm. 39. Hungersnot: Ann. Boh., FRB II, 382; Cosmas II,13, 100.
[89] Diese Quelle wird hier als ganze, wie sie in den Handschriften erhalten ist, behandelt, denn die Gliederung nach den vorausgesetzten Vorlagen bringt mehrere Probleme mit sich. Cf. M. Bláhová, Druhé pokračování (wie Anm. 7), 12.
[90] FRB II, 279.

sternis mit der ihr nachfolgenden Menschensterblichkeit im Jahre 1186.[91] Die Quelle dieser Information ist unbekannt; man kann jedoch voraussetzen, daß es sich hierbei nicht um die Prager Annalen gehandelt hat.

Die Annalisten vor allem der zweiten Hälfte des 13. Jahrhunderts erwähnen nahezu systematisch das Wetter und die Ernte sowie damit im Zusammenhang stehende Preisveränderungen für Nahrungsmittel. Astronomische Erscheinungen kommen hier bereits seltener vor, andere Phänomene nur ausnahmsweise. Eine solche Ausnahme stellt die Nachricht über das Erdbeben im Jahre 1201 dar: *„terrae motus fuit ubique"*. Tatsächlich wurde dieses Erdbeben damals an vielen Orten, nicht nur in Böhmen, registriert.[92]

Die überwiegende Mehrheit der mit der Natur im weiteren Sinne zusammenhängenden Nachrichten bieten Informationen über klimatische oder meteorologische Erscheinungen. Insbesondere der Verfasser der böhmischen Annalen in der zweiten Hälfte des 13. Jahrhunderts informiert regelmäßig hierüber.

Auf die erste Hälfte des Jahrhunderts bezieht sich nur eine einzige Nachricht dieser Art, die über einen warmen und regnerischen Winter im Jahre 1219 berichtet[93]. Mit dem Jahr 1250 beginnen bereits ausführliche „Wettermeldungen", bei denen nähere Umstände mitskizziert werden: beim Hagelschlag am 2. Juli 1250 beschreibt der Annalist Hagelschauer und verschiedene Schäden, die durch den Hagel, durch einsetzenden Regen und das darauffolgende Hochwasser verursacht worden seien.[94] Ähnlich verhält es sich mit folgenden Zwischenfällen: beim Sturmwind am 2. Februar 1251 *magna vis ventorum exorta est, et aer obscuratus est, ita ut vix poterat hominum vultum dignosci*. So große Schneemengen fielen darauf in vielen Gegenden Böhmens: *„non meminit aetas nostra"*.[95] Weiter informiert der Annalist noch über Sturmwinde,[96] Gewitter[97] und große Dürren,[98] dann wieder über zu regnerisches Wetter,[99] Regen,[100] Schnee im Winter[101] wie im Sommer,[102] Frost und strenge Winter,[103] Hochwasser,[104] Hagel-

---

[91] FRB II, 280.
[92] FRB II, 282. Über dieses Erdbeben informieren z. B. mehrere polnische Annalen. Cf. M. II. Malewicz, Zjawiska (wie Anm. 2), 93.
[93] FRB II, 283.
[94] FRB II, 286.
[95] FRB II, 287sq.
[96] 1251, FRB II, 287sq.; 1255, 310; 1256, 293; 1264, 298; 1281, 342.
[97] 1251, FRB II, 288; 1256, 293; 1260, 313sq.
[98] 1251, FRB II, 288; 1252, 289; 1260, 296; 1262, 298; 1266, 300; 1283, 367.
[99] 1255, FRB II, 293; 1266, 299.
[100] 1219, FRB II, 283; 1250, 286; 1270, 300; 1281, 341sq.
[101] 1251, FRB II, 287sq.
[102] 1252, FRB II, 289.
[103] 1252, FRB II, 290; 1256, 293; 1257, 295; 1258, 295; 1258, 295; 1263, 298; 1280, 340.
[104] 1250, FRB II, 286; 1257, 295; 1260, 313sq.; 1264, 298sq.; 1273, 301; 1280, 340.

schlag,[105] kaltes oder warmes Wetter,[106] über Mißernten[107] oder auch gute Ernten[108] sowie über Hunger im allgemeinen.[109]

In dieser Zeit wurden die Leute auch über die große Anzahl umherstreunender Wölfe beunruhigt, so daß der König selbst entsprechende Maßnahmen anordnete.[110] Zu den Kuriositäten des Jahres 1251 gehörten neben den Wetterabnormalitäten auch die großen Fohlen, die in diesem Jahr zur Welt kamen, „welche aussahen, als wären sie dreijährig".[111]

Die astronomischen Erscheinungen, die in der zweiten Fortsetzung des Cosmas angeführt sind, beschränken sich auf kurze Informationen über Sonnen- und u. U. auch Mondfinsternisse[112] sowie auf eine Beobachtung der Planeten.[113] Die letzte Nachricht dieser Art informiert über den Regenbogen, eine Erscheinung der meteorologischen Optik, *„quae circumdabat totam civitatem Pragensem, extendens finem unum ultra muros civitatis versus meridiem, alterum super flumen Wltavae ab alia parte civitatis versus aquilonalem plagam ..."*[114]

Die angeführten Informationen stammen aus der Feder mehrerer Verfasser. Je nach Gewohnheit der einzelnen Autoren fallen sie kürzer oder ausführlicher aus. Fast alle Nachrichten aber beschränken sich auf die bloße Feststellung der jeweiligen Tatsachen als solcher. Nur in zwei Fällen werden die Angaben, die mit der Natur im weiteren Sinne zusammenhängen, in einen — in diesem Fall irrealen — Zusammenhang gesetzt. Im Jahre 1276 sollen die Wölfe durch ihr Geheul vor den Toren der Prager Burg dem böhmischen Volk eine schlimme Zukunft verkündet haben.[115] Und aus dem durch wundersame Schönheit sich auszeichnenden Regenbogen, der sich am 26. Dezember 1282 über Prag wölbte, prophezeiten Juden und auch einige christliche Weiber dem ganzen böhmischen Königreich eine glückliche Zukunft.[116]

Die zweite Fortsetzung des Cosmas, konkret der dritte Teil der Prager Annalen, bringt noch eine weitere Information, die mit der Natur im weiteren Sinn zusammenhängt. Der Verfasser dieses außergewöhnlich ansprechend geschriebenen Textes, in dem sogar erste Anzeichen des Hu-

---

[105] 1250, FRB II, 286; 1260, 296; 1262, 298; 1264, 298; 1266, 300.
[106] 1255, FRB II, 293; 1278, 302; 1280, 340.
[107] 1251, FRB II, 288; 1252, 290; 1262, 298; 1263, 298; 1266, 300; 1270, 300; 1283, 367.
[108] 1256, FRB II, 294; 1259, 296; 1260, 296.
[109] 1252, FRB II, 289; 1263, 298; 1280, 340; 1282, 355, 360.
[110] 1268, FRB II, 300. Andere Nachricht über Wölfe 1276, 302.
[111] FRB II, 288.
[112] 1207, FRB II, 283; 1241, 285; 1254 (III. Kal. Ian. 1255), 293; 1258, 295.
[113] 1222, FRB II, 284.
[114] FRB II, 365. Zu den Regenbogenerscheinungen cf. J. M. Pernter, F. M. Exner, Meteorologische Optik (wie Anm. 44), 482sqq.
[115] FRB II, 302.
[116] FRB II, 365sq.

manismus in Böhmen gesehen werden,[117] hat hier ein kurzes Exposé über den Einfluß der Natur auf den Charakter des Menschen eingefügt.[118] Dem Text nach stand am Anfang das goldene Zeitalter, da der Geist Gottes heilsame Lüfte geschickt habe, die ihrerseits die große Hitze milderten, den menschlichen Körper gesund erhielten und darüber hinaus alles andere befruchten konnten. Die Menschen in dieser Zeit waren unverdorben und einfach. Später aber sei die Natur durch schlechtere Metalle entartet und haben die letzten Jahrhunderte mit dem Eisen der Gleichgültigkeit und Bosheit befleckt, weshalb das menschliche Miteinander von einem schrecklichen Übel heimgesucht worden sei, das flackerndes Feuer und starrende Kälte mit sich gebracht habe: so sei die Welt zum Streit herausgefordert worden, da sich die Eifersucht um so leichter in die Herzen einschleiche, je mehr der Mensch auf Besitz und Künstlichkeit halte. Was gut anfangen habe, lasse nun die Natur unbemerkt in Neid ausarten ... Der Verfasser dieses Teils der zweiten Fortsetzung verbindet hier also ganz nach dem Muster der antiken Autoren, insbesondere des Ovid,[119] die Natur mit dem menschlichen Charakter bzw. leitet diesen menschlichen Charakter von der Natur, hier dem Klima, ab.

Die rein annalistischen Aufzeichnungen besonders über die böhmische und mährische Geschichte sammelte am Ende des 13. Jahrhunderts der in Mähren lebende Priester österreichischer Herkunft Heinrich von Heimburg. Seine Jahrbücher enthalten dabei auch etliche Nachrichten, die sich auf die Natur beziehen, insbesondere auf die Bereiche der Astronomie, Seismologie und Meteorologie. Die älteren Nachrichten dieser Art wurden aus den Quellen geschöpft, vor allem aus der Chronik des Cosmas, wie das Erdbeben 1117, das Hochwasser 1118 und die Mondfinsternis 1122,[120] weiter aus den Jahrbüchern des sog. Wyschehrader Domherren wie die Sonnenfinsternis 1133, die Heinrich von Heimburg fälschlicherweise auf das Jahr 1135 datiert,[121] sowie aus den annalistischen Teilen der zweiten Fortsetzung des Cosmas, wie das Erdbeben im Jahre 1201.[122] Einige Nachrichten scheinen selbständig formuliert zu sein, wenngleich auch etliche in anderen Quellen vorkommen. Dies betrifft gerade die Nachrichten aus der zweiten Hälfte des 13. Jahrhunderts, die vielleicht von Zeitgenossen verfaßt wurden. Der Verfasser dieses Teils der Kompilation informiert über das Erdbeben im Jahre 1259 und über die Erscheinung

---

[117] Dazu B. Mendl, Z předzvěstí českého humanismu: Pořadatel letopisú pražských, in: Sborník prací věnovaných J. B. Novákovi k šedesátým narozeninám, Praha 1932, 60sqq.
[118] FRB II, 360.
[119] Ovidius, Metamorphoses I.
[120] Heinrich von Heimburg, FRB III, 311.
[121] FRB III, 311. Cf. F. K. Ginzel, Astron. Untersuchungen (wie Anm. 36), 705. Diese Nachricht bringen auch andere Quellen, die Formulierung und weitere Zusammenhänge zeigen jedoch auf den sog. Wyschehrader Domherren.
[122] FRB III, 311.

eines Kometen im Jahre 1264.[123] Beide Ereignisse wurden auch von mehreren polnischen Quellen registriert.[124] Weitere Nachrichten, die mit der Natur zusammenhängen, betreffen nun wieder extreme Wetterlagen: Hagelschlag, Gewitter, Schnee und Glatteis 1276,[125] einen schneereichen Winter 1280[126] sowie Frost und Gewitter im darauffolgenden Jahr 1281[127]. Schließlich ist in den Jahrbüchern eine Nachricht über die Hungersnot von 1263 zu nennen, die auch von anderer Seite, nämlich der zweiten Fortsetzung des Cosmas, her bekannt ist.[128]

Einen gänzlich anderen Charakter weisen die die Natur betreffenden Informationen in der Saarer Klosterchronik Heinrichs des Holzschnitzers, die ebenfalls aus dem Ende des 13. Jahrhunderts stammt, sowie die Chronik selbst auf. Diese Klosterchronik par excellence, welche die Geschichte des Klosters mit der Familiengeschichte der Stifter verbindet,[129] enthält vor allem Informationen, die mit Gründung und Aufbau des Klosters zusammenhängen. Das Kloster wurde in den Wäldern der Böhmisch-Mährischen Höhe erbaut und damit in einer damals ausgesprochen wenig kultivierten Gegend.[130] In lateinischen Versen schildert der Verfasser die Gründung und die Anfänge des Klosters mit all ihren Schwierigkeiten, die in Zusammenhang mit dem Leben unter den harten Randbedingungen einer bewaldeten Berglandschaft und der Kultivierung des Bodens standen. Die Chronik Heinrichs des Holzschnitzers überragt alle bereits genannten Schriften an persönlicher Voreingenommenheit und vielfach geäußerten Gefühlen und persönlichen Ansichten.

Einer der die Natur betreffenden Hauptgegenstände seines Interesses war der kostbare Wald,[131] welcher dem Bau des Klosters und eines Teiches sowie der Gründung von Weinbergen und der allgemeinen Kultivierung der Felder zum Opfer fallen mußte.[132] Zum Wald hatte der Chronist im übrigen eine nahezu vertrauliche Beziehung.[133] Die „normalen" meteorologischen und astronomischen Nachrichten fehlen in dieser Chronik gänzlich.

---

[123] FRB III, 313.
[124] Cf. M. H. Malewicz, Zjawiska (wie Anm. 2), 93, 99.
[125] FRB III, 315.
[126] FRB III, 318. Ähnliche Information bringt auch die zweite Fortsetzung des Cosmas.
[127] FRB III, 319.
[128] FRB III, 313.
[129] Zur Gattung und Charakteristik der Klosterchronik cf. vor allem H. Patze, Adel- und Stifterchronik I, in: Blätter für deutsche Landesgeschichte 100 (1964), 8—81, vornehmlich 15sqq.
[130] Zur Geschichte des Klosters cf. M. Zemek, A. Bartůšek, Dějiny Žďáru nad Sázavou I, Havlíčkův Brod 1956; V. Novotný, ČD I,3, 905sqq.; Z. Kalista, Blahoslavená Zdislava z Lemberka, Roma 1969, 76sq.
[131] Chron. Sar., Kap. 4, 170.
[132] Chron. Sar., Kap. 3, 163; 6, 178; 7, 180; 9, 188; etc.
[133] Cf. Chron. Sar., Kap. 3, 162; 4, 167, 170; 6, 180; 7, 180.

Ein Überblick hinsichtlich der Informationen über die Natur im Rahmen der böhmischen historiographischen Quellen zeigt eine ähnliche Situation wie in anderen Gebieten des lateinischen Kulturkreises Europas. Einzelne Verfasser äußerten eine differenzierte Beziehung zur Natur bzw. bestimmten Naturerscheinungen. Ihr Interesse für die Natur hängt im einzelnen vom Inhalt und Gegenstand oder von ihrer Orientierung und der literarischen Gattung ihrer Werke ab, sicherlich auch von ihren eigenen Kenntnissen und ihrer Bildung bezüglich dieser Zusammenhänge. Die Chroniken bringen gewöhnlich Informationen anderer Art als die Annalen. Cosmas suchte in seiner *origo gentis* vor allem die geographische Lage und die Naturverhältnisse zu charakterisieren. So schuf er die erste Chorographie Böhmens,[134] die später jüngere Chronisten übernommen und erweitert haben.[135] Eigenartig sind auch seine Beschreibungen von kleineren Gebieten, die bisweilen nur noch die Klosterchroniken kennen. Die Verfasser der Klosterchroniken verfolgten insbesondere Eingriffe in die Natur, die mit der Gründung des Klosters und seiner Kolonisationstätigkeit zusammenhingen. Dies gilt für den Mönch von Sazawa, Heinrich den Schnitzer, aber auch für Gerlach. Die Autoren der Annalen oder zeitgenössischer annalistischer Teile der Chroniken widmeten ihre Aufmerksamkeit der klimatischen Situation, astronomischen Erscheinungen und auch den Erdbeben.

Allgemein läßt sich konstatieren, daß die Verfasser böhmischer historiographischer Quellen vergleichbar den Geschichtsschreibern anderer Gebiete überwiegend die Abnormalitäten betonen, also Ereignisse, die dem üblichen Leben und der gewohnten Situation nicht entsprechen.[136] Nur ausnahmsweise versuchen sie, die Natur, und hier vor allem astronomische und meteorologische Erscheinungen, regelmäßig zu beobachten. Diese Tendenz tritt ausdrücklich nur bei zwei böhmischen Annalisten an den Tag. Der sog. Domherr von Wyschehrad betrachtet nahezu systematisch die Sterne und die astronomischen Erscheinungen in ihrer Gesamtheit, und führt regelmäßig wiederkehrende Angaben insbesondere über die Planeten, die Kometen und Meteore, über Finsternisse, Polarlichter usw. an. Einer der Annalisten der zweiten Fortsetzung des Cosmas, der in der zweiten Hälfte des 13. Jahrhunderts die vermutlich amtlichen Jahrbücher des Prager Domkapitels geführt hat, zeichnete fast jährlich allgemeine klimatische Tendenzen und auch Abnormalitäten des Jahres auf, dabei auch einzelne bestimmte Jahreszeiten mit einer eindeutig zu umreißenden Intention: die Charakteristik des Wetters sollte hierbei auch die ökono-

---

[134] Die Funktion der geographischen Lage bei den mittelalterlichen Chronisten verfolgt J. Tyszkiewicz, Ludzie (wie Anm. 2), 224.
[135] Kronika Pulkavova, FRB V, ed. J. Emler, Praha 1893, 4sq.; Nikolaus Glassberger, ibid., 3sq.; Eneáše Silvia Piccolominiho Kronika česká, FRB VII (nicht expediert), 65–71.
[136] Cf. P. Alexandre, Le climat (wie Anm. 2), 25.

mische Lage des Landes — oder des Domkapitels? — charakterisieren. Die Wetternachrichten werden dabei sehr oft auch durch Angaben über Ernten und Preise der Lebensmittel ergänzt. Dieser praktische Aspekt läßt sich auch in anderen Quellen finden. Die Verfasser verfolgen besonders den Einfluß des Wetters bzw. in diesem Zusammenhang stehender Naturerscheinungen auf die ökonomische und bisweilen auch politische Lage des Landes. Auch wenn ein Verfasser lediglich Beschreibungen der Landschaft anführt, nennt er, wie zum Beispiel Cosmas, vor allem die Elemente, die für die Ernährung der Menschen am wichtigsten sind.

Die Naturereignisse, die die böhmischen Annalisten bzw. Chronisten aufgezeichnet haben, umfassen ein unterschiedlich ausgedehntes Territorium. Manche haben einen ausgesprochen lokalen Charakter, andere wiederum betreffen ein breiteres Territorium, über das auch die Annalisten und Chronisten aus benachbarten und ausnahmsweise aus fernliegenden Ländern Informationen liefern. Zu den ersten gehören vornehmlich die klimatischen Nachrichten, Informationen über Hochwasser und Wasserfluten, Gewitter, Regenfälle oder Trockenheit usw., die manchmal nur einen Teil von Böhmen betroffen haben. Aber auch diese Ereignisse konnten ein breiteres Territorium erfassen, wie etwa die Trockenheit des Jahres 1177, über die nicht nur die mitteleuropäischen, sondern auch die deutschen und französischen Quellen berichten;[137] dies gilt ebenso für die Wasserfluten im Jahre 1118, die auch in Thüringen und Österreich belegt sind[138] und die Hungersnot im Jahre 1263, die ganz Mitteleuropa betroffen hat.[139] Ausgedehntere Gebiete sind geschlossen eher von Erscheinungen wie Erdbeben betroffen, welche allerdings in Böhmen, ähnlich wie in ganz Mitteleuropa, nur selten registriert wurden und allgemein nicht zu häufig waren.[140] Dies geht auch aus der Angabe des Cosmas zum Jahre 1118 hervor, daß die Erdbeben in Böhmen, wenn auch für diese Verhältnisse recht stark, so doch im Vergleich zur Lombardei relativ schwach ausfielen.[141] Das Erdbeben des Jahres 1201, über das ein Prager Annalist informiert, und des Jahres 1259, das Heinrich von Heimburg in seine Jahrbücher eingetragen hat, haben auch polnische Quellen registriert. Böhmische Quellen wiederum führen ihrerseits solche im Ausland sich zutragenden Ereignisse an.[142] Gleichfalls wird die von Heinrich von Heimburg mitgeteilte Erscheinung des Kometen im Jahre 1264 auch von manchen polnischen Quellen angeführt.[143]

---

[137] Cf. P. Alexandre, Le climat (wie Anm. 2), 363.
[138] Cf. P. Alexandre, Le climat, 346.
[139] Darüber informieren auch die österreichischen Annalen. Cf. z. B. Continuatio Sancrucensis secunda, MGH SS IX, 645.
[140] Cf. M. H. Malewicz, Zjawiska (wie Anm. 2), 18sqq.
[141] Cosmas III,43, 217.
[142] Z. B. registrierte der Mönch von Sazawa das Erdbeben in Sachsen 998 nach den Hersfelder Annalen (FRB II, 240; B. Bretholz, Cosmas, 56).
[143] FRB III, 313. Cf. M. H. Malewicz, Zjawiska (wie Anm. 2), 99.

Oftmals werden Sonnen- und Mondfinsternisse im breiteren Territorium von mehreren Autoren registriert. Die in den böhmischen Quellen dieser Zeit erwähnten Sonnenfinsternisse sind allesamt auch in den Nachbarländern notiert: Die Sonnenfinsternis im Jahre 1093 erwähnen dabei mehrere Quellen in Deutschland und Österreich sowie in Frankreich und Italien; die Sonnenfinsternis im Jahre 1124 wird nicht nur in Böhmen, Polen und Deutschland sichtbar, sondern auch in England und in Jerusalem; ähnlich wurden auch Sonnenfinsternisse der Jahre 1133, 1186 usw. von verschiedenen Ländern aus beobachtet.[144]

Die böhmischen historiographischen Quellen der Přemyslidenzeit sind nicht besonders zahlreich. Dies stellt einen der Hauptgründe dar, warum die überwiegende Mehrheit der Nachrichten nur in einer einzigen Quelle bzw. später von ihr abgeleiteten Quellen verzeichnet wurde. Nur selten bringen mehrere voneinander unabhängige Quellen dieselbe Nachricht.[145] Natürlich hängt dies auch vom Umfang der Naturerscheinung oder des Naturereignisses ab, vom Interesse des Verfassers und nicht zuletzt vom Zufall, der in der Vermittlung der historischen Ereignisse dieser Zeit allgemein eine große Rolle spielt.[146]

Gleichzeitig zeigt die Untersuchung der Quellennachrichten, daß die böhmischen mittelalterlichen Quellen nur selten gesellschaftliche und politische Folgen von den einzelnen Naturerscheinungen abgeleitet haben. Der Zusammenhang zwischen einer ungünstigen Wetterlage und einer daraufffolgenden Mißernte und Hungersnot ist ganz natürlich, ebenso wie die unmittelbaren Folgen eines Gewitters, Hochwassers, Sturmwindes oder Frostes. Einige, wenn auch im Böhmen dieser Zeit nicht zahlreiche, Verfasser suchen jedoch nach tieferen Zusammenhängen zwischen den astronomischen Erscheinungen und dem Schicksal der Gesellschaft sowie den politischen Ereignissen. Die Anleitung dazu konnte im Mittelalter insbesondere das „Astronomicon" des Marcus Manilius, ein astronomisch-astrologisches Lehrgedicht aus dem ersten Jahrhundert n. Chr. abgeben.[147] Sein Verfasser hat hier die astrologischen Kenntnisse der Antike zusammengestellt. Eine derartige astrologische Auffassung, die den Sternbildern einen Einfluß auf das Geschick des Menschen zuschrieb, stammte aus dem Orient. Von dort drang sie in das antike Rom. In der Zeit des Augustus,

---

[144] Cf. F. K. Ginzel, Astronomische Untersuchungen (wie Anm. 36).

[145] Cf. oben, z. B. Anm. 78, 83.

[146] Zu diesem Problem cf. vor allem A. Esch, Überlieferungs-Chance und Überlieferungs-Zufall als methodisches Problem des Historikers, Historische Zeitschrift 240 (1985), 529–570.

[147] M. Manilii Astronomica I, 892–897, ed. Th. Breiter, I–II, Lipsiae 1907, 1908, I,30. Cf. z. B. F. Machilek, Astronomie und Astrologie. Sternforschung und Sternglaube im Verständnis von Johannes Regiomontanus und Benedikt Ellwanger, in: Pirchheimer Jahrbuch 1989/90, Bd. 5, Astronomie und Astrologie in der frühen Neuzeit (1990), 11sq.

der sie von Staats wegen unterstützte, wurde Astrologie Modesache.[148] — Manilius' im Spätmittelalter sehr populäres Buch[149] war jedoch im Hochmittelalter nicht eben stark verbreitet.[150] Den mittelalterlichen Autoren waren vielmehr die „Etymologiae" Isidors von Sevilla, die die antiken astrologischen Kenntnisse dem Mittelalter übermittelt haben, näher. Die Schicksalsfolgen der astronomischen Erscheinungen waren auch aus den biblischen Texten bekannt.[151] Trotzdem haben sich die böhmischen Annalisten und Chronisten durch die astrologischen Theorien nicht allzusehr begeistern lassen, da ähnliche Zusammenhänge in ihren Werken nur selten vorkommen: Den einzigen Zusammenhang zwischen der Erscheinung des Kometen und den politischen Begebenheiten hat sich Cosmas aus seiner Vorlage entliehen. Weiter folgte in der Chronik des Cosmas die Sonnenfinsternis des Jahres 1124, eine Vieh- und Bienenseuche sowie das Verfaulen des Getreides;[152] dem sog. Wyschehrader Domherren nach folgte der Mondfinsternis vom 24. Februar 1133 eine große Menschensterblichkeit. Ähnliche Folgen hatte die Erscheinung des Kometen im Jahre 989, über die der Mönch von Sazawa nach den Hersfelder Annalen informiert, oder die Mondfinsternis im Jahre 1154 in dem selbständigen Text desselben Verfassers. Sehr schwere politische, gesellschaftliche und wirtschaftliche Folgen sollte die Mondfinsternis 1142 für Böhmen haben. Einer der Prager Annalisten verband die Sonnenfinsternis des Jahres 1186 mit der darauffolgenden Menschensterblichkeit.[153] Ein anderer wiederum sah darin keinen Zusammenhang.[154] Im Heulen der Wölfe sah er jedoch die Prophezeiung einer unseligen Zukunft Böhmens. Sein Kollege wieder hat die Voraussage der glücklichen Entwicklung in Zusammenhang mit dem Regenbogen aufgezeichnet.[155]

Astrologische oder abergläubische Konsequenzen wurden in den böhmischen historiographischen Quellen der Přemyslidenzeit mithin nur sehr selten abgeleitet. Die einzigen astronomischen Erscheinungen, die in den

---

[148] Cf. Th. Breiter, Vorwort, in: M. Manilii Astronomica (wie Anm.147), Bd. II, Vsqq.
[149] Cf. M. Machilek, Astronomie (wie Anm. 147), 11.
[150] M. Manitius, Handschriften antiker Autoren in mittelalterlichen Bibliothekskatalogen, Leipzig 1935, 72sq., kennt nur eine einzige Handschrift, die erst aus dem 15. Jahrhundert stammt. In böhmischen mittelalterlichen Bibliotheken wurde dieses Buch nicht registriert. Cf. M. Flodr, Die griechische und römische Literatur in tschechischen Bibliotheken im Mittelalter und der Renaissance, Brno 1966.
[151] S. Isidori Etymologiarum libri XX, liber III, caput LXX, ed. J. P. Migne, Patrologiae latinae tomus LXXXII, Parisiis 1878, 180; Luc. 21,11 et 25; Apokalypse 6,12—17. Cf. M. H. Malewicz, Que signifie (wie Anm. 32), 78.
[152] Dieses und weitere Beispiele sind unten zitiert.
[153] Die zweite Fortsetzung des Cosmas und die Prager Annalen nach derselben Quelle: „*Eclipsis solis fuit. (Inde) mortalitas hominum facta est.*" FRB II, 280, 379.
[154] „*1258 — Hoc anno gelu laesit fructus arboreos et vineas et mortalitas ovium fuit. Eclipsis lunae fuit ...*" FRB II, 295.
[155] Cf. oben.

Augen der in dieser Hinsicht die ganze mittelalterliche Gesellschaft repräsentierenden böhmischen und mährischen Chronisten und Annalisten politische, gesellschaftliche und ökonomische Folgen haben könnten, sind die Sonnenfinsternisse bzw. die öfter auftretenden Mondfinsternisse; die Nachricht über den Kometen ist in diesem Zusammenhang nicht böhmischer Herkunft.

Die mittelalterlichen Chronisten und Annalisten konnten Naturerscheinungen nicht erklären. Unternahmen sie in Ausnahmesituationen einen solchen Versuch doch einmal, so gründeten sie ihre Erklärung auf Gott und seine Weisheit und lösten diese Situation, indem sie sich auf Zitate oder Paraphrasen biblischer Texte beriefen. In der Regel aber konstatierten sie lediglich die Tatsache als solche, ohne weitere Kommentare und Zusammenhänge anzuführen.

Diplomatische Quellen und ihr Beitrag zur Erkenntnis der Natur im Hoch- und Spätmittelalter am Beispiel des mittelalterlichen Böhmen

Ivan Hlaváček (Prag)

Die Quellengrundlage für die Erforschung verschiedener Probleme der mittelalterlichen Geschichte ist sowohl qualitativ als auch quantitativ im Laufe der Zeit und ebenso in regionaler Hinsicht sehr unterschiedlich. Darüberhinaus müssen ferner Schwankungen bezüglich verschiedener Bevölkerungsschichten und besonders hinsichtlich spezieller, gezielter Fragestellungen in Kauf genommen werden. Das sind jedoch Fragen, die jeden Mediävisten angehen, so daß darüber hier nicht mehr im allgemeinen diskutiert zu werden braucht. In unserem Zusammenhang sieht die Frage jedoch ein wenig, ja vielleicht sogar bedeutend anders aus. Wenn wir von den bildlichen und archäologischen Quellen absehen, wo neue Ergebnisse in großem Umfang noch zu erwarten sind, die freilich eine selbständige Aussagekraft besitzen und spezifische Methoden der Interpretation verlangen, werden das Weltall bzw. die Umwelt auf zwei spezifischen Ebenen reflektiert, die beide von dem jeweiligen Schriftgut abhängig erscheinen. Es handelt sich um Werke, die die Natur — hier sei dieses Wort endlich benutzt — auf theoretischer Ebene, d. h. philosophisch widerspiegeln. Mit anderen Worten ausgedrückt handelt es sich zum einen um verschiedene Traktate mittelalterlicher Philosophen und Theologen im weitesten Sinne des Wortes, zum anderen jedoch auch um Werke, die sich realistisch, d. h. im Rahmen des konkreten Alltagslebens mit der Natur befassen und auseinandersetzen bzw. sie reflektieren; also nicht um ihrer selbst willen, sondern in konkreten Zusammenhängen mit ebenso konkretem menschlichen Handeln.

Aufgrund des eben Angeführten können, grob gesagt, diese letztgenannten Quellen in zwei große Gruppen gegliedert werden, die sich ihrem Charakter nach grundsätzlich unterscheiden. Es sind literarische d. h. historiographische Werke einerseits und diplomatische Schriftstücke andererseits. Aus dem eben erwähnten unterschiedlichen Charakter dieser Gruppen von Quellen geht eindeutig hervor, daß auch ihre Gliederung eigene Wege gehen muß. Wie lohnens- und wünschenswert eine Systematik der ersten Gruppe wäre — meines Wissens ist sie in ihrer Komplexität noch nicht geleistet worden[1] — so muß sie hier vollkommen außer acht bleiben; übrigens ist Aspekten dieser Problematik in diesem Band ein eigener Beitrag gewidmet[2]. Die eigentliche Zielsetzung dieses bescheidenen Versuchs soll nur der Gruppe des diplomatischen Materials gelten, das wenigstens schematisch gemustert werden soll. Zuvor jedoch ein paar — wahrscheinlich unnötige, jedoch nicht vollkommen unnütze — Worte der Rechtfertigung diese Vorgehens.

Das diplomatische Schriftgut gilt bekanntlich der Kodifikation der rechtlichen Verhältnisse und Vorgänge, und als solches betrifft es erstgängig die gegenseitigen Beziehungen zwischen den natürlichen und rechtlichen Personen. Die Natur selbst verliert sich dabei augenscheinlich vollkommen im Hintergrund. Da sich die Beziehungen der Menschen immer im konkreten Raum abspielen, dieser Raum jedoch selbstverständlich und begreifbar fest in der Natur sein muß, spiegeln diese Quellen notgedrungen auch verschiedentlich die Natur wider. Das geschieht freilich in unterschiedlichem Umfang. Uns soll es also darum gehen, die Verwaltungstexte eines bestimmten Raumes zu untersuchen und zu erfahren, wo und inwieweit sie die gewünschten Informationen enthalten, und wie diese genutzt und interpretiert werden können. Mit anderen Worten geht es um die Frage, ob es sich um bloße Einzelfälle handelt, oder ob und wo und seit wann vielleicht auch von einer statistischen Verwertbarkeit gesprochen werden kann. Einen solchen „Fragebogen" für das ganze Jahrtausend des europäischen Mittelalters auszufüllen, müßte nicht zuletzt schon wegen des begrenzten Raumes dieses Beitrages scheitern, da die Mannigfaltigkeit der Quellen allzu groß erscheint. Dagegen scheint es mir angebracht, diese Systematisierung im engeren Rahmen zu versuchen. Hierfür halte ich den böhmischen Staat aus mehreren Gründen für sehr geeignet. Als die wichtigsten einleitenden Hinweise seien in aller Knappheit aufgezählt:

1. Dieser Staat bildete in seinen Kernlanden, d. h. Böhmen und Mähren — die übrigen Nebenländer sollen mit Absicht außer acht bleiben — seit Anfang des elften Jahrhunderts für die ganze weitere in Betracht kommende Zeit ein bemerkenswert stabiles Ganzes.

2. Aus dem oben Gesagten ergibt sich, daß die Durchsetzung des schriftlichen Rechtsverfahrens sich hier stufenweise entwickelte, wenn auch verschiedentlich von außen her beeinflußt, so doch relativ selbständig und autonom und ohne größere Brüche.

---

[1] Es genügt, auf entsprechende historiographische Handbücher aufmerksam zu machen. Neuerdings sei besonders verwiesen auf F.-J. Schmale, Funktion und Formen mittelalterlicher Geschichtsschreibung, Darmstadt 1985; ferner auf der Grundlage des böhmischen Materials M. Bláhová, Klasifikace předhusitských narativních pramenů české provenience, in: 200 let pomocných věd historických na filozofické fakultě Univerzity Karlovy v Praze, Praha 1988, 165—199.

[2] Cf. in diesem Band den Beitrag von M. Bláhová, 831—850.

3. Der Stoff ist hier zwar recht umfangreich, besonders seit dem Spätmittelalter, doch immer noch überschaubar, und die Unterschiede zwischen beiden Ländern wirken in dieser Hinsicht nicht allzu störend.

4. Schließlich scheint das Material aus dieser Sicht relativ gut erfaßt zu sein, obwohl freilich noch sehr viel zu tun bleibt.

Um wieder zu den allgemeinen Überlegungen zurückzukehren, ist es bemerkenswert, wenn auch eigentlich begreiflich, daß große Unterschiede zwischen dem Material der einzelnen Milieus festzustellen sind. Besonders gilt das vom städtischen und ländlichen Milieu. Doch bis es im böhmisch-mährischen Raum soweit kommt, herrscht fast zwei Jahrhunderte konkurrenzlos das Material über das ländliche Leben vor, obwohl auch hier nicht von vornherein mit einer Fülle von Informationen zu rechnen ist. Bevor ich aber zum Konkreten übergehe, ist noch zu sagen, was unter dem Begriff der Natur in unseren weiteren Überlegungen verstanden wird. Unter den Sammelbegriff Natur fasse ich alle diesem untergeordneten Begriffe zusammen; denn was Natur als solche ist, wird in den angeführten Quellen nirgends definiert. Nur ihre Teile als Objekte des wirtschaftlichen Interesses seitens der jeweiligen Vertragsparteien werden festgestellt und registriert, da sie als wirtschaftliche Grundlage des Alltagslebens von außergewöhnlichem Interesse sowohl für die Aussteller als auch für die Empfänger der Urkunden waren. Neben der Natur und ihrer Pflanzenwelt wurden auch die Tiere, domestiziert oder wild, noch nicht systematischer besprochen, obwohl dies sicher lohnenswert wäre, besonders in Konfrontation mit den wichtigsten Ergebnissen der archäologischen Forschung.

Aus dem oben Gesagten folgt, daß das meiste — freilich stets rahmenhaft — vornehmlich in den Dispositionen solcher Urkunden zu finden ist, die sich den Rechtsakten widmen und wo solche Objekte zur Sprache kommen. Aber da wir buchstäblich für jede Nachricht dieser Art dankbar sein müssen, soll doch das ganze Formular der Durchsicht unterzogen werden. Daß diese rahmenhaften Beobachtungen eine allgemeinere Geltung haben, versteht sich von selbst.

Bekanntlich gliedert sich der urkundliche Wortlaut[3] in zwei Protokolle — das sog. Einleitungsprotokoll und das Schlußprotokoll, auch Eschatokoll genannt — und den eigentlichen Text. Diese gliedern sich dann ebenfalls weiter auf. Es ist klar, daß die meisten Formeln für unsere Fragestellung vollkommen unergiebig sind, so daß sie hier überhaupt nicht erwähnt zu werden brauchen. Das gilt schon vom ganzen Einleitungsprotokoll. In der ersten Formel des Textes, der Arenga[4], können u. U. zwar

---

[3] Neben den berühmten Handbüchern von H. Bresslau, A. Giry, O. Redlich u. a. vgl. neuerdings H. Fichtenau, Forschungen über Urkundenformeln, in: MIÖG 94 (1986), 285–339.

[4] Neben den in der vorigen Anm. angeführten, Werken ist grundlegend: H. Fichtenau, Arenga, Spätantike und Mittelalter im Spiegel von Urkundenformeln, in MIÖG Erg.-Bd. 18, Graz–Köln 1957.

gewisse Anspielungen verborgen sein, diese sind jedoch bestenfalls so allgemein gehalten, daß sie in diesem Zusammenhang nicht weiter konkret interpretierbar sind. Etwas mehr bieten hier die Narrationen; sie sind aber im Grunde von ähnlichem Charakter wie die Arengen, so daß den Hauptgegenstand des Interesses, wie eben gesagt, die Dispositionen bilden. Man kann jedoch näher spezifizieren, denn lange nicht jede Disposition muß solche Informationen enthalten. So handelt es sich also um Dispositionen verschiedenster Schenkungsurkunden — unter die ich begreiflicherweise auch Testamente einreihe —, soweit ihre Donationen konkret genug aufgezählt werden und sich nicht nur auf Geldbeträge bzw. die Haushaltsausstattung beziehen. Diesen folgen Transaktionen verschiedenster Art. Die Angaben über Donationsobjekte bzw. ihre Teile werden oft von der sog. Pertinenzformel begleitet[5], die auf den ersten Blick für unsere Fragestellung am interessantesten erscheint. Denn aus der diplomatischen Definition weiß man, daß dort, d. h. in der Pertinenzformel — handelt es sich um Land- bzw. Dorfschenkungen — ihre Einzelphänomene aufgezählt werden konnten. In der ältesten Schicht der Donationsurkunden, die auch die Schenkung Höriger beinhaltet, treffen wir von Zeit zu Zeit auch hochspezialisierte agrarische Berufe an, die also wenigstens mittelbar von der Art der Naturpflege bzw. der richtigen Nutzung eine Vorstellung zu geben imstande sind.[6] Wenn ich hinsichtlich der Pertinenzformel bloß über den ersten „Blick" spreche, hat das seinen guten Sinn. Denn es besteht kein Zweifel, daß diese Formel auch als bloße Rhetorik bezeichnet werden kann.[7] Das mag stimmen, doch gilt dies wieder nicht so allgemein, daß die Nennung der verschiedensten Wiesen, Bäche, Teiche, Wälder usw., falls sie konkret erfolgt, nicht ernstgenommen werden müßte. Der konkreten Auswertung steht jedoch ein anderes Hindernis im Wege. Es ist nämlich Tatsache, daß dabei niemals Qualität noch Quantität angesprochen werden, so daß unsere konkrete Kenntnis stets nur ganz rahmenhaft bleibt und einen eventuellen Fortschritt in der Naturgestaltung bzw. -umgestaltung — z. B. bei den zeitlich aufeinanderfolgenden Besitzbestätigungen an ein und denselben Empfänger — festzustellen einfach nicht erlaubt. Allen-

---

[5] Dazu speziell B. Schwineköper, *„Cum aquis aquarumque decursibus"*, Zu den Pertinenzformeln der Herrscherurkunden bis zur Zeit Ottos I., in: Festschrift für Helmut Beumann zum 65. Geburtstag, hg. K.-U. Jäschke u. R. Wenskus, Sigmaringen 1977, 22—56. Besonders lehrreich ist dort das Verzeichnis der Begriffe (56).

[6] Für böhmische Verhältnisse vgl. B. Krzemieńska — D. Třeštík, Služebná organizace v raně středověkých Čechách, in: Českoslov. čas. histor. 12 (1964), 637—667 und id., Přemyslovská hradiště a služebná organizace přemyslovského státu, in: Archeologické rozhledy 17 (1965) 624—644 und 649—655.

[7] In breiteren Zusammenhängen vgl. J. J. Menzel, Die schlesischen Lokationsurkunden des 13. Jahrhunderts, Würzburg 1978, sowie S. Kuraś, Przywileje prawa niemieckiego miast i wsi małopolskich XIV—XV wieku, Wrocław—Warszawa—Kraków—Gdańsk 1971.

falls sind dies Anspielungen auf die Werteskala innerhalb der damaligen Denkweise.

Nur nebenbei sei erwähnt, daß auch das toponomastische Urkundengut wichtige Hinweise erbringt, da sich in ihm oft die Beziehungen der Menschen zur Natur widerspiegeln, handle es sich nun um die Nutzung der Wälder und ihrer Schätze, die Nähe der Wasserflächen oder anderes mehr. Das ist jedoch schon ein anderes Arbeitsfeld, in dem die Philologen dominieren, so daß diese Problematik nur erwähnt zu werden braucht; doch müssen auch diese Ergebnisse stets mit Aufmerksamkeit verfolgt und in die Gesamtdarstellung integriert werden, besonders im Zusammenhang mit der fortschreitenden Kolonisation, die gute Vorstellungen über die sich vertiefende Kenntnis damaliger Menschen von der Qualität des Bodens gibt.[8]

Doch auch weitere Teile des Urkundenformulars sollen wenigstens knapp besprochen werden. Eigentlich ist es nur noch die Datierung, die erwähnt zu werden braucht. Während die meisten Urkunden nur schematisch den Ausstellungsort anführen, gibt es doch Einzelstücke, die hier mehr aussagen. Etliche Diktierende zeigten einen gewissen Sinn für die Natur und ihre Spezifika, so z. B. wenn es in den betreffenden Urkunden *in campis* oder *in castris prope...* oder ähnlich hieß. Doch ist diese Erscheinung ziemlich selten und häufiger nur bei militärischen Ereignissen bezeugt, was eigentlich begreiflich ist[9]; denn ansonsten bewegten sich die Urkundenaussteller nur in den besiedelten Lokalitäten und übten dort die Verwaltungstätigkeit aus.

Zusammenfassend kann man also sagen, daß die Urkunden ziemlich dürftige Informationen über ein eventuelles bzw. strukturiertes Interesse der mittelalterlichen Menschen an der Natur erbringen und dann zumeist nur im bescheidenen Bereich der Aufzählung mehr oder weniger selbstverständlicher Zugehörigkeiten zum Grundstock der Dispositionen. Als interessant kann man noch anführen, daß der Diktierende und der Empfänger im Zeitalter, in dem die Urkundenemission für kirchliche Institutionen überwog, sehr häufig ein und dieselbe Person war und so gute, konkrete Kenntnisse der lokalen Verhältnisse vorausgesetzt werden können. Von der Möglichkeit einer statischen Auswertung dieses Materials kann freilich längst noch keine Rede sein.

Doch seit dem Ende der Přemyslidenzeit, also ungefähr seit dem Ende des 13. Jahrhunderts, äußert sich die Lage in mehrfacher Hinsicht. Die

---

[8] Cf. im breiteren Rahmen V. Šmilauer, Osídlení Čech ve světle místních jmen, Praha 1960.
[9] Einzelbelege sind ziemlich leicht in den betreffenden Urkundeneditionen zu finden, so vornehmlich im *Codex diplomaticus et epistolaris regni Bohemiae* und in den *Regesta diplomatica nec non epistolaria Bohemiae et Moraviae*. Vollständige Zitationen dieser und anderer Werke in I. Hlaváček — J. Kašpar — R. Nový, Vademecum pomocných věd historických, Praha 1988, 264sq.

Urkunden wurden seit dieser Zeit durch andere diplomatische Gattungen ergänzt und später auch verdrängt, die in dieser Hinsicht mehr Informationen bieten. An erster Stelle sind es die Urbare, die aus landwirtschaftlicher Arbeit fließende Abgaben festhalten und sich auf konkrete Grundstücke beziehen. Sie enthalten also genauere Angaben, jedoch nicht aus dem Grunde, daß sie für die Natur und ihre Einzelphänomene mehr Verständnis beinhalteten, sondern allein deshalb, weil sie die Natur als solche als Ausgangspunkt der physischen Existenz des Menschen widerspiegeln. Und da sich die ursprünglich einfachen Verhältnisse komplizierten, mußte sich dem auch die diesbezügliche rechtliche Evidenz anpassen.

Im Rahmen der mittelalterlichen Lebensweise hat sich bekanntlich die Stadt aus der ursprünglich alles durchdringenden Natur abzusondern begonnen, freilich nur bis zu einem gewissen Grad, da auch die Stadt als solche — und für die erst sich formenden Gesellschaften, wie es auch die böhmische war, galt das doppelt — eigentlich stets zu einem guten Teil agrarischen Charakter besaß. Anfänge dieser Entwicklung bemerkt man in Böhmen im Laufe des 13. Jahrhunderts. Nichtsdestoweniger ist es übersichtlicher, den Kommentar über die Quellen, die Stadt und Land betreffen, gesondert darzubieten. Beginnen wir mit den diplomatischen Quellen wirtschaftlichen Charakters, die den agrarischen Raum betreffen. Die Urkunden bleiben nach wie vor wichtig, ja nehmen — da sie häufiger werden — an Wichtigkeit zu.

Im Laufe der Zeit haben sich die Verhältnisse, besonders die Rechts- und Verwaltungsverhältnisse so kompliziert, daß die Bindung der eigenen Landleute bzw. der Landsässigen an ihre Herren und Herrschaften schriftlich kodifiziert werden mußte. Die Verhältnisse bei den geistlichen Gütern waren am weitesten fortgeschritten, so daß dort das diesbezügliche Geschäftsschriftgut lange vor den weltlichen Herrschaften, einschließlich der königlichen Domäne, eingeführt wurde[10]. Es ist freilich einleuchtend, daß darüber hinaus das bis heute Erhaltene einen Torso bildet[11], dessen Aussagekraft sehr unterschiedlich und unausgewogen ist. Diese Feststellung genauer darzustellen bedeutet vornehmlich, die Typologie der Urbare darzubieten. Das ist an dieser Stelle nicht möglich; deshalb muß es genügen, sich zu vergegenwärtigen, daß die knapp formulierten Urbare oft

---

[10] Älteste konkrete Belege sind ab der zweiten Hälfte des 13. Jh. zu finden. Kritisches Verzeichnis bei F. Graus, Dějiny venkovského lidu v Čechách v době předhusitské 2, Praha 1957, 317—338. Sonst widmen sich der Erforschung der Urbare in letzten Jahrzehnten vornehmlich R. Nový und J. Čechura; ihre Einzelstudien können hier nicht konkret aufgezählt werden, und es muß auf entsprechende Bibliographien hingewiesen werden. Wichtig ist auch V. Šmelhaus, Vývoj zemědělské výroby v českých zemích v době předhusitské, Praha 1980, dessen etliche Kapitel unserer Problematik direkt gewidmet sind, so z. B. Hopfenbau, Weinbau, Fischerei, Obstbau, Waldpflege u. a.

[11] Davon zeugt auch der bedauerliche Zustand der meisten Urbare, die oft nur bruchstückhaft erhalten geblieben sind.

überhaupt keine verwertbaren Informationen enthalten, die ausführlicheren unter ihnen jedoch etwas über die konkrete Landwirtschaft, also über die Gestalt der beschriebenen Region[12]. Konkret ausgedrückt erfahren wir hier etwas über die Waldnutzung (nicht -pflege, über die jedoch später gesprochen wird), Tierzucht, Zusammensetzung der Agrarwirtschaft, über Teiche, Wasserbetrieb und Wasserwirtschaft überhaupt usw. Je jüngere Zeiten man auf diese Weise untersucht, desto ausführlicher und dichter werden die Angaben, auch dank der Entstehung neuer spezialisierter diesbezüglicher Gattungen, seien es die Rechnungen, Grundbücher bzw. andere Evidenzhilfsmittel. Jedoch sind sie alle eindeutig an fiskalischen Zwecken orientiert, so daß sie ebenfalls als einseitig erscheinen müssen. Der Vorteil liegt jedoch in der steigenden und sich vertiefenden Systematisierung, wenigstens bei einigen größeren Grundherrschaften. Diese Einseitigkeit wird erst dann zumindest teilweise ausgeglichen, als sich verschiedene Instruktionen und Ordnungen wirtschaftlichen Charakters herauszubilden begannen[13]. Wenn einmal das Material wenigstens in einem gewissen Rahmen systematisch vorliegen wird, wird man endlich auch die statistischen Methoden anwenden können. Heute kann das nur für begrenzte Regionen erst ab dem Ende des Spätmittelalters geschehen.

Oben wurde erwähnt, daß das Urkundenmaterial, das ländliche, sowohl kirchliche als auch weltliche, Institutionen betrifft, vorrangig erscheint. Das ist zwar richtig, doch mit der Entfaltung des städtischen Lebens, die mit der sich ständig vertiefenden städtischen Verwaltungsschriftlichkeit Hand in Hand geht, gewinnt auch die Stadt für unsere Fragestellung eine ständig wachsende Bedeutung. Denn der bürgerliche Besitz überschritt schon bald die enge Stadtmauer[14]. Die Bürger, später auch die Städte selbst, wurden Landbesitzer. Es waren besonders der Weinbau und die Weinpflege — vor allem Prag und Budweis verdienen hier Erwähnung[15] —, denen große Aufmerksamkeit gewidmet wurde. Obwohl für diesen ganzen Wirtschaftsbereich in den städtischen Kanzleien oft selbständige Bücher, ja Bücherreihen angelegt wurden, waren sie nicht isoliert. Auch sonst bietet das Geschäftsgut der Städte wichtige Aufschlüsse, wobei von einer Stadt zur anderen große Unterschiede zu registrieren sind. Nicht nur

---

[12] Cf. besonders die Arbeiten von Graus und Nový (wie Anm. 10).
[13] Ihre Analyse, die freilich vornehmlich das jüngere Material auswertet, bei V. Černý, Hospodářské instrukce, Praha 1930.
[14] Darüber neuerdings J. Mezník, Venkovské statky pražských měšťanů v době předhusitské a husitské, Praha 1965, der jedoch eher die sozialgeschichtlichen Zusammenhänge verfolgt.
[15] Den Budweiser *liber vini* hat Z. Šimeček, Monopolní obchod s vínem v Českých Budějovicích 1424 —1434, in: Sborník historický 11 (1963), 7—65 analysiert. Das Buch ist freilich vornehmlich für den Weinbau in Österreich wichtig. Über Prag vgl. M. Válková—Frýzová, Úřad perkmistra pražských viničných hor, in: Sborník příspěvků k dějinám hlavního města Prahy 6 (1930), 1—148.

die Größe und die wirtschaftliche Kraft der Städte, auch ihre Lage und ihr Profil spielen hier eine wichtige Rolle. Besonders ergiebig sind ferner verschiedene Verordnungen der städtischen Behörden, in denen z. B. der Wasserversorgung und Wasserwirtschaft generell viel Aufmerksamkeit gewidmet wird. Denn Wasser war in vielerlei Hinsicht das A und O auch des innerstädtischen Lebens. Man denke hier nicht nur an Trinkwasser, das den Menschen unausweichlich in mehreren Transformationen begleitete und begleitet, sondern auch an solches, das zu anderen Zwecken dienlich sein sollte. Die betreffende Skala ist sehr breit und kann deshalb nur kurz angedeutet werden. Es sind vor allem vier Hauptbereiche, die hier aufgezählt werden können:

1. Wasser für verschiedenste gewerbliche Zwecke;
2. Wasser zur Brandbekämpfung;
3. Wasser als Mittel der Stadtverteidigung, also besonders das Stadtgrabenwasser;
4. schließlich Wasser als Kommunikations- und Verkehrsmittel.

Wenn keine wichtigen Gründe dagegen sprachen, hatte jede Stadt ein Wasserreservoir[16], am liebsten nahe dem Fluß, damit auch die anspruchsvolleren Wasserbedürfnisse befriedigt werden konnten. Die Belege hierfür anzuführen scheint überflüssig zu sein; es soll nur angemerkt werden, daß diese Anlagen nicht selten an Zusammenflüssen errichtet wurden. Wo den Mönchen der zahlreichen Klosterkommunitäten Bäche ausreichten, benötigten die Städte schon Flüsse. Da jedoch der Problematik der Wasserwirtschaft in ihren verschiedenen Aspekten in letzter Zeit viel Aufmerksamkeit gewidmet wird, und auch eines der Referate dieser Tagung ausschließlich dieses Thema behandelt[17], brauche ich dazu keine weiteren Überlegungen allgemeinen Charakters beizusteuern und kann nun zum vierten Punkt zurückkehren, dessen Realisation ziemlich viele und systematische Eingriffe in den ursprünglich unberührten Wasserhaushalt voraussetzte.

Am augenscheinlichsten berücksichtigen die Urkunden alles, was mit dem Schiffverkehr zusammenhängt. Dabei handelt es sich wieder fast ausschließlich um Privilegien, welche die Problematik rechtlich regeln[18]. Dies jedoch und ebenfalls die verschiedenen Zölle u. ä., geben freilich nur eine blasse Vorstellung von der konkreten Situation, was die Natur anbetrifft. Als ein Spezialfall kann jedoch die Existenz oder der Bau von

---

[16] Nur wenige Städte entstanden an kleineren Strömen und wenn doch, sind noch andere lokale Gründe im Spiel.
[17] Cf. in diesem Band den Beitrag von H. G. Walther, 882—897.
[18] Die städtischen Privilegien sind bei J. Čelakovský, Codex iuris municipalis regni Bohemiae Bd. 1—3, Praha 1886—1948 zu finden (in den beiden ersten Bänden auch gute Sachregister).

Wehren gelten, die oft Gegenstand verschiedener Auseinandersetzungen waren und uns auf diese Weise historisch zugänglich sind[19]. Ihre Zahl im mittelalterlichen Böhmen ist noch kaum abzuschätzen, doch sehe ich alle derartigen schriftlichen Indizien als einen Beweis dafür an, daß der „Kultivierung" der Wasserwege große Aufmerksamkeit gewidmet wurde.

Die Pflege der Teichwirtschaft ist ein weiteres Kapitel, das besonders in Böhmen ein selbständiges Phänomen bildet und seit Ende des 14. Jahrhunderts in den diplomatischen Quellen, namentlich solchen wirtschaftlicher Art, oft gesondert behandelt wird[20].

Im späten Mittelalter mehren sich schließlich auch solche diplomatische Quellen, die von der Pflege der Natur direkt Zeugnis geben, handelt es sich nun um verschiedene Instruktionen oder um Verordnungen. Diese normativen Quellen, die auf verschiedenen Ebenen bezeugt sind, müßen freilich mit größerer Vorsicht interpretiert werden, da sie angestrebte und nicht unbedingt bestehende Verhältnisse widerspiegeln[21]. Nichtdestoweniger führt von hier aus ein direkter Weg in die Neuzeit.

Es scheint mir daher sinnvoll, wenigstens einige der profilierten Typen von Geschäftsbüchern zu nennen. Recht ausführlich ist die Typologie der Stadtbücher bearbeitet worden, von denen im böhmisch-mährischen Raum für das 14. und 15. Jahrhundert (exakt bis 1526) mehr als tausend Bände bis heute in den Archiven liegen[22]. Aus den Grundreihen der kirchlichen Zentralverwaltung sind in diesem Zusammenhang am wichtigsten die sog. Erektionsbücher. Da sie jedoch meist Abschriften verschiedenster Donationsurkunden beinhalten, sind vornehmlich wiederum die Urkunden am aussagekräftigsten. Andere Gruppen kommen eher akzidentell in Betracht. Für weltliche Herrschaften hingegen sind die Landtafeln von grundsätzlicher Bedeutung bzw. einige ihrer Spezialreihen, vornehmlich die Kaufquaterne. Diese Quellengattungen wurden in Böhmen zwar schon seit Ende des 13. Jahrhunderts geführt, doch sind sie vollständiger erst ab 1541 erhalten, während für die vorherige Zeit nur bruchstückhafte Abschriften vorhanden sind[23]. Besser ist die Lage in Mähren, wo die Grundreihen ab 1348 lückenlos vorliegen[24]. Der Vollständigkeit halber sei auf

---

[19] Über Wehre cf. das Stichworte jezy in der Edition, zitiert in der vorigen Anm. Der berühmte Streitfall zwischen König Wenzel und dem Prager Erzbischof Johann von Jenstein am ausführlichsten bei V. V. Tomek, Dějepis města Prahy 3, 2. Aufl., Praha 1893, 365sq.

[20] A. Míka, Slavná minulost českého rybnikářství, Praha 1955 und neuerdings Dějiny hmotné kultury (red.) J. Petráň, I−1 und I−2, Praha 1985 nach Register, dort auch über andere Phänomene der Naturpflege und -ausnützung.

[21] Cf. oben Anm. 13.

[22] Verzeichnis von R. Nový (u. a.), Soupis městských knih českých od roku 1310 do roku 1526, Praha 1963.

[23] Das Inventar von P. Burdová, Desky zemské české, 2 Bände, Praha 1990.

[24] Cf. Česká diplomatika do r. 1848, Praha 1971, 134sq., wo auch über die diesbezüglichen Editionen gehandelt wird.

die böhmischen Hoftafeln hingewiesen[25]. Auch bei diesen Arten der zentralen Staatsverwaltung finden sich häufig Urkunden, doch trifft man hier oft auch rechtlich konstituierende Eintragungen von nichturkundlichem Charakter. Auch im grund- bzw. gutsherrschaftlichen Bereich entwickelte sich allmählich eine ganze Skala diesbezüglicher Grundbücher und anderer Hilfsmittel, die hier nicht näher analysiert zu werden brauchen[26].

Diese Kurzübersicht über die einzelnen Quellenarten zur Naturerkenntnis bzw. Naturgestaltung durch den Menschen im mittelalterlichen Böhmen bliebe allzu fragmentarisch, würde nicht noch ein gesetzgeberisches Werk erwähnt. Es handelt sich um die sog. *Maiestas Carolina*. Wie bekannt, hat Karl IV. dieses Werk, das natürlich viele Unebenheiten aufweist, wegen des Unwillens des böhmischen Adels nicht durchsetzen können, so daß er es diplomatisch als verbrannt deklarierte. Doch sind sicherlich viele Verordnungen dieser *Maiestas* stillschweigend in die Praxis übernommen worden. Uns geht es an dieser Stelle nur darum, mit Nachdruck auf die Artikel 49 bis 56 hinzuweisen, die aus mehreren Hinsichten der Pflege der Wälder gewidmet sind. So lesen wir z. B.: „*densitas arborumque admiranda proceritas non inter minimas particulas regni gloriae est notanda*"[27]. Es folgen dann mehrere Paragraphen, die zwar nur den königlichen Besitz betreffen, aus denen aber klar hervorgeht, wie sorgfältig der König und seine Helfer — das Amt des *forestarius* gehört ja zu den ältesten im Rahmen der höfischen Strukturen — auf die Pflege des Waldes sahen und wie sie sich um seine ungestörte Entfaltung kümmerten. Es wäre leicht möglich, lange Passagen aus dieser *Maiestas* zu zitieren: wären sie nicht lateinisch, könnten sie fast für Formulierungen gehalten werden, die einen modernen Text entnommen sind. Man kann jedoch noch weiter gehen. Diese Vorstellungen konnten kaum erst im Moment der Konzipierung dieser Schrift entstehen. Vielmehr müssen sie gerade umgekehrt eine längere Vorgeschichte besitzen. Das führt uns zu dem Schluß, daß das Mittelalter in mancherlei Hinsicht fortschrittlicher war, als vermutet, was gerade in Hinblick auf den Wald auch aus anderen Quellen zu belegen ist. Zwar ist die Musterung des dürftigen Urkundenstoffes für die allgemeine Lage im Mittelalter bei weitem nicht ausreichend und eindeutig signifikant, doch muß sie meiner Meinung nach als einer der Ausgangspunkte für jede weitere Arbeit angesehen werden.

---

[25] Cf. Česká diplomatika (wie vorige Anm.) 139.
[26] Cf. Česká diplomatika (wie vorige Anm.) 177sqq.
[27] Ed. in Archiv český 3, ed. F. Palacký, Praha 1844, 132sqq., Zitat 133.

Die Beziehung zur Natur bei Gertrud von Helfta

Reinhard Krug (Erfurt/Berlin)

Fährt man von Halle aus mit der Eisenbahn in Richtung Westen, so passiert man kurz vor Eisleben den kleinen Ort Helfta, im Mittelalter bekannt durch ein Kloster, in dem neben der Äbtissin Gertrud von Hackeborn und deren Schwester, der heiligen Mechthild, auch die Mystikerin Gertrud von Helfta wirkte und im Jahre 1302 starb, nachdem sie 40 Jahre lang dort gelebt und dem Konvent angehört hatte. Fünf Bücher des „Gesandten der göttlichen Liebe" (*legatus divinae pietatis*), von denen das II. Buch aus ihrer eigenen Feder stammt, während die Bücher I und III—V von ihren Mitschwestern erst nach ihrem Tode niedergeschrieben wurden, geben uns in besonderer Weise einen Einblick in ihr Denken und Empfinden und ihr religiöses Leben.

Der Vollzug der Liturgie, die heilige Schrift und die Natur sind es vor allem, die ihre Frömmigkeit prägen; und Gertruds Stellung zur Natur möchte ich nun in den Mittelpunkt der folgenden Betrachtung stellen.

Daß sie in der Natur lebt und mit ihr verbunden ist, wird zum Beispiel deutlich, wenn man liest, wie sie einen extrem strengen Frost im März beschreibt, der Menschen und Tiere mit dem Untergang bedroht, oder uns die Wirkung eines Gewitters mit Blitz, Donner und Regen erleben läßt[1].

Gern arbeitet sie mit Bildern und Vergleichen aus der Natur. So bedeutet ihr jede menschliche Anstrengung nicht mehr als ein Tropfen im unermeßlichen Weltmeer[2] oder fühlt sie sich wie eine zarte, junge Pflanze durch einen Regenguß niedergedrückt[3]. Die Sonne, die einem Linnen die Flecken nimmt, wird mit Gottes Barmherzigkeit verglichen, die die menschlichen Schwächen austilgt[4]; und über die Herzen der Gerechten heißt es, daß sie durch den Segen des Herrn, mit dem süßesten Tau benetzt,

---

[1] Gertrud von Helfta: Gesandter der göttlichen Liebe I, 13, 190 u. 192. Ich benutze den Text von Pierre Doyère für die Bücher I—III sowie von Jean-Marie Clément und Bernard de Vregille für Buch IV (Gertrude d' Helfta: Le héraut. Buch I—II als Nr. 139 (Paris 1968), Buch III als Nr. 143 (Paris 1968) und Buch IV (Paris 1978) als Nr. 255 der Sources Chrétiennes).
[2] Ibid. I, 10, 166.
[3] Ibid. II, 10, 274.
[4] Ibid. III, 11, 48.

aufzublühen schienen, so wie Rosen und Blumen bei Sonnenschein sich öffnen[5]. Auch bei den zahlreichen Zitaten aus der heiligen Schrift — vor allem im II. Buch — hat sie, wie mir scheint, mit Vorliebe solche Textstellen ausgewählt, die die Schönheit der Natur erkennen lassen.

Von den Dingen der unbelebten Natur spielen vor allem Gold, Perlen und Edelsteine eine Rolle, die vielfach symbolischen Charakter tragen. So finden wir Edelsteine an den Kleidern der Gottesmutter[6]; und der Herr legt die Worte des Gebetes der Ordensschwestern in Gestalt verschiedenfarbiger Perlen in die Hände seiner Mutter[7]. Maria Magdalena erscheint mit ebenso vielen goldenen, unbeschreiblich glänzenden Blumen und kostbaren Edelsteinen geschmückt, wie vorher Sündenmakel ihre Seele entstellt haben. Dabei stehen die goldenen Blumen für die Güte und Milde des Herrn, mit der er die Sünden vergeben hat, während durch die Perlen die Buße Maria Magdalenas ausgedrückt wird[8].

Die Tierwelt begegnet uns bei Zitaten aus der heiligen Schrift; so zum Beispiel gebraucht Gertrud das Bild vom freien Flug gleich der Taube[9], möchte Ruhe finden wie die Taube im Felsennest[10] oder ist betrübt darüber, daß ihre Seele nicht so nach Gott dürstet wie der Hirsch nach Wasserquellen[11].

Daß sie der Meinung ist, daß die Seele durch den Kommunionempfang belebt wird, so wie das Junge des Pelikans aus dem Blut des väterlichen Herzens Leben empfängt[12], zeigt, daß sie eine weitverbreitete Auffassung des nachklassischen Altertums teilt, die in der kirchlichen Literatur und Kunst dazu geführt hat, daß der Pelikan zum Sinnbild Christi geworden ist.

Über Gertruds Einstellung zur Tierwelt lesen wir:

> „Nicht nur gegenüber den Menschen, sondern auch gegenüber allen Geschöpfen des Herrn empfand sie ein tiefes Mitgefühl; und wenn zum Beispiel Vögel oder Tiere der Erde unter Hunger, Durst oder Hitze litten, dann bewegte sie das Leid dieser unvernünftigen Wesen sehr stark. In ihrer frommen Gesinnung opferte sie es deshalb dem Herrn zum ewigen Lobe auf, und zwar in Einheit mit der Würde, in der jedes Geschöpf in ihm aufs höchste vollendet und geadelt ist. Zugleich hat sie den Herrn darum, sich seines Geschöpfes zu erbarmen und seine Qual zu lindern."[13]

---

[5] Ibid. IV, 35, 298.
[6] Ibid. III, 23, 116.
[7] Ibid. IV, 12, 132.
[8] Ibid. IV, 46, 348 u. 350.
[9] Ibid. II, 3, 236; Ps 55,7.
[10] Ibid. II, 4, 246; Hld 2,14.
[11] Ibid. III, 32, 166; Ps 42,2.
[12] Ibid. III, 18, 92.
[13] Ibid. I, 8, 158 u. 160.

Die besondere Liebe Gertruds jedoch gehört der Pflanzenwelt, und sie wird nicht müde, sie immer wieder zu beschreiben und in ihre Betrachtungen aufzunehmen. So schaut sie in einer Vision den Baum der Liebe, der gleichsam aus der Mitte des göttlichen Herzens erblüht. Er ist von herrlicher Gestalt und mit Ästen und Früchten reich geschmückt, und seine Blätter gleichen strahlenden Sternen[14]; und auch die Gaben des Heiligen Geistes werden mit Bäumen verglichen, die prächtige Blüten und unterschiedliche Früchte tragen[15]. Besonders die Blumen haben es Gertrud angetan. In einer Begegnung mit dem Herrn freut dieser sich über ein Gedicht Gertruds so wie jemand, der von einem Freund in einen blühenden Garten geführt wird[16]. Jesus selbst tritt, mit Blumen geschmückt, auf[17]; und Engel tragen Zweige mit unterschiedlichen Blüten und Früchten vor dem Thron Marias. Eine dominierende Rolle spielt die Rose. Vielfach handelt es sich um Bilder, Vergleiche, Metaphern oder Symbole[18].

So läßt Gertrud anschaulich vor uns das Bild einer Rose zur Winterzeit erstehen, die längst verwelkt ist und geduftet hat, trotzdem aber die Erinnerung an die Zeit ihrer Blüte in uns hervorruft[19]. Im Gebet erlebt Gertrud, wie Maria in ihrem Herzen die Rose der Liebe, die Lilie der Keuschheit, das Veilchen der Demut, den Heliotrop des Gehorsams und verschiedene andere Tugendblumen einzupflanzen scheint[20]; und ihre Gebete an den Schutzengel werden von diesem in Gestalt von lieblichen Rosen der heiligen Dreieinigkeit aufgeopfert[21]. Vor ihrer Aufnahme in den Himmel hält sich Maria in einem herrlichen Garten mit Blumen von jeder Farbe auf, die einen wunderbaren Duft verbreiten. Darunter befinden sich wunderschöne Rosen ohne Dornen, strahlend weiße Lilien, herrlich duftende Veilchen und Blumen jeder Art ohne Unkraut dazwischen; und Getrud wird vom Herrn belehrt, daß der erwähnte Garten den Leib der unberührten Jungfrau darstellt, die Blumen jedoch die verschiedenen Tugenden, die sie ausgebildet hat. Dabei drücken die Rosen die Werke der Gottes- und Nächstenliebe aus, während die Lilien den Beifall für ihren heiligen Lebenswandel bedeuten[21a]. Auch an anderen Stellen wird Maria mit einer blühenden Rose und strahlend weißen Lilie verglichen[22].

---

[14] Ibid. IV, 35, 294.
[15] Ibid. IV, 38, 314 u. 316.
[16] Ibid. III, 54, 234.
[17] Ibid. IV, 41, 326 u. 328.
[18] Ibid. IV, 51, 420.
[19] Ibid. II, 21, 322.
[20] Ibid. III, 19, 106.
[21] Ibid. IV, 48, 378 u. 380.
[21a] Ibidem.
[22] Z. B. ibid. II, 16, 298.

Durchweg positiv bewertet werden die Naturelemente Feuer und Wasser. In Anlehnung an Schriftzitate wird vom Feuer in Zusammenhang mit Gott gesprochen als einer Kraft, die verzehrt und läutert[23]. Wasser ist stets hell und klar, sei es als Quelle, Bach, Fluß oder Strom, so daß sich mit ihm sehr anschaulich und deutlich das Fließen der göttlichen Gnade ausdrücken läßt[24]. Hier wie an anderen Stellen wird ersichtlich, daß Naturbetrachtung und Naturerleben für Gertrud vielfach Ausgangspunkt für religiöse Betrachtung und Selbstbesinnung sind.

Besonders eindrucksvoll gestaltet ist eine Szene, wo wir Gertrud am Fischteich erleben, wohl eine der schönsten Schilderungen von ihrer Hand:

> „Während du dich so mit mir befaßtest und meine Seele anlocktest, betrat ich eines Tages zwischen Ostern und Himmelfahrt vor der Prim den Hof, setzte mich am Fischteich nieder und betrachtete diesen reizvollen Ort, der mir außerordentlich gefiel. Denn hell und klar floß das Wasser dahin, ringsum standen Bäume in ihrem Grün, und Vögel, vor allem Tauben, flogen in Freiheit umher. Am meisten aber erfreute mich die stille Ruhe dieses verborgenen Sitzes. Ich begann zu überlegen, was ich mir wünschen könnte, um an diesem Ort eine vollkommene Freude zu empfinden; und ich merkte, daß der vertraute, liebende, passende und gesellige Freund fehlte, um mich in meiner Einsamkeit zu trösten. Da brachtest du, mein Gott, du Urheber unschätzbarer Freuden, der du mir, wie ich hoffe, den Anfang meiner Betrachtung eingegeben und auch das Ende auf dich bezogen hast, mich auf folgenden Gedanken: Wenn ich den Fluß deiner Gnaden in beständiger Dankbarkeit in dich zurückfließen ließe nach der Art des Wassers; wenn ich dazu im Streben nach Tugenden durch gute Werke grünend und blühend wie die Bäume wüchse; wenn ich schließlich im freien Flug gleich der Taube durch die Verachtung des Irdischen dem Himmlischen zustrebte und mit diesen Sinnen des Körpers, vom Lärm der Außenwelt zurückgezogen, mit ganzer Seele für dich frei wäre, dann würde dir mein Herz eine liebliche Wohnstätte gewähren."[25]

Das Betrachten der Sonne, die mit voller Kraft scheint, führt bei ihr zur Selbstbesinnung, und sie fragt sich:

> „Wenn der Herr, der diese Sonne geschaffen hat und dessen Schönheit Sonne und Mond bewundern[26] ... so wahrhaftig bei mir wäre, wie er sich mir oft gegenwärtig zeigt, wie ist es dann möglich, daß ich den Menschen gegenüber so kaltherzig, unmenschlich und schlecht bin?"[27]

Gertruds wacher Blick für die Schönheiten der Natur läßt sie aber keinen Augenblick vergessen, daß sie von Gott geschaffen ist, daß sie von ihm ihre Pracht erhalten hat, denn er, der Schöpfer der Sterne, ist es, der

---

[23] So in II, 7, 260 u. 262 zu Ps 120,4, Dtn 4,24, Dan 3 und Jes 1,25.
[24] Cf. dazu bes. II, 3, 236 und IV, 59, 480.
[25] Ibid. II, 3, 234 u. 236.
[26] Offizium der hl. Agnes.
[27] Gertrud von Helfta, l.c. II, 17, 298.

die Himmelslichter und Frühlingsblumen bekleidet[28]. Sie ist um die richtige Einordnung der Dinge bemüht und kann deshalb beten: „Gib ... daß ich alles Geschaffene als gering ansehe und du allein die Freude meines Herzens wirst."[29] In dieser Grundhaltung bewertet sie Tod, Leben und Krankheit, von denen die gesamte belebte Natur betroffen ist, für den Menschen nicht negativ. In ihrem Gottvertrauen wünscht sie sich oft den Tod, weil Leben und Sterben für sie stets von gleichem Wert sind[30]; und Leid und Krankheit des Körpers erfährt sie als Stärkung des Geistes für den würdigen Empfang des Herrn[31], betrachtet sie sogar als Zeichen göttlicher Auserwählung und Vermählung der Seele mit Gott[32], die dem Heil dienen[33].

Gertrud von Helfta hat keine naturphilosophische Konzeption entwickelt. Das wollte sie auch nicht. Daß sie aber die Schönheit der Natur wahrnimmt, sich darüber freut, sie preist und uns miterleben läßt, wie man über die Schöpfung den Zugang zum Schöpfer finden kann, macht ihr Werk für uns anregend und wertvoll.

---

[28] Ibid. II, 16, 296.
[29] Ibid. II, 4, 242.
[30] Ibid. I, 10, 168 und Kap. 56 des III. Buches, das darüber berichtet, wie es ihr gleich war, zu leben und zu sterben.
[31] Ibid. II, 7, 260.
[32] Ibid. III, 2, 18.
[33] Ibid. III, 32, 166 u. 168.

Der Wald in der städtischen Kulturentfaltung und Landschaftswahrnehmung

Zur Problematik des kulturellen Naturverhältnisses als Teil einer Umwelt- und Gesellschaftsgeschichte des Mittelalters und der frühen Neuzeit

Heinz-Dieter Heimann (Bochum)

I.

Martin Luther soll gesagt haben, „daß vorm jüngsten Tage drey mangelreiche Dinge / als 1. ein grosser Mangel guter Freunde 2. Tüchtiger Münze / und 3. wilder Holzungen erscheinen würden". Diesen Ausspruch zitiert 1693 der Jurist Johann Philipp Bünting im Vorwort einer kurbrandenburgischen Werbeschrift für den Bergbau bestätigend mit dem Zusatz „... viel arme Leute müssen anietzo wegen grossen Holtz-Mangels crepiren", um mit solch drastischen Worten umso deutlicher die Barmherzigkeit Gottes anzuführen, der den Menschen aus Fürsorge einen *„sylva subterranea*, oder unterirdischen Walde der Steinkohlen" geschenkt habe[1].

Das alltäglich nahe Verhältnis zwischen Mensch und Wald zeigen auf andere Weise eine Federzeichnung von Hieronimus Bosch mit dem Titel „Der Wald hat Ohren, das Feld hat Augen", der damit ein mittelalterliches Sprichwort illustriert, das in seinem symboltheologischen Hintergrund bis ins 11. Jahrhundert zurückweist[2], oder Redensarten wie „Holz und Sorgen — wachsen alle Morgen" oder „Holz und Schaden — wachsen an allen Tagen"[3].

Die aus unterschiedlichem sozialen Kontext stammenden Zitate machen deutlich, daß Wald mehr bedeutet als eine romantisch anrührende Ansammlung von Bäumen, nämlich Lebensraum, dessen Zustand die Menschen auf ihre alltägliche Situation modifiziert beziehen. Hierin wird eine umwelt- und gesellschaftgeschichtliche Ebene der Thematik greifbar, der focusiert im mittelalterlichen Urbanisierungsprozeß nachzugehen bleibt,

---

[1] R. P. Seifert, Der unterirdische Wald, München 1982, 11.
[2] M. Brambeck, Das Sprichwort im Bild: Der Wald hat Ohren, das Feld hat Augen (Abh. d. Mainzer Akademie d. Wiss.), Wiesbaden 1988.
[3] J. Radkau, J. Schäfer (Ed.), Holz. Ein Naturstoff in der Technikgeschichte, Reinbeck 1987, 62.

auch um einer vorschnellen Kanalisierung der Problematik von Mensch und Natur in bereits eingefahrenen ökologiegeschichtlichen Bahnen zu entgehen.

Die Beschäftigung mit historischer Umweltforschung innerhalb der Geschichtswissenschaft hat zweifellos mit aktuellen Gegenwartserfahrungen unserer Umwelt ursächlich zu tun. Aber das besondere Forschungsfeld Waldbestand und Waldnutzung ist nicht erst seit jüngster Zeit ein Thema für Mediaevisten, wo es in der agrar- und verfassungsgeschichtlichen Forschung bereits eine lange Tradition aufweist[4]. Als methodisch innovativ erweist sich hingegen, demgegenüber der sozialen Dimension der Problematik des Mensch-Naturverhältnisses größere Bedeutung zuzumessen. Neu ist aber auch eine bedenkenswerte Neigung, Sachverhalte von Wald-, Wassernutzung und Hygiene einer Gesellschaft mit uns weithin fremden Normen als Versatzstücke historischer Umweltgeschichte eher nur zu modellieren und sie auf die Frage einer näherhin „ökologischen Krise" im späten Mittelalter zu reduzieren. Wenn auch der Ansatz übertragbar erscheint, die Ursachen für Umweltprobleme im technologischen Wandel auch des Mittelalters zu suchen, so bleibt doch die Konsequenz bedenklich, wenn das überwunden geglaubte Bild vom „finsteren Mittelalter" modifiziert neue Urstände erfährt[5].

Historische Umweltforschung als Segment einer komplexen Gesellschaftsgeschichte hat vorrangig das jeweils Epochenspezifische im Wirkungsverhältnis von Mensch und Wald zu profilieren. Der mittelalterliche Urbanisierungsprozeß läßt dazu methodisch zwei strukturbildende Wirkungsfaktoren im Verbund erfassen: die Verrechtlichung der Gesellschaft und die Kultivierung der vorgefundenen Gestalt des Naturraums. Beide

---

[4] E. Schubert, s. v. „Forst", in: LexMa. 4, Sp. 657 sqq. mit der weiteren Literatur. In der Verbindung Wald- und Landschaftsgeschichte kaum überholt F. v. Hornstein, Wald und Mensch. Theorie und Praxis der Waldgeschichte. 2. erw. Aufl. Ravensburg 1958.

[5] Die Dimension historischer Umweltforschung zeigen B. Herrmann (Ed.), Mensch und Umwelt im Mittelalter, München 1986, darin M. L. Hillebrecht, Eine mittelalterliche Energiekrise, ibid. 275 sqq. – Id. (Ed.), Umwelt in der Geschichte, Göttingen 1989. – Eine „generelle Krise" dieser Provenience sieht nach A. Seifert (wie Anm. 1) 117. R.-J. Gleitsmann, Und immer wieder starben die Wälder: Ökosystem Wald, Waldnutzung und Energiewirtschaft in der Geschichte, in: Mensch und Umwelt in der Geschichte, ed. J. Callies, J. Rüsen, M. Striegnitz, Pfaffenweiler 1989, 183.

Abgewandelte Ansätze verfolgen kritisch insbesondere J. Radau, Wald- und Wasserzeiten, oder: Der Mensch als Makroparasit? in: ibid. 139–174. U. Krolzik, Kultivierung der Schöpfung, in: ibid. 277–302. – U. Troitzsch, Historische Umweltforschung, in: Technikgeschichte 48 (1981) 177–190. Siehe auch Anm. 6.

Zum Verständnis des strukturellen Wandels im Spätmittelalter, näherhin auch zu einem eben nicht primär an wirtschaftsgeschichtlichen Verlaufsdaten festgemachten Krisenbegriff F. Seibt, Von der Konsolidierung unserer Kultur zur Entfaltung Europas, in: Handbuch der Europäischen Geschichte, Bd. 2, ed. idem, Stuttgart 1987, 137 sqq. – Renovatio et reformatio. Wider das Bild vom „finsteren" Mittelalter, FS. f. L. Hödl z. 60. Geb. ed. M. Gerwing u. a., Münster 1985.

liefern Koordinaten, im Verhältnis Mensch und Natur einen Wandel von Störung zu Zerstörung in der Wahrnehmung veränderter Landschaft historisch zu verorten. Der Diskurs des Naturbegriffs beinhaltet in diesem Anliegen zusätzlich wertvolle Einsichten in den langsamen Wandel des Naturverständnisses[6]; zu konturieren bliebe das kulturelle Naturverhältnis angesichts der ambivalenten Naturerfahrungen des Menschen, der in seinem Alltag Natur als gut und böse erlebte.

Der ursprüngliche Waldbestand in Zentraleuropa erfuhr aufgrund des Bevölkerungsanstiegs und hierin begründetem Landesausbau zwischen dem 8. und 13. Jahrhundert seine stärkste Einschränkung: urwaldähnliche Zustände finden sich im späten Mittelalter nurmehr inselhaft und im Hochgebirge zumeist[7]. Jede Rodung hat sich auf ihre Weise der Naturgliederung und Landschaftsgestalt eingeprägt. Ortsnamen und topographisches Gefüge lassen oftmals bis in unsere Gegenwart diesen mittelalterlichen Siedlungsvorgang in allen Formen wiedererkennen.

Zu den ältesten Zeugnissen organisierter Waldrodung gehört das *„capitulare de villis"* aus dem frühen 9. Jahrhundert, das Einblick in die karolingische Wirtschaftsverfassung erlaubt. Hierin werden deutliche Anweisungen zur Waldrodung ausgegeben, aber zugleich einer übersteigerten Waldreduktion vorgebeugt[8].

In den Zeugnissen zur hochmittelalterlichen Ostsiedlung findet sich dieser Akzent der Maßsetzung im Zugewinn von Neuland deutlich zurückgenommen. So heißt es in der „Gründungsgeschichte" des schlesischen Klosters Henrichau aus dem 13. Jahrhundert. „Als aber dort die Siedler und Holzfäller sich mehrten, hieß der Schulze Johann diesen Bauern, quer durch den Hag den Wald zu schlagen ..." Er rechtfertigte dieses Vorgehen mit dem Hinweis, „... ich habe es gemacht wie alle Ritter ringsumher", wozu der Chronist seinerseits bemerkt, „... daß zu jener Zeit, das heißt nach dem Heideneinfall, jeder Ritter an sich riß, was und wieviel er wollte".

In der Rodung eines ursprünglichen Grenzwaldes tritt der Gedanke gesteigerter Nutzbarkeit und der Besitzbildung hervor, der freilich allgemeiner in der Welle der Dorf- und Städtegründungen bedeutsam wurde.

Dafür ein beliebiges Beispiel. König Kasimir von Polen überließ 1345 einem Nikolaus Kerstan 60 Hufen Wald, ... „aus dem wir überhaupt keinen

---

[6] R. Sprandel, Die Geschichtlichkeit des Naturbegriffs: Kirche und Natur im Mittelalter, in: Natur und Geschichte, ed. H. Markl, München 1983, 238—260, der die Relativierung des kirchlichen Naturbegriffs betont. — Den gerade langfristigen Wandel des Begriffs markiert J. Radkau, Warum wurde die Gefährdung der Natur durch den Menschen nicht rechtzeitig erkannt, in: H. Lübbe, E. Ströker (Ed.), Ökologische Probleme im kulturellen Wandel, Paderborn 1986, 47—79.

[7] Ch. Higounet, Les forêts de l'Europe occidentale du Ve au XIe siècle, in: Settimane ... Spoleto 13, 1965.

[8] C. Brühl, A. Verhulst, s. v. „Capitulare de villis", in: LexMa. 2, sp. 1482 sq.

Vorteil gezogen haben, zu besserer Nutzung zu verwandeln und zu größerer Brauchbarkeit zu überführen", ... Siedler nach deutschem Recht anzusiedeln, und ... „damit unser Wald umso leichter gerodet werden kann, geben und verleihen wir allen seinen Einwohnern auf die folgenden 16 Jahre ... gänzliche Freiheit von allen Steuern, Leistungen und Abgaben"[9].

Der Zugriff auf den Wald erfolgte nach diesen Beispielen aus einem ökonomischen Impetus, der seinerseits wieder im Anreiz sozialer und rechtlicher Besserstellung durch den Siedlungsakt motiviert war. Der Wald wurde der Planung und Rentabilität unterworfen, sein Nutzwert neu abgeschätzt. Die Folgen dieser Aneignung des Waldes teilten sich langfristig dem Aufbau der ländlichen und städtischen Gemeinden wie der Formierung von Eigentumsverhältnissen oder territorialen Herrschaften mit.

Wald oder Wildnis erscheint in diesen Urkunden aus dem Alltag nicht als ein den Menschen feindliches oder bedrohliches Areal. Eine abweisende, negative Einschätzung des Waldes findet sich hingegen im theologienahen Schrifttum verbreiteter, wo freilich — ähnlich wie in der Literatur auch — Wildnis als böser Ort wie als Ort der Umkehr und kontrastiert dazu als Paradiesgarten positiv rezipiert wurde, dem saekularisiert die Vorstellung vom Schlaraffenland folgte[10].

Die wirtschaftliche Grundversorgung einer Stadt, wozu auch die Rechte am Wald gehörten, zeigt sich im Kolonisationsbereich ebenso gut wie im Altsiedelland; nachdrücklich bei den staufischen Städtegründungen, die im Schnittpunkt einer neubedachten Pfalzen- und Forstenpolitik sich vollzog[11]. Nicht wenige der deutschen Königs- bzw. Reichsstädte fanden mit dem Wandel des reichspolitischen Kräftegefüges seit dem späten 13. Jahrhundert Gelegenheit, die ursprünglich der Pfalzversorgung zugewiesenen Forsten für sich zu gewinnen. Struktureller Wandel und die individuelle Gestaltung städtischen Walderwerbs und kommunale Energieversorgung in Verbindung mit der Aufrichtung städtischer Territorien überlagern sich seitdem.

Nürnberg, Pfalzstadt und Zentrum staufischer Reichslandpolitik, dehnte seit dem 13. Jahrhundert seine in der Pfalzversorgung ursprünglich begründeten Zugriffsmöglichkeiten auf den beiderseits der Pegnitz gelegenen

---

[9] H. Helbig, L. Weinrich (Ed.), Urkunden und erzählende Quellen zur deutschen Ostsiedlung im Mittelalter, Darmstadt 1970, 117 sqq. und 327 sqq. (FSGA, A., 26 b).

[10] J. Köhler, Heilige und unheilige Bäume. Der Baum in Wirklichkeit und Legende des Mittelalters, in: H. Schweizer (Ed.) „... Bäume braucht man doch", Sigmaringen 1986, 143 sqq.

[11] G. Baaken, Pfalz- und Stadt, in: Südwestdeutsche Städte im Zeitalter der Staufer, ed. E. Maschke u. a., Heidelberg 1980, 28 sqq. — Th. Martin, Die Pfalzen im 13. Jh., in: J. Fleckenstein (Ed.) Herrschaft und Stand, Göttingen 1977, 277 sqq. (Veröff. d. MPIG 51).

Reichsforst gegen die Konkurrenz der Burggrafen von Nürnberg und die dortigen Forstamtmänner aus. Stufenweise setzte sich die Stadt bis zum 16. Jahrhundert in den unbestrittenen Besitz, begünstigt im 14./15. Jahrhundert durch ihre finanzielle Leistungskraft, die Mobilität der Herrschaftsrechte der Burggrafen und eine wohlwollende Haltung des Reichsoberhauptes, dessen Interessen auch der Prosperität des oberfränkischen Eisengewerbes galten. Der Schlüssel zum Erfolg lag im Ankauf der am Wald hängenden Forstverwaltungsstellen und Nutzungsrechte. Die Folgen dieser Verschiebungen in den Besitz- und Nutzungsrechten sind freilich mitzubedenken. Nürnberg hatte künftig seine Interessen am Wald auch militärisch zu verteidigen, wie die Stadtführung schließlich dazu überging, die diversen Nutzungsrechte der dörflichen Hintersassen zu eliminieren, woraus scharfe interne Konflikte erwuchsen. Diese Vorgänge spiegeln mithin nicht nur wirtschaftliche Interessen, sondern das Handeln des Rates korrespondiert mit einem verschärften Territorialisierungsprozeß und der Ausformung eines obrigkeitlichen Regiments[12].

Für Frankfurt, das im 12. Jahrhundert Stadt wurde, verlief die Territorialbildung ebenfalls weithin über den Erwerb von Forsten. Sie gewann Teile des ursprünglich zum Fiskus Frankfurt gehörenden Forstes Dreieich, den Königsforst, in einem stärker auf die innerstädtische Entwicklung bezogenen Prozeß. Nach ersten Ansätzen im frühen 14. Jahrhundert gelangte sie erst später in den Pfandbesitz des Schultheißenamtes und des damit verbundenen Forstes. Zunftunruhen wie konkurrierende patrizische Grundbesitzbildungen begleiteten diese Walderwerbspolitik des Rates[13].

Daß bei strukturell gleichen Ausgangspositionen städtische Walderwerbspolitik dennoch zu ungleichen Ergebnissen führte, zeigt das Beispiel Aachen. Obwohl gerade von den hochmittelalterlichen Königen gefördert und mit zahlreichen Berechtigungen im Aachener Wildbann privilegiert, gelang der Stadt trotz der Errichtung eines „Achener Rychs" kein nennenswerter Zugriff auf die nahen Reichsforsten. Dies scheiterte vor allem daran, daß die Grafen von Jülich von alters her das Wildbannrecht und seit dem frühen 14. Jahrhundert auch die städtische Vogtei für sich gewannen. Nur über den Weg eines Interessenausgleichs mit den Fürsten gelang der Stadt allmählich der Einbruch in die Nutzungsrechte der Aachener Waldgenossenschaften[14].

Dort freilich, wo wie in Goslar, Hagenau oder Köln die Forstrechte von Fürsten gehalten werden konnten, blieb die städtische Forsterwerb-

---

[12] H. Dannenbauer, Die Entstehung des Territoriums der Reichsstadt Nürnberg, Stuttgart 1928. Ferner Anm. 17.

[13] M. Schalles-Fischer, Pfalz und Fiskus, Frankfurt, Göttingen 1969. — B. Schneidmüller, Städtische Territorialpolitik und spätmittelalterliche Feudalgesellschaft am Beispiel von Frankfurt am Main, in: Bll. f. dt. Landesgeschichte 118 (1982) 115 sqq.

[14] H. Kaspers, Comitatus nemoris. Die Waldgrafschaft zwischen Maas und Rhein, Düren–Aachen 1957.

spolitik in einem frühen Stadium stecken, was konsequenterweise zu einer Fernversorgung der Stadt gerade mit Bauhölzern führte. Nach stadtkölnischen Korrespondenzen ist offenkundig, daß der Hauptteil des Großholzbedarfs in Köln über den mittelrheinischen Zwischenmarkt aus dem Obermaingebiet durch Flößer auftragsweise nach Köln geschafft wurde, wo es auf dem eigens eingerichteten Holzmarkt organisiert von der Stadt weiterverkauft wurde, die damit Spekulationen mit diesem Rohstoff vorzubeugen meinte[15].

Rodungsverbote, wie sie etwa König Albrecht I. oder Kaiser Heinrich VII. zu Beginn des 14. Jahrhunderts erließen[16], erfolgten nicht aus Einsichten in vermeindliche Zerstörung von Wald und Landschaften, — auch nicht wenn der Baumbestand gegen Verbiß durch weidende Tiere zu schützen war, was altes Gebot darstellt —, sondern sie erweisen sich als Instrumente, die größeren Städte als Partner des Königtums gegen die aufsteigenden Landesherren zurückzugewinnen.

Städtische Walderwerbungen bedeuten noch nicht das Ende von Rodung, wie sich für Frankfurt oder Nürnberg beobachten läßt. Der Zugriff der Städte auf den Wald führte vielmehr zu einer reglementierten und solchermaßen intensivierten Waldnutzung, sei es für die Schweinemast und damit die Fleischversorgung, sei es für die Regulation des Bauholzpreises, sei es für die Brennholzversorgung der städtischen Bevölkerung. Hierbei sind vertraglich fixierte Deputatlieferungen an die städtischen Bediensteten und Klöster eigens zu bedenken.

Vor diesem Hintergrund sind es auch die Städte, die zuerst ein Interesse an der Wiederaufforstung wüst gewordener Waldflächen, der sogenannten Tannensaat zeigen. Erste Nachrichten darüber kommen 1368 aus dem Wirtschaftszentrum Nürnberg. 1438 offerierte der Nürnberger Samenhändler Hülpühl dem Rate der Stadt Frankfurt am Main die Durchführung von Tannensaaten, was auf stark beanspruchte Bestände verweisen mag. 1457 wurden auf kaiserlichen Befehl hin bei Wiener Neustadt Neuanpflanzungen durchgeführt[17]. Vergleichbares findet sich in anderen Regionen.

---

[15] Eine eigene Untersuchung wird dazu vorbereitet. Sta Köln, Briefbücher u. a. Nr. 14 (1437), 16 (1442). — H. Keussen, Topographie der Stadt Köln, 1910, ND Düsseldorf 1986, Bd. 1, 160*, Bd. 2, 21 sqq. — J. Krudewig, Der Königsforst bei Köln, in: Jb. d. Kölner Geschichtsvereins 2 (1913) 35—52; 3 (1916) 61—88. — Allgemein U. Dirlmeier, Untersuchungen zu Einkommensverhältnissen und Lebenshaltungskosten in oberdeutschen Städten des Spätmittelalters, Heidelberg 1978.

[16] A. Schwappach, Handbuch der Forst- und Jagdgeschichte Deutschlands, Bd. 1, Berlin 1886, 115 sq., 145 sqq., 181 sq.

[17] Zur Rolle der Waldstromer, der Papierproduktion und Wiederaufforstung L. Sporhan, W. v. Stromer, Die Nadelholz-Saat in den Nürnberger Reichswäldern, in: Zs. f. Agrargesch. u. Agrarsoz. 17 (1969) 79 sqq. — Die Reichswälder bei Nürnberg. Aus der

Die Idee und damit die Kulturtechnik der Anpflanzung von Nadelhölzern war hingegen nicht neu. So finden sich etwa bei Petrus Crescentius bereits um 1300 Hinweise zum Säen bzw. Anpflanzen von Waldbäumen. Zugleich entwirft er auch Pläne einer nach sozialen Gruppen differenzierten Gartenkultur. Diese Parallelität im Naturverhältnis deutet auf eine Entwicklungsschwelle hin. Hier wird — ähnlich wie auch bei Albertus Magnus — ein formalisierter Gartentyp aus der Kombination von Kloster- und Lustgarten konstruiert, dem eine rationale Natursehnsucht zugrundeliegt[18].

In städtisch-gewerblich hochverdichteten Zentren findet die Rezeption botanisch-agrarkulturellen Schrifttums als Teil sich ändernder Waldnutzung nachdrücklicher statt als ehedem in den Klöstern. Im Umfeld der Städte wird zuerst die Balance von Waldnutzung und Waldbestandsschutz als gefährdet empfunden, was zu Administrierungen im Waldzugang und der Holznutzungen führt. Die Phase gleichsam okkupatorischer Inanspruchnahme der Ressourcen im Kontext des Aufstiegs und der Entfaltung der mittelalterlichen Gesellschaft im Städtewesen und einer „agrarischen Revolution"[19] geht über in eine Phase tiefer reflektierter und vor allem vorausschauender Daseinsfürsorge. In dieser neuen Qualität und Perspektive des Planens drückt sich ein Ressourcenbewußtsein aus, das seitdem als primärer Wirkungsfaktor die mit dem spätmittelalterlichen Wandel komplexer sich organisierende Gesellschaft mitprägt.

Die städtischen Waldordnungen, die sich in Statuten oder Weistümern seit der Mitte des 14. Jahrhunderts in zunehmender Dichte für alle Gegenden Deutschlands finden lassen, spiegeln darüber hinaus den allgemeinen Trend der Verrechtlichung städtischen Soziallebens und einen Wandel in der Mentalität. Sie sind zugleich als Indikatoren eines sich verschärfenden Wettbewerbs um eine gesicherte Holzversorgung zu lesen, worüber das Ratsregiment zu einer immer deutlicheren Vorsorge- und schließlich Fürsorgepolitik schritt, um über die Holz- und Energieversorgung und den Rohstoffpreis den sozialen Frieden innerhalb der Gemeinde zu gewährleisten (Abb. 1).

Geschichte des ältesten Kunstforstes, Kallmünz 1968. — Die Nutzungsreglementierungen bei J. Bader, Nürnberger Polizeiordnungen des 13.—15. Jhs., 1861, ND Amsterdam 1966. — G. Pfeiffer, Wasser und Wald als Faktoren der städtischen Entwicklung in Franken, in: Jb. f. fränk. Landesforschung 32 (1972) 151 sqq. — Weitergehend H. Schubert, Der Wald: wirtschaftliche Grundlage der spätmittelalterlichen Stadt, in: Hermann (wie Anm. 3), 257 sqq.

[18] D. Hennebo, Gärten des Mittelalters, neu hg. v. N. Ott, München 1987, 38, 46, 146, 177. — G. Franz (Ed.), Geschichte des deutschen Gartenbaues, Stuttgart 1984.

[19] Entsprechend J. Gimpel, Die industrielle Revolution des Mittelalters, München 1981. — Kritisch zu dessen Einschätzung der Rolle des Christentums für das Naturverhältnis Krolzik (wie Anm. 4).

Der circulus vitiosus bestand freilich darin, daß der verbreitete Gedanke des Bestandsschutzes durch größere Baumaßnahmen (Kirchen Neuaufbau nach Stadtbränden, Befestigungen etc.) und die Fleischproduktion (Mast) konterkariert wurde. Gerade die Weideberechtigungen stellten ein einträgliches Individualrecht dar und waren in den Marken, die eine ältere Stufe der Nutzungsweise perpetuierten, starken sozialen Entfremdungen ausgesetzt. Auch erzielte manche Stadt durch die Eichelmast in ihren Wäldern beträchtliche Haushaltszugewinne.

Die städtischen Waldnutzungsordnungen, so städtespezifisch sie auch formuliert sind, verfolgen im wesentlichen drei Zielrichtungen: Aufrichtung einer dem Rat untergeordneten Forstaufsicht, die mit dem Übergang zu einem regulierten Holzschlag und gelegentlichen Neuanpflanzungen verbunden ist. Dann eine verschärfte Reglementierung der Mast- und Weidegewohnheiten mit besonderem Schutz für alte Eichen- und Buchenbestände sowie der Tendenz zur Ausgrenzung weiterer Bewohner von der Waldweidenutzung im Zuge der Errichtung von Stadtwäldern. Schließlich die Qualifizierung des Holzes für private und gewerbliche Zwecke (Holzkohle-, Pottaschegewinnung etc.), womit auch dem im traditionellen Haus- und Allmenderecht innewohnenden Gedanken der Eigenbedarfsdeckung begegnet wurde. Dazu gehören Ausfuhrverbote für die eigenen Bestände bei gleichzeitiger Eröffnung überregionaler Holzmärkte (Abb. 2).

Wirtschaftsgeschichtlich dokumentieren die Ordnungen die weitere Entfaltung der städtischen Verkehrswirtschaft. Sozialgeschichtlich zeigt die Wiederholung solcher Normensetzungen, wie fortschreitend der individuelle Zugang zur Holzversorgung sanktioniert, gar kriminalisiert wurde. Der Kampf der Bauern im Bauernkrieg des frühen 16. Jahrhunderts — und in weiteren — um ihre Rechte am Allmendewald ist nicht der Beginn, sondern ein weiterer Höhepunkt einer ansteigenden Linie sozialer Konflikte um traditionelle Gewohnheiten der Waldnutzung und der Durchsetzung von neuen Normen im Recht am Wald[20].

Die städtische Gesellschaft ist von vergleichbaren Spannungen nicht frei. So gehören denn durchaus die Konflikte um die Versorgung mit Brennholz und angemessene Holzpreise zum Potential alltäglicher Konflikte in der spätmittelalterlichen Stadtgesellschaft, wie etwa in Frankfurt, wo 1433 Streitigkeiten zwischen den Zünften und dem Rat um die angemessene Versorgung der Gesellenstuben mit Brennholz aufkommen.

---

[20] Frühzeitig bereits A. Timm, Die Waldnutzung in Nordwestdeutschland im Spiegel der Weistümer, Köln 1960. — R. Kaiser, Wirtschaftsdelikte als Zeichen wirtschaftlichen und sozialen Wandels, in: Geschichte in Wissenschaft u. Unterricht 40 (1989) 278—293, der auf Holzdelikte nicht eingeht. P. Blickle, Die Revolution von 1525, München 1977, 35 sqq.

Im 17. Jahrhundert begehren die Salzsieder in Schwäbisch-Hall wegen der Holzpreise gegen den Rat auf[21].

Gerade Städte, deren Gewerbe- und Sozialstruktur durch Salinen, Bergbau und Glashütten von einer gesicherten Zufuhr größerer Mengen Holzes geprägt wurde, waren auf eine längerfristig gesicherte Zufuhr größter Holzmengen angewiesen. Der Waldbestand der Lüneburger Heide ging in die Lüneburger Saline, schließlich dienten die Wälder im Harz als Energiequelle. In Salzburg sicherten die Landesherren bereits im 13. Jahrhundert eine hinreichende Holzzufuhr für die einträglichen Salinen[22]. Die „holzfressenden" Betriebe (Salinen, Bergbau, Hüttenwerke, Glas) verursachten die nachhaltigsten Eingriffe in den Waldbestand und forcierten regelrechte Prospektionspraktiken[23].

Rodungsverbote und spätmittelalterliche Rodungsprivilegien eignen sich von daher schwerlich als Parameter für Einsichten, die unsere Zeit in ökologischen Zusammenhängen erfaßt. Sie korrespondieren mit politischen Erwägungen und vor allem dem regionalen und zeitlich unterschiedlich verebbenden Landesausbau, weshalb auch im 15. Jahrhundert Rodung regional als Gott gefälliges Werk erscheint[24].

Soweit machen zwei Handlungs- und Wahrnehmungsebenen die Entwicklung aus. Immer deutlicher tritt ins Bewußtsein, daß Wald selbst im waldreichen Mittelalter nicht voraussetzungslos verfügbar war und blieb. Als Leitprinzip ist mit dem Urbanisierungsprozeß zu erkennen, wie der am gesellschaftlichen Wandel formulierte Verwertungsgedanke Platz greift, der destruktive Praktiken reglementiert ohne Raubbau als solchen anzuerkennen. Die städtischen Waldordnungen, die den landesherrlich-vorstaatlichen Forstordnungen zeitlich vorausgehen, markieren eine neue Phase, in der die bisherige Entwicklungsrichtung auf das heute noch praktizierte Prinzip der Nachhaltigkeit des Waldbestandes verschoben wurde.

In diesen Normierungsversuchen steckt dabei auch der Gedanke der Daseinsvorsorge an einer als schutzbedürftig begriffenen Natursphäre. Der Administrierung als Instrument pragmatischer Nutzungsreglementierung liegt eine intensivierte Planungsmentalität zugrunde, in der über die eigene Existenz hinausschauend die Existenzgrundlagen Künftiger mitbedacht sind.

---

[21] R. Kiess, Städtische Holzversorgung, in: J. Sydow (Ed.), Städtische Versorgung und Entsorgung im Wandel der Gesellschaft, Sigmaringen 1987, 91.

[22] F. Goller, Die älteren Rechtsverhältnisse am Wald in Altbaiern und die baierische Forstordnung von 1568, Diss. München 1938, 73 sqq. Allgemeiner J. Allmann, Der Wald in der frühen Neuzeit, Berlin 1989.

[23] Beispielhaft H. Uhde, Forsten, Bergbau und Hüttenbetriebe des Klosters Walkenried am Westharz, in: Zs. d. Harzvereins f. Geschichte u. Altertumskd. 19/20 (1967) 67 sqq.

[24] E. Lautermann, Die Ausbreitung und die Wiederkultivierung des Schwarzwaldes, in: Callies u. a. (wie Anm. 4) 42.

Abb. 1. Einschlag von Laubwaldungen, Aufbereitung und Transport der Holzstämme mit Fuhrwerken für den Bedarf der Stadt. (Monatsbild Dezember, Fresko. 14. Jh. Trient, Castello di Buonconsiglio). H. Kühnel (Ed.), Alltag im Spätmittelalter, Graz 1984, 381

Tafel II H.-D. Heimann

▲ Abb. 2. Bäumefällen zur
Verbesserung der Straßen-
verkehrsverbindungen.
Flandern 14. Jh.
F. Seibt, Glanz und Elend
des Mittelalters, Berlin
1987, 391

◄ Abb. 3. Laubwaldbestände
„eingekreist" von dörf-
lichen und städtischen
Siedlungen und Fluren.
Dortmund und Umgebung
um 1700.
Vergessene Zeiten.
Mittelalter im Ruhrgebiet,
Ausstellungskatalog,
ed. F. Seibt e. a.,
Bd. 2, Essen 1990, 173

Abb. 4. Nürnberg umgeben von dem in Reviere und Erbförstereien aufgeteilten Lorenzer und Sebalder Reichswald. E. Etzlaub zugeschrieben, 1516. G. Pfeiffer/ W. Schwemmer (Ed.), Geschichte Nürnbergs in Bilddokumenten, München 1976, Abb. 12

Abb. 5. Der Prozeß zwischen Erde und Mensch vor Jupiter. Holzschnitt zu Paulus Niavis, Iudicium Iovis, Druck vermutlich durch Martin Landsberg 1492/95. P. Krenkel (Ed.), Paulus Niavis, Iudicium Iovis oder Das Gericht der Götter über den Bergbau, in: Freiberger Forschungshefte, Kultur und Technik, D 3, Berlin 1953

II.

Die Waldordnungen der Städte signalisieren eine Wende in der Praxis der Waldnutzung, die auch ländlichen Gemeinden eigen ist. Waldordnungen spiegeln aber auch den sich verändernden Waldbestand und damit das Landschaftsbild. Die gesamte Entwicklung läßt sich so umreißen, daß neben dem Zugriff auf den Hochgebirgswald nun mehr Mittel- und Buschwaldung oder sogenannte Haubergenwälder neben vordringenden Fichtenwaldungen entstehen, kontrastiert von mehr und mehr von Urwald freien Räumen mit Wirtschaftswaldungen in städteverdichteten Landschaften.

Es bleibt zu fragen, inwieweit Zeitgenossen derartige Veränderungen des Naturraumes in ihrer unmittelbaren Lebenswelt wahrnahmen?

Zu den wenigen Schriftzeugnissen, die die hochmittelalterliche Städtegründungswelle in ihre Planungsvorgang erfassen, gehört das „Lippiflorium" auf die Gründung der Stadt Lippstadt im ausgehenden 13. Jahrhundert. Der Verfasser findet einige Verse über die Siedlungseröffnung, über den Zustand des Waldes, über die eigentliche Rodungsarbeit äußert er sich aber gar nicht (Vers 460—478). Ähnlich wie in den Gründungsurkunden erscheint der Wald hier ausschließlich als Nutzraum. Veränderung der Landschaft durch den Siedlungakt reflektiert der Verfasser nicht.

In dieser Haltung steht jener Verfasser in dieser Zeit nicht allein. Jedoch es finden sich auch andere Stimmen.

Walther von der Vogelweide bringt in einer seiner Elegien Landschaftsveränderung und persönliche Zeitstimung überein:

„die mine gespilen waren, die sint nu traege und alt
gebreitet ist daz velt, verhouwen ist der walt"[25].

Anders — und doch dieser Wahrnehmungsweise verwandt — äußert sich der Verfasser der Colmarer Annalen zu Beginn des 13. Jahrhunderts: „Es gab damals im Elsaß viele Wälder, welche das Land unfruchtbar machten an Korn und Wein" ... „Gießbäche und Flüsse waren damals nicht so groß wie jetzt, weil die Wurzeln der Bäume die Feuchtigkeit des Schnees und des Regens längere Zeit in den Bergen zurückhielten"[26].

In diesen Passagen wird Waldrodung als Kultivierung begriffen und der Wahrnehmung eine Perspektive beigegeben, die durch eine Distanzsetzung zwischen vergangenem und gegenwärtig erlebtem Landschaftsbild gekennzeichnet ist. Veränderung wird mithin wahrgenommen. Es fehlt

---

[25] H. Althoff, Das Lippiflorium. Ein westfälisches Heldengedicht mit deutscher Übers., Leipzig 1900. — F. Maurer (Ed.), Die Lieder Walthers von der Vogelweide, Bd. 1, Tübingen 1967, Nr 20, Vers 11 f.
[26] Die Colmarer Annalen. Die Geschichtsschreiber der deutschen Vorzeit. 2. Gesamtausgabe Bd. 76, Leipzig 1897, 133—138.

freilich dieser Sehweise die ursächliche Ableitung für die Veränderung der Landschaft im Abbau der Wälder.

In diese Richtung fallen die Landschaftsbeschreibungen im 15. Jahrhundert präziser aus, die einer ausdrücklichen Beobachtung landschaftlicher Eigenart immer näher kommen, wie sie sich beispielsweise im Zuge der diversen Germania-Projekte der Humanisten und schließlich umgesetzt in neuen Medien der topographischen Werke des 16. Jahrhunderts ausgedrückt finden.

In der populären Reformschrift des sogen. oberrheinischen Revolutionärs wird das Ergebnis der Umgestaltung der Landschaft erfaßt, wenn er das Elsaß als „irtisches paradiß" bezeichnet und vom „Garten zwischen Basel und Bingen" spricht[27]. Darin klingt kein traditioneller literarischer Topos durch, sondern der an den sozialen Zuständen der Zeit interessierte Verfasser faßt damit die augenfälligen Nutzungsweisen einträglicher Sonderkulturen im Elsaß zusammen.

Humanisten entwickeln aus ihren spezifischen Interessen einen besonderen Sinn für das Eigene und Fremde, wobei ein von nationalem Eifer gespeistes historiographisches Interesse zum Motor wird, Land und Leute in ihrer Genese und Individualität in Vergleich zu bringen und die eigene Gegenwart als historisch zu begreifen. Damit wird auch ihre Wahrnehmung von Landschaftsveränderungen profilierter (Abb. 3).

Das Spektrum reicht dabei je nach literarischer Gattung von einer ästhetisierenden Landschaftsbeobachtung, wie sie Konrad Celtis in seinen lyrischen Deutschlandreisebildern schuf[28], bis hin zu den pragmatischen Land- und Städtebaubeschreibungen, den Grundlagenwerken erster Landesgeschichtsschreibung.

So beschreibt Werner Rolevinck, in Köln lebender Karthäuser, sein Heimatland Westfalen mit Verweis auf ältere Quellen als Land mit „großen Wäldern und Weiden", die sich für die Viehwirtschaft gut eignen[29]. Schlesien ist in seiner ersten Landesbeschreibung nicht mehr das Wald- und Rodungsland von ehedem, sondern jetzt reich an „Wein, Acker und Weidegebieten, an Städten mit hinreichend Lebensmittel und gutem Ratsregiment"[30]. Eine der frühesten Landesbeschreibung des Herzogtums

---

[27] Das Buch der Hundert Kapitel des Oberrheinischen Revolutionärs, Kap. (1) 79.
[28] F. Pindter (Ed.) Conrad Celtis Protucius, Quatuor libri amorum secundum quattuor latera Germaniae. Germania generalis, Leipzig 1934. Auszugsweise H. Rupperich, Humanismus und Renaissance in den Städten Deutschlands, 1935, 286 sqq. — Dazu G. Theuerkauf, Acipe Germaniam pingentia carmina terram. Stadt und Landesbeschreibungen des Mittelalters und der Renaissance als Quellen der Sozialgeschichte, in: AKG 65 (1983) 89—116.
[29] W. Rolevinck, Der laude antiquae Saxoniae nunc Westphaliae dictae, ed. u. übers. v. H. Bücker, Münster 1953, 15. —
[30] P. Drechsler, Panegratii Vulturini panegyricus Slesiacus, die älteste Landeskunde Schlesiens, in: Zs. f. Geschichte Schlesiens, 35 (1901), 53. — HJ, — B. Harder, Die Landesbeschreibung in der Literatur des schlesischen Frühhumanismus, in: Landesbeschreibungen Mitteleuropas vom 15. bis 17. Jh., ed. idem, Köln—Wien 1983, 29—49.

Württemberg vom Anfang des 16. Jahrhunderts weist die anklingende Eigenart der Beobachtung deutlicher aus. Die Landesbeschreibung ist als eine Aneinanderreihung stilistischer Städtebilder konzipiert[31]. Das Land wird folglich in seinen Städten begriffen, charakterisiert, ja der Grad der Verstädterung eines Landes scheint als Maßstab der Entwicklung durch. Nürnberg gilt bereits im 14. Jahrhundert als „bestgelegenste Stadt im Reich" und Mitte des 15. Jahrhunderts liegt für Aenea Silvio de Piccolomini in seiner Beschreibung Basels diese Stadt im Mittelpunkt der Welt. Er sieht dabei den Rheinfluß nicht als poetische Metapher, sondern als den „demütigen Schiffsträger, an dessen Ufern Burgen und Bauten wie frischer Schnee reichlich errichtet sind"[32].

In den spätmittelalterlichen *Laudes urbium* bzw. *Descriptiones urbium* gehört der Wald analog dem antiken Kanon der Gattung zum Topoi humanistischer Städtebeschreibung. So etwa bei Hermann von den Busche in seinem Gedicht „Lipsia" (1503) oder in seinem Gedicht auf Freiburg[33].

In den „Laudes Coloniae" (um 1400) beschreibt ein Anonymus mit einem deutlichen Interesse an jetzt statistischer Erfassung der topographischen Gestalt und der Anzahl der Kirchen die heilige Stadt Köln; ihm fehlt der Blick auf die Umgebung schlechthin. Auch in der berühmten „Flora" (1508) Hermann von den Busches auf Köln vermißt man diese Blickrichtung, die freilich ausgeprägter volkstümliche Lobsprüche aufnehmen. Nach einem Beispiel aus der Mitte des 16. Jahrhunderts nähert sich hier ein Pilger durch das Kölner Umland der Stadt und dabei werden die vor den Toren der Stadt gelegenen Gärten und Äcker als die in Nutzung genommene Landschaft ausführlich angeführt. Das städtische Umland wird als zur Stadt gehörender Raum begriffen, dessen Nutzung als Bestandteil der Stadtkultur verstanden wird[34].

Ähnliches zeigt sich in der bekannten Beschreibung Ulms des Felix Fabri. Hier vermißt man trotz einer sehr breiten Beschreibung auch des Umlandes den Hinweis auf den Wald, den die Ulmer gerade in den Ankauf ganzer Herrschaften im 16. Jahrhundert erwarben. Er erwähnt freilich die Flößerei auf der Iller, an der ein Augsburger Chronist bereits früher die

---

[31] H. Binder, Descriptio Sueviae. Die ältesten Landesbeschreibungen Schwabens, in: Zs. f. Württembg. Landesgeschichte 45 (1986) 179—196.

[32] Enea Silvio Piccolomini, Papst Pius II. Ausgewählte Texte, ed. Widmer, Basel—Stuttgart 1960, 353, 357.

[33] H. Kugler, Die Vorstellung der Stadt in der Literatur des deutschen Mittelalters, München—Zürich 1986. — Zu Busches Werk immer noch H. J. Liessem, Hermann von dem Busche, sein Leben und sein Werk, in: Programm d. Kaiser-Wilhelm Gymnasiums Köln, 1884—1889, 1905—1908.

[34] H.-D. Heimann, Stadtideal und Stadtpatriotismus in der „alten Stadt" am Beispiel der „laudationes Coloniae" des Mittelalters und der frühen Neuzeit, in: Historisches Jb. d. Görresgesell. 1991 (im Druck).

landschaftsschädigenden Folgen und mehr noch die Kosten der Herrichtung der Flüsse für die Flößerei anmerkt.

Der Ulmer Onophrius Miller beschreibt als Traumallegorie in Form eines Waldspaziergangs die Stadt und ihre Umgebung:

> „Ich siehe ein schonnes landt,
> dergleichen viel lustgaerten zu handt,
> ein jedes Hauss ia in der stadt
> einen schonnen lustgarten hatt,
> gezieret mit bloumen mancher Art ...
> darin spazieren Frau und man ...
> was da in gärten umb refiert
> so ich es besiche mit allem fleiss
> gleich ich es zu dem paradeis".

Hier fehlt der Wald näherhin. Ihm kommt die Stadt wie eine Ansammlung von Lustgärten vor, mit denen sich bürgerliche Idylle und Aesthetikvorstellungen verbinden[35].

Eine andere Blickrichtung zeigen Nürnberger Stadtlobsprüche. Konrad Celtis beschreibt in seiner „Norimberga" den Nürnberg umgebenden Wald in einem eigenen Kapitel. In dieser Ausführlichkeit verbindet er Waldbeschreibung und topographische Skizze der Stadt, um dann zu einer geographischen Beschreibung Deutschlands zu kommen. Konrad Celtis ordnet Nürnberg demnach in die Region ein, was einen zentralen Trend humanistischer Stadtliteratur dieser Zeit trifft. Auch bei Hans Rosenplüt, der den Nürnberger Wald zu den sieben „Kleinodien" der Stadt zählt, oder bei Hans Sachs, der von Nürnberg sagt, „die (Stadt) liegt mitten in dem Wald", findet sich diese Stadt, Wald und Region aufeinanderbeziehende Wahrnehmung[36]. Die Stadt wird übereinstimmend als Teil eines größeren Raumgefüges konkretisiert und der Wald erscheint als integraler Bestandteil des zentralörtlichen Gefüges der Stadt.

Diese Perspektive verbindet Literatur und bildliche Darstellungen. Wie in der Stadtbeschreibung wird in ganz ähnlicher Weise im neuen Medium der kartographischen Abbildung Nürnberg mit seinem Umland durch Erhard Etzlaub († 1532) gezeigt[37]. Der Kartograph zeigt aus konstruier-

---

[35] F. Fabri, Tractatus de civitate Ulmensi, ed. G. Veesemeyer, Tübingen 1889. — J. Greiner, Onophrius Millers Lobspruch auf Ulm (1593), in: Mitteilungen des Vereins f. Kunst u. Alterthum in Ulm u. Oberschwaben 13/15 (1908/09), 151. — Chroniken der deutschen Städte des späten Mittelalters, Bd. 32, Leipzig 1918, 69 sqq.
H.-W. Keweloh (Ed.), Auf den Spuren der Flößer. Wirtschafts- und Sozialgeschichte eines Gewerbes, Stuttgart 1988.

[36] A. Werminghoff, Conrad Celis und sein Buch über Nürnberg, Freiburg 1921, Kap. 2, 105 sqq. — H. Kugler (wie Anm. 33), 210 sqq. — Idem, Die Stadt im Wald, in: Hans Sachs, Studien zur frühbürgerlichen Literatur im 16. Jh., ed. Th. Cramer u. a., Bern—Frankfurt a. M. 1978, 83—103.

[37] F. Machilek, Kartographie, Welt- und Landesbeschreibung in Nürnberg um 1500, in: Harder (wie Anm. 29) 1—13. Die farbige Karte findet sich bei G. Pfeiffer, W. Schwemmer (Ed.), Geschichte Nürnbergs in Bilddokumenten, München, Abb. 12.

tem Blickwinkel seine Stadt in einer vom Wald freigerodeten Landschaft, die ihrerseits wieder von einem in Revieren gegliederten und damit bewirtschafteten Waldgebiet umfaßt wird. In beiden Medien wird die Realität folglich nicht nur gesehen, sondern als wahre Wirklichkeit beobachtet (Abb. 4).

So korrekt die Beobachtung auch erscheinen mag, der Wahrnehmung sich verändernder Landschaft fehlt die Rückbindung an ursächliche Zusammenhänge, die andernorts deutlich artikuliert wird. Wirtschaftshistoriker fassen die agrarkulturelle Umgestaltung des städtischen Umlandes in Sonderkulturen im Begriff der „Vergartung". Davon spricht auch die Zimmersche Chronik aus der Mitte des 16. Jahrhunderts, dessen Verfasser aufmerksam die Anlage bislang wenig bekannter Obstgärten im Bereich der pfälzischen Bergstraße unter dem Gesichtspunkt der Rentabilität und landesherrlicher Fürsorge erfaßt. Daneben weiß der Chronist um Ursache und Folgen der Landschaftsveränderung, indem er schreibt, ...

> „erstlich, nachdem bei unsern zeiten das volk in Schwaben als auch gar nach in allen landen sich heftig gemert und zugenommen, dardurch dann die landtsart mer, dann in mentschen gedechtnus, ufgethonn und (ist) schier kain Winkel, auch in den rewhesten welldern und höchsten gepirgen, unausgereut und unbewonet bliben"[38].

In der zur gleichen Zeit entstandenen Cosmographia Sebastian Münsters heißt es:

> „Nimm für dich unser Tevtsch Landt/ so wirst du finden/ das zu vnseren zeiten gar viel ein andere gestalt hat/ weder es vor zwölff hundert jaren gehabt/ ... Dann dazumal hat man kein umbmawrte Statt darinn gefunden/ sonder es war vberzogen mit einem grawsamen grossen Wald ..."

Im Blick auf seine Gegenwart führt er die Ursachen der Veränderungen der ursprünglichen naturräumlichen Zustände an, ...

> „also ist das Erdtrich nach und nach so gar durch hawen worden/ mit Stetten/ Schlössern/ Dörffern/ Ackern/ Matten/ Weingarten/ Obßgarten/ und dergleichen dingen/ daß es jetzund zu der zeit ein ander Erdtrich möcht gennent werden/ wan man es rechnen wollt gegen der wilden form und gestalt/ so es zu den ersten zeiten hat gehabt"[39].

Münsters Erläuterungen sind ein beredtes Beispiel dafür, wie die Topographen des 16. Jahrhunderts übereinstimmend Deutschland als einen urbanisierten Großraum wahrnehmen[40]. Mit einem so tiefergehenden Ver-

---

[38] Die Zimmersche Chronik, ed. K. A. Barack, Freiburg 2. verb. Auflg. 1882, Bd. 2, 288; Bd. 4, 209, 301 sqq.

[39] Sebastian Münster, Cosmographey, Basel 1544, ND München 1977, Vorrede. – Kugler (wie Anm. 33), 226 sq.

[40] G. Strauss, Sixteenth Century Germany. Its Topography and Topographers, Madison 1959.

ständnis für den Wandel und die Historizität menschlichen Wirkens bemerkt etwa Johann Eberlin von Güntzburg 1526:

> „Wilcher alte historien wil lesen, der soll sie nit deuten auff gegenwärtige länder und völker, den es ist ain grosse änderung geschehen. Also Cornelius Tacitus schreibt von Schwaben und jhrem land, soll nit verstanden werden von den ietz genannten Schwaben."[41].

Was soweit an Veränderungen vor den Toren der Stadt beobachtet wird, bleibt um Entwicklungen innerhalb der Mauern zu ergänzen, wo sich markante Verschiebungen im Verhalten der Menschen in der Natur deutlicher auftun. Innerhalb der Städte entstehen neben einer privaten Gartenkultur, den Gemüse- und Lustgärten, auch öffentliche Tiergärten und schließlich eigene Lustwiesen im Zusammenhang einer Festkultur im Freien, in Nürnberg auf den Hallerweisen, in Köln offiziell am Holzfahrttag zum Beispiel[42]. Diese Praxis gehört mit zum Wandel des Verhältnisses von Mensch und Natur. In derartigen Einrichtungen erscheinen — verkürzt gesagt — Bäume und Wälder, Blumen und Pflanzen als stilisierter Ort organisierter idyllischer Gefilde. In ihnen spiegelt sich die Ausformung von Privatsphäre ebenso wie ein gesteigertes naturkundliches Interesse an der Flora und Fauna der so neu entdeckten und intensiv beobachteten Umwelt. In der Parallelität beobachteter Urbanisierung im Zurückdrängen der ursprünglichen Wälder und der Einrichtung von „Naturräumen" nach sozialem Ermessen erscheint der Verlust naturbelassener Umwelt kompensiert.

Dieses Verhalten ließ bei gleichzeitig intensivierter Ausschöpfung von Ressourcen durch den gerade im ausgehenden Mittelalter wieder intensivierten Bergbau Fortschrittsoptimismus wie auch Spannungen und Zweifel über den richtigen Weg und Mahnungen über den Umgang mit der Natur reifen.

Eine entsprechende Stimmungslage artikuliert um 1500 der Humanist Paul Schneevogel/Niavis in einem längeren Dialog, der dem bekannten Streitgespräch des Ackermann von Böhmen mit dem Tod aus dem späten 14. Jahrhundert nachempfunden wurde[43]. Bezeichnenderweise ein Berg-

---

[41] Binder (wie Anm. 31), 187.
[42] Hennebo (wie Anm. 18). — Bader (wie Anm. 17) 87 sq. — Keussen (wie Anm. 15) 113*. — W. Herborn, Fast-, Fest- und Feiertage im Köln des 16. Jhs., in: Rhein. Jb. f. Volkskunde 25 (1983/84) 38 sqq. — H.-D. Heimann, Städtische Feste und Feiern — Manifestationen der Sakralgemeinschaft im gesellschaftlichen Wandel, in: Mittelalter im Ruhrgebiet, Ausstellungskatalog, ed. F. Seibt, Essen 1990, 170—177.
[43] P. Niavis, Iudicium Iovis oder Das Gericht der Götter über den Bergbau. Berlin 1953 (Freiberger Forschungsheft, Kultur und Technik D 3). — H. Bredekamp, Der Mensch als Mörder der Natur, in: Reintzer, H. (Ed.) All Geschöpf ist Zung und Mund, Hamburg 1984, 261—283 (Vestigia Biblia, Jb. d. Dt. Bibel-Archivs, Hamburg, Bd. 6).

knappe sieht die in Lumpen gekleidete Erde in einer Gerichtsszene Klage darüber führen, daß der Mensch ihr in unzähligen Bergwerken schwerste Wunden zufüge und ihr die Herrschaftsrechte streitig mache. In die traditionelle Leibmetaphorik sind Endzeiterwartungen gekleidet. Der Diskurs dient dazu, den Menschen selbst als die treibende Kraft der Zerstörung der Erde anzuführen. Die Zerstörung der Wälder, ob durch Bergbau oder Köhlerei, offeriert das Vorwalten eines bedenklichen Mensch—Naturverhältnisses. Das Streitgespräch liest sich dennoch als eine Argumentation zugunsten des Bergbaus, denn es entspricht dem Wesen des Menschen, zu arbeiten, also die Erde und ihre Dinge zu nutzen. Das Bergwerk steht mithin als Gleichnis und als Maßstab der Bewertung des Mensch-Naturverhältnisses (Abb. 5).

Was um 1500 noch als Gelehrtenliteratur erscheinen mag, findet sich später im Werk des Georg Agricola „De re metalica" gleichsam als Echo auf eine jetzt öffentlich gewordene Auseinandersetzung um die Folgen des Bergbaus und dessen Eingriffe in die Natur aufgenommen. Die theologische Dimension fehlt an zentraler Stelle. Er argumentiert ökonomisch und führt den Gedanken der Rekultivierung ein. Es heißt bei ihm: „Wo sie endlich Wälder und Haine umhauen, da säen sie nach Ausrodung der Wurzeln von Sträuchern und Bäumen Getreide und diese neuen Äcker bringen in kurzer Zeit so fette Früchte, daß sie die Bewohner den Schaden, den sie durch teureren Einkauf des Holzes erleiden, bald wiedergutmachen. Und für die Edelmetalle, die man aus dem Erz schmilzt, können anderswo zahlreiche Vögel, eßbare Tiere und Fische erworben und nach den Gebirgsgegenden gebracht werden"[44]. Auf die Wahrnehmung der Zerstörung an der Natur wird mit der Dislozierung der Folgeschäden geantwortet. Der Verlust sozialer Umstände und landschaftlicher Identität wird im Wege verkehrswirtschaftlicher Vernetzung kompensiert, — das Grundproblem also nur räumlich verlagert. Die Praxis ist nicht originär. Sie findet sich bereits ansatzweise im Übergang der städtischen Holzversorgung zur überregionalen Flößerei. Auf diese Weise wurde Schritt für Schritt eigentlich die Zerstörung an dem Naturraum aus dem unmittelbaren Erlebnis- und engeren Wahrnehmungsraum (Garten, Stadt und Stadtumland) transferiert.

In solcher Haltung erscheint in den sprichwörtlich mittelalterlichen Verhältnissen unsere Gegenwart bisweilen eng mit dieser Epoche verbunden.

---

[44] G. Agricola, Zwölf Bücher vom Berg- und Hüttenwesen, lat. Ausg. 1556, 4. Aufl. Düsseldorf 1977, 12. — U. Troitzsch, Umweltprobleme im Spätmittelalter und der Frühen Neuzeit aus technikgeschichtlicher Sicht, in: Herrmann 1989 (wie Anm. 5), 105.

Wasser in Stadt und Contado
Perugias Sorge um Wasser und der Flußtraktat „Tyberiadis" des Perusiner Juristen Bartolus von Sassoferrato

HELMUT G. WALTHER (Kiel)

Jeder Italienreisende erfreut sich im Regelfall am imposanten Anblick, den die mittelitalienischen Städte der südlichen Toskana, Umbriens und Latiums durch ihre exponierte Lage auf Bergspornen und Tuffplateaus darbieten. Ob es sich um Montepulciano, Bagnoregio, Orvieto, Orte, Todi oder Anagni handelt: stets beeindruckt die natürliche Befestigung dieser alten Städte durch die Felsenabhänge, die sie hoch über die Verkehrswege erheben, die drunten in den Flußtälern verlaufen. Ebenso einsichtig ist es einem nachdenklichen Betrachter aber auch, daß für Städte solcher Topographie die Versorgung der Bevölkerung mit Wasser zum Problem werden muß, wenn die Einwohnerschaft die Zahl überschreitet, die mit Wasser aus Brunnentiefbohrungen versorgt werden kann.

Blickt man vom Tibertal hinauf zum 80 Meter höher gelegenen Tuffplateau der Stadt Orte, sieht man noch heute die Reste eines gewaltigen Aquaedukts, das im Mittelalter die Kommune von rund 3000 Einwohnern mit Wasser versorgte. In der ähnlich gelegenen, aber auch im Mittelalter wesentlich größeren Stadt Orvieto ließ Papst Clemens VII., der hier nach dem Sacco di Roma von 1527 seinen Zufluchtsort wählte, von Sangallo d. J. einen bis zum Fuß des Tuffelsens auf 248 Stufen hinabführenden Brunnen anlegen, damit die Stadt auch einer längeren Belagerung standhalten könne[1]. Doch wollen wir uns im folgenden mit den Verhältnissen im 100 km tiberaufwärts gelegenen Perugia beschäftigen.

---

[1] Probleme der Wasserversorgung und -entsorgung mittelalterlicher Städte werden seit einer Reihe von Jahren im Zusammenhang mit der Zuwendung der Geschichtswissenschaft zur sog. „Alltagsgeschichte" zunehmend untersucht. Cf. zuletzt J. Fuchs, Stadtbäche und Wasserversorgung in mittelalterlichen Städten Südwestdeutschlands, u. A. Kubinyi, Städtische Wasserversorgungsprobleme im mittelalterlichen Ungarn, beide in: Städtische Versorgung und Entsorgung im Wandel der Geschichte, ed. J. Sydow, Sigmaringen 1981, 29—41 u. 180—190 (= Stadt in der Geschichte 8); U. Dirlmeier, Zu den Lebensbedingungen der mittelalterlichen Stadt: Trinkwasserversorgung und Abfallbeseitigung, in: Mensch und Umwelt im Mittelalter, ed. B. Herrmann, Stuttgart 1986, 150—159. Für Italien jetzt zusammenfassend, jedoch konzentriert weniger auf die Trinkwasserversorgung als auf die Entwässerungs- und Hochwasserprobleme der Städte in der Poebene, V. Fumagalli, Der lebende Stein, Stadt und Natur im Mittelalter, Berlin

I

Im Juni 1254 gelang es den Truppen der Kommune Perugias nach mehrmonatiger Belagerung, die Rivalin Foligno zur Kapitulation zu zwingen. Dieser Sieg, der die Vorherrschaft Perugias in Umbrien zumindest für einige Jahrzehnte sicherte, ging Hand in Hand mit einer Umgestaltung der politischen Ordnung im Inneren der Kommune. Hinfort bestimmte dort nun der *popolo grasso* der Zünfte der Kaufleute und Geldwechsler und nicht mehr die Schicht der adligen Reiterkrieger die Politik Perugias.

Die Amtseide der Podestaten und der seit 1255 zusätzlich institutionalisierten Volkskapitäne verpflichteten diese Amtsträger auf die Interessen des *popolo*, die mit denjenigen der Gesamtkommune gleichgesetzt wurden. Damit begann die Periode der Entmachtung der städtischen Magnaten als politische Gruppe, wenn diese durch ihre wirtschaftliche Potenz auch weiterhin noch weitgehend den Ton angaben[2].

Die auf Expansion ausgerichtete Außenpolitik des *popolo* war dank der allgemeinen politischen Verhältnisse nach der Jahrhundertmitte recht erfolgreich, so daß die Kommune Perugias in den Jahrzehnten bis zum Ende des 13. Jahrhunderts auf rund 25 000 Einwohner anwuchs und damit die Größe Paduas, Veronas, Mantuas oder Sienas erreichte. Der Siedlungsraum der fünf sternförmig von der Piazza mit Dom und Kommunalpalast sich erstreckenden fingerförmigen Stadtteile auf den Ausläufern des bis zu 500 m hoch aufragenden Bergrückens, 3 km westlich des Tiberlaufes, wurde damals um gleichnamige, also nach den fünf Hauptstadttoren benannte Vorstädte (*borghi*) außerhalb des alten etruskischen Mauerrings erweitert. Diese neuen Wohnviertel wie die nun dichter bebauten Rioni der Altstadt bedurften dabei einer verbesserten Wasserversorgung[3].

In Zusammenhang damit schlossen die Ratsgremien der Kommune bereits Anfang Dezember 1254 mit dem Magister Bonhomo Filippi aus Orte einen Vertrag über den Neubau eines großen Aquaeduktes, der vom

---

1989 (= Wagenbachs TB 164): Zum Vgl. mit Nordfrankreich D. Lohrmann, Mittelalterliche Wassernetze in nordfranzösischen Städten, in: Technikgeschichte 56 (1988), 163– 175. Noch nicht zugänglich war Kl. Grewe, Die Wasserversorgung im Mittelalter, Mainz 1991 (= Gesch. d. Wasserversorgung 4).

[2] J. P. Grundman, The *popolo* at Perugia (1139–1309), Diss. Washington Univ., Dep. of History, St. Louis, Miss. 1974; J.-Cl. Maire Vigueur, Il comune popolare, in: Società e istituzioni dell'Italia comunale: L'esempio di Perugia (secoli XII–XVI), Perugia 1988, 41–56. — Gleichsetzung der Interessen des *popolo* mit dem „*bonus status*" der Kommune in den „Ordinamenta e constituta populi" von August 1260 (Druck in: V. Ansidei, Regestum reformationum communis Perusii ab anno MCCLVI ad annum MCCC, I, Perugia 1935, 162 sqq.) u. Amtseid des Podestà der Statutenkodifikation von 1279, (Druck in: G. Belelli, L'istituto del podestà in Perugia nel secolo XIII, Bologna 1936, 103).

[3] A. Grohmann, Città e territorio tra medioevo ed età moderna (Perugia secc. XIII–XVI), Perugia 1981; Idem, Economia e società a Perugia, in: Società e istituzioni (wie Anm. 2), 57–87.

Norden her über eine mehrere Kilometer breite Schlucht Wasser bis an die Grenze der Vorstadt Porta S. Angelo heranführen sollte. Durch Ausnützung des natürlichen Gefälles sollte nach diesem Plan Trinkwasser auch in die höchstgelegenen Teile Perugias fließen und damit auch auf den großen Stadtplatz mit dem Kommunalpalast. Dort lag auch der Dom mit dem Bischofspalast; dort residierte der Podestà und ab 1255 der Capitano del popolo; dort planten die Räte auch den Neubau von Palazzi für den *popolo* und dessen Räte und den Volkskapitän. Die Bauaufsicht über das technisch ebenso aufwendige wie kostspielige Aquaedukt-Projekt übertrugen die Perusiner nach dem weitverbreiteten Usus der mittelalterlichen Kommunen einem entsprechend einschlägig vorgebildeten Mendikanten namens Fra Plinerio[4]. Der ausführende Baumeister Bonhomo aus Orte starb jedoch, ohne daß das Projekt offenbar sichtbar vorangekommen war. Deshalb prozessierte die Kommune dann mit den Nachkommen des Bonhomo um die Rückzahlung der 450 lb. Silberdenare, die als Vorschuß auf das vertraglich vereinbarte Gesamthonorar von 4000 lb. bereits nach Vertragsabschluß ausgezahlt worden waren.

Angesichts der eingetretenen Lage berieten Perugias Ratsgremien im Januar 1260 darüber, wie die Wasserversorgung der Stadt dennoch nachhaltig verbessert werden konnte[5]. Erst nach 1276 wurde der Bau des Aquaeduktes nun im dritten Versuch von einem Baumeister Boninsegna unter der Direktion des neuen Leiters aller Kommunalbauten, des Benediktiners Fra Bevignate, erfolgreich abgeschlossen. Im Februar 1278 floß dann aus dem neuen großen Repräsentationsbau der Kommune auf der Piazza, aus dem von den berühmten und gewiß nicht billigen Bildhauern Nicola und Giovanni Pisano aufwendig gestalteten Großen Brunnen, erstmals Wasser[6].

---

[4] Vertragsabschluß mit Bonhomo da Orte in: Codice diplomatico del Comune di Perugia, periodo consolare e podestarile (1139–1254), a cura di A. Bartoli Langeli, II, Perugia 1985, no. 273–276 (643–652). Entsprechende riformanza der Ratsgremien vom 20. April 1254 mit Berufung des Fra Plinerio, ibid., no. 256 a (671 sqq.), mit der weisen Voraussicht des Podestà, „*et dicit erit perpetuum opus*", und dem technischen Ratschlag des Mendikanten: „*quatuor mille passi sunt a loco aquarum usque ad plateam et sunt necessari C arcus inter ma(n)gnos et parvos*" (673). — Zum Aquaedukt-Projekt, das bislang stets im Zusammenhang mit dem Bau der Fontana Maggiore auf der Platea Communale untersucht wurde, L. Belforti, Memorie istoriche della fonte di piazza dal 1254 al 1786, Perugia, Bibl. Augusta, mss. 1838 u. 1839; M. Montanari, La fonte di piazza e gli acquedotti di Perugia, Perugia 1950; U. Nicolini, La conca, le mura e gli uomini, in: Un quartiere e la sua storia, La conca di Perugia, Perugia 1983, 55 sqq. — Zum Ausbauplan für die Piazza und seiner Durchführung M. R. Silvestrelli, L'edilizia pubblica del comune di Perugia, dal „palatium communis" als „palatium novum populi", in: Società e istituzioni (wie Anm. 2), 482–604.

[5] Prozeß von 1257 mit den Erben des Bonhomo da Orte in: Ansidei, Regestum (wie Anm. 2), 57; Beschluß zur Wiederaufnahme der Arbeiten am Aquaedukt Juni 1260, ibid. 105: „*ad inveniendum magristrum pro opere Montis Paciani*" und „*fieri consilium* [...] *et proponi qualiter possit haberi in civitate maior habundancia aquarum*".

[6] Die wichtigsten Dokumente zur Baugeschichte der Brunnen gedruckt bei G. Nicco

Im Stolz auf die neue technische Errungenschaft des mit 100 Bogen gemauerten Aquaedukts hatten die Räte zuvor sogar noch die Errichtung eines zweiten großen Brunnens am Südende der Piazza beschlossen. Dessen Figurenschmuck gestaltete nun der Bildhauer Arnolfo di Cambio, den man mit Erlaubnis König Karls I. von Anjou aus Viterbo abgeworben hatte. 1281 krönten den Brunnen die ebenfalls von Arnolfo schon zuvor gefertigten großen Bronzefiguren des Löwen und des Greifen das neue Brunnenbauwerk. Die beiden Tierfiguren symbolisierten das stetige politische Bekenntnis der Kommune zur guelfischen Partei, das 1279 die neue Kodifikation der Kommunalstatuten festgeschrieben hatte. Bevor die Figuren auf dem Brunnen installiert wurden, waren sie schon mehrere Jahre lang bei der Prozession am Tag des Stadtheiligen Herkulanus feierlich umhergetragen worden[7].

Beide großen Brunnen dienten neben der Trinkwasserversorgung vor allem als Repräsentationsanlagen der Kommune. Sie waren als Teile des neuen Gesamtbebauungsplanes des *popolo grasso* entstanden, mit dem dieser seinen politischen Sieg in ein Architekturprogramm zur baulichen Umgestaltung der Piazza communale umsetzen wollte.

Der Figuren- und Reliefschmuck der beiden Pisani an den beiden polygonalen Marmorbecken des ersten Piazza-Brunnens setzte auf Anweisung einer Expertengruppe die Ideologie des politischen Führungsanspruchs der umbrischen Kommune in ein komplexes Skulpturenprogramm um. Aber auch ganz äußerlich sollte der mit beiden Brunnenanlagen geübte verschwenderische Umgang mit dem unter großen Kosten und hohem technischen Aufwand herangeführten Wasser jedem Betrachter zeigen, welcher Reichtum nun in der mächtigsten Kommune Umbriens zuhause war[8].

Fasola, La Fontana di Perugia, con la relazione su i lavori di restauro del 1948/49 del F. Santi, Rom 1951, ergänzt durch V. Martinelli, Arnolfo a Perugia, in: Storia e Arti nell'eta communale, Perugia 1971, 1 sqq., hier: Appendice 35–42. Eine Gesamtansicht des Brunnens von Südwesten (Frühjahr 1989) bietet Abb. 1.

[7] Zur Errichtung des 2. Brunnens A. Middeldorf-Kosegarten, Niccola und Giovanni Pisano 1268–1278, in: Jb. Berl. Museen 11 (1969), 36–80; V. Martinelli (wie Anm. 6); A. Reinle, Zum Programm des Brunnens von Arnolfo di Cambio in Perugia 1281, in: Jb. Berl. Museen 22 (1980), 121–151.

[8] Figurenprogramm der Fontana Maggiore: K. Hoffmann-Curtius, Das Programm der Fontana Maggiore in Perugia, Düsseldorf 1968 (= Bonner Beitr. z. Kunstwiss. 10); J. White, The Reconstruction of Nicola Pisano's Perugia Fountain, in: Journal of the Warburg and Courtald Institutes 33 (1970), 70–83. — Darstellung des Perusiner Selbstbewußtseins: A. I. Galletti, la città come universo culturale e simbolismo, in: Società e istituzioni (wie Anm. 2); 449–477; H. G. Walther, Der gelehrte Jurist und die Geschichte Roms, Der Traktat *De regimine civitatis* des Bartolus von Sassoferrato als Zeugnis des städtischen Selbstbewußtseins Perugias, in: Ecclesia et regnum, Beitr. z. Gesch. von Kirche, Recht und Staat im Mittelalter, FS f. Franz-Josef Schmale, ed. D. Berg u. H.-W. Goetz, Bochum 1989, 285–301; demnächst ausführlich in meiner Monographie „Bartolus, Perugia und die Geschichte".

Der alltäglichen Wasserversorgung der Bevölkerung dienten freilich die Brunnen in den einzelnen Stadtteilen. Beschlüsse der Räte sorgten dafür, daß die Zahl der bereits bestehenden fünf Tiefbrunnen der Stadtteile um weitere fünf in den Vorstädten erweitert wurde. Ihre Plazierung verweist darauf, daß sie zur Versorgung der Bevölkerung in den neuen borghi gedacht waren[9].

Das Schicksal der beiden großen Brunnen auf der Piazza zeigt jedoch, welch hohes Risiko Perugia mit der Errichtung des Aquaeduktes eingegangen war. Die am Ende der 80er Jahre durch einen zweiten Krieg mit Foligno finanziell ausgeblutete Kommune, die zudem die gravierenden wirtschaftlichen Folgen eines damit eingehandelten päpstlichen Interdikts zu tragen hatte, vernachlässigte offensichtlich die ja stets notwendigen Wartungs- und Unterhaltungsarbeiten an der Wasserleitung, so daß sie rasch verfiel. Jedenfalls wurde Arnolfos zweiter Brunnen bereits vor 1300 wieder abgerissen, wenn hierfür letztlich auch kaum diese technischen Schwierigkeiten, sondern wohl ideologische Konsequenzen der Auseinandersetzungen zwischen den *artes minores* und *maiores* den Ausschlag gaben[10].

Aber auch der Brunnen der beiden Pisani spendete damals schon kein Wasser mehr, so daß die Perusiner schon 1293 beim Einzug des neuen Papstes Bonifaz VIII. die beiden Becken mit Wassereimern füllen lassen mußten, um eine weitere Funktionstüchtigkeit ihres Repräsentationsbauwerks vorzutäuschen. Um einen weiteren Verfall zu verhindern, wurde der Brunnen 1300 gegen Beschädigungen strafrechtlich gesichert, nachdem schon Bleirohre der Wasserzuleitung gestohlen worden waren[11].

Kurzum: Perugias Wasserversorgung war in einem beklagenswerten Zustand, Spiegelbild der desolaten politischen Zustände während der jahrelangen Kämpfe der Zunftparteien. Als diese mit einem Kompromiß einer Herrschaftsteilung zwischen *popolo grasso* und *popolo minuto* zu Lasten der städtischen Magnaten beendet wurden, untergrub die nun einsetzende rücksichtslose Ausbeutung des städtischen Contado letztlich die wirtschaftliche Basis der Hegemonialstellung Perugias in Umbrien auf Dauer.

---

[9] S. R. Blanshei, Perugia 1260–1340, Conflict and change in a medieval Italian urban society, Philadelphia 1976 (= Transact. American. Philos. Soc., n. s. 66,2), 25 sq.

[10] Cf. Grundman (wie Anm. 2), 199–304 (soziale Spannungen und politische Entwicklungen); Martinelli (wie Anm. 6), 14 sqq. (Schicksal des Arnolfo-Brunnens). — Die von Frau Galletti mehrfach vorgetragene Deutung des Verhältnisses von Kult des Stadtheiligen Herculanus und guelfischem Greifenkult bedarf angesichts der Kämpfe im *popolo* nach 1290 einer sorgfältigen Differenzierung, cf. Galletti, La città (wie Anm. 8) u. Id., Sant'Ercolano, Il grifo e le lasche, Note sull'immaginario collettivo nella città communale, in: Forme e tecniche del potere nella città, Perugia 1984, 203–216; dazu dann ausführlich in meiner in Anm. 8 genannten Monographie.

[11] Cf. Belforti, Memorie (wie Anm. 4), ms. 1838, fo. 66 sqq.

1319 war die Wasserversorgung der Stadt so gefährdet, daß eine Ergänzung zu den neuen Statuten nun die Anlage von zwei Zisternen in jedem der fünf Stadtteile vorschrieb. Schon 1317 hatte die Kommune noch einmal eine dauerhafte Gesamtlösung angestrebt: Der inzwischen verfallene Aquaedukt des Fra Bevignate wurde durch einen Neubau an anderer Stelle ersetzt, so daß ab 1322 wieder Wasser aus der Fontana Maggiore floß[12].

Die neue Kodifikation der Kommunalstatuten von 1342 bemühte sich wie schon die erste uns erhaltene von 1279 um eine detaillierte Regelung der Wasserversorgung. Aus der Fontana Maggiore durfte Trinkwasser nur mittels der dort angeketteten 13 sauberen besonderen Gefäße geschöpft werden. Waschungen und Baden waren im Brunnen verboten, ebenso Tränken von Tieren. Auf Beschädigungen am Aquaedukt und an den Wasserleitungen stand die Todesstrafe. Podestà, Volkskapitän und die Prioren der Zünfte wurden zudem darauf verpflichtet, sich regelmäßig um die Funktionstüchtigkeit des Aquaduktes und der Leitungen zu kümmern. Ein eigenes Kapitel im 4. Buch der Statuten ist dem Problem gewidmet, wie der Stadt „abundancia del'acqua" gesichert werden könne. Jedes Jahr sollte sich der große Rat mit dem Zustand der Wasserversorgung befassen und notfalls eine Expertenkommission einsetzen, die die Funktionstüchtigkeit der Tief- und Fließwasserbrunnen sichern sollte. Alle sechs Monate war eine Begehung der Anlagen vorgeschrieben. Daß Podestà, Volkskapitän und Prioren auch ihrer Aufsichtspflicht genügten, sollte eine eigene Überwachungskommission aus je fünf Franziskanern und Dominikanern sichern. In jedem Stadtteil wurde auch ein eigener Waschplatz in der Nähe der öffentlichen Brunnen eingerichtet. Auch hier fungierten zehn Mendikanten als Aufsichtsgremium[13].

Es kann kein Zweifel daran bestehen, daß es die finanziellen Lasten der Kommune für die öffentliche Wasserversorgung waren, die den Rechtsgehalt der Statutenbestimmungen prägten. Ein darüber hinausgehendes Problembewußtsein gegenüber dem Naturgut Wasser läßt sich nicht feststellen. Für die politische Führungsschicht des Perusinischen *popolo* galt die Knappheit des Wassers als prinzipiell behebbar, wenn nur die entspre-

---

[12] Belforti, ibid., fo. 73 sqq. (Aquaedukterneuerung); Archivio di Stato Perugia, Archivio Communale (= ASP), Statuti 12, V. 1 (Riformanza von ca. 1319 als Marginale zu den Statuten von 1308–1315 zum Zisternenbau), zur Überlieferungs- u. Textsituation dieses Perusiner Statutencodex Grundman (wie Anm. 2), 523 sqq. Diese riformanza wurde übernommen in die nächste Statutenkodifikation und findet sich deshalb in den volkssprach. Statuen von 1342, VI, 1, in: Statuti di Perugia dell'anno MCCCXLII, a cura di G. Degli Azzi Vitelleschi, II, Roma 1916, 268 (= Corpus Statutorum Italicorum IX).

[13] Statuten 1279: ASP, Statuti 1, cc. 26 sqq., 28 r., 30 r sq.; Statuten 1342 (wie Anm. 12), IV, 1, 263 sqq. (Fontana Maggiore), IV, 2 u. 3, 269 sq. (öffentl. Überwach. d. Wasserversorg.). — Das Erdbeben von 1349 zerstörte im übrigen Aquaedukt und Fontana Maggiore in erheblichem Ausmaße, cf. Belforti, Memorie (wie Anm. 4).

chenden Mittel zur Finanzierung aufwendiger technischer Maßnahmen vorhanden waren. Die Ratsgremien konnten ja auf entsprechende *capomastri ed ingegneri* aus den Bettelorden zurückgreifen, die für die Kommune die technischen Probleme lösten. Entsprechende Bestellungsverfahren legten die kommunalen Statuten Perugias bereits seit 1279 fest[14].

Es galt daher als deutlicher Beweis der Stärke und des Reichtums der Kommune, wenn solche aufwendige Technik finanziert werden konnte. Umgekehrt richteten sich die Strafandrohungen also gegen Schädiger der kommunalen Finanzen, nicht jedoch gegen frevelhaften Umgang mit dem Naturgut Wasser. Diese Gesinnung, die „abundancia del'acqua" in der Stadt nur als Indikator für finanzielle Stärke wertete, spiegelt sich übrigens auch indirekt im Figurenprogramm der Fontana Maggiore: Die Personifikation der Kommune, die Augusta Perusia, ist dort an beiden Seiten von den Figuren flankiert, die den Reichtum des Contado repräsentieren, von den Figuren der Kornkammer der Chiugi und des fischreichen Trasimenischen Sees[15]. Geradezu typisch ist dann wohl auch, daß Franco Sacchetti (1330—1400) in seinen „Trecentonovelle" die Perusiner mit einer Erzählung verspottet, in der der Maler Bonamico di Cristofano den Stadtheiligen Herkulanus auf dem in Auftrag gegebenen Tafelbild mit einer Märtyrerkrone aus Rotaugen aus dem Trasimenischen See verspottet und damit sogar zuerst das Wohlwollen der Perusiner erntet[16].

II

Der schon bei seinen Zeitgenossen berühmte Rechtslehrer Bartolus von Sassoferrato (1314—1357) erhielt, wie er selbst berichtet, als Knabe seine Ausbildung in den *artes liberales* durch den Franziskaner Peter von Assisi,

---

[14] A. I. Galletti, Insediamento e primo sviluppo dei Frati Minori a perugia, in: Francescanesimo e società cittadina, L'esempio di Perugia, a cura di U. Nicolini, Perugia 1979, 1—44, hier 22 sq. (= Pubbl. del Centro per il Collegiamento degli studi medievali e umanistici nell'Università di Perugia 1).

[15] Cf. dazu die Abb. 1—3 zu diesem Beitrag. Abb. 1: Die Figuren der Pisani am zweiten (konvexen) vierundzwanzigeckigem Brunnenbecken von links nach rechts: (Capitano del popolo) Hermann von Sassoferrato, Victoria Magna, Petrus, Ecclesia Romana, Roma, Divina Excelsa, Paulus, Kleriker des Hl. Laurentius, Hl. Laurentius, Herrin der Chiugi (Domina Clusii), Augusta Perusia, Herrin des Trasimenischen Sees (Domina Laci), Hl. Bf. Herkulanus; Abb. 2: Schema der Fontana Maggiore nach K. Hoffmann-Curtius (wie Anm. 8), Titelblatt; Abb. 3: Figuren der 2. Brunnenschale, von links die Gestalt der Fische darbringenden Domina Laci, neben ihr der hl. Stadtbischof Herkulanus. Auf dem oberen Gesimsstreifen lautet die auf dem Bild erkennbare Schrift: „*DOMINA LACI FERENS PISCES PERUSIE*" und „*SANCTUS ERCULANUS [PASTOR PERUSINORUM]*". Der erkennbare Teil der Bauinschrift auf dem unteren Gesimsstreifen lautet: „*[ET LACUS ET IURA CLUSINAQUE SINT TIBI CURA/URBS PERUSINA PATER GAUDE]NT SIT TIBI FRATER/BENVEGNATE BONUS SAPIENTIS AD OMNIA PRONUS*".

[16] Franco Saccetti, Il Trecentonovelle, a cura di E. Faccioli, Torino 1970, nov. 169, 489 sqq.

bevor er im Alter von 14 Jahren mit dem Rechtsstudium in Perugia begann. Bis zu seinem Lebensende blieb Bartolus den Minoriten, insbesondere Perugias, auffällig verbunden, so daß er sogar 1354 als Legist mit einem Traktat in den Auseinandersetzungen um die *forma paupertatis* eingriff[17]. Bartolus vermachte den Franziskanern testamentarisch ein beträchtliches Legat und wurde auch wunschgemäß in der Minoritenkirche Perugias beigesetzt[18].

Dem Legisten war 1348 wegen seiner Verdienste um die Kommune das Bürgerrecht Perugias verliehen worden. Im Mai 1355 war Bartolus dann als Gesandter seiner Stadt am Hof Karls IV. in Pisa erfolgreich tätig[19]. Im anschließenden Sommer wollte der Jurist, wie er im Vorwort seines Flußtraktates „Tyberiadis" berichtet, sich von den Anstrengungen des Lehrbetriebes auf seinem Landgut im Tibertal erholen. Aber auch hier und jetzt konnte er sich von Fachproblemen nicht lösen. Denn bei seinem Aufenthalt am Tiber fielen Bartolus Besonderheiten dieser von ihm „Tyberiadis" genannten Flußlandschaft auf, besonders die zahlreichen Anschwemmungen des Flusses, die von ihm gebildeten Inseln im Strom und die mehrfachen Verlegungen des Flußbettes[20]. Obwohl Bartolus nicht den Ort seines Landaufenthaltes näher bezeichnet, kann es sich angesichts der

---

[17] J. L. J. van de Kamp, Bartolus de Saxoferrato 1313—1357, Leven, Werk, Invloed, Beteekenis, Amsterdam 1936; F. Calasso, Bartolo da Sassoferrato, in: Diz. Biogr. Ital. 6, Roma 1964, 640—669; D. Segoloni, Aspetti del pensiero giuridico e politico di Bartolo da Sassoferrato, in: Il diritto comunale e la tradizione giuridica europea, Atti del Convegno internazionale di studi in onore di Giuseppe Ermini, Perugia 1980, 353—415 (hier 355—394 zu den Beziehungen zu den Franziskanern). Die autobiogr. Bemerkung des Bartolus in: Bartolus a Saxoferrato, In sec. Dig. Novi partem, Venezia 1585, ad, D. 45.1.132 § 8, fo. 49 v sq. In seinem Traktat „Liber Minoritarum" über die Auslegung des Armutsgebotes der Franziskanerregel nimmt Bartolus im Prooemium ausdrücklich Bezug auf die persönlichen Beziehungen des „civis Perusinus" zu den Minoriten, in: Bartolus, Consilia, Quaestiones, Tractatus, Venezia 1585, 106 r—114 v, hier fo. 106 rb. Zum Traktat A. C. Jemolo, Il „Liber Minoritarum" di Bartolo e la povertà minoritica nei giuristi del XIII e del XIV secolo, zuerst 1922, Nachdr. in: A. C. Jemolo, Scritti vari di storia religiosa e civile, Milano 1955, 29—74.

[18] Testament des Bartolus vom 14. Mai 1356 in: Documenti per la storia dell'Università di Perugia, a cura di R. Rossi, in: Giornale di erudizione artistica VI (1877), no. 100, 49—52 (gewünschter Begräbnisort 49 sq.). Zum Schicksal der Grabstelle bis zur letzten Umbettung 1971 in die Capella Baldeschi von S. Francesco al Prato in Perugia cf. O. Gurieri, Bartholus hic iacet, Perugia 1971.

[19] Cf. D. Segoloni, Bartolo da Sassoferrato e la civitas Perusina, in: Bartolo da Sassaferrato, Studi e documenti per il VI centenario, II, Milano 1962, 513—671, hier 639 sqq.

[20] Tractatus de fluminibus seu Tyberiadis, in: Bartolus, Consilia (wie Anm. 17), 132v—142v. Der Nachdruck der Ausgabe Bologna (apud Ioannem Roscium) 1576 mit einem Vorwort v. G. Astuti (Torino 1964) war mir leider nicht zugänglich. Für die Rezeptionsgesch. dieses Traktates ist hinzuweisen auf Noe Meurer, Tractatus juridicus de alluvione, insulis, alveo et iure aquatico oder vom Wasserrecht, Frankfurt a. M. 1570 (Sigmund Feyerabendt), der eine vollständige deutsche Übers. des Bartolus-Traktates enthält. Benutzt wurde von mir das Ex. der Universitätsbibl. Kiel, Sign. R 7046.

von ihm geschilderten topographischen Besonderheiten wohl nur um die Gegend südöstlich von Perugia handeln, wo der Tiber auch heute noch in weiten Schleifen mäandiert. Es muß für Bartolus als typisch gelten, daß er nach eigenem Bekenntnis sofort „vom Anblick des Flusses angeregt" worden sei, über die Rechtsprobleme nachzudenken, die durch solche Anschwemmungen, Inselbildungen und Bettverlegungen des Flusses sich ergäben[21].

Wie sehr diese Probleme Bartolus umtrieben und die doch auf dem Lande gesuchte Entspannung gefährdeten, verschweigt der Jurist keineswegs. Im Gegenteil, die physische Belastung muß so stark gewesen sein, daß ihm schließlich im Traum eine Gestalt erschienen sei, die ihm zur schriftlichen Niederlegung der bislang nur überdachten Rechtsprobleme geraten habe. Außerdem solle er seine Ausführungen mit Zeichnungen versehen, weil das Ganze der Anschaulichkeit (*aspectio oculorum*) bedürfe. In der Tat sind auch in allen bekannten 16 Handschriften des Traktats Konstruktionszeichnungen ausgeführt oder doch zumindest vorgesehen. Mit ihnen und den zugehörigen textlichen Erläuterungen bietet Bartolus Konstruktionsanleitungen für Zirkel und Lineal, um die zuvor geschilderten Grundstücksprobleme *more geometrico* (und in den mittelalterlichen Handschriften zumeist sogar mit mehrfarbigen Linien) zu lösen. Bartolus entschloß sich nach eigenem Bekunden erst nach langem Zögern zu einem solchen Dilettieren als Geometer, da er den Spott der Fachkollegen und der Fachleute fürchtete[22].

---

[21] „*Cum igitur lectura vacarem et recreationis causa in quandam villam prope Perusium supra Tyberim constitutam accederem, incepi Tyberis circuitus, alluviones, insulas in flumine natas, mutationesque alvei contemplari, et circa multa dubia, quae de facto occurrerant, et alia, quae ego ipse aspectu fluminis excitabam, quid iuris esset, cepi aliqualiter intueri.*" (op. cit. 132va). — Im Testament des Bartolus wird als Besitz nur das Landgut von San Cipriano de Boneggio genannt; dieses liegt jedoch nicht im Tibertal, sondern im Tal der Genna. Das Landgut des Sommeraufenthaltes von 1355 dürfte am westlichen Tiberufer zwischen Val Vitiano und Ponte S. Giovanni gelegen haben, cf. die Karte Nr. 1 „Insediamenti umani del territorio di Perugia del secolo XIII", in: A. Grohmann, Città e territorio (wie Anm. 3).

[22] „*haec, quae cogitare cepisti, scribe; et quia oculorum aspectione indigent, per figuras signa ecce apportavi tibi calamum, quo mensuras et figuras facies circulares et lineam, qua lineas ducas figurasque formas.*" (132va) — Zur hss. Überl. des Traktats E. Casamassima, Codices operum Bartoli a Saxoferrato recensiti, Iter Germanicum, Firenze 1971, 249 (Hss-Übersicht), u. Calasso (wie Anm. 17), 660 sq. Zum Textvergleich mit der Druckfassung von Venedig 1585 wurden herangezogen, 1.: Vat. lat. 2289, fo. 47vb−69ra, eine italien. Hs. d. 1. Hälfte d. 15. Jhs., ohne Zeichnungen in den dafür fo. 51vb−57r u. 61rb−65r ausgesparten Räumen; cf. A Catalogue of Canon and Roman Law Manuscripts in the Vatican Library, ed. by. St. Kuttner (with the aid of R. Elze), I, Città del Vaticano 1986, 317−324 (= Studi e Testi 322); 2.: Stadtbibliothek Lübeck (Depos. im Archiv der Hansestadt), Ms. iur. gr. 2° 23, fo. 149ra−173rb, ein Erfurter Universitätsmiscellancodex des frühen 15. Jhs. aus dem Besitz des Lübecker Kanonikers und Pfarrers von St. Marien, Dr. decr. Johannes Stammel; cf. E. Casamassima, Iter Germanicum, 104 sq.; nicht herangezogen werden konnte leider die Handschrift Bibl. des Nikolaus-Spitals Bernkastel-Kues, ms. 257, fo. 124ra−144va, aus dem Besitz des Cusanus. Nach den Angaben v.

Abb. 1. Perugia: Fontana Maggiore; die Figuren der Pisani befinden sich am zweiten (konvexen) vierundzwanzigeckigen Brunnenbecken

Abb. 2. Schema der Fontana Maggiore nach K. Hoffmann-Curtius

Abb. 3. Figuren der zweiten Brunnenschale, von links die Gestalt der Fische darbringenden Domina Laci, neben ihr der hl. Stadtbischof Herkulanus

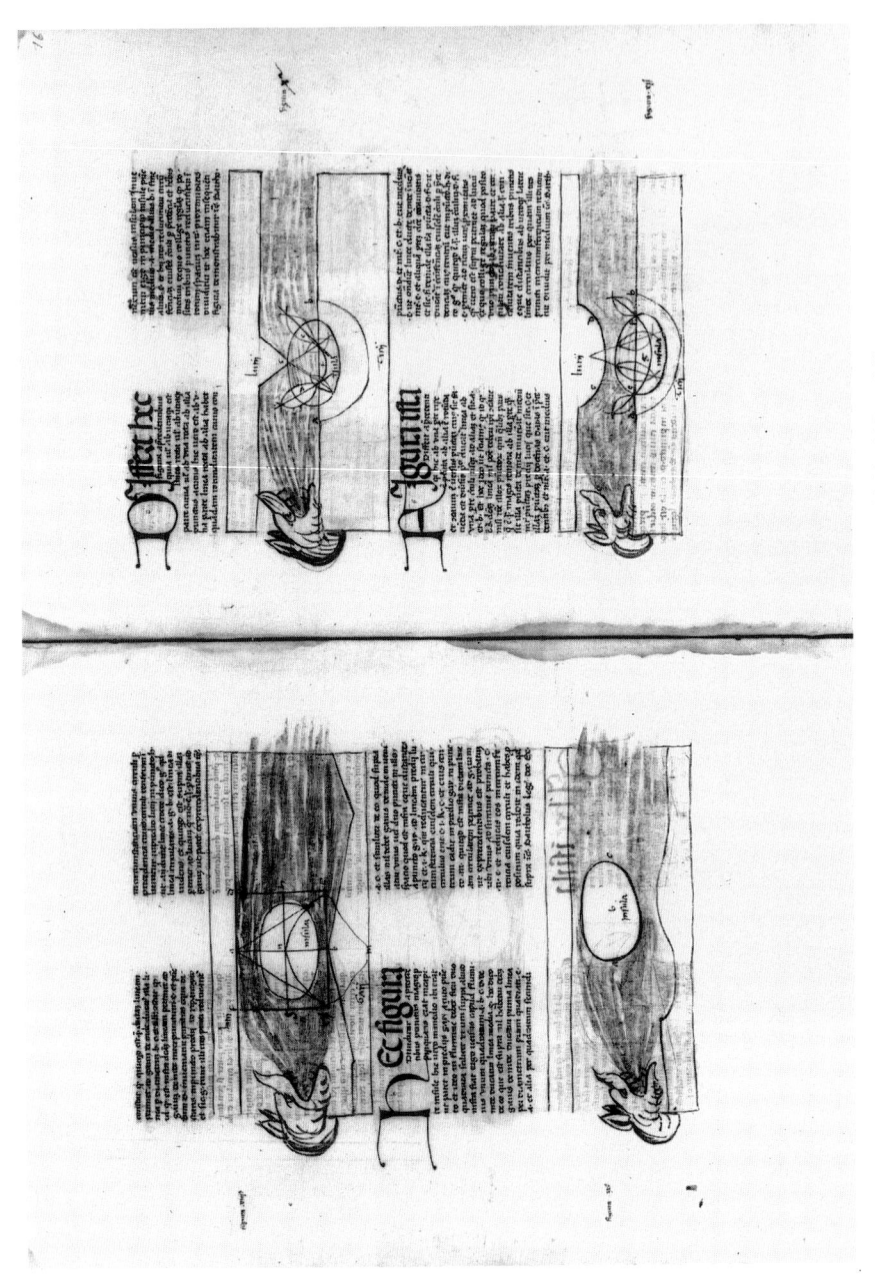

Abb. 4. Lübecker Stadtbibliothek, Ms. iur. gr. 2° 23, 167v–168r

Der Perusiner begann dennoch die Arbeit am Werk, das er „Tyberiadis" nannte: So, wie sich von der Stadt Rom das gesamte Recht herleite, so könnten am Lauf des römischen Stadtflusses alle Rechtsprobleme an Flußläufen abgelesen werden[23].

Drei Problemkreise behandelt Bartolus in seiner „Tyberiadis": Im ersten Teiltraktat geht es um Anschwemmungsgebiete, im zweiten um Inselbildungen im Fluß und im dritten um das Flußbett selbst. Bei der Gestaltung der Konstruktionszeichnungen für den Insel-Teil sei Bartolus als Jurist in große Schwierigkeiten geraten; jedoch habe ihn glücklicherweise damals gerade sein alter Geometrielehrer, der Franziskaner Guido von Perugia, den Bartolus einen großen Theologen und universal Gebildeten nennt, besucht. Heftige Regenfälle hätten Guido zu einer unfreiwilligen Übernachtung im Landhaus des Bartolus gezwungen, so daß für beide ausgiebig Gelegenheit zur Erörterung der geometrischen Probleme und zu geistlichen Problemdiskussionen bestand. Den abschließenden dritten Teil des Traktates über die Probleme des Flußbettwechsels habe Bartolus aber erst nach seiner Rückkehr nach Perugia ausgearbeitet[24].

Diese von Bartolus selbst ganz ausführlich als Einleitung am Beginn des „Tyberiadis"-Traktates erzählte Entstehungsgeschichte des Werkes zeigt nicht nur den Legisten in einem Legitimationszwang für die ungewohnte Form der Behandlung juristischer Probleme, sondern verweist in gleicher Weise darauf, wie sehr die wissenschaftliche Tätigkeit des Perusiner Juristen stets auf die alltägliche Praxis bezogen war[25].

J. Marx (Verzeichnis der Handschriften-Sammlung des Hospitals zu Cues bei Bernkastel a. d. Mosel, Trier 1905, 249 sqq.) dürfte es sich um einen Miscellancodex handeln, den der Cusanus schon während seines juristischen Studiums in Padua erwarb. Marginalien, die auf eine Benutzung durch Nikolaus von Kues schließen lassen, sind nicht von Marx angemerkt worden. Für briefliche Auskunft über diese Hs. danke ich herzlich Herrn Dr. Senger von der Cusanus-Edition der Heidelberger Ak. d. Wiss. (Thomas-Inst. der Univ. zu Köln).

[23] „*totum opus appellavi Tyberiadis (!), ut non solum de ipso Tyberi, sed etiam de multis, quae in regione Tyberis occurrunt, in ipso tractentur, putans congruum quod sicut ab urbe Roma iura omnia processerunt, ita quod de Tyberi flumine Romano dicetur ad flumina cuncta trahatur.*" (ibid. 132va). — Ganz im Sinne des Bartolus hat auch Noe Meurer die Probleme des Wasserrechts für den Rhein direkt aus dem Tibertraktat des Perusiners übernommen.

[24] „*Et tunc secundi libri figuras incepi, et cum ibi aliqua dubia occurrissent et circa vehementius cogitarem, me visitavit quidam frater Guido de Perusio, magnus theologus universalis in omnibus, qui meus fuerat et erat in geometria magister; ibique erat non in proposito remanendi, sed tunc insurrexit pluvia magna, ita quod mecum pernoctare coactus est et sic morari per diem integrum naturalem.* [...]*cum ipso praedicta contuli et figuras secundi libri formare complevi et multa spiritualia gaudia ex collationibus spiritualibus secum habui. Quod autem in tertio libro dicturus eram, in mente servavi et cum omnibus istis Perusium sum reversus et ea revidi et sub forma infrascripta libellum composui et universitati nostrae tradidi sub anno domini 1355*". (op. cit., 132va).

[25] „*Fuit homo multum inhaerens practicae*", urteilte schon der Schüler und nahezu gleich renommierte gelehrte Perusiner Jurist Baldus de Ubaldis über seinen Lehrer, Baldi de Ubaldis in VII, VIII, IX, X et XI Codicis libros commentaria, Venezia 1586, ad C.9.1.1., no. 29, 189vb.

Der Flußtraktat verdankt seine Entstehung dem Umstand, daß der Erholung Suchende aufmerksam die Besonderheiten der Flußlandschaft registriert. Als Jurist mit Leib und Seele war er sofort von den dadurch gestellten besitzrechtlichen Problemen so fasziniert, daß er sich aus diesem Problemkreis nicht mehr lösen konnte. Aber der ganze Horizont, unter dem die Flußlandschaft ihm in diesem Sinne überhaupt problematisch erscheinen konnte, war für ihn als gelehrtem Juristen völlig durch die Begriffs- und Gedankenwelt des Corpus Iuris Civilis bestimmt, so daß er die Naturvorgänge im Tibertal allein im durch spätantike Juristen vorformulierten Rahmen des römischen Rechtssystems erfassen konnte und sie ihm offenbar auch nur in den juristischen Deutungsschemata des römischen Rechts angemessen beschreibbar erschienen.

Bartolus kann im Tibertal darum auch gar keine anderen Probleme erkennen als diejenigen, die schon die römischen Juristen gesehen und beschrieben hatten. Bei den von Bartolus zunächst erörterten Anschwemmungen interessieren ihn deshalb nur die bereits vom kaiserzeitlichen Juristen Gaius beschriebenen Folgen für die Besitzrechte in den Ufergrundstücken. Der Perusinische Legist schlägt ganz konsequent folgendes Verfahren ein: Er gibt zunächst einen Wort- und Problemkommentar zur einschlägigen Gaiusstelle in den Digesten, um dadurch die Stellung von Ufergrundstücken nach den Prinzipien des römischen Sachenrechts zu erörtern[26].

Das Besondere des Bartolus-Traktates ist nun aber, daß für den Perusiner ein derartiges, der juristischen Methode der Zeit verpflichtetes Vorgehen noch zu keiner befriedigenden Lösung führt. Wie Bartolus ausführt, sei eine wirkliche Lösung für die Praxis nur durch den Augenschein möglich: *„quaestiones plures vidi, quarum doctrinam dare impossibile arbitror, nisi res inspectione oculorum inspiciatur"*[27].

Damit ist Bartolus von dem die ganze Problemstellung auslösenden ersten Augenschein über rechtsdogmatische Erörterungen zur Problemdarstellung durch Augenschein zurückgekehrt, wobei letzterer nun freilich *more geometrico* in abstrahierter Form dargeboten wird: *„illa solum docere intendo, quae communiter ignorantur, et in hoc utar aliquibus conclusionibus geometricis"*[28]. In planimetrischen Kontruktionsanweisungen und zugehörigen 20 Figuren legt Bartolus dar, wie die Lösung der gerechten Verteilung der Anschwemmungsgebiete an die einzelnen Flußanlieger auch bei kompliziert verlaufenden Grundstücksgrenzen auszusehen habe[29].

---

[26] Gaius in D.41.1.7 § 1; Bartolus, op. cit., 132va—134vb.
[27] Op. cit., 134vb.
[28] Op. cit., 134vb.
[29] Die Konstruktionszeichnungen 21 und 22 weichen vom eigentlichen Thema ab. Offensichtlich angeregt von den ausprobierten Konstruktionsmöglichkeiten mit dem Zirkel demonstriert Bartolus noch, wie man aus einer einzig erhaltenen Faßdaube den Umfang des ganzen Weinfasses rekonstruieren kann. *„Fuit homo multum inhaerens practicae"*! War Bartolus diesem praktischen Problem bei seinem Landaufenthalt begegnet? (op. cit., 136vb—137ra).

Auch im nachfolgenden, dem Problemkreis der Inselbildung gewidmeten Traktatteil beginnt Bartolus wieder mit der Kommentierung einer einschlägigen Digestenstelle, um die praktischen Konsequenzen für die Aufteilung der neugebildeten Inseln an die Flußanrainer dann mit 17 geometrischen Konstruktionszeichnungen und deren Erläuerungen darzustellen[30]. Diese Anleitungen werden durch Veränderungen im Flußverlauf und in der Zuordnung von Inseln im Strom und dem Verlauf der Grundstücksgrenzen schrittweise immer komplizierter, so daß es auch für den modernen Leser nachvollziehbar ist, daß Bartolus sich hierfür gern der Hilfe seines alten Lehrers in Euklidscher Geometrie versicherte[31].

Wie sich der Jurist die praktische Nutzung des von ihm Dargebotenen vorstellte, demonstriert er in einem abschließenden Beispiel, in dem es um die Aufteilung eines von der Kommune Perugia neu erworbenen *podere* unter drei benachbarte bereits perusinische Dörfer des Contado der Kommune geht[32].

Im abschließenden Flußbett-Teil verzichtet Bartolus dagegen völlig auf geometrische Figuren und Konstruktionsanleitungen. Der Perusiner sieht hier keine Notwendigkeit für eine Problemlösung durch *inspectio oculorum more geometrico*. Schon diese formale Abweichung im dritten Teil macht deutlich, daß den Autor hier andere Probleme interessieren, wenn es um die Erörterung der Rechtsfolgen geht, wenn ein Fluß sein Bett wechselt[33].

Diesmal führt das durch den Augenschein wahrgenommene wasserleere Flußbett — in philosophischer Terminologie also eine *forma accidentialis sine re* — Bartolus zu einem Beiziehen philosophischer Theorien zum Problem der *anima forma corporis*. Als Jurist will sich der Perusiner nicht in die fremde Fachdiskussion einmischen, zumal sie erhebliche dogmatische Konflikte beinhaltet. Da er sich nur gesicherte Ergebnisse für die juristische Praxis zunutze machen will, wählt er die durch päpstliche und konziliare Autorität abgesicherte dogmatische Entscheidung des Kanons „Fidei catholicae" des Viennense als Ausgangspunkt[34]. Bartolus weist aber darauf hin, daß *apud iuristas* abweichend von der philosophischen Lehre eine *res* sehr wohl ihr *nomen appellativum* verlieren und eine andere *species* annehmen

---

[30] D. 41.1.30 (Pomponius) und D. 41.1.7 § 3 = Inst. 2.1. § 22 (Gaius); Bartolus, op. cit., 137va–139ra.

[31] Cf. Abb. 4, Lübeck Stadtbibl., Ms. iur. gr. 2° 23, 167v–168r (= figurae VIII–XI).

[32] „*praedicta faciunt in argumento ad quaestiones quotidianas et de facto emergentes*" (op. cit., 140rb sq., mit figurae XXXVII–XXXIX).

[33] Grundlage ist diesmal Gaius in D. 41.1.7 § 5.

[34] „*Forma autem substantialis in qualibet re invisibilis est secundum philosophos. Exemplum in homine, in quo substantialis forma est anima, ut in Clementinis, De summa trinitate, c. 1* (= „Fidei catholicae", Clem. I.1.1), *anima videri non potest.* [...] *Sed per formas accidentales, quas vidimus, iudicamus de forma substantiali.*" (op. cit., 142ra).

könne³⁵. Auch in der Frage der *forma substantialis* und *res animatae* sieht Bartolus die juristische Begriffsbildung von der philosophischen abweichen³⁶.

Bartolus erörtert das ganze Problem katalogartig systematisch und kommt deshalb dabei auch auf die *res corporales animatae* zu sprechen. Obwohl dies den Autor weit von den Problemen des Flußbettes entfernt, ist er mit Eifer bei der Sache, da hier persönliches Interesse im Spiel ist. Bartolus fühlt sich an diesem Punkt als politischer Theoretiker gefordert, da es um die spezifische *forma corporativa* der *anima intellectiva* geht. Bartolus schreitet sofort zur Erörterung des Status des Menschen als *animal civile et politicum* fort. Die *forma substantialis* des *homo politicus* sei eine Existenz als freier Mensch. Dies bedeute in Konsequenz: „*deficiente libertate desinit homo esse politicus, et sic de eo et super eo contrahitur de animalibus brutis*"³⁷.

Bartolus ist damit beim Problem der Etablierung und Sicherung einer dem Wesen des Menschen angemessenen Herrschaftsordnung angekommen, das ihn damals schon seit einiger Zeit lebhaft beschäftigte und zum literarischen Kampf gegen die ihm als Tyrannis erscheinende, in den italienischen Kommunen um sich greifende Signorie anstachelte. In unmittelbarer zeitlicher Nachbarschaft zur „Tyberiadis" entstanden die drei großen politischen Traktate des Bartolus „De Guelphis et Ghebellinis", „De regimine civitatis" und „De tyrannia"³⁸.

Auch im „Tyberiadis"-Traktat finden sich als gewichtige Spuren der sonst bei gelehrten Juristen des Mittelalters peinlich gemiedenen Beschäftigung mit aristotelischer Philosophie³⁹. Der Umgang mit Philosophen

---

³⁵ „*Concludo ergo, quod in istis inanimatis tunc perditur substantiale, quando perduntur illa communia accidentia, ex quibus res sic nominatur, et saepe apparet, quando res perdit nomen appellativum et transit in aliud nomen appellativum alterius speciei, et hoc sic apud iuristas dicitur, quod sic communiter accidit, ut patet ex praedictis.*" (op. cit., 142ra).

³⁶ „*Arbor dicitur tunc proprie, cum radices ita in terram emisit, ut terrae alimento vegetetur; et si eius materia dura est et non tenera, tunc arboris appellatione continetur. [...] Et ideo, si quod istorum deficeret, [...] etiam si haberet formam substantialem, non est arbor, ut dictis legibus et hoc stricte loquendo, verumtamen quia apud iuristas hoc esset durae investigationis, suadente aequitate statutum esse, ut arbor intelligatur illa, quae stirpitus evulsa est et in aliam terram translata.*" (op. cit., 142rb).

³⁷ Op. cit., 142rb.

³⁸ H. G. Walther, Der gelehrte Jurist (wie Anm. 8), 295 sqq.; Id., Die Legitimität der Herrschaftsordnung bei Bartolus von Sassoferrato und Baldus de Ubaldis, in: Rechts- u. Sozialphilosophie des Mittelalters, ed. E. Mock u. G. Wieland, Frankfurt a. M. 1990, 115–139; D. Quaglioni, Politica e diritto nel Trecento italiano, Il „De tyranno" di Bartolo da Sassoferrato (1314–1357) con l'edizione critica dei trattati „De Guelphis et Gebellinis", „De regimine civitatis" e „De tyranno", Firenze 1983 (= Il Pensiero Politico, Biblioteca 11).

³⁹ Cf. H. G. Walther, Verbis Aristotelis non utar, quia ea iuristae non saperent, Legistische und aristotelische Herrschaftstheorie bei Bartolus und Baldus, in: Das Publikum politischer Theorie im 14. Jahrhundert, Zu den Rezeptionsbedingungen politischer Philosophie im späten Mittelalter, ed. J. Miethke, München 1991 (i. Dr.) (= Schriften des Histor.

und ihrer aristotelischen Terminologie war Bartolus durchaus vertraut. Es war also kaum ein Zufall, daß der Jurist in der Sommerfreizeit den Besuch seines alten franziskanischen Lehrers, des am Generalstudium der Franziskaner in Perugia tätigen Theologen Guido, erhielt.

Das Besondere des Juristen Bartolus macht nicht nur seine von Baldus betonte Neigung zur praktischen Verwertbarkeit aus. Vielleicht vermochte Bartolus nur besonders gut, was die Rechtsgelehrsamkeit der italienischen Rechtsschulen schon seit Anfang an auszeichnete. Was den Perusiner aus der Schar seiner Zunftgenossen heraushebt und ihm offensichtlich schon unter den Zeitgenossen einen besonderen Rang zur Problemlösungskompetenz eintrug, war sein Versuch, die Ergebnisse des aristotelisierend-philosophischen Denkens für die Problemlösung der Regelung des Miteinanders der Menschen durch Legisten nutzbar zu machen. Sein Schüler Baldus folgte ihm darin auf einem noch höheren Abstraktionsniveau. Aber diese Fähigkeit unterschied beide Intellektuelle natürlich von der überwältigenden Mehrzahl ihrer perusinischen Mitbürger. Zwar glaubte auch Bartolus, daß mit dem Einsatz entsprechender Techniken – wie in der „Tyberiadis" durch geometrische Schlußfolgerungen – die von der Natur gestellten Probleme lösbar seien. Dies würde also das wissenschaftliche Äquivalent zur Überzeugung der Perusiner Räte darstellen, „abundancia del'acqua" in der Stadt sei nur ein Problem des angemessenen Einsatzes von Geld und Technik.

Aber dem Intellektuellen Bartolus wurde die Natur auf andere Weise zu einem Problem, dessen Bewußtsein er durch Übersetzung der aristotelischen Terminologie in die geläufig juristische er den städtischen Juristen als den zeitgenössischen Technikern der Macht vermitteln wollte: Wenn sich die Natürlichkeit des Menschen in seiner Existenz als *animal civile et politicum* erwies, galt es, diese Natürlichkeit vor Depravation durch die Errichtung ihr angemessener Herrschaftsordnungen zu bewahren, durch Ordnungen, die den *homo liber* zur Grundlage hatten. Weil Bartolus wie seine Zeitgenossen auf *ratio* und Machbarkeit setzte und ihnen vertraute, hielt er das Problem für lösbar. Aber der Jurist zog auch die bei seinen Zunftgenossen absolut unübliche Konsequenz, daß Herrschaftsordnungen, die sich auf unfreien Menschen gründeten, diese als nichts anderes behandelten als *animalia bruta*[40].

Hier also ist wohl der innere Zusammenhang dafür zu suchen, daß Bartolus sich im dritten Teil seines Traktates so bereitwillig auf die

---

Kollegs, Koll. 21). –
Bereits im 1. Teil greift Bartolus auf die Nikomachische Ethik zurück, um die Benutzung fachfremder Hilfswissenschaften zu legitimieren (op. cit., 134vb); im 2. Teil benutzt er ausgiebig „De caelo", um räumliche und zeitliche Dimensionen zu erläutern (138v).

[40] Zu den Abweichungen zwischen Bartolus und Baldus in der Einschätzung der Freiheit als Grundlage der Herrschaftsordnungen des Menschen als *animal civile et politicum* cf. Walther, Legitimität (wie Anm. 38), 128 sqq., u. id., Verbis Aristotelis (wie Anm. 39).

Diskussion über *anima forma corporis* einläßt und zuvor in den beiden anderen Teilen die Notwendigkeit der Schlußfolgerung durch *inspectio oculorum* in Form geometrischer Konstruktionen als Lösungsmittel für juristische Probleme einläßt. In seinem gleichzeitigen Traktat „De insigniis et armis" verweist er analog auf die *perspectiva naturalis* als notwendige Lösung, um die Übereinstimmung von *ars* und *natura imitanda* bei der Malerei von Wappen zu erreichen[41].

Die Konsequenz des Bartolus aus der Beschäftigung mit nicht-juristischen Disziplinen, als Jurist kein einfacher „Techniker" oder „Macher" sein zu wollen, sondern seine Lösungsvorschläge vom Problem des Verhältnisses von Mensch und Natur her zu durchdenken, ist sicherlich in erster Linie aus den besonderen biographischen Gegebenheiten dieses Legisten, aus seinem lebenslangen Umgang mit franziskanischen Gelehrten, zu erklären[42]. Aber man wird diese Beziehungen auch etwas unper-

---

[41] Bartolus, Tractatus de insigniis et armis, in: op. cit., 124va−126ra. Der Traktat ist fast zeitgleich, zumindest nach Beendigung der Gesandtschaft zu Karl IV. im Mai 1355, entstanden und erst postum 1358 vom Schwiegersohn des Bartolus, dem Perusiner Legisten Nikolaus Alessandri, veröffentlicht worden. Cf. Calasso (wie Anm. 17), 656. Von einer Auseinandersetzung mit zeitgenössischen Theorien einer *perspectiva pingendi* im Traktat kann nicht die Rede sein, anders Segoloni, Aspetti (wie Anm. 17), 373. Jedoch wurde Bartolus mit seiner Lehre von der Hierarchie der Farben im 2. Traktatteil Ziel von Angriffen seines humanistischen Kritikers Lorenzo Valla. Cf. M. Baxandall, Die Wirklichkeit der Bilder, Malerei und Erfahrung im Italien des 15. Jahrhunderts, Frankfurt a. M. 1984, 110 sq. (46 auch eine Abb. eines Holzschnitts aus dem Druck des Tiber-Traktates Rom 1483).

[42] Cf. die Untersuchungen von Jemolo (wie Anm. 17) und Segoloni (wie Anm. 17 u. 19). Beziehungen des Bartolus zum Franziskanischen Observantenkloster Monteripido in Perugia demonstriert indirekt der Codex Vat. lat. 1384. Abweichend vom ansonsten älteren (saec. XIII) kanonistischen Inhalt, schließt er auf fo. 286v mit dem Consilium 167 des Bartolus über das Gefangenenbefreiungsprivileg des Perusinischen Ministers der Tertiarier an zwei Feiertagen in Perugia. Cf. A Catalogue, I (wie Anm. 22), 167 sqq.; Druck des Cons. (inc. „Minister fratrum de penitentia") in: Bart., op. cit., 40rab. Für den Codex ist (gegen die Zuweisung an Monteluce in Catalogue I) eine Provenienz aus dem Perusinischen Franziskanerobservanten-Konvent Monteripido zu erschließen. Darauf verweist nicht nur der in den Cod. eingelegte Brief eines Persu. Observanten aus Rom von Februar 1488, sondern auch der Schlußeintrag vom 17. Mai 1414 (in der gleichen Hd. wie das Cons.) über den Eintritt von fünf namentlich genannten Brüdern in den Observantenkonvent von Monteripido („Lu Monte"). Der ältere kanonistische Hauptteil ist durch seine Pecia-Vermerke als ursprüngliche typische Universitäts-Hs. zu klassifizieren und dürfte von einem der Konversen von 1414 eingebracht worden sein. Die Observanten rekrutierten sich ja damals zum großen Teil aus Unviersitätsangehörigen. Dem seit 1448 ebenfalls zur Observanz zählenden Perusiner Klarissenkonvent von Monteluce gehörten im 15. Jh. zwei Urenkelinnen des Bartolus an, eine 1488 als Äbtissin. P. Höhler Frauenklöster in einer italienischen Stadt, z. Wirtschafts- u. Sozialgesch. d. Klarissen v. Monteluce u. der Zisterz. v. S. Giuliana in Perugia (13.−Mitte 15. Jh.), in: QFIAB 67 (1987), 1−107, 68 (1988), 167−270; U. Nicolini, I Minori Osservanti di Monteripido e l',Scriptorium' delle Clarisse di Monteluce in Perugia nei secoli XV e XVI, in: Francescanesimo (wie Anm. 14), XI−LXXI, hier XV sqq. (Zu Eufrasia [Äbtissin] und ihrer Schwester Battista Alfani, Bartolus-Urenkelinnen).

sönlicher betrachten dürfen. Denn durch sie fällt doch ein bezeichnendes Licht auf die Bedeutung und mentalitätsprägende Kraft der aristotelisierenden Naturphilosophie der italienischen Mendikanten auch außerhalb der engen Schulzusammenhänge. Dies freilich ist ein Feld, das erst noch genauerer Detailuntersuchungen bedarf.

The Social Order of Nature and the Natural Order of Society in Late 13th—Early 14th Century Italy

ALLEN J. GRIECO (Firenze)

The 11th and 12th century are thought to have rediscovered nature[1]. This rediscovery came about at a time when Western Europe was witnessing the rebirth of cities and was beginning to embark upon a long process of urbanisation. A new need to understand how nature functioned, how it was structured, and how it was related to God and to man led to a great deal of speculation on the part of theologians as well as, somewhat later, natural scientists and agricultural writers. In other words, the rediscovery of nature seems to have been linked, directly or indirectly, with the growth of a new urban culture which made men and women[2] more conscious of the environment in which they lived. The following pages are meant to be a first and thus introductory attempt to examine some of the ways in which one of the most highly urbanised regions of Europe — central and northern Italy — saw both nature and man's relationship to nature in the late 13th and 14th centuries.

According to some recent authors, the Middle Ages witnessed a radical transformation, of man's relationship to nature. Due to this transformation men no longer saw themselves as part of nature but rather as having a subject-object relationship with it[3]. This radical change seems to have born fruit since, as Keith Thomas has observed recently, by the 16th century one can easily find what he calls a "breathtakingly anthropocentric spirit"[4] characteristing the outlook on nature entertained by English preachers. Such a choise of documents, however, must be viewed with due caution. In fact, as K. Thomas himself points out, the theologians he quotes felt that "human ascendancy |over the rest of creation| was ... central to the Divine plan"[5], thus reconfirming what Lynn White Jr.

---

[1] M.-D. Chenu, La Théologie au douzième siècle, Paris, 1957, above all ch. 1.
[2] The inclusion of women is not meant as an easy rhetorical device since any discussion of nature in the 13th century must at least mention Hildegard of Bingen.
[3] See above all A. Gourevitch, Kategorii srednevekovoj kul'tury, Moscow, 1972 translated as Les Catégories de la culture médiévale, Paris, 1983 Introduction and ch. 1.
[4] K. Thomas, Man and the Natural World: A History of the Modern Sensibility, New York, 1983, 18.
[5] Ibid.

affirmed more than twenty years ago when he stated that Christianity is "the most anthropocentric religion the world has seen"[6].

The long process whereby man came to see nature as something quite separate from himself and created for his exclusive use was, however, probably not yet completed in 16th century England, despite the influence exerted by generations of preachers. In Medieval Italy, this process was even less advanced since, in the period I would like to examine, the natural world and the social world were often seen as being inextricably linked to each other in different ways. A variety of documents may be cited to show not only the extent to which the natural world penetrated the social sphere, but also how the social order structured the perception man had of the natural world. This mirror image relationship between nature and society in late medieval Italy has seldom been pointed out, and even less studied, despite the fact that the methodological tools have been available for some time to undertake such an inquiry.

The following paper is therefore an exploratory attempt to examine the relationship between man and nature in Italy in the Late Middle Ages. Time and space being limited, I will only introduce very briefly the methodological aspects of such an inquiry and the move on to some briefly sketched examples of the results that can be gleaned from such an approach.

A particularly fruitful way to study a subject as vast and as complicated as man's relationship to nature — which subject I intend to further develop in the coming years[7] — was first broached by Emile Durkheim's and Marcel Mauss's long essay "De quelques formes primitives de classification"[8]. The authors of this essay point out that in "primitive" societies (the terminology is, of course, also influenced by the publication date, 1903) it is quite impossible to separate the social structure of the human group studied from the way in which this group perceives and classifies nature. This essay is at the root of a line of inquiry which has greatly influenced the work of anthropologists in the course of the past few decades and especially the various branches of ethnoscience. A wealth of case studies conducted amongst many different peoples has repeatedly brought to light the fact that traditional societies tend to project their social order onto nature by means of a similar classificatory system[9].

---

[6] L. White Jr., The Historical Roots of our Ecologic Crisis, in: Science 155, reprinted as chapter 5 of Machina ex Deo: Essays in the Dynamism of Western Culture, 1968.

[7] This is the subject of a teaching project I submitted for a maître de conférence post at the École des Hautes Études en Sciences Sociales in Paris for the elections in summer 1990.

[8] E. Durckheim and M. Mauss, De quelques formes primitives de classification: contribution à l'étude des représentations collectives, in: Année Sociologique 6 (1901—1902).

[9] For a very complete bibliography of the work done in this domain see G. R. Cardona, La Foresta di piume: manuale di etnoscienza, Rome/Bari, 1985.

Historians seem to have overlooked the possibilities offered by such an approach which, although it is particularly well-adapted to the study of man's relationship to nature in non-western populations, is equally applicable to Medieval history. In fact, ever since the Late Middle Ages and even more since the Renaissance, the Western world has gradually abandoned traditional cognitive systems (usually considered part of popular culture), even though pockets of traditional knowledge clearly derived from such ancient systems have survived to this day in various parts of Europe[10]. It would, of course, be naïve to think that such traditional knowledge is comparable to scientific and experimental methods. Using the criteria of modern experimental science in order to understand and explain the traditional systems of the past (and present) is a kind of anachronism which tends to gloss over or even hide the way in which these systems worked. It is for this reason that historians must not make the mistake of dismissing the study of traditional cosmologies and classificatory systems as a quaint and purely antiquarian pursuit. These systems worked both as projections of the social order onto nature and, in turn, as a justification of the social order. A better understanding of these neglected systems can elucidate the complex network of social representations surrounding late medieval Italian and European society.

In the following pages I would like to draw attention to the way in which this society projected its social order onto the natural world, as well as demonstrate the extent to which man's sense of being separate from nature was not as yet a totally assimilated idea. In fact, the separation of the spheres of nature and of the social world of man, so readily accepted by us today, was, at this time, hardly complete. Far from being separate, these two spheres were thought to interpenetrate each other in more than one way. An example of this can be found in a little known cosmographical treatise composed by Restoro d'Arezzo in 1282, La Composizione del mondo colle sue cascioni[11], which reveals a number of parallelisms between man and nature. Restoro, for whom no biographical data is availible, there reminded his readers of current analogies between the human body and nature (microcosm and macrocosm) whereby "the flesh |of human beings| " can be compared "to the earth, the soft stones to cartilage, the hard stones to bones, the blood flowing in our veins to the water flowing in the earth's body and the hairs |of the human body| to plants"[12]. Such a close association between the human body and the world was not just a

---

[10] An excellent example of such survivals can be found in the study done by P. Lieutaghi, L'herbe qui renouvelle: un aspect de la médecine traditionelle en Haute-Provence, 1986. The collecting of bitter salads in spring as a kind of purifying cure very obviously harks back to the humoral theory and its link with the different seasons.

[11] The only edition of this text is the one done by A. Morino, Florence, 1976.

[12] Restoro d'Arezzo, La Composizione del mondo colle sue cascioni, ed. A Morino, Florence, 1976, 35.

set of literary turns of phrase since the „mirror effect" between the microcosm and the macrocosm actually determined a weakening of the conceptual boundaries separating the human body and the environment into two seperate entities. The result was an overlapping of the two that can be found in a variety of different documents, as will become apparent in the following pages.

Marie Christine Pouchelle's recent study of a surgical treatise by Henri de Mondeville (died ca. 1320)[13] shows how a surgeon would regularly have recourse to similes taken from the animal world, the vegetable world and even the mineral world in order to describe the interior of the human body and the sicknesses that afflicted it. Mondeville's comparisons with the inanimate world included such items as stones and earth, similar to Restoro's treatise, but he also added many others, such as gypsum, plaster, sand, salt and glass. Mondeville, like Restoro, saw the hairs of the human body as being akin to trees, but he also developed other similes comparing veins to roots, the optic nerve to a reed, the human body to wood, and the small round bones found in joints to cherry seeds. Similes taken from the animal world were no less common; Mondeville compared nerves to worms, the retina to a spider's web, the elbow to a bird's beak, etc. Such similes made perfect sense because most medieval doctors believed, as did Albertus Magnus, that the most rudimentary forms of the soul, the animal and vegetative souls, presided over those functions of growth, nutrition, and reproduction which were shared by plants animals and human beings alike[14]. As a result, every human being was believed to incorporate elements belonging also to the plant and animal worlds.

In Mondeville's treatise there is an interesting and highly significant opposition between the inside and the outside of the body wherein a human or domestic (*domesticus*) inside is opposed to a wild (*silvestris*) or natural outside. Such a neat separation was not always maintained by this medieval surgeon, since certain bones or interior organs were commonly described by means of similes drawn from nature (as we have seen above). Furthermore, the cohabitation of man and nature in Mondeville's treatise is not always descriptive and neutral. For example, sickness in the human body is seen, quite literally, as an invasion of nature. This can be desumed from the very strong link he establishes between pathological states and similes taken from the animal, vegetable and mineral worlds. To a certain extent, Mondeville considers a lack of separateness between man and

---

[13] M.-C. Pouchelle, Corps et chirurgie à l'apogée du Moyen-Age, Paris, 1983. The following list of similes between the human body and the animal, vegetable and mineral worlds is taken from the very useful appendix III, 354–359.
[14] Concerning this point see J. Cadden, Albertus Magnus' Universal Physiology: the Example of Nutrition, in: J. Weisheipl (ed.), Albertus Magnus and the Sciences: Commemorative Essays 1980, Toronto, 1980, above all 324.

nature to be a source of sickness, a fact that is particularly revelatory if one considers that most of the illnesses he describes, using similes taken from nature, are skin problems and growths concerning the surface of the human body (i. e. the border area between the inside and the outside)[15].

Whereas man possessed a vegetative soul which informed certain functions in his body, this link with the plant world could also be reversed since the plant world was, in turn, strongly anthropomorphised. To begin with, men and trees were often described as similar organisms, even though one was turned upside-down with respect to the other. In fact, a *topos* of 13th and 14th century authors literary, agricultural, and medical authors had it that trees were upside-down men and men were upside-down trees. According to this idea, the organs and functions of a human being were reversed compared to those in a plant. Thus, for example, many authors reminded their readers that human beings had their roots in the sky as opposed to sinking them into the earth as plants do. This idea, it must be stressed once more, was anything but a literary device. If one looks at the agronomical literature composed in the 14th century, it becomes obvious that this reversal was used as an explanatory model in which human-vegetable comparisons were worked out to the minutest details.

The examples I would like to look at here are mostly taken from a little known central Italian author, Corniolo della Cornia, who wrote an interesting agricultural treatise towards the end of the 14th century[16]. In the second book of this treatise, where he analyses the "nature" of plants, he reminds his readers that "plants are said to be a reversed man" and then proceeds to examine the way in which plants produce leafy branches, flowers and fruit. According to Corniolo the flowers, produced by the "purest" part of the plant, "almost always recreate with their colour, the human face; with their odour, the sense of smell |in human beings|; and with their softness, the sense of touch"[17]. Such a surprising and seemingly illogical comparison might well be at the root of a tradition in botanical illustration which saw anthropomorphic and zoomorphic forms in plants[18]. This tradition, which survived in Western European manuscripts up to

---

[15] M.-C. Pouchelle, op. cit., 271 passim.
[16] I have chosen Corniolo della Cornia's treatise even though, for chronological reasons, Piero de'Crescenzi's treatise would have been a better example. Such a choice is dictated, above all, by the fact that we do not have any reliable edition of the Liber Commodorum Ruralium and are still waiting for Jean-Louis Gaulin's edition of this fundamental agricultural text (the first modern edition!).
[17] Corniolo della Cornia, La Divina Villa, ed. L. Bonelli Conenna, Siena, 1982, 42.
[18] Concerning the history of herbals one must still rely on the rather antiquated book by A. Arber, Herbals, their Origin and Evolution: a Chapter in the History of Botany (1470–1670), Cambridge, 1912. For a more recent approach particularly interested in the relationship between man and the plant world see P. Lieutaghi's introduction to Platearius, Le livre des simples médecines d'après le manuscrit français 12322 de la Bibliothèque Nationale de Paris, Paris, 1986.

the end of the 15th century (undoubtedly a significant date), disappears in the work of 16th century botanists who began depicting plants in a far more realistic manner [19].

The idea that a tree was a reversed human being was only the beginning of a whole series of similarities that were believed to exist between plants and the human body. According to Piero de' Crescenzi's Liber Commodorum Ruralium, "the earth ... is a kind of stomach ... and this is the reason for which they |plants| push their roots into the earth a little like a mouth that sucks food"[20]. Corniolo della Cornia, on the other hand, reminds his readers that in Italian the word "tronco" was used both to signify a tree trunk and the torso of a person, while the word "occhio" was used both to signify the buds of a plant and the eyes of person[21]. According to him one could find "in the body of a tree, as in any animal, skin, flesh, nerves, veins, bones, marrow and fat"[22].

These shared characteristics went even farther since human beings and plants possessed other similar traits. In fact, not only did plants grow for the same reason for which human beings grew — both being endowed with the same vegetative soul — but plants, like human beings, possessed a "digestive" process. In order to respect the idea of the inverted man, however, plants were assigned an ascending digestive system as compared to the descending one which belongs to human beings. Furthermore, plant digestion did not occur only when "food" was absorbed by the roots, nor did it happen in any particular organ, but rather throughout the entire vertical development of the plant. The "terrestrial food" that they absorbed with their roots was slowly digested and turned into sap which was then transformed into leaves, flowers, and fruit.

The digestive process of plants seemed to have an experimental objectivity since many authors believed that incisions at different heights in tree trunks produced a sap of different quality: the higher the incision the better the sap. This was the reason for which Piero de' Crescenzi could assert that "...the food of plants is more insipid at the level of the roots of a plant and, the further we get from the roots, the better the taste of this food ..."[23]. For much the same reason Corniolo della Cornia declared

---

[19] For an Italian example from the 15th century, where a tradition of anthropomorphic illustrations cohabits with a more realistic tradition, see S. Ragazzini, Un Erbario del XV secolo. Il ms. 106 della Biblioteca di Botanica dell'Università di Firenze, Florence, 1983.

[20] P. de' Crescenzi, Trattato dell agricoltura di ... traslatato nella favella fiorentina, rivisto dallo 'nferigno accademico della crusca, Bologna, 1784, 43 and 48. For another example of this simile see C. della Cornia, op. cit., 38 and 41.

[21] C. della Cornia, op. cit., 185. It is worth pointing out that "tronco" and "occhio" still today have a double meaning in rural areas of Tuscany.

[22] C. della Cornia, op. cit., 38. He also points out that wild trees (sic.) have no fat, just like particullarly wild animals!

[23] P. de' Crescenzi, op. cit., 50.

that the fruit from the top of a tree was "tastier" whereas the fruit from lower branches, close to the earth, was "insipid"[24]. The taller the plant, the longer the digestion process, and the longer the digestion, the more the earthbound principles were transformed into a superior, more ethereal food. In human beings, on the other hand, the digestive process followed exactly the opposite course since it transformed the food into a substance that was returned to the earth.

Many more examples could be mentioned of how the plant world and the human sphere were conceptually interconnected and interpenetrating but perhaps one of the most eloquent examples of this identification between the two spheres is provided by trees, which were thought to have a whole series of human-like characteristics, especially when it came to problems of sickness. Corniolo della Cornia points out more than once that plants have pathological states that are similar to those of men. First of all, they react like men to either a lack of food or an excessive fertilization. Secondly, they have the same pains that develop in the arms of human beings, only that they feel them in their branches and limbs[25]. Even the pruning of trees is not seen as something specific to plants. According to Corniolo della Cornia pruning and gardening techniques like cutting roots of trees, inserting stones into a cut at the base of a plant and the removal of bark were all compared to the principle of bloodletting and the effects the latter had on the human body[26].

Over and above analogies linking the human body to nature and nature to the human body there existed another set of analogies which were no longer between the individual body and nature but rather between the body social and nature. Just as rich in examples as the first, these demonstrate the various ways in which the social order was projected on nature and, inversely, how the natural order was projected on society.

Some years ago, when I first started working in the field of food history, a rather curious fact came to my attention. In examining how foods were chosen according to their supposed suitability for different social classes in 14th and 15th century Italy, it became obvious that there was a code that determined the food choices made by the upper classes[27]. This code, desumed from the writings of doctors, dieticians, and *tacuinum sanitatis* literature, was structured by a vertical ordering of the animal and plant world. According to this vertical hierachy, the higher the food stuff the "better" it was, and the "better" it was, the more suitable it became for

---

[24] C. della Cornia, op. cit. 47.
[25] C. della Cornia, op. cit., 186.
[26] C. della Cornia, op. cit., 180.
[27] For a more detailed discussion of what follows see A. J. Grieco, Les utilisations sociales des fruits et légumes dans l'Italie médiévale, in: D. Meiller and P. Vannier, Le Grand Livre des fruits et légumes: histoire, culture et usage, Paris, 1991, and, above all, ibid., The Politics of pre-Linnean Plant Classification, in: I Tatti Studies 4 (1991).

the rich and powerful of this world. Thus, for example, it was felt that fruit that grew high off the ground was somehow inherently better and more noble than the leafy vegetables that grew on the ground. The same reasoning was applied to the meat of birds, a medieval favourite which has been confirmed by archeological evidence[28], as opposed to the meat of quadrupeds which was considered much inferior. In trying to explain this odd and mechanical code, empirically observed in a great variety of documents (not only the "scientific" texts mentioned above but also in medieval encyclopaedias and even in literary texts), it became obvious that there was a single unifying theory behind all of this.

The idea that the rich were meant to eat fruit from trees while the poor were meant to eat vegetables, a fruit of the earth, may seem more or less senseless to us but in the 13th and 14th centuries this conviction did not seem at all arbitrary. In fact, this dichotomy was connected to a well-defined conception of the order of things. According to the world view current at the time, God had created both the natural world and human society according to a vertical and hierarchical principle that ordered the entire universe. This order of things was usually described as a kind of ladder or chain along which all of creation was distributed in a divinely preordained sequence, usually referred to as the "Great Chain of Being"[29]. According to Restoro d'Arezzo, since both man and nature were informed by the same vertical ordering principle, the higher a man was situated in society and the higher a plant or animal was situated on the Great Chain of Being, the more noble and more perfect they were[30]. I like many other authors after him, Restoro, thus felt that nature and society were so closely linked to each other that society had a "natural" order and nature had a "social" order.

One of the outcomes of the "mirror effect" which connected these two worlds was to suggest that there had to be a kind of parallellism whereby the upper strata of society were considered naturally destined to eat the foods belonging to the upper reaches of the world of nature. The idea that the produce of nature was not all the same — since it was hierarchically

---

[28] See for example G. Clark, L. Costantini, A. Finetti, J. Giorgi et al., The Food Refuse of an Affluent Urban Household in the Late Fourteenth Century: Faunal and Botanical Remains from the Palazzo Vitelleschi, Tarquinia (Viterbo)", in: Papers of the British School at Rome 57 (1989), 233—239.

[29] Curiously enough the authors who have examined the Great Chain of Being have not, to my knowledge, noticed the parallellism between the order of nature and the order of society. See, for example, A. O. Lovejoy, The Great Chain of Being, Cambridge (Mass.), 1936; E. M. W. Tillyard, The Elizabethan World Picture, London, 1943. See also the more recent and more analytical E. P. Mahoney, Metaphysical Foundations of the Hierarchy of Being According to Some Late-Medieval and Renaissance Philosophers, in: P. Morewedge (ed.), Philosophies of Existence Ancient and Medieval, New York, 1982.

[30] R. d'Arezzo, op. cit., 35—36, where he puts the two orders in parallel.

ordered — and that specific plants could be linked to specific sectors of society thus seemed perfectly plausible[31].

Another, and yet very different example of how the natural world and the social body were similar and comparable can be found in some of the comments made by Corniolo della Cornia with respect to an epidemiological model shared by plants and human societies. As he pointed out to his readers, certain sicknesses which attacked trees behaved much like to the plagues which afflicted human beings. In fact, the selective singling out of species observed in the pathological states of plants was compared to the way in which specific epidemics struck different human groups "sometimes the servants, sometimes the city people and sometimes the country people"[32].

These two examples of how the rules governing the social world were extended and projected onto nature must not make us forget the fact that nature was thought to govern some of the most basic social institutions thus lending them what was felt to be an unchanging quality typical of nature. Before concluding, let us therefore look at one out of many examples of how "natural symbols"[33] were used to represent the relationships that structured in the world of human affairs.

Thanks to a recent article attention has been drawn again to the fact that trees, taken from nature, were chosen as a particularly satisfactory symbol which could express, in a rich and articulated way, a set of purely social ties. The family tree, whose birth has been examined in a recent article by Christiane Klapisch Zuber[34], is an example of how "natural" forms can be made to take on social valences. Thus, the tree and its use in representing a family and its descendants can be seen as one out of many indicators allowing us to measure deep-seated changes in man's relationship to his environment.

The adoption of the tree as a symbol on which to hang the ancestry of a family did not, however, come about all at once but rather was adopted in distinct and, for our purpose, significant stages. Although there is, as Klapisch Zuber's article points out, at least one example of a genealogical tree as early as the end of the 12th century, the more usual representations did not take on the shape of a tree. From the 10th to the 14th centuries genealogies were often decorated with roots, branches, leaves, and flowers, but were constructed in such a way that the plant was seen as having its roots in the sky, a trunk growing down and the branches yet farther down,

---

[31] For an example of how the social order could be projected onto the plant world see A. J. Grieco, The Politics of pre-Linnean Plant Classification, in: I Tatti Studies 4 (1991).
[32] C. della Cornia, op. cit., 185.
[33] I am using the term somewhat differently from M. Douglas, Natural Symbols: Explorations in Cosmology, London, 1970.
[34] C. Klapisch Zuber, The Genesis of the Family Tree, in: I Tatti Studies 4 (1991).

in order to respect the idea that a family descended from a common ancestor. Such representations worked perfectly well with the idea, mentioned above, of man as an upside-down plant but, in order to make the tree work as a representation of the family and its kinship ties, it was necessary to invert the direction in which the generations succeeded each other. The result was that, at a somewhat later date, the ancestor was placed where the trunk was while his "descendants" nestled in the branches above. Such a reversal of genealogical representations does not seem to have come about until the beginning of the 16th century, and thus in conjunction with a time when European botanical knowledge was rapidly evolving away from traditional classification systems and towards the first manifestations of a modern systematic order[35].

So easily accepted by us today, the separation between man and nature on the one hand and between the social body and nature on the other was quite obviously far from completed in Italian culture of the late 13th and 14th centuries. The interpenetation of these spheres still seems to have been very strong, even though some of the ideas of a surgeon like Mondeville might be considered premonitory signs of a progressive separation. Such a process, extremely slow in its unfolding, has to be followed on a much longer time scale than what I have attempted here. Despite the relatively long time segment examined, the present study is an essentially synchronic approach to the problem that does not allow for any definitive conclusions. In fact, it is only by extending the inquiry towards the High Middle Ages and the Early Modern period that one could take a more precise diachronic measure of the themes mentioned above. Only such a diachronic dimension, afforded by future research, will allow us to understand whether the 13th and 14th centuries can really be seen as a stepping stone in what seems to have been a major change in man's relationship with his environment.

---

[35] It should be pointed out that much of the terminology used to describe grafting techniques in 14th and 15th century French, English and Italian is the same as the terminology used to refer to families. Thus, for example the english words "stock" and "scion" have a double meaning that seems to have developed well before the visual innovation of adopting genealogical trees. For a somewhat more extended discussion of grafting techniques and terminology see A. J. Grieco, Reflections sur l'histoire des fruits aux Moyen Age, in: Çahiers du Léopard d'Or 2 (1992).

Iconographica

Der vegetabilische Mensch der romanischen Kapitellplastik*

JAN VAN DER MEULEN (Cleveland)

Romanisch nennt die Kunstliteratur denjenigen Stil des „Mittelalters", der auf die karolingische Kunst folgt und der Gotik vorausgeht. Skulptierte Bauelemente wie Kapitelle, die man diesem Stil zurechnet, werden jedoch fast ausschließlich ins 11. und 12. Jahrhundert datiert, so auch das für unsere Darlegung ausgewählte führende Beispiel der Klosterkirche von Mozat (Abb. 1). Ihre Kapitelle zeigen ein organisches Aufwachsen von raumschaffendem Blattwerk (Abb. 2), das als „geordnete Natur" beschrieben wird, und zwar mit Bezug auf die Grundformen des antiken korinthischen Kapitells[1]. Aber es gibt auch rätselhafte menschliche Figuren, die bald die Komposition gleichwertig mitbestimmen (Abb. 3), bald sie sogar beherrschen (Abb. 4).

Aus Mangel an Schriftquellen, die sich präzise auf die Kapitellskulptur beziehen ließen, wird herkömmlich einfach ein fortschreitender Naturalismus in der Darstellung angenommen (der sich in der „gotischen" Plastik des 13. Jahrhunderts vollendet und der zur Neuzeit überleitet). Danach werden dann auch die ganzen Bauten ins 11. und 12. Jahrhundert datiert. Im Chenu'schen Sinne einer „Entdeckung der Natur"[2] wird auf die „rundplastische Modellierung und Bewegtheit des Körpers" hingewiesen. Die Figur erscheine, derart „vom Hintergrund abgehoben", nicht nur als „mit neuem Leben erfüllt", sondern durch „Wirklichkeitsgehalte" auch so „vermenschlicht", daß sie gleichsam den „Betrachter als Partner" anspreche[3].

---

* Dieser Aufsatz ist die erweiterte Fassung eines Vortrags, der auf der Siebenundzwanzigsten Mediaevistentagung des Thomas-Instituts „Mensch und Natur im Mittelalter" im September 1990 gehalten wurde. Sowohl die Vorarbeiten zu den vorliegenden Ergebnissen wie auch die weiterführende Untersuchung spätantiker Ursprünge romanischer Kirchen sind durch die Graham Foundation for Advanced Studies in the Fine Arts unterstützt worden. Saatgut dieser und auch der weiterführenden Förderung des Forschungsprojekts stellte jedoch die American Academy of Religion bereit, aus dem auch satte Früchte seitens der Cleveland State University (Graduate College Research Challenge, College of Arts and Sciences und Art Department) hervorgingen; die Beteiligung an der Tagung wurde außer vom Thomas-Institut auch durch eine Reisebeihilfe des American Council of Learned Societies ermöglicht.

[1] J. van der Meulen, Romanische Kultstätten, op. cit. Anm. 7, 106–117.
[2] M.-D. Chenu, La théologie au douzième siècle, Paris 1957, 21–30.
[3] K. M. Swoboda, Die Epoche der Romanik, Wien und München 1976, passim und F. Deuchler, Gotik, Stuttgart 1970, passim.

Die formalästhetischen Versuche der Stiluntersuchung, die von menschlichen Figuren durchwobene naturnahe romanische Plastik einzuordnen, lassen aber die Frage nach deren Funktion als Bestandteil von Kirchen außer acht. Die Skulpturen werden ohne Kontext, wie Museumsobjekte betrachtet, ihre rätselhaften Themen einem frei wählenden Künstlertum im neuzeitlichen Sinne zugeschrieben. Das ist nur möglich, weil die Kirche ihre Verantwortung für die monumentale Theologie (wie Piper solche Bildträger schon 1867 treffend, aber vergebens bezeichnete[4]) im 19. Jahrhundert an das damals entstehende Fach Kunstgeschichte abgetreten hat. Im folgenden wird erörtert, wie monumentale Darstellungen herkömmlich anhand des Naturalismus nach Zeit und Inhalt bestimmt werden in der Absicht, ihnen auch interdisziplinär eine erneute Aussagekraft zu sichern.

Zunächst ist zu betonen, daß nachantike naturalistische Darstellungen des Menschen keineswegs erst im 12. und 13. Jahrhundert, sondern schon vom frühen 9. Jahrhundert an gesichert sind; gut datierte liturgische Geräte liefern unanfechtbare chronologische Anhaltspunkte für eine Stilentwicklung, bei der sich ein schon früh erlangter Naturalismus keinesfalls linear fortschreitend entwickelt, sondern bisweilen abstrahierende Elemente aufweist, die gelegentlich regional bestimmbar sind. An ihnen sind vergleichbare Stilerscheinungen der undatierten Monumentalplastik zu messen.

Am Anfang einer gerafften Übersicht kann das Elfenbeindiptychon von Genoels-Elderen aus dem 8. Jahrhundert stehen (Abb. 5): Der menschliche Körper wie das Gewandmotiv werden, linear reduziert, von bretthafter Starre beherrscht. Nach solchermaßen tastenden vor- und frühkarolingischen Versuchen ermöglichte erst der im Auftrag des Herrscherhauses vollzogene gezielte Rückgriff auf antike Vorlagen, den menschlichen Körper einigermaßen überzeugend in natürlicher Haltung darzustellen: Um 830 ist die Figur des Logos auf der Vorderseite des Mailänder Paliotto (Abb. 6) mit verkürzt gesehenen Oberschenkeln überzeugend als lastendsitzend dargestellt; das Gewand, ebenfalls der Schwerkraft unterworfen, hängt in großen Falten räumlich durch. Schon früh in der karolingischen Kunst, man denke an Werke der Reimser Schule in den 830er-Jahren wie den Utrecht-Psalter, ist allerdings ein narrativer Drang zu spüren, der effektiv die plastische Form zum beredsamen Träger der Heilsgeschichte werden läßt. So ist auf dem elfenbeinernen Buchdeckel für den Psalter Karls des Kahlen (Abb. 7), wo Nathan (rechts) David den Mord an Uria (unten liegend) vorwirft, zu sehen, wie eine souveräne Beherrschung von Körper- und Gewandmotiven dieser erregten Körpersprache dient. Die zuckende Empörung Nathans zeichnet sich plastisch durch das Gewand ab, im Kontrast zu der vermessen dastehenden Figur Davids und dem tot

---

[4] F. Piper, Einleitung in die monumentale Theologie. Eine Geschichte der christlichen Kunstarchäologie und Epigraphik, Gotha 1867 (Kunstwissenschaftliche Studientexte, ed. F. Piel, 4). Neudruck, ed. H. Bredekamp, Mittenwald 1978.

hingesackten Uria. Die Neugier Bathsebas schließlich — ihr Lauschen wird räumlich-spiralig als ein Hervorlugen aus dem Hinterzimmer dargestellt — scheint ebenfalls auf Beobachtung im Alltag zurückzugehen. (Auch hier kann man die eingangs zitierten „romanischen" Stilmerkmale erkennen.) Die expressive Intensität dieser karolingischen Erzählkunst ist auch am Ende des 10. Jahrhunderts noch wirksam — so auf der bekannten Elfenbeinplatte aus Matz (Abb. 8) mit den Figuren des versunken schreibenden Heiligen Gregor und seiner Gehilfen. Die antiken Vorbilder dieses die Form mitreißenden narrativen Dranges sind nicht in der klassisch-hellenistisch orientierten hauptstädtischen Kunst Roms zu suchen; die Wurzeln eines solchen „sich handelnd zur Schau Stellens" liegen vielmehr in gallorömischer Provinzialnaivität[5].

Beruhigt und geläutert wird diese im Bereich der karolingischen Eigenkirche entstandene westfränkisch-gallische Ausdruckskunst dann bei vergleichbaren ottonischen Objekten wie der Pala d'Oro im Aachener Münster (Abb. 9): Die noch naturalistischen Gewand- und Sitzmotive werden durch Rückgriff auf spätantike Vorbilder einem strengen System geometrischer Linien und Flächen unterworfen. Im Verlauf des 11. Jahrhunderts findet die ottonische Kunst zu sublimierten Formen harter Abstraktion wie beim Werdener Kruzifix (Abb. 10), doch schon in den ersten Jahrzehnten des 11. Jahrhunderts erreicht der Mönch Reiner von Huy am Lütticher Taufbecken (Abb. 11) wieder eine Durchbildung und Stellung des drapierten Körpers, die deutlich von Naturbeobachtung kündet; man beachte die Brustpartie der linken und das Standmotiv der rechten Figur. Zwar weisen die Falten eine lineare Systematik auf, jedoche eine solche, die der Schwerkraft gehorcht.

Am Kölner Dreikönigsschrein (Abb. 12) beherrscht Nikolaus von Verdun dann noch vor Ende des 12. Jahrhunderts mit seinem charakteristischen Muldenstil einen fortgeschrittenen Naturalismus. Dieser weist bereits auf die erste genau datierbare Monumentalplastik um 1245 voraus, nämlich auf die Apostel in der Pariser Sainte-Chapelle, und damit auf die sogenannte gotische „Preziosität" (Abb. 13). Die plastische und räumliche Darstellung großformig gebrochener hochgotischer Falten bringt in freier Bewegung eine leicht affektierte höfische Gestik mit lässigem Kontrapost zum Ausdruck. Das formal Erreichbare, ein hoher Grad an künstlerischem Naturalismus, ist erreicht; die Figuren zieren sich in — notgedrungen — entleertem Pathos: Wo die Bewegung nicht aus dem Gehalt des Subjekts

---

[5] B. Schweitzer, Die spätantiken Grundlagen der mittelalterlichen Kunst, Leipzig 1949, 38. Das unklassische Figurengetümmel und die gleichsam aufgeklappte Vogelperspektive mit sporadisch eingezogenen Bodenlinien severanischer Schlachtenszenen (Ehrenbogen um 203 n. Chr.) können durchaus für die noch undatierten romanischen Tympanon-Kompositionen wie in Autun Pate gestanden haben — aber diese hauptstädtischen Werke werden selber durch „provinzielle" Einflüsse erklärt.

hervordrängt, sondern der Figur als dem Objekt künstlerischer Fähigkeit von außen auferlegt wird, sind die Vorzeichen neuzeitlicher Kunstproduktion zu erkennen.

Nicht zufällig sind gerade die Säulenfiguren der Sainte-Chapelle als erste Monumentalskulptur präzise zu datieren: Sie sind im festen architektonischen Gefüge des vom ersten namentlich (?[5a]) bekannten Baumeister ausgeführten Innenraums angebracht. An Portalanlagen hingegen wurden einzelne Elemente noch bis ins 16. Jahrhundert als Spolien ausgetauscht[6].

So bildet die dreiteilige Portalanlage an der Westfassade der Kathedrale von Chartres, die meist im Widerspruch zu den Schriftquellen zwischen 1145 und 1150 datiert wird, ein Flickwerk aus Skulpturen ganz verschiedener Stile. Würde man einerseits etwa den in seine Schreibarbeit versunken dasitzenden Pythagoras aus dem Zyklus der Artes liberales der Archivolten (Abb. 14) mit seinem den Körper locker umhüllenden Gewand streng stilistisch analysieren, so würde man unweigerlich an die oben angeführten expressiv-naturalistischen ottonischen Elfenbeine vom Ende des 10. Jahrhunderts (Abb. 8) erinnert. Auch ikonographisch paßt die Skulptur in die Zeit des Bischofs Fulbert um 1000, unter dem die Schule von Chartres zu hohem Ruhm aufstieg und die griechischen Vertreter der Artes liberales besondere Geltung erlangten. Setzen wir aber unsere Betrachtung der relativen Stilchronologie fort, so bringen uns die Gewändefiguren etwa des linken Seitenportals in Verlegenheit (da in Chartres die Köpfe allesamt später ersetzt worden sind, bilden wir die fast gleichen Figuren aus Etampes ab, Abb. 15). Ihre bretthaft starre Existenz und die Ornamentalität der eingekerbten Linien lassen nichts von natürlichen Menschenkörpern sehen, sei es in einer idealisierten Vermittlung der Antike, sei es aufgrund von Eigenbeobachtung. Stilistisch gehören diese Figuren einer ganz anderen Welt an als die naturalistischen Archivoltenskulpturen (Abb. 14). Beide gleichzeitig anzusetzen und die Unterschiede lediglich durch den Einfallsreichtum eines verfrühten freien Künstlertums erklären zu wollen, spricht der oben aufgezeigten gesicherten Stilentwicklung Hohn. Die Figuren von Chartres und Etampes, die zwar dreidimensional als Säulen intendiert sind, aber eine verflachte Abstraktion bilden, sind viel eher unserem vorkarolingischen Beispiel (wie Abb. 5) vergleichbar. Nach herrschender Auffassung sollen diese Werke aber sogar eine Generation später

---

[5a] Cf. W. Stoddard, Art und Architecture in Medieval France, Middletown (Conn.) 1966, und jüngst W. Schlink, Der Beau-Dieu von Amiens, Frankfurt/M. 1991, 117.

[6] W. Götz, Zur Denkmalpflege des 16. Jahrhunderts in Deutschland, Österreichische Zeitschrift für Kunst und Denkmalpflege 13 (1959) 45—52, bes. 47 sq., 50 sq. Die Versetzungsfrage bildet den Kern der Portalforschung an der Reimser Kathedrale. Für Chartres, siehe J. van der Meulen und J. Hohmeyer, Chartres. Biographie der Kathedrale, Köln 1984, Kapitel 4—8, 10—11, 17, passim; für Saint-Denis, siehe J. van der Meulen und A. Speer, Die fränkische Königsabtei Saint-Denis. Ostanlage und Kultgeschichte, Darmstadt 1988, 10, 173—175.

entstanden sein als die so deutlich dem Leben zustrebenden Figuren des Lütticher Taufbeckens (Abb. 11).

Daß solche stilchronologischen Widersprüche von zwei- bis fünfhundert Jahren bis heute hingenommen werden, läßt sich wissenschaftsgeschichtlich erklären; aber weil unser Hauptbeispiel Mozat[7] noch viel früher in die Spätantike zu datieren ist, muß dieser Exkurs auch um die Erörterung methodischer Grundfragen erweitert werden.

Schon um 1819 hatte der Engländer William Gunn das Wort „Romanesque" eingeführt, und zwar mit der Erklärung, damit sei eine wesentliche Teilhabe an der Beschaffenheit des römischen Vorbildes ausgedrückt. Analog zu den Volkssprachen müsse auch die romanische Architektur als faktisch römisch, wenngleich in einer fremden Verbindung („foreign alliance") verstanden werden. Ähnlich befand dann anschließend der Franzose de Gerville, in den derben unbeholfenen romanischen Kirchenbauten sei doch das *opus romanum* zu erkennen, wenngleich entartet und ... herabgewürdigt. Auch Graf Arcisse de Caumont, der die französische Kunstgeschichtsschreibung wesentlich prägen sollte, wandte zunächst noch de Gervilles Bezeichnung „roman" auf die gesamte westeuropäische Architektur seit dem Ende des Römischen Reiches und bis ins 12. Jahrhundert an, mit der Begründung, sie sei wie die romanischen Sprachen durch Bastardisierung des Lateinischen entstanden[8].

Diese Anlehnung an die sprachwissenschaftliche Terminologie ist also mehr als eine gleichgültige Übernahme. Sie folgt vielmehr aus der Auffassung, daß der romanische Kirchenbau mit der Sprache eine Immanenz römischer Kultur teile und eben deswegen wie sie auch eine kontinuierliche Entwicklung durchlaufen habe. Für beide bedeutet das eine schrittweise Entfernung von den „klassischen" Formen an den Hauptzentren der Macht und der Bildung, ein Phänomen, das von der klassischen Archäologie als „Qualitätsgefälle" angesprochen wird. (Diese Provinzialismen führen in konsequenter eigener Entwicklung schließlich zu neuen „klassischen" Formen an neuen Zentren von Macht und Bildung, zum kapetingischen *opus Francigenum*, der sogenannten Gotik.) „Romanisch" ist also eine wissenschaftlich begründete Epochenbezeichnung wie nur wenige. Allerdings sollte sie nicht auf das 11. und 12. Jahrhundert eingeengt werden, sondern nach demselben Verständnis wie für die Sprachen einer geschlossenen Epoche gelten, in der die Renovatio Karls des Großen nur eine Station darstellt.

---

[7] J. van der Meulen, Romanische Kultstätten, in: Palast und Hütte. Beiträge zum Bauen und Wohnen im Altertum (Tagungsbeiträge eines Symposiums der Alexander von Humboldt-Stiftung ... November, 1979 in Berlin, ed. D. Papenfuß und V. M. Strocka), Mainz 1982, 593–629.

[8] Die Lage übersichtlich dargestellt in der Einleitung zu den beiden Jubiläumsbänden der Congrès archéologique de France, 97 (1935), ergänzt durch das Vorwort zu H. Bober und L. Grodecki, Studies in Religious Iconography by Emile Mâle, Princeton 1978.

Ihr aus der Sprachwissenschaft stammendes Selbstverständnis büßte die Kunstgeschichtsschreibung bald wieder ein. Der junge Graf de Caumont brach zunächst ein Jurastudium ab, um sich ganz der Botanik zu widmen; 19jährig gründete er alsdann den Linnaeus-Verband zur Förderung botanischer Forschung. Aus England zurückkehrende Emigranten, die mit ihm befreundet waren, lenkten sein Interesse aber auf die dort in Mode gekommenen antiquarischen Studien — woraufhin der nunmehr 22jährige Amateur sogleich die Société des Antiquaires de Normandie gründete und danach auch die nationalen Congrès scientifiques, aus denen 1834 die Société française d'archéologie hervorging. Die Rechte an deren Publikationen lagen bei Caumont; erst seine Witwe trat sie 1874 an staatliche Institutionen ab. So war die französische Kunstgeschichtsforschung quasi als Privateigentum Caumonts entstanden [9].

Frühzeitig, im Zeichen der Restauration, hat dieser Autor eine unbegründet an die Kapetinger ausgerichtete Chronologie für die ältere Baugeschichte etabliert, die zusammen mit der Fiktion einer (quellenkundlich widerlegten [10]) „Wiederentdeckung" monumentaler Bildhauerkunst im 10.—11. Jahrhundert bis heute als autoritative Meinung zitiert wird. Sie bringt die Geschichte der westeuropäischen Romanik in Widerspruch zur Kontinuität des römischen Provinzialbauwesens, wie sie für den östlichen Mittelmehrraum gut belegt ist [11]. Seit 1939 hat Deichmann zahlreiche Umwandlungen antiker Heiligtümer in christliche Kirchen im ganzen Mittelmeergebiet außer Gallien nachgewiesen [12]. Seither ist sich die religionsgeschichtliche, archäologische ebenso wie die kunsthistorische [13] Forschung einig, diese Ergebnisse müßten auch für Gallien gelten. Historiker wissen von der weit verbreiteten Umwandlung gallischer Villen in Klo-

---

[9] J. van der Meulen, mit R. Hoyer und D. Cole, Chartres. Sources and literary interpretation, Boston 1989, 8—12.

[10] C. Beutler, Bildwerke zwischen Antike und Mittelalter. Unbekannte Skulpturen aus der Zeit Karls des Großen, Düsseldorf 1964. Beutlers in späteren Arbeiten fortgesetzte beispielhafte Quellenforschung, wenn auch noch unvollständig, bleibt unangefochten; abgeschwächt und damit auch für die weitere Kunstliteratur weitgehend negiert war sein Beitrag nur durch die unvertretbaren Argumente bezüglich eines einheitlichen „karolingischen Stils" (siehe im folgenden).

[11] Diese Tatsache wird in der Kunstliteratur zur westeuropäischen Romanik fast gänzlich außer acht gelassen; gelegentlich erkannt wird sie als vorerst unlösbares Problem einer Vorwegnahme ästhetischer Prinzipien beschrieben: H. Sedlmayr, Östliche Romanik. Das Problem der Antizipation in der Baukunst Transkaukasiens, in: Festschrift Karl Oettinger, ed. H. Sedlmayr und W. Messerer, Erlangen 1967, 53—70. Die Ausnahme einer solchen Vorwegnahme mußte aber die methodische Konsequenz nach sich ziehen, ob oder inwieweit die Formanalyse überhaupt bei der Zeitbestimmung spätantiker Bauwerke herangezogen werden kann.

[12] Cf. J. van der Meulen, Romanische Kultstätten, op. cit. Anm. 7, pp. 593, 618 (n. 7).

[13] Id., 595, 619 (nn. 31—33).

sterpfalzen[14]; auch die synkretistische Übernahme von Villenaulen oder -kulträumen als Kirchen ist durch schriftliche wie archäologische Zeugnisse belegt[15]. Sämtliche Beispiele betreffen allerdings nur schmucklose Ruinen ohne Skulpturen[16]; erst 1978 konnte in Verbindung mit den weiterführenden Quellen ein nahezu komplettes vorchristliches Programm in einer stehenden Kirche festgestellt werden, nämlich zu Mozat (auch „Mosac") in der Auvergne, eine Klostergründung des späten 7. Jahrhunderts die auf die Schenkung einer Domäne des Herzogs von Aquitanien zurückgeht[17].

Nur weil bei Publikationen der kunsthistorischen oder „mittelalterlichen" Archäologie die Kriterien der klassischen Disziplin nicht systematisch angewandt werden, konnten die laienhaften Vorstellungen Caumonts noch immer Gültigkeit beanspruchen; prinzipiell wird eine Art Bestätigungsarchäologie betrieben, die Vorausgesagtes zu beweisen sucht[18]. Solche Abkehr von der klassischen Disziplin wurde möglich, weil diese die unklassischen provinzial-römischen und christlichen Altertümer schon früh ausgegrenzt und der Vor-, Früh- oder Landesgeschichte überlassen hat. Anstelle geisteswissenschaftlicher Differenzierung schleppt die Kunstgeschichtsschreibung eine Methodik mit sich, wie Caumont sie an Linnés Botanik entwickelt hat. Die quellenmäßig vernehmlichen Zeugnisse des christianisierten spätantiken Geistes werden wie stumme botanische Präparate nach äußeren Ähnlichkeiten und mit binarer Nomenklatur in Reihen geordnet.

---

[14] Id., 597, 621 (nn. 53—55). Dazu C. Brühl, Palatium und Civitas I: Gallien, Köln/Wien 1975, bes. 2 sq.: „Wer dann noch immer die Evidenz der Quellen abzuleugnen versucht, dem ist ohnehin nicht zu helfen."

[15] Id., 600, 624 (n. 75 sq.).

[16] Id., 595 sqq., 619 (nn. 38—40).

[17] Id., 593—595, 601, 607, 624 sq. (n. 87).

[18] Id., 595 sq., 619 sq. (nn. 34—40). Auch an den größten bzw. wichtigsten Bauwerken Frankreichs genügte es in der älteren Forschung, das früheste vorgefundene Mauerwerk, bzw. die als frühest erachteten Skulpturen mit der nächstliegenden Schriftquelle des 10.—13. Jahrhunderts in Verbindung zu bringen und dabei ältere geschichtliche und liturgische Traditionen und Dokumente als legendarisch abzutun. Beispiele bieten die Kathedrale von Chartres (siehe J. van der Maulen, Notre-Dame de Chartres. Die vorromanische Ostanlage, Berlin 1975), Saint-Denis (siehe J. van der Meulen und A. Speer, op. cit. n. 6) und Saint-Gilles (siehe J. F. Scott, St.-Gilles-du-Gard: The west facade figured frieze. Irregularities and relative chronologie, Frankfurt a. Main/Bern 1981. (Kultstätten der gallisch-fränkischen Kirche, I.) — auch zu Cluny, ibid. 6—7). Dort wo nachvollziehbare aber unbequeme archäologische Beweise (durch Maßaufnahmen begehbarer Bausubstanz) doch veröffentlicht werden, setzt archäologische Methodik entweder ihre Widerlegung durch andere Interpretation des überprüften Befundes voraus, oder ihre Annahme als jüngsten Stand der Forschung; dies findet in der Kunstliteratur selten oder nie statt. Im Gegensatz zu den ausführlichen Fundpublikationen der klassischen Archäologie und der Vor- und Frühgeschichte sind Inventarkataloge von den abertausenden figürlichen Skulpturen der Romanik nicht erstellt, geschweige denn veröffentlicht worden.

Die konsequent lineare Entwicklung naturalistischer Darstellungsweisen aber, die vom 6. bis zum 3. Jh. v. Ch. bei den Griechen stattgefunden hat, war nicht wiederholbar. War die Endstufe unerbittlich „realistischer" (immitativer) Naturnachamung einmal erreicht, so standen sämtliche Modelle zur freien Verfügung bereit. Schon von hellenistischer Zeit an durchkreuzen Klassizismen und Archaismen (die gern zitierte „Ungleichheit des Gleichzeitigen") jeden Versuch, die folgenden Epochen konsequent in Reihenfolgen zu ordnen. Mehrfach ist ein bestimmter Grad an klassizistischem Naturalismus durch Machthaber und gebildete Schichten verfügt geworden, er erfaßte — so der augusteische Klassizismus oder die karolingische *renovatio* — oft nur die Zentren. Doch gibt es z. B. auch heidnische naturalistische Sarkophage während der Blüte des höchst abstrakten kaiserlichen Tetrarchenstils, ja, im 4. Jahrhundert sollte dieser Naturalismus gerade zum Ausdruck heidnisch-adliger Gesinnung werden. So ist es evident, daß die Abrufbarkeit der naturalistischen Formen jeweils von den herrschenden religiösen Umständen erfordert wurde; auf diesem Niveau kann es durchaus möglich sein, nach Stilnuancen der verschiedenen Machtzentren chronologisch zu ordnen. Wo jedoch um diese Zeit religiöse Bedeutungsträger allgemeinverständlich einer von den großen Domänen beherrschten provinziellen Gesellschaft zu dienen hatten und kein Vorrecht der hauptstädtischen Zentren waren, sind primär ästhetisch ausgerichtete Datierungsversuche zum Scheitern verurteilt. Diese volkstümlichen Darstellungen in ihrem Un-Stil sind von einer noch unübersehbaren Vielfalt, die derjenigen der „Volkssprache" analog ist. Erst als die religiösen Bindungen dieser im Inhalt erfahrenen Darstellungen mit ihrer „Stiltendenz universalen Charakters" (H. Brandenburg)[19] sich lockerten, konnte diese durch Laienkünstler, wie sie faktisch im Grunde zuerst für das 13. Jahrhundert dokumentarisch belegt sind, primär nach formalen Kriterien stilistisch „geregelt" werden, so daß sie nun mit den Kriterien der Kunstliteratur zu erfassen sind. Ohne Rücksicht auf Inhalt konnte die äußere Form frei nach rationalen Kategorien gestaltet werden. So entsprechen die Apostelfiguren der Sainte-Chapelle (Abb. 13) selbstverständlich der allgemeinen geistesgeschichtlichen Entwicklung.

---

[19] Aus der allseits vorbelasteten Terminologie (Volkskunst, Plebejerkunst) des Nebeneinanders „großer" und „volkstümlicher" Kunst, die seit Rodenwald sehr wirksam von Brendel, Bandinelli und Brandenburg erörtert worden ist, führen wir hier den Begriff des Letztgenannten ein. Die Forschungslage ist übersichtlich zusammengefaßt von Eberhard Thomas, Einführung zur deutschen Ausgabe der 1979 erschienenen Prolegomena ... von: O. Brendel, Was ist römische Kunst?, Köln 1990, 10—24. Die Diskussion der klassischen Archäologie bleibt jedoch verstrickt in der Winkelmannschen Anwendung des Wortes Kunst; auch der wiederkehrende Begriff „antiklassisch" erweckt die Vorstellung einer bewußten Stilentscheidung seitens der Künstler (die bezeichnenderweise auch in der „höchsten" römischen Kunst anonym bleiben) und verdrängt damit die Bedeutung des kultisch bedingten Inhalts auch der *res privata*.

Wie sehr die darauf folgende, nach dem Können der Künstler beurteilte Kunst und die daraus entstehende stilgeschichtlich orientierte Kunstgeschichtsschreibung das Verständnis der geistigen Voraussetzungen früherer kultischer Darstellungen erschwert hat, soll zunächst an zwei Beispielen erörtert werden. Die „humanistisch"-reformatorische Vorstellung eines finsteren „Mittelalters" zwischen klassischer Antike und der „Renaissance" chrakterisiert eine Zeit, die weder Rom noch gar sein Fortleben in einer sich christianisierenden Spätantike begreifen konnte; die Hybris dieser selbstbezeichneten Wiedergeburt einer heidnischen Epoche in christlicher Zeit schloß sich aus. Die theologischen Systeme, welche die heidnischen Bildwerke bestimmt hatten, waren unter den veränderten anthropologischen Verhältnissen der Neuzeit nicht mehr erfahrbar, die Nachahmung der äußeren materiellen Formen der antiken Darstellungen blieb effektiv inhaltlos. Gewiß konnte Bernini im 17. Jahrhundert nicht mehr daran glauben, daß Daphne sich wirklich vegetabilisch verwandelt habe, um dem Zugriff des Gottes Apollo zu entkommen (Abb. 16). Ohne diesen Glauben und ohne ein allgemeinverbindliches Verständnis werden die Themen in einem freien Spiel gewählt, bleibt statt des Subjekts nur die ästhetische Form zu bewerten, die Virtuosität des Künstlers zu bewundern. Auftraggeber und Künstler spielen mit zwar nicht christlichen, wohl aber ursprünglich theologischen Systemen, die aus einem alles bestimmenden religiösen Alltag hervorgegangen sind; diese Theologie als Aberglauben abzutun, ist der verlegene Versuch, sie nicht (wie etwa die „Erzählungen" der Dichter) zu unseren entscheidenden kulturellen Wurzeln zählen zu wollen. Nur weil die Darstellungen naturalistisch sind, wird antiken Bildwerken kurzerhand ihre kultische Genese abgesprochen und stattdessen eine Genre-Thematik untergeschoben.

Zum Beispiel (Abb. 17): Eine auf den ersten Blick naturalistische Reliefdarstellung aus dem hellenistisch-römischen Alltag wird stets als „Schilderung ländlichen Genres" angesprochen[19a], oder sogar durch die Bildunterschrift „Bauer, zum Markt ziehend" erläutert. Doch dem mit Girlanden und einem Bock behängten Opfertier muß eine rituelle Bestimmung zugesprochen werden, nicht nur wegen des vom demütigen Bittsteller getragenen dritten Opfertiers, sondern vor allem in Anbetracht der heiligen Phallus-Trophäe im räumlich dargestellten heiligen Bezirk mit Baum, Tor und Priapos-Tempelchen. Alle diese Motive sind so demonstrativ in die Fläche verteilt, daß die Komposition doch nicht räumlich konsequent naturalistisch ausfällt. Die in der Einzeldarstellung souverän beherrschte Natur gehört zu einer Welt, die selbstverständlich dem Göttlichen untertan ist. Nirgendwo gibt es einen Hinweis auf „Markt", es handelt sich deutlich um ein Votivbild, das eine dreifache Darbringung an die gezeigte Gottheit

---

[19a] Siehe jüngst H. von Hesberg, Das Münchener Bauernrelief: Bukolische Utopie oder Allegorie individuellen Glücks?, Münchener Jahrbuch der bildenden Kunst (1986), 7—32.

verewigen soll. Auch der Naturalismus dient hier dem abstrakten Kultus, wie alle „Kunst"-Äußerungen der Antike und des früheren christlichen Zeitalters das tun. K. Schefolds Versuch, die römische Kunst als religiöses Phänomen darzustellen, wird ohne religionsgeschichtliche Gegenargumente noch heute durch den Vorwurf seines, wie es heißt, allzu deutlich vorgetragenen Sendungsbewußtseins herabgewürdigt[20]; demgegenüber hat Günter Bandmann nach 1951 bei der Auslegung von materiellen Zeugnissen dieser Zeit einschließlich der Romanik viel zu zaghaft von anderen anthropologischen Voraussetzungen gesprochen[21]. Dieser Begriff bezieht sich schließlich auf eine Epoche — oder besser auf einen Kulturbereich —, wo die im Unterschied zur Natur selbst geschaffene „materielle Kultur" nicht im Gegensatz zu einer „geistigen Kultur" gestellt werden kann. Die römischen Abbilder entstanden in Einheit von *cultura* und allgegenwärtigem *cultus*; daß die Gestalt der Darstellungen als Ausdruck von theologischem Inhalt verstanden werden muß, wird zwar auch für die wenigen rein christlichen Programme der Romanik von der Kunstliteratur anerkannt, nicht aber als Voraussetzung der überwiegend nichtchristlichen. Doch das Verhältnis von Mensch und Natur ist auch hier nicht aus freiem Willen gestaltet, sondern nach dem kultisch erfahrenen Bezug zu der die Natur gnädig stimmenden göttlichen Präsenz. Wie die synkretistisch umgestalteten Kultstätten von Chartres und Saint-Denis (was unsere Untersuchungen seit 1965 demonstrieren[22]), so ist auch die romanische Plastik als gestalteter Ritus zu verstehen, beispielhaft erkennbar an den Kapitellen von Mozat, die wir einleitend unter dem Stichwort „romanisch" vorgestellt haben.

Die Kapitellskulptur von Mozat bildet ein geschlossenes vorchristliches Programm, das einer dionysisch orientierten Kultstätte diente, die bei der Christianisierung Galliens als Kirche übernommen wurde. Unsere Vorstellung von solchen Umwandlungen muß die Langlebigkeit und die Eigentümlichkeit der autochthonen Kulte in Betracht ziehen. Sie wurden in mannigfaltigen Formen weiter ausgeübt, weil das Landvolk glaubte, sonst werde die Ernte im folgenden Jahr nicht gedeihen[23]. Unsere Be-

---

[20] K. Schefold, Römische Kunst als religiöses Phänomen, Reinbek bei Hamburg 1964; frühere Literatur bei J. van der Meulen, Romanische Kultstätten, op. cit. Anm. 7, 593, 616 sq. (nn. 1–7). Die dem Janus geweihte Schwelle des Hauses als Heiligtum (Schefold) war nicht weniger *res sacra* als das als Christus verstandene Portal, *Ostium* der Kirche, des Himmlischen Jerusalem.

[21] G. Bandmann, Mittelalterliche Architektur als Bedeutungsträger, Berlin 1951, passim, bes. 7 sqq., 11 und 23.

[22] Op. cit. Anm. 6.

[23] Quellen bei J. van der Meulen, Romanische Kultstätten, op. cit. Anm. 7, 599, 622 sq. (nn. 61–63). Jüngst entscheidend: L. Schneider, Die Domäne als Weltbild. Wirkungsstrukturen der spätantiken Bildersprache, Wiesbaden 1983.

schreibung verarbeitet antike Zeugnisse, ohne sie einzeln zu benennen[24]. Die Themen können anhand des Corpus von Matz mit römischen Sarkophagen in Verbindung gebracht werden[25].

Verglichen mit römischen Greifen (Abb. 19) haben diejenigen aus Mozat (Abb. 18) in ihrem geglätteten, stumpfen Provinzialstil die klare Anatomie von Rippen und Flügeln eingebüßt. Doch gerade dieser hellenistisch-gallische Mischstil trägt dazu bei, zwischen den Hinterbeinen der Tiere Schwänze von fruchtbar-vegetabilem, sattblättrigem Charakter hervorwachsen zu lassen. Volkstümliche Erzählkunst offenbart den Geist generativer Feuchtigkeit in der Vegetation als ein mysteriös erwecktes Lebenselement, das sich hier bildlich in der Tierwelt zeigt. Nach Varro war die Herrschaft des Dionysos nicht nur im Saft der Früchte zu erkennen, sondern auch im tierischen Samen. Schweitzer spielt auf derartige magische Verbindungen an, wenn er von der Gebundenheit der Anschauung in der gallischen Kunst spricht, die eine klare Trennung von Mensch, Tier und Pflanze wie in der klassischen Kunst nicht anerkenne[26].

Ein wichtiges Beispiel dafür stellen die Kentauren (Abb. 20) dar, deren Schwänze nicht nur ebenso sprießen, sondern die auch intensiv nach dem heiligen Pinienzapfen der symmetrisch wuchernden Mischpflanze an der Hauptansichtsseite des Kapitells greifen. Wie tierische Mischwesen, Kentauren oder die Flügelgenien, die gleich zu behandeln sind, Menschen- und Tierwelt verbinden, so wird diese mit der pflanzlichen Natur durch die Wesen mit den sprießenden Schwänzen verbunden. Was aber die Kentauren gegenüber römischen Vorbildern (Abb. 21) an naturalistischer Bauchmuskulatur und an idealem Raum eingebüßt haben, wächst ihnen an Dringlichkeit eines dionysisch-fruchttragenden horror vacui zu.

Auch die jünglingshaften geflügelten Genien, hier mit Attis-Mützen (Abb. 22), kommen — als Jahreszeitenfiguren — auf dionysischen Sarkophagen vor (z. B. Matz Nr. 259). Im Gegensatz zu der heroisch isolierten Stellung der hauptstädtischen Vorbilder vermitteln die Mischwesen von Mozat jedoch dem am Ritus beteiligten Betrachter ihre Botschaft in bescheidener Proskynese und wirken wie im nunmehr prallen vegetabilen Restkranz des Kapitelles verwurzelt. Ähnlich kontrastieren die schweren, saftigen Thyrsosstäbe der (den Betrachter ansingenden) bekrönten Bocksreiter von Mozat (Abb. 23) zu dem römischen Beispiel (Abb. 24); das strotzende Wachstum der Thyrsosstäbe wiederum springt auf die blättrigen Bärte und sprießenden Schwanzwedel der gallischen Böcke über. Bezeichnend ist auch, wie der Gallier auf seinem gummiartigen Bock den Betrach-

---

[24] Wir verlassen uns vorwiegend auf die Vermittlung der antiken Quellen durch W. Otto, Dionysos. Mythos und Kultus, Berlin 1933, und M. Nilsson, The Dionysiac Mysteries of the Hellenistic and Roman Age, New York 1957.
[25] F. Matz, Die dionysischen Sarkophage, Berlin 1975 (= Die antiken Sarkophagreliefs 4).
[26] B. Schweitzer, Die spätantiken Grundlagen ... op. cit. Anm. 5, 38.

ter eindringlich zur Beteiligung an seiner Kultwelt ermuntert, während das klassische Beispiel in einem Mikrokosmos befangen bleibt. Auch das hat Schweitzer als ein Hauptmerkmal galloromischer Plastik hervorgehoben: wie die Figuren sich und ihre Tätigkeiten präsentieren und wie durch die „Verbindung von menschlicher Anspruchslosigkeit und leidenschaftlich bewegter Haltung, ja Besessenheit ... das klassisch Gesonderte in einen ... expressiven Formenzusammenhang" zurückgeführt wird, „der ursprünglich wohl magisch empfunden und später ins Seelische vertieft wurde"[27].

Noch subtiler wird die Beziehung zwischen Menschen und Primaten ausgedrückt. Eines von zwei kompositorisch identischen Kapitellen in Mozat (Abb. 25) zeigt einen keck herausschauenden lockenköpfigen Jüngling; seine Sitzhaltung wird von einem Affen am benachbarten Kapitelleck, den er am Seil führt, nachgeäfft. Auf einem Kapitell etwas näher zum Chor der Kirche (Abb. 26) bleibt der Affe ungebändigt. Hier ist er einem präzis frisierten älteren Mann gleichberechtigt, dessen vor die Brust gehaltene Amphora einer vom Affen präsentierten Kugel entspricht. Alle vier Figuren der beiden Kapitele sitzen so auf dem unteren quellenden Blätterkranz, daß satte Blattlappen zwischen den gespreizten Oberschenkeln hervorquellen. Die genitalische Anspielung ist bei der Figur rechts am konsequentesten; das Gefäß, das sie hält, ist jedenfalls eine provinzielle Rückbildung des Dionysos-Kantaros (Abb. 27) aus der Spätantike.

Einer derart römisch-klassifizierenden Figur ist der gallische Dionysos (Abb. 28), der aufgeregt Trauben vorzeigt und den Betrachter aus vollblättrigem, den Kapitellgrund überwuchernden Mischrankenwerk anschaut, an Zutraulichkeit weit überlegen. Aus ein und derselben Wurzel wachsen sowohl Efeu als auch Weintraube. Dionysos trägt auf dem angewinkelten Arm einen speerförmig gebildeten Thyrsos, so wie der römische Dionysos am Weinlese-Sarkophag (Abb. 29), der sich aber in selbstbezogen-heroischer Haltung präsentiert. Im Gegensatz dazu steht die uns fremd gewordene und daher auch formal unzugängliche provinzielle Natürlichkeit oder Naivität mit dem Gestus der unmittelbaren menschlichen Ansprache. Das gallische Beispiel erscheint aber nur als Halbfigur, was bei näherer Betrachtung zeigt, daß Dionysos sich hier, getreu seinem Beinamen Dendrites oder Endendros (der im Baum Lebende oder Wirkende), als anthropomorpher Ast des vegetabilen Rankenwerks darstellt — eine belebte Natur-Welt im Gegensatz zu der virtuosen Metaphorik Berninis (Abb. 16). Ein solches Hervorwachsen zeigt wieder derselbe antike Sarkophag, an dessen linker Ecke (Abb. 30), als Pendant zu Dionysos, „ein Weinstock der, sich gabelnd, bis ungefähr zur halben Höhe der Vorderseite emporsteigt, um dort in den Oberkörper eines Satyrs so

---

[27] Ibid., und 41.

Abb. 1. Mozat, Abteikirche Saint-Pierre, n. Seitenschiff nach Westen

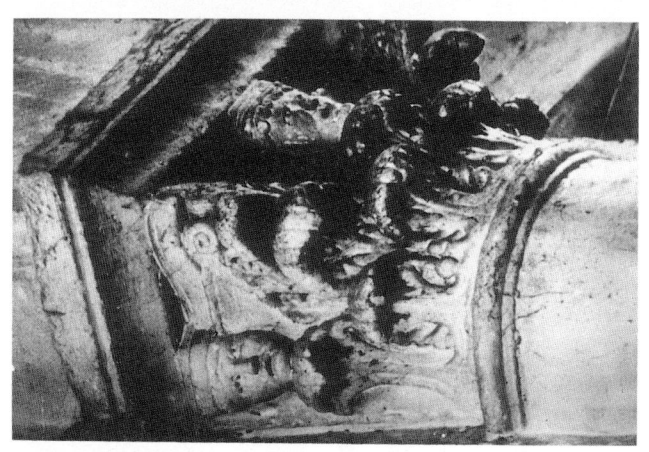

Abb. 2. Mozat, Kapitell mit Köpfen

Abb. 3. Mozat, Kapitell mit Knielaufschema

Tafel IV   J. van der Meulen

Abb. 11. Luik (Liège), St. Barthelmy: Taufbecken; 1107—1118

Abb. 13. Paris, Sainte-Chapelle: Apostel-Säulenfigur; 1241—48

Abb. 12. Köln, Dom: Dreikönigsschrein; 1198—1206

Abb. 14. Chartres, Kathedrale: Südl. Westportal, inneres Voussoir, unten rechts

Abb. 15. Etampes, Notre-Dame: Südportal, rechtes Gewände

Abb. 16. Roma, Galleria Borghese: G. Bernini, Apollo u. Daphne; 1622–24

Tafel VI J. van der Meulen

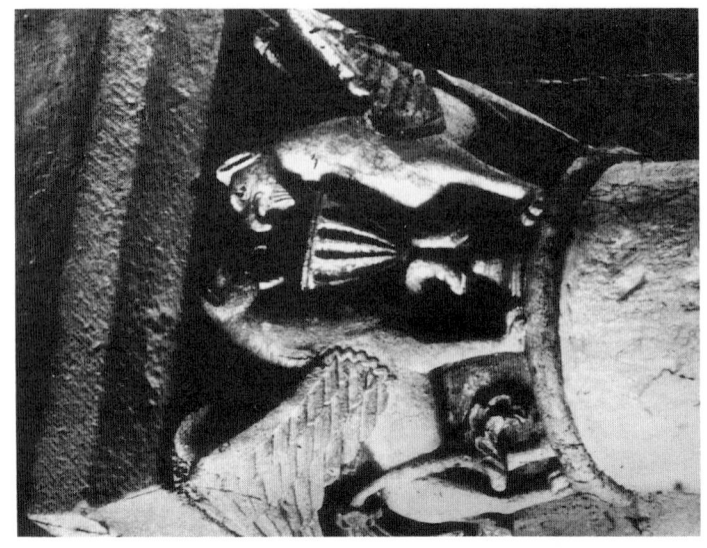

Abb. 18. Mozat, Kapitell mit Greifen

Abb. 19. Matz Nr. 3: Sarkophag, Istanbul (Thessaloniki); nach 260

Abb. 17. München, Antikensammlung: hellenist.-römisches Weihrelief

J. van der Meulen   Tafel VII

Abb. 20. Mozat, Kapitell mit Kentauren

Abb. 21. Matz Nr. 265: Sarkophag, Roma, Lateranmus.; 150–200

Abb. 23. Mozat, Kapitell mit Bockreitern

◄ Abb. 22. Mozat, Kapitell mit Flügelgenien

Tafel VIII   J. van der Meulen

Abb. 25. Mozat, Kapitell mit Affe und Jüngling ◄

◄ Abb. 26. Mozat, Kapitell mit Affe und älterem Mann

Abb. 27. Matz Nr. 257: Sarkophag, Roma, Pal. Lazzeroni; c. 340 ◄

Abb. 24. Matz Nr. 268: Sarkophag, Paris, Louvre: c. 230–240

Abb. 28. Mozat, Kapitell mit Wein-Efeu-Rankenfigur (Dionysos)

Abb. 29. Matz Nr. 178: Sarkophag, Roma, Thermenmus., rechts; 280–300

Abb. 30. Matz Nr. 178: Sarkophag, Roma, Thermenmus., links; 280–300

Tafel X J. van der Meulen

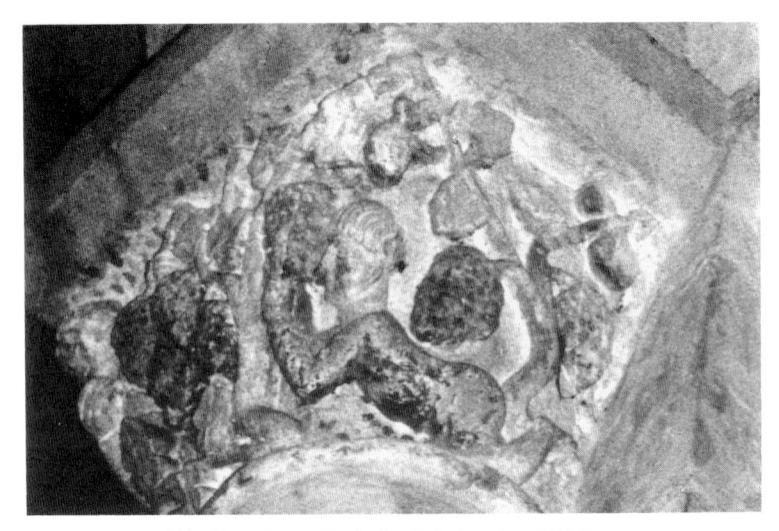

Abb. 31. Mozat, Kapitell mit knieendem Weinleser

Abb. 32. Roma, Lateranmus., Weinlesesarkophag; c. 360–390

Abb. 33. Matz Taf. 343: Relief, Roma, Palazzo Cardelli; 2. Jh.?

Tafel XI

Abb. 36. Mozat, Kapitell, Kopf im Blattwerk

Abb. 37. Toulouse, Mus. arch. des Augustins: Kapitell; 1. Jh. v. Chr.

Abb. 35. Mozat, Kapitell, mit Köpfen im Wachstum

Abb. 34. Mozat, Kapitell mit Baumreiter

Abb. 38. Saint-Remy-de-Provence, Depot archéologique: Kapitell; 2. Jh. n. Chr.

Abb. 39. Avenches, Mus. Theatre Aventicum: Kapitell; 3. Jh. n. Chr.

Abb. 40. Mozat, Kopf im Blattkapitell

Abb. 41. Matz Nr. 306: Sarkophagdeckel, Roma, S. Pietro, Kopfakroter; c. 280

◄▲ Abb. 42. Mozat, Kopf im Blattkapitell

▲ Abb. 43. Matz Nr. 334: Sarkophagdeckel, Vatikan, Scala Vecchia Direzione, Kopfakroter: 220–235

◄ Abb. 44. Mozat, Kapitell mit vier Eckfiguren (ehemals Chorarkade)

Tafel XIV J. van der Meulen

Abb. 47. Reims, Kathedrale: westliches Langhauskapitell; 2. Hälfte 13. Jh.

Abb. 45. Matz Nr. 257: Sarkophag, Roma, Pal. Lazzeroni; c. 340

Abb. 46. Reims, Kathedrale: westliches Langhauskapitell; 2. Hälfte 13. Jh.

Abb. 48. Höchst, St. Justinus: Langhauskapitell; um 850

Abb. 49. Lisieux, Kathedrale: Langhauskapitell; undatiert

Abb. 50. Saint-Denis Abteikirche: Chorarkade, Kapitell: 1240–44

Abb. 51. Paris, Sainte-Chapelle: Wandarkaden-Kapitelle; 1241–48

Abb. 52. Chartres, Kathedrale Langhauskapitell; wahrsch. vor 1194

Tafel XVII

Abb. 54. Chartres, Kathedrale: nördl. Westportal, Voussoirs, mit Monatsdarstellungen April und Juli

Abb. 53. Chartres, Kathedrale: Westportale, Zwischensäulchen (Spolium)

Tafel XVIII J. van der Meulen

Abb. 56. Chartres, Kathedrale: Nördl. Westportal, Voussoir mit Tierkreiszeichen Löwe

Abb. 55. Chartres, Kathedrale: Nördl. Westportal, Voussoir mit Monatsdarstellung März, Rebenverjüngung

überzugehen, daß die beiden Teile der Gabelung wirken als seien sie die Oberschenkel der Figur". Am Kapitell bildet wundersames Ineinanderwachsen den Grundgehalt; es bewirkt auch die magische Verbindung von Wein und Efeu aus einer Wurzel. Die dem Dionysos heiligen Pflanzen spiegeln seine Doppelnatur; auch in den dionysischen Mysterien verwandelt sich eine in die andere.

Dem Gott gegenüber kniet an der rechten Seite des Kapitells ein traubenlesender Zelebrant (Abb. 31), und im Dickicht seines Rebengeflechts nähern wir uns dem christlichen Bereich, so wie er sich auf dem lateranischen Weinlese-Sarkophag aus der 2. Hälfte des 4. Jahrhunderts (Abb. 32) darstellt, der sich an bukolisch-heidnische Tradition anlehnt. Er zeigt dasselbe in der wuchernden Fruchtbarkeit der Natur sich verwikkelnde Menschentum wie Mozat, aber auch wie, klassischer, das Cardelli-Relief (Abb. 33) und die Sarkophage. Auch sonst sind die Darstellungen in Mozat von Umarmung der pflanzlichen Natur geprägt: Bärtige Männer, dem Guten Hirten ähnlich (Abb. 3), werden nur durch das Motiv der Pinien-Epiphanie in eine formale Symmetrie gezwungen; Blumenbaum-Reiter (Abb. 34) umgreifen, auf einer rührend anspruchslosen Komposition, die Natur und vereinigen sich mit ihr in einer Sinnlichkeit, die auch ihre Beziehung zum Betrachter kennzeichnet, die sie aber prägnant von den nebeneinander ins Laubwerk gestellten christlichen Weinlese-Putti unterscheidet. Die gallische Kunst des ländlichen Kultes muß dem Volk wohl doch nähergelegen haben, sie verlieh der Welt der dionysisch Handelnden (wie der Rebenkoserin auf dem Cardelli-Relief, Abb. 33) eine Wärme und Unmittelbarkeit, die für die hohe Kunst der Stadtpatrizier unerreichbar blieb. Dionysos hieß nicht nur Dendrites und Endendros, sondern auch „Gott der Blumen", Anthios. Aber die auf äußere Form gerichtete griechische Kunst konnte die Volksnähe der sinnenfrohen Anthesteria nicht so einfangen, wie das auf den „kunstlosen" gallischen Kapitellen gelungen ist. In der Vorstellungswelt Galliens spürt man, so Schweitzer, ein „geheimnisvolles Leben und Weben, das ... den lebenden Menschen und das tote Ding als Teile der gleichen beseelten Welt miteinander verbindet"[28].

Bei den sogenannten Maskenkapitellen sinkt der menschliche Anteil gelegentlich zu einem bloßen Zeichen der in der Natur waltenden Intelligenz herab (Abb. 35). Der Kopf, ihr Träger, wird winzig und von der prallen Übermacht riesiger, die Schauseiten beherrschenden Blüten verdrängt. Aber derartige Köpfchen ersetzen Blütenknäufe überall von Bonn-Lengsdorf und Koblenz bis weit über die Auvergne hinaus, wenn auch

---

[28] Ibid. Statt uns mit den widersprüchlichen Erklärungen einiger Einzelthemen auseinanderzusetzen, die stets von der Kunstliteratur herangeführt werden, sei hier nur auf das bezeichnende Beispiel der beiden Primatenpaar-Kapitele hingewiesen, siehe J. Janson, Apes and Ape Lore in the Middle Ages and the Renaissance, London 1952, 47 sqq.

so unauffällig, das die beschreibende Denkmalinventarisation sie bis heute nicht bemerkt hat. Eher „klassische" Maskenkapitelle (Abb. 36) werden sonst in Gallien als römisch anerkannt[29]. Sie alle verbindet das Sichverlieren in pflanzlichen Motiven — ob in Toulouse im ersten Jahrhundert vor Christus (Abb. 37), in Saint-Remi in der Provence, Mitte des 2. Jahrhunderts nach Christus (Abb. 38), oder in Avenches in der Schweiz, wo im 3. Jahrhundert nach Christus ein Kopf, frisiert wie in Mozat, zwischen Eck-Adlern erscheint (Abb. 39)[30]. Weiter liegt aber auch der Vergleich mit der Sarkophagkunst auf der Hand. Bei den kultischen Dionysosmasken und Eckakroteren der Antike ebenso wie bei den Kapitellen der gallischen Kulträume (Abb. 40) findet sich eine betonte, in der Natur beobachtete Verschiedenheit menschlicher Typen und Gesichtsausdrücke. Sie wird jedoch nicht von künstlerischem Einfallsreichtum bestimmt, sondern durch die im Ritus geregelten vegetativen Jahreszeiten-Zyklen und vegetativen menschlichen Altersstufen. Durch kultischen Einklang mit der Natur wird dem Menschen im Leben (im Kultraum) und im Tod (am Sarkophag) die Wiederauferstehung im jenseitigen Frühling gesichert. Zu nennen sind ganz gehaltene Typen von Eckakroter-Köpfen an den Sarkophagen (Abb. 41), die ihre Entsprechung auf der linken Seite des Kapitells Abb. 36 haben (Abb. 40). Dabei zeigen die eher idealisierend-naturalistischen, „klassischen" Köpfe eine leicht verschlagene Verschlossenheit, die provinziellen aber etwas angespannt Extrovertiertes, so die bärtigen Typen (Abb. 42, vgl. Abb. 43); noch bei größter Ruhe ist doch der Mund verzogen, wirkt der Blick stechend. Das ist sogar noch bei offenbar bewußter Anlehnung an traditionelle Theatermasken festzustellen (Abb. 2, Vorderfläche). An den Sarkophagen bleibt eine Drehung zur Seite nur eben dies, nichts weiter, an den Kapitellen wird daraus ein auf den Betrachter gerichtetes Herauslauern aus dem Winkel (Abb. 2, Seitenfläche). Auch bei den expressivsten Akroter-Eckmasken hemmt die erstrebte Perfektion der Form auch die Kraft des Ausdrucks.

Bei den beiden christlichen Themen in Mozat, bezeichnenderweise in Ostjoch und Langchor, handelt es sich wohl um Ersatzstücke (Stuck?). Es genügt zu sagen, daß die Darstellung der Jonas-Geschichte fast völlig den Sarkophagreliefs des späten 3. Jahrhunderts entspricht (sogar darin, wie Jonas in der Kürbislaube vom Rankenwuchs geradezu bedrängt wird), während sich die Petrusgeschichte immerhin im 4. und 5. Jahrhundert nachweisen läßt. Entsprechend wird das Jonasmotiv um 600 der im übrigen heidnischen Tiersymbolik auf einer burgundischen Schnalle synkretistisch hinzugefügt, ergänzt noch um das übliche Daniel-Motiv, das soteriologische Gegenstück zur rein christlichen Rettung Petri. Diese und die Jonas-

---

[29] E. von Mercklin, Antike Figuralkapitelle, Berlin 1962.
[30] Datierungen nach von Mercklin, op. cit.

Darstellung müssen in Mozat allein das ganze naturfreudige heidnische Programm umfunktionieren[31].

Ein Hauptthema der dionysischen Sarkophage, das der Jahreszeiten[32], befand sich ursprünglich in der vom Erdbeben 1450 zerstörten Chorarkade (Abb. 4): Unter lebhaft geschwungenem Abakus ertanzen sich die vier trotz Rippenbildung, Brustwarzen und Bauchnabeln etwas teigigen männlichen Eckfiguren in merkwürdig verrenkter Kniehaltung eine Freiheit vom steinernen Kern, die sogar zur vollrunden Ausarbeitung der Hälse und Hände führt. Mit der Stilterminologie der Kunstliteratur läßt sich dieses Kapitell so wie eingangs zitiert erfassen, doch inhaltlich setzt es sich entscheidend vom Themenrepertoire des christlichen 12. Jahrhunderts ab: Die unterschiedlich gelockten und auch im Gesichtsausdruck differierenden Figuren strecken ihre — wieder fast kultisch verrenkten — Hände einander entgegen, um gemeinsam riesige Pinienzapfen zu tragen. Diese wachsen aus den Blättern des Kapitellgrundes heraus, welche ihrerseits aus Stengeln hervorquellen, die einer Verflechtung in der Leistengegend der nackten Figuren, einem Versprechen von Natur-Potenz, entsteigen. Es handelt sich gewiß um die Fruchtbarkeitssymbolik eines Vier-Jahreszeiten-Reigens. Lauscht man dem freudigen Frühlingslied aus dem Mund der lockigen mittleren Figur, ein Gegensatz zu ihrem kalt blickenden, hartstilisiert frisierten Nachbarn (Abb. 44), so fällt es nicht schwer, diesen überzeugenden Gehalt mit entsprechenden Motiven der „höheren Kunst" auf dionysischen Sarkophagen zu vergleichen. Mit römischen Sarkophagen, ob im Palazzo Lazzeroni, 340 n. Chr. (Abb. 45), oder Köln-Weiden, auf dem die Vier Jahreszeiten den Gott Dionysos flankieren, hat das Kapitell die angewinkelt hochgehaltene Attribute und die eigentümliche Verschlingung mit den Gewächsen gemeinsam.

Die Fortführung dieser homogenen Welt in der christlich karolingischen Großplastik ist durch Beutlers Vorarbeiten auch von seiten der Kunstgeschichte schon aus den Quellen belegt worden[33]. Es bedarf aber noch erheblicher Forschungsmühen, das Phänomen an den einzelnen Monumenten nachzuweisen. Abschließend ist darauf hinzuweisen, wie die Auflösung dieser anthropologisch geschlossenen Epoche sich an dem fortschreitenden symbolfrei-aristotelischen Naturalismus der Kirchenplastik in der erwachenden Neuzeit zeigt.

Während Thomas von Aquino nach 1252 in Paris das eigene Recht des Wissens neben dem Glauben verfocht, entstanden die westlichen Kapitelle

---

[31] J. van der Meulen, Romanische Kultstätten ..., op. cit. Anm. 7, 613 sq., 628 (n. 193).

[32] Eine grundlegende Erörterung der spätantiken Quellen bietet G. Hanfmann, The Seasons Sarcophagus in Dumborton Oaks, Cambridge (Mass.) 1951, I, 142—261.

[33] Cf. Anm. 10. Bezeichnend ist es, daß noch 790 die Libri Carolini gerade gegen Darstellungen der Vier Jahreszeiten polemisieren, Caroli Magni Capitulare de Imaginibus I, 2; III, 13 (MGH, Legum sectio III, concilia II, Suppl., Hannover 1924, 13, 151—3).

des Reimser Kathedrallanghauses — mit „exquisit naturalistischen" (Henderson) Darstellungen „feinster Ranken und Blattwerke, untermischt mit figürlichen Motiven" (Jantzen). Mit letzteren sind die bekannten Drolerien der virtuosen gotischen Bildhauer gemeint. Jedoch hat dieses nunmehr selbständige Handwerk weder theologische Beziehung zu der Kathedralschule, noch gesellschaftlichen Anspruch auf die Universität; das sich allmählich säkularisierende städtische Wetteifern im Kathedralbau war aber bald auf das technische Können der Steinmetze angewiesen[34]. Die abgebildete Weinernte-Szene (Abb. 46) dürfte wohl irgendwann einmal als Analogie des Seienden als Voraussetzung natürlicher Gotteserkenntnis ausgelegt worden sein. Doch die menschliche Vernunft würde göttlicher Offenbarung bedürfen, um mittels rein künstlerischer Abwandlungen der ihres Sinnes entleerten romanischen Mischwesen mehr über Gott sagen zu können: Das Bildwerk, Abb. 47, wird zwar im Gotteshaus zur Schau gestellt, doch nicht im alltäglichen Kult erfahren, sondern ist nur durch die Vernunft ansprechbar — mit der Frage eines Museumsbesuchers: Was soll denn das? Die Antwort weicht in Bewunderung für die Nachahmung der Natur aus: Wer diese technische Leistung vollbracht hat, wird wohl auch gewußt haben, was es mit den Hühnermenschen auf sich hat.

Wir wollen zum Schluß die Frage ernsthafter stellen. Die Kunstgeschichte allein ist nicht berufen, die Auflösung eines früheren, im Gottesverständnis geschützten Alltags zu erklären, wie sie vom „gotischen" Naturalismus offenbart wird. Die selbst von ästhetisierender Bedeutungslosigkeit bedrohte Disziplin könnte aber sehr wohl einen Beitrag dazu leisten, wenn sie nämlich bereit wäre, die monumentale Theologie der romanischen Epoche nicht nur nach ästhetischen Kriterien zu befragen, sondern in der gemeinsamen Geschichte der Kirche und des Tempels nach den Inhalten zu forschen.

Der Appell, mit dem der Vortrag in Köln schloß, läßt sich sogar anhand des Stils der nichtfigürlichen Kapitelle über die Theologie von Chartres auf die Philosophie des 12. und 13. Jahrhunderts beziehen. Die Betrachtung von Kapitellen sollte stets die Rückbesinnung auf das korinthische Exempel einschließen. Jedoch auch darin hat die Forschung den lebendigen Inhalt dieses Objekts verleugnet, daß sie Vitruvs aitiologischer Erzählung über die Entstehung des Kapitells die historische Relevanz absprach. Lassen wir uns davon (und von Vitruv selber) nicht irreführen: Vitruv überliefert volkstümliches Bewußtsein „von der Bedeutung des Kapitells, das im Kontext des Tempelbaus, der Grabsäule, der Trophäe, des ... universellen Siegens über den Tod seinen Ursprung nahm. Die Erzählung

---

[34] Zur Säkularisierung des Kirchenbauwesens siehe J. van der Meulen, Gothic Architecture, in: Dictionary of the Middle Ages 5 (1985) 580—603, bes. 582 und 587 sq.

ist gewiß nicht ‚dümmer' als die von Ceres und Persophone ...: Ein Mädchen stirbt und an ihrem Grab bieten die Sachen, die ihm lieb waren ... rituell gepflegt, ein Gerüst für das Leben, das aus der verborgenen Akanthuswurzel dort wuchernd entspringt, wo der Tod weilte. In der Antike wirkte das kanonische korinthische Kapitell als Bedeutungsträger ersten Grades in diesem Sinne". Betrachten wir mit Hoyer die weitere stilistische Entwicklung des Blattkapitells[35], so läßt sich vom 9. bis zum 13. Jahrhundert in Nordfranzien tatsächlich ein fortschreitender Naturalismus feststellen, wenn auch nicht ganz mit der von der Kunstgeschichte gewünschten linearen Konsequenz. Die um 850 dendrochronologisch gut datierbaren abstrakten karolingischen Kapitelle von Sankt Justinus in Höchst (Abb. 48) weisen die charakteristischen Elemente des antiken Prototyps auf, doch ist es „bezeichnend, daß der vegetabilische Zusammenhang aufgegeben" ist. „Ohne dynamisches Verhältnis" wird das „frühere antik-rankende Leben" durch „steife Geradlinigkeit" und „tief einkerbende lineare Ornamentierung" in „furchtsamer Orthogonalität" ... eingefangen"[36]. Die hier „angelegte Reduzierung auf eine einzige Ornamentgrundform" ist auch in späteren, nicht genauer datierbaren „frühgotischen" Kapitellen (wie in Lisieux, Abb. 49) wirksam. Doch werden die abgeflachten Abakus-Ecken von breit dimensionierten Blättern tektonisch unterfangen, deren Blattüberfall bereits in Umriß und Gradeinteilung eigentlichen, klassisch „hochgotischen" Blattstengel-Knospen entspricht (Abb. 50). Aus den bauarchäologischen Bedingungen von Saint-Denis wissen wir heute, daß es diese durch strenge Blattreihung erreichte Vereinfachung des klassischen Schemas schon vor 1140 gab. Sogar als die Knospen selbst an der Sainte-Chapelle um 1245 (Abb. 51) schon zu gekräuseltem Blattwerk herangewachsen waren, behielt die strenge Tektonik des Grundsystems noch immer viel von diesem Schematismus.

In Chartres jedoch sehen wir (Abb. 52), wie zu einer unbestimmt früheren Zeit (sei es um 1194 oder wahrscheinlich lange vorher[37]) die satten Knospenstengel nicht nur in vollsaftiger Fruchtbarkeit Seitenblätter hervortreiben, sondern diese Beobachtung vegetativer Natur auch den

---

[35] R. Hoyer, in: J. van der Meulen und A. Speer, Die fränkische Königsabtei Saint-Denis. Ostanlage und Kultgeschichte, Darmstadt 1988, 106–117, mit Quellenangaben. Cf. Hoyers weiterführende Untersuchung zur Morphologie des romanischen Kapitells, Notre-Dame de Chartres: Der Westkomplex, Frankfurt a. M./Bern 1991 (Kultstätten der gallisch-fränkischen Kirche, 5).

[36] Id., 110 sq.

[37] Die Kapitelle hätten anhand der Dendrochronologie der abgesägten Zugbalkenköpfe präzise datiert werden können, cf. J. van der Meulen und J. Hohmeyer, Chartres ..., op. cit. Anm. 6, 56 und Abb. 61; siehe auch Kapitel 15 und 16, zu revidierten Datierungsmöglichkeiten. Seitdem wird die Bedeutung des Branddatums anhand neu angeregter Quellenanalysen ernsthaft in Frage gestellt und eine frühere Datierung sehr wahrscheinlich gemacht, siehe J. van der Meulen with R. Hoyer and D. Cole, Chartres ..., op. cit. Anm. 9, 42–47.

unerbittlichen Tod einbezieht: Überall weisen Stummel von Stengeln auf abgebrochene Blätter hin. Ein herausragendes Denkmal wie die Kathedrale von Chartres stellt auch in der sonst so linearen Entwicklung naturalistischer Formen zwischen dem 9. und dem 13. Jahrhundert eine Ausnahme dar und fordert eine Rückbesinnung auf Inhalte — Inhalte, die hier zweifellos auf die naturwissenschaftlichen Interessen der Kathedralschule zurückzuführen sind. (Bezeichnend für die ganze Entwicklung bleibt das Fehlen von Figuren.) Die historisierenden Kapitele der Romanik erscheinen als Eindringlinge in dieser sonst geschlossenen Stilentwicklung. Aber es ist nicht auszuschließen, daß die satte Vegetabilität der Chartreser „Gotik" doch im Bewußtsein der dionysischen Welt entstand. Offenbar als Spolien in die schließlich theologische Aussage der heterogenen Westportale einbezogen, befinden sie sich zwischen den bis heute noch stets unbefriedigend gedeuteten Herrscherfiguren der Figurensäulen dünnerer Zwischensäulchen (Abb. 53), die keine christliche Thematik aufweisen, sondern uns sofort an Mozat erinnern. Sogar die christianisierten Tierkreis-Archivolten des Weltschöpfungsportals[38] (mit Einschluß der Monatsdarstellungen), die auch kaum vor dem 10. Jahrhundert zu datieren sind, weisen vielsagende Reminiszenzen von Mensch und Vegetation auf (Abb. 54). Sie verflechten Mensch und Tier auch sonst unauflöslich vegetabilisch (Abb. 55), zumindest den Löwen (Abb. 56) sogar mit einem pflanzlich sprießenden Schwanzwedel. Der religiöse Glaube an göttliche Vorbestimmung der vegetabilen-vegetativen Existenzgrundlage des Menschen — hier in Chartres nebeneinander dargestellt — weist die Kirche der christianisierten Antike als homogenen, wenn auch sublimierten anthropologischen Teil des Altertums aus. Der Mensch, der sich somit — nach dem Rahmenthema der Tagung — selber in „genuin naturphilosophischer Perspektive" als teilhabend an der Gottheit erfaßte, einer Gottheit, die sich in der vegetativen Schöpfung wahrhaft freudig verkündete, dieser Mensch stand dieser wohlwollend-gebändigten Natur gewiß nicht „hilflos erschrocken" gegenüber. Es ist problematisch, statt dessen einen Aristotelismus zu rühmen, der sich im Eigenrecht die Fragehorizonte auf menschliche Rationalität festschreibt, wenn diese sich als rein quantifizierender Materialismus erweist: Bis zum 20. Jahrhundert hat er weder zu einem Verständnis der Natur geführt (außer man wollte die fortschreitende Tötung der Erde als naturphilosophische Errungenschaft auslegen) noch zu einem humanen Verständnis der Menschheit, die zu einem Drittel Hunger leidet. Eine Vorahnung dieses Zeitalters erklingt schon in der frühesten „naturalistischen" Dichtung: In dem von Neidhart von Reuental erfahrenen Winter

---

[38] Es handelt sich um das linke Portal der Westfassade, populär als Himmelfahrt gedeutet; siehe J. van der Meulen, Chartres: Die Weltschöpfung in historischer Sicht, in: Francia. Forschungen zur westeuropäischen Geschichte 5 (1977) 81–126, Taf. I–V; zu den Archivolten, 104–107.

des 13. Jahrhunderts sind „alle Vöglein mit ihrem Gesang verstummt. Dahin ... (sind) Blumen und Gras" und dies wird auch an „jedermanns" und Neidharts „letztem Tag leider noch nicht anders sein" — ohne daß in diesem Lied irgendeine soteriologische Anspielung auf Teilhabe des Menschen am Erneuerungszyklus der Natur zum Ausdruck kommt[39]. Demgegenüber sind in den synkretistischen Strukturen des Chartreser Westportalprogramms eher Erinnerungen an eine Welt wie die des Namenschristen Ausonius, dessen im Wasser der Mosel und in den „alten ehrwürdigen Hainen" erfahrene „festliche Reigen" der „Nymphen des Berglandes" und „Geister der Fluren" im Zusammenhang mit den ebenfalls von ihm beschriebenen Säulenhallen der romanischen nordgallischen Villen erwähnt werden[40].

---

[39] Neidhart von Reuental Lieder, ed. H. Lomnitzer, Stuttgart 1984, 80–83: Winterlied 19, 3–10.
[40] D. Magnus Ausonius, Mosella, ed. K. Weiss, Darmstadt 1989, Strophen 175–178, 284–296, 318–348, 381, 478.

Deformatio naturae
Die Seltsamkeiten der Natur in der
spätmittelalterlichen Ikonographie

KATARZYNA ZALEWSKA (Warschau)

Als der hl. Bernhard von Clairvaux sich einmal, in seiner *Apologia ad Guillelmum*, fragte: Was haben all diese komischen Monstren für einen Sinn? — konnte er natürlich nicht wissen, daß dieselbe Frage ein paar Jahrhunderte später immer noch gestellt werden wird — von den Gelehrten, die danach streben, die inhaltliche Bedeutung der Skulpturdekoration romanischer Kirchen bzw. die der Randdekorationen illuminierter Handschriften ans Licht zu bringen.

Die von Bernhard bestrittene Monstrenwelt, eine Welt voll seltsamer Ungetüme und hybrider Mißgebilde, überlebte ihren Kritiker, und die mittelalterliche Kunst schuf danach noch eine Unmenge bizarrer, irrealer Gestalten. In der architektonischen Skulptur, der Goldschmiedekunst, in den Handschriftenbordüren, auf den Tapisserien leben Dutzende monströser Menschenrassen — darunter: sechsarmige Menschen, Hundköpfige (Kynokephales) oder Panotii (Menschen mit den bis an ihre Füße herunterhängenden Ohren). Noch reicher ist diese Welt an Untieren: einige vierzig bis fünfzig Abarten, von den so „üblichen" wie Drachen, Greifen oder Harpyien bis zu den ikonographisch sehr seltenen, wie z. B. Mantikoren — gefährlichen Raubtieren mit verdoppelten Zahnreihen in beiden Kiefern — und Amphisbänen — Untieren, die ein großes Haupt statt des Schwanzes hinten an ihrem Körper haben. Die Ansammlung von solchen Seltsamkeiten wird noch um verschiedene Pflanzenabsonderlichkeiten bereichert, wie z. B. Bäume, die Lämmer bzw. Vögel statt Früchten zeugen [Abb. 1]. Auch die unbelebte Natur ist in diese Welt eingegliedert: sehende und sprechende Felsen mit Menschengesichtern.

Solche Darstellungen zu deuten, bereitet der gegenwärtigen Kunstgeschichte viele Schwierigkeiten. In der bisherigen Forschung wurde immer das Phantastische hervorgehoben: eine deformierte Natur, die auf die menschliche Einbildungskraft, auf die völlig freie Kreativität des menschlichen Geistes zurückgehe, ohne festen Bezug zur Realität zu bewahren. Aus der Forschung nach Genese, Ursprüngen und Überlieferung ist dabei ersichtlich geworden, wie tief diese Weltvorstellung in den vor- und nichtchristlichen Kulturen wurzelt[1]. Die Analyse von Einzelmotiven ergab dabei eine allgemein akzeptierte, symbolisch-moralistische Deutungsweise. Dieser Interpretation nach sind all diese entarteten Mißgebilde als eine Art Satans-Bestiarius anzusehen, als Darstellungen des Reiches des Teufels, des Bösen und der Sünde, und das Mißgestaltete der monströsen Körper solle das Häßliche der menschlichen Laster veranschaulichen[2]. Viel seltener wurde dagegen in diesen Darstellungen eine positive Bedeutung gesehen, obwohl denn doch auch eine solche Auslegung durchaus möglich wäre. Die Häßlichkeit eines abstoßenden Äußeren mußte nämlich gar nicht unbedingt und immer die Deformation des Geistes — die Verderbung der Seele durch Sünde widerspiegeln[3].

Die simplifizierende Deutungsweise, die monströsen Gebilde sämtlich auf eine einfache, direkte Versinnbildlichung der Moralbegriffe zurückzuführen, läßt schwere Bedenken aufkommen. Die vom Physiologus herrührende und in Bestiarien entfaltete Tiersymbolik war anscheinend nicht so weit verbreitet, wie man es heute annimmt. Hätte jedes solcher Motive eine konkrete, festgelegte und damals leicht verständliche Bedeutung, müßte die Frage des hl. Bernhard entweder ein Ausdruck seiner Ignoranz im Bereich dieser Symbolik sein (woran kaum zu glauben ist!), oder eine

---

[1] Für die moderne Forschung zu dieser Erscheinung besonders einleuchtend sind die folgenden Abhandlungen: J. Baltrusaitis, Le Moyen Age fantastique. Antiquités et exotismes dans l'art gotique, Paris 1955; id., Réveils et prodiges. Le gothique fantastique, Paris 1960. Einen umfassenden Katalog von monströsen Wesen hat S. Zajadacz-Hartenrath (Fabelwesen, in: Reallexikon zur deutschen Kunstgeschichte, VI, 1973, 739–816, mit ausführlicher Bibliographie) zusammengestellt. Zu den Verwandlungen der mittelalterlichen Mentalität sowie zum Verhältnis zu der *Natura deformata* siehe: C. Kappler, Monstres, démons et merveilles à la fin du Moyen Age, Paris 1980 und J. B. Friedman, The Monstrous Races in Medieval Art und Thought, Cambridge (Mass.) — London 1981. Die Stellung der monströsen Wesen innerhalb der Ikonographie der Exotik wird von G. Pochat behandelt: Der Exotismus während des Mittelalters und der Renaissance, Stockholm 1970. Siehe auch: H. Mode, Fabeltiere und Dämonen. Die phantastische Welt der Mischwesen, Leipzig 1973.

[2] H. Schade, Dämonen und Monstren. Gestaltungen des Bösen in der Kunst des frühen Mittelalters, Regensburg 1962. B. Rowland, Animals with Human Faces. A Guide to Animal Symbolism, Knoxville 1973. E. Castelli, Le démoniaque dans l'art. La signification philosophique, Paris 1958. V. H. Débidour, Le bestiaire sculpté du Moyen Age en France, Grenoble–Paris 1961. F. Mac Cullock, Medieval Latin and French Bestiaires, Chapel Hill s. d. [1962] (Studies in the Romance Languages and Literature 33). F. Klingender, Animals in Art and Thought to the End of the Middle Ages, London 1971.

[3] Die positive Bedeutung der monströsen Menschenrassen wurde z. B. von Thomas von Cantimpré in seinem Traktat *De naturis rerum* angenommen. Dieser betrachtete z. B. die sechsarmigen Menschen als Sinnbild für die Almosengebefreudigkeit. Auch die Panotii versinnbildlichen in den *Gesta romanorum* die Leute, die das Wort Gottes bereitwillig und gehorsam anhören. — A. Hilka, Eine altfranzösische moralisierende Bearbeitung des *Liber de monstruosis hominibus orientis* aus Thomas von Cantimpré *De naturis rerum*, in: Abhandlungen der Gesellschaft der Wissenschaften zu Göttingen, Phil.-hist. Klasse 3, 7 (1933), 153 sqq. — S. Zajadacz-Hartenrath, op. cit., passim.

übliche rhetorische Frage, der jedoch eine kommentierende Erweiterung nachfolgen sollte — nämlich eine Erklärung dafür, daß diese Darstellungen für die moralische Erbauung von grundlegendem Nutzen waren. Allem Anschein nach aber bemerkt Bernhard daran keinen didaktischen Wert.

Der Versuch gemäß der moralistisch-symbolischen Auslegung versagt besonders auffallend bei der Analyse der spätmittelalterlichen Darstellungen des 14. und 15. Jahrhunderts. Die monströsen Motive verloren in diesem Zeitraum ihre bisherige Funktion als Bestandteile großer Programme der Skulpturdekoration der Kirchengebäude. Von der 2. Hälfte des 13. Jahrhunderts an erschienen diese Darstellungen immer seltener in der architektonischen Plastik; seit diesem Zeitpunkt fanden sie dagegen Eingang in die illuminierten Handschriften. Die Darstellungen monströser Menschen und Tiere, mal ornamental stilisiert, mal naturgetreu aufgefaßt, gehören zum reichen Satz von Motiven, die die Ränder der Codices verzieren. Und eben die Analyse dieser Randdekorationen beweist, daß wir öfters kaum imstande sind, den Sinn der einzelnen Motive und überdies ihren Zusammenhang mit dem Text und den Miniaturen zu verstehen.

Suchen wir beispielsweise nach dem Zweck und Sinn der Darstellung von vier menschlich-animalischen Hybriden in der Bordüre, die eine Miniatur mit der Totenmesse in einem französischen Stundenbuch von etwa 1415 umrahmt [Abb. 2][4], so scheint uns der inhaltliche Zusammenhang dieser Monstren mit den Gedanken von Tod und Sünde ganz einhellig. Gleichzeitig wäre es aber äußerst schwirig, eine konkretere Bedeutung dieser Hybriden am Anfang des 15. Jahrhunderts präzise zu beschreiben. Noch unklarer bleibt die Funktion ähnlicher, diesmal aber musizierender Hybriden in der Bordüre einer Miniatur mit der Darstellung eines Arztes und seiner Patienten [Abb. 3][5]. In diesem Fall können weder das Thema der Miniatur noch der Text der Handschrift (eine Abhandlung von verschiedenen Krankheiten, jedoch ohne die geringste Erwähnung der Ingerenz dämonischer Mächte) bei der Deutung der Monstrendarstellung der Randdekoration behilflich sein. In derselben Handschrift wird eine Miniatur mit der Szene der Erschaffung der Tiere durch eine Floratur umrandet, in die Figuren musizierender Engel sowie ein Drache und ein Basilisk hineingeflochten worden sind[6]. Es ist nicht leicht zu entscheiden, ob diese merkwürdige Zusammenstellng von Engeln und Monstren die harmonische Komplexheit und Zusammengehörigkeit der gesamten Schöpfung Gottes im Moment der Erschaffung der Welt oder — umge-

---

[4] Florenz, Slg. T. Corsini. M. Meiss, French Painting in the Time of Jean de Berry. The Boucicaut Master, London 1968, 86—87.
[5] Barthélemy l'Anglais, Le livre de la propriété des Moses, Frankreich, um 1415, Cambridge, Fitzwilliam Museum, Ms. 251, fol. 54 v. M. Meiss, op. cit., 79—80.
[6] Barthélemy l'Anglais, op. cit., fol. 16.

kehrt — die baldige Verderbnis dieser ursprünglichen Harmonie durch die Entstehung der Sünde veranschaulichen sollte.

Erörtert man die teratologische Ikonographie des Mittelalters, muß man sich im Klaren sein, daß die Monstren damals nicht als Phantasmagorien betrachtet wurden. Von Isidor von Sevilla an bis zu Sebastian Münster erklärten die Gelehrten all diese Basilisken, Hundköpfigen bzw. die sprechenden Bäume als lebenswahre Wirklichkeit, als zweifellose Realität, und hielten die Studien hierzu und das Wissen darüber für einen belangreichen, erforderlichen Bestandteil historischer bzw. geographischer Bildung. Dementsprechend sind in der Szene der Aussendung der Apostel auf dem Tympanon der Kirche St. Madelaine zu Vézélay [Abb. 4—6] auch die Hundköpfigen, die Panotii und Sciopodes (einbeinige Menschen) unter den Völkern dargestellt, die belehrt und christianisiert werden sollten[7]. Eine verwandte Weltvorstellung kommt auf den illustrierten *Mappae mundi* zum Vorschein. Auf der Karte von Ebstorf von etwa 1260 sieht man das Haupt Christi und seine hinter dem Weltkreis nach außen hervorgestreckten Hände und Füße; das Innere der Erdteile ist mit verschiedensten Bewohnern ausgefüllt, u. a. auch mit monströsen Menschengestalten und Tierhybriden[8]. Damit bringt diese Karte die damals übliche Überzeugung zum Ausdruck, daß die *Natura deformata* einen unzertrennlichen Bestandteil der empirischen Wirklichkeit bilde.

Die Frage nach Ursache und Zweck der so weiten Verbreitung der monströsen Mißgestalten in der mittelalterlichen Kunst ist also im Grunde genommen mit der grundlegenden ontologischen Frage identisch — mit der Frage nach dem Sinn, der Rolle und Funktion der Deformation und des Deformierten in der Welt, die doch als eine zweckmäßige und harmonische Schöpfung Gottes betrachtet wurde.

In diesen notwendigerweise kurzen Bemerkungen ist es gar nicht möglich, alle für dieses Thema aufschlußreichen Äußerungen der Theologen — auch nicht einmal im Auszug — zu behandeln. Es sei aber wenigstens darauf hingewiesen, daß die Verfasser der Schriften über monströse Wesen von der 2. Hälfte des 13. Jahrhunderts an immer öfter auf die moralisierende Auslegung der Teratologie verzichteten. Dies ist in den geographischen Schriften, den Berichten von Handels- und Missionsreisen nach Asien und Afrika besonders gut erkennbar. Die Berichte von Kaufleuten und Missionaren trugen vieles zum geographischen Wissen herbei, para-

---

[7] A. Katzenellenbogen, The Central Tympanum at Vézelay: Its Encyclopedic Meaning and Its Relation to the First Crucade, in: The Art Bulletin 26, 1944, 141—151; J. Friedman, op. cit.

[8] M. Destombes, Mappemondes A. D. 1200—1500, Amsterdam 1964, 194—197, Kat.-Nr. 52.2 (mit Literaturverzeichnis). — U. Ruberg, Mappæ mundi des Mittelalters im Zusammenwirken von Text und Bild, in: Text und Bild. Aspekte des Zusammenwirkens zweier Künste in Mittelalter und früher Neuzeit, ed. Ch. Meier und U. Ruberg, Wiesbaden 1980, 550—585.

doxerweise aber befestigten sie gleichzeitig die Vorstellung von den exotischen Ländern als den seltsamen, wunderlichen Welten. Aufschlußreich sind bereits die Bezeichnungen, die von den Verfassern benutzt wurden: *Mirabilia descripta, Marvels of the East, Merveilles du monde* — Titel, die eine Sonderformel des geographischen Schrifttums kennzeichnen[9]. Der Bericht des Odorikus von Pordenone, eines Franziskaners, der eine Missionsreise ins Reich des Großen Khans unternommen hatte, wurde um 1331 geschrieben und ist mit *Itinerarius Orientalis* betitelt; er wurde aber auch *De mirabilibus mundi* genannt[10]. Denselben Titel (bzw. entsprechende Titel in Übersetzungssprachen) trug ferner die zusammengefaßte Version der „Beschreibung der Welt" des Marco Polo[11]. Auch das Tagebuch eines mysteriösen, wahrscheinlich nie existierenden, englischen Ritters, John von Mandeville, wurde als *Tractatus delle più meravigliose cosse, Libro de las maravillas del mundo* oder *The boke [...] of marveylys of Inde and of the countrees*[12] kopiert bzw. gedruckt.

„*Hic sunt multa et infinita mirabilia*" — so wurde Indien von Jourdain de Sevérac, einem Dominikaner, und ab 1328 Missionsbischof von Colombo, beschrieben — „*[...] ibi sunt dracones in quantitate maxima, qui super caput portant lapides lucentes*"[13]. „*Multa et magna mirabilia audivi et vidi quae*

---

[9] Man kann in solchen Benennungen eine ausdrückliche Anlehnung an die früheren Beschreibungen der exotischen Welten entdecken, wie z. B. an den „Brief des Alexander an Aristoteles" oder den „Brief an Kaiser Hadrian über die Wunder Indiens". Dennoch wurden die *Mirabilia* erst im 14.—15. Jahrhundert zur selbständigen literarischen Gattung entwickelt, die Eigenschaften sowohl der wissenschaftlichen als auch der Unterhaltungsliteratur miteinander zusammenbindet.
W. W. Boer, Epistola Alexandri ad Aristotelem, Meisenheim am Glan, 1973. — H. Omont, Lettre à l'empereur Adrian sur les merveilles de l'Asie. Epistula Premonis Regis ad Trajanum Imperatorem, 1913, 507 sqq. (= Bibliothèque de l'École des Chartes 74). — J. Brummack, Die Darstellung des Orients in den deutschen Alexandergeschichten des Mittelalters, Berlin 1966 (= Philologische Studien und Quellen 29). — R. Wittkower, Marvels of the East. A Study in the History of Monsters, in: Journal of the Warburg and Courtauld Instituties 5, 1942, 159—197. — Idem, Marco Polo and the Pictorial Tradition of the Marvels of the East, in: Oriente Poliano, Roma 1957, 155—172. K. Zalewska, Mirabilia descripta, in: Iconotheca 3 [Jahrbuch des Kunsthistorischen Instituts der Universität Warschau] (im Druck).

[10] Die vollständige Ausgabe des Berichts von Odorikus samt den Varianten des Textes wurde von P. A. van den Wyngaert, O. F. M., in: Sinica Franciscana. Itinera et relationes fratrum minorum sæculi XII et XIV, Ad Claras Aquas (Quaracchi-Firenze) 1929, 381—495 — veröffentlicht. Ebenda ein Verzeichnis aller erhaltenen Handschriften.

[11] Die Handschriften mit diesem Titel werden von E. Charton, Voyageurs anciens et modernes, Paris 1855, 438, angegeben.

[12] P. L. Monteñez, „Libro de las maravillas del mundo" de Juan de Mandevilla, Zaragoza 1979, 15—18. — Die grundlegende Ausgabe des Textes: Mandeville Sir John, The Travels. The Version of the Cotton Ms in Modern Spelling, London 1905. Siehe auch: G. de Poerck, La tradition manuscrite des voyages de John de Mandeville, in: Romanica Gandensia 4, 1956, 125—158.

[13] Jourdain de Sévérac, Mirabilia descripta, in: Recueil de Voyages et de Mémoires publié par la Société de Géographie 4, Paris 1839, 55 sq.

possum veraciter enarrare" — notierte Odorikus von Pordenone, der im weiteren die Sitten der indischen Hundköpfigen beschrieb und nach der Begründung dafür suchte, daß Tiere auf Bäumen wachsen können. Diese letzte Erscheinung wurde auch in der Zeichenerklärung der Karte Irlands in einem katalanischen Atlas von 1375 behandelt: „En Inbernia ha moltes illes meravillosas en les quals ni a una poque, quels homeus nuyl temps no y moren [...] Cor aqui es lacus e insull. Hi a arbres als quals auçels hi son portats axi conn a figan maduras."[14]

Der Begriff *mirabile* wurde in dieser Literaturgattung fast ausschließlich auf die Seltsamkeit der Natur bezogen; kaum wurden dagegen die Werke von Menschen — anders als in der Antike — mit diesem Terminus benannt. Unter *Mirabilia* verstand man also Dinge und Erscheinungen, die befremdlich wirkten, aber zugleich bewundernswert waren. Daß der Begriff auch die monströsen Wesen betraf, ist Beweis für die Veränderung der Betrachtungsweise dieser Phänomene.

Bestien, Mißgestalten, Ungetüme verschmolzen mit dem Bereich anderer Kuriositäten und Sehenswürdigkeiten ferner Welten und wurden zu den wichtigsten Kennzeichen des Exotischen. Eher erregten sie Neugier als Angst. Die Insel seltsamer Bäume liegt nahe einem anderen Eiland — dem Eiland der ewigen Glückseligkeit, wo die Menschen nicht sterben und die Natur keine Schlangen oder giftige Wesen hervorbringt. Odorikus von Pordenone behandelt die Hundköpfigen genauso wie die Mongolen bzw. Tataren: Sie waren fremd, bedrohlich und gefährlich nicht wegen ihres abschreckenden Aussehens, sondern weil sie einfach Götzenanbeter waren [Abb. 7]. In einem französischen Geographiewörterbuch, dem Livre de merveilles du monde von etwa 1460[15], ist dagegen dem Stichwort „Äthiopien" eine Miniatur mit den Bewohnern dieses — ja christlichen — Landes hinzugefügt, wo u. a. Ichtiophagen, Panotii und Blemnye (d. h. Menschen mit Gesichtern auf der Brust) dargestellt sind [Abb. 8]. In demselben Wörterbuch ist eine fernasiatische Insel mit Namen Traponce beschrieben, wo so riesige Schnecken leben, daß ihre Muscheln den (diesmal ganz

---

[14] Zitiert nach: F. L. Pullé und M. Longhena, Illustrazione del Mappamondo catalano della Biblioteca Estense di Modena, in: Atti del Sesto Congresso geografico italiano, Venezia 1908, 354—355. Ebenda sind auch ähnliche Zitate von anderen Karten angegeben.

[15] New York, Pierpont Morgan Library, Ms. 461, fol. 26 v. Diese Handschrift umfaßt 56 Stichworte, alphabetisch geordnet, die über Länder Europas, Asiens und Afrikas berichten. Jedes Stichwort wird durch eine Miniatur illustriert. Der Text ist eine Kompilation von Plinius, Orosius, Gervasius von Tilbury, Solinus, Isidor von Sevilla und Odorikus von Pordenone. Als Verfasser gilt Harent von Antiochien — ein Übersetzer der *Otia imperialia* des Gervasius von Tilbury ins Französische. Eine Vorlage für die New Yorker Handschrift war das Ms. fr. 1377—79 in der Bibliothèque Nationale in Paris von 1427. Zu derselben Gruppe gehört auch der Livre des merveilles in der Sammlung der Baronesse Charnacé von etwa 1450. — The Last Flowering. French Painting in Manuscripts 1420—1530 from American Collections. The Pierpont Morgan Library, New York—London 1982, 32—33, Kat.-Nr. 44 (mit Lit.). — J. Friedman, op. cit., 159 sq.

normalen) Menschen als Unterkunft dienen [Abb. 9][16]. Eine Miniatur gibt das ruhige, symbiotische Zusammenleben dieser Inselbewohner sehr sachlich und sozusagen objektiv wieder. Eine Miniatur in einem anderen Livre des merveilles, das vor 1413 für Johann den Unerschrockenen geschrieben und dekoriert wurde[17], stellt die Mongolenzauberer dar, die eine Kürbisfrucht mit einem Lamm darinnen in ihren Händen halten. Daneben stehen die christlichen Mönche mit einem mit Vögeln bewachsenen Baumast. Hierbei handelt es sich um eine Abbildung zum Bericht des Odorikus von Pordenone, in dem der Verfasser erzählt, er habe von den Bäumen, die Lämmer zeugen, gehört und sich dadurch an einen ähnlichen, diesmal Vögel zeugenden, Baum erinnert, der in Irland wächst.

Diese Art und Weise, die seltsamen Naturphänomene ohne Aufregung sachlich, objektiv und jene akzeptierend zu behandeln, erhielt sich bis an das Ende des Mittelalters. So erwähnte Hartmann Schedel in seiner Weltchronik über 20 monströse Menschenrassen, ohne ihnen überhaupt dämonische Eigenschaften zu verleihen. Dieselbe Einstellung finden wir auch noch in Sebastian Münsters *Kosmographia*.

Was auch diese Monstren immer sein sollten — seien es Nachkommen der Töchter Adams, die von Gott nicht gesegnet wurden, oder Abkömmlinge Kains, verdorben und verdammt um seiner Sünde willen[18] — sie gehörten immerhin der Welt der Schöpfung Gottes an. Vielleicht aber sei ihre Mißbildung, so Odorikus, auf die Veranlagung der Erde selbst zurückzuführen — die Veranlagung, entweder nur Giganten, oder nur Zwerge (Pygmäen) zu gebären.

Eine solche Vorstellung finden wir unerwartet spät in einer französischen illustrierten Karte von 1523[19]. Innerhalb Afrikas ist das Reich des Priesters Johannes vermerkt, bevölkert von den Blemmyen. Es sind hier also zwei großen Mythen des Mittelalters — wenn auch wahrscheinlich unbewußt und unabsichtlich — miteinander verschmolzen worden: einerseits der Glaube daran, daß irgendwo, am Rande der Ökumene, ein mächtiges Reich der einst abgetrennten Christen bestehe — das Reich der Gerechtigkeit, des Wohlstandes und der Ordnung; andererseits die Anschauung,

---

[16] Ms. 461, fol. 78.
[17] Paris, Bibliothèque Nationale, Ms. fr. 2810. Der Text ist eine Zusammenstellung der Reiseberichte von Marco Polo, Odorikus von Pordenone, Wilhelm von Boldensele, Giovanni von Cor, John von Mandeville und Ricoldo von Monte Croce. Hinzugefügt wurden zusätzlich die Geschichte des Orients von Hayton von Armenien und ein angeblicher Brief des Großen Khans an Papst Benedikt XII. von 1336. Die Handschrift beinhaltet 266 Miniaturen, deren Darstellungsgegenstände den entsprechenden Textfragmenten genau und präzise angepaßt sind. — H. Omont, Le livre des merveilles. Reproduction des 265 miniatures du ms français 2810 de la Bibliothèque Nationale, Paris 1907, 2 vol. — M. Meiss, op. cit., 116—122, Abb. 80—100.
[18] Die Anschauungen der mittelalterlichen Theologen zum Herkommen der monströsen Menschenrassen werden von J. Friedman, op. cit., passim, ausführlich behandelt.
[19] W. George, Animals and Maps, London 1969, 154, Abb. 7.5.

daß die Zeugung der monströsen Wesen eine angeborene, an sich vollkommen normale Veranlagung der Natur sei. *„Het atque talia ex hominum genere ludicribia sibi nobis miracula ingeniosa fecit natura ad detegendam eius potentiam sequentes gentes inter prodigia ponere libuit"* — so erklärte Hartmann Schedel das Phänomen der monströsen Menschenrassen[20].

Die Natur an sich kann aber keine Gesetze Gottes verletzen. Alles also, was sie schafft, stimmt mit dem Schöpfungsentwurf Gottes überein. Wenn dieser Plan auch nicht immer erfaßbar ist, offenbart sich doch die Macht des Weltschöpfers gerade in dieser Vielfalt seiner Gebilde, die die Erde bewohnen, sowie in der Potenz der Natur, die immer neue Formen erzeugt.

Die Anschauungen der theologisch geschulten Missionare sowie der Gelehrten, die diese Reiseberichte benutzten, um die ihnen entnommenen Informationen in eigene Schriften einzugliedern, waren jedoch nicht nur dem engen, elitären Kreis hochgebildeter Leute vertraut. Es ist heute natürlich nicht mehr möglich, genau zu wissen, einen wie großen Leserkreis diese geographische Reiseberichtsliteratur fand. Dennoch scheinen die zahlreichen erhalten gebliebenen Abschriften von Werken des Odorikus von Pordenone bzw. des John von Mandeville, die Übersetzungen in verschiedene Sprachen sowie die Kompilationen von Werken dieser Art zu beweisen, daß diese Literaturgattung recht populär gewesen sein muß und daß die dort enthaltene neue Einstellung zur *Deformatio naturae* sich einem ziemlich weiten Leserkreis einprägen konnte.

Kam aber diese Mentalitätsveränderung auch in dem Fall zum Ausdruck, wenn die monströsen Motive außerhalb der Ikonographie der exotischen Welten hervortraten? Versucht man diese Frage zu beantworten, muß man sich vergegenwärtigen, daß der Sinn dieser Motive in Einzelfällen unterschiedlich sein konnte, und von dem Zusammenhang des Textes sowie seines Gedankeninhaltes abhing. Es ist also gar nicht völlig auszuschließen, daß die Darstellungen der mißgestalteten Wesen in Sonderfällen gewisse, heute nicht mehr identifizierbare, literarische Themen illustrieren oder auch moralische Begriffe veranschaulichen sollten. Deswegen ist es erforderlich, die Darstellungen von Monstren — soweit das heute noch möglich ist — als Bestandteil eines komplexen Zusammenspiels von Elementen des gesamten Werkes zu betrachten, in dem die einzelnen Motive einem Hauptthema unterstellt sind. Dies ist der Fall bei den illuminierten Handschriften, in denen diese Darstellungen in ein recht kompliziertes, verwickeltes System der Beziehungen von Text, Miniaturen und Randdekoration eingegliedert sind. Dabei ist anzumerken, daß diese Randdekorationen, besonders im 15. Jahrhundert, hauptsächlich die naturgetreu wiedergegebenen Pflanzen und Tiere darstellen. Ihre Bedeutung läßt sich meistens nur sehr schwer erklären — ebenso schwer wie die der monströsen

---

[20] H. Schedel, Liber chronicarum, Augsburg, Io. Schönsperger, 1. II. 1497, Secunda etas mundi, fol. XII.

Hybriden. Es wimmeln, schwärmen und flattern da Schmetterlinge und Libellen, fliegen Vögel und kriechen Reptile, und es treten unter ihnen auch Greifen und Tiere mit Menschenköpfen hervor — gemalt in derselben naturalistischen Weise wie die realen Motive. Im ganzen betrachtet bilden sie eine umfassende Übersicht verschiedenster Lebensformen, die seit dem Anfang der Welt erschienen sind bzw. erscheinen.

Vielleicht sollte man nach der positiven Antwort auf Bernhards Frage in ebendieser Assoziationssphäre suchen. Selbst wenn sich den monströsen Wesen keine klare und ausdrückliche, symbolisch-moralische Bedeutung beimessen läßt, so zeigen sie schon an und für sich, wie unterschiedlich, reich und kompliziert die Welt göttlicher Kreation ist. Deswegen vermögen sie die Aufmerksamkeit des Betrachters auf die göttlichen Dinge zu lenken und diese kontemplieren zu lassen. Zwar ist diese kontemplationsbezogene Anziehungskraft auch jedem Stäubchen und jedem Stein (so Nicolaus von Kues) eigen, aber das Merkwürdige und Seltsame hat diese Kraft ganz bestimmt im viel größeren Ausmaß als alle anderen normalen Dinge, und damit vermag es auch die in den theologischen Subtilitäten nicht geübten Menschen anzuziehen.

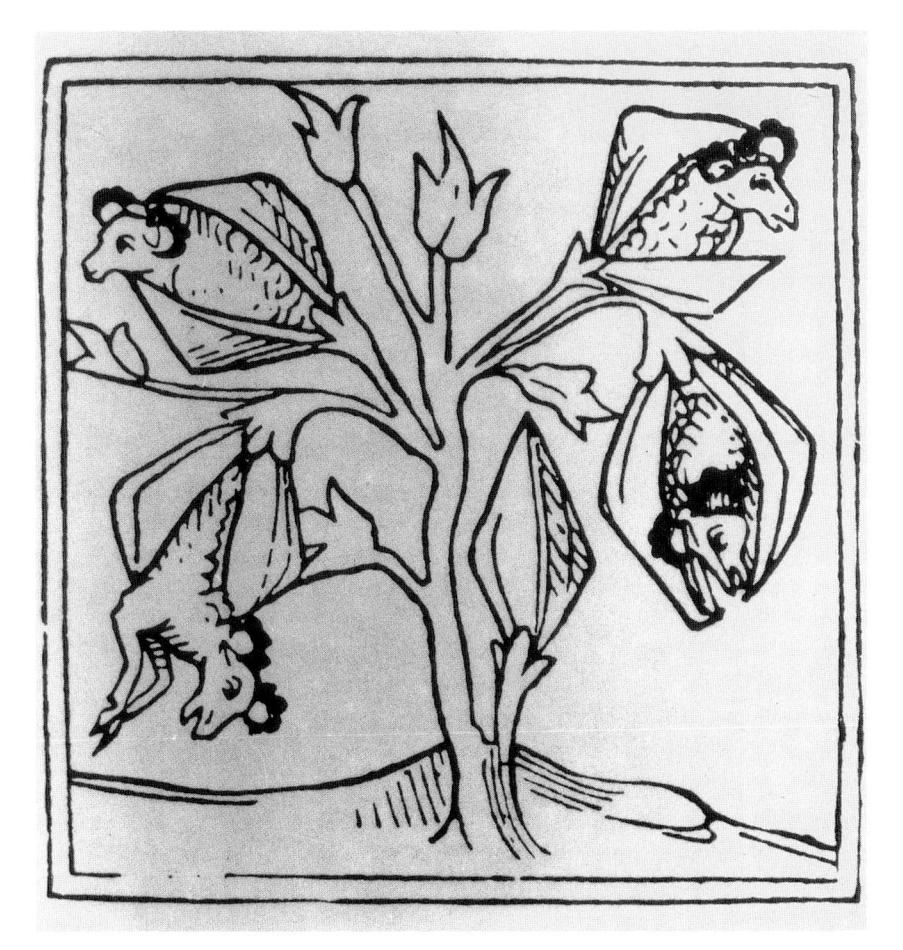

Abb. 1. Ein Baum, der Lämmer zeugt. Odorikus von Pordenone, Itinerarius Orientalis, Venedig 1513

Abb. 2. Die Totenmesse. Stundenbuch, Frankreich um 1415

Abb. 3. Der Arzt mit seinen Patienten. Barthélemy l'Anglais, Le livre de la propriété des choses, Frankreich um 1415

Tafel IV   K. Zalewska

Abb. 4. Die Entsendung der Apostel. Das Tympanon der Kirche St. Madelaine, Vézelay, um 1130

Abb. 6. Panotii. Ausschnitt aus der Abbildung 4

Abb. 5. Kynokephales. Ausschnitt aus der Abbildung 4

Abb. 7. Kynokephales als Götzenanbeter. Odorikus von Pordenone, Itinerarius Orientalis, Venedig 1513

Abb. 8. Die monströsen Menschenrassen Äthiopiens. Livre des merveilles du monde, Frankreich um 1460

Abb. 9. Die Bewohner der Insel Traponce. Livre des merveilles du monde, Frankreich um 1460

Die Entdeckung der Natur in der geographischen Literatur und Kartographie an der Wende vom Mittelalter zur Renaissance

József Babicz (Warschau) — Heribert M. Nobis (München)

Im vorliegenden Beitrag soll es nicht um den Wissenstand über die Naturvorstellungen gehen. Einen solchen Versuch hat für das Mittelalter Ch. V. Langlois bereits vor mehreren Jahrzehnten unternommen[1]. Es geht uns vielmehr in erster Linie darum, die Aufmerksamkeit auf jenen Typ geographischer und kartographischer Quellen zu lenken, welche die Veränderung der Bewußtseinseinstellung zur Natur widerspiegeln, wie sie in der Übergangszeit vom Mittelalter zur Renaissance erfolgte, als die Verehrung der Antike viele hochmittelalterliche Prinzipien und Ideen verschleierte, und als gleichzeitig Faktoren auftraten, die das zunehmende Interesse für die Natur und die Berührung mit ihr weckten. Die Begriffe „Natur" und „Mensch" haben daher im folgenden keinen speziell theologisch-philosophischen Inhalt, wie er in der mittelalterlichen Literatur meist anzutreffen ist. Sie sind hier vielmehr im allgemeinen Sinne gebraucht und drücken vor allem das Verhältnis zwischen dem historisch konkreten Menschen als *animal sociale* und der Natur als *natura naturata*, als seiner Umwelt, aus.

1.0. Das Schrifttum des Mittelalters und der Frührenaissance

1.1. Reisebeschreibungen

Obwohl im Spätmittelalter die naturkundlich-philosophischen Werke des Aristoteles: De mundo, De coelo und Meteorologica allgemein bekannt und Gegenstand des quadrivialen Unterrichts waren, so erweiterten doch die Reisebeschreibungen zunehmend den geographischen Horizont, insofern sie nämlich von Merkwürdigkeiten der Natur an den besuchten Stätten

---

[1] Ch. V. Langlois, La connaissance de la nature et du Monde au Moyen Age, d'après des écrits français à l'usage des laïques, Paris 1911; H. M. Nobis, Die Umwandlung der mittelalterlichen Naturvorstellung, in: Archiv für Begriffsgeschichte XIII (1969), 34—57.

der Erde berichteten. Der Grad der Glaubwürdigkeit dieser Berichte hing jedoch von den mit diesen Reisen selbst verbundenen Aufgaben sowie von den Zielsetzungen ab, die man mit der Berichterstattung verband. So weit jedoch das phantastische Element zu den geographischen Gegebenheiten der Natur nicht deutlich in Widerspruch stand, wurde die Beschreibung der in Augenschein genommenen Wirklichkeit oft durch bloße Vermutungen ergänzt. Jedenfalls nahmen Reisen, mit denen in der Neuzeit die Idee der wissenschaftlichen Erkenntnis der Welt, ihrer Natur und der Menschen verbunden war, im Mittelalter einen phantasiebeladenen und legendären Charakter an. Die Missionstätigkeit des irischen Heiligen Brandanus (um 484—577), Abt von Clonfort, gab so Anlaß zum Abfassen einer legendären „Navigatio Brandani"[2], in der, abgesehen von den Inseln im Westozean, die Hölle und das Paradies geschildert ist. Die auch poetisch ausgeformte Beschreibung dieser Reise bildete die Grundlage dafür, auf den Karten des Westozeans eine Insel des heiligen Brandan einzutragen, die in den vorkolumbianischen Seekarten des 15. Jahrhunderts bei Seefahrten auf großes Interesse stieß[3]. Im allgemeinen aber spielte die „Navigatio Brandani" hauptsächlich eine religiöse Rolle, indem sie die Gläubigen in der Frömmigkeit und im Glauben an die Bedeutung der Missionstätigkeit bestärken sollte, ähnlich wie die zeitgenössischen *Mappae mundi*, die mit christlicher Symbolik versehenen primitiven Kartenskizzen.

Legenden hingegen, welche die Daten über die Natur verfälschten, stammten nicht selten von Handelsexpeditionen. Aus Furcht vor Konkurrenz verbreiteten die Kaufleute erfolgreich Angaben über kuriose Erscheinungen. Diese wurden in sorgfältig abgeschriebenen Überlieferungen illustriert, deren Einfluß weit über das Mittelalter hinausreichte. In jener *„scientia curiosa"* sieht man auch einen Faktor für die Anhebung der Zahl der Erwerber und der Popularität der Renaissancewerke. Der Illuminator der 1493 herausgegebenen Weltchronik von Hartmann Schedel (Blatt XII) führte eine Fülle mittelalterlicher Monstren an. Eine ähnlich dekorative Funktion üben diese noch in der Ausgabe der ptolemäischen Geographie von Sebastian Münster (Basel 1540) aus. Ihre Einführung in dieses Werk bezeichnet der bekannte Kenner der Geographie der Renaissance, Numa Broc, als eine „armselige Idee des begabten Kartographen"[4]; eben aus diesem Grund bewertet er auch die früheren Ausgaben dieses Werkes höher. Und doch läßt sich an der Wende vom 15. zum 16. Jahrhundert immer noch eine Beliebtheit der mittelalterlichen *„scientia curiosa"* feststel-

---

[2] Cf. die neueste Aufgabe von E. Sollbach, 1987.

[3] Im lateinischen Kodex der Ptolemaeus-Geographie von Paris (Codex Parisiensis latinus 4801, Bibliothèque Nationale, fol. 124) gibt es eine zusätzliche vorkolumbianische Karte des Westozeans mit den Insulae Fortunatae, der Insula des Beatus Brandanus sowie der westlichsten der Inseln, Antillia. Cf. d'Avezac, Sur les Iles fantastiques de l'Ocean Occidental au Moyen Age, Nouvelles Annales des Voyages, Mars-Avril 1845.

[4] N. Broc, La géographie de la Renaissance, Paris 1986, 12.

len. Um den Kreis der Käufer der ptolemäischen Geographie zu vergrößern, fügte ihr Herausgeber Johannes Reger (Ulm 1486) eine Abhandlung „De locis ac mirabilibus mundi" hinzu; sie wurde auch in den späteren Ausgaben dieses Werkes abgedruckt und war eine Kompilation über Länder, Meere, Berge, Katastrophen, Monstren und Prophezeiungen, wobei jedoch die immer bedeutsameren portugiesischen Reisen außer acht blieben.

Es ist eine durchaus charakteristische Tatsache, daß in den Berichten über mittelalterliche Reisen, sogar über solche wie die diplomatische Reise des Marco Polo (1254–1324) — am meisten verbreitet durch die Renaissanceausgabe des Humanisten Ramusio, „Navigazioni e viaggi" aus dem Jahre 1559 — in der Regel nicht die Natur den Schwerpunkt bildet, sondern, in Übereinstimmung mit dem Prinzip des damaligen Anthropozentrismus, der Mensch. Unabhängig davon, ob es sich um die Beschreibung von Tatsachen handelt, die durch Augenschein festgestellt oder „vernommen" wurden, überwiegen in ihnen politische und gesellschaftlich-sittliche Inhalte; seltener ist die Rede von Naturprodukten, und wenn, dann nur im Kontext der Lebensweise von Gemeinschaften. Von diesem Prinzip gibt es keine Ausnahme, auch nicht in anderen sehr populären Werken, wie z. B. von Jean de Mandeville (um 1300–1372), dessen Werk sehr verbreitet, obwohl nicht sehr glaubwürdig war.

Auch bei den Reisen der Frührenaissance gewann die Natur keine Priorität des Interesses. Die portugiesischen Reisenden, die vor allem auf Handel eingestellt waren, erweiterten systematisch den geographischen Horizont, indem sie allmählich verschiedene geographische Rätsel und Zweifel lösten. Schon Anfang der zweiten Hälfte des 15. Jahrhunderts stellte man nach der Überschreitung des Äquators fest, daß die zwischentropische Zone — entgegen den traditionellen Meinungen — bewohnt ist. Damit war zugleich die Existenz von Antipoden bewiesen, was bereits Albertus Magnus für möglich hielt. Das Erreichen des Kaps der Guten Hoffnung im Jahre 1488 eröffnete — Ptolemaeus zuwider — den Weg nach Indien. Wichtiger als unüberprüfte Überlieferungen wurde nunmehr die Beobachtung zur Quelle der Erkenntnis. Bei der Beobachtung stand jedoch weiterhin der Mensch im Zentrum der Aufmerksamkeit, z. B. die Eingeborenen der entdeckten Kontinente.

Auf sie konzentrierte sich vor allem Amerigo Vespucci in den „Quattuor Navigationes" aus den Jahren 1497–1504, und zwar auf ihr Aussehen, ihr Benehmen und ihre Verhaltensweise; die Naturgegebenheiten berücksichtigte er nur insofern, als sie ihre Lebensweise bedingten, etwa die Lebensmittel und die Heilpflanzen. Die „Navigationes", im Jahre 1505 veröffentlicht, illustrierten so suggestiv den ersten Zusammenstoß der Europäer mit der Neuen Welt, daß Martin Waldseemüller in seiner Weltkarte von 1507 zu Unrecht Vespucci für den Entdecker Amerikas hielt und das von ihm besuchte Land „Amerika" nannte[5]. Noch ein halbes Jahrhundert später wiederholte der französische Reisende, Geograph und Kosmograph des Königs Heinrich III., André Thevet (1502—1592), die überlieferte Meinung, daß „Amerigo Vespucci derjenige war, der Amerika entdeckte"[6], obwohl ab 1492 und somit noch vor den von Vespucci beschriebenen Reisen die erstaunlichen Berichte über die Reisen des Kolumbus in immer breitere Kreise gelangten und die Aufmerksamkeit vor allem auf die Einwohner der entdeckten Insel lenkten. Alexander von Humboldt betont diese Tatsache in seinen Untersuchungen und gibt an, daß Petrus Martyr von Anghiera in seinen Briefen aus den Jahren 1490 und 1494 schrieb: „Jeder Tag bringt uns neue Wunder aus jener Neuen Welt, von jenen Antipoden des Westens, die ein gewisser Genueser (*Christophorus quidam, vir Ligur*) aufgefunden hat"[7].

Die Reisen im 15. und zu Beginn des 16. Jahrhunderts erweiterten ungeheuer schnell das Wissen über die Menschen und die natürlichen Bedingungen ihres Lebens in verschiedenen Teilen der Welt und verifizierten die bisherigen diesbezüglichen theoretischen Anschauungen. Trotzdem weckten die mittelalterlichen Legenden und Mythen weiterhin Interesse und fanden die erwähnten Reisebeschreibungen in den Renaissanceausgaben weiterhin Abnehmer. Übrigens erschien neben solchen Reisebeschreibungen wie der zum ersten Mal 1480 in Lyon veröffentlichten Beschreibung des Jean de Mandeville das enzyklopädische, im Spätmittelalter äußerst populäre antike Werk des Plinius, die „Historia naturalis", die in den Jahren 1469—1532 38 mal aufgelegt wurde[8]. In der gleichen Zeit richtete Philipp Melanchton — einer der Begründer der deutschen Geographie und Mitstreiter Luthers in Wittenberg — eine eigene *„lectio Pliniana"* als geographische Vorlesung ein.

Als die Leser noch nicht imstande waren, Reisebeschreibungen kritisch zu beurteilen, hing deren Popularität oft von der Anziehungskraft der beschriebenen Regionen der Erde ab. Die aus Berichten, Briefen und Fragmenten kartographischer Skizzen der reisenden Brüder Nicolo († 1396) und Antonio († 1406) bestehende Abhandlung, die unter dem Titel „Dello scoprimento dell'Isola Frislanda, Eslanda, Engronelanda, Estotilanda, Icaria, fato per due Fratelli Zeni, M. Nicolo il Cavaliere et

---

[5] Cf. The first four voyages of Amerigo Vespucci. Reproduced in facsimile with transl., intr., a map and facs. of drawing by Strandanus, London 1893. Es ist allerdings zu bemerken, daß Vespucci Amerika zuerst als einen eigenen Kontinent erkannte, während Columbus es noch für die entdeckten Inseln von Ostasien hielt.

[6] A. Thevet, Les singularités de la France Antarctique, Paris 1558; zit. nach der Ausgabe Paris 1978, 133.

[7] A. v. Humboldt, Kritische Untersuchungen über die historische Entwicklung der geographischen Kenntnisse von der Neuen Welt und die Fortschritte der nautischen Astronomie im XV. und XVI. Jahrhundert, Berlin 1836, Erster Band, 29.

[8] N. Broc. op. cit. Anm. 4, 15.

M. Antonio" erschien und von einem Nachkommen des jüngeren Zeno kompiliert und samt einer Karte im Jahre 1558 veröffentlicht wurde, entsprach der damaligen Nachfrage nach dieser Art von Literatur, obwohl sie hinsichtlich ihrer Glaubwürdigkeit sehr problematisch war.

Die Autoren der Renaissancezeit, darunter auch die von Reisebeschreibungen, neigten in ihrer durch scheinbare Bescheidenheit verhüllten Eingebildetheit und Phantasie — in Abhängigkeit von früheren Anschauungen — zu Berichterstattungen, die teilweise von der Wahrheit weit entfernt waren. Frank Lestrinant unterzog die Beschreibungen des über 20 Jahre lang — bis 1554 — reisenden André Thevet einer Kritik, indem er „Fiktionen" in der Beschreibung Brasiliens am Beispiel von Guanbaria aufwies, „Utopien des antarktischen Frankreich" und Übertreibungen in der Schilderung des „großen Archipels Brasilien"[9]. Neben wertvollen Informationen über die „Antipoden", deren Sitten, Krankheiten, Heilmethoden und Nahrungsmittel, über Klima und Erdbeben, finden sich andererseits bei ihm Angaben über „Seemonstren in menschlicher Gestalt"[10]. Das Beispiel Thevet ist kein Einzelfall, denn es fehlte damals an einer Methode zur systematischen Verifizierung geographischer Fakten. Erst in der zweiten Hälfte des 16. Jahrhunderts erschienen — wie der französische Historiker der Geographie François de Dainville mit Recht bemerkt — zahlreiche Arbeiten aus dem Bereich der allgemeinen Geographie, und gegen Ende des gleichen Jahrhunderts kommt es dann zu einer „Renaissance der beschreibenden Geographie"[11].

1.2. Chroniken und andere geographische Werke

In den Werken der mittelalterlichen Geschichtsschreiber, sowohl so hervorragender wie Adam von Bremen († 1081), als auch weniger bekannter wie des anonymen polnischen Chronisten, des sogenannten Gallus, stößt man mitunter auf Bemerkungen über Natureigenschaften des Schauplatzes der beschriebenen Ereignisse. So äußerte sich z. B. Gallus über das Grenzland Borussia-Masuria: „Dieses Land ist so angefüllt mit Seen und Sümpfen, daß es nicht einmal durch Schlösser und Burgen so gut abgesichert werden könnte; daher hat es auch bisher niemand unterwerfen können, da niemand mit seinen Truppen so viele Seen und Sümpfe bewältigen konnte"[12].

---

[9] F. Lestringant, Arts et légendes d'espaces, figures du voyage et rhétorique du Monde. Communications réunies et présentées par Chr. Jacob et F. Lestringant, Paris 1981, 205, 210, 218.
[10] A. Thevet, op. cit. Anm. 6, 86, 133, 223, 432.
[11] F. de Dainville, La géographie des humanistes, Paris 1911, 31, 37.
[12] Gallus, Polnische Chronik, [6]1989, 112. Cf. Gesta Hamburgensis ecclesiae pontificum, ed. B. Schmeidler, in: SS. rer. Germ. 1917; übers. von S. Steinberg, in: GDV 44 (1926).

Die Chronisten des 15. Jahrhunderts berücksichtigen in ihren frühen Werken insofern den Schauplatz der Geschichte, als sie in diese Werke viele sich damals großer Beliebtheit erfreuender Orts- und Städteansichten einfügten. Als klassische Beispiele können gelten: Lirers Schwäbische Chronik, die 1486 im Verlag Konrad Dinckmut in Ulm erschien, und die bekanntere Weltchronik von Hartmann Schedel, die 1493 im Verlag Koberger in Nürnberg herausgegeben wurde. Die geographischen Illustrationen in ihnen sind äußerst schematisch; von den Möglichkeiten, welche die damals auftauchende Landschaftsmalerei bot — davon wird noch im weiteren die Rede sein — wurde kein Gebrauch gemacht. In Übereinstimmung damit stellt Lilli Martius fest: „In der Schwäbischen Chronik sind die Illustrationen in dem Holzschnittstil der Zeit, der sich auf kräftige Konturen beschränkt, so beschaffen, daß im oberen Teil die Städte, mit Hervorhebung von Burgen, zu sehen sind, im unteren sich die Handlung abspielt. Hier und da erscheinen Städtebilder, die man zwar nicht auf bestimmte Orte lokalisieren kann, die aber in der Ausdruckskraft ihrer Architekturen so sehr den Zeitgeist widerspiegeln, daß man sie nicht als reine Phantasiegebilde anzusprechen vermag"[13].

Frei vom Schematismus zugunsten der Naturtreue sind im übrigen auch nicht die Städtebilder der bekanntesten Maler der Stadt Nürnberg, Michael Wohlgemuth und Wilhelm Pleydenwurff[14]. Martius stellt hierzu fest: „Von diesen Stadtbildern haben sich mehr als die Hälfte als Phantasieansichten erwiesen, als eine aus der Tradition des Mittelalters bekannte Zusammenkombination (!) von Mauerrund, Kirchen, Türmen und Häusern. Daß diese vierzig Ansichten auf siebzehn Holzstöcke zurückgehen, erklärt sich dadurch, daß der gleiche Holzstock für verschiedene Städte verwendet worden ist und die gemeinte Stadt nur durch die Einführung ihres Namens kenntlich gemacht wurde; so erscheint dasselbe Stadtbild nicht weniger als sechsmal, gleichzeitig für Pisa, Verona, Tiburtina/Tivoli, Troias, Ravenna und Toulouse oder Damaskus"[15]. Sogar die etwa zwanzig für die Schedelsche Weltchronik gezeichneten Ansichten der Städte, die dem Erscheinungsort Nürnberg am nächsten lagen, weisen in der Darstellung der für sie charakteristischen Bauwerke einen Schematismus auf, eine im Mittelalter für derartige Illustrationen angenommene Konvention, die weit entfernt ist von einer naturgetreuen Darstellung der Stadt und der diese

---

[13] L. Martius, Darstellung des Ortsbildes in Ansicht und Plan, in: O. Klose/L. Martius, Ortsansichten und Stadtpläne der Herzogtümer Schleswig-Holstein und Lauenburg (Textband), Studien zur Schleswig-Holsteinischen Kulturgeschichte VII, Neumünster 1962, 31. Cf. E. Weil, Schwäbische Chronik, München 1923, Tafel 5.

[14] I. Ramseger, Die Städtebilder der Schedelschen Weltchronik. Ihre geistigen und künstlerischen Voraussetzungen im Mittelalter, Diss. (Ms.) Berlin 1943; cf. L. Martius, op. cit. Anm. 13, 31. Cf. H. Schedel, Das Buch der Chroniken, Nürnberg 1493.

[15] L. Martius, op. cit. Anm. 13, 31. Cf. A. Schram, Der Bilderschmuck der Frühdrucke, Leipzig 1922, Bd. VI, Tafel 31 sq., und Bd. XVII, Tafel 155 sq.

umgebenden Natur. Nichtsdestoweniger hatten die Geschichtsschreiber in der zweiten Hälfte des 15. Jahrhunderts die feste Absicht, geographische Elemente in ihren Werken zu berücksichtigen. In Übereinstimmung mit dieser Tendenz bereitete Johannes Długos in den Jahren von 1453—1480 als Einführung in seine „Historia Regni Poloniae" auch eine Chorographia dieses Landes vor[16], deren grundlegender Inhalt die Beschreibung der Hauptflüsse und ihrer Nebenflüsse bildete. In dieser Hinwendung zur Natur ist der Einfluß nicht nur der Geographie des Ptolemaeus, sondern auch der ganzen humanistischen Kultur Italiens gut zu erkennen. Nach dem Beispiel des römischen Schriftstellers Vibius Sequester (um das 4. Jh.) fertigte der italienische Humanist Giovanni Boccaccio Mitte des 15. Jahrhunderts ein naturhistorisches Kompendium „De montibus, sylvis, fluminibus, stagnis seu paludibus" an, in dem er den Versuch einer Systematisierung des geographischen Wissens über die Natur unternahm[17].

2.0. Die Natur in raumbildlichen Darstellungen aus dem Spätmittelalter und der Renaissance

Die raumbildlichen Darstellungen, die in graphischer Form die historisch veränderte Einstellung zur Natur zum Ausdruck bringen, spiegeln vor allem, jedoch nicht ausschließlich, die Entwicklung der Kartographie wider. Einer der besten Kenner derartiger Überlieferungen stellte schon vor Jahren fest, „daß die Kunst der römischen Agrimensoren während des Feudalwesens fast völlig vergessen war, und viel später erst wieder zum Vorschein kommen sollte, und daß die Landschaftsmaler lange Zeit hindurch die einzigen Topographen waren"[18]. Andererseits kann man nicht unberücksichtigt lassen, daß alle topographischen Überlieferungen dieser Zeit: Orts- und Landschaftsbilder, kartographische Skizzen und großmaßstäbige Karten, ihre Bedingtheiten haben, wie die Rezeption der ptolemäischen Theorie des Kartenzeichnens (Topographie, Chorographie und Kartographie), die neuen Agrarverhältnisse in Europa, die Grenzstreitigkeiten und schließlich die Entwicklung der Schnitzer- und Graveurkunst, die die Verbreitung dieser kartographischen Werke erleichterte.

---

[16] Cf. Joannis Długosii, Annales seu cronicae incliti Regni Poloniae, Liber primus, Warschau 1964.
[17] Über dieses alphabetische Kompendium der geographischen Namen, die in klassischen Werken erwähnt sind, siehe: Enciclopedia Universale Fabbri, vol. III, 199.
[18] A. Laussedat, Recherches sur les instruments, les méthodes et le dessin topographique, Paris 1898, 585—604, in Übereinstimmung mit der Übersetzung von J. Heil, Beitrag zur Geschichte der Topographie, in: Zeitschrift für Vermessungswesen, Bd. 38, Heft 23 (1909), 64—75, cf. 72—73.

2.1. Malerische Topographie

2.1.1. Stadtpläne und Stadtvignetten

Der Plan Roms, die sogenannte Forma Urbis Romae aus der Zeit des Septimus Severus um die Wende des 2. zum 3. Jahrhunderts, ändert nichts an der Tatsache, daß die topographischen Überlieferungen aus dem Spätmittelalter ihre eigene Genese und ihre eigenen Ziele haben. Darauf verweist Laussedat, indem er mit Recht feststellt, daß „die christlichen Künstler, die doch so geschickte Architekten am Anfang des 11. Jahrhunderts geworden waren, in ihren ersten topographischen Versuchen (über das Äußere einzelner Gebäudepläne) ausschließlich zur Perspektive ihre Zuflucht genommen haben, um die Anfänge der berühmten Städte, welche die Wiegen ihrer Religion gewesen waren, darzustellen. Es entstanden zuerst bei den sehr frei entworfenen Bildern nur unbestimmte Andeutungen, die öfters ganz ungenau waren"[19].

Im Gegensatz dazu wurden mit ungewöhnlicher Präzision Ansichten der Befestigungen der Städte in der Vogelschau, der sogenannten Kavalierperspektive angefertigt. Ein Beispiel derartiger Darstellungen ist die bekannte Kavalieransicht des Schlosses Bourbon-L'Archambault[20]. In dem einen oder anderen Falle fehlt jedoch — ähnlich wie in den bereits erwähnten Stadtbildern aus der Schwäbischen Chronik und aus Schedels Weltchronik — jeder landschaftliche Hintergrund. Gerade die Berücksichtigung dieses Naturhintergrundes in dem präsentierten Stadtbild aber macht den Ausdruck der neuen Renaissancekonzeption aus. Laussedat beschreibt überzeugend die grundlegenden Änderungen in der Berücksichtigung der Natur im Bereich der Kartographie an der Wende des Mittelalters zur Renaissance. Von den zwei von ihm veröffentlichten Plänen Roms aus dem 14. Jahrhundert (aus dem Stundenbuch des Herzogs Jean de Berry) und aus dem 15. Jahrhundert (im Supplementum Chronicarum von 1490) zeigt der erste die Stadt ausschließlich innerhalb der Grenzen der Stadtmauern, der zweite auf dem Hintergrund der Naturlandschaft[21]. In den Bildquellen aus der ersten Hälfte des 15. Jahrhunderts kann man ausnahmsweise auf Stadtansichten mit einer Landschaft im Hintergrund stoßen, wie z. B. bei der Ansicht von Wien um 1440, die von E. Oberhummer analysiert wurde[22].

Noch in der zweiten Hälfte des 15. Jahrhunderts wurde eine Reihe von Stadtansichten ohne Naturhintergrund angefertigt, wie z. B. diejenige in

---

[19] Ibid., 588.
[20] Cf. ibid., 596.
[21] Ibid., 589—590.
[22] E. Oberhummer, Stadtplan. Seine Entwicklung und geographische Bedeutung, Abhandlung des 16. Dt. Geographentags zu Nürnberg, 1907, 66—101.

der Geographie des Ptolemaeus (Codex Urbinus latinus 277, Bibliotheca Vaticana, Roma 1472) untergebrachten Ansichten von Mailand, Venedig, Florenz, Rom, Konstantinopel, Damaskus, Jerusalem, Kairo, Alexandria sowie Adrianopel. In dieser Zeit, und sogar schon früher, zeigen die Vertreter der Miniaturmalerei Bauwerke, Szenen und Porträts auf dem Hintergrund einer Naturlandschaft, wie wir sie in der Illumination des Codex Athous graecus vom Berge Athos aus dem 13. Jahrhundert[23] und vor allem in den Illuminationen vieler handschriftlicher Werke aus der zweiten Hälfte des 15. Jahrhunderts sehen, z. B. in der Illumination der Bibel von Borso d'Este (1455—1461); dort stellt Taddeo Crivelli die menschlichen Gestalten vor den Hintergrund von Landschaften dar.

Überhaupt bildeten Landschaften seit dem letzten Viertel dieses Jahrhunderts den Hintergrund von Porträts, die von den hervorragendsten Malern geschaffen wurden: Piero della Francesca, Leonardo da Vinci, Albrecht Dürer und anderen[24]. Das Prinzip der Exemplifizierung von Gegenständen und Erscheinungen in ihrem Kontext mit der Natur wurde damals üblich, wie sich in den Werken aus vielen Bereichen der Naturgeschichte wie auch der Medizin feststellen läßt[25].

2.1.2. Orts- und Landschaftsbilder

Mit Recht gilt Ambrogio Lorenzetti allgemein als Wegbereiter der Landschaftsmalerei der Renaissance. Im Jahre 1338 erhielt Lorenzetti den Auftrag, die Wände des dem Ratssaal benachbarten Regierungssaales im Rathaus von Siena mit Allegorien des guten und schlechten Regiments auszumalen. Zu den Auswirkungen des guten Regiments zählte auch das Motiv einer blühenden Stadt und einer blühenden Landschaft. Diese Aufgabe nahm Lorenzetti zum Anlaß eines Landschaftsporträts der Sieneser Landschaft mit ihren Feldern und Bergen, wie sie sich seinem Auge darbot. Ganz im Gegensatz zum nur acht Jahre zuvor entstandenen Montemassi-Fresko seines Lehrers Simone Martini, das sich im Großen Ratssaal des Palazzo Pubblico von Siena befindet, schildert Lorenzetti zum ersten Mal in der Geschichte der Landschaftsmalerei die Landschaft in epischer Breite mit ihren ortsgebundenen, unverwechselbaren Merkmalen

---

[23] Mehr als die Hälfte dieses Kodex ist abgedruckt bei V. Langlois, Géographie de Ptolémée, repr. photolith., Paris 1867.
[24] Cf. J. Bialostocki, Albrecht Dürer, Warschau 1970, III. 6, 25.
[25] Cf. Platearius, Le livre des simples médecines, Histoire de la médecine à travers des textes dans la Bibl. Nat., Paris 1989, 44—47.

sowie in ihrer Ganzheit²⁶. Auf diese Weise wurden die Orts- und Landschaftsbilder zu einer wichtigen Informationsquelle über die Natur eines bestimmten Gebietes.

Die Ausführenden waren nunmehr zumeist Maler, welche die Prinzipien der Geometrie kannten oder auch die Hilfe eines Geometers in Anspruch nahmen. Jedoch finden sich unter der großen Anzahl der Bilder nicht wenige, die mit den Prinzipien der Optik nicht übereinstimmen, was beweist, daß die Maler trotz Leon Battista Albertis Malereitraktat aus dem Jahre 1435 oftmals noch eine sehr mangelhafte Vorstellung von der Perspektive hatten, wenngleich sie auch beispielsweise wußten, daß die Dimensionen der Gegenstände in dem Maße, in dem sie vom Betrachter entfernt sind, abnehmen, und daß sich dabei die Licht- und Schattenwirkungen allmählich abschwächen²⁷. Als Beispiel hierfür kann Albrecht Dürer gelten, der nach eigenem Bekunden erstmals bei seinem Venedigaufenthalt in den Jahren 1494 und 1495 von dem Maler und Graphiker Jacopo de'Barbari, dem einzigen Theoretiker unter den venezianischen Malern, das Proportionsschema kennenlernte und in den zeichnerischen Konstruktionsmethoden unterwiesen wurde. Hiervon zeugt bereits das vermutlich auf der Rückreise entstandene Aquarell „Ansicht Innsbrucks von Norden" vom Frühjahr 1495²⁸.

Nach seiner Heimkehr bis zu seiner zweiten Italienreise im Herbst 1505 bemühte sich Dürer entsprechend der Ansicht der Gelehrten und Künstler der damaligen Zeit, seinem Schaffen eine neue, und das heißt theoretische Grundlage zu geben. Hierzu gehörten neben den Idealproportionen des menschlichen Körpers vor allem die Perspektive und das Prinzip der sogenannten Zentralprojektion, die im Bewußtsein der Zeit als Kriterien der Vollkommenheit eines Gemäldes galten. Doch zeigen die Arbeiten aus dieser Zeit trotz seines hochentwickelten Raumgefühls, daß Dürer nur über die Kenntnis der einfacheren Konstruktionsmethoden verfügte, die schwierigeren hingegen erst auf der bereits erwähnten zweiten Italienreise Ende 1506 in Venedig und Bologna kennenlernte. Dabei kam er auch in Kontakt mit Filaretes „Traktat über die Baukunst" und mit verschiedenen Studien Leonardo da Vincis²⁹. Für die weitere Ausbreitung der theoreti-

---

²⁶ A. Perrig, Die theoriebedingten Landschaftsformen in der italienischen Malerei des 14. und 15. Jahrhunderts, in: W. Prinz/A. Beyer (Ed.), Die Kunst und das Studium der Natur vom 14. zum 16. Jahrhundert, Weinheim 1987, 41–60, hier: 41 sq. (dort weitere Literaturangaben); S. Steingräber, Zweitausend Jahre europäische Landschaftsmalerei, München 1985, 60 sqq.; J. Klein, Methoden der raumbildlichen Darstellung und ihre Verhältnisse zur Karte, Frankfurt a. M. 1964, 15.

²⁷ A. Laussedat, op. cit. Anm. 18, 593; J. Heil, op. cit. 18, 73.

²⁸ H. Rupprich (Ed.), Dürer – Schriftlicher Nachlaß, Bd. 1, Berlin 1956, 102; F. Anzelewsky, Dürer: Werk und Wirkung, Erlangen 1988, 58 sq.

²⁹ F. Anzelewsky, op. cit., 97–112 (dort auch weitere Literatur); E. Panofsky, Das Leben und die Kunst Albrecht Dürers, Princeton ⁴1955, bes. Kap. III und IV.

schen Grundlagen der Malerei steht ferner der 1628 erschienene Traktat über die Perspektive des Florentiner Malers Ludovico Cigoli. Daneben aber wird beispielsweise auch der Spektrograph zu einem wichtigen Hilfsmittel der perspektivisch korrekten Bildkonstruktion.

Die aus jener Epoche erhalten gebliebene, beachtliche Anzahl landschaftsbildlicher und kartographischer Quellen wird von den Historikern gewöhnlich daraufhin überprüft, „wann, aus welchem Anlaß, zu welchem Zweck sie entstanden sind"[30]. In der Regel sind es Dokumente, die bei Grenzstreitigkeiten benutzt wurden, bzw. Bilder von Besitztümern der Reichen, die eine Tendenz zur möglichst getreuen Widerspiegelung der Natur oder deren Elemente aufweisen. Einen besonderen Einfluß auf den Anstieg der Zahl dieser Dokumente hatte seit Beginn des 16. Jahrhunderts die Konjunktur der Landwirtschaft, verbunden mit der Nachfrage nach Getreide, die durch eine allgemeine kulturelle Belebung bedingt war.

Die raumbildlichen Darstellungen — sowohl Orts- als auch Landschaftsbilder — werden von den Historikern der Kartographie als Quellen meistens daraufhin untersucht, ob sie Veranschaulichungselemente für die Regionalgeographie enthalten. Denn diejenigen, die solche Bilder verfertigten, waren, wie wir oben gezeigt haben, besser denn je imstande, räumlich-plastische Eindrücke hervorzurufen und den Landschaftsraum anschaulich darzustellen[31]. Diese Darstellungen sind gleichzeitig Ausdruck eines gesteigerten Raumempfindens und Naturerlebens. Manche Historiker bemerken hierzu, daß im Gegensatz zur Zartheit und mystischen Ausdruckskraft der Landschaftsmalerei des Fernen Ostens „das abendländische Naturempfinden [...] im greifbaren Raum leben, auf festem Boden stehen und die anschaubare Landschaft mit den Sinnen erfassen [will]"[32].

2.2. Die Landkarten

Ähnlich wie in der bereits erwähnten graphischen und malerischen Überlieferung kam es im 15. Jahrhundert zu Veränderungen im Bereich der Landkarten. Es ist eine bekannte Tatsache, daß in den inhaltsreichen Karten des Spätmittelalters Burgen, heilige Stätten und Berge ohne ihre genauere Ortsangabe eingezeichnet sind; sie sind mehr vom Rang ihrer religiösen Bedeutung bestimmt, mehr als materielles Zeugnis der tragenden Idee, als durch die Genauigkeit ihrer geographischen Lage gekennzeichnet[33]. Die Änderungen im Bereich der Landkarten vollzogen sich unter

---

[30] W. Prage, Lauenburgische Prozeßkarten des 16. und 17. Jahrhunderts, in: Lauenburger Heimat, Neue Folge 43 (1963), 15.
[31] J. Klein, op. cit. Anm. 26, 15; cf. auch den Überblick bei A. Perrig, op. cit. Anm. 26.
[32] J. Klein, op. cit., Anm. 26, 16.
[33] Ibid., 15.

dem Einfluß der ptolemäischen Prinzipien des Kartenzeichnens wie auch unter dem Einfluß der malerischen Topographie der Orts- und Landschaftsbilder.

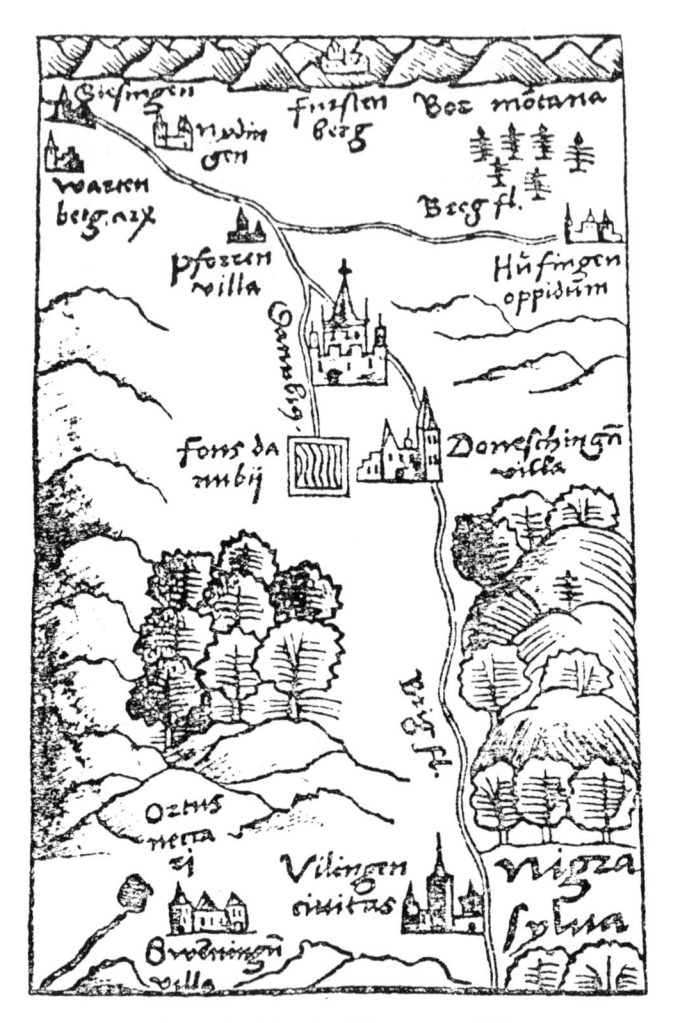

Karte des Sebastian Münster von 1538

Es ist eine charakteristische Eigenschaft der ältesten Renaissancekarten, besonders der Regionalkarten, daß sie perspektivische oder zumindest schrägsichtige Elemente enthalten, was den Eindruck einer Plastizität und eine Übereinstimmung mit der Natur hervorruft, wie z. B. die Karte Mitteleuropas des Nicolaus von Kues (1491), die berühmte perspektivische

Karte der Toscana um 1500 von Leonardo da Vinci, die eine sehr anschauliche Gebirgsdarstellung als Planungsunterlage für Meliorationen enthält[34], die Karte der Schweiz des Egidius Tschudi (1538) oder der Bayern-Atlas (1554—1568) von Philipp Apianus. Gemessen an der Übereinstimmung mit der Natur sind in ihnen als Elemente einer naturgetreuen Darstellung besonders hervorzuheben: Berge in der sogenannten Maulwurfshügelmanier sowie Bäume und Häuser in Schrägsicht; sie bilden zusammen ein durchaus plastisches Bild. Mit den kleinräumigen Landschaftsdarstellungen haben sie gemeinsam, daß sie zur Erweckung eines lebhaften, anschaulichen Landschaftseindruckes geeignet sind.

Die Anwendung der den Naturformen selbst entlehnten Zeichen bei der Erstellung von Landkarten führte dazu, daß diese den Landschaftsdarstellungen vergleichbare künstlerische Vorzüge aufwiesen, wovon ein Fragment der Karte des Sebastian Münster von 1538 zeugt (s. Abb.). Derartige Karten, die den Ehrgeiz und das Ziel sowohl der Kartographen als auch der Staaten bildeten, waren Ausdruck der ersten Errungenschaften im Bereich der Annäherung an die Natur und ihres genaueren Kennenlernens, wie auch Ausdruck der Entwicklung der Technik und Kunst in der Frührenaissance.

---

[34] Ibid., 15.

Artificialia und *Naturalia* nach Wilhelm von Ockham
Wandlungen in dem Begriff der Unterscheidung zwischen Kunst und Natur*

HENRI ADRIEN KROP (Rotterdam)

Einführung

Anfang dieses Jahrhunderts hat der französische Historiker Pierre Duhem versucht, Ockhams Naturphilosophie als Vorläufer der klassischen Naturwissenschaft des siebzehnten Jahrhunderts zu deuten[1]. Die Auffassungen von Bewegung und Stoff des Venerabilis Inceptor sollten sich schon mehr Descartes als Aristoteles annähern. Obwohl besonders Anneliese Maier[2] diese Ansicht kritisiert hat, vertritt Gordon Leff immer noch die Meinung, daß Ockham einen Schritt in die Richtung des modernen Naturverständnisses tut[3].

Da die mittelalterliche Kunsttheorie die Kunst direkt auf die Natur bezieht — eine Grundansicht, im Adagium *ars imitatur naturam*[4] ausgedrückt — läßt sich vermuten, daß die genannte Änderung des Naturverstehens nicht ohne Folgen für die ‚nominalistische' Kunstphilosophie geblieben ist. In der modernen Literatur werden in bezug auf Ockham deren zwei genannt. Zuerst sei bei Ockham im Gegensatz zum Beispiel zu Thomas von Aquin der Unterschied von Naturdingen und Artefakten problematisch.[5] Zweitens sei im Nominalismus eine Höherbewertung des Ranges des Kunstwerkes anzutreffen und sei dem Künstler eine größere Kreativität zuzumuten. Ich möchte in diesem Beitrag versuchen, aufgrund einer Vergleichung mit Thomas von Aquin einige Bemerkungen zu beiden

---

* Ich danke Prof. Dr. M. F. Fresco, für die Korrektur der Übersetzung und die Verbesserung des deutschen Stiles.
[1] Z. B. Le système du monde VIII, Paris 1954, 196.
[2] Z. B. Die Vorläufer Galileis im 14. Jahrhundert, Rom 1966, 3—18.
[3] William of Ockham, Manchester 1975, 561—562, cf. The Physics of William of Ockham, Leiden 1984, 12—13.
[4] ‚Ars imitatur naturam' in: Parusia. Festschrift J. Hirschberger, ed. K. Flasch, Frankfurt 1965, 266—269.
[5] Cf. Historisches Wörterbuch der Philosophie, Bd. 4, Artikel: „Kunst", 1371; Flasch, op. cit., 268.

Thesen zu machen. Diese Bemerkungen beziehen sich nur auf Ockham, denn seine Ansichten sind nicht ohne weiteres mit denen des Nominalismus gleichzusetzen.

1.1. Thomas von Aquino: die Form der Artefakte

Neben den apodiktischen Wissenschaften steht für Aristoteles der Bereich der Technai, der Künste. Im Gegensatz zum modernen Denken werden im antiken Denken alle menschlichen Tätigkeiten, die auf die Erzeugung von Gegenständen gerichtet sind, ihnen zugeordnet. Künste waren also in Antike und Mittelalter nicht nur die ‚schönen' Künste wie Malerei und Literatur, sondern auch — und vor allem — die Baukunst, die Schmiedekunst, die Heilkunst u.s.w.[6]

In keiner mittelalterlichen Kunsttheorie fehlt eine Definition von Kunst.[7] Vielfach finden wir Begriffsbestimmungen wie „*ars est recta ratio factibilium*" und „*ars est principium faciendi et cogitandi quae sunt facienda*". Zwei Aspekte sind hier nachweisbar: ein Wissen und ein Gestalten. Eine *ars* ist ja eine Fertigkeit, etwas herzustellen. Von der moralischen Kunde wird sie durch ihren Gegenstand unterschieden, denn sie ist auf poièsis und nicht auf praxis bezogen.

Gibt es einen Wesensunterschied zwischen den Naturdingen und den Artefakten? Thomas bejaht diese Frage und gibt zwei Hauptbestimmungen. Zuerst, daß die Artefakte im Gegensatz zu den Naturdingen nur eine akzidentelle Form besitzen und zweitens, daß die Artefakte das Prinzip ihrer Bewegung und Ruhe nicht in sich selbst tragen. Hinsichtlich der ersten Bestimmung sagt Thomas in seinem De principiis naturae, daß die Natur substantiale Formen in den Naturdingen hervorbringt, der Artifex jedoch in seinem Material nur unwesentliche. Die substantiale oder wesentliche Form definiert er als die Form, die etwas zu einem Seienden macht, und sein Beispiel ist die Wesensform ‚Mensch'. Ein unwesentliche Form dagegen modifiziert nur bereits Bestehendes. Ein Mensch wird dadurch zu einem weisen Menschen. Der Artifex bearbeitet vorgegebenes Material, weil es schon Seiendes ist. Der Marmor, die Bronze, der Lehm oder das Glas wechseln im künstlerischen Herstellungsprozeß nur die Gestalt: ihre Natur ändert sich nicht. Dementsprechend schreibt Thomas, daß die Kunst den durch die Natur dargebotenen Stoff bearbeitet. Sein Beispiel ist ein Stück Kupfer, aus dem ein Standbild angefertigt wird. Die künstlerische Form im Kupfer ändert seine Beschaffenheit nur ‚oberfläch-

---

[6] Wegen des erheblichen Unterschiedes zum heutigen Sprachgebrauch werde ich statt ‚Kunstwerk' und ‚Künstler' meistens ‚Artefakt' und ‚Artifex' benutzen.

[7] U. Eco, The Aesthetics of Thomas Aquinas, Cambridge Mass. 1988, 164 sqq. Cf. auch E. de Bruyne, L'esthétique du Moyen Age III, Löwen 1947, 316—346.

lich', denn die Natur des Kupfers bleibt unverändert.[8] Der Artifex bewirkt also eine unwesentliche Änderung. Er setzt zusammen, aber er schafft nicht. Solche Äußerungen lassen die Artefakte als abgeleitet und ontologisch sekundär erscheinen. Thomas hebt darum die Tätigkeit des Künstlers von der im eigentlichen Sinne schöpferischen Tätigkeit Gottes ab. Die menschliche *ars* bedarf der Natur; sie setzt sie als das Substrat ihrer Hervorbringung voraus, da sie selbst nicht etwas von Grund auf Neues schaffen kann.

Die Form der Artefakte ist bei Thomas besonderes *figura*[9], das heißt eine äußerliche Gestalt. *Figura* gehört zur Kategorie der Qualität, denn sie begrenzt eine kontinuierliche Quantität. Für die Dinge ist sie unwesentlich, denn in der Änderung der Gestalt bleibt ihr Wesen unverändert. Bei den Naturdingen, zum Beispiel dem menschlichen Körper, bestimmt die Wesensform die zugehörige äußerliche Gestalt. Die Form der Artefakte dagegen wird von dem Artifex bestimmt, der diese im Material zustandebringt. Das Subjekt dieses Hervorgehens betrachtet Thomas als lediglich passiv. Die künstlerische Form ändert die natürliche Gestalt einer Substanz. Wenn ein Stück Holz zum Gemälde wird, verliert es seine ursprüngliche Gestaltung, aber Thomas betont, daß die Bestandteile des Kunstwerkes wesentlich identisch bleiben: das Holz bleibt Holz und der Farbstoff bleibt Farbstoff. Sie werden nur auf unterschiedliche Weise zusammengefügt.

Wie gesagt, die Artefakte sind von den Naturdingen abgeleitet. Der Artifex, das heißt ein Maler, ein Schmied oder ein Baumeister, erzeugt nur etwas, das die Natur ergänzt. Der Mensch ist ohne natürliche Hilfsmittel, aber der Verstand gibt ihm die Möglichkeit, die Natur zu observieren und nachzuahmen. Er sieht zum Beispiel das Wasser von einem Hügel herunterströmen und nutzt die Erkenntnis dieser Gestalt zur Anfertigung eines Dachs eines Hauses. Der Artifex ahmt die Natur nach, aber er bildet sie nicht servil ab. Nicht immer macht er ja etwas, das in der Natur schon existiert, oder was sie selbst hervorbringen kann. Thomas sagt, daß der Artifex sich durch die Natur leiten läßt, so daß die Struktur der Naturvorgänge und die seiner Handlungen ähnlich ist.[10] Er formuliert es so, daß der Artifex der Natur in seinem Wirken nachfolgt.[11] Der Arzt heilt ja wie die Natur durch Wärme.[12]

---

[8] De principiis naturae, § 1.
[9] Summa theologiae III q. 2 a. 1.
[10] K. Flasch, op. cit., p. 283. Flasch weist auf den stoischen Hintergrund des Gedankens der indirekten *imitatio* hin.
[11] Summa contra gentiles III, c. 10. H. Blumenberg vertritt in ‚Nachahmung der Natur' in: Studium Generale 10 (1957), 279 die Ansicht, daß Thomas die Nachahmung auf Artefakte beschränkt, die auch natürlich hervorbringbar sind. Flasch, op. cit., bestreitet dies mit Bezug auf In Physicam VII lec. 5, § 917.
[12] Summa contra gentiles II c. 75.

Die Begründung dieser Nachahmung der Natur liegt in der Beschaffenheit der menschlichen Erkenntnis. „Wissen ist das Prinzip seines Handelns. Aber alle unsere Erkenntnis von sinnlichen und natürlichen Gegenständen erwerben wir durch Vermittlung der Sinne. Deshalb werden die Artefakte in Nachahmung der Naturdinge zustandegebracht".[13] Wegen dieser Nachahmung betrachtet Thomas das künstlerische Herstellen nicht als Schaffen. Der Mensch ist von der Natur abhängig und er muß gestehen, daß er nicht wie Gott *ex nihilo* schafft.

Die Natur stellt nicht allein das Material dem Artifex zur Verfügung, sie erhält es auch. Wie Gott die Naturdinge erhält, so erhält die Natur die Artefakte; ein Haus zum Beispiel existiert durch die Festigkeit der Steine.[14] Wie nach Thomas der Artifex die Natur nachahmt, wird künftig noch weiter erörtert werden. Jetzt muß auf die Formeln eingegangen werden: die Artefakte tragen das Prinzip ihrer Bewegung und Ruhe nicht in sich selbst.

Hinsichtlich Thomas' zweiter Bestimmung sind zuerst einige Ähnlichkeiten zwischen Naturdingen und Artefakten zu bemerken. Kunst und Natur haben beide eine Finalität.[15] Sie nutzen Mittel, um ihr Ziel zu erreichen. Im Gegensatz zu Gott setzen sie Form und Stoff voraus.[16] Auch ihre Hervorbringungsweisen sind identisch. Wie in der Natur gibt es in der Kunst Umgestaltung (*transfiguratio*): die Bronze zum Beispiel erhält die Gestalt einer Statue; Zusatz (*appositio*): Bäche werden von einem Ingenieur zu einem Fluß zusammengefügt; Abtrennung (*abstractio*): zum Beispiel das Standbild des Merkur, das aus dem Stein entnommen wird; Zusammensetzung (*compositio*): zum Beispiel ein Haus aus Steine und Holz zusammengestellt; und Änderung (*alteratio*): wenn beispielsweise der Stoff sich ändert.[17] Die Kunst dagegen unterscheidet sich wesentlich von der Natur dadurch, daß die Natur ein Prinzip der Bewegung ist, das den Naturdingen immanent ist. Ein Bett, Kleider und so weiter, sind Artefakte, weil der Grund ihrer Änderung außer ihnen selbst liegt.[18] In der natürlichen Welt ist das Prinzip der Bewegung also das Wesen der Dinge selbst. Es ist Natur, daß ein hölzernes Bild wesentlich brennbar ist, es ist ihm aber unwesentlich, daß es einen Gott abbildet. Das Artefakt hat eine physische Beschaffenheit, aber von seiner Gestaltung her kann es sich auf irgendwelche Weise unwesentlich ändern. Die Dinge in der Natur ändern sich wesentlich und notwendig. Die Bewegungen als Artefakte sind ihnen sekundär.

---

[13] In Physicam II c. 2 lec. 4, § 6.
[14] Summa contra gentiles III c. 65.
[15] In Physicam II c. 8, lec. 13 § 3.
[16] In Physicam II c 2, lec. 4 § 5.
[17] In Physicam I c 7, lec. 12 § 7.
[18] In Physicam II c 1, lec. 1 § 2.

1.2. Die Einbildungskraft des Artifex

Die ontologische Unterordnung der Artefakte nach Thomas ergibt sich auch aus seiner Analyse der künstlerischen Einbildungskraft. Der künstlerische Schaffensprozeß enthält drei Aspekte. Zuerst gibt es die Konzeption von dem, was zu machen ist, und die Ausarbeitung dieser Idee. Zweitens die Bearbeitung des Materials, das zur Erreichung des Ziels notwendig ist. Drittens die Gestaltung des Artefakts selbst.[19] Fragt man, wie in dem Artifex die Konzeption seiner Arbeit zustande kommt, so hat die mittelalterliche Ästhetik diese Frage oft im Rahmen der platonischen Idee zu beantworten versucht. Zunächst wurde dieser Begriff mit der Absicht verwendet, die Kunst als geringwertig zu schildern. Die Idee im menschlichen Geist ist ja eine lückenhafte Abbildung der realen Wesensform. Aber schon in der Antike wird die künstlerische Tätigkeit dadurch aufgewertet, daß die Idee zum erhabenen Prototyp der Artefakte wird, die diese im Stoff — sei es mangelhaft — zu verwirklichen versucht. Thomas vergleicht den Künstler mit Gott, der bei der Schöpfung von den Ideen in seinem Geist ausgeht. Diese Ideen sind die Muster oder die exemplarischen Ursachen der Dinge. Thomas bezieht auch die Idee des Künstlers auf die Wesensform. „Alle Geschöpfe sind in dem göttlichen Geist, wie Möbel im Geist des Handwerkers. Aber, ein Möbelstück im Geist des Artifex ist durch Ähnlichkeit auch eine Idee."[20] Diese Ähnlichkeit entsteht dadurch, daß die Idee die exemplarische Form des Möbelstücks ist. „Eine Idee ist die Form als Urbild, nach dem durch Ähnlichkeit etwas konstituiert wird."[21] Auch hier stoßen wir auf den Gedanken der Nachahmung; jetzt, sofern das Artefakt eine Nachbildung der Konzeption des Künstlers ist.

Bei Thomas geht das Artefakt nur aus einer ideellen Form hervor. Der Baumeister denkt sich das Haus und zugleich die Gestalt, die Höhe u.s.w. Nur die Nebensächlichkeiten, wie die Farbe und die Ausschmückung, die das Ganze verschönern, sind sekundär.[22] Die Frage nach dem Entstehen der Konzeption des Artifex ist aber so nur teilweise beantwortet; denn wie erfindet der Künstler die Idee von Ereignissen, die nie stattgefunden haben und die er doch zu einer fiktiven Geschichte erdichtet oder die Idee eines Ungeheuers, das in der Realität nicht existiert? Meistens antwortet Thomas: die Phantasie oder die Einbildungskraft. Diese nennt er eine Art Schatzkammer der durch die Sinne empfangenen Formen.[23] Wer sich etwas aus seiner Erinnerung nimmt und vor Augen stellt, als ob es jetzt auf wirkliche Weise besteht, oder die Formen in seiner Erinnerung verbindet,

---

[19] Ethica Nicomachea V lec. 3 § 1154.
[20] De veritate III q. 3, a. 1.
[21] Ibidem.
[22] De veritate III q. 3 a. 7.
[23] Summa theologiae I q. 78 a. 4.

verwendet seine Einbildungskraft. Der Mensch und die Tiere brauchen sie zum Überleben. Die Einbildungskraft schafft neue Formen aufgrund der Dinge, die wahrgenommen wurden, zum Beispiel aus der Vorstellung ‚Gold' und der Vorstellung ‚Berg' die Vorstellung ‚goldener Berg', den wir niemals gesehen haben. Diese Tätigkeit tritt bei den anderen Sinneswesen nicht in Erscheinung, sondern bloß beim Menschen. Wie der Verstand bringt die Phantasie wegen der Ähnlichkeit der individuellen Gegenstände die Arten und Gattungen zustande. Sie unterscheiden sich aber dadurch, daß der Verstand sich nur auf die Wirklichkeit bezieht, während die Phantasie die aus der Erfahrung entnommenen Formen nach Belieben ordnet. Baumeister, Maler oder Erzähler bilden die Idee des Hauses, das gebaut werden soll oder des Gemäldes, das gemalt werden soll, aufgrund der Erfahrung. Aber obwohl sie imstande sind, eine Konzeption von etwas zu bilden, das in der Natur nicht existiert, muß der Künstler sie durch Vermittlung des in der Natur vorhandenen Materials und der Handlungen, die dem Wirken der Natur parallel sind, verwirklichen. Auch hinsichtlich der künstlerischen Einbildungskraft sind also die Artefakte den Naturdingen ontologisch untergeordnet.

2.1. Wilhelm von Ockham: die Form der Artefakte

Obwohl Ockham keine wirkliche Kunstphilosophie geschrieben hat und nur in einzelnen Fragmenten über Kunst spricht, diskutiert er mehrmals die Frage nach dem Unterschied zwischen Naturdingen und Artefakten.[24] In der Nachfolge des Aristoteles sagt Ockham, daß die *factibilia*, die machbaren Gegenstände, durch zwei Ursachen hervorgebracht werden können, nämlich durch die Natur — zum Beispiel Pflanzen, einfache Körper, wie Erde, Luft, Wasser, und lebendige Wesen — und durch ‚eine Kunde oder den Willen' — zum Beispiel Häuser, Betten, Statuen, Festungen und Staaten.[25] Was Aristoteles ‚eine Kunde oder den Willen' nennt, sind nach Ockham Verstandes- oder Willensakte. Diese Akte sind im breiten Sinne aufgefaßt, denn jedes aufgrund von Erkenntnis wirkende Prinzip, das heißt Wissen, das entweder durch die Sinne oder durch den Verstand erworben worden sind, muß hierzu gerechnet werden. Daraus schließt Ockham, daß die Nester der Vögel nicht als Naturdinge betrachtet werden können.

---

[24] Expositio Physicorum II c. 1 § 2—4, 214—237, Summula philosophiae naturalis I c. 20, Quaestiones in libros physicorum 118—125. Zwischen diesen Texten besteht hinsichtlich der Unterscheidung von Naturdingen und Artefakten kein großer doktrinärer Unterschied.

[25] Expositio Physicorum II c. 1 § 1, 1, 214. Ockham nennt drittens ‚durch Zufall', aber diese Möglichkeit subsumiert er unter die beiden anderen.

Der Unterschied zwischen Naturdingen und Artefakten besteht darin, daß die Naturdinge die Ursache ihrer Bewegung in sich selbst haben, das heißt, so fügt Ockham hinzu, insofern sie künstlich sind. Ein Bett zum Beispiel ist dem Gesetze der natürlichen Bewegung und Änderung unterworfen, aber nicht insofern es ein durch den Menschen hergestellter Gegenstand ist.

Jetzt stellt er die Frage, ob die Artefakte eine eigene Form kennen. In der Summula philosophiae naturalis sagt Ockham, daß nach der Ansicht vieler — zum Beispiel Thomas von Aquin — die Form des Artefakts eine akzidentelle Form sei, die sich vom Stoff unterscheidet und ihm durch die Kunst hinzugefügt wird: „wie die Wärme natürlicherweise dem Feuer zukommt und davon jedoch realiter zu unterscheiden ist".[26] Es gibt zwei Arten von Artefakten. Zuerst die Gegenstände, die der Artifex zusammen mit der Natur erzeugt, wie Medikamente oder landwirtschaftliche Erzeugnisse. Zweitens die Artefakte, die der Artifex allein erzeugt, zum Beispiel ein Haus, ein Bett oder ein Bild. Bei der ersten Art von Artefakten ist es nach Ockham möglich, daß eine neue substantielle Form erzeugt wird, denn sie werden dadurch verursacht, daß aktive natürliche Ursachen sich passiven Ursachen annähern und dann eine neue Qualität oder Substanz hervorbringen. Dies ist zum Beispiel der Fall, wenn der Artifex das Feuer während des Schmiedens mit dem Eisen zusammenbringt. Ist aber der Artifex der einzige, der wirkt, und erzeugt er das Artefakt durch Zusammenfügung natürlicher Gegenstände, dann wird keinesfalls eine neue Form hervorgebracht[27] oder mit anderen Worten es entsteht „keine absolute Sache, die völlig von den Naturdingen getrennt ist."[28]

Ockham versucht diese These auf zweifache Art zu beweisen. Erstens fragt er, ob das Resultat des Schaffens, zum Beispiel ein Haus, das in Stein und Holz zustande gebracht worden ist, eine Substanz oder ein Akzidens sei. Nach ihm ist es sonnenklar, daß es sich in diesem Fall nicht um eine Substanz handelt. Auch handelt es sich nicht um eine ‚Quantität', eine ‚Qualität' oder eine ‚Relation'. Die Ansicht des Thomas, daß der Artifex dem Material eine neue Qualität hinzufügt, ist nach Ockham evident unrichtig. Ockham nennt zwar die Form des Artefakts eine Qualität, die wir ‚schön' oder ‚häßlich' nennen[29], aber es ist eine sekundäre Qualität, daß heißt eine Qualität, die sich nicht von anderen Qualitäten oder der Substanz unterscheidet und die nicht durch erste Qualitäten im eigentlichen Sinne verursacht wird.[30] Ockhams Grund, um ‚schön' eine sekundäre Qualität zu nennen, besteht darin, daß ‚schön' und ‚häßlich', wie ‚gerade'

---

[26] Summula philosophiae naturalis I c. 20, 209.
[27] Summula 209, Expositio 217.
[28] Quaestiones 119, 720.
[29] Summa Logica I c. 55, 181.
[30] Quaestiones 117, 713—714.

und ‚krumm', wegen einer Ortsbewegung, also sukzessiv von etwas wahr sein können. „Zuweilen ist ja ein Gegenstand gerade. Wenn, ohne die Annäherung eines anderen Gegenstandes, seine Teile sich nähern, dann wird er krumm genannt. Krummheit und Geradheit beziehen sich also nicht nur auf gerade und krumme Gegenstände. Dasselbe trifft für die Gestalt zu. Nur durch Ortsbewegung der Teile kann etwas mehrere Gestalten annehmen."[31]

Der zweite Grund, den Ockham für seine These, daß keine neue Form entsteht, anführt, besteht in der Annahme der folgenden zwei Möglichkeiten. Entweder war die Form des Artefakts schon im Ganzen des zuvor bestehenden Subjekts vorhanden, das heißt in dem ganzen Material, aus dem das Artefakt hervorgebracht wird, zum Beispiel die Form Haus in dem Holz und in den Steinen, aus denen das Haus gemacht wurde, oder die Form ist nur teilweise in den Bestandteilen anwesend. Die erste Möglichkeit trifft nicht zu, denn „kein materielles Akzidens ist sowohl völlig in der ganzen Ausdehnung wie in einem Teil."[32] Die zweite Möglichkeit ist also die richtige. Es gibt jedoch wiederum zwei Möglichkeiten. Wenn bei der Erzeugung des Artefakts eine schlechthin neue Form entstünde, dann müßte die Form der Teile, aus denen es besteht, sich ändern. Dies ist nicht der Fall, denn das Holz und die Steine, aus denen das Haus aufgebaut wird, bleiben Holz und Steine. Die Teile der Form des Artefakts sind also schon vorher im Material anwesend, und das ist die zweite, nach Ockham richtige, Möglichkeit. Beim Herstellen eines Artefakts wird also nichts Neues (*de novo*) zustande gebracht. Dieselbe Schlußfolgerung ergibt sich aus Ockhams Analyse der Erzeugung der Artefakte. Sie entstehen durch eine Ortsbewegung.[33] Die Artefakte werden ja durch die Abtrennung der Teile von einem Ganzen, durch die Umgestaltung oder durch den Zusatz von natürlichen, dergestalt abgespalteten oder derart umgestalteten Gegenständen erzeugt.[34] Aber durch lokale Bewegung erlangen die Gegenstände notwendigerweise nur einen anderen Ort, ihre Substanz jedoch, Qualität oder Quantität, ändern sich nicht.

Ergibt sich aus dieser Auffassung Ockhams, wie Moser in seinem Buch über Ockhams Naturphilosophie[35] sagt, daß Ockham nicht allein keinen

---

[31] Summa Logica I c. 55, 180.
[32] Quaestiones 119, 720.
[33] Leff, op. cit., 579 und S. Moser, Grundbegriffe der Naturphilosophie bei Wilhelm von Ockham, Innsbruck 1932, 68. Auf Seite 70 sagt Moser, daß Ockham „mit seiner These, daß die Herstellung eine bloße Ortsbewegung sei, der neueren Zeit schon nahe steht, die alle Vorgänge als Ortsänderungen materieller Körper zu begreifen sucht."
[34] Expositio 217. „Sie entstehen also nicht durch Änderung (*alteratio*). Wenn ja einem Körper die Nase, ein Auge oder ein Fuß genommen wird, wird er häßlich. Dem Subjekt wird ja nicht eine Qualität zugefügt oder entnommen. Einer kann also schön oder häßlich werden, ohne Qualitätsabnahme oder -hinzufügung", Summula III c. 18, 305.
[35] Moser, op. cit., 69.

wesentlichen Unterschied zwischen den Naturdingen und den Artefakten bestehen läßt, sondern auch nicht zwischen der Erbauung eines Hauses und dem Rollen einer Kugel? Die Beantwortung des letzten Teiles dieser Frage schiebe ich hinaus. Ockham leugnet ausdrücklich diesen Unterschied, aber, so sagt Moser, er gibt ihn unbewußt doch wieder zu, indem er schreibt: „Ein Haus entsteht nicht oder wird erzeugt, weil ein Teil dessen als solcher ganz neu ist, sondern weil die Teile durch eine Ortsbewegung zusammengebracht werden und *passend* und *angemessen* geordnet werden." Ob ein Artefakt angemessen erzeugt ist, bestimmt die Form des Artefakts und diese, wie aus Mosers Auseinandersetzungen hervorgeht, ist nicht nur die Konzeption im Geist des Künstlers, sondern sie muß auch in den Artefakten selbst anwesend sein.

Es ist klar, daß Ockham explizit verneint, daß Artefakte durch eine spezifisch ihnen zugehörige Form gekennzeichnet sind, so daß Artefakte und Naturdinge sich nicht wesentlich durch ihre Form unterscheiden. Er verneint sogar in manchen Fällen ihre Einheit; denn obwohl von den künstlich hergestellten Dingen manche *per se* eine Einheit sind, zum Beispiel ein marmornes Standbild des Merkur, sind andere Artefakte zusammengesetzt. Hierin stiftet die künstlerische Form also keine Einheit. Ein Gegenstand der zweiten Art, zum Beispiel ein Haus, ist also aus mehreren Naturdingen zusammengesetzt.

Ockhams Ansicht, daß Artefakte und Naturdinge realiter identisch sind, geht aus seiner extensionalen Semantik hervor und nicht aus physischen oder metaphysischen Theorien. Worte erhalten ihre Bedeutung in erster Instanz wegen ihres Korrelats in der Wirklichkeit. Ockhams Ansicht ist in zwei Annahmen begründet. Erstens betont er, daß dieselben Gegenstände sowohl von der Natur wie von einem Artifex hervorgebracht werden können, obwohl, so fügt er hinzu, dies sehr selten oder niemals geschieht.[36] Viele Dinge, die in Farbe, Gestalt u.s.w. einander völlig gleich sind, werden durch die Natur und die Kunst hervorgebracht, so daß sie sich nur numerisch unterscheiden. Ockham bringt das Beispiel von ähnlich gestalteten Steinen, die beide zum Bau eines Hauses benutzt werden. Der eine ist aber durch die Natur, der andere von einem Artifex so geformt worden. Aus diesem Beispiel ergibt sich, daß nach Ockham beide Arten von Gegenständen *realiter* identisch sind und daß keine Differenz hinsichtlich Substanz oder Akzidenz besteht. Die zweite Voraussetzung ist, daß es doch einen Unterschied gibt, nämlich, daß Artefakte von einem Artifex und Naturdinge durch die Natur gestaltet werden. Deshalb kann man sagen, daß die Termini ‚Naturding' und ‚Artefakt' dieselben Gegenstände bezeichnen können. Die Aussage ‚Naturdinge sind Artefakte und umgekehrt' ist also *de virtute sermonis*, daß heißt bei strengem Sprachgebrauch,

---

[36] Expositio 224, cf. Quaestiones 124 und Summulae 211.

wahr. Kraft ihrer primären Bedeutung supponieren sie für die individuellen Gegenstände. Ihre Nominaldefinition dagegen ist nach der zweiten Voraussetzung verschieden, so daß manchmal die Definition der einen Art von Gegenständen wahr ausgesagt werden kann und die Definition der anderen nicht. ‚Artefakt' im Gegensatz zu ‚Naturding' heißt ja etwas, das durch eine Kunst und einen Willen erzeugt ist. Diese Hervorbringungsweise wird durch diesen Terminus konnotiert.[37] Zur Erhellung seiner Gedanken führt Ockham einige Beispiele an. Die Aussage ‚eine Statue ist kein Naturding' muß nicht so gedeutet werden, daß sie eine eigene Form hat oder aus einem spezifischen Material hergestellt wurde, sondern so, daß sie, weil ein Artifex sie gemacht hat, nicht natürlicherweise eine Statue ist. Auch das Wasser eines Bades ist nicht naturgemäß ein Bad. Damit steht aber nicht im Gegensatz, daß nichts im Bad nicht natürlich ist. „Das Badewasser unterscheidet sich ja in nichts von anderem Wasser, mit Ausnahme der Farbe, der Mischung mit Kräutern oder der Anwesenheit an einem bestimmten Ort. Zwischen durch die Natur erwärmtem Wasser und künstlich geheiztem Wasser gibt es keinen Unterschied."[38]

Das hauptsächlich semantische Interesse Ockhams an der Frage des Unterschieds zwischen Artefakten und Naturdingen ergibt sich weiter noch aus der Tatsache, daß er in den Quaestiones in libros physicorum eine gesonderte Quaestio[39] der Deutung von Aussagen widmet, die sich auf diese Frage beziehen. ‚Ein Haus wird erzeugt', ‚ein Haus entsteht aufs neue', ‚das Haus war nicht zuvor' und alle Aussagen, in denen der Terminus, der die Artefakte andeutet, in Subjektposition steht, sind wegen ihrer Supposition falsch. Der Terminus ‚Haus' supponiert für und ist ja verwechselbar mit ‚Holz, Steine u.s.w. zusammengefügt'. Ersetzt man Haus durch diese Konjunktion, dann sind die Aussagen ‚Holz, Steine u.s.w. zusammengefügt wird erzeugt', ‚Holz, Steine u.s.w. zusammengefügt war nicht zuvor' falsch. Der Terminus ‚Haus' deutet also nur die Materialien an, aus denen es aufgebaut worden ist.

Die erwähnten Aussagen über Artefakte sind, so führt Ockham weiter aus, richtig, wenn sie anders gedeutet werden. Wenn der Terminus ‚Haus' nicht die Materialien andeutet, aus denen das Haus gebaut wurde, sondern das jetzt aktuell existierende Haus, dann sind die Aussagen wie ‚das jetzige Haus entsteht aufs neue', ‚das jetzige Haus ist zustande gebracht worden' wahr. Nicht nur ‚Haus', ‚Gemälde', ‚Standbild', sondern auch der allgemeine Terminus ‚Artefakt' hat diese zwiefache Möglichkeit, etwas anzudeuten. Wie gesagt, die Aussage ‚Artefakte sind Naturdinge' ist Ockham

---

[37] Summa logica III-2 c. 34, 571. Eine konnotative Definition der artifiziellen Termini läßt sich auch der finalen Ursache entnehmen, z. B. ‚ein Haus ist eine Bedeckung, die uns gegen Kälte, Wind, Regen und Wärme schützt'.
[38] Summula 211.
[39] Quaestio 122, cf. Expositio II c. 2, 246—248.

zufolge wahr. Wird aber der Terminus ‚Artefakt' gedeutet als das jetzt bestehende Kunstwerk, ist sie falsch. Aus dieser Feststellung ergibt sich, daß die erste These der Sekundärliteratur, nämlich daß für Ockham der Unterschied von Naturdingen und Artefakten problematisch sei, qualifiziert werden muß.[40]

Wenden wir uns wieder dem letzten Teil von Mosers Frage zu, nämlich wie Ockham zwischen dem Bauen eines Hauses und dem Rollen einer Kugel unterscheiden kann, dann könnte sie vielleicht so beantwortet werden, daß er bezüglich der Ortsbewegung keinen Unterschied annimmt, aber wohl hinsichtlich der wirkenden Ursache. Überdies könnte Ockham antworten, daß ein Terminus für ein Artefakt auch die Konnotation einer bestimmten Konzeption, deren Teile ein harmonisch gestaltetes Ganzes bilden, im Artifex aufweist.

2.2. Die Einbildungskraft des Artifex

Der Status der Artefakte wird von Ockham im bezug auf die Einbildungskraft des Artifex und die Konzeption, die die Grundlage des künstlerischen Handelns bildet, erörtert. Ockham diskutiert diese Konzeption an zwei Stellen. Erstens im Rahmen der Fiktumtheorie und zweitens in Zusammenhang mit den göttlichen Ideen. Die Fiktumtheorie[41] des Begriffs betrachtet Ockham sowohl in der Ordinatio wie in dem Perihermeneias-Kommentar als eine mögliche Erklärung der Natur des Begriffs. Dieser Theorie zufolge besitzt ein Begriff nur ‚objektives Sein', das heißt er existiert nur im Geist und nicht in der extramentalen Wirklichkeit.[42] Dessen Sein ist das Erkannt-sein und er wird deshalb ein Bild (idolum), oder eine Erfindung (*fictum*) genannt. Eine solche Fiktion entsteht im Geist dadurch, daß der Verstand etwas außerhalb des Geistes sieht und aufgrund dessen eine ähnliche Sache im Geist bildet. Das Entstehen der Fiktion erläutert Ockham am Beispiel eines Baumeisters. Dieser sieht ein wirklich bestehendes Haus oder Gebäude und bildet aufgrund dessen in seinem Geist ein ähnliches Haus. Nachher bringt er aufgrund der Idee ein Haus zustande, das nur numerisch von dem ersten Haus zu unterscheiden ist. Die Fiktion und die Konzeption des Baumeisters sind wie Vorbilder, *exemplaria*, zu betrachten. Das Universale ist nach dieser Theorie aufzufassen wie „ein Exemplar, das in gleichem Maße sich auf die einzelnen

---

[40] Flasch op. cit., 268.
[41] Es ist auffällig, daß Ockham die künstlerische Konzeption im Rahmen der Intellectiotheorie nicht nennt. Das einzige, was er behauptet ist, daß sie zu kennen dem Artifex eigen ist und eine Qualität des Geistes ist, cf. Expositio in librum Perihermeneias I § 7, 368.
[42] Ordinatio I d. 2 q. 8, 271–272, Expositio in librum Perihermeneias I § 9, 359–360 und § 10, 370–371, cf. Leff, op. cit., 89 und 95.

Dinge in der extramentalen Wirklichkeit bezieht, die ein ähnliches reales Sein andeuten."

Die Ähnlichkeit zwischen Fiktion und künstlerischer Konzeption bedeutet, daß Ockham sich implizit zu einer strengen Abbildungstheorie bekennt. Diese These wird durch die Tatsache bestätigt, daß er auch Begriffe nicht existierender Gegenstände als Abbildungen auffaßt. Diese Fiktionen von nicht Bestehendem, wie Chimären und Ungeheuer oder die Ideen des Artifex beim Erzeugen eines Artefaktes werden nämlich auch nach Gegenständen, die in der extramentalen Realität existieren, gebildet. Wie Thomas führt Ockham das Beispiel eines goldenen Berges an. In der Wirklichkeit existiert er nicht, jedoch kann der Artifex sich eine Konzeption davon bilden, denn er hat einen Berg und Gold gesehen.[43] Am Schluß seiner Erörterung der Fiktumtheorie zitiert er einige Texte des Augustinus. Zu diesen werden wir später zurückkehren.

Auch im zweiten Text stützt Ockham sich implizit auf die Abbildungstheorie. In distinctio 35 des Buchs I der Ordinatio diskutiert er die künstlerische Konzeption im Rahmen der göttlichen Ideen. Zuerst bemerkt er, daß der menschliche Artifex mehrere verschiedene Gegenstände zugleich erkennt.[44] Eine Idee ist ein konnotativer oder relativer Terminus, der nicht genau ein einziges Ding andeutet, sondern gleichzeitig etwas anderes konnotiert. Ockham sagt: „Eine Idee ist etwas Erkanntes, das der Erkennende beim Schaffen betrachtet, so daß diesem gemäß etwas Ähnliches oder das Erkannte selbst im Wirklichsein erzeugt wird." In diesem Fall wird das Erkannte Vorbild oder *exemplar* genannt. Entweder das göttliche Wesen oder eine rationale Relation, entsprechen dieser Bestimmung der Idee, so daß die göttlichen Ideen die Dinge selbst sind. Sie werden ja durch Gottes Verstand erkannt und Gott betrachtet sie, um sie vernünftigerweise zu schaffen.[45] Die Begründung dieser These ist die Analogie zwischen dem göttlichen und menschlichen Künstler. Aus dieser Analogie ergibt sich aber nicht, daß der menschliche Künstler schöpferisch zu sein vermag.[46] Aber er erkennt genau das Werk, das hervorgebracht werden soll, und er verfährt aufgrund eines Vorbildes, einer Idee. Er erkennt etwas und etwas Ähnliches erzeugt er. Ein Haus zum Beispiel ist eine Idee und das Vorbild eines anderen Hauses, wenn nämlich ein Baumeister dieses Haus erkennt und aufgrund dessen ein anderes macht. Etwas kann sogar die Idee von sich selbst sein, denn wenn der Baumeister ein individuelles Haus sieht und aufgrund dessen dasselbe Haus wieder baut, ist das erste Haus die Idee und das Vorbild von sich selbst.

---

[43] Expositio in librum Perihermeneias I § 10, 370.
[44] Ordinatio I d. 35 q. 5, 484.
[45] Ockham schreibt geistig (*rationabiliter*) hervorbringen. Hierzu braucht man Erkenntnis des Erzeugten und genügt eine Erkenntnis des Wesens nicht (op. cit., 488).
[46] Quodlibeta II q. 9, 150–156.

Wie Thomas schildert Ockham das Entstehen der künstlerischen Konzeption im Rahmen der Einbildungskraft.[47] Ockham sagt zuerst in der Nachfolge des Augustinus, daß der Geist immer Bilder der Gegenstände hat, die er erkennt. Ein solches Bild kann mehr oder weniger genau sein. Auch von Gegenständen, die erkannt, aber nicht gesehen werden, hat der Geist Bilder. Ockham erhellt diesen Gedanken mit einem Beispiel aus Augustins De Trinitate.[48] Wenn jemand die Worte des Paulus liest oder hört, dann bildet er sich in seinem Geist ein Bild des Apostels, obwohl er ihn nie gesehen hat, wegen der Gesichter der einzelnen Menschen, die er gesehen hat. Obwohl die Menschen in Farbe und Gestalt sich unterscheiden, vermögen wir deshalb eine Fiktion zu bilden, die für alle Menschen in gleicher Weise passend ist. Dieser Fiktion nach werden wir Christus malen können. Dasselbe trifft für eine große Stadt zu, die wir nicht gesehen haben. Aufgrund von Berichten kann ich mir ein Bild dieser Stadt ausdenken. Dieses Bild kann ich darstellen, so daß die Leute dieser Stadt sagen können: ‚Sie ist es' oder ‚Sie ist es nicht'. Solche Fiktionen von Gegenständen, die nie gesehen wurden, kann der Mensch sich bilden, weil er in seiner Erinnerung die Bilder von Gegenständen, die er gesehen hat, aufbewahrt. Der Artifex ist also nicht auf das auf neue Weise Zusammensetzen der Teile schon gesehener Gegenstände beschränkt, sondern er vermag sich auch ein Bild zu machen von nie gesehenen einzelnen Dingen. Aus erkannten einzelnen Gegenständen kann der Geist sich ja eine Vorstellung bilden von ähnlichen nie wahrgenommenen Individuen. Aus Ockhams Kommentar zu diesen Texten des Augustinus ergibt sich, daß er wie Thomas dem menschlichen Geist keine schöpferische Kraft zuerkennt. Auch er ist der Auffassung, daß der Künstler die Natur beim Schaffen nachahmt. Aus dieser Erörterung der künstlerischen Einbildungskraft ergibt sich also bei Ockham nicht eine Erhöhung des Ranges des Kunstwerkes, wie in der zweiten These der Sekundärliteratur gesagt wurde.

In seiner Studie „Idea" verneint Panofsky das Vorhandensein eines Naturalismus im Mittelalter.[49] Vielleicht läßt sich aufgrund des vorher Gesagten die These verteidigen, daß Ockham einen Naturalismus in einem spezifischen Sinn vertritt. Denn der menschliche Artifex ist an die sinnliche Natur im Schaffen gebunden, ja sogar gefesselt.

---

[47] Ordinatio I d. 2 q. 8, 276—281, cf. Leff. op. cit., 96—97.
[48] De Trinitate VIII c. 4, n. 7.
[49] E. Panofsky, Idea. Ein Beitrag zur Begriffsgeschichte der älteren Kunsttheorie, Berlin 1960², 29.

Namenregister

Abubacer 576
Ackermann, J. C. G. 557
Adam Bocfeld 685
Adam, C. 306
Adam, K. 31
Adam von Bouchermefort 684
Adam von Bremen 943
Adán en el Paraíso 788, 790
Adelard von Bath 48, 330, 814
Adeva, I. 779–789
Adriaen, M. 21, 611
Aegidius Romanus 221, 346, 347, 352, 355, 383–401, 403, 404, 412–414, 419, 574, 576, 588
Aegidius von Orléans 386, 399–404
Aertsen, J. A. 128, 144, 185
Aethicus Istricus 48
Agostino Nifo 411
Agricola, Georg 881
Agrimi, J. 705
Aischylos 493
Aitzetmüller, R. 360
Alain de Lille (siehe Alanus ab Insulis!)
Alanus ab Insulis 51–66, 68, 94, 96–98, 100, 107–110, 112–128, 459, 813
Alberti, Leon Battista 948
Albert, K. 10
Albertus Magnus 50, 107, 167, 177, 179, 220, 222, 231, 281–293, 295–297, 299–301, 303, 334, 346–350, 355, 384, 410, 415, 417–419, 426, 457, 461, 529, 548, 566, 574, 576, 582, 583, 588–590, 605, 646, 647, 682, 690–700, 712, 713, 715, 718, 720, 722–725, 728–730, 732, 734, 735, 754, 872, 901, 941
Albert von Sachsen 195, 210, 412
Albrecht I. 871
Alderotti, T. 715, 717
Alejos, C. J. 785, 787
Alejo Venegas de Busto 781, 784–786, 790
Alexander V. (siehe Peter von Candia!)
Alexander der Große 545, 546, 934
Alexander von Aphrodisias 179, 550–553, 575, 576, 582, 583, 703, 709, 753–759, 761–763
Alexander von Hales 260–262, 457, 461, 574, 603, 646, 647, 664, 710

Alexandre, P. 831, 837, 846, 847
Al-Farabi 295, 488, 500, 576, 590, 593, 712
Alfonso de Madrid 781, 786
Alfred von Sareshel 176, 708–710
Al-Gazzali 296, 323, 324, 576, 585, 590, 593, 596, 601, 704, 712
Alhazen 129
ᶜAli ibn Abi Talib 514
Al-Kindi 527
Alkuin 21
Allard, G.-H. 3
Allen, M. J. B. 468
Allmann, J. 874
Almansor 354
Almoina, J. 782, 784, 790
Alonso de Madrid 781
Alonso de Molina 782
Alonso, M. 753
Al-Razi 528, 529, 531
Althoff, H. 875
Al-Toghraᶜi 530
d'Alverny, M.-Th. 63, 99, 100, 108, 113, 127, 461, 813
Ambrosius 48, 260, 265, 269, 274, 279, 581, 603, 610, 645, 646
Ambrosius Catarinus 457
Ammonius 554
Anaxagoras 282, 285, 293, 576
Andre of Caesarea 356
Andronicos von Rhodos 717
Andrushko, V. A. 357
Angelomus von Luxueil 48
Annas, J. 308
Anselm von Canterbury 33, 461, 780
Anselm von Como 381
Anselm von Laon 609, 610
Ansidei, V. 883, 884
Anthonis, L. 555
Antonius Andreas 412, 417, 418, 420, 425
Anzelewsky, F. 948
Apianus, Philipp 951
Apollonios von Perge 556
Apuleus 496
Arber, A. 902
Archimedes 537, 538, 555
Arcisse de Caumont 915–917

Arcoleo, S. 98
Arfeuilles, P. 531
Aristoteles 20, 22, 28, 48, 51, 58, 93, 98, 103, 110, 130, 131, 137, 147–152, 155–157, 161–172, 174, 175, 177–179, 181–185, 187–191, 195, 196, 198–203, 206–211, 214, 216–222, 224–229, 234, 245, 248, 252, 260–263, 267–269, 271, 276–279, 281, 283–291, 293, 295, 297, 298, 300, 302–306, 308–314, 317, 318, 321, 322, 324–326, 330, 347–354, 357, 361, 367, 372, 377, 380, 381, 383, 384, 386, 387, 392, 399, 406–413, 418–427, 459, 464, 469, 470, 472–474, 476, 482–484, 498–500, 520, 522, 532, 537, 540, 545, 546, 548–554, 556, 560, 562, 563, 566, 569, 570, 572, 574–577, 579–584, 586–590, 592–596, 598–606, 632, 637, 647, 650, 658, 660, 662, 682–691, 694–699, 706–714, 716–718, 730, 734, 745, 746, 753–755, 758–761, 767–769, 771, 774, 790, 791, 825, 895, 934, 939, 952, 953, 957
(Ps.-)Aristoteles 357, 482, 494, 545, 548, 587
Arnolfo di Cambio 885
Arnulfus Provincialis 684, 685
Artigas, M. 462
Ascensius, J. B. 589
Astuti, G. 889
Athanasius 603
Aubert, J. M. 460
Augustinus 10, 11, 16, 21, 25, 31, 32, 34, 35, 38, 49, 113, 114, 116, 117, 135, 152, 222, 260, 261, 265, 266, 269–275, 348, 353, 418, 446, 458, 459, 469, 472, 475, 563, 566, 570, 581, 596, 597, 599, 603, 605, 611, 612, 615, 621, 645, 646, 652, 664, 713, 721–723, 725, 742–744, 747, 748, 775, 788, 834, 963, 964
Augustus 848
Austin, J. 77
Avempace 576
Averintsev, S. S. 364
Averroes 166–168, 170, 208, 230, 242, 261, 281, 283, 285, 286, 294–296, 309–311, 316, 350, 352, 380, 381, 411–413, 418, 419, 424–426, 460, 465, 488, 552, 575, 576, 582–584, 596, 601, 603, 692, 704, 708, 712, 713, 715, 732, 756–761
d'Avezac 940
Avicebron 590, 591
Avicenna 93, 152, 167, 170, 176, 179, 184, 286, 287, 296, 323–326, 346, 354, 397,
412, 425, 484, 500, 508, 529, 530, 564, 576, 577, 579, 581–583, 585, 588, 590, 591, 593, 595, 596, 602, 603, 706, 707, 710–715, 760
Azzi Vitelleschi, G. degli 887

Baader, G. 705
Baaken, G. 869
Bachtin, M. 801
Backes, H. 25
Backmund, N. 833
Bacon, Francis 366, 462
Badel, P. Y. 65
Bader, J. 872, 880
Badurin, A. 363
Baeumker, C. 129, 539, 540, 542–544, 709
Bahā'ud- Dīn as-Samūqī 481
Bainton, R. 647, 659
Baker, D. N. 64
Baldus de Ubaldis 891, 894, 895
Balić, C. 312
Baltrusaitis, J. 931
Bandmann, G. 920
Bannach, K. 658
Barach, C. S. 94
Barack, K. A. 879
de'Barbari, Jacopo 948
Barber, E. A. 555
Barbet, J. 8
Barnes, J. 308, 309
Baron, R. 98, 615
Barozzi, P. 781
Bartholomaeus Anglicus 706, 707, 835, 932
Bartholomaeus von Bruges 386
Bartholomaeus von Messina 551
Bartoli Langeli, A. 884
Basilius der Große 260, 265, 270, 275, 357, 358, 603, 713
Battelli, G. 838
Battista Alfani 896
Bauer, L. 109
Baumann, W. 832
Baumgart, D. 645
Baumgartner, H. M. 162
Baur, L. 178, 542, 685, 686, 707
Baxandall, M. 896
Bazàn, B. C. 372, 384, 390, 711
Beckmann, J. P. 128, 178, 367, 662
Beda Venerabilis 48, 459, 603, 834
Beer, M. 585
Beierwaltes, W. 3, 4, 14, 50, 481, 494
Beintker, E. 93
Bekker 294, 295

Belelli, G. 883
Belforti, L. 884, 886, 887
Belobrovoj, O. A. 361
Benedikt XII. 936
Benini, R. 794
Berg, D. 885
Bergman, H. 645
Bernardus Morlanensis 798
Bernath, K. 145
Bernhardus Silvestris 51–54, 58, 94–98, 100, 108, 115, 118, 121
Bernhard von Chartres 57
Bernhard von Clairvaux 50, 457, 647, 648, 930–932, 938
Bernini 919, 922
Bertelloni, F. 683
Berthelot, M. 481, 502, 515, 517, 519, 521–523, 526, 532, 533
Besobrasof, M. 361
Bessarion 754
Beumann, H. 37, 854
Beutler, C. 916, 925
Beyer, A. 948
Bialostocki, J. 947
Biel, Gabriel 646
Bieler, L. 3, 20, 23, 24
Biesinger, A. 719
Binder, H. 877, 880
Birkenmajer, A. 538, 540, 541
Birnbaum, H. 364
Bishop, E. F. F. 457
Bláhová, M. 832, 833, 841, 852
Blanshei, S. R. 886
Blasius von Parma 215
Blickle, P. 873
Bliemetzrieder, F. P. 610–612
Blum, P. R. 330
Blumenberg, H. 232, 570, 954
Bober, H. 915
Boccaccio, Giovanni 945
Bodjanskij, O. M. 360
Böhner, Ph. 349
Böckeler, M. 79
Boer, W. W. 934
Boese, H. 544, 553, 573, 595, 724
Boethius, A. M. S. 11, 20, 21, 23, 24, 32, 33, 35, 36, 56, 59, 60, 108, 124, 125, 147, 149, 150, 169, 172, 175, 178, 179, 181, 182, 260, 265, 269, 326, 347, 348, 459, 572, 574, 576, 578, 588, 592, 593, 689, 713
Boethius von Dacien 371, 374–380, 382, 386, 404

Boháč, Z. 835
Boiadjiev, Tz. 36, 39
Bologna, F. 89
Bonamico di Cristofano 888
Bonaventura 109, 221, 231, 264, 265, 411, 457–460, 463, 465, 468, 570, 574, 589, 594, 647, 669, 710
Bonelli Conenna, L. 902
Bonifaz VIII. 886
Borgnet, A. 50, 177, 222, 292–299, 303, 576, 582, 583, 588, 590, 647, 695, 696–698, 700, 712, 713
Boros, L. 788
Borovkova-Majkova, M. S. 366
Borsche, T. 563, 571
Bos, E. P. 385
Bossier, F. 538, 549, 551, 552, 555
Bossuat, R. 108, 109, 111, 113, 115, 119–122, 128
Bostok, D. 308
Braakhuis, H. A. G. 234, 384, 385, 388
Brady, I. 262
Brambeck, M. 866
Brams, J. 294, 537, 548
Brandanus 940
Brandenburg, H. 918
Bredekamp, H. 880, 912
Breiter, Th. 848, 849
Brendel, O. 918
Brennan, M. 3, 7
Brentano, F. 468, 469, 645
Bresslau, H. 853
Bretholz, B. 832, 834, 836, 847
Brévart, F. B. 335
Brewer, J. S. 131, 136, 549
Bridges, J. H. 131, 552, 713, 714
Brinkmann, H. 23, 62
Broc, N. 940, 942
Brown, S. F. 259, 263, 264
Brown, V. 152
Brück, A. Ph. 77
Brühl, C. 868, 917
Brumble, H. D. 64
Brummack, J. 934
Bruyne, E. de 953
Buber, M. 84, 645
Bücker, H. 876
Bünting, Johann Philipp 866
Bürgel, J. Chr. 708
Bulwer 823
Burckhard, C. 688
Burdová, P. 859
Burgundio von Pisa 688

Burkhardt, J. 463
Buschendorf, C. 333
Buschinger, D. 333
Buttimer, Ch. H. 109, 615
Buuren, A. M. J. van 824
Buytaert, E. M. 271, 613, 615, 616, 620
Buzzetti, S. 613

Cadden, J. 901
Caesar 797, 798
Cahen, R. 516
Cajetan 575, 659
Calasso, F. 889, 890, 896
Callies, J. 867, 874
Callus, D. A. 552
Calo Calonymos 704
Calvin 433, 434
Canini, A. 754
Canizzo, G. 720
Canz, I. T. 468
Cardona, G. R. 899
Carlevaris, A. 69
Caron, M. 521, 532, 534
Caroti, S. 322, 325
Casamassima, E. 890
Cassiodor 21
Cassirer, E. 345
Castelli, E. 931
Cato 797, 798, 825
Catto, J. I. 384
Čechura, J. 856
Čelakovský, J. 858
Celtis, Konrad 876, 878
Černý, V. 857
Cervini, Marcello 435, 436
Cesarius von Heisterbach 798
Chalcidius 296, 605, 615–617, 713
Chapman, J. A. 827
Char, René 485
Charles, E. 129
Charlier, J. 780
Charmasson, Th. 559
Chartier, R. 779
Charton, E. 934
Chatelain, A. 754
Chaucer, G. 60
Chenu, M.-D. 108, 110, 112, 115, 117, 120–122, 124, 126, 128, 145, 461, 689, 898, 911
Chisholm, R. M. 469
Cicero 283, 295, 297, 616, 617, 619, 683, 684, 710, 797, 798, 822
Cigoli, Ludovico 949

Clagett, M. 214, 304, 323
Clam, J. 481, 489
Clarenbaldus von Arras 50
Clark, G. 905
Clark, M. 768
Claudian 95, 108
Clemens IV. 138
Clemens VII. 882
Clemens VIII. 516
Clément, J.-M. 861
Clicthove, J. 781
Clusa, J. de 781
Cole, D. 916, 927
Colgrave, B. 834
Collectaneus 712
Congar, Y. 452
Conger, G. P. 481, 501
Constabulinus 712
Constantinus Africanus 92–94, 101, 354, 706, 707, 709, 710, 712, 714
Corbin, H. 481, 492
Corniolo della Cornio 902–904, 906
Corominas, J. 827
Coronel, L. 472
Corsini, T. 932
Cosmas 832, 834–837, 839–841, 843–847, 849
Costa, G. 342
Costantini, L. 905
Courcelle, P. 21
Courtenay, W. J. 438, 452
Craemer-Ruegenberg, I. 407
Cramer, Th. 878
Cranz, F. E. 753
Crawford, F. St. 760
Crépin, A. 333
Creutz, R. 103
Crisciani, Ch. 705
Crivelli, Taddeo 947
Crosby, H. L. 305
Cullmann, O. 144
Curtius, E. R. 54, 94–96, 98, 108, 120
Cyril 367, 603
Cyrus 797, 798
Czartoryski, P. 349, 695

Dainville, F. de 943
Dales, R. C. 259–262, 264, 591–596, 598, 599, 601
Dampier, W. 526
Daniel I. Vincentius 833, 838, 839, 841
Daniel de Mosley 532
Daniel von Morley 99, 100

Daniélou, J. 646
Dannenberger, H. 870
Dante 108, 191, 457, 684, 791−794
Darius 797, 798
Darwin, C. 553
Débidour, V. H. 931
Decker, B. 169, 172, 178, 179, 181, 182
De Gerville 915
Deichmann 916
Dekkers, E. 21, 612
De Lage, R. 108, 112, 119, 122, 125
Delhaye, P. 98, 99, 166, 169, 170, 647, 660, 687
Del Punta, F. 400
Demmer, K. 611
Demokrit 285, 305
Denifle, H. 754
Denomy, A. 321
Descartes, René 86, 302, 304, 306, 307, 366, 469, 496, 735, 952
Destombes, M. 933
Dettloff, W. 458
Deuchler, F. 911
Deyermond, A. D. 823, 824
Dick, A. 20
Diels, H. 309, 634, 705
Dieterici, F. 482, 547
Dihle, A. 612
Dinzelbacher, P. 73
(Ps.-)Dionysius Areopagita 3, 154, 155, 356, 359, 457, 571−573, 576, 577, 579, 589, 590, 592, 595, 600, 603, 604, 739
Dionysius Cartusianus 457, 572−606
Dirlmeier, U. 871, 882
Dod, B. G. 165, 167
Dodds, E. R. 481, 506
Dohmen, Ch. 118
Dolista, K. 833
Dominicus Gundissalinus 109, 178, 686, 689, 753
Dominik von Flandern 351
Donati, S. 386, 387, 395, 407−410
Donato, G. 754
Dostoevskij, F. 367
Dotto, G. 459
Douglas, M. 906
Doyère, P. 861
Drechsler, P. 876
Drewermann, E. 645
Dreyer, M. 110
Dronke, P. 52, 53, 58, 95, 100, 107, 108, 543
Ducamin, J. 818

Dürer, Albrecht 947, 948
Duhem, P. 195, 197, 304, 952
Du Pin, E. 780, 785
Dupré, W. 606
Durand, D. B. 304
Durandus de S. Porciano 589, 596, 597, 600, 601, 646
Durckheim, E. 899
Durling, R. J. 705, 706
Dušek, L. 831

Easton, S. C. 129, 548
Ebeling, H. 768
Eckhardt, C. D. 59
Eco, U. 953
Economu, G. 58, 64
Edvards, P. 359
Edwards, D. R. 555, 556
Egidius de Feno 236, 237
Ehrle, F. 574, 576, 598, 755
Ehses, St. 434
Einstein, Albert 141
Elders, L. 165
Eliade, M. 481, 483
Ellwanger, B. 848
Elsässer, M. 11
Elze, R. 890
Emden, A. B. 310
Emery, K. 572−574, 576, 577, 582, 583, 585, 589, 592
Emler, J. 832−834, 841, 846
Empedokles 282, 285, 295, 359, 503
Engelhardt, P. 144
Epiktet 357
Epikur 48, 285, 563, 710
Epiphanius 365
Erasmo, D. 781
Erasmus von Rotterdam 784, 785, 787
Ernald von Bonneval 48, 49, 51−53
Esch, A. 848
Eschmann, I. T. 165
Etzlaub, E. 878
Eudoxus 554
Eufrasia 896
Euklid 893
(Ps.-)Eusebius 786
Eustachius 418
Eustrachius 576
Eustratius 691
Eutokios 538, 555
Evans, G. R. 107, 108, 111, 116, 120, 121, 128, 689
Exner, F. M. 837, 843

Fabre, P.-J. 527
Fabri, F. 877, 878
Fabricius 797, 798
Fackenheim, E. 645
Falkener, M. 349
Fattori, M. 549
Fauser, W. 400
Federici Vescovini, G. 221
Feldhaus, F. M. 46
Fellmann, F. 214
Feraboli, S. 555
Festugière, A.-J. 481, 499
Feyerabendt, S. 889
Fiala, Z. 833
Fibonacci 792
Fichtenau, H. 853
Fichtner, G. 556
Figuier, L. 510, 518, 524, 525
Filippi, B. 883, 884
Filthaut, E. 712
Finetti, A. 905
Fioravanti, G. 691
Fitz-Ralph, Richard 469–477
Flasch, K. 4, 15, 756, 952, 954
Flashar, H. 185
Fleckenstein, J. 869
Flier, M. 364
Flodr, M. 849
Fløistad, G. 202
Floss, H. J. 3
Flückiger, F. 609
Forster, A. 435
Fotev, G. 33
Fra Angelico 457
Fra Bevignate 884, 887
Fraipont, J. 21, 612
Franceschini, E. 551
Francisco de Osuna 781, 786
Franciscus de Marchia 418, 419
Franz, G. 872
Fra Plinerio 884
Freppert, L. 658, 659
Fresco, M. F. 952
Friedberg, A. 646
Friedman, J. B. 931, 933, 935, 936
Friedrich I. Barbarossa 33
Friedrich II. 89–94, 98, 100–104
Fritz, K. v. 730
Fritzsche, H.-G. 34, 37
Fuchs, J. 882
Führkötter, A. 69
Fulbert 914
Fulcanelli 517

Fulton, A. S. 546
Fumagalli, V. 882
Funkenstein, A. 196, 752

Gabriel, A. 606
Gabriel, L. 606
Gaetano di Thiene 411–413
Gagnér, S. 615
Gailin, J.-L. 902
Gaius 892, 893
Ğaldaki 492
Galen 93, 346, 354, 361, 538, 556, 557, 703–717, 760, 790
Galilei 195, 303, 474, 635, 952
Galletti, A. I. 885, 886, 888
Gallus 943
Gandillac, M. de 57, 706
Ganzenmüller, W. 99
Gaos, J. 779
Garcia Icazbalceta, J. 782
Gaus, J. 822
Gauthier, R. A. 400, 538, 685, 686, 688, 710
George, St. 77
George, W. 936
Gerardus ter Steghen de Monte 574
Gerasimov, D. 356
Gerhard von Cremona 166, 528, 531
Gerlach 833, 839, 846
Gerritsen, W. P. 824
Gersh, St. 3
Gertrud von Hackeborn 861
Gertrud von Helfta 861–865
Gervasius von Tilbury 935
Gerwing, M. 867
Geyer, B. 334, 349, 410, 754
Ghellink, J. de 57
Ghisalberti, A. 231, 381
Gierer, A. 300
Gilbert de la Porée (siehe Gilbert von Poitiers!)
Gilbert von Poitiers 33, 59, 115, 125, 459
Gilles de Lessines 718
Gilson, E. 165, 220, 225, 302, 349, 460, 668
Gimpel, J. 872
Ginzel, F. K. 836, 844, 848
Giordano Bruno 344, 345, 462
Giorgi, J. 905
Giotto 457
Giovanni von Cor 936
Girard, A. 593
Girardin, L. 518
Girolamo Seripando 435, 436

Giry, A. 853
Glassberger, N. 846
Gleitsmann, R.-J. 867
Glorieux, P. 109, 110, 113, 114, 117, 118, 123, 126, 392, 718, 720, 780
Godfrey of Fontaines 398, 399
Goetz, H.-W. 885
Götz, W. 914
Goldast 656
Goldbacher, A. 612
Goller, F. 874
Gondras, A.-J. 710
Gothein, E. 20, 26
Gothein, M. 63
Gourevitch, A. 898
Grabmann, M. 29, 107, 165, 166, 386, 537—539, 542, 543, 683, 684, 713, 753, 755
Graiff, C. A. 372
Grant, E. 214, 226
Gratian 646, 667
Graus, F. 856, 857
Green, H. 64
Greenleaf, R. E. 782
Gregor IX. 683, 684
Gregorius de Valentia 471
Gregorius Magnus 448, 454, 457, 603, 611, 620, 712, 913
Gregor von Nazianz 603
Gregor von Nyssa 35, 363, 581, 603, 703, 712
Gregory, T. 50, 115, 125, 543, 689
Greiner, J. 878
Greshake, G. 768
Grewe, Kl. 883
Grieco, A. J. 904, 906, 907
Grignaschi, M. 545, 546, 548
Grimm, J. 798
Grodecki, L. 915
Grohmann, A. 883, 890
Gromov, M. N. 360, 367
Grotius, Hugo 660
Gründer, K. 770
Grundmann, J. P. 883, 886, 887
Guardini, R. 457
Guenée, B. 831
Guido von Perugia 891, 895
Gunn, W. 915
Gunther, R. T. 560
Gurieri, O. 889
Gurjewitsch, A. 99
Guyer, F. G. 57
Gwynn, A. 469

Habermas, J. 768
Hadot, I. 538
Hadrian 934
Häring, N. M. 50, 57, 59—62, 64—66, 96, 109—112, 114, 116—118, 120—123, 125, 127
Hager, F. P. 58
Halitgar von Cambrai 802
Hamesse, J. 549, 760
Hamm, B. 438
Hamza ibn 'Ali Isma'il at-Tamimi 481, 489
Hanfmann, G. 925
Hansen 321
Hans Sachs 878
Harder, B. 876, 878
Harent von Antiochien 935
Haroun al-Rashid 514
Hartmann, N. 198, 299
Hartner, W. 481, 486
Hasse, K. P. 330
Haug, W. 68
Hauréau, B. 55
Hayton von Armenien 936
Hedwig, K. 141, 662, 748
Hegel, G. W. Fr. 12, 365, 645, 748
Heidegger, M. 147, 148, 153, 161, 164, 752
Heil, J. 945, 948
Heimann, H.-D. 877, 880
Heinisch, K. J. 101, 103
Heinrich III. 942
Heinrich VII. 871
Heinrich von Gent 229, 384, 397, 398, 586—589, 591, 599—601, 605, 718
Heinrich von Gorkum 573, 574
Heinrich von Heimburg 844, 847
Heinrich von Neustadt 55
Heinzmann, R. 458
Helbig, H. 869
Henderson 926
Hennebo, D. 872, 880
Hennigfeld, J. 77
Henninger, A. G. 252
Henricus Bate 559, 588, 707
Henricus Brito 685
Henricus de Ballivis 588
Henri de Mondeville 901, 907
Herberg, H. von 919
Herborn, W. 880
Hermanos de Sabio 781
Hernández, F. J. 815
Hernando de Talavera 781, 786
Herodot 721
Heron 538, 555, 556

Herrad von Landsberg 47
Herrmann, B. 867, 881, 882
Hertling, G. v. 68
Hesiod 721
Hewson, H. A. 718
Heymericus de Campo 574
Hicks, E. 65
Hieronimus Bosch 866
Hieronymus 418, 575, 576, 603, 610, 619, 784, 786
Higounet, Ch. 868
Hilarius von Poitiers 126
Hildegard von Bingen 67–88, 898
Hilka, A. 931
Hillebrecht, M. L. 867
Hinske, N. 153
Hippokrates 346, 354, 361, 556, 557, 705, 706, 709, 713
Hirsch, S. 645
Hirschberger, J. 4, 952
Hissette, R. 227, 597, 718
Hlaváček, I. 838, 855
Hocedez, E. 385, 392
Hochstetter, E. 658
Hödl, L. 221, 371, 718, 867
Höfer, J. 637
Höhler, P. 896
Höver, H. 129
Hoffmann-Curtius, K. 885, 888
Hohmeyer, J. 914, 927
Holmyard, E. J. 516, 526, 533, 534
Homer 721
Hommel, H. 481, 503
Honnefelder, L. 128, 178, 198, 202, 662, 668
Honorius Augustodunensis 99, 100, 360, 361
Hourani, A. 152
Horaz 62
Hornstein, F. v. 867
Hosák, L. 832, 833
Hoßfeld, P. 298, 299, 301, 334, 410, 712
Hoyer, R. 916, 927
Hrabanus Maurus 28, 48, 603, 802
Huber, Chr. 63
Hübner, K. 300
Hugo von St. Viktor 43, 44, 46, 49, 98–100, 109, 432, 438–440, 446–450, 454, 578, 615, 689, 738
Hugo von Utrecht 381
Huizinga, J. 54, 64, 66, 107, 108, 111, 115, 116, 120, 128, 779, 797, 798, 813
Humboldt, A. v. 915, 942

Hunayn ibn Ishaq 717
Hutin, S. 512, 513, 521, 524, 526, 527, 530, 532, 534
Hyman, A. 259
Hyppolite of Rome 356

Ibn ʿArabī 481, 502, 503
Ibn Gulgul 529
Ibn Haldun 481, 482, 495–498
Ibn ʿUmail 487
Ibn-Waḥšiyya 487
Ilarion 357
Innozenz III. 683, 797
Innozenz IV. 263
Iohannes de Nova Domo 574
Isidor von Sevilla 48, 333, 646, 722, 723, 849, 933, 935
Ivančevič, R. 363
Iustinus 834, 927

Jābir ibn Ḥayyān 481, 482, 491, 492, 499, 502, 507, 513–526, 528, 532, 533
Jacob, Chr. 943
Jacobi, K. 622
Jacob van Maerlant 545, 547
Jacques de Plaisance 310, 381
Jaeger, W. 178
Jaehrling, J. 22
Jäschke, K.-U. 854
Jaʿfar al-Sadiq 514
Jaffé, A. 482
Jaki, S. 462
Jakob von Metz 718
Jakob von Venedig 165, 166
Jammer, M. 196
Jammy 292
Jáñez Barrio, T. 768
Janni, P. 722
Janson, J. 923
Jantzen, H. 926
Jaspers, K. 777
Javelet, R. 99
Jean de Berry 946
Jean de Meun 64–66
Jeaneau, E. 57, 99, 615, 616, 689
Jeans, J. 526
Jedin, H. 435
Jemolo, A. C. 889, 896
Joachim von Fiore 55, 791
Johann Eberlin von Güntzburg 880
Johannes Buridanus 195–227, 229–232, 234–238, 240, 251–255, 346, 385, 386, 576, 412, 752, 755–763
Johannes Campano von Novara 538, 555

Johannes Canonicus 408, 412, 417, 418, 420
Johannes Chrysostomus 271, 356, 603
Johannes Damascenus 271, 275, 357, 471, 603, 656, 712
Johannes de Mechlinia 347
Johannes Dlugos 945
Johannes Duns Scotus 129, 191, 198, 201–203, 219, 220, 228–232, 310–313, 412, 416, 418, 420, 425, 457, 461, 463, 564, 566, 568, 574, 575, 589, 645, 647, 651–656, 662–669, 672–674, 677–681, 735
Johannes Gerson 780, 782, 783, 785, 786
Johannes Hispalensis 545
Johannes Peckham 539, 710, 719
Johannes Philoponus 309, 553, 554, 753
Johannes Reger 941
Johannes Regiomontanus 848
Johannes Scotus Eriugena 3–12, 14–16, 18, 20, 23, 25, 35, 91, 99, 349, 350, 460, 461, 579, 592, 604
Johannes Versor 347, 355
Johannes von Glogau 346–355
Johannes von Göttingen 381
Johannes von Hauville 43, 95
Johannes von Jandun 222, 371, 378–382, 412
Johannes von Neapel 719
Johannes von Ripa 470
Johannes von Salisbury 688, 689
Johannes Wenck 606
Jahannitius 706, 707, 709
Johann von Jenstein 859
John Cassian of Rome 366
John Gower 64
John von Mandeville 934, 936, 937, 941, 942
Jolivet, J. 99
Jones, H. S. 555
Jordan, M. D. 572
Jordanus Ruffus 102, 104
Joset, J. 827
Jourdain de Sevérac 934
Jovinianus 611
Judy, A. G. 179, 685
Jüssen, G. 150, 171
Jung, C. G. 481, 482, 485, 487, 488, 513, 516, 645
Jung, M.-R. 108

Kahlenberg, W. 93
Kaiser, R. 873
Kalista, Z. 845
Kallippos 554

Kaluza, Z. 574, 575, 598
Kamp, J. L. J. v. de 889
Kant, Immanuel 61, 195, 365, 569, 614, 651, 660, 661, 668
Kappler, C. 931
Karl I. 885
Karl IV. 860, 889, 896
Karl V. 782
Karl der Große 915, 916, 925
Kašpar, J. 855
Kasper, W. 162
Kaspers, H. 870
Katzenellenbogen, A. 933
Kaveny, N. 782
Keele, K. D. 340
Kelle, J. 22
Kelly, H. A. 815
Kemp, W. 95
Kenny, A. 165
Kepler, Johannes 635
Kerner, M. 688
Keussen, H. 871, 880
Keweloh, H.-W. 878
Khalid b. Yazid b. Mu^{c}awiya 512, 514, 516, 533
Kibre, P. 556–558, 705, 706
Kierkegaard, Sören 443, 645, 661
Kiess, R. 874
Kilian, R. 645
King, J. C. 20, 24
Kippenberg, H. G. 482, 500
Kiril of Turov 357
Klapisch Zuber, C. 906
Klark, K. 813
Klein, J. 948, 949
Klibansky, R. 57, 333, 336, 343, 345, 605
Klingender, F. 931
Klose, O. 944
Kluxen, W. 109, 172, 198, 202, 277, 568, 651, 663
Kneepkens, C. H. 384
Knox, D. 545, 587
Koch, J. 33, 34, 221
Köhler, J. 96, 112, 116, 869
Köhler, Th. W. 718, 719, 730, 735
Kölmel, W. 43, 44, 96, 115, 120, 656, 659
Körner, St. 469
Kolakowski, L. 645
Konrad von Megenberg 334–336, 345
Koslowski, P. 768
Kottje, R. 802
Kovtun, L. S. 358
Koyré, A. 302, 303

Kozlov, N. S. 367
Kraft, L. Th. 67, 68, 70, 72, 83
Kraus, P. 481, 482, 507, 516, 519
Kraye, J. 357
Kremer, Kl. 153
Kretzmann, N. 165
Krieger, G. 150, 171, 220
Kriele, M. 638
Krings, H. 162
Kristeller, P. O. 336, 411, 462, 463, 753
Krohn, W. 635, 636
Krolzik, U. 867, 872
Krop, H. A. 385, 654
Krudewig, J. 871
Krüger, S. 335
Krzemieńska, B. 854
Kubinyi, A. 882
Kübel, W. 691
Kühn, C. G. 557, 558
Kühn, U. 648
Kugler, H. 877–879
Kuksewicz, Z. 310, 353, 354, 381, 399, 400
Kullmann, W. 407
Kuraś, S. 854
Kurdzialek, M. 71, 84
Kurze, F. 834
Kutnar, F. 832
Kuttner, St. 615, 890

Labowsky, L. 754
Lacombe, G. 550
Lacy, Ph. de 705
Lämmli, F. 482, 493
Lafleur, Ch. 684
Lafleur, Cl. 176, 177, 179
La Fontaine 490
Lakebrink, B. 645
Lambertus de Monte 347
Lander, G. B. 362
Landgraf, A. 613
Landmann, M. 153
Lang, A. 110, 111
Langlois, Ch. V. 939, 947
Laussedat, A. 945, 946, 948
Lautermann, E. 874
Le Blévec, D. 583
Leclercq, J. 28
Lecouteux, C. 720–724, 729
Lecoy, F. 823
Leff, G. 469, 477, 952
Legner, A. 96
Legner, W. 21
Le Goff, J. 139, 796

Legrand, J. 462
Legters, L. 368
Lehmann, P. 812
Lehu, L. 651
Leibniz, G. W. 366, 483, 567, 568, 622
Leibold, G. 205
Leibrand, W. 458
Leibrand-Weetley, A. 458
Leisegang, D. 15
Lejbowicz, M. 321
Lemay, R. 551, 552, 554
Leonardo da Vinci 195, 339–343, 345, 947, 948, 951
Lestringant, F. 943
Lestvihnic, J. 366
Leukippos 293
Levy, D. 359
Lewry, O. 384, 385
Libera, A. de 388
Libera, P. 645
Liccaro, E. 98
Lichachev, D. S. 365
Liddell, H. G. 555
Liebeschütz, H. 67, 71, 83
Lieutaghi, P. 900, 902
Liessem, H. J. 877
Lihachova, O. P. 357
Lilienfeld, F. von 365
Lindberg, D. C. 136, 140, 141, 539, 541, 542
Link, F. 836, 837
Link-Salinger, R. 259
Lippmann, E. O. v. 482, 489
Litt, T. 462, 603
Little, G. 141
Litvinov, V. D. 357
Livesey, St. J. 304
Lloyd, A. L. 22
Lochner, Stephan 457
Löw, R. 768
Loewenich, W. v. 38
Löwith, K. 144
Lohr, Ch. H. 386, 399, 411, 683
Lohrmann, D. 883
Lomnitzer, H. 929
Long, R. J. 259, 263
Longhena, M. 935
Lorenzetti, Ambrogi 947
Lorenzo Valla 462, 555, 896
Losski, Wl. 31
Lossky, W. 364
Lottin, O. 609, 610, 612, 619
Lovejoy, A. O. 905

Lubac, H. de 646
Luchesi, B. 482
Ludvíkovsky, J. 834
Lübbe, H. 868
Lücke, T. 340
Lukrez 474, 768
Luna, C. 400
Lurje, J. S. 357
Luscombe, D. E. 99, 689
Luther, Martin 433, 434, 659, 663, 866, 942
Lutz, C. E. 20, 21, 25
Lychet, F. 655, 659
Lyons, J. 77
Lyotard, J. F. 645

Mac Cullock, F. 931
Machilek, F. 848, 849, 878
Macken, R. 574, 587, 588, 599, 600, 605
Macrobius 615, 689
Maggiolo, P. M. 311
Magnus Ausonius 929
(Ps.-)Maǧrīṭī 482, 490, 492, 495, 501
Mahoney, E. P. 411, 412, 905
Maier, A. 195, 196, 204, 209, 210, 212, 215, 219, 226, 235, 310, 311, 474, 756, 762, 763
Maier, M. 513
Maire Vigneur, J.-Cl. 883
Mâle, E. 779, 915
Malewicz, M. H. 831, 836, 842, 845, 847, 849
Mallarmé, S. 482
Maloney, T. S. 137
Mandonnet, R. P. 410, 578, 592, 604
Mani, N. 705
Manitius, M. 849
Mansion, A. 167, 175, 407, 544, 551
Manzanedo, M. 466
Marc, P. 703
Marcard, R. 514, 515
Marco Polo 934, 936, 941
Marcus Manilius 848, 849
Maréchal, J. 713
Marenbon, J. 616, 621
Marguerite, H. 645
Marius 797, 798
Markl, H. 868
Markowski, M. 351
Marsilio Ficino 330, 336–339, 343, 349, 468, 494
Marsilius von Inghen 412
Martianus Capella 20, 21, 24, 25, 27, 62, 108

Martin, Th. 869
Martin von Tropau 40
Martinelli, V. 885, 886
Martini, Simone 947
Martius, L. 944
Marx, J. 556, 891
Maschke, E. 869
Maslama al Maǧrīṭī 486
Massain, R. 519, 525
Massignon 486
Mateo-Seco, L. F. 768, 787, 788
Matheus von Gubbio 381
Matl, J. 361
Matthew of Aquasparta 710
Matz, F. 921
Maurach, G. 52, 331
Maurer, F. 875
Mausbach, J. 624, 639
Mauss, M. 899
Maximus Confessor 357, 361
Mazhar, I. 515
McCord Adams, M. 252, 254, 656
McEvoy, J. 259
McInerny, R. 649, 669
McKirahan, R. D. 304
McLaughlin 227
Mechthild von Magdeburg 861
Medina, P. 781
Meersseman, G. 438, 574
Meier, C. 68, 933
Meier, St. 591
Meiller, D. 904
Meiss, M. 932, 936
Meister Eckhart 220, 221, 565, 566, 736–751
Melanchthon, Philipp 942
Melani, G. 710
Melissus 131, 409
Mendl, B. 844
Menut, A. D. 321
Menzel, J. J. 854
Mercken, H. P. F. 691
Mercklin, E. von 924
Mereshkovskij, D. 35
Merks, K.-W. 624, 626, 629, 636, 641
Messerer, W. 916
Methodius 367
Meurer, N. 889, 891
Mews, C. 616, 618, 620
Meyendorff, J. 365
Meyer, H. 32
Mezník, J. 857
Michael, B. 195, 235–238, 755

Michael Scotus 166, 294, 552
Michalski, K. 591
Michaud-Quantin, P. 552, 706
Middeldorf-Kosegarten, A. 885
Miethke, J. 656, 658, 894
Míka, A. 859
Miller, F. D. 308, 314
Miller, O. 878
Miller, T. A. 34
Minio-Paluello, L. 541
Mir, M. 781, 786
Mira, E. 782, 786
Mirwan b. al-Hakam 512
Mock, E. 894
Mode, H. 931
Möbius, F. 104
Mojsisch, B. 743, 756
Molland, A. G. 303, 304, 306
Mombaer, J. 781
Moncho, J. R. 688
Monomarch, V. 358
Montagnes, B. 154
Montanari, M. 884
Monteñez, P. L. 934
Moody, E. A. 213, 219, 227, 228, 755
Moore, R. 357
Moran, D. 3
Moraux, P. 753
Morewedge, P. 905
Morianos 512, 513
Morino, A. 900
Moser, S. 959, 960
Moses Maimonides 267, 268, 277, 278, 281, 286, 287, 290, 296—299, 595, 603
Mougel, A. 574
Moussa, J. 515
Muckle, J. T. 296, 621
Mueller, C. F. W. 283, 297
Müller, I. 85
Müller, K. v. 481
Müller, L. 357
Müller, M. 814
Münster, Sebastian 879, 933, 936, 940, 950, 951
Mütherich, F. 89
Muhammad ibn Umilin Al-Tamimi 527
Mundhenk, J. 769
Murdoch, J. E. 115
Murray, P. 64
Mynors, R. A. B. 269, 834

Nagakura, H. 463
Nardi, B. 222, 411

Nasr, S. H. 482
Naumann, H. 23
Naumow, A. E. 362
Nauroy, G. 645
Nauwelaerts, B. 462
Neidhart von Reuental 928, 929
Nemesius von Emesa 688, 689, 703—705, 712, 713
Nestle, W. 690, 697
Neumann, S. 175
Newton, Isaac 553, 635, 636
Niavis, Paul 880
Nicco Fasola, G. 884
Niccolò da Reggio 716
Nichik, V. M. 367
Nicholas of Cornwall 384
Nicholaus Damascenus 176
Nicolas, M.-J. 147
Nicolas of Autrecourt 235
Nicolaus von Oresme 214, 304—306, 321—325, 327—329, 386
Nicoletto Vernia 406, 408, 410—413, 415—427
Nicolini, U. 884, 888, 896
Nider, J. 781
Niebel, W. F. 15
Niese, H. 94
Nietzsche, Friedrich 563, 752
Nikolaus Alessandri 896
Nikolaus von Kues 358, 459, 562—572, 591, 606, 890, 891, 938, 950
Nikolaus von Paris 684
Nikolaus von Verdun 913
Nil of Sora 357, 365, 366
Nilsson, M. 921
Nitschke, A. 93, 99, 101, 330, 331, 334, 340
Nitzsche, J. Ch. 64
Nobis, H. M. 91, 98, 99, 939
Nohl, H. 645
Notker der Deutsche 20—27
Novákovi, J. B. 844
Novotný, V. 831, 833, 836, 838, 839, 841, 845
Nový, R. 832, 855—857, 859
Nutton, V. 705

Oberhummer, E. 946
Obolensky, D. 367
O'Brien, D. 359
Ochsenbein, P. 63, 64, 108, 109, 111, 112, 115, 116, 118, 120, 123
Ockenden, R. E. 57
O'Connor, M. C. 779

Odo v. Cluny 797
Odoricus de Pordenone 729, 934—937
Oehler, K. 183
Oeing-Hanhoff, L. 147, 171, 182, 650
Oesterley, H. 752
Oettinger, K. 916
Oliverus Brito 685
Olscamp, P. J. 307
Olteanu, P. 361
Olympiodor of Alexandria 356, 502
Omar ibn al'Farid 513
O'Meara, J. J. 3, 6
Omont, H. 934, 936
Onasch, K. 364
Origenes 609, 612, 645, 646
Orosius 38, 935
Otto I. 854
Otto, W. 921
Otto von Freising 30, 32—34, 36—40
Ottosson, P.-G. 715
Ouspensky, L. 364
Ovid 95, 809, 816, 844
Owen, G. E. L. 308
Owens, J. 667

Paarhamer, H. 718
Palacký, F. 832, 860
Palamas, G. 365
Pannikar, R. 147
Panofsky, E. 333, 336, 343, 345, 363, 948, 964
Pape, H. 629
Papenfuß, D. 915
Papias 721—723
Pappus 556
Paracelsus 343—345
Paravicini Bagliani, A. 538—540, 543, 555
Parmenides 130, 131, 216
Passi, I. 809, 810
Pattin, A. 297, 544, 586, 693
Patze, H. 845
Paulus, J. 398
Paulus Diaconus 834
Paulus Heremita 420
Paulus von Venedig 411—413
Paus, A. 768
Pauvert, J. J. 517
Pedro de Córdoba 782
Pedro de Gante 782
Peghaire, J. 155
Peirce, C. S. 628, 629, 668
Pelzer, A. 693
Penna 823

Peppermüller, R. 620
Pernet, H. 516
Pernter, J. M. 837, 843
Perrig, A. 948, 949
Persiani, R. 411
Pesch, O. H. 623, 626, 636, 648, 663, 768, 776, 778
Peter der Große 356
Peter of Cornwall 384
Peter of Tarantaise 589, 623
Peter von Assisi 888
Peter von Candia 574, 589, 598, 755
Peter von Modena 381
Petráň, J. 859
Petropolis, S. 35
Petrus Abaelardus 49, 50, 59, 99, 100, 609, 612—621, 663, 813
Petrus Aureoli 412, 589
Petrus Bonus 500
Petrus Comestor 48, 441
Petrus Crescentius 872, 902, 903
Petrus de Alvernia 720—725, 730—735
Petrus Johannes Olivi 474
Petrus Lombardus 143, 259, 262, 432, 438, 439, 444, 572, 573, 597, 623, 646, 656, 657, 663, 742, 744
Petrus Martyr von Anghiera 942
Petrus von Abano 557, 716
Pfeiffer, G. 872, 878
Philip, H. 514
Philip the Chancellor 260, 261, 709
Philipp, W. 368
Philippe the Monotroper 357
Philippus Tripolitanus 546
Philo 646
Picchio, R. 356
Piccolomini, Enea Silvio 846, 877
Pickering, F. P. 32
Pidal, M. 815
Pieper, J. 359, 768
Piero della Francesca 947
Pinborg, J. 165, 388, 404
Pindter, F. 876
Pines, S. 277
Pingree, D. 482, 486
Piper, F. 912
Pisano, G. 884, 885
Pisano, N. 884, 885
Pitra, J. B. 83, 86
Pius II. (siehe Enea Silvio Piccolomini!)
Platearius 947
Platon 23—25, 48—50, 59, 91, 99, 115, 125, 151, 184, 221, 224, 229, 244, 260,

266, 269, 270, 275, 281, 284—286, 295,
296, 300, 303, 322, 330, 351, 353, 496,
532, 553, 554, 563, 565—567, 569, 570,
576, 581, 588, 590, 591, 593, 596, 597,
601, 602, 604, 605, 615, 616, 619, 649,
686, 689, 705, 825
Pleßner, H. 777
Plessner, M. 482, 485, 486, 490, 501, 505, 506
Pleydenwurff, W. 944
Plezia, M. 587
Plinius 834, 935, 942
Plotin 494, 495, 497, 507
Plugin, V. A. 365
Pluta, O. 591, 756
Pochat, G. 931
Poerck, G. de 934
Pomponazzi, Pietro 411, 575
Pomponius 893
Porphyrius 555, 576, 689
Pouchelle, M.-C. 901, 902
Poulle, E. 560
Pourrat, P. 779
Prage, W. 949
Prantl, C. 294
Préaux, J. 20
Prinz, W. 948
Proclus 144, 539, 543, 544, 553, 555, 563, 573, 581, 583, 588, 589, 593, 595
Prontera, F. 722
Prudentius 62, 63, 108
Ptolemaeus 321, 538, 554, 555, 603, 825, 940, 941, 945, 947
Pullé, F. L. 935
Putscher, M. 340
Pythagoras 285, 914

Quaglioni, D. 894
Quillet, J. 321, 327
Quine, W. v. O. 569
Quint, J. 742, 744

Rabelais, Francois 801
Rad, G. v. 659
Radkau, J. 866—868
Radulfus de Longo Campo 54, 55
Radulphus Brito 400
Radulphus von Laon 619
Raedts, P. 259, 264, 265, 267, 269
Ragazzini, S. 903
Ragnisco, P. 411
Rahner, K. 158, 431, 637, 768, 788
Raimundus Lullus 457
Ramnoux, C. 482, 484, 504

Ramseger, I. 944
Ranc, A. 532, 533
Rand, E. K. 149
Ranque, G. 524
Rath, W. 53, 54
Raulin, J. 781
Raushenbach, B. V. 364
Raymund Martinus 703, 704
Read, J. 522
Redlich, O. 853
Regino von Prüm 33, 38, 834, 836
Règnault, M. 780
Reichen, Ch. A. 511, 512, 514, 518, 531
Reina, M. H. 221
Reiner von Huy 913
Reintzer, H. 880
Remigius von Auxerre 21, 23—25, 48
Remigius von Florenz 719
Rerich, N. 367
Restoro d'Arezzo 900, 901, 905
Reynal, V. 828
Rhonheimer, M. 671
Richard de Middleton 392, 589
Richard Fishacre 259, 262—265, 268, 451
Richard of Le Mans 435, 436
Richard Rufus 259, 262, 264—269
Richard Swineshead 306
Richard von St. Viktor 565
Richter, G. 364
Rickel, D. 781, 782, 786
Ricoldo von Monte Croce 936
Rijk, L. M. de 50, 384, 385
Rilke, R. M. 78
Ritter, H. 482, 486, 492
Ritter, J. 163, 171, 770
Robert Castrensis 531
Robert Grosseteste 98, 129, 248, 251, 255, 259—265, 267, 268, 271, 404, 542, 685, 691, 707
(Ps.-)Grosseteste 707
Robert Holcot 66
Robert Kilwardby 178, 179, 268, 385, 388, 431, 432, 437—452, 455, 685
Robert von Melun 813
Roberts, L. D. 184
Robertus Anglicus 685
Rodrigo Sanchez de Arevalo 565
Rodríguez, P. 788
Rodríguez Rosada, J. J. 788
Roger Bacon 129—142, 264, 268, 385, 388, 459, 500, 524, 528, 539, 541—544, 546, 548, 549, 551—553, 712—715
Roger, Marston 711

Rolevinck, W. 876
Rolfes, E. 421
Roques, R. 3
Rosenau, H. 661
Rosenplüt, Hans 878
Ross, W. D. 178, 308, 407
Rossi, P. 255
Rossi, R. 889
Rossiaud, J. 65
Rotta, P. 456
Rowland, B. 931
Ruberg, U. 933
Rublev, A. 364, 365
Rüsen, J. 867
Ruiz, J. 815, 816, 821–824, 827, 828
Rupert von Deutz 458
Rupperich, H. 876
Rupprich, H. 948
Ruska, J. 482, 528
Ruskin, J. 516
Russell, B. 768
Russell, R. 526
Ryan, W. F. 357, 545

Saccetti, F. 888
Sadoul, J. 515, 520, 523, 528
Saffrey, H. D. 146
Sajó, G. 374, 376, 386
Salembier, L. 780
Sambin, P. 411
San Antonino de Florencia 781
Sanguineti, J. J. 462, 465
Santi, F. 885
Saranyana, J. I. 781, 782, 787
Sarnowsky, J. 195, 210
Sarton 526
Saxl, F. 333, 336, 343, 345
Scott, J. F. 917
Scott, R. 535
Scott, T. K. 385
Searle, J. 627, 629
Seckler, M. 144
Sedlmayr, H. 916
Seebohm, Th. M. 367
Seeck, G. A. 407
Segoloni, D. 889, 896
Sehrt, E. H. 20–22
Seibt, F. 867, 880
Seidl, H. 407
Seifert, A. 867
Seifert, R. P. 866
Seneca 619
Senger, H.-G. 891

Sergious of Radonezh 365
Severus, Lucius Septimius S. Pertinax 946
Sheldon-Williams, I. P. 3, 6
Sheridan, J. 59, 62
Siebeck, H. 460
Siger von Brabant 166, 168–170, 222, 231, 310, 371–374, 377–382, 384, 390, 461
Šilhans, J. 834
Silvestre, H. 23, 24
Silvestrelli, M. R. 884
Šimeček, Z. 857
Simeon of Polotsk 357
Simon, R. 299
Simonin, H.-D. 438
Simplicius 309, 312, 409, 538, 553, 554
Singer, Ch. 46
Singer, S. 55
Siraisi, N. G. 712, 715, 717
Šmelhaus, V. 856
Smet, A. J. 550
Šmilauer, V. 855
Smirnova, E. 359
Sokrates 162, 324, 568, 570
Solinus 935
Sollbach, E. 940
Solovjev, V. 367
Solowjov, Wl. 37
Sorabji, R. 308
Southern, R. W. 259
Spaemann, R. 162, 217, 768
Spafarij, N. 361
Specht, R. 152, 468, 647
Speer, A. 58, 61, 96, 109, 128, 383, 914, 917, 927
Spettmann, H. 710
Speusippus 293
Spörl, J. 28, 29
Sporhan, L. 871
Sprandel, R. 868
Springer, O. 22
Suárez, F. 457, 659, 668
Sudhoff, K. 343, 557–559
Sudre, R. 526
Süßmann, G. 472
Summers, J. W. 308
Swieżawski, S. 574, 575, 596, 606
Swoboda, K. M. 911
Sydow, J. 874, 882
Sylla, E. D. 115

Schaaf, J. 15
Schade, H. 931
Schäder, H. H. 482, 489

Schäfer, J. 866
Schaller, D. 66
Schalles-Fischer, M. 870
Schedel, Hartmann 936, 937, 940, 944, 946
Scheffczyk, L. 458, 662
Schefold, K. 920
Scheibe, E. 472
Schelling, F. W. J. 645, 661
Schenk, R. 432
Schenkl, C. 610
Schepers, H. 481
Schipperges, H. 73, 76, 79, 85, 93, 529
Schlink, W. 914
Schlobach, J. 333
Schmale, F.-J. 832, 852, 885
Schmauss, M. 458
Schmeidler, B. 943
Schmidt, P. G. 43
Schmitt, C. B. 357, 545, 587
Schmitz, H. J. 802
Schmitz, R. B. 668
Schmölz, F.-M. 718
Schneevogel, Paul (siehe auch Niavis, Paul!) 880
Schneider, J. 251, 268
Schneider, J. H. J. 150, 171, 178, 198
Schneider, L. 920
Schneidmüller, B. 870
Schönbach, E. 835
Schönberger, R. 218, 237, 252
Schofield, M. 308
Schram, A. 944
Schreijäck, T. 719
Schrimpf, G. 3, 15, 178, 662
Schröbler, I. 24
Schroedel, H. J. 645
Schubert, E. 104, 867
Schubert, H. 872
Schütz, J. 367
Schützeichel, R. 22
Schwappach, A. 871
Schwegler 178
Schweitzer, B. 913, 921–923
Schweizer, H. 869
Schwemmer, W. 878
Schwinekörper, B. 854

Stadler, H. 720
Stammel, J. 890
Stammler, W. 798
Stapleton, H. E. 515
Starck, T. 20
Steck, O. H. 119

Steckel, K. 729
Steel, C. 537, 538, 553
Steele, R. 131, 459, 546, 548, 554, 714
Steinberg, S. 943
Steiner, R. A. 340
Steingräber, S. 948
Steinich, K. 836
Stephan Tempier 597, 605
Stephen Langton 263
Stern, S. M. 152
Stewart, H. F. 149
Stichel, R. 646
Stock, B. 57, 115
Stockums, W. 649
Stoddard, W. 914
Stoelen, A. 573
Stoma, S. 349
Strabo, Walafried 48, 603
Strasmann, G. 729
Stratenwerth, G. 652, 653
Stratij, J. M. 357
Strauss, G. 879
Strauss, L. 162
Striegnitz, M. 867
Strnad, A. 831, 837
Strocka, V. M. 915
Ströker, E. 868
Stroick, C. 588, 712
Stromer, W. v. 871
Struve, T. 688
Stürner, W. 94, 98–100, 330

Tacitus 880
Taddeo da Parma 381
Tannery, P. 306
Tartaretus 195
Tatarzński, R. 347
Tavard, G. 457, 463
Tax, P. W. 20, 21
Taylor, S. 521
Teeuwen, P. 574, 588
Tenenti, A. 779
Tester, S. J. 149
Themistius 409, 554, 576, 713, 753
Theodoricus von Magdeburg 381
Théodoridès, J. 89
Theophilus 46, 603
Theophrast 551, 576
Théry, G. 753, 754
Theuerkauf, G. 876
Thevet, André 942, 943
Thielemann, A. 822
Thierry von Chartres 50–52, 59, 115

Thiery, A. 89
Thietmar von Merseburg 30, 37
Thijssen, J. M. M. H. 235, 385
Thomas, E. 918
Thomas, K. 898
Thomas, R. 616
Thomas Bradwardine 305
Thomas de Cantimpré 724, 931
Thomas Eccleston 264
Thomas Hobbes 198
Thomas von Aquin 60, 107, 119, 128, 129, 133, 139, 143–161, 164–170, 172, 174–179, 181–187, 189–192, 208, 220, 222, 229–232, 311, 346, 352, 353, 355, 358, 383, 387, 398, 399, 404, 410–415, 417–419, 421, 423, 426, 432, 457–463, 465, 466, 469, 470, 472, 537, 538, 554, 564, 566–568, 572–576, 578–580, 588, 589, 592, 594, 595, 598–601, 603, 604, 609, 622, 631, 633–645, 647–651, 654, 657, 662–664, 666–672, 674–677, 679–681, 684, 703, 704, 710, 715, 730, 731, 734, 742, 744, 745, 754, 767–770, 772–778, 788, 789, 791, 925, 952–956, 958, 963, 964
Thomas von York 706
Thomas Wylton 308, 310–318
Thomson, S. H. 408
Thorndike, L. 140, 482, 545, 552, 556–558, 705, 706
Tillyard, E. M. W. 905
Timm, A. 873
Tomek, V. V. 859
Totok, W. 481
Trajan 934
Třeštík, D. 832, 854
Troitzsch, U. 867, 881
Trubetskoj, E. 364
Tschudi, Egidius 951
Tuchmann, B. 752
Tyszkiewicz, J. 831, 846

Ueberweg, Fr. 410
Uhde, H. 874
Ullmann, M. 482, 486
Ullmann, W. 687, 689
Ulrich de Ballivis 588
Ulrich of Strassburg 589
Unguru, S. 538, 556
Urba, C. F. 611
Urso von Calabrien 103, 330

Valerius Maximus 619
Valerius Soranus 25

Valéry, P. 481, 482
Van Riet, S. 170, 176, 179, 296, 565, 588
Van Rijnberk 823
Van Steenberghen, F. 167, 367, 371, 460, 594
Van de Vyver, E. 693, 707
Van den Bergh, S. 506, 704
Van den Eynde, D. 615, 618
Van den Wyngaert, P. A. 934
Van der Lecq 219, 224
Van der Meulen, J. 911, 914–917, 920, 925–928
Vanhamel, W. 537, 553, 554, 556, 558, 559, 561
Vanni Rovighi, S. 381
Vannier, P. 904
Varro, Terentius 921
Veesemeyer, G. 878
Velthoven, Th. van 570
Verardo, R. A. 788, 789
Verbeke, G. 165, 538, 549, 553, 688
Verdenius, A. A. 545, 547
Vergil 793
Verhelst, D. 356
Verhulst, A. 868
Vernet, F. 779, 780
Vespucci, Amerigo 941, 942
Vibius Sequester 945
Vignaux, P. 470
Villard von Honnecourt 47
Villon, Francois 797
Vincent de Beauvais 529, 706, 707
Vincent de Paul 534
Viret, J. 333
Vitelli, H. 309
Vitruvius 817, 926
Völker, W. 646
Vogel, C. J. de 460
Vogt, H. J. 162
Voisin, J. de 704
Volk, E. 663
Volkmann-Schluck, K. H. 568
Von dem Busche, Hermann 877
Von den Steinen, W. 94–96
Von der Luft, E. 752
Vossenkuhl, W. 218
Vregille, B. de 861
Vries, H. de 816
Vuillemin-Diem, G. 298, 537, 551, 556

Wackerzapp, H. 565
Wagner, H. 183–185, 191
Waitz, G. 834

Wald, B. 659
Waldseemüller, Martin 941
Waldstein, A. 514, 518, 531
Wallace, W. A. 234, 404
Walter Burley 384, 408, 427
Walther, H. G. 858, 885, 894, 895
Walther von der Vogelweide 875
Walzer, R. 152
Wasmann, E. 68, 71, 87
Waszink, J. H. 296, 615
Watanabe-O'Kelly, H. 333
Wattenbach, W. 832
Webb, C. C. J. 688
Wéber, E. H. 730
Weil, E. 944
Weiler, A. G. 574, 576
Weimar, P. 109
Weinberg, J. R. 235, 252
Weinrich, L. 869
Weischedel, W. 300
Weisheipl, J. A. 109, 147, 165, 184, 303, 411, 460, 468, 712, 901
Weiss, K. 929
Weizsäcker, C. F. von 472, 637
Wenskus, R. 854
Werminghoff, A. 878
Werner, H.-J. 641, 642
Westermann, C. 645
Westra, H. 616
Wetherbee, W. 108, 115, 117, 118, 121, 126
White, J. 885
White, L. 898, 899
Wicki, N. 261
Widmer 877
Wieland, G. 109, 162, 178, 662, 685, 690, 691, 693, 894
Wieland, W. 189, 218, 472
Wild, Ch. 162
Wilhelm von Auvergne 709, 715, 753
Wilhelm von Auxerre 55, 603
Wilhelm von Boldensele 936
Wilhelm von Champeaux 609−611, 619
Wilhelm von Conches 50−53, 99, 100, 115, 330−334, 615, 689, 814
Wilhelm von Moerbeke 165−167, 537−546, 548−560, 573, 715, 754
Wilhelm von Ockham 195, 204, 205, 209, 218, 252, 304, 384, 385, 412, 566, 568, 569, 645, 647, 655−659, 662, 680, 952, 953, 957−964

Wilhelm von St. Thierry 50
Willemsen, C. A. 89
William of Paris 589, 603
Wilpert, P. 563
Winkelmann, F. 364
Wippel, J. F. 166, 398, 399
Wisłocki, W. 347
Witelo 538−545, 548, 553, 554, 556, 560
Withington, E. 714
Wittkower, R. 934
Wladislaw II. 833, 838
Wohlgemuth, M. 944
Wojciechowska, M. 832, 837
Wolff, Christian 668
Wolff, R. 77
Wolska, W. 363
Wolter, A. B. 651, 653, 654, 677
Wrede, H. 822
Wrigth, Th. 798
Wrobel, J. 94
Wüst, E. 721
Wulf, M. de 538, 539, 543, 544, 718
Wyclif, John 469

Xerxes 493

Yasin, A. 481

Zahlten, J. 46, 89, 90, 93, 95, 99, 100−103
Zajadacz-Hartenrath, S. 931
Zalewska, K. 934
Zalewski, S. 349
Zedler, B. H. 704
Zeller, E. 460
Zemek, M. 845
Zenon von Elea 472, 822, 823
Zerbi, P. 362
Zerner, H. 779
Zezulčík, J. 833
Zilsel, E. 635, 637
Zimara, Marcantonio 411
Zimmermann, A. 71, 119, 137, 144, 170, 185, 334, 360, 372, 388, 390, 462, 551, 575, 606, 649, 688
Ziolkowski, Jan 63, 116
Zuidema, W. 645
Zumárraga, J. de 779, 781, 782, 784−790
Zupko, J. A. 756, 758, 759, 761, 762
Zwiercan, M. 347
Zycha, J. 611

Walter de Gruyter
Berlin · New York

MISCELLANEA MEDIAEVALIA
Veröffentlichungen des Thomas-Instituts der Universität zu Köln
Groß-Oktav. Ganzleinen

Studien zur mittelalterlichen Geistesgeschichte und ihren Quellen

Herausgegeben von Albert Zimmermann
Für den Druck besorgt von Gudrun Vuillemin-Diem
VIII, 318 Seiten, 4 Seiten Abbildungen. 1982. DM 158,-
ISBN 3 11 008940 8 (Band 15)

Mensura
Maß, Zahl, Zahlensymbolik im Mittelalter

Herausgegeben von Albert Zimmermann
Für den Druck besorgt von Gudrun Vuillemin-Diem
1. Halbband: XII, 260 Seiten. 1983. DM 138,-
ISBN 3 11 009769 9 (Band 16/1)
2. Halbband: VIII, Seiten 261-494, 16 Seiten Tafeln, z.T. vierfarbig.
1984. DM 140,- ISBN 3 11 009770 2 (Band 16/2)

Orientalische Kultur und europäisches Mittelalter

Herausgegeben von A. Zimmerman und I. Craemer-Ruegenberg
Für den Druck besorgt von Gudrun Vuillemin-Diem
IX, 440 Seiten. 1985. DM 225,- ISBN 3 11 010531 4 (Band 17)

Preisänderungen vorbehalten

Walter de Gruyter
Berlin · New York

MISCELLANEA MEDIAEVALIA
Veröffentlichungen des Thomas-Instituts der Universität zu Köln
Groß-Oktav. Ganzleinen

Aristotelisches Erbe im arabisch-lateinischen Mittelalter
Übersetzungen, Kommentare, Interpretationen
Herausgegeben von Albert Zimmermann
Für den Druck besorgt von Gudrun Vuillemin-Diem
VIII, 370 Seiten. 1986. DM 198,- ISBN 3 11 010958 1 (Band 18)

Thomas von Aquin Werk und Wirkung im Licht neuerer Forschungen
Herausgegeben von Albert Zimmermann
Für den Druck besorgt von Clemens Kopp
XII, 507 Seiten. 1987. DM 252,- ISBN 3 11 011179 9 (Band 19)

Die Kölner Universität im Mittelalter
Geistige Wurzeln und soziale Wirklichkeit
Herausgegeben von Albert Zimmermann
Für den Druck besorgt von Gudrun Vuillemin-Diem
IX, 537 Seiten, 7 Abbildungen. 1989. DM 272,-
ISBN 3 11 012148 4 (Band 20)

Mensch und Natur im Mittelalter
Herausgegeben von Albert Zimmermann und Andreas Speer
1. Halbband: XVI, 534 Seiten. 1991. DM 276,-
ISBN 3 11 013163 3 (Band 21/1)

Preisänderungen vorbehalten